우리 아이
꼭 지켜줄게

Q&A

주석

우리 아이
꼭 지켜줄게 Q&A I 주석

초판1쇄 발행 2023년 7월 28일
초판2쇄 발행 2024년 10월 29일

지은이 김용준
펴낸이 이예랑
디자인 조수현
펴낸곳 물맷돌

등 록 제2021-0000386호
팩 스 0504-416-8315
이메일 paulkim0602@naver.com

ⓒ 김용준, 2024
이 책의 저작권 및 모든 법적 권리는 저자에게 있습니다. 저작권법에 의해 보호를 받는 저작물이므로 무단 전재와 복제를 금지하며, 이 책의 전부 또는 일부를 이용하려면 반드시 저작권자와 물맷돌의 서면 동의를 받아야 합니다. 파본 및 잘못된 책은 구입처에서 교환해 드립니다.

책값 뒤표지에 있습니다.
ISBN 979-11-983901-2-7 04330

우리 아이
꼭 지켜줄게

김용준

출처 확인했는가? 허위정보 전염병을 막는 백신은 **팩트체크**!

한국 & 영국 변호사, 입법정책 전문가, 법학박사가
근거 출처(주석) **5천개**로 한 문장 한 문장 팩트체크!

물맷돌

성경불법화와 소아성애 합법화

01_ 성경 불법화, 극단주의자 프레임과 파면, 생각 범죄(기도) 처벌, 이것이 현실이라고? ... 8

02_ 소아성애 합법화, 젠더 이데올로기 이론가들이 주장했다고? 한국도 시작됐다고? ... 35

동성애

01_ 동성애 중단, 왜 어려울까? ... 42

02_ 바텀알바(동성애 성매매)가 동성애와 에이즈를 확산시킬까? ... 46

03_ 게이 우울증·자살 충동의 주된 원인, 정말 사회적 차별 때문일까? ... 49

성전환

01_ 트랜스젠더의 자살률, 왜 높을까? ... 54

02_ 성정체성 혼란의 원인, 의사들은 왜 솔직하게 상담할 수 없을까? ... 57

인권교육

01_ 인권교육, 아이들을 트랜스젠더가 되도록 부추긴다고? ... 60

02_ 아이들에게 해악을 끼치는 인권교육의 메커니즘, 어떻게 발현될까? ... 62

03_ 인권교육과 차별금지법의 해악적 영향력, 가시화되었을까? ... 65

에이즈

01_ 동성애와 에이즈, 밀접한 관련성이 있을까? ... 68

02_ 콘돔만능주의, 동성애 에이즈를 막을 수 있을까? ... 71

젠더 이데올로기 정책

01_ 모든 법 제도로 젠더 이데올로기를 실현하게 되는 메커니즘, 어떻게 구현될까?　76
02_ 젠더 이데올로기 정책, 표현을 강요해 사상을 통제한다고?　79
03_ 이데올로기적 이중잣대, 대학교수까지 학문적 표현의 자유를 박탈시킨다고?　81
04_ 성평등, 양성평등을 해체하고 여성 인권을 오히려 후퇴시킨다고?　85
05_ 동성애/성전환의 사회적 병리현상, 그 논의·검증·비판을 어떻게 금지시킬까?　88

한국은 지금

01_ 사상 통제를 위한 천문학적인 혈세(하루 천억 원), 출산 장려 정책까지 저해한다고?　92
02_ 국가인권위, 왜 젠더 이데올로기 정책(동성애 확산정책)의 컨트롤타워라고 불릴까?　95
03_ '성적지향'을 주입하는 인권교육 등, 한국 아이들의 삶을 어떻게 파괴할까?　98
04_ '성정체성'을 주입하는 인권교육 등, 한국 아이들의 삶을 어떻게 파괴할까?　102
05_ 세계적인 추세와 달리, 왜 한국만 에이즈가 급증할까?　106
06_ 젠더 이데올로기를 거스르는 목소리, 한국에서도 과도한 탄압이 자행될까?　109
07_ 실질적 입법행위, 국가인권위와 사법부가 연계해서 한다고?　113
08_ 군대 내 동성애 합법화, 어떻게 후임병 성폭행과 에이즈를 폭증시킬까?　116

주석

1부 내 아이 코앞에 다가온 동성애와 성전환, 결코 남의 일이 아니다　122
2부 내 아이를 빠져들게 하는 동성애와 성전환의 실체　136
3부 내 아이를 해치는 젠더 이데올로기와 차별금지법　240
Question & Answer　440

Q&A

Don't Mess with My Kids!

성경 불법화와 소아성애 합법화

01_ 성경 불법화, 극단주의자 프레임과 파면,
생각 범죄(기도) 처벌, 이것이 현실이라고?

02_ 소아성애 합법화, 젠더 이데올로기 이론가들이 주장했다고?
한국도 시작됐다고?

01

성경 불법화, 극단주의자 프레임과 파면, 생각 범죄(기도) 처벌, 이것이 현실이라고?

젠더 이데올로기의 사상적 뿌리는 네오막시즘(문화막시즘)이다.[1] 이 정치이념은 기존 사회체제와 가치를 해체하면서 새로운 이데올로기를 주입하는 문화혁명을 추구한다.[2] 전통 지배가치를 파괴하는 방법으로 기존 사회를 해체해야 그다음 새로운 사회질서 구축이 가능하다고 보는 것이다. 이런 문화혁명의 주요 전략 중 하나가 '교회 해체'다.[3]

문화막시즘에서 파생한 젠더 이데올로기는 생물학적 성별을 해체하고 사회적 성으로 이를 대체함으로써 기존 사회체제를 해체하려는 정치이념이다.[4] 사회적 성(젠더)은 종류가 수십 가지 넘으며,[5] 동성애, 양성애, 트랜스젠더, 남녀 이외의 제3의 성까지 포함하는 개념이다.[6] 이런 젠더 이데올로기의 실현을 위해 일부일처제를 기초로 하는 가정을 해체하고 동성애/성전환 확산을 추구하게 된다.[7] 2019년 6월 11일 바티칸은 공식문서를 통해서 밝힌다.

"젠더 이데올로기는 문화적이고 이데올로기적 혁명이다. '차별금지'라는 유행하는 개념은 하나의 이데올로기를 은폐하는데, 그 이데올로기는 남자와 여자 사이에 존재하는 차이와 자연적 상호성을 부정하고 있다."[8]

따라서 젠더 이데올로기는 '일부일처제'나 그 전제인 '성별이 남자와 여자로 되어있다'라는 헌법적 가치를 차별·혐오로 간주한다. 마찬가지로 "하나님이 자기 형상 곧 하나님의 형상대로 사람을 창조하시되 남자와 여자를 창조하시고"라는 성경(창세기 1장 27절) 역시 불법적인 금서가 된다.[9] 수많은 성별이 있다는 사회적 성과 양립할 수 없기 때문이다. 이에 따라 젠더 이데올로기가 만연하면 종교의 자유는 극단적으로 침해되는 현상이 발생한다.

예컨대, 영국 신학대학 교수가 성경에 따라 의견을 말하면 해고된다. 성경대로 믿거나 이를 토대로 생물학적 성별을 지지하는 표현을 하면 극단주의자로 몰아 테러리즘으로 규정하고 제재한다. 노르웨이에서는 성경적 가정교육을 하면 자녀에 대한 양육권이 박탈되기도 한다. 심지어 낙태 시술소 앞에서 속으로 조용히 기도했다는 이유만으로 체포되기도 한다.[10] 2022~2023년에 실제 발생한 사례들이다. 젠더 이데올로기가 성행하거나 차별금지법이 시행되는 국가에서는 종교의 자유를 침해하는 사례들이 너무나 빈번히 일어나 일일이 소개하기 어려울 정도다. 관련 사례들을 몇 가지 살펴보자.

첫째, 신학대학교의 교수나 성직자가 성경대로 가르치거나 설교하면 실제로 탄압되는 사례들이 빈번히 일어난다. 해고 등 사회적으로 매장시키는 것을 넘어, 극단주의자로 몰며 '잠재적인 테러리스트'로 프레임을 씌우는 법체계까지 만들어 간다.

영국 신학대인 클리프 칼리지(Cliff College)에서 7년 동안 신학을 가르친 애런 에드워즈(Aaron Edwards, 37세) 교수가 트위터에 '동성애를 죄가 아닌 것으로 받아들이는 것은 교리적으로 잘못됐다'라고 글을 썼다가 2023년 2월 19일 해고를 당해 논란이 되고 있다. 1883년에 설립된 클리프 칼리지의 홈페이지에서는 '선교와 전도에 특별히 초점을 맞춘 신학 교육과 훈련을 제공한다'라고 명시하고 있음에도,[11] 젠더 이데올로기와 충돌하는 성경적 교리를 표현했다고 신학 교수가 파면당한 것이다. 해고의 표면적인 이유는 트위터 글로 대학의 평판을 떨어뜨린 행동을 했다는 혐의다.[12] 심지어 정부 주도의 극단주의-테러리즘 대응 사건으로 회부 될 수 있다는 통보까지 받았다.[13] 에드워즈 교수가 쓴 트위터의 글 내용은 다음과 같다.

"동성애가 교회를 침범하고 있습니다. 그것이 사실이든 아니든, (교회는) 동성애를 혐오했다는 비난에 사과하느라 바쁩니다.[14] 그런데 동성애는 복음과 관련된 중요한 이슈입니다.[15] 죄가 더 이상 죄가 아니라면 우리는 더 이상 구원자가 필요하지 않게 됩니다."[16]

"동성애를 '죄가 아닌' 것으로 받아들이는 것은 교리적으로 교회에 대한 침략입니다. 이것은 논란의 여지가 없습니다. 오히려 동성애 수용 여부가 논란의 여지가 있습니다. 이것은 전 세계의 교회 대부분이 동의할 것입니다. 동성애를 죄라고 선언하는 것은 동성애 혐오가 아닙니다."[17]

"저는 보수적인 견해를 교리적인 문제, 즉 죄·복음의 의미를 표현한 것입니다. 이는 개인에 대한 공격이 아니라 복음주의자들을 대상으로 한 글이었습니다. 동성애가 죄라는 견해는 표현되지 않았을 때만 환영받는 것 같습니다."[18]

기독교 법률센터(Christian Legal Centre)의 대표이자 에드워즈의 변호사인 안드레아 윌리엄스(Andrea Williams)가 말한다.

"기독교 대학에서 일하는 신학자가 인간의 성에 대한 성경적 가르침에 대해 트윗을 올렸다는 이유로 해고되고 잠재적인 '테러리스트'로 낙인찍혔습니다. 학식 있고 존경받는 다섯 자녀의 아버지가 전 세계 수백만 명의 기독교인이 공유하는 견해와 신념을 표현했다는 이유로 기독교 대학에서 쫓겨난 것입니다. 기독교 대학이 하나님이 정의한 결혼을 인정하지 않거나 그것을 표현하는 사람들을 더 이상 지원하지 않습니다. 이렇게 기독교 대학이 길을 잃는 것을 보는 것은 슬픕니다."[19]

프리스피치유니언(Free Speech Union)의 사무총장인 토비 영(Toby Young)이 말한다.

"정통적인 기독교 신앙을 표현했다고 기독교 조직에서 해고 사유로 삼아서는 안 됩니다.[20] 언론의 자유를 옹호한다는 것은 당신이 동의하는 이들뿐 아니라 당신이 동의하지 이들이 표현할 권리 또한 옹호하는 것을 의미합니다."[21]

자신의 해고에 대해 에드워즈 교수가 말한다.

"제 트윗에 대한 반응과 클리프 칼리지와 영국 감리교회로부터 받은 부당한 대우를 보면 제 트윗이 제기한 문제가 무엇인지 분명히 알 수 있습니다. 제 트윗은 동료·개인에 대한 공격이나 명예훼손·욕설이 아니었습니다. 극단주의적인 종교적 견해도 아니었습니다. 이 트윗은 복음주의자들에게 교리의 요점을 전달한 것이었습니다. 이런 견해를 표명한 사람들에게 개인적, 제도적 문제를 만들고자 하는 많은 사람들의 오해가 있을 뿐입니다.[22] 지금은 교회가 인정할 수 없는 것을 인정하라는 말을 듣고 있는 때입니다."[23]

"내게 일어난 일은 인간의 성에 대한 보수적인 성경적 견해가 영국의 감리교회에서 더 이상 '용납'되지 않는다는 것을 보여줍니다. 오히려 그런 신념들을 침묵·근절시킨다는 것이 분명히 드러나고 있습니다."[24]

"제가 성경적 견해를 밝혔다는 이유로 많은 사람으로부터 괴롭힘을 당했고, 개인적인 명예훼손에 직면하고 있습니다."[25]

"대학은 LGBT 지지자들에게는 안전한 곳이지만 보수적 복음주의자들에게는 그렇지 않은 것 같습니다. 이번 일은 (젠더 이데올로기와) 상충하는 신념을 가지고 사는 것이 복음주의 기독교인에게는 불가능하다는 사실을 드러냅니다.[26] 학문의 자유, 종교의 자유, 표현의 자유를 걱정하는 사람은 내게 일어난 일에 대해 깊이 고민해야 합니다. 저는 해고로 인해 다시는 고등교육기관에서 일할 수 없게 될 것으로 보입니다."[27]

2019년 8월경 영국에서 버나드 랜달(Bernard Randall, 49세) 목사도 5년 동안 근무했던 기독교 학교(Trent University)의 학생들에게 성정체성과 동성 관계에 대한 성경적 견해를 설교했다가 교목직에서 해고당해 논란이 됐다.[28] 즉, 결혼이 남자와 여자 사이에서 이뤄진다는 성경의 입장을 설교했다가 문제된 것이다.[29] 게다가 이런 성경적 설교를 하고 LGBT 정책에 의문을 제기하는 학생들의 권리를 변호했다가 정부 대테러 감시단체(Prevent)의 조사 대상으로 회부됐다.[30] 학교가 그를 영국 아동보호서비스와 대테러 방지 프로그램에 '잠재적 폭력 극단주의자'(potential violent extremist)로 보고한 것이다.[31]

2019년경 트랜트 대학은 LGBT 옹호단체(Educate & Celebrate)의 주도로 젠더 이데올로기를 주입하는 교육과정을 도입했다.[32] 이 단체는 트랜스젠더 학생들이 불쾌감을 느끼지 않도록 학생들이 서로 '남자'와 '여자'로 부르는 것을 금지하고 성중립적 교복 정책을 채택해야 한다고 요구한다.[33] 그리고 도입하는 교육과정은 '학내 구조 안에 젠더, 성정체성 및 성적지향을 포함시킬 것'을 목표로 한다고 명시하고 있다.[34] 교직원 교육 도중에 '이성애적 규범성을 타도하라'(smash heteronormativity)라는 구호까지 따르게 했다.[35] 이것은 기독교적 가치와 양립할 수 없다. 특히, 이 학교는 기독교적 가치와 복음주의를 지향했다.[36] 이에 혼란을 겪던 일부 학생들은 랜달 목사에게 "기독교 학교에서 왜 LGBT 이데올로기를 받아들여야 하는가"라고 질문했다.[37] 이에 랜달 목사는 11~17세 학생들에게 '대립하는 이데올로기'라는 주제로 성정체성에 대한 기독교적 견해를 제시하면서 다음과 같이 설교했다.

"이데올로기가 대립할 때 동의하지 않더라도 다른 사람의 신념을 존중해야 합니다. 누구도 이데올로기를 받아들여야 한다는 말을 들어서는 안 됩니다. 비록 당신이 그 사상을 싫어하더라도 그 사람을 사랑해야 합니다.[38] 동성애에 끌리거나 젠더불쾌증으로 어려움을 겪는 사람들도 하나님의 형상대로 창조되었기 때문에 차별받아서는 안 됩니다."[39]

"학생들은 LGBT 운동가들의 생각을 받아들이거나, 기독교 성 윤리를 고수할 수 있습니다. (자기 의견에) 동의하지 않는 상대를 존중하는 태도가 중요합니다."[40]

"학교에서는 학생들에게 특정 이데올로기를 받아들여야 한다고 말해서는 안 됩니다.[41] 이것은 기독교 가르침에도 적용될 수 있을 것입니다."[42]

"자신이 동의하지 않는 (젠더) 이데올로기를 받아들이도록 강요받아선 안 됩니다.[43] 학생이 LGBT 운동가들이 주장하는 이데올로기를 받아들일지 여부를 스스로 결정할 수 있어야 합니다.[44] 특히, 자신의 신앙과 충돌하면 더욱 그렇습니다.[45] 결혼을 남자와 여자의 평생 결합으로 이해하는 것은 잘못이 아닙니다."[46]

이런 설교로 인해 해고되고 테러리즘 조사 대상으로 회부된 사실에 대해 랜들 목사가 이어서 말한다.

"Prevent에 보고됐다는 사실을 안 후 공포심으로 잠을 잘 수가 없었습니다. 가족들에게 뭐라고 말을 해야 할까요? 잠재적 테러범, 극단주의자, 아이들에게 위협이 되는 존재로 신고되는 것은 최악의 범죄 혐의라고 할 수 있습니다.[47] 납득할 수 없어 정신이 나갔습니다. 저는 설교에서 무슨 일이 있어도, 심지어 동의하지 않는 사람이라도 서로를 존중해야 한다고 강조했습니다.[48] Prevent에 대한 보고 절차가 더 이상 진행되지 않을 것이라는 말을 듣고 울었다는 사실이 부끄럽지 않습니다."[49]

"저는 어떤 일이 있어도 다른 이들의 신념을 지지해야 한다는 말을 듣게 되었지만, 저의 기독교적 신념은 노골적으로 검열되었습니다.[50] 그들은 제가 극단적인 종교적 견해를 가지고 있다고 간주했습니다.[51] 그러나 영국 성공회가 극단주의 조직이라고 생각하지 않습니다.[52] 저는 고용된 취지에 따라 저의 일을 했습니다.[53] 영적·도덕적 문제가 발생할 때마다 이에 관해 이야기하는 것은 제 일이었습니다. 게다가 기독교 신념을 떠나서, 이 사건은 양심·표현의 자유와 관련된 근본적인 인권의 문제이기도 했습니다.[54]

누구나 자유롭게 특정 이데올로기를 받아들이거나 거부할 수 있어야 합니다. 자유민주주의의 의미가 그것에 있지 않습니까?[55] 저의 사건은 다른 기독교인들에게 '신앙에 대해 자유롭게 표현할 수 없다'라는 메시지를 전합니다. 이제는 LGBT 이데올로기를 '용인'하는 것만으로는 충분하지 않은 것 같습니다.[56] 의심 없이 이것을 받아들여야 하며, 심각한 결과 없이는 어떠한 토론도 허용되지 않습니다.[57] '무엇이 받아들여질 수 있고 무엇이 허용되지 않는지'를 다른 누군가가 결정할 것이고, 당신은 갑자기 왕따가 될 수 있습니다. 아마 평생 그리될 수도 있습니다."[58]

"저는 안수받은 목사입니다. 안수를 받으면 진실을 말하겠다고 약속을 하는 것입니다. 그 약속을 이행했습니다. 그런데 제가 영국 성공회 학교에서 목사로서 교회의 가르침을 받아들여도 좋다고 설교했다가 해고를 당한 것입니다.[59] 저에게 일어난 이 사건은 'LGBT 운동이 다른 관점을 가진 사람들에게 관용이 없다'라는 분명한 메시지를 기독교인들에게 전달합니다.[60] 제가 설교 때문에 테러리스트로 신고될 줄은 상상도 하지 못했습니다."[61]

랜들 목사는 기독교 가르침에 반하고 막시즘에 사상적 뿌리를 둔 정체성 정치에 대해서도 말한다.[62]

"Educate & Celebrate는 중립적인 포용의 입장을 넘어 정체성 정치로 생각되는 사상을 주입하는 데까지 나아갔습니다.[63] 정체성 정치는 특정 집단이 다른 집단에 의해 억압받고 있다는 이념을 조장하는 경향이 있습니다. 이것은 화합보다는 갈등을 전제로 합니다. '이성애적 규범성 타파'를 지향하는 것이 그 예입니다. 이런 정체성 정치는 억압받는 계급에 초점을 맞추고 기존 사회체제를 혁명적으로 전복하려는 막시즘에 뿌리를 깊게 내리고 있습니다."[64]

"저는 젠더 이데올로기에 막시즘이 녹아있다고 생각합니다. 막시즘이 종교를 증오한다는 사실은 모두 잘 알고 있습니다. 국가가 말해주는 것보다 자신이 진리라고 믿는 것을 우선시하는 종교인을 원하지 않는 것입니다. 막시즘은 국가가 말해주는 것만이 유일한 진리고, 다른 버전의 진리는 박멸해야 할 대상으로 봅니다. 그렇기 때문에 종교는 때로는 노골적으로, 때로는 교묘하게 공격을 받습니다. 이렇게 종교의 근간을 무너뜨리면서 종교를 조롱하는 것입니다. 젠더 추종자들은 영국 성공회의 근간을 갉아먹고 있습니다."[65]

랜들 목사의 변호를 맡은 안드레아 윌리엄스(Andrea Williams)가 말한다.

"영국 성공회의 안수받은 목사가 극단주의자로 보고되지 않고는 영국의 기독교 학교에서 간단한 설교조차 할 수 없다면 과연 누가 안전하겠습니까?"[66]

"이번 사건이 기독교인에게 주는 메시지는 'LGBT 교육에 동의하지 않거나 이견을 표명할 수 없으며, 이에 동조하고 장려해야 할 의무가 있다'라는 것입니다. 단순히 관용적인 태도만으로는 부족합니다. 적극적으로 장려할 의무까지 있는 것입니다. '이성애적 규범성 타파'를 외치고 어린아이들에게 혼란을 주는 Educate & Celebrate 같은 LGBT 옹호 단체가 학교에서 허용되어서는 안 됩니다. 이런 단체의 영향이 계속된다면 수천 명의 아이를 장기적인 위험에 노출시키는 것입니다.[67] 영국 성공회 학교의 한 예배당에서 영국 성공회의 가르침을 반영해 온건한 설교를 했다고, 성직자가 테러리스트로 신고되고 어린이를 위협하는 위험인물로 블랙리스트에 올랐으며 직장에서 쫓겨났습니다."[68]

"성경을 설교했다는 이유로 기독교 성직자를 처벌하고 범죄자로 만드는 것은 있을 수 없는 일이라고 주장했던 모든 사람들은 버나드 랜달의 사건을 다시 뚫어지게 볼 필요가 있습니다. 이 사건에서 과연 극단주의자는 누구일까요? 온화하고 사려 깊은 설교를 한 학교 교목일까요, 아니면 교직원들에게 '이성애적 규범성을 박살내라'라고 격려하는 Educate & Celebrate일까요?"[69]

"학교의 트랜스젠더 이데올로기는 학생들을 보호하는 데 실패한 가장 큰 원인입니다. 트랜스젠더 이데올로기가 학교의 보호를 압도하고 있습니다. 이는 심각한 도덕적 실패이며, 우리 아이들에게 해롭습니다."[70]

이 사건에 대해 토비 영(Toby Young)이 말한다.

"이 설교로 인해 버나드 랜들이 직장을 잃게 된 것은 아주 끔찍한 일입니다. 그의 설교 핵심 주제는 아이들이 스스로 생각하는 것을 두려워해서는 안 된다는 것입니다. 그러나 학교가 학생들에게 보내는 메시지는 정반대입니다. 학교는 아이들에게 어떻게 생각해야 하는지를 가르쳐야 하지, 무엇을 생각해야 할지를 가르쳐서는 안 됩니다."[71]

한국에서도 신학대인 총신대의 이상원 교수가 동성애 항문성교에 대한 의학적·과학적 사실을 수업 중 강의했다가 비정상적인 징계 절차를 거쳐 교수 해임까지 의결됐다.[72] 의학 교과서에 있는 내용을 강의했을 뿐인데 성희롱 프레임에 씌워져 해임된 것이다.[73]

총신대 홈페이지 게시판에는 '이상원 교수 해임 철회'를 요청하는 재학생과 졸업생의 글이 닷새 만에 300건 넘게 게시됐다.[74] 신학대학원 교수 27명도 비슷한 내용의 입장문을 발표했다.[75] 이상원 교수의 해임이 납득되지 않았기 때문이다. 기독교 대학에서 교수가 성경/의학적 사실을 강의하더라도 젠더 이데올로기에 거슬리게 되면 어떤 프레임을 씌워서라도 파면시키는 것이다. 이것은 앞서 살펴본 영국의 사건들과 궤를 같이한다. 총신대의 총장은 심지어 교육부의 압력이 개입됐다고 밝히기까지 한다.[76] 한국에서 가장 보수적인 신학교 중 하나인 총신대에서조차 이런 일이 벌어졌다면, 이를 지켜본 다른 대학은 물론 사회 어느 곳에서도 젠더 이데올로기에 반대할 엄두를 내지 못하게 된다. 성산생명윤리연구소가 지적한다.

"신학대학에서 성경적 가치관에 기반한 '동성애 문제점'을 강의할 수 없다면, 이 사회 어디에서도 '동성애 문제점'을 강의할 수 있는 곳이 없음을 의미한다."[77]

또한, 기독교 대학은 건학 이념을 따를 수 없게 된다. 일례로, 한동대는 폴리아모리(중혼), 동성애, 성매매 자유화를 옹호하는 특강을 개최하기 위해 신청한 대관을 불허했다. 성경과 건학 이념에 따른 조치였다. 그러나 국가인권위는 이것이 인권 침해라고 결정하며 시정을 권고했다.[78] 국가인권위 조사관의 인터뷰 내용이다.

> "다자(多者)연애자도 성소수자입니다. 성적지향의 일종인 다자연애를 소개하는 게 무슨 부도덕한 행위를 하거나 물의를 끼치기라도 한 겁니까. 양성애자들도 집단 난교를 하잖아요. 다자연애에 대한 비판은 차별입니다."[79]

성경적 가치관인 일부일처제를 해체하고 폴리아모리로 이를 대체할 것을 기독교 대학에까지 강요하는 형국이다. 둘째, 길거리에서 복음을 전하다가 질문을 받고 젠더 이데올로기에 거슬리는 성경적 답변을 하게 되면, 이 역시 극단주의자로 몰려 '잠재적인 테러리스트'라는 프레임에 씌워질 수 있다. 종교적 신념에 따라 생물학적 성별을 지지할 경우, 일반 시민들도 직장에서 해고되거나 공권력에 의해 탄압되는 사례들이 증가하는 것이다.

2021년경 데이비드 맥코넬(David McConnell, 42세)은 영국 길거리에서 복음을 전하다가 한 트랜스젠더로부터 질문을 받고 성경적 신념에 따라 생물학적 성별을 지지하는 답변을 하였다. 이로 인해 그는 증오범죄를 저질렀다는 혐의로 체포되고 1심 형사 재판에서 유죄 선고를 받았다.[80] 게다가 극단주의 테러리스트로 신고되기도 했다.[81] 비디오로 촬영된 이 사건의 구체적인 경위는 다음과 같다.[82]

맥코넬은 2021년 6월 8일 영국 리즈(Leeds)에서 동성애/성전환 외의 다른 다양한 주제로 길거리 설교를 하고 있었다. 이때 자신을 트랜스젠더라고 밝힌 생물학적 남성인 파라 무니르(Farrah Munir, 20세)가 그에게 다가와 "하나님은 LGBT 커뮤니티를 받아들이는가?"라고 질문을 했다.[83] 이에 맥코넬은 "아니요. 하나님은 죄를 싫어하십니다. 이 신사가 질문하기를..."라고 말하는데, 청중 일부가 "그녀는 여자다!"라고 소리쳤다.[84] 이에 맥코넬은 "이 분은 여자 옷을 입은 남성입니다"라고 말하면서 무니르의 질문에 대한 성경적 입장에 대해 설교를 계속했다.[85] 이에 그는 지속적인 폭언을 당했고 앰프를 비롯한 소지품들을 도난당했다.[86] 그리고 경찰이 도착하자 청중 일부는 '혐오 표현'을 외쳤고 경찰은 '자신을 여성으로 밝혔는데 남성으로 지칭하는 것은 용인될 수 없다'라고 말했다. 이에 맥코넬은 "그녀가 나에게 질문하기를, 그가 나에게 내 생각을 질문하기를..." 라고 말하던 중 경찰관이 그의 말을 끊고 수갑을 채웠다.[87] '증오범죄'를 저질러서 체포한다고 했다.[88] 그리고 1심 형사 재판에서 맥코넬은 유죄를 선고받았으나,[89] 약 2년 동안 악몽 같은 법정 싸움을 한 끝에 유죄 판결이 파기됐다.[90] '괴롭힘 의도'에 관한 증거가 부족하다는 판단이었다.[91] 영국 검찰청(Crown Prosecution Service)은 소송 중 "성경의 일부가 현대 사회에서는 더 이상 적절하지 않다"라는 입장을 표명하기도 했다.[92]

나아가 보호관찰소는 테러 혐의를 단속하는 Prevention에 맥코넬을 극단주의자로 신고했다.[93] 젠더 이데올로기에 동조하지 않을 경우, 거리 설교자도 잠재적인 테러리스트로 분류된다는 비판의 목소리가 높다.[94] 이 사건에 대해 맥코넬이 말한다.

"경찰이 저를 체포한 이유는 자신을 여성으로 밝힌 이 남자에게 남성 인칭 대명사를 사용해 불쾌감을 줬다는 것입니다.[95] 그러나 저는 성별을 잘못 표현한 것이 아닙니다. 진실을 말한 것입니다. 저는 제 앞에 있는 사람이 생물학적 남성이라는 것을 알았기 때문에 하나님과 제 신념을 따랐습니다.[96] 사람들이 불쾌감을 느낄 수 있다고 생각합니다. 그러나 제 의도는 그냥 하나님과 저의 양심·신념에 충실하려 했을 뿐입니다. 저는 트랜스포비아가 아니라 제가 믿는 바를 표현한 것입니다.[97]

사람이 남성과 여성으로 태어난다는 성경을 저는 믿습니다. 그리고 생물학적 현실에 명백히 반하는 인칭대명사를 사용해야 한다는 법은 아직 존재하지 않습니다.[98] 그럼에도 경찰은 저를 신속하게 체포했습니다. 왜냐하면, 경찰들 역시 젠더 이데올로기에 복종해야 한다는 문화에 물들어 버렸기 때문입니다. 제가 경찰서에 도착했을 때 건물에는 LGBT 깃발이 걸려 있었습니다. 이것을 보고 매우 두려웠습니다.[99]

제가 대테러 사건으로 보고됐다는 사실을 들었을 때 충격을 받았습니다. '도대체 이 나라가 어떻게 된 것인가?'라는 생각이 들었습니다. 제가 받은 부당한 처우는 기독교인의 자유와 표현의 자유에 관심이 있는 사람이라면 누구나 우려해야 할 일입니다."[100]

맥코넬의 변호사인 안드레아 윌리엄스(Andrea Williams)가 말한다.

"단지 생물학적 현실을 말했다는 이유로, 경찰은 폭행과 학대를 당하고 소지품을 도난당한 거리 설교자를 보호하지 않습니다. 데이비드 맥코넬에 대한 학대는 여기서 멈추지 않습니다. 그는 체포되어 유죄 판결을 받았고 대테러 감시기관에 신고됐습니다.[101]

LGBT 이데올로기를 인정·장려하기를 거부한다는 이유로 일반인과 전문가들이 잠재적인 테러리스트로 기소되고 신고당합니다. 이 사건은 우리 사회의 이런 충격적인 동향을 단적으로 보여주고 있습니다.[102] 본부에서 LGBT 깃발을 휘날리고 있는 경찰들은 기독교 설교자에게 공정한 보호를 제공하지 않습니다. 거리 설교자의 말에 '불쾌하다'라고 외치는 사람이 있으면 거리 설교자는 연행되고 처벌을 받습니다. 이것은 그들의 자유를 극단적으로 제한하는 것입니다.[103]

성경은 우리가 남성과 여성으로 태어났다고 분명히 가르칩니다. 이것을 믿고 공공장소에서 이런 믿음을 표현할 수 있는 자유는 체포나 테러리스트 신고에 대한 두려움 없이 보호받아 마땅합니다."[104]

이 사건 외에도 맥코넬은 2019년 12월경 영국의 웨스트요크셔(West Yorkshire) 길거리에서 복음을 전하다가 증오 관련 공공질서법 위반으로 체포되었다. 길거리 설교 중 한 행인이 그에게 야유를 퍼부으며 낙태와 성적지향, 성별에 관한 질문을 했고, 이에 대한 성경적 답변을 했다가 경찰에 의해 체포된 것이다. 맥코넬은 행인의 질문을 받기 전에 이 주제에 대해 언급하지 않았었다.[105] 젠더 추종자들이 의도적으로 젠더 이데올로기에 거슬리는 질문을 함으로써 성경적 양심에 따른 답변을 유도하고, 기독교인들을 처벌케 한다는 비판이 잇따른다.

2020년 11월 1일 영국 스윈던(Swindon) 길거리에서 존 던(John Dunn, 55세)도 성경을 원용했다가 기소됐다.[106] 그는 길거리 설교 중 고린도전서 6장 9절을 원용했다. 즉, "남색하는 자(동성애자)가 하나님의 나라를 유업으로 받지 못할 줄을 알지 못하느냐"라는 성경 구절을 원용했다가 혐오 표현을 했다는 이유로 기소됐다.[107] 이후 존 던은 공공질서법 위반 혐의로 2년간 형사 재판을 받아야만 했다.[108] 검찰은 형사 재판 중 "성경은 학대적이며 더 이상 현대 사회에서 적절하지 않다.[109] 공개적으로 언급할 경우 불쾌감을 줄 수 있는 성경 구절들이 있다. 따라서 존 던을 기소한 것은 필요성과 균형성이 있다"라는 입장을 표명했다.[110] 젠더 이데올로기 앞에서 성경이 불법화되고 혐오 책으로 전락하는 것이다.[111] 검찰은 존 던을 고소한 동성애자 커플이 증거를 제시하지 않자, 형사소송을 2년간 진행하다가 기소를 취하했다.[112] 증거가 제시됐다면 존 던은 성경을 원용했다는 이유로 범죄자가 됐을 것이라는 지적이 많다.[113]

셋째, 기독교 학교에서 학생이 자신의 종교적 신념을 지키고자 하면 무기정학 등 불이익을 당하는 사례들이 증가하고 있다.

2022년경 캐나다의 성 요셉 가톨릭 고등학교(St. Joseph's Catholic High School)에서 16세인 조쉬 알렉산더(Josh Alexander)가 수업 토론 중 생물학적 성별을 지지하는 발언을 했다가 1년간 정학 처분뿐만 아니라 체포까지 당해 논란이 됐다.[114] 이 가톨릭 고등학교 웹사이트에서는 "가톨릭 기독교 환경의 틀 안에서 교육한다"라고 명시되어 있다.[115] 그럼에도 알렉산더는 '사람이 남자와 여자로 창조됐다'라는 성경에 따라 생물학적 성별을 지지했다가 불이익을 받게 된 것이다.

이 사건의 발단은 선생을 포함한 모든 학생들이 참여한 젠더 관련 토론 수업이었다. 토론 주제는 '남학생(트랜스젠더)의 여자 화장실 사용, 젠더불쾌증, 남성의 모유 수유'에 대한 것이었다.[116] 알렉산더는 "성별은 두 가지뿐이고 사람은 남성 또는 여성으로 태어난다. 젠더가 생물학에 우선될 수 없다", "남학생의 여자 화장실 사용을 허용해서는 안 된다"라고 토론 중 말했다.[117] 이 발언은 가톨릭 교육의 틀에 부합한다. 그럼에도 이 발언으로 알렉산더는 정학 처분을 받았다.[118]

정학 처분이 끝나기 바로 전날 밤에 교장(Derek Lennox)은 정학 처분과 유사한 효과가 있는 배제 명령(exclusion order)을 내려 알렉산더의 학교 출입을 금지했다.[119] 그러나 2023년 2월 6일 알렉산더는 수업을 듣고자 학교에 나타났다.[120] 이에 학교 측은 무단침입으로 그를 고소했고 2명의 경찰이 학교에서 그를 체포해 사회적 논란이 됐다.[121] 알렉산더가 말한다.

"한때 당연시하던 자유들이 사라지고 있습니다. (이 사건은) 우리나라에서 표현의 자유가 얼마나 조금 남았는지 보여줍니다.[122] 종교의 자유는 가장 중요하기 때문에 박해가 있더라도 포기할 수 없습니다.[123] 우리가 오랫동안 당연하게 여겨왔던 모든 자유를 곧 잃게 될 것이라는 데는 의심의 여지가 없습니다. 일부 또래 젊은이들은 자신의 의견 표현을 두려워합니다. 그러나 너무 늦기 전에 목소리를 내야 합니다."[124]

또한, 학부모의 종교적 신념에 반하여 초등학교 자녀에게까지 퀴어축제 참여를 강요하는 사례도 발생하고 있다.[125] 사실상 아동에게도 종교적 자유가 허락되지 않는 것이다. 일례로, 2018년경 영국 런던의 헤버스 팜(Heavers Farm) 초등학교는 종교적 신념에 따른 학부모들의 반대에도 불구하고 모든 학생에게 퀴어축제 참여를 강제했다.[126] 이에 학부모(Izoduwa Montague)가 이의를 제기하자 학교 측에서 자녀를 징계해 사회적 논란이 되었다.[127]

넷째, 종교적 신념에 어긋나는 인권교육이 자녀에게 강제되어, 학부모가 이를 우려해 지적하게 되면 직장에서 해고되기까지 한다.

일례로, 영국에 사는 크리스티 힉스(Kristie Higgs, 44세)는 아들이 다니는 초등학교(Church of England primary school)에서 트랜스젠더 아동도서를 교육자료로 쓰는 인권교육에 대해 깊이 우려했다.[128] 이에 힉스는 2018년경 100명의 팔로워에게만 공개되는 페이스북 계정에 의무적으로 시행될 인권교육에 반대하는 청원서를 공유했다.[129] 온라인 청원서 내용은 다음과 같다.

"관계성 교육(인권교육)을 초등학교에서 의무화하고, 성과 관계성 교육(인권교육)을 중학교에서 의무화하는 정부의 협의가 (2018년) 11월 7일에 마감됩니다. 이것은 다음과 같은 내용을 아이들에게 가르친다는 것을 의미합니다. 동성결혼은 전통적인 결혼과 완전히 똑같고, 성별은 생물학적인 것이 아니라 선택의 문제며, 아이들이 자신의 성별을 선택할 수 있다고 가르칩니다. 모든 관계가 똑같이 정상적이고 적절하다고 가르칩니다.

동시에 이것은 남성과 여성의 결혼과 창조에 대한 기독교의 근본적인 신념을 가르치고 표현하는 것이 금지된다는 것을 의미하게 됩니다. 왜냐하면, 이런 기독교적 신념은 받아들일 수 없는 종교적 편협함을 세뇌하는 것으로 간주되고, 새로운 가치와 충돌하기 때문입니다. 이것은 신념을 형성할 자유를 박탈하고, 당의 노선(젠더 이데올로기)을 따르는 사람들을 위한 표현의 자유만 허용된다는 것을 의미하게 됩니다. 우리는 다시 말하지만, 이것은 기독교를 공적 영역에서 퇴출하고 탄압하려는 목적을 가진 악의적인 전체주의의 한 형태입니다."[130]

힉스는 사회적 성을 의무적으로 세뇌당해야 하는 아들을 걱정하면서 수많은 부모의 우려가 반영된 글을 페이스북 친구들에게만 공유했을 뿐인데, 직장에서 해고됐다.[131] 힉스가 말한다.

"저는 종교적 신념 때문에 해고되었습니다. 저는 하나님이 남성과 여성을 창조했고 이것이 실수가 아니라고 믿습니다. 그래서 저는 현대 사상인 성적 유동성이나 트랜스젠더리즘을 믿지 않습니다.[132]

그리고 거짓되고 해로운 이데올로기가 성행할 때 성경적 진실을 표현해야 한다는 신념이 있습니다. 저는 소셜미디어에서 게시물을 올린 것이 잘못되었다고 생각하지 않습니다. 왜냐하면, 우리 아이들이 세뇌당하고 있다고 생각하기 때문입니다. 저는 정보를 제공하기 위해 게시물을 공유했습니다. 그리고 저의 종교적 신념은 결혼이 한 남자와 한 여자 사이에 이루어진다는 것입니다. 하나님의 법은 성별을 바꿀 수 없다고 합니다. 반면 차별금지법은 성별을 바꿀 수 있다고 하는데, 제가 이것을 받아들여야 한다는 것을 의미하지 않습니다. 이것은 제가 그들을 혐오하거나 그들이 제 친구가 아니라는 것도 의미하지 않습니다.[133] 저의 종교적 신념 때문에 직장을 잃었는데, 우리 사회가 더 이상 이런 신념을 용인하지 않는 것으로 보입니다."[134]

다섯째, 부모가 자녀에게 성경적 가정교육을 할 경우, 부모의 양육권까지 박탈하는 사례들이 발생하고 있다. 종교 강요로 몰아 부모에게 정서적 학대 프레임을 씌우는 것이다.

2015년 11월 16일 노르웨이에서 마리우스 보드나리우(Marius Bodnariu)와 루스 보드나리우(Ruth Bodnariu) 부부는 정부 기관인 '바르네베르넷'(Barnevernet)으로부터 자녀 5명에 대한 양육권을 박탈당했다. 가장 어린 자녀는 생후 3개월 된 신생아 아들이었고 가장 나이가 많은 자녀는 9세 딸이었다.[135] 자녀들에게 '죄를 지으면 하나님이 벌하신다'라고 가정교육을 했기 때문에 자녀들을 국가에 빼앗긴 것이다.[136] 딸들의 학교(Vevring School) 교장이 "하나님이 죄를 벌하신다는 기독교 근본주의 가정교육은 아이들 발달에 방해될 우려가 있다"라고 진정을 제기한 것이 사건의 발단이 됐다.[137] 소송에서 드러난 서류들을 보더라도 양육권 박탈의 진짜 이유는 젠더 이데올로기와 충돌하는 성경적 가치관으로 자녀들을 양육했기 때문이라는 지적이 많다.[138]

이 사건이 외부에 알려지자 국제적으로 논란이 되어 60,000명이 청원을 했다.[139] 청원자들은 "노르웨이 정부에 의해 아이들이 강제적으로 부모에게서 떨어졌다. 이들은 자식들을 하나님의 지혜로 기르기 위해 노력하는 일반적인 기독교 가정이다. 어떤 세뇌 교육도, 아동학대도 없다!"라고 탄원했다.[140] 자녀들을 돌려받기 위한 소송을 진행한 지 7개월 만에 노르웨이 정부는 국제적 비난 여론에 못 이겨 자녀들을 부모에게 돌려보냈다.[141] 그러나 이미 되돌릴 수 없는 피해를 입힌 상태였다.[142] 보드나리우 부부가 말한다.

"여리고 성처럼, 법의 이름으로 자행된 이 어처구니없는 일의 배후에 있을 거대한 장벽을 하나님께서는 허무실 수 있을 것입니다. 법은 어린이들을 보호하기 위한 것이지 가정을 파괴하라고 있는 것이 아닙니다."[143]

2015년 3월경 한국에서도 교육부가 각 교육청에 '아동학대 예방 및 신고의무자 교육 실시'라는 공문을 보내 논란이 된 바 있다.[144] 한국 보건복지부 산하 중앙아동보호전문기관은 홈페이지에서 '보호자의 종교 행위 강요'를 아동학대 중 하나인 '정서학대'로 분류했다. 그리고 이를 5년 이하의 징역 또는 3,000만 원 이하의 벌금 대상이라고 소개했다.[145] 그런데 교육부와 교육청은 일선 학교에 이런 내용에 대해 교직원 연수를 실시하라고 공문을 보낸 것이다.[146] 젠더 이데올로기와 충돌하는 성경적 가치관으로 가정교육을 하면 잠재적 범죄자로 취급된다는 비판의 목소리가 높았다.[147]

2023년 5월경 한국에서 아동기본법도 발의됐다. 이 법안에는 "아동권리를 침해당하여 피해를 입은 아동 또는 그 사실을 알고 있는 사람이나 단체는 국가인권위원회에 그 내용을 진정할 수 있다"라는 규정 등이 담겼다.[148] 아동기본법의 제정에 반대하는 500여 단체들은 성명을 냈다.

"아동기본법안은 국가인권위에 진정하는 절차도 신설했다. 국가인권위는 아동학대범죄의 법적 요건에 해당하지 않는 사건도 편향적 인권 기준을 적용하여 아동학대라고 판단할 것이 예상된다. 국가인권위는 자녀의 동성애와 성전환을 반대하는 부모를 아동학대 가해자로 몰아세울 것이고, 부모가 자녀에게 신앙을 권유하는 것조차 아동학대라고 결정하게 될 가능성이 크다."[149]

이처럼 아동기본법은 젠더 이데올로기를 거스르는 부모의 자녀교육권을 침해·박탈하는데 악용될 수 있다는 우려가 많다. 특히, 차별금지법이 제정된다면 이런 현상은 심화될 것이다. 한국에서도 비판할 수 있는 표현의 자유가 규제된 상태에서 아동기본법이 진화하게 되면, 성경적 가정교육을 했다는 이유로 부모의 양육권이 박탈된 노르웨이 사례가 재연될 수 있다.

여섯째, 종교적 신념 때문에 젠더 이데올로기에 적극적으로 동조하지 않을 경우 생계권을 위협하는 사례들도 증가하고 있다.

미국 미시간주에서 사과 과수원을 운영하는 스티븐 테니스(Stephen Tennes)는 이스트 랜싱(East Lansing) 시당국이 운영하는 농산물 시장에 2010년부터 사과를 판매해왔다.[150] 이것은 테니스 가족의 주 수입원이기도 하다.[151] 그런데 2016년경 테니스는 페이스북에 '결혼은 한 남자와 한 여자 사이의 결합이라는 성경적 신념에 따라 자신이 운영하는 사과 과수원에서 동성애 결혼식을 주최하지 않겠다'라는 글을 남겼다.[152] 2017년경 시당국은 이 글이 차별이라며 테니스에게 농산물거래 금지처분을 내렸다.[153] 행정부가 젠더 이데올로기에 반대하는 신념을 가진 시민의 생계를 제한하는 행정상 조치를 함으로써 응징·보복한다는 비판이 쏟아진다.[154] 테니스가 말한다.

"저는 LGBT 커뮤니티 구성원들에게 서비스를 제공하고 그들을 고용하며 농산물 시장에서도 계속 그렇게 할 것입니다. 그러나 결혼이 한 남자와 한 여자의 결합이라는 종교적 신념에 따라 표현하고 행동할 수 있는 자유는 헌법상 보장되는 권리입니다.

결혼에 대한 저의 종교적 신념과 우리 집과 농장 뒷마당에서 결혼식을 주최하는 것은 이스트 랜싱 시당국과 아무 관련이 없습니다. 그리고 농산물 시장에 참석하는 모든 사람에게 농산물을 파는 것과도 관련이 없습니다.[155]

저는 종교적 신념에 따라 우리 가족이 운영하는 농장에서 결혼식에 참석하고 주최하겠다고 페이스북에 썼습니다. 이 게시물은 이스트 랜싱 시당국이나 농산물 시장과 전혀 관련성이 없는 글입니다. 그러나 시당국 공무원들이 이 게시물에 대해 알게 되자 저를 농산물 시장에서 퇴출키로 했습니다. 저의 개인적인 종교적 신념이 시당국의 정책을 위반했다는 이유입니다.[156]

또 다른 사례를 보자. 제빵사인 잭 필립스(Jack Phillips)는 미국 콜로라도에서 1993년 9월경부터 주문형 수제 케이크를 제작하는 가게를 운영해 왔다. 그에게는 결혼이 '남자와 여자의 결합'이라는 성경적 신념이 있었다. 신념에 반하는 메시지를 요구하지 않는 한 누구를 위해서든 예술적인 아트 케이크를 고객의 주문에 따라 제작했다.[157] 그런데 2012년 7월경 동성애자인 찰리 크레이그(Charlie Craig)와 데이비드 물린스(David Mullins)는 동성혼 축하 메시지가 담긴 케이크를 주문했다.[158] 필립스는 "저는 당신들에게 다른 케익을 다 팔겠으나 동성결혼식을 위한 주문 케이크는 만들지 않는다"라고 답했다.[159] 대화는 약 20초 걸렸을 뿐이고 동성애 커플은 필립스에게 욕을 하고 곧바로 가게를 나갔다.[160] 그리고 이들은 필립스에 대해 콜로라도주 차별금지법 위반으로 인권위원회에 진정을 제기했다.[161] 콜로라도 인권위원회는 필립스에게 동성혼 축하 케이크 제작을 명령했다.[162] 이에 불응하자 콜로라도 인권위원회와 필립스 간의 첫 번째 소송이 6년간 진행됐다.[163] 콜로라도주 항소법원까지는 인권위원회가 승소했으나,[164] 미국 대법원은 콜로라도 인권위원회가 차별금지법을 집행하는 데 있어 종교적 신념에 대한 적대감을 드러내며 중립성을 보이지 않았다는 이유로 항소법원 판단을 파기했다.[165]

그런데 첫 번째 소송이 진행되던 중 또 다른 차별금지법 진정사건으로 인권위원회가 필립스와의 두 번째 소송을 제기했다. 대법원이 본안판단을 허락한 날인 2017년 6월경 트랜스젠더 운동가이자 변호사인 어텀 스카르디나(Autumn Scardina)가 필립스에게 성전환 축하 메시지가 담긴 케이크 제작을 주문한 후 진정한 것이다.[166] 얼마 후 스카르디나는 마리화나를 피는 사탄 이미지를 묘사한 케이크까지 주문했다.[167] 스카르디나의 주문은 우연이 아니라 필립스의 종교적 신념을 조롱하고 괴롭히기 위한 함정이라는 비판이 나온다.[168] 단지 신념을 지키고자 했던 필립스는 연이어진 이런 악의적인 소송에 10년 동안 고통을 겪어야

했다.[169] 이에 따라 수입의 40%가 감소했고 10명의 직원 중 6명이 직장을 잃게 됐다.[170] 온 가족도 살해 협박과 반달리즘에 따른 파괴행위에 시달렸다.[171] 젠더 추종자들은 돌로 창문을 깼고 아내는 가게에 가기를 두려워했다.[172] 캔슬 컬처의 표적이 된 것이다. 젠더 이데올로기와 양립할 수 없는 종교적 신념을 포기하든지, 사업을 폐업하든지 선택할 것을 국가가 강요한다는 비판의 목소리가 높다.[173]

필립스의 사건이 언론에 노출된 후 필립스의 신념을 조롱하는 이런 괴롭힘은 계속 이어졌다. 사탄 숭배자들도 필립스에게 사탄의 탄생일을 기념하는 케이크를 주문했다.[174] 케이크 주문이 거절될 경우, 사탄 숭배자들은 종교적 차별을 이유로 진정을 제기할 수 있는 것이다.[175] 실제로 종교적 차별을 금지하는 차별금지법이 무기화되어 이런 행태가 조장된다는 지적이다.[176] 필립스는 이와 유사한 주문을 주기적으로 받는다.[177] 필립스가 말한다.

"저는 신념에 어긋나는 메시지를 표현하는 케이크를 만들 수가 없습니다. 그래서 저는 고객(어텀 스카르디나)을 위해 기꺼이 다른 제품을 판매하거나 제작할 수 있다고 설명하면서 예의를 갖춰 성전환 기념 케이크 제작을 거절했던 것입니다. 우리는 이 고객에게 주문에 담긴 메시지 때문에 케이크를 제작할 수 없다고 말했습니다.[178] 그러나 이 고객은 우리를 고소했습니다. 이 고객은 수년간 우리의 사건(동성혼 기념 케이크 사건)을 추적해왔습니다. 그리고 의도적으로 우리의 종교적 신념에 어긋나는 케이크 제작을 주문했습니다.[179] 이 사건은 단지 우리를 함정에 빠뜨리기 위한 요청이었던 것입니다.[180] 만일 이 사건이 기각될 경우, 그들은 바로 다음 날 다시 돌아와서 다른 케이크 주문을 요청한 뒤 저를 고소할 것입니다.[181]

우리의 가게는 반달리즘으로 파괴되었습니다. 우리는 살해 협박들을 받았습니다. 한 남자는 '가게로 와서 너의 머리를 총으로 날려버리겠다'라고 저에게 계속 전화를 했습니다.[182] 이런 사건들은 단지 케이크나 제빵의 문제가 아닙니다. 단지 아트의 문제도 아닙니다. 저의 믿음의 문제입니다. 저의 창의력과 예술적 재능을 저의 종교적 신념에 위반하는 행동에 사용하도록 강요당하고 있습니다."[183]

일곱째, 젠더 이데올로기가 만연하거나 차별금지법이 시행되면 표현의 자유에 대한 극단적인 이중잣대가 적용된다. 즉, 젠더 이데올로기를 옹호하는 표현을 할 경우, 사실상 전방위적 면책과 특혜가 주어진다. 캔슬 컬처를 위한 협박을 하더라도 처벌되었다는 사례는 찾기 힘들다. 반면 종교적 신념 등 젠더 이데올로기에 거슬리는 표현을 할 경우, 사회적으로 매장당할 우려가 크다.[184] 젠더 이데올로기에 유리하면 극단적으로 관대한 처분을, 불리하면 균형 잃은 가혹한 처분을 하는 이중잣대가 적용되는 것이다. 일례로, 종교적 신념을 표현하는 필립스 같은 사람에게 향하는 젠더 추종자의 살해 협박 등에는 공권력이 방치하거나 관대하게 대처한다. 반면 자신의 종교적 신념을 포기하지 않으면 공권력이 개입해 재정적으로 파산시키는 제도적 메커니즘이 작동한다.

다른 사례도 보자. 2018년경 미국 미시간주 교회의 제레미 쇼싸우(Jeremy Schossau) 목사는 '부끄럽지 않은 정체성'(Unashamed Identity) 워크숍을 6주 동안 개최한다고 페이스북에 게시했다. 여아들이 타고난 성정체성을 부끄러워하지 않도록 상담하는 과정이다. 누구를 판단하거나 바꾸려는 목적이 아니다. 이 워크숍은 탈레즈비언들을 포함한 여성 자원자들이 진행한다.[185] 그 대상은 자신을 '트랜스젠더, 양성애자, 동성애자'라고 생각하면서 고통받고 있는 12~16세 여아들이다. 성경적 관점에서 이 아이들과 상담하는 프로그램인 것이다. 이 게시물을 보고 분노한 LGBT 커뮤니티는 이 프로그램이 전환치료라고 주장하며 극단적인 증오와 음란물이 담긴 수천 건의 협박 메시지를 보내왔다.[186]

"너희 교회와 집을 불살라 버리고 너와 가족 모두를 죽여버리겠다."[187]

이런 수많은 협박에 쇼싸우가 말한다.

"부모와 아이가 함께 상담하기를 원해서 이 워크숍에 오는 것입니다. 우리는 아이들이 워크숍에 오도록 강제한 것이 아니라 그곳에 오기를 원하는지 물었을 뿐입니다. 그들은 몸부림치고 있기에 그곳에 오는 것입니다. 그들이 그곳에 있는 이유는 그들이 원했기 때문입니다.[188] 그들은 상담을 구하고 있습니다. 누군가가 그들의 말을 들어주기를 원하면서 나아갈 방향을 구하고 있습니다. 이성애를 떠나 동성애를 선택할 수 있지만, 동성애를 떠나 이성애를 선택할 수 없다는 동성애 커뮤니티의 사고방식은 철저하게 위선적입니다.[189] 서로 다를 것이 없기 때문입니다.[190]

고통받고 아파하는 누군가가 대화할 사람을 찾기 위해 우리에게 연락하는 것이 도대체 왜 잘못되었다는 것입니까? 그들이 이성애로 나아가고 우리가 그것을 응원하는 것이 왜 잘못입니까?"[191] 그런데 우리에게 10,000통 이상의 협박이 담긴 이메일과 메시지, 그리고 전화가 끊이지 않고 왔습니다."[192]

한국에서도 이런 극단적인 이중잣대가 적용될 수 있는 정책이 시행 중이다. 2023년 4월 27일 사단법인 한국인터넷자율정책기구(KISO, 이하 '키소')는 '혐오표현 자율정책 가이드라인'을 발표했다.[193] 이 가이드라인은 네이버, 카카오, 네이트 등 16개 회원사에 적용된다. 그 내용은 "특정 집단이 혐오 표현으로 인해 차별, 배제되지 않도록 피해 예방 및 구제를 하여, 표현의 자유가 존중되는 건강한 인터넷 문화를 조성한다"는 것이다.[194] 이 '혐오 표현'에 '성적지향'도 새로 추가됐다.

키소 관계자는 "성적지향 항목은 LGBTQ를 포함한다. 온라인상 혐오 표현과 관련해 인터넷 사업자 공통의 가이드라인을 마련한 것은 이번이 처음이다"라고 밝혔다.[195] 또 "게시물이 운영 정책 등에서 금지하는 내용에 해당할 경우 이를 비공개 또는 삭제 처리하거나 게재를 거부할 수 있다"라고 한다.[196] 사실상 '온라인판 차별금지법'이라는 비판이 잇따른다.[197]

이런 결정을 한 키소의 정책위원 8명 중 3명은 젠더 이데올로기 실현을 최우선 과제로 삼는 국가인권위 소속이다.[198] 이제는 인권보도준칙을 통해 언론의 기사나 방송을 통제하는 것을 넘어, 사실상 인터넷을 사용하는 모든 국민을 대상으로 젠더 이데올로기에 순응하는 표현만 하도록 규제하겠다는 것이다. 즉, 일반 시민의 블로그, 카페, 뉴스 댓글 등 온라인의 수많은 공간에서도 젠더 이데올로기에 거슬리는 표현이 검열·삭제될 수 있다.[199] 이 발표 직후인 2023년 5월 2일 젠더 이데올로기에 반대 목소리를 내던 사람(주요셉 목사)의 카카오톡(Kakao Talk)과 다음(Daum) 메일 계정이 영구 정지되기도 했다.[200]

500여 단체들이 키소 정책(가이드라인)을 규탄한다.

"해당 가이드라인은 키소 회원사인 국내 대표 인터넷 사업자인 네이버, 카카오 등에게 공통적으로 적용돼, 사실상 인터넷을 이용하는 모든 국민의 자유로운 표현들이 규제 대상이 된다.

우리나라에서 혐오 표현 규제론은 동성애와 같은 성적지향을 옹호하는 측에서 제기하는 일방적 주장에 불과할 뿐, 혐오 표현 규제론이 가진 심각한 자유 침해의 위헌성과 중대한 오류 때문에 현재까지 법률적 및 사회적으로 합의된 규범으로 인정된 바 없다. 키소의 가이드라인은 헌법에 보장된 국민의 자유와 권리를 합의되지 않은 사유를 들어 규제한다는 점에서 차별금지법안(평등법안)과 매우 유사한 구조와 내용을 가지고 있다.

현행법상 비판 대상이 사람이 아닌 경우에는, 피해자가 특정되지 않은 단순한 가치관 표현행위이므로 형법의 규제대상으로 삼지 않는다. 그런데 '성적지향'과 같이 도덕 윤리 신념적으로 가치관 차이가 다양하게 나타나는 사항을 규제대상으로 삼는 경우 사람마다 그에 대해 가지는 자유로운 견해와 사상, 관점의 표현을 통제하는 결과를 초래하는 심각한 문제가 발생하게 된다.

따라서 동성애자나 성전환자인 사람에 대한 위법한 차별행위가 규제될 수는 있어도, 동성 간 성행위와 같은 동성애와 관련한 각종 행위들과 그로 인해 초래될 각종 해악과 폐해의 문제점들에 대하여는 국민 누구나 자신이 가진 신념과 양심에 따라 자유롭게 반대하고 비판할 수 있는 표현의 자유가 보장되어야 한다.

시민단체들은 키소의 가이드라인이 실질적으로는 인터넷을 이용하는 모든 국민의 의사 표현들 하나하나가 해당 가이드라인의 심사 및 규제대상이 된다는 점을 지적한다. 키소의 가이드라인에 따라 동성애에 대한 부정적 가치관 표현을 혐오 표현으로 규제한다면, 이는 온라인상의 수많은 공간 즉, 뉴스 댓글, 블로그, 카페 등 국민들이 매일 이용하는 공간에서 동성애 반대나 비판이 모두 사라지고 오로지 동성애 찬성과 옹호 표현들만 존재하는, 사실상 온라인 검열과 통제를 통해 획일화된 가치관을 강요하는 전체주의가 온라인상에 구현될 우려가 크다.

누구보다 자유로운 의사 표현의 장을 조성하고 다양한 의사 표현을 존중하여 발전시켜야 할 인터넷 사업자가 오히려 성혁명 세력의 앞잡이가 되어 국민의 자유로운 표현행위를 부당하게 규제하고 위축시킨다면, 헌법상 보장된 국민의 기본권을 중대하게 침해하는 것이며 민주주의를 퇴행시키는 결과를 가져올 것이다."[201]

키소 가이드라인에 대응하고 있는 법무법인 로고스의 임천영 변호사가 말한다.

"현행법상 명확하지 않은 정의인 '성적지향'을 차별 사유로 규정하는 법률이 따로 없음에도 민간기구에서 이를 가이드라인으로 규정해 제재하는 건 문제가 큽니다. KISO의 가이드라인은 차별금지법 제정을 합리화해 여론을 호도할 우려가 있고, 극심한 사회·종교적 갈등의 또 다른 발화점이 될 것입니다. 법 제정이 어려우니 민간에서 적용해 보자는 것인데 차별금지법처럼 동성애 폐해에 대한 객관적인 입증 내용조차 밝힐 수 없게 만들어 다수 국민의 표현과 종교의 자유에 재갈을 물릴 소지가 다분합니다. '성적지향' 등의 문구를 삭제해야 합니다."[202]

여덟째, 표현의 자유에 대한 극단적인 이중잣대를 넘어서 이제는 젠더 이데올로기에 반대하는 생각을 제재하는 사례들까지 발생해 충격을 주고 있다. 종교적 신념을 표현하는 사람에 대한 살해 협박을 문제 삼지 않는 것과 대조적으로, 낙태 시술소 앞에서 기도했다는 이유만으로 체포당하는 일이 영국에서 실제 벌어지는 것이다. 동성애/성전환 확산정책뿐만 아니라 낙태를 인권으로 간주하며 이를 조장하는 정책도 젠더 이데올로기의 산물이다.[203] 이런 젠더 이데올로기가 만연하게 되면 이를 반대하는 종교적 생각이나 기도까지도 공권력을 이용해 제재하는 제도적 장치가 마련된다.

2022년에 진행된 BBC(영국 공영방송) 조사결과에 따르면 영국에서 낙태를 하는 여성 중 15%가 자신의 의지에 반해 낙태를 강요당하는 것으로 나타났다.[204] 그런데 영국에서 시행되는 '공공장소 보호령'(Public Spaces Protection Orders, 이하 'PSPO')은 낙태 시술소 반경 150m 안에서 '생각 범죄'를 처벌한다.[205] 즉, 사회·경제적 사유로 낙태가 강요되는 임산부에게 실질적인 지원을 제안·제공하는 모든 행위나, 이를 위해 합의된 평화로운 대화나, 심지어 머릿속으로 하는 기도까지 모두 범죄화하는 것이다.[206] 칩 로이(Chip Roy)를 비롯한 미국 하원의원 8명은 서한을 보내면서 영국 기독교인의 종교/사상의 자유를 위협하는

'생각 범죄(thought crime)의 현실화'를 우려했다.[207]

"영국은 현재 언론의 자유, 종교의 자유, 심지어 사상의 자유에 대해 실존적 위협을 초래할 수 있는 불안한 길을 걷고 있습니다. 현재까지 최소 5곳의 영국 지방자치단체에서 신앙인이 생명 존중과 종교적 견해를 표현했다는 이유만으로 기소할 수 있도록 허용하는 '공공장소 보호령'(Public Spaces Protection Orders, 이하 'PSPO')을 통과시켰습니다.

이 부당한 법은 낙태 시술소 주변에 축구 경기장 크기의 '검열 구역'을 만들어 친생명 활동가들이 도움을 제공하거나 기도하거나 낙태 반대 의견을 표명할 수 없도록 합니다. PSPO는 특히 신앙인들의 활동을 표적으로 삼습니다.

이런 법의 시행은 낙태를 고려하는 여성들에게 지원을 제안하는 목소리를 내고 생명의 신성함을 지지한다는 이유로, 국가 차원에서 법적으로 괴롭히는 패턴을 만들어내고 있어 매우 우려스러운 상황입니다. 또한, 언론의 자유, 종교의 자유뿐만 아니라, 심지어 사상의 자유를 행사했다는 이유로 이런 괴롭힘이 이루어집니다.

이사벨 본 스프루스(Isabel Vaughan-Spruce)는 영업이 끝난 낙태 시설 근처에서 조용히 속으로 기도했다는 이유로, 아담 스미스 코너(Adam Smith-Cornor)는 낙태로 잃은 아들을 위해 개인적으로 기도했다는 이유로, 숀 고프(Sean Gough) 신부는 검열 구역에서 기도하고 '태아 생명은 소중합니다'라는 범퍼 스티커를 부착한 차량을 검열 구역 안에 주차했다는 이유로 기소당했습니다. 이것은 영국 정부가 종교의 자유를 침해한 구체적인 세 가지 사례에 불과합니다. 마음속으로 기도했다는 이유로 본 스프루스와 고프 신부는 기소됐고, 스미스 코너는 벌금까지 물었습니다. 세 사람 모두 검열 구역 안에서 자신들이 무슨 생각과 기도를 했는지 그 내용에 대한 심문을 받았습니다.

더 충격적인 사실은 의회가 영국 전역의 낙태 시설 주변에 이런 반종교적 검열 구역을 설치하는 법안의 시행을 검토하고 있으며, 침묵 기도와 합의된 대화가 범죄로 해석될 수 없음을 명확히 하는 수정 법안을 부결시켰다는 것입니다. 침묵 기도를 했다는 이유로 개인을 체포하는 것은 개인의 근본적인 자유에 대해 총체적이고 끔찍하며 불필요한 폭력을 확대하는 것입니다.

미국과 영국은 특별하고도 긴밀한 관계를 맺고 있는 만큼, 영국이 불가침의 기본적 인권을 보호하지 못할 때 미국은 우방국에 대담하고 분명한 목소리를 내야 합니다. 자유로운 국민은 자연권을 행사한다고 해서 법적 박해를 받지 않습니다. 우리는 친생명 시민들의 생각을 범죄화하는 영국 지방자치단체의 조치와 의회가 심사 중인 잠재적인 법안을 강력하게 규탄합니다."[208]

미국 하원의원들이 서한에서 언급한 이사벨 본 스프루스(Isabell Vaughan-Spruce), 숀 고프(Sean Gough) 신부, 아담 스미스 코너(Adam Smith-Connor)도 기도를 범죄화하는 PSPO를 비판한다. 본 스프루스가 말한다.

"기도를 개인적인 생각만으로 했는데 몸수색과 체포·감금을 당하고, 경찰의 심문 끝에 기소된 것은 끔찍하게 잘못된 처사입니다.[209] 검열 구역은 괴롭힘을 막기 위한 목적이라고 합니다. 그러나 괴롭힘은 이미 불법으로 처벌되고 있는 상황입니다. 괴롭힘은 당연히 비난받아 마땅합니다. 그 누구도 괴롭힘의 대상이 되어서는 안 됩니다. 그러나 제가 했던 행동은 이런 해악적인 것과 거리가 먼 것이었습니다.[210] 저는 마음 깊숙한 프라이버시 속에서 제 생각의 자유와 종교의 자유를 행사했을 뿐입니다.[211] 영국의 공공장소에서 생각하고 기도했다는 이유로 그 누구도 형사처벌을 받아서는 안 됩니다."[212]

"포괄적이고 균형성을 잃은 검열 구역 때문에 저는 기도했다고 체포되었습니다. 그 누구도 지원이나 도움을 제안했다고 처벌받아서는 안 됩니다. 그 누구도 기도했다고 범죄자가 되어서는 안 됩니다. 그 누구도 자신의 머릿속 생각 때문에 처벌받아서는 안 됩니다."[213]

고프 신부가 말한다.

"모든 사람은 마음속으로 기도할 권리가 있습니다.[214] 낙태 대신 다른 대안을 선택하기를 원하는 여성들에게 큰 도움이 될 수 있는 정보 공유와 평화로운 대화, 심지어 침묵 기도까지 당국이 길거리에서 검열하는 것은 잘못입니다.[215] 저는 표현의 자유를 위해 기도했다는 이유로 기소됐습니다.[216] 저는 어디를 가든지 매일 기도하는데, 기도는 결코 범죄가 될 수 없습니다.

만약 논의 중인 공공질서법 개정안처럼 영국 전역의 모든 낙태 시술소 주변에 검열 구역이 설치된다면 얼마나 많은 사람들이 지원을 제안하거나 마음속으로 기도했다는 이유로 형사 재판을 받고, 심지어 감옥에 갈지 알 수가 없습니다."[217]

스미스 코너가 말한다.[218]

"속으로 조용히 기도했다는 이유로 전과가 생길 위험에 처할 줄은 상상도 하지 못했습니다.[219] 제 아들 제이콥에게 일어난 일(낙태) 때문에 기도하게 되었습니다."[220]

본 스프루스와 고프 신부의 변호사인 제레마이야 이구누볼레(Jeremiah Igunnubole) 변호사가 말한다.

"표현의 자유가 제대로 보호되지 않는 사회에서는 국가기관이 가장 기본적 인권인 생각할 자유까지 침탈하게 됩니다.[221] 영국 시민의 자유에 대한 제한이 점점 커지는 가운데 발생한 스미스 코너와 본 스프루스의 사건들은 이것이 시간문제임을 보여주는 증거입니다."[222]

공공질서법(PSPO)에 대해 '합의된 대화'나 '침묵 기도'를 제외하는 수정안을 제안했다가 거부당한 앤드류 루어(Andrew Lewer) 하원의원이 말한다.[223]

"자유롭고 민주적인 사회의 기준은 의견 대립이 심하고 감정이 격화된 이슈에 대해 공개적인 대화를 용인할 수 있는지 여부입니다. 설사 기도하는 사람들이 해충이라고 생각되더라도 그들의 평화로운 발언, 심지어 그들의 조용한 생각까지 금지하는 것이 어떤 의미가 있는지 생각해 볼 필요가 있습니다.

'검열 구역'은 앞으로 또 다른 영역에도 적용될 수 있을까요? 성전환 시술소 밖에서 걱정하는 부모가 자녀에게 조언하는 것을 막는데 사용될 수 있을 것입니다. 이것을 부인하는 사람들은 '절대 일어날 수 없는 일이다', '과장이다'라고 말하겠지만, 이미 이 나라에서 생각 때문에 체포되는 일들이 벌어지고 있습니다."[224]

상원의원 스튜어트 잭슨(Stewart Jackson)이 말한다.

"본 스프루스나 스미스 코너 사건들은 사람들을 충격에 빠트렸습니다. 왜냐하면, 침묵 기도의 범죄화를 알지 못했기 때문입니다. 이 사건들은 검열 구역이 내재적으로 표현의 자유와 신념을 위협한다는 것을 드러냅니다. 그리고 검열 구역 안에 있는 동안 머릿속에 어떤 생각을 했는지에 따라 손쉽게 범죄자가 된다는 사실도 보여줍니다."[225]

상원의원 앨런 비스(Alan Beith)가 말한다.

"이제는 기도했다는 이유로 체포되어 경찰의 조사를 받고 무엇을 생각하고 기도했는지 심문을 당하는 사람들이 생겨나고 있습니다.[226] 이것은 디스토피아적인 모습입니다.[227] 사람들이 무엇을 생각하는지가 경찰의 관심사인 사회에서 살아가야 한다는 것을 상상할 수 없습니다."[228]

하원의원 대니 크루거(Danny Kruger)가 말한다.

"우리가 합의된 대화나 기도를 범죄화할 때 엄청난 의미가 있는 거대한 강을 건너는 것입니다.[229] 사람들이 혼자서 조용히 기도하는 것을 허용해서는 안 된다고 말하고 있는데, 우리는 도대체 무슨 짓을 하는 것입니까?"[230]

'생각 범죄'는 영국만의 문제가 아니다. 차별금지법이 시행되는 국가들의 문제다. 프랑스, 네덜란드, 스페인, 캐나다, 호주, 북아일랜드와 스코틀랜드 등에서도 PSPO(검열 구역)가 시행되고 있거나 그 도입을 준비하고 있다.[231] 일례로, 스코틀랜드 법안에서도 낙태 시설로부터 150m 반경 이내에 '영향력'을 끼치는 모든 활동을 금지하는데, 이 영향력의 범위에 기도가 포함됨을 분명히 밝혔다.[232]

본 스프루스를 변호한 단체의 대변인인 로이스 맥래치(Lois McLatchie)가 말한다.

"그 어떤 시민도 합법적이고 평화로운 활동, 심지어 기도했다는 이유로 형사처벌을 받아서는 안 됩니다.[233] 본 스프루스의 사례는 우리가 근본적 인권과 자유권이 침탈되지 않도록 바짝 경계하지 않으면 국가 정책이 어디까지 진화할 수 있는지 잘 보여줍니다."[234]

크리스천포스트(Christian Post)의 칼럼니스트이자 성경 학자인 마이클 브라운(Michael Brown) 박사가 말한다.[235]

"최근 몇 년 동안 단순히 성경의 질문에 정직하게 대답하거나 특정한 성경 본문을 설교했다는 이유로 수많은 거리 설교자들이 체포됐습니다. 이제 낙태를 반대하는 기독교인들마저 조용히 기도했다는 죄로 체포되고 있습니다. 앞으로 어떤 일이 일어날지 누가 상상할 수 있겠습니까? 그러나 이것만은 자신 있게 말할 수 있습니다. 기독교인과 자유를 사랑하는 사람들이 은혜, 겸손, 친절, 배려한다는 생각으로 지금 뒤로 물러선다면 '다음'이 확실하게 온다는 것입니다. 지금이 바로 말하고 행동하고 기도할 때입니다."[236]

02

소아성애 합법화, 젠더 이데올로기 이론가들이 주장했다고? 한국도 시작됐다고?

문화막시즘에서 젠더 이데올로기가 파생됐다.[237] 그리고 권위주의가 생산되는 가정으로부터 소아들과 청소년들을 성해방 한다고 외치면서 소아성애 운동도 전개됐다.[238] 젠더 이데올로기를 창시하고 체계화한 빌헬름 라이히, 존 머니, 앨프레드 킨제이, 미셸 푸코, 주디스 버틀러 그리고 헬무트 켄틀러와 같은 주요 이론가들은 한결같이 조기 성애화를 주장하는데, 이들은 모두 소아성애자들이거나 그 옹호자들이었다.[239] 그리고 대부분 '소아성애 합법화'를 주장했다.[240] 이들은 모두 인권교육의 토대가 된 젠더 이데올로기 이념가들이다. 이 이념가들은 소아성애 합법화 근거로 소아들도 주체적인 성적 욕망이 있고,[241] 오르가즘(성)을 즐긴다고 한다.[242] 동성 성행위 등에 대한 조기 성교육의 필요성도 역설했다.[243] 동의만 있다면 어떠한 형태의 성관계도 규제되어서는 안 된다고 가르친다.[244] 이를 통해 아동을 소아성애 파트너로 만들어 가게 된다는 지적이다.[245] 성관계를 놀이로 배운 유아를 상대로 소아성애 합의를 유도할 가능성이 커지는 것이다. 이런 이념가들의 사상은 조기 성애화를 중시하는 인권교육의 토대를 마련한 동시에 인권교육의 지향점도 된다.

인권교육을 통해 조성되는 교육환경은 아동·청소년이 강압이 아닌 자율적인 의사에 의하여 소아성애나 바텀알바를 선택하도록 유도한다.[246] 그러나 자신의 인생과 운명을 결정하는데 필요한 LGBT 유해성 정보는 제공하지 않는다.[247] 게다가 아동·청소년은 동성애/성전환으로 인한 위험부담을 자신의 책임으로 결정할 능력도 없는 상태. 이런 아이들에게 사회적 성을 미화하며 조기 성애화를 유도하는 인권교육이 강요되는 것이다.[248] 한국에서도 이렇게 성적 관(觀)을 왜곡하는 인권교육이 성 개념조차 없는 만 3세 아동에게까지 확대됐다.[249] 소아성애 합법화 전략의 전제인 아동의 '자발적인 동의'를 이끌어내고, 게이 커뮤니티가 아동에게 보다 쉽게 접근할 수 있는 제도적 환경을 조성한다는 비판이 쏟아진다.

일부 젠더 추종자들은 소아성애가 이성애나 동성애처럼 '성적지향의 한 종류일 뿐'이라고 주장한다. 사회가 성숙하면 동성애와 마찬가지로 소아성애도 포용될 것이라고 주장하는 것이다.[250] 이론적으로는 사회에서 소아성애를 포용할 정도로 기존 가치체계가 해체될 경우 '성적지향'에 소아성애를 배척할 근거가 없게 된다. 게다가 모든 국가기관과 법 제도가 복종해야 하는 차별금지법은 '성적지향' 보장을 최우선 가치로 삼는다. 결국, 젠더 이데올로기를 실현한다는 것은 이를 체계화한 이념가들의 전략도 실현한다는 의미가 된다. 이것은 곧 '소아성애 합법화'를 향해 젠더 이데올로기 정책이 단계적이고 점진적으로 진행될 개연성 또한 크다는 것을 의미한다.

구체적으로, 생물학적 성별을 기초로 세워진 가족관계를 해체하기 위해 생활동반자법을 거쳐 동성결혼이 인정되는 단계로 시작된다고 한다. 이것은 일부다처제와 폴리아모리의 법적 보호로 이어지는 중간단계 역할을 한다는 지적이다.[251] '다양한 가족형태'를 내세워 양성평등을 해체하고 성평등으로 이를 대체하는 문화혁명을 실현하는 것이다.[252] 그리고 사회가 받아들일 수 있도록 문화혁명이 진행되면서 소아성애 합법화를 지향하게 된다. 이를 위한 준비로 3~5세 아동에게 '조기 성애화'를 세뇌하는 인권교육이 시행된다는 지적이다. '합의적 소아성애의 합법화'를 위한 제도적 환경이 조성된다는 것이다.[253]

이런 우려를 확인할 수 있는 사례를 보자. 독일의 녹색당은 소아성애의 비범죄화를 주도하고 부분적으로 근친상간 금기의 폐지 운동을 전개한 바 있다.[254] 1980년경 '성적인 주변인들에 대한 차별'에 반대하는 프로그램을 통과시켰는데, 당시 소아성애자들의 관심을 대변하는 '소아성애 위원회'도 만들었다.[255] 2014년경 당 대표는 이런 과거사에 대해 공식적인 사과를 했다.[256] 2014년 11월 12일 시몬 피터(Simone Peter)가 기자회견에서 "당의 과거 입장에 대해 깊은 유감을 표한다. 성적 학대를 받은 모든 피해자에게 다시 한번 사과한다"라고 말했다.[257]

독일 성인지 성교육의 아버지이자 '성교육의 교황'으로 불리는 헬무트 켄틀러

(Helmut Kentler) 교수는 소아들의 성적 욕망을 내세우면서 소아성애를 정당화했다. 그리고 소아성애가 아이들의 교육에 유익하다고 주장했다.[258] 그러나 그는 이론에 그친 것이 아니라 당국의 지원 속에 실제 실험까지 했다. 급기야 소아성애 실험으로 인한 '켄틀러 게이트'가 폭로되면서 전 세계에 큰 충격을 안겨줬다.

그는 고아와 집 없는 아이들을 소아성애자 돌봄 아버지에게 넘겨주어서 일종의 '다양한 가족(퀴어 가족)'을 구성하는 실험을 15년 동안 진행했다.[259]

양부모가 이 아이들을 돌보는 대가로 성적인 행위가 이루어졌다. 처음에는 청소년으로 시작해 나중에는 6세 아이들까지 포함됐다.[260] 일례로, 마르코(Marco)는 6살 때 소아성애자 양아버지인 프리츠(Fritz H)에게 위탁됐다. 마르코는 "10년 동안 프리츠로부터 반복적으로 강간을 당했다. 그리고 성장하여 반격할 수 있을 때까지 계속 맞았다"라고 인터뷰에서 말한다.[261]

아이들은 15년간 외부와 차단된 채 성노예로 살았고 현재도 깊은 트라우마를 안고 살고 있다.[262] 오덴발트 슐레의 경우처럼 어린 시절의 성적인 트라우마를 극복하지 못해서 자살한 사건도 발생했다.[263] 이것은 차별금지법의 '다양한 가족형태'가 실험된 것으로 볼 수 있다는 지적이 잇따른다.[264] 그 배후에 문화막시즘과 젠더 이데올로기가 주리를 틀고 있다는 비판의 목소리도 높다.[265]

힐데스하임(Hildesheim) 대학교의 연구결과,[266] 베를린 당국은 1969년부터 2003년까지 켄틀러 교수의 제안에 따라 고아들(6~14세)을 소아성애자 양부모에게 위탁해왔다고 밝힌다.[267] 이 소아성애자 양부모들은 당국으로부터 정기적인 양육수당까지 받으면서 켄틀러 교수의 감독을 받았다. 켄틀러 교수는 "소아성애자는 문제 아동에게 특히 사랑스러운 부모가 될 수 있다. 성인과의 성적인 접촉이 아이들에게 해롭지 않다"라고 주장해왔다.[268] 그리고 "성인과 어린아이들 간 성행위도 차별받아서는 안 된다"라고 공개적으로 말해왔다.[269]

켄틀러 교수의 논문에서도 "성은 성적인 일이 일어나야만 가르칠 수 있다. 어린아이는 '성적인 존재'로 간주하고 성적으로 자극을 주어 '자신의 신체와 성 기능에 대한 긍정적인 관계'를 배우도록 해야 한다"라고 한다. 켄틀러 교수 자신도 공개적으로 동성애자라고 밝혔으며, 세 명의 아들을 입양했고 한 명의 남자 고아를 양육했다.[270]

국가 재정지원으로 운영하는 독일 공영방송 DW(Deutsche Welle)가 이 위탁가정 프로그램에 대해 보도한 뉴스 내용이다.

"헬무트 켄틀러(1928~2008)는 베를린의 교육 연구 센터에서 선도적인 위치에 있었습니다. 그는 성인과 어린이 간의 성적 접촉이 해롭지 않다고 확신했습니다. 베를린의 아동복지 서비스와 의원들은 이 프로그램의 불법성에 대해 눈을 감았습니다. 힐데스하임 대학의 연구원들이 이 프로그램을 조사하기 시작했는데, 소아성애를 '수용, 지원, 옹호'하는 네트워크가 교육 기관 전반에 걸쳐 발견되었습니다."271)

'성교육의 아버지'라 불리는 그의 철학은 어린아이들의 '조기 성애화'를 강조하는 인권교육과 궤를 같이한다는 비판이 많다.272) 또한, 그의 위탁가정 프로그램이 '다양한 가족형태'를 실험했다는 지적이다.

젠더 이데올로기를 체계화한 주요 이론가들의 주장과 같이, 젠더 이데올로기가 성행할수록 사회는 소아성애에 더 관대하게 변할 가능성이 크다. 젠더 이데올로기가 성행하는 유럽의 여러 나라에서는 소아성애가 급증하고 있는데 이에 대한 수사가 막혀 있고 언론이 이에 침묵한다는 비판이 나온다.273)

독일 성의학자인 클라우스 베이어(Klaus Beier)는 소아성애도 성적지향에 포함된다는 점에서 동성애와 다를 바가 없다고 한다.274) 2017년 3월 14일 그가 말한 인터뷰 내용이다.

"소아성애도 정상적인 성욕입니다. 성숙한 사회라면 소아성애자를 처벌하기보단 포용해줘야 합니다. 이차성징이 나타나기 전의 소년 혹은 소녀의 사진을 보고 성적 흥분을 느낀다면 소아성애증이 있는 것입니다. 소아성애는 대체로 사춘기 시절에 발현됩니다. 소아성애는 인간의 의지로 바꿀 수 없는 운명입니다. 소아성애도 이성애나 동성애처럼 성적지향의 한 종류일 뿐입니다. 따라서 소아성애자를 사회의 일원으로 받아들여야 합니다. 자연은 다양성을 좋아하지만, 사회와 문화가 다양성을 혐오하는 것입니다. 미성년자를 위한 성교육 프로그램에 인간의 성적 취향이 다양하다는 내용이 포함돼야 합니다."275)

미국 국회(하원) 청문회에서 논의된 연구결과에 의하면,276) 미국에서 동성애자 집단이 전체 인구의 2% 이하라고 조사될 당시,[277] 범죄통계는 전체 아동 성범죄의 3분의 1 내지 2분의 1에 동성 성행위가 개입됐다고 밝힌다.[278] 그리고 13세 이하 아동을 대상으로 한 성범죄의 31%에도 남성 동성애가 개입됐다고 한다.[279]

결국, 젠더 이데올로기(인권교육)의 이론적 기초를 세운 주요 이론가들은 한결같이 소아성애 합법화를 강조했다. 이런 이론가들의 이념이 녹아있는 젠더 이데올로기 정책 역시 '소아성애 합법화'를 향해 점진적으로 진화해 나갈 가능성이 큰 것이다.

그 진화의 구체적인 과정은 '다양한 가족형태'를 내세워 생활동반자법 → 동성결혼 → 폴리아모리의 법적 인정 단계를 거친다는 지적이다. 그다음 단계로 젠더 이데올로기의 주요 이론가들이 주장했던 '소아성애 비범죄화' 단계로 나아간다는 우려들이 나온다.[280] 이것은 기존 사회체제와 가치체계를 해체하는 문화혁명의 실현이기도 하다.[281]

2023년 4월경 한국에서는 동성결혼이 인정되기 전 단계인 생활동반자법이 발의됐다.[282] 혼인이나 혈연이 아니어도 같이 살면 가족으로 인정하겠다는 것이다.[283] 이를 통해 전통적인 가정은 해체된다.[284] 나아가 2023년 5월 31일 동성결혼을 명시하고 비혼 출산을 지원하는 가족구성권 3법(혼인평등법,[285] 비혼출산지원법,[286] 생활동반자관계에 관한 법[287])도 발의됐다.[288] 한국 최초의 '동성혼 법제화' 법안인 것이다.[289]

한편, 헝가리에서는 아이들을 소아성애로부터 지키기 위함이라고 밝히면서 2021년경 미성년자에게 동성애/성전환을 묘사하거나 조장하는 행위를 금지하는 법안을 발의했다.[290] 소아성애 퇴치를 목표로 동성애/성전환 등을 묘사한 아동도서 판매를 제한하는 법령도 발표했다.[291] 소아성애로부터 아이들을 지키기 위해 동성애/성전환 확산정책에 제동 거는 모습을 보인 것이다.

Q&A

Don't Mess with My Kids!

동성애

01_ 동성애 중단, 왜 어려울까?

02_ 바텀알바(동성애 성매매)가 동성애와 에이즈를 확산시킬까?

03_ 게이 정서적 장애의 주된 원인은 정말 사회적 차별 때문일까?

01

동성애 중단, 왜 어려울까?

동성애가 심신에 악영향을 끼친다는 사실에는 이견이 없다. 그런데 자발적 의지로 동성 성행위를 중단하는 것이 어려운 경우가 많다. 이것을 '선택할 수 없다'라고 표현한다. 그러나 그 원인이 선천적 요인인지 중독 증상 때문인지 논란이 되고 있다. 동성애자 전용 사이트에서 남성 동성애자 h******가 하소연한다.

"성욕 앞에선 모든 게 무너집니다. 다른 건 자제가 가능하지만 성욕은 안 됩니다… 어떻게 하면 좋을까요."[292]

젠더 추종자들은 1990년대 연구결과들을 근거로 동성애가 피부색처럼 선천적이라고 주장했다. 언론을 통해 이를 확대·재생산하며 차별금지법 제정의 근거로 삼았다.[293] 그러나 현대과학의 발달로 동성애가 '타고나지 않았다'라는 사실이 밝혀졌다. 1990년대 연구결과들의 오류나 동성애 유전자가 없다는 사실도 드러났다.[294] 또 인권교육이 성행하는 국가에서만 게이 청소년 폭증 현상이 가시화됐다.[295] 이는 동성애가 후천적으로 유발된다는 사실을 강력히 뒷받침한다. 이에 따라 젠더 추종자들은 대체로 동성애 원인을 모른다는 입장으로 선회했다.[296] 그런데 동성애가 타고난 것이 아니라면 왜 본인 의지로 중단하기 어려운 것일까?

수십 년간 동성애를 해왔던 탈동성애자들은 한결같이 동성애가 '성중독'이라고 밝힌다.[297] '하기 싫은데 성관계를 또 했다'라고 한다. 탈동성애자 김정현은 '항문성교는 전립선을 자극해 쾌감을 느끼게 한다. 여기에 중독되면 그때부터 동성애에서 빠져나오는 것은 거의 불가능하다'라고 밝힌다.[298] 이에 동조하는 의료 전문가나 학자들도 많다.[299] 중독 증상 때문에 수많은 성 파트너들과의 동성 성행위를 통제·중단하기 어렵다는 것이다. 연구결과에서도 LGBT 남성이 과잉성욕 행위를 할 위험이 가장 큰 집단이라고 밝힌다.[300]

동성 성행위는 자발적으로 시작하더라도 본인 의지로 중단하기란 사실상 어렵다.[301] 중독 증상으로 인한 비자발적 요소가 필요불가결하게 개입되기 때문이다. 즉, 항문성교를 하는 경우 남성 전립선의 자극을 통해 성적 쾌감을 얻게 되면서,[302] 뇌리에 각인된 쾌감의 기억이 끊임없이 중독 행위를 유발하게 된다.[303] 그런데 동성애자뿐만 아니라 모든 남자는 이런 자극을 느낄 수 있다.[304] 그리고 이성 간 성행위보다 쾌감이 더 큰 경우가 많은데,[305] 중독되면 의지적 선택으로 빠져나오기 어려운 이유다. 마약을 끊는 것만큼이나 어렵다고 한다. 에이즈 등 신체적 해악성을 수반하는 성중독 유사 증상을 보이는 것이다. 이런 중독 증상으로 인해 동성애자들 대부분은 끊임없이 새로운 성 파트너를 찾게 된다.[306] 남성 동성애자 중 약 43%가 500명 이상, 28%가 1,000명 이상의 성 파트너를 가지고 있다는 연구결과가 이를 뒷받침한다.[307] 에이즈에 감염된 게이가 일생 동안 갖는 평균 성 파트너 수가 1,100명에 이른다는 연구결과도 있다.[308]

그런데 일부 젠더 추종자들은 아직도 "대부분 사람이 자신의 성적지향을 선택한다는 감각을 느끼지 않거나 아주 약하게 경험한다"라며,[309] 선천적 요인의 근거로 삼는다. 그 외 실증적·객관적 근거는 찾아보기 어렵다. 그런데 중독자 대부분이 자신의 상태를 자각하지 못하는 것은 일반적인 현상이다. 전문가들은 성중독이나 도박중독과 같은 행위중독의 경우 약물중독보다 자각하기 훨씬 더 어렵다고 한다.[310] 동성애가 행위중독이기 때문에 자각하지 못한다는 지적이다. 한 연구결과에서는 '중독 증상이 발현된 게이는 보통 합리화, 최소화, 억압에 대한 방어 등을 사용해서 그들의 삶에 문제가 있고 조절이 되지 않는다는 것을 인정하지 않으려고 한다'라고 밝힌다.[311]

더군다나 동성과 친밀한 3~5세부터 동성애를 미화해서 주입하는 제도적 환경에 노출된다.[312] 그리고 동성애는 일반 성중독보다 강력한 내성과 금단현상을 보인다는 지적이다. 그럼에도 의료 전문가의 상담 치료까지 금지하기 때문에 본인의 의지만으로 성중독 유사 증상을 제어해야 하는 상황에 놓이게 된다.[313] 중단 노력을 자포자기할 수밖에 없는 것이다.

미디어와 인권교육에서는 동성 성행위를 통제·중단할 수 없는 이유가 선천적인 요인 때문이라고 떠든다.[314] 그 반대 견해는 공권력으로 억압하므로 잘 노출되지 않고 있다. 아동·청소년들이 의지만으로 중단하기 어려운 동성애를 선천적이라고 착각할 수밖에 없는 제도적 환경을 만드는 것이다.[315] 젠더 추종자들은 이렇게 형성된 착각을 재차 선천적 요인의 근거로 삼는다. 그리고 이를 명분 삼아 젠더 이데올로기가 반영된 제도적 환경을 확산한다. 이렇게 순환 논리가 만들어진다. 그리고 그 오류나 사회적 병리현상을 지적하면 차별금지법으로 제재한다. 차별금지법 제정의 정당화 근거가 위협받기 때문이다.

동성애의 본질적 요소로 지목되는 성중독에 대해 보자. 성중독이란 부정적인 결과를 초래할 것을 알면서도 성 관련 행동을 통제하지 못하고 반복적으로 성행위를 지속하는 증상을 말한다.[316] 성중독의 모든 임상적 특성들은 중독성 질환의 진단기준에 들어맞는다.[317] 과도한 성행위를 멈추길 원하나,[318] 스스로의 의지로 통제할 수 없다.[319] 우울증, 자살 충동 등 정서적 장애를 동반할 확률도 높다.[320] 그리고 일반인과 달리,[321] 성 중독자의 뇌도 약물 중독자가 약물을 갈구할 때 나타나는 뇌와 같은 현상(뇌의 보상회로)을 보인다는 사실이 과학적으로 확인됐다.[322] 연구결과 성중독은 DSM(정신질환편람)에 실린 정신질환과 80~100% 동일한 증상을 보인다.[323] 그리고 성중독의 유해한 증상과 폐해를 부정하는 전문가들도 거의 없다.[324]

그러나 중독 증상이 아무리 심각하더라도 미국 정신의학회(APA)는 성중독을 중독질환으로 인정할 수 없다는 입장이다. 성중독이 DSM에 공식 진단명으로 등재되지 않았기 때문이다. 그 이유는 성욕은 개인차가 심한데, 왕성한 성행위와 성중독을 구분 짓는 통일된 기준이 아직 마련되지 않아서다.[325] 마찬가지 이유로 도박중독도 2013년 이전까지 중독질환으로 인정받지 못했다. 결국, 성중독 유사 증상을 보이는 동성애는 관련 연구가 성숙되지 않아서 중독질환으로 인정될 수 없는 것이다. 중독 증상이나 해악성이 없기 때문이 아니다.

동성애가 중독 단계로 나아가면, 게이는 정신적 문제를 중독된 특정 행동(성행위)으로 해소하려는 성향을 띠게 된다. 중독성 질환의 일반적 특징을 갖는 것이다.[326] 게이 대다수는 에이즈 감염 등 해로운 결과에도 불구하고 수많은 성 파트너들과 성관계를 계속하는 증상을 보인다. 이를 통제할 수 없고, 반복적인 절제 노력도 실패한다. 중독 증상으로 인해 애정이나 친밀함은커녕 일면식도 없는 수

많은 성 파트너들과 항문성교를 하게 된다. 대부분 정서적 교감이 없는 만남이어서 정신적 고통이 큰 경우가 많다.[327]

다만 동성애는 일반 성중독의 특징뿐만 아니라,[328] 이와 구별되는 특징들이 몇 가지 더 있다. 우선, 이성애자 집단은 성중독 증상을 보이는 비율이 낮으나 게이 집단은 성중독 유사 증상을 보이는 비율이 극단적으로 높다.[329] 또한, 일반적으로 게이는 성중독 진단을 받은 이성애자보다 훨씬 많은 성 파트너와 남성 간 성관계를 맺는다.[330] 연구결과 성중독 진단을 받은 이성애자 환자들은 1년 동안 평균 15명의 성 파트너들과 성관계를 가진다.[331] 그런데 게이는 1년 동안 평균 60~70명의 파트너들과 성관계를 가진다.[332] 게이가 이성애 성중독 환자보다 평균 4배 많은 성 파트너들과 성관계를 갖는 것이다. 동성 성행위의 중독 증상이 이성애자의 성중독보다 4배 이상 강력하다고 추정할 수 있는 대목이다. 그만큼 내성과 금단 현상의 증상도 심각하다.[333] 이로 인해 자발적으로 과도한 동성 성행위를 절제·중단할 수 없는 현상을 보이는데, 젠더 이데올로기적 메시지로 인해 선천적인 요인 때문이라고 착각할 수 있게 된다.

게다가 항문성교로 인한 유해한 증상과 폐해는 일반적인 성중독과 비교할 수 없을 정도로 심각하다. 특히, 아동·청소년의 생명과 공중 보건에 중대한 위해를 가한다. 이런 성중독 유사 증상을 보이는 동성애를 만 3세 아동에게 노출하는 정책을 추진하기 위해서는 사회적 검증을 선행하는 것이 상식적이다. 균형 있는 정보 제공이 허용되지 않는 환경 속에서는 더욱 그렇다. 그러나 차별금지법은 공권력으로 이것을 방해한다. '사회적 학대'라고 비판받는 이유다.[334]

바텀알바(동성애 성매매)가 동성애와 에이즈를 확산시킬까?

성매매(바텀알바)가 동성애와 에이즈를 확산시킨다는 근거가 부족하다는 주장이 있을 수 있다. 언론통제(인권보도준칙)와 차별금지법으로 이런 근거 제시를 막기 때문에 젠더 추종자들이 늘상 하는 주장이다. 직접적 근거가 부족할 경우 '가짜뉴스 유포자'라는 모욕적·경멸적 프레임을 씌워 낙인까지 찍는다.[335] 특히 차별금지법을 비판하면 실상을 외면한 채 그 표면적 문언 자체에만 얽매여 그 이면의 의미 내용을 파악하지 않은 채 가짜뉴스로 매도하는 사례들이 많다.[336]

그리고 교수나 의사가 소신껏 객관적 사실을 밝히면 파면될 우려가 큰 제도적 환경을 만든다.[337] 수십 년간 노력해 취득한 자격·직위의 박탈을 각오해야만 관련 표현이 가능한 셈이다. 수많은 청소년의 생명이 희생되더라도 인권/보건당국은 관련 실태조사를 하지 않고 있다. 젠더 이데올로기에 불리한 직접적인 근거는 남기지 않기 때문이다. 그러나 다음 사실들을 연계해서 보면 동성애-성매매-에이즈의 긴밀한 연결성에 대한 근거를 우회적으로 확인할 수 있다.

HIV/에이즈 감염경로의 99.2%는 성접촉이다.[338] 그리고 한국의 10대 청소년의 경우, 동성 및 양성 간 성접촉이 92.9%(동성 간 성접촉 71.5%, 양성 간 성접촉 21.4%)에 이른다. 10대 HIV 감염자의 대부분이 동성 성행위로 감염되었음을 알 수 있다.[339] 그런데 한국 보건복지부가 제4차 국민건강증진종합계획(2016-2020)에서 밝힌다.

"HIV/AIDS 예방에 필요한 지식수준이 만족스럽지 못한 것으로 파악되는데 이것이 HIV/AIDS 확산의 주요 원인이 되기도 한다. HIV 감염의 조기진단을 놓치는 경우가 빈번하고, 치료순응도에도 문제가 있는 경우가 많다.[340]

HIV 수검률이 주요 국가들과 비교하여 낮은 상태이다."[341]

한국 질병관리본부도 HIV 진단 후 6개월 내 사망 비율(45%)이 외국보다 월등히 높다고 보고한다.[342] 이것은 HIV 감염자가 무증상 잠복기를 지날 때까지 본인의 HIV 감염 사실을 인지하지 못하고, 치료 시기를 놓친 단계에서 HIV 신규 감염자로 등록되는 비율이 높다는 사실을 시사한다.[343] 미국 질병관리본부는 미국 남성 동성애자 중 젊은 층(18~29세) 63%가 자신의 HIV 감염 사실을 인지하지 못한다고 밝힌다.[344] 그런데 한국은 동성애-에이즈 정보 차단 정책으로 인해 에이즈 예방지식이나 수검률, 치료순응도가 미국보다 낮다.[345] 따라서 자신의 HIV 감염 사실을 알지 못해 생명을 잃는 한국 동성애자 젊은 층은 미국보다 많을 수밖에 없는 것이다.

HIV에 감염되면 2~4주간 감기몸살 증상이 나타났다가 저절로 사라지게 된다. 동성애-에이즈 관련 지식이 없다면 이런 초기 증상을 느끼지 못하고 지나칠 개연성이 매우 높은 것이다.[346] 이후 무증상 잠복기가 7~10년 정도 지속된다.[347] 결국, 증상이 나타나 에이즈라고 판정받게 되면 치료 시기를 놓쳐 생명을 잃게 된다.

그런데 2011년 이후부터 한국의 에이즈 신규 감염자 연령은 20대가 가장 많은 비중(33.8%)을 차지한다.[348] 이 중 절반가량은 6개월 안에 사망한다.[349] 감염 후 진단까지 약 7~10년이 소요되는 점을 계산하면, 20대의 HIV 진단자 중 대부분이 10대에 감염된 것이다.[350] 이런 통계를 분석하면 아동·청소년들이 10대에 HIV에 감염되고, 치료 시기를 놓쳐 목숨을 잃게 되는 비율이 가장 높다는 사실이 확인된다. 이유인즉, 젠더 이데올로기의 실현을 위해 정보 차단 정책을 시행하기 때문이다.

약 10년 전에 한국 여성가족부는 한국의 가출 남자 청소년 중 15.4%가 게이 성매매(바텀알바)를 한다고 발표했다.[351] 2020년 연구결과에서는 14~17세 게이 청소년의 70.3%가 동성애 앱을 사용해 성관계를 한다고 밝혔다.[352] 그리고 동성애 앱 게시글 10건 중 3~4건은 바텀알바와 관련된 내용이다.[353] 그렇다면 어릴 때부터 동성애를 미화하며 노출하는 인권교육이 10년 동안 시행되었고 동성애 앱이 혁신적으로 발달한 점에 비추어 볼 때, 바텀알바 관련 수치는 훨씬 상승했

을 것이다. 결국, 바텀알바가 동성 성행위와 에이즈를 연결해 확산시킨다는 사실이 추단된다.[354]

그런데 학교 현장과 미디어는 이런 불편한 진실을 은폐한 채 균형을 잃은 정보를 제공함으로써 동성애를 사실상 장려하고 있다. 이것은 아동·청소년을 게이 커뮤니티로 유입하는 중간매개 역할을 하게 된다.[355] 성욕이 왕성해지는 아동·청소년기의 성적 호기심을 자극하고 바텀알바를 경각심 없이 시도하도록 환경을 조성하기 때문이다.[356] 게다가 일단 발을 들이게 되면 중독 유상 증상 때문에 동성애로부터 쉽게 빠져나갈 수 없게 된다.[357] 제도적으로도 전문가의 상담 치료까지 금지한다.[358] 젠더 이데올로기 전략인 동성애 확산의 공급을 지속적으로 만들어내는 것이다. 이로 인해 성매매/에이즈 등의 사회적 병리현상이 심화되면서 아동·청소년에게 해악을 끼치게 된다.[359] 이것은 젠더 이데올로기 정책의 산물인데,[360] 차별금지법과 언론통제를 통해 이를 지적할 수 없게 만든다.[361] 이렇게 형성된 사각지대를 통해 동성애와 에이즈가 확산되고, 아이들을 보호하기 위한 사회적 논의나 검증을 할 수 없게 된다.

03

게이 우울증·자살 충동의 주된 원인, 정말 사회적 차별 때문일까?

　게이의 우울증, 자살 충동 등의 정서적 장애가 사회적 차별이나 낙인 때문이라는 주장이 있을 수 있다. 그러나 1977년경 미국 정신의학회 회원인 정신과 의사들 2,500명을 대상으로 조사한 결과, 70%의 의사들은 "동성애자들이 겪는 문제는 사회적 낙인보다 개인적인 내면의 갈등으로 발생한다"라고 밝혔다.[362] 정치이념의 영향을 받지 않은 의료 전문가들의 의학적 견해다. 1,500명 이상의 의사들이 회원이었던 미국의 '전국 동성애 연구·치료협회'(NARTH)도 "동성애자의 자살률을 높이는 원인은 사회적 차별이 아니다"라고 밝혔다.[363]

　장기간 축적된 통계도 이를 뒷받침한다. 게이 청소년은 일반 청소년보다 자살을 시도할 확률이 5배 높다. 그런데 차별금지법이나 인권교육이 장기간 시행되더라도 이 수치는 유의미하게 변하지 않는다.[364] 연구결과 차별금지법이 가장 오래 시행된 네덜란드에서도 게이의 정신질환과 자살률이 일반 남성보다 월등히 높다.[365] 연구진은 내면적 문제라고 밝힌다.[366] 동성결혼이 동성애자의 자살률을 낮추지 못한다는 연구결과도 있다.[367] 사회적 차별 탓이 아니라 내재적 원인으로 게이의 정서적 장애가 발현되는 것이다.[368] 그렇다면 연구결과나 통계 등을 통해 그 내재적 원인을 구체적으로 분석해 보자.

　우선, 식성 경쟁과 연계된 게이 커뮤니티의 구조적 차별이 게이의 정서적 장애를 유발하는 주요 원인으로 지목된다. 일반 사회와 달리, 게이 커뮤니티는 성적 매력에 따른 지위의 양극화가 매우 심한 환경이다.[369] 성적 매력이 낮으면 식성 경쟁에서 밀리고 '비교-절망' 메커니즘으로 게이의 자존감이 낮아진다. 게이의 우울증과 자살 충동 원인을 조사한 결과, 낮은 자존감이 70%로 가장 높았다.

동성애 앱에서 나이나 몸무게 때문에 지속적으로 거절당할 경우, 우울증과 불안장애가 심해지는 것이다.[370] 다른 요인들로 인간관계(56%), 소외감(53%), 자신이 매력적으로 느껴지지 않는 점(49%)들이 있었다.[371] 모두 식성 경쟁과 연계된 내재적 원인이다.[372] 이성애자가 거절할 경우, 게이는 거절에 따른 스트레스를 전혀 받지 않는다는 사실도 확인됐다.[373] 사회적 차별이 아니라 게이 커뮤니티 내 구조적 차별이 문제라는 지적이 나오는 이유다.

동성애 앱은 이런 현상을 더욱 악화시킨다.[374] 정서적 교감 없이,[375] 이미지나 외모가 절대적 평가 기준이기 때문이다.[376] 게이의 70%는 성관계를 위해 동성애 앱을 사용한다.[377] 그런데 동성애 앱(grinder) 사용자 20만 명을 조사한 결과, 77%가 후회하거나 불행을 느낀다고 밝혔다. 식성 경쟁과 '비교-절망' 메커니즘으로 인해 게이들의 정서적 장애가 유발된다는 지적이다.[378]

다른 중독 환자들도 게이와 유사한 정서적 장애를 보인다.[379] 중독 환자들에게 나타나는 우울증·자살 충동은 사회적 차별 탓이 아니라 중독의 내재적 원인에서 유발된다. 중독은 쾌락에서 시작된다. 그러나 중독 단계로 넘어가면 중독자는 내성과 금단증상으로 고통 속에서 중독된 특정 행동을 계속하게 된다.[380] 뇌리에 각인된 쾌감의 기억이 뇌의 도파민 체계에 영향을 주기 때문이다.[381] 중독 행위를 중단하지 못하는 자기 모습을 보면서 자존감이 무너지며 정서적 장애가 심화된다.[382]

이 중 성 중독자는 과도한 성행위를 멈추기 원하나 자신의 의지로 그렇게 할 수 없는 특징을 보인다.[383] 게이 대다수와 똑같은 증상을 보이는 것이다. 연구결과에서는 게이 상당수가 정서적으로 만족하지 못하고 동성애에서 벗어나기를 바라고 있다고 밝힌다.[384] 그러나 금단증상 때문에 그렇게 할 수 없다는 고백들이 잇따른다. 게이의 정서적 장애가 중독성 질환의 전형적인 특징을 보이는 것이다.

항문성교로 인해 신체 건강도 나빠지게 되면서, 이 또한 게이의 정서적 장애에 직접적인 영향을 미치게 된다. HIV 감염자 10명 중 4명은 진단받은 후 1년 이내에 자살하는데, 15년의 연구 기간 동안 자살률이 전혀 감소하지 않은 사실이 이를 뒷받침한다.[385] 그리고 게이 대다수는 변을 가리지 못하는 변실금을 앓게 되는데,[386] 한번 늘어난 괄약근은 회복될 수 없다.[387] 나이가 들면서 변이 새는 정도도

심해진다.[388] 이 역시 정서적 장애로 이어지는 요인이 된다.

나아가 행동하는성소수자인권연대(구 동성애자인권연대)가 작성한 '40~60대 남성 동성애자 에이즈 감염인 생애사 보고서'에서는 에이즈 감염이 게이 커뮤니티 내부에서 또 다른 차별을 가져온다고 분석했다.

"한국의 에이즈 감염인 중 다수는 남성 동성애자이다…… 초기 성소수자 인권운동은 동성애에 대한 공격에 대응하기 위해 '에이즈가 동성애와 관계 없다'라는 식으로 분리시켜 왔는데 이런 역사는 지금도 (게이) 커뮤니티 안에서 에이즈를 드러내 놓고 이야기하기 부담스러운 조건으로 작용한다…… 남성 동성애자 에이즈 감염인들은 게이 커뮤니티에서 자신들의 감염 사실을 숨긴 채 살아간다. 이들이 커뮤니티 안에서 자신의 감염 사실을 공개하는 것은 금기시된다. 감염 사실이 드러날 경우, 감염인 동성애자는 공공연히 소문의 대상이 되어 차별과 배제를 당하기 때문이다."[389]

그리고 게이는 나이를 먹으면서 성적 매력을 잃게 된다. 그 결과 식성 경쟁에서 밀리고 게이 커뮤니티에서도 배척된다.[390]

이와 같은 게이 커뮤니티의 구조적 차별로 자존감이 낮아진 상태에서 금단증상이 있는 성 욕구마저 충족시키기 어려워진다. 이것은 정서적 장애로 이어지게 된다. 한국 최초의 트랜스젠더인 김유복은 2015년 탈동성애 다큐멘터리 '나는 더 이상 게이가 아닙니다'에 출연해 고백한다.

"동성애자들을 보면 애처롭습니다. 육체적인 즐거움은 잠깐 느낄 수 있겠지만 그것은 사랑이 아닙니다. 주변 (동성애자) 친구들은 에이즈와 자살로 불행한 죽음을 맞이했습니다. 동성애가 실수였다는 것을 그때(젊었을 때)는 몰랐는데 결과는 망가진 내 몸뿐입니다."[391]

또한, 게이에 대한 사회적 차별이 없다는 사실은 국가인권위의 통계로도 나타난다. '2016년 12월 기준 차별행위 접수 사건처리 현황'을 보면, 차별행위 진정사건은 15년(2001~2016년) 동안 총 23,407건에 이른다. 이 중 성적지향에 따른 차별행위로 접수된 진정사건은 총 81건으로서 전체 차별행위 진정사건 중 0.3%에 불과하다. 이 중 11건에 대해서만 권고 결정이 내려졌다.[392] 그러나 명확하거나 심각한 차별행위가 발생했을 때 국가인권위가 내리는 수사 의뢰나 조정, 고발 및 징계 권고 결정은 단 1건도 없었다.[393] 2017년과 2018년도 마찬가지다.[394] 이런 통계자료는 성적지향에 따른 사회적 차별이 실증적 근거나 실체가 없다는 사실을 확인시켜 준다.

결국, 게이의 정서적 장애가 유발되는 주된 원인은 사회적 차별 탓이 아닐 가능성이 크다. 오히려 동성애의 내재적 원인들이 복합적으로 작용해서 발생한다는 지적이 설득력을 얻고 있다.[395] 그렇다고 동성애에 빠진 아동·청소년들의 탓으로만 돌릴 수도 없다. 성적 가치관이나 판단 능력이 형성되지 않은 시기에 왜곡된 정보만을 접했기 때문에 동성애에 빠지도록 유도된 것과 다름없기 때문이다.[396]

그렇다면 어디에 그 책임이 있을까? 차별금지법과 언론통제 등을 통해 이런 제도적 환경을 조성하면서 사회적 검증이나 비판을 면하는 젠더 이데올로기 정책 탓이라는 지적이 많아지고 있다.[397] 애꿎은 시민들에게 '잠재적 혐오자'라고 손가락질하면서 정책적으로 유발한 게이의 정서적 장애를 명분으로 내세워 기존 사회체제를 해체하는 문화혁명의 원동력으로 삼는다는 것이다.[398]

성전환

01_ 트랜스젠더의 자살률, 왜 높을까?

02_ 성정체성 혼란의 원인, 의사들은 왜 솔직하게 상담할 수 없을까?

01
트랜스젠더의 자살률, 왜 높을까?

트랜스젠더 아동·청소년의 45%가 자살을 시도하는 주된 이유는 젠더 이데올로기 정책 때문이라는 비판이 많다.[399] 다음은 성전환 시술을 받은 경험자와 전문가 의견들을 종합한 내용인데, 트랜스젠더의 자살률이 왜 높은지 설득력 있게 설명한다.

트랜스젠더 대부분은 부모의 이혼이나 성추행 등 아동기 때 트라우마를 겪는다.[400] 젠더불쾌증이 발생하기 이전에 정신질환이 먼저 발생하는 경우가 대부분이라는 연구결과가 있는 이유다.[401] 이런 상처받은 아동들에게 정신질환의 원인이 자신의 성정체성과 신체가 일치하지 않기 때문일 수 있다고 어릴 때부터 가르치고 진단한다. 정신질환의 원인이자 해결책으로 성전환을 장려하는 것이다.[402] 이런 과정을 통해 트랜스젠더 정체성을 현실 도피처로 인식하게 되는 셈이다.[403] 집착 성향을 보이는 자폐증이 있거나,[404] 사춘기 때 신체 변화로 고통받거나 자기 외모를 싫어하는 여아들이 이런 젠더 이데올로기 정책에 특히 취약하다.[405] 그래서 이들 중 성전환을 원하는 비율이 높은 것이다.[406]

나아가 확인치료는 아동기 트라우마 등에 대한 조사, 상담, 치료를 가로막는 역할을 한다.[407] 정신질환을 유발한 근본 원인의 치료에 손을 놓을 뿐만 아니라[408] 그 기회마저 박탈하는 것이다.[409] 이렇게 정신질환의 근본 원인과 성정체성 혼란이 복합적으로 작용하기 때문에 시간이 지남에 따라 자살 충동도 더 강해지게 된다.[410] 그리고 그 도피처로 인식하는 성전환 시술에 대한 열망도 더불어 강해진다.

성전환 시술을 받으면 트랜스젠더 상당수는 그 직후 일정 기간은 만족해한다.[411] 자신의 트라우마나 성정체성 혼란이 해결될 것이라는 희망이 있기 때문이

다.⁴¹²⁾

 그러나 치료받지 못한 트라우마 등 정신질환의 근본 원인은 치료되지 않은 채 남게 된다.⁴¹³⁾ 그리고 자신이 반대 성의 사람이 될 수 없고 기껏해야 여성과 남성의 혼합체가 된다는 사실에 절망하면서⁴¹⁴⁾ '자기 거부 현상'도 심해진다.⁴¹⁵⁾ 상당한 기간이 지나서야 이런 사실들을 비로소 깨닫게 되는데,⁴¹⁶⁾ 장기간을 놓고 보면 트랜스젠더의 정신질환이 악화되는 경우가 많다.⁴¹⁷⁾

 장기간 진행된 연구결과들도 이런 설명을 뒷받침한다. 일례로, 네덜란드 통계청과 연계된 공식자료를 근거로 호르몬 치료받은 트랜스젠더들을 대상으로 진행된 코호트 연구결과가 이를 입증한다. 이 연구는 공식적인 정부 자료들을 근거로 무려 50년(1972~2018년) 동안 진행되어 그 신빙성이 높다. 네덜란드는 차별금지법이 2001년부터 시행되어 LGBT 권리가 두텁게 보호되는 국가다. 이런 네덜란드의 연구결과에서도 트랜스젠더의 높은 사망 확률이 50년 동안 감소하지 않았다고 밝힌다.⁴¹⁸⁾ 이런 현상은 트랜스젠더의 높은 자살률과 그 근본 원인이 성전환 시술로 해결될 수 없다는 것을 보여준다. 나아가 사회적 차별이 그 주된 원인이 아님을 시사한다.⁴¹⁹⁾ 즉, 트랜스젠더의 높은 자살률은 내재적 원인에서 비롯된 것이다. 영국에서도 100개 이상의 국제 의학연구 자료들을 분석한 결과, 성전환 수술이 트랜스젠더의 삶을 개선하는데 기여한 증거가 없다고 밝힌다.⁴²⁰⁾

 결국, 통계를 통해 가시화된 것은 인권교육과 성전환 시술이 트랜스젠더 아동·청소년의 숫자만 폭증시킬 뿐, 장기적으로 이들의 자살 충동이나 정신질환을 개선하지 못한다는 사실이다. 트랜스젠더 자살률의 주원인이 임상실험적인 인권교육과 성전환 시술이고,⁴²¹⁾ 이것은 '무책임한 아동학대'라는 전문가들의 비판도 많다.⁴²²⁾

 그런데 젠더 추종자들은 젠더불쾌증을 유발하는 정책을 시행한 후 이로 인한 아이들의 자살 충동을 무기화한다는 지적이 있다. 이런 전략으로 부모 반대를 억누르고 성전환 시술을 강행한다는 것이다.⁴²³⁾ 트랜스젠더이자 미국 최초로 '제3의 성'을 인정받은 제이미 슈페(Jamie Shupe)는 "성전환을 허용하지 않으면 자살을 유발한다는 소리를 종종 듣지만, 성전환 시술 자체가 자살 성향을 유발한다"라고 말한다.⁴²⁴⁾ 또 "자녀가 어떻게 자살을 무기화하는 방법을 배웠는지 이해하고 자신도 그런 것을 배웠다"라고 한다.[425] 그리고 미국 지방정부와 연계해서 1,000명 이상의 아이들에게 호르몬 치료가 필요하다고 진단한 심리학자 월리스 웡(Wallace Wong)도[426] "성전환 시술을 지원받기 위해서는 자살 충동을 가장해라"라고 가르친다.[427] 젠더 추종자들이 정책적으로 유발한 아이들의 높은 자살률을 자신들의 아젠다를 실현하는 원동력으로 삼는 것이다.

 그리고 아이들의 생명이 달린 이런 문제의 토론 자체를 차별금지법 등을 통해 원천봉쇄한다. 게다가 표현의 자유뿐만 아니라 진실을 발견하고 검증하는 데 필수 불가결한 학문, 언론, 사상의 자유까지 각종 프레임을 씌워 탄압하게 된다. 이런 제도적 장치 뒤에서 아이들에게 해악을 끼치는 정책을 추진한 자들은 그 책임이나 비판으로부터도 자유로울 수 있다. 표현의 자유가 제 기능을 잃어버리기 때문이다. 이로 인한 피해는 문화혁명의 공략 대상인 아이들에게 고스란히 돌아간다. 그러나 이를 견제하고 시민을 보호해야 하는 전통적인 인권과 헌법적 가치들은 젠더 이데올로기 앞에서 무력화된다. 이렇게 시민사회의 자기교정 기능이 멈춘 사각지대에서 젠더 이데올로기 정책은 자살 충동에 시달리는 트랜스젠더 아이들의 숫자를 폭증시키게 된다.

02

성정체성 혼란의 원인,
의사들은 왜 솔직하게 상담할 수 없을까?

　젠더불쾌증의 세계적 권위자인 케네스 저커(Kenneth Zucker) 교수는 수많은 아이들의 성정체성 혼란을 성공적으로 해결해왔다.[428] WPATH(세계 트랜스젠더 건강전문가협회)의 진료 표준과 미국 정신의학협회의 DSM-V(정신장애진단통계편람-5판)에서 사용하는 젠더불쾌증의 진료 기준을 확립하는 데 주도적인 역할도 했다.[429] 그는 아이들의 상황을 충분히 이해한 후 성전환 시술을 신중히 결정해야 한다는 입장을 고수한다.[430] 당연히 상당한 시간을 들여 아이들과 상담을 진행한다. 정신질환의 바이블인 DSM-V에서는 사춘기 차단제를 사용하지 않는다면 젠더불쾌증이 있는 남아의 98%와 여아의 88%가 성인이 되면 자연스럽게 젠더불쾌증에서 벗어날 것이라고 밝히는데,[431] 이와 궤를 같이하는 의료적 접근이기도 하다. 그러나 젠더 추종자들은 '즉각적으로 성전환 시술을 시행하지 않는다'는 이유로 거짓 프레임을 씌워 그를 병원에서 해고했다.[432] 신속한 성전환 시술을 추구하는 젠더 이데올로기 정책에 동조하지 않는 견해를 견지했다가 캔슬 컬처에 희생된 것이다. 그러나 관련 소송에서 이런 프레임이 거짓이었다는 사실이 적나라하게 밝혀졌다.[433] 저커 교수가 말한다.

　"확인치료는 아동의 젠더불쾌증 증상에 가급적 빠르게 성전환 시술을 시행하도록 합니다.[434] 트랜스젠더 문제가 정치화됐기 때문입니다.[435] 확인치료에 도전한 결과 나도 해고됐습니다.[436] 학계는 보복의 두려움으로 의학적 견해를 공개적으로 표현할 수 없습니다. 이런 정치적 현상이 우려됩니다."[437]

　젠더불쾌증의 세계적 권위자인 저커 교수도 이렇게 해고되는 마당에 일반 의사들은 젠더불쾌증 환자 대부분이 겪는 트라우마로 인한 정신질환/자폐증을 무시할 수밖에 없다.[438] 이런 상담만 하더라도 캔슬 컬처의 표적이 되어 사회적으로 매장당할 우려가 크기 때문이다.[439] 정치이념의 압력으로 인해 환자를 위한 의학적 판단을 할 수 없는 것이다.[440] 이런 현실을 아는 일반 의사들은 확인치료를 벗어난 판단을 하기 어렵다.[441] 의사들이 아이들을 위해 솔직하게 의학적 진실을 표현하거나 상담할 수 없는 제도적 환경이 조성되는 것이다.[442]

젠더 이데올로기 정책이 환자의 상태에 맞추어 신중히 진행하는 확인치료까지 탄압하는 마당에, 성전환자의 전환치료를 금지하는 것은 물론이다. 그리고 의료전문가가 환자 스스로 진단한 젠더불쾌증의 진짜 원인을 파악하고자 상담하는 것도 사실상 금지된다.[443] 예컨대, 어린 시절 트라우마에 대해 의학적 판단을 할 수 없게 된다.[444] 금지하는 전환치료의 범위가 너무나 포괄적이기 때문이다.

또한, 성전환 시술이 환자에게 유해하다는 의학적 판단을 개인적으로 하더라도 의사는 성전환 시술을 강행할 수밖에 없다.[445] 성전환 욕구의 원인을 의문시하거나, 환자 질문에 의학적 판단을 소신껏 답하는 경우도 자격 박탈의 위험을 각오해야 하기 때문이다.[446] 환자가 자가 진단한 젠더불쾌증에 동조하지 않을 경우, 의사들은 법적 책임에 직면할 것이라는 사실을 잘 인지하고 있다.[447] 편향된 정치이념이 의학계까지 장악해서 의사들이 해고와 '트랜스포비아'로 낙인찍힐 것을 두려워할 수밖에 없는 것이다.[448]

인생을 완전히 바꾸는 성전환 수술을 하기 이전에 정신질환의 근본 원인을 탐구하는 치료가 선행되어야 한다는 전문가 의견들이 많다.[449] 잘못된 진단으로 돌이킬 수 없는 수술을 받은 환자는 평생 육체적 고통과 후회 속에서 살아가야 하기 때문이다.[450] 그럼에도 의사들은 젠더불쾌증의 고통이 진단받지 않은 다른 정신질환에서 비롯됐다는 의학적 견해조차 피력할 수 없다. 정치적 올바름에 어긋나기 때문이다. 편향된 정치이념의 압력으로 의사들은 환자의 어린 시절 트라우마를 무시할 수밖에 없게 된다.[451] 트랜스젠더나 성전환을 원하는 아동에게 무엇이 진짜 필요한 치료인지 의학적 판단이 아니라 정치적 판단을 할 수밖에 없는 것이다.[452] 이처럼 의학적 문제를 정치화함으로써 확인치료와 방향성이 다른 의학적 연구도 끊기게 된다. 결과적으로 젠더 이데올로기 정책은 젠더불쾌증으로 고통받는 사람들로부터 의학적 판단에 따른 상담 기회까지 빼앗게 된다.[453]

인권교육

01_ 인권교육, 아이들을 트랜스젠더가 되도록 부추긴다고?

02_ 아이들에게 해악을 끼치는 인권교육의 메커니즘, 어떻게 발현될까?

03_ 인권교육과 차별금지법의 해악적 영향력, 가시화되었을까?

01

인권교육, 아이들을 트랜스젠더가 되도록 부추긴다고?

　미국 정신의학회는 '외부적 개입'이 없으면 젠더불쾌증이 있는 아이의 88~98%가 자연스럽게 젠더불쾌증에서 벗어날 것이라고 밝힌다.[454] 이를 뒷받침하는 연구결과도 다수 있다.[455] 결국, 성급한 성전환 시술은 88~98% 아이들이 본래 성으로 자연스럽게 돌아올 기회를 박탈하는 셈이다.[456] 정책적 개입으로 이런 기회를 박탈하게 되면 정신질환으로 고통받는 트랜스젠더 아이들이 급증할 수밖에 없는 이유다.

　젠더불쾌증 분야에서 40년간 치료와 연구를 병행한 세계적 권위자인 케네스 저커(Kenneth Zucker) 교수는 이런 기회가 박탈되지 않도록 수년간 아이들의 상담을 선행한 이후 성전환 시술의 결정을 신중히 해야 한다고 밝힌다.[457] 그리고 이데올로기적 영향력으로 성급하게 진행되는 확인치료가 이런 기회를 박탈한다고 비판한다.[458]

　그런데 영국에서는 2010~2018년 사이에 '성전환 시술'을 원하는 아동·청소년이 8년 동안 44배 증가했다.[459] 그중 45명은 6세 이하였으며 4세 아동도 있었다.[460] 이런 통계를 발표한 영국의 타비스톡은 그 원인이 복합적이고 다양하다고 밝힌다.[461] 사실상 그 원인을 모른다는 것이다.

　그러나 그 주요 원인 중 하나가 인권교육이라는 비판의 목소리가 높다. 학교에서는 트랜스젠더를 위해 안전하고 포용적인 환경을 조성한다는 명분을 내세워 3~5세부터 모든 아동에게 사회적 성을 노출한다.[462] 이런 인권교육은 많은 아이들에게 불필요한 성정체성 혼란을 유발한다. 자신의 성정체성을 의문시하도록 가르치기 때문이다.[463] 그리고 이런 인권교육이 없었다면 일시적으로 성정체성 탐색·혼란 단계만을 거칠 수 있었던 아이들이 자신의 생물학적 성별을 거부하게 될 가능성이 커진다.⁴⁶⁴⁾ 나아가 이미 정서적 장애를 가진 아이들에게 성전환이 이런 문제를 해결할 것처럼 상담한다.⁴⁶⁵⁾

무엇보다 인권교육과 성전환 시술을 파이프라인처럼 연계하는 제도적 환경까지 조성된다.⁴⁶⁶⁾ 인권교육과 확인치료가 긴밀하게 연결되어 아이들이 성전환을 원하도록 부추긴다는 지적이다. 통계를 보면, 이런 인권교육으로 인해 성전환을 원하는 여아들의 숫자가 폭증하게 되고, '5명 중 2명'은 실제로 자살을 시도하게 된다.⁴⁶⁷⁾ 또한, 이미 정신건강 문제가 있는 10대 소녀들 사이에서 트랜스젠더 정체성이 사회적으로 전염된다는 증거들도 속속 드러나고 있다.⁴⁶⁸⁾

더 큰 문제는 인권교육과 연계된 이런 확인치료에 발을 들여놓은 아이들 대다수는 돌이킬 수 없게 된다는 것이다. 2018~2022년까지 진행된 3개의 연구결과, 사춘기 차단제가 투여된 아이들의 96~98%는 교차 성호르몬까지 받게 된다고 밝힌다.⁴⁶⁹⁾

이것은 외부적 개입이 없으면 성정체성 혼란을 겪는 아이들의 88~98%가 자연스럽게 젠더불쾌증에서 벗어나는 현상과 극명하게 대조된다.⁴⁷⁰⁾ 결국, 이런 연구결과들은 인권교육과 연계된 확인치료가 트랜스젠더 정체성을 어린 나이에 고착화한다는 사실을 분명하게 보여준다.⁴⁷¹⁾ 아동기부터 사회적 성을 세뇌하는 인권교육이 트랜스젠더가 되도록 부추기는 '외부적 개입'의 요인 중 하나인 것이다.⁴⁷²⁾

02
아이들에게 해악을 끼치는 인권교육의 메커니즘, 어떻게 발현될까?

젠더 이데올로기 정책 중 아이들 공략을 위해서는 인권교육이 시행된다. 3~5세 아동기부터 젠더(사회적 성)를 주입하는 인권교육이 학교에서 강제로 이루어지는 것이다.[473] 인권교육은 성의 개념조차 이해하지 못하는 아동들에게 사회적 성을 장려한다. 아이들에게 남자나 여자가 아닌 나다움, 즉 본인의 사회적 성을 찾아가도록 적극적으로 지원한다고 한다.[474] 생물학적 성별에 의한 남녀 구분이 잘못됐다고 가르치는 교육이 의무적으로 시행된다.[475]

인권교육에서 가르치는 '성적지향'은 동성애에 대한 성적 호기심을,[476] '성정체성'은 젠더 정체성의 혼란과 젠더불쾌증을 유발하는 현상을 보인다.[477] 이런 교육에 노출된 아이들 상당수는 자살 충동 등 정실질환을 겪게 된다. 심지어 부모가 배제된 채 아동·청소년들에게 성전환 시술을 결정하도록 교육환경이 조성된다.[478]

학교가 이런 인권교육에 동조하지 않을 경우, 각종 불이익을 당한다.[479] 인권교육 시행 여부에 대한 선택권이 없는 것이다.[480] 부모도 자녀가 젠더 이데올로기에 노출되는 것을 막을 수 있는 선택권을 잃게 된다.[481] 아동·청소년도 선택권이 박탈된다. 일례로 생물학적 성별을 지지하는 표현을 할 경우, 미국 대학생은 무기정학을,[482] 영국 고등학생은 퇴학 처분을,[483] 미국 오하이오주 6학년 학생들은 정학을 당하는 사례들이 실제로 발생하고 있다.[484]

이렇게 젠더 이데올로기를 최우선 가치로 실현하는 과정에서 아동·청소년들의 건강권은 물론, 생명권도 도외시 된다.[485] 특히 주목할 점은 동성애-에이즈 연관성이나 성전환 시술 후 자살률이 개선되지 않는다는 정보를 차단한 채 어릴 때부터 동성애/성전환을 미화해서 노출한다는 것이다.[486] 이것은 판단 능력이 미숙한 아이들이 생명을 위협하는 동성애/성전환의 위험성에 대해 경각심을 가질 수 없게 한다.[487] 그리고 한번 발을 들이면 성전환 시술이나 동성애 중독 증상으로 인해 돌이키기도 어렵다.[488] 아이들이 빠져나올 수 없도록 상담 치료까지 법 제도적으로 금지한다.[489] 그 결과 사회적 성과 연계된 사회적 병리현상으로 수많은 아이들은 삶이 파괴되거나 목숨을 빼앗긴다.[490]

연구결과 트랜스 여성(성전환을 선언한 생물학적 남성)은 일반 여성보다 사망할 확률이 약 3배 높으며, 이 수치는 50년 동안 감소하지 않았다. 사망 원인은 주로 자살, HIV 관련 질병, 폐암, 심혈관질환 등 자연사가 아닌 경우들이 많다.[491] 스웨덴에서조차 트랜스젠더의 자살 가능성이 일반인보다 19배 높다.[492] 스웨덴은 2004년에 차별금지법을 도입했고,[493] 트랜스젠더를 옹호하는 문화가 매우 강하기 때문에,[494] LGBT의 높은 자살률에 사회적 낙인이 기여했을 가능성이 극히 낮다는 연구결과들이 있다.[495] 즉, 성전환에 수반되는 정신질환이 사회적 차별 같은 외부적 요인이 아니라 성전환의 내재적 원인에서 비롯된다는 사실을 시사한다.

반면 젠더 추종자들은 이런 정신질환이 사회적 차별 때문이라고 주장하며 문화혁명의 명분으로 삼는다. 그러나 객관적·실증적 근거는 없다.[496] 이에 따라 사회적 논의, 검증, 근거의 제시 대신에 차별금지법을 통해 성전환의 사회적 병리현상을 말하지 못하도록 한다.[497] 그 결과 의료 전문가들도 아동·청소년에게 성전환 시술의 유해성을 알릴 수 없게 된다.[498] 그 위험성을 알리면 '차별'로 간주해 파면 등 강력한 제재를 받기 때문이다. 알 권리나 반대 여론을 원천봉쇄하면서 아이들을 보호할 수 있는 사회적 정화능력을 무력화하는 것이다.

인권교육이 시행되면 교사도 아이들에게 동성애/성전환 유해성 정보를 알려줄 수 없게 된다. 이 역시 아이들에게 해악을 끼치는 원인이 된다. 한국의 많은 청소년들이 동성애-에이즈 문제로 삶이 파괴되는 과정을 보면 이를 단적으로 알 수 있다. 에이즈의 주요 전파경로는 남성 동성애다.[499] 18~19세 한국 청소년 중 남성 동성애로 인한 HIV 감염 비율은 92.9%에 이른다.[500] 10대의 경우 대부분 남성 동성애로 HIV(에이즈)에 감염된다.[501] 그러나 정부 통계에 의하면 한국 청소년 70%가 이를 모른다고 밝힌다.[502] 에이즈 관련 정보를 학교 교육이나 언론에서 차단하기 때문이다. 이런 정보 차단 정책은 본인의 HIV 감염 상태를 모른 채 치료 시기를 놓쳐 사망하는 비율을 높인다.[503] 그중 10대에 HIV 감염된 후 20대에 에이즈 확진으로 사망하는 비율이 가장 높다.[504] 게다가 절반가량은 진단 후 6개월 안에 에이즈로 사망한다는 통계가 있다.[505]

참고로, 한국 국립보건원 조사에 따르면 동성애자가 에이즈에 걸릴 확률이 일반인보다 180배에 달한다.[506] 서울대학교 보고서에서도 게이의 에이즈 감염확률이 180배 높다고 한다.[507] 흡연으로 폐암에 걸릴 확률은 약 8배지만, 동성애자들의 항문성교로 인해 에이즈에 걸릴 확률은 약 178배라는 연구도 있다.[508]

이런 젠더 이데올로기 정책으로 인해 아이들은 자기운명결정권까지 빼앗긴다. 헌법재판소가 헌법 제10조로부터 도출하는 자기결정권은 자율을 핵심적 요소로 하며, 그 '자율'은 선택 가능한 것들의 의미를 이해할 수 있는 개인을 전제로 한다.[509] 그러나 아이들은 동성애/성전환의 위험성과 관련해 정보를 차단당한다. 판단 능력까지 미숙한 상태다. 따라서 사회적 성을 선택한다는 의미를 이해하지 못한 상태에서 받는 인권교육은 '자율'을 박탈한 채 세뇌를 한다는 비판의 목소리가 높다.

결국, 인권교육은 균형 있는 정보를 차단한 채 아이들에게 동성애/성전환을 미화해서 노출한다. 이로 인해 에이즈·성병 감염과 정신질환으로 고통받는 LGBT 청소년의 숫자를 폭증시킨다.[510] 이렇게 아동기부터 사회적 성에 노출된 아이들 상당수는 동성애/성전환에 빠지게 된다. 그리고 이렇게 후천적으로 LGBT가 된 아이들 중 상당수는 진정한 의미의 자기결정권과 자율적인 선택권을 빼앗긴 채 삶이 파괴된다.

03
인권교육과 차별금지법의 해악적 영향력, 가시화되었을까?

동성애/성전환이 아이들에게 미치는 신체적·정신적 유해성은 장기간의 통계적 수치로 이미 증명됐다. 그러나 젠더 이데올로기를 주입하는 인권교육은 사회적 성에서 유발되는 사회적 병리현상에 대해 알리지 않는다.[511] 전문가가 검증된 방법으로 이에 대해 교육하는 것도 금지한다.

이런 인권교육이 시행되는 나라의 통계에 의하면 동성애/성전환에 빠지는 아이들 수는 예외 없이 폭증하고 있다.[512] 영국에서 '성전환 시술'을 원하는 아동·청소년이 8년간 44배 증가했고,[513] 스페인 청소년은 6명 중 1명,[514] 미국 청소년은 5명 중 1명이 동성 성행위를 할 정도다.[515] 미국 고등학생은 4명 중 1명이 LGBT라고 밝힌다.[516] 이러한 통계의 추이는 동성애/성전환이 사회적 학습의 결과라는 사실을 강력하게 뒷받침한다.[517] 나아가 자신을 LGBT라고 밝힌 아이들 중 상당수는 정신적·신체적 질환에 노출되거나 생명까지 잃게 된다.[518]

구체적으로 게이 청소년의 자살 시도 확률은 일반 청소년보다 5배가 높다.[519] 트랜스젠더 자살률은 일반인보다 19배 높다.[520] 트랜스젠더 중 41%는 실제로 자살 시도를 한다.[521] 그런데 차별금지법이나 인권교육이 장기간 시행되더라도 이 수치는 유의미하게 변하지 않는다.[522] 차별금지법이 가장 먼저 제정된 네덜란드에서도 트랜스젠더의 높은 사망 확률이 50년 동안 감소하지 않았다는 연구결과가 있다.[523]

또한, 게이의 정신질환과 자살률이 일반 남성보다 월등히 높다고 한다.[524] 연구진은 그 원인이 내면적 문제라고 밝힌다.[525] 동성결혼이 동성애자의 자살률을 낮추지 못한다는 연구결과도 있다.[526] 즉, 게이의 정서적 장애는 사회적 차별 탓이

아니라 내재적 원인으로 발현된다는 사실이 확인되는 것이다.[527]

결국, 차별금지법과 인권교육은 LGBT 아동·청소년의 숫자만 폭증시킬 뿐, 장기적으로 그들의 자살 시도나 고통받는 정신질환을 개선하는데 아무런 역할을 하지 못한다.[528] LGBT 정신질환의 주된 원인이 사회의 부정적 시각 탓이 아니라 사회적 성 자체의 문제에서 비롯된다는 사실을 통계와 연구들이 가시화시킨 것이다. 다만 유아기 트라우마의 부정적 경험들은 동성애/성전환에 취약하게 만들고,[529] 정신질환에 더 깊게 빠지도록 하는 요인으로 작용한다.[530]

성전환 시술이나 동성애 중독 증상은 검증되지 않아 임상실험이라는 비판이 많다.[531] 반면 월등히 높은 에이즈 감염률이나 자살률 등 해악성이 수반된다는 사실에는 이견이 없다. 특히 사회적 성에 노출되는 나이가 어릴수록 자살률이 크게 높아진다.[532] 젠더 이데올로기 정책은 이렇게 사회적 성으로 인해 삶이 파괴되는 아이들의 숫자를 폭증시킬 뿐이다. 사실상 이념적 아젠다를 내세워 LGBT 개인을 희생시키는 구조다. 아동들에게 위험성·유해성 정보를 차단한 사회적 성을 노출시키는 이념적으로 편향된 이런 정책들이 '사회적 학대'라고 비판받는 이유다.[533]

한국에서도 이런 정보 차단 정책 때문에 동성애/에이즈로 목숨을 잃는 아이들이 급증하고 있다.[534] 정부 통계를 보면, 한국 청소년 70% 정도가 에이즈 전파경로를 모르는 것으로 나타났다.[535] 인권교육은 학교 현장에서,[536] 인권보도준칙은 언론에서 동성애의 사회적 병리현상을 알리거나 논의하지 못하게 한다.[537] 오히려 이를 미화해서 아이들이 사회적 성에 빠지게 조장할 뿐이다. 그 결과 1998~2019년 전 세계적으로 에이즈 환자가 39.3% 감소했지만, 대한민국은 오히려 892% 증가했다.[538]

모르거나 경각심을 갖지 못해 치료 기회와 생명을 잃게 되는 비율도 매우 높다.[539] 아이들이 보호 사각지대에서 방치되는 것이다. 한국에서도 인권교육 등이 아이들에게 해악을 끼치는 효과가 가시화되는 셈이다.

에이즈

01_ 동성애와 에이즈, 밀접한 관련성이 있을까?

02_ 콘돔만능주의, 동성애 에이즈를 막을 수 있을까?

01

동성애와 에이즈, 밀접한 관련성이 있을까?

 이성애 성행위로도 에이즈 감염이 이루어지기 때문에 동성애와 에이즈의 밀접한 관련성을 인정할 수 없다는 주장이 있을 수 있다. 이에 대해 한국가족보건협회 이사이자 의사인 윤정배가 반박한다.

 "한국에서는 언론 등을 통해 '에이즈가 동성애자들만의 질병이라는 오해를 받는다'라고 이야기하며 'HIV 감염은 성정체성에 관계없이 HIV 감염인과 안전하지 않은 성관계를 할 때 전파된다'라고 합니다. 물론 에이즈가 동성애자만의 병은 아닙니다. 하지만 에이즈의 절대다수가 남성 간 성관계로 전파되고 있습니다. 이 표현들은 주된 전파경로를 바르게 알리지 않고 오히려 사람들로 하여금 동성애와 에이즈가 별 관계가 없는 것처럼 생각하게끔 기망하는 것입니다.

 흡연이 폐암의 주요 원인이지만 모든 폐암 환자가 담배를 피는 것은 아닙니다. 공장이나 탄광 등의 다른 요인도 작용할 수 있습니다. 하지만 '폐암은 흡연자만의 병이 아니다', '폐암은 흡연 여부와 관계없이 호흡하는 공기의 질이 나쁘면 걸릴 수 있다'라는 면을 강조하여 말한다면 그것은 사실을 호도하는 것입니다. 마치 흡연과 폐암이 별 상관관계가 없는 것처럼 보이게 하려는 그릇된 의도가 있는 것으로 볼 수밖에 없습니다."[540]

 덧붙이자면, 일반인과 비교할 때, 흡연자가 폐암에 걸릴 확률은 비흡연자보다 약 8배 높다.[541] 반면 동성애자가 항문성교로 에이즈에 걸릴 확률은 178~183배에 이른다.[542] 성관계 1회만 놓고 보면 동성 성행위가 이성 성행위보다 HIV에 감염될 확률이 17~20배 높다.[543] 이런 차이는 이성애와 구별되는 다음과 같은 동성애 특징에서 기인한다.

우선, 게이들이 거의 예외 없이 하는 항문성교는 내재적으로 에이즈에 취약할 수밖에 없다.[544] 항문은 점액 분비가 안 되고 상처가 쉽게 생겨 여성 질보다 HIV 감염에 훨씬 취약한 것이다.[545]

다음으로, 동성 성행위에는 성중독 유사 증상이 있기 때문에 성관계 파트너들이 많은 경우가 비일비재하다. 게다가 에이즈 감염 시 위험한 성관계를 더 왕성하게 하는 특징을 보인다. 연구결과, 에이즈에 걸린 게이 64%가 다른 남성들과 성관계를 한다.[546] 그리고 에이즈 남성 환자가 성관계를 갖는 평균 성 파트너의 수는 1년 동안 60명,[547] 일생 동안 1,100명에 이른다.[548] 일반인과 달리, 게이가 우울증을 겪을 때 안전하지 않은 성관계를 더 왕성히 한다는 사실도 밝혀졌다.[549] 정신적 문제를 중독된 특정 행동(성행위)으로 해소하려는 중독성 질환의 전형적인 특징으로 인해[550] 에이즈 전파력도 강화된다는 지적이다.

연구결과, 게이들은 에이즈 감염 시 콘돔 없는 성관계를 더 왕성히 한다는 사실이 확인된다. 미국에서는 게이의 콘돔 없는 성관계의 비율이 HIV 음성의 경우 40.5%, HIV 양성의 경우 44.5%라고 한다.[551] 참고로, 콘돔의 HIV 차단 효과는 항상 사용할 경우 62.9~72.3%, 사용했다가 안 했다가 하면 8%에 불과하다.[552] 그런데 한국은 미국보다 이런 현상이 더 심각할 것으로 보인다. 한국 보건복지부가 한국의 콘돔 사용률이 주요 국가들보다 더 낮은 상태라고 밝히기 때문이다.[553] 이렇게 동성 성행위를 할 경우, HIV 유병률이 높을 수밖에 없는 게이 커뮤니티에 유입되어 수많은 성 파트너들과 거미줄처럼 얽히며 항문성교를 하게 된다.

요컨대, 에이즈에 취약한 '항문성교', HIV 유병률이 높은 '게이 커뮤니티', 수많은 성 파트너와의 위험한 동성 성행위를 본인 의지로 절제하기 어렵게 만드는 '성중독 유사 증상'이 라는 요인들이 맞물려 동성애와 에이즈가 밀접한 관련성을 갖는 것이다.[554] 이런 요인들은 이성애와 구별되는 동성애만의 본질적인 특징인 셈이다. 부산공교육살리기학부모연합의 대표 강정희가 말한다.

"지난해 헌혈을 하다가 에이즈에 감염된 사실을 알게 된 부산의 고등학교 3학년 학생이 있습니다. 그 학생은 1학년 때 동성애자 포털사이트에서 동성애자를 만나 한 번의 항문성교를 했는데 에이즈에 감염되었습니다. 그 학생이 만약 동성애의 보건직 해악을 사전에 알았다면 자신을 지킬 수 있었을 것입니다. 부모의 심정으로 '위험한 성행위를 하면 위험하다'라고 알려주어야 합니다. 진실을 알려주지 않고 오히려 혐오 표현, 인권 침해로 진실을 덮으려는 사람들이야말로 위선자입니다."[555]

02

콘돔만능주의, 동성애 에이즈를 막을 수 있을까?

한 연구결과에 의하면 게이 남성의 70%는 콘돔 없이 갖는 성관계가 더 즐겁다고 한다. 웨스트민스터 대학의 연구에 의하면 런던에 있는 10명 중 8명의 게이는 낯선 사람과 콘돔 없는 성관계를 한다고 밝혔다. 연구 대상자 94%는 잘생긴 남성과 콘돔 없는 성관계를 할 확률이 더 높다고 한다.[556]

게이는 남성 항문에 있는 전립선 자극으로 성적 쾌감에 중독된다. 그리고 남성 동성애는 성중독과 유사한 증상을 보인다. 특히 성관계로 인해 문제가 악화되는 줄 알면서도 성관계를 계속하는 특징이 있다. 선택할 수 없는 중독 단계에 들어서면 성적 쾌감을 반감시키는 '콘돔을 사용하는 성관계'도 본인의 의지로 선택하기 어렵게 되는 것으로 보인다.

남성 동성애자들이 정신건강에 문제가 있는 경우 HIV에 걸릴 위험은 더 크다. 연구결과에 의하면 외로움을 느끼는 경우 미래에 대한 절망감을 느낄 확률이 2배 높다. 그뿐 아니라 콘돔 없이 항문성교를 하며 삽입 당하는 쪽인 바텀(bottom) 역할을 할 확률이 67% 더 높다고 한다. HIV에 감염된 남성 동성애자의 82%는 외로움을 느낀다고 밝혔다.[557] 다른 연구결과에 의하면 게이가 우울증을 앓게 될 경우, 일반인과 다르게 더 왕성한 성 활동을 한다. 성행위로 부정적 기분을 개선하는 성향도 있기 때문이다.[558] 그런데 HIV에 감염된 게이는 그렇지 않은 게이보다 우울증 발병률이 2배 높다.[559] 다른 연구결과에 의하면 우울증을 겪는 게이는 HIV 감염 여부를 불문하고 콘돔 없는 위험한 성행위를 할 가능성이 월등히 높다. 또 우울증은 여러 성 파트너와 콘돔 없이 항문성교 할 가능성까지 높인다.[560] 그런데 게이들의 정신건강(외로움과 우울증 등)이 악화하는 주요 원인은 게이 커뮤니티가 집착하는 성적 매력에 대한 차별과 비교, 식성 경쟁에서 밀

린 좌절과 소외감 등에서 비롯된다. 내재적 문제인 것이다.[561]

그렇다면 HIV에 감염된 게이는 외로움이나 우울증이 심해지면서 콘돔 없는 위험한 성행위를 더 왕성히 하고, HIV에 새로 감염된 게이도 이런 악순환을 되풀이하면서 HIV/AIDS의 감염은 더 확산하게 된다.

이런 악순환은 동성애에 수반되는 우울증과 연계된 내재적 문제로 발현되는 결과이기 때문에 콘돔 홍보만으로 막기 어렵다. 한국과 같이 에이즈 감염경로에 대한 정보 차단 정책을 고수할 경우 더욱 그렇다. 아이들을 포함한 잠재적 피해자들이 에이즈 예방에 대한 경각심을 갖지 못하기 때문이다.[562] 더군다나 익명 검사 시스템도 감염자의 추적을 불가능케 하므로 HIV 감염 확산을 촉진하게 된다.

2021년의 한 연구결과, 게이 청소년은 콘돔 없는 항문성교 때문에 성인 게이보다 HIV 감염 위험이 훨씬 크다고 한다. 왜냐하면, 성 파트너인 성인 게이와의 관계에서 청소년은 열악한 지위에 따른 힘의 불균형 관계에 있으며, 성 파트너의 콘돔 없는 항문성교 압박에 취약하기 때문이다. 이로 인해 게이 청소년은 정신적 괴로움을 받지만, 콘돔 없는 항문성교를 거부하기 어렵다고 한다. 게이 청소년 중 35%는 성 파트너가 콘돔을 사용한 적이 없거나 사용하는 경우가 거의 없다고 밝혔다.

이런 연구결과로 콘돔 없는 항문성교의 취약성, 빈도수, 정신적 괴로움 간의 연관성이 확인된다. 게이 청소년의 정신적 괴로움은 성 파트너와의 관계에서 콘돔 없는 항문성교의 잦은 빈도와 취약성을 통제하기 어려운 점도 요인이 되는 것이다.[563] 이런 연유로 10대 HIV 감염자 중 남성 간 성행위로 감염된 비율이 한국은 92.9%, 미국은 94.1%에 이르는 것으로 보인다.[564]

또 다른 연구결과, 동성애 앱에서 거절당한 게이는 우울증이 심해지기 때문에 콘돔 없는 위험한 성행위를 할 확률이 높다고 한다. 게이 커뮤니티 안에서 유발되는 스트레스와 거절 경험이 게이의 높은 HIV 유병률의 원인이 된다는 것이다.[565]

미국 질병관리본부의 연구진도 MSM(남성 동성애 집단) 사이에서 콘돔 사용률이 장기간 지속적으로 감소하고 있으며 이런 현상은 HIV 치료제 발달과 상관없다고 밝혔다. 즉, 저조한 콘돔 사용률은 동성 성행위의 내재적 원인으로 설명된다는 것이다. 콘돔 사용률의 감소 현상은 HIV 감염 여부를 불문하며 성 파트너의 감염 여부를 모른다 해도 마찬가지였다. 2014년 기준 남성 동성애자의 콘돔 없는 성관계의 비율은 HIV 음성의 경우 40.5%, HIV 양성의 경우 44.5%였다. 오히려 HIV에 감염된 게이들이 콘돔 없는 성관계를 더 왕성히 하였다. 전문가들은 부정적인 해석을 우려하는 게이들의 편향적 응답 성향을 고려할 때, 콘돔 미사용의 비율은 실제로 훨씬 더 높을 것으로 추정한다.[566)] 다른 설문조사에서도 게이의 41%는 콘돔을 사용하지 않는다고 밝힌다.[567)]

미국 질병관리본부가 2008년경 미국에서 8,175명의 남성 동성애자를 조사한 데이터에 의하면 이 중 54%가 콘돔 없이 항문성교를 한다고 밝혔다.[568)] 2016년 연구결과에서는 이 수치가 57.5%다.[569)] 다른 미국 연구결과에 의하면, 남성과 성관계하는 남성(MSM)의 16.4%만 지속적으로 콘돔을 사용한다고 밝힌다.[570)] 이 수치가 25%라는 연구결과도 있다.[571)] 이처럼 게이의 낮은 콘돔 사용률은 의지적으로 절제하기 어려운 동성 성행위의 내재적 원인에서 연유한다는 지적이 나온다.

2020년 영국 조사결과에 의하면, 동성애자 5명 중 1명(19%)은 성관계 도중 성 파트너가 자신도 모르게 또는 동의 없이 콘돔을 제거했다고 밝혔다. 동성애자 28%는 알코올이나 약물 남용으로 인해 동의 자체를 할 수 없는 상태에서 성관계가 이루어졌다고 밝혔다. 2010~2012년 미국 정부 자료에 의하면, 남성 동성애자의 40%가 성폭력을 경험했다.[572)] 게이 커뮤니티 내에서 콘돔 사용 자체가 어려운 상황이 빈발하는 것이다.

한국 남성 동성애자의 현주소는 어떤 모습일까? 한국은 콘돔 사용 비율이 외국보다 극히 낮다. 외국과 달리 동성애와 에이즈 관련 정보가 차단된 상태라 남성 간 성관계를 할 때 가져야 할 경각심을 갖기 어렵기 때문이다.[573)] 정부 통계를 보면, 한국 청소년 70% 정도가 에이즈 전파경로를 모르는 것으로 나타났다.[574)] 동성애 미화 정책을 위해 에이즈 예방정책을 포기한다는 지적이다.[575)] 차별금지법 제정을 위해 보건권과 청소년의 생명권이 희생된다는 비판의 목소리가 높다. 한국 보건복지부도 콘돔 사용률이 주요 국가들과 비교해 낮은 상태라고 자인한다.[576)] 나아가 경각심을 잃어버린 콘돔 만능예방책은 HIV 예방효과를 기대할 수 없게 만든다. 전 세계적 추세에 역행하는 한국 에이즈의 증가추세가 그 결과인 셈이다.[577)]

한국 보건복지부의 제4차 국민건강증진종합계획(2016-2020)에서는 "남성 동성애자의 HIV/AIDS 관련 주요 행태지표인 HIV 수검률과 콘돔 사용률이 주요 국가들과 비교하여 낮은 상태다"라고 명시한다.[578)] 서울대학교 보건대학원의 조병희 교수가 발표한 설문조사에서는 "에이즈 감염인의 과반수 정도는 에이즈 감염 후에도 성생활을 유지한다고 밝혔다. 그리고 에이즈 감염된 이후에도 성관계 중 항상 콘돔을 사용한다고 답한 감염인은 37.1%에 그쳤다"라고 밝힌다.[579)]

한편, 콘돔을 지속적으로 사용한다고 하더라도 HIV 감염이 완벽히 차단될까? 아니다. 항문은 성 기관이 아니므로 질액이 분비되지 않는다. 이에 따라 콘돔이 찢어지거나 항문이 상처 입기가 쉽다.

성관계 파트너가 성병에 감염되었다면 콘돔을 사용하더라도 다른 파트너 역시 감염될 위험이 매우 높다.[580)] 연구결과에 의하면, 콘돔을 항상 사용할 경우 항문성교 시 삽입 당하는 쪽(bottom, 바텀)에게는 72.3%(10명 중 7명), 삽입하는 쪽(top, 탑)에게는 62.9%(10명 중 6명)만 HIV를 차단하는 콘돔 효과가 있다고 밝혔다. 지속적으로 사용하지 않을 경우, HIV를 차단하는 콘돔 효과는 8%(10명 중 1명)에 불과했다.[581)]

결국, 한국처럼 동성애-에이즈 관련 정보를 차단해 경각심을 갖지 못하게 한다면, 콘돔만능주의만을 앞세워 동성애 에이즈를 막을 수 없을 것이다.

젠더 이데올로기 정책

01_ 모든 법 제도로 젠더 이데올로기를 실현하게 되는 메커니즘, 어떻게 구현될까?

02_ 젠더 이데올로기 정책, 표현을 강요해 사상을 통제한다고?

03_ 이데올로기적 이중잣대, 대학교수까지 학문적 표현의 자유를 박탈시킨다고?

04_ 성평등, 양성평등을 해체하고 여성 인권을 오히려 후퇴시킨다고?

05_ 동성애/성전환의 사회적 병리현상, 그 논의·검증·비판을 어떻게 금지시킬까?

01

모든 법 제도로 젠더 이데올로기를 실현하게 되는 메커니즘, 어떻게 구현될까?

차별금지법은 편향된 정치이념을 실현하는 메커니즘이 최우선 가치로 작동하도록 그 제도적 환경을 조성한다. 즉, 차별금지법은 입법부, 사법부, 행정부, 시도교육감에게 젠더 이데올로기를 시행할 기본계획 수립의무를 부과하고 시행계획 수립 등의 조치를 행하여야 한다고 규정한다.[582] 다시 말해, 생물학적 성별을 기초로 한 가치체계를 해체하고,[583] 사회적 성을 기초로 한 가치체계로 이를 대체하는 이데올로기적 사상이 모든 국가기관과 법 제도를 통제하는 것이다.[584]

그리고 차별금지법은 교육계, 언론계가 젠더 이데올로기에 복종하도록 만드는 상세한 규정을 둔다.[585] 문화막시즘의 전략대로 언론과 아이들이 주요 공략 대상인 것이다.[586] 게다가 모든 국가기관과 법 제도가 젠더 이데올로기에 복종해야 할 의무까지 지게 된다.[587] 이에 따라 사적 자치의 영역에서도 젠더 이데올로기의 강제를 위해 국가권력이 은밀하게 개입할 수 있게 된다.[588] 그 결과 젠더 이데올로기에 반대하는 사람들을 손쉽게 파면할 수 있는 환경이 만들어진다.[589] 특히, 사회적 병리현상을 알리고 사회정화기능을 담당하는 언론계, 의학계, 학계, 교육계에서 젠더 이데올로기에 반대하는 사람들을 상징적으로 처벌하는 사례들이 급증한다. 정당한 비판까지 재갈을 물리는 것이다.[590]

이로 인해 차별금지법/인권교육에서 파생되는 사회적 병리현상은 공론화가 어려워진다. 언론·학문·의학이 편향된 정치이념에 의해 통제되기 때문이다. 이처럼 비판할 수 없는 제도적 환경 속에서 교육계는 인권교육을 통해 아이들에게 LGBT 정체성을 장려하게 된다.[591] 미디어 또한 동성애/성전환을 미화하면서 그런 역할을 한다.

나아가 젠더 이데올로기를 따르는 입법부, 사법부, 행정부까지 헌법적 가치에 우선해 편향된 정치이념을 실현하게 된다. 그 메커니즘을 차례대로 보자.

첫째, 입법부는 차별금지법에 대한 복종 의무에 따라 젠더 이데올로기를 실현하는 후속법안들을 제정하게 된다.[592] 한국 차별금지법에서는 징벌적 손해배상, 형사제재, 양벌규정의 제재 등을 마련했다.[593] 이런 제재 규정도 견제 없이 진화하면서 손쉽게 강화될 개연성이 크다. 캐나다의 Bill C-16이 그 예다. 그리고 차별금지법에 복종해야 하는 모든 법체계도 젠더 이데올로기에 반대하는 사람들을 제재하는 법체계로 바뀌게 된다.

둘째, 사법부에서는 최우선 판단 기준이 헌법적 가치에서 젠더 이데올로기로 변하게 된다. 사법부 역시 차별금지법에 대한 복종 의무가 있기 때문이다.[594] 차별금지법은 수사·재판 서비스에서 사회적 성을 이유로 차별받지 아니하도록 필요한 조치를 하여야 한다고 규정한다.[595] 사법부의 법 해석과 적용이 젠더 이데올로기 틀 안에서 이루어지는 것이다. 사법부를 대상으로 젠더 이데올로기를 주입하는 인권교육도 끊임없이 이루어진다.[596]

게다가 차별금지법은 그 집행기관인 국가인권위가 법원과 헌법재판소의 재판 계속 중 의견을 제출할 수 있고,[597] 소송지원까지 가능하도록 규정한다.[598] 국가인권위의 편향된 정치이념에 사법부가 종속될 수밖에 없도록 법체계를 만드는 것이다.[599] 이런 메커니즘을 통해 젠더 이데올로기를 실현하는 차별금지법과 국가인권위는 헌법 위에 군림하게 된다. 반면 젠더 이데올로기에 반대하는 사람들을 보호해야 할 헌법적 가치나 기본권은 무력화된다.[600] 공권력을 앞세운 젠더 이데올로기 앞에서 부모가 자녀를 보호할 수 없는 이유다. 그 결과 많은 아이가 생명을 잃게 된다. 그리고 자녀의 성전환 시술에 동의하지 않는 로버트 후글랜드(Robert Hoogland) 같은 부모가 법정 모독죄로 감옥에 가는 사례도 증가하고 있다.[601]

셋째, 행정부는 차별금지법에 대한 복종 의무에 따라 젠더 이데올로기를 실현하는 행정 및 재정상 조치를 취하여야 한다.[602] 이런 재정상 조치와 궤를 같이하는 제도로 2021년경 35조 원(하루 천억 원)이 투입되었던 한국의 성인지 예산제도가 있다.[603]

이렇게 젠더 이데올로기를 실현하는 메커니즘이 모든 법 제도로 작동하게 되면 다양한 사회적 병리현상으로 고통받는 LGBT 아동·청소년들이 급격히 증가하는 현상이 나타난다. 이렇게 증가하는 LGBT 아동·청소년들의 자살 충동이나 불행을 사회적 차별 탓으로 돌리면서 젠더 이데올로기를 실현하는 명분과 원동력으로 삼는다.[604]

　이를 토대로 재차 동성애/성전환 확산정책이 강화되고, 이에 따라 LGBT 아동·청소년의 수도 더 늘어나게 된다. 아이들을 공략대상으로 삼는 이런 악순환이 끊임없이 반복되는 것이다. 이런 전략으로 기존 사회체제를 해체하면서 편향된 정치이념을 실현한다고 분석된다.

02

젠더 이데올로기 정책,
표현을 강요해 사상을 통제한다고?

　젠더 이데올로기가 성행하는 나라에서는 성중립적 인칭대명사의 사용을 법으로 강제한다. 성중립적 인칭대명사는 생물학적 성별을 해체하고 사회적 성을 확산하기 위해 젠더 추종자들이 인위적으로 조작한 언어다.[605] 시민이 어떤 인칭대명사를 사용할지 결정할 권리를 LGBT에게 준다.[606] 그리고 ze, zim, sie, zie, hir, zir, ey, em, per 등 수많은 인칭대명사를 외우도록 시민에게 강요하고 이런 언어 사용을 법률로 강제하는 것이다.[607] 입법적 권력으로 '강요된 표현'을 하는 셈이다. 이에 불응할 경우 증오범죄로 간주한다.[608] 실제로 캐나다의 Bill C-16은 이런 강요된 표현의 근거가 되는 성 표현(gender expression)과 성정체성(gender identity)을 제노사이드(대량학살) 선동 행위와 같은 항목에서 규율한다.[609] 문화막시즘의 실현을 위한 이데올로기적 도구이자 언어전략이라는 지적이 나온다.[610]

　이렇게 강요된 표현들은 사상 통제로 이어진다.[611] 생물학적 성별을 해체하는 젠더 이데올로기를 '세뇌'하기 때문이다. 인권교육을 시행하는 학교에서는 부모 몰래 아이들에게 성중립적 인칭대명사를 사용하는데,[612] 젠더불쾌증을 고착시키고 성전환을 확산한다는 지적이 잇따른다.[613] 이 사실을 너무 늦게 알게 된 부모가 성중립적 인칭대명사 사용을 거부할 경우, 아동학대 프레임에 씌워질 가능성이 크다. 학교에서는 아이들에게 이런 부모가 '편견'을 가진 '트랜스포비아'라고 가르친다.[614] 젠더 이데올로기에 동조하지 않는 부모와 사회적 성을 아동기 때부터 세뇌당한 자녀 사이의 관계를 단절시키는 것이다. 그 결과 부모-자녀 간의 갈등 관계가 유발되면서 많은 가정들이 해체된다.[615]

심지어 성중립적 인칭대명사를 사용하지 않아서 체포되고 감옥에 가는 부모들도 생겨나고 있다.[616]

나아가 생물학적 성별을 지지하는 신념 때문에 성중립적 인칭대명사를 사용하지 않는 사람들은 캔슬 컬처의 표적이 된다. 수많은 살해 협박을 받는 경우가 비일비재한데, 젠더 이데올로기를 따르는 공권력은 이런 위법행위에 대해서는 관대하거나 방치를 하게 된다. 생물학적 성별을 기초로 여성의 권리를 우려한 해리포터 작가 '롤링'도 이런 캔슬 컬처로 고통을 받았다.[617] 너무 많은 살해 협박 메시지를 받아서 온 집안을 도배할 수 있을 지경이라고 한다.[618]

이런 캔슬 컬처의 대상이 선생·교수일 경우에는 해임을, 학생일 경우에는 정학·퇴학을 당하는 제도적 환경까지 조성된다.[619] 그렇지 않을 경우, 선생·학생이 소속된 학교에 지원금이 중단되고,[620] 교수·대학생이 소속된 대학이 법적 책임을 지는 등 불이익을 받기 때문이다.[621] 나아가 뉴욕시 인권조례에서는 민사형 벌금 250,000달러(한화 2억7천만 원)까지 부과한다.[622] 이렇게 극단적으로 과도한 제재들이 이뤄지는 이유는 단순한 '배려'를 위한 것이 아니다. '사상 통제'를 위한 전략이 그 뒤에 숨어있다는 지적이다.

조던 피터슨(Jordan Peterson)은 표현의 자유에 대한 위협이 사상의 자유에 대한 위협이라고 경고했다.[623] '조던 피터슨' 사례에서 본 것 같이, 인위적으로 조작된 이데올로기적 표현이 강요됨으로써 시민의 사상까지 통제하게 된다.[624] 이런 법 제도가 그다음 단계로 진화하게 되면 생각 범죄까지 형사처벌하는 현실을 마주하게 된다. 공공장소에서 검열 구역을 설치하고 그 안에서 젠더 이데올로기를 거스르는 특정 생각(기도)까지 범죄화하는 영국의 '공공장소 보호령'(PSPO)이 그 단적인 예다.[625] 표현의 포괄적인 제한을 넘어 시민의 생각까지 처벌하는 영역으로 젠더 이데올로기 정책이 단계적으로 진화하는 것이다.[626]

이런 사상 통제에 따라 시민의 의식이 변하게 되면, 젠더 이데올로기 주요 이론가들의 주장에 따라 '폴리아모리 합법화'나 '소아성애 합법화' 단계로 나아가면서 기존 사회체제를 해체하게 된다는 우려가 나온다.[627] 하루 천억 원이 들어가는 한국의 성인지 예산도 이런 사상 통제를 위한 제도라는 지적이 많다.[628]

03

이데올로기적 이중잣대,
대학교수까지 학문적 표현의 자유를 박탈시킨다고?

한국의 대학에서도 젠더 이데올로기를 거스르는 강의를 할 경우, 학문적 표현의 자유가 탄압되는 현상이 심각하다. 편향된 정치이념의 실현에 불리한 진실 탐구를 가로막는 것이다. 관련 사례를 보자.

한국 총신대의 이상원 교수는 동성애 항문성교에 대한 의학적·과학적 사실을 수업 중 강의했다가 교육부의 압력으로 비정상적인 징계 절차를 거쳐 교수 해임까지 의결됐다.[629] 의학 교과서에 있는 내용을 강의했을 뿐인데 성희롱 프레임을 쓰고 해임된 것이다.[630] 나중에 그 해임의 부당성이 밝혀졌다.[631] 당시 녹취되었던 이상원 교수의 강의 내용을 그대로 인용한다.

"생물학적으로 사람 몸이 그렇게 되어 있어요. 왜냐하면, 이… 어… 그 남성 성기가 전립선인데 전립선하고 직장 항문 근처의 근육이 바로 붙어 있어요. 전립선을 남성 성기를 통해서 자극할 수도 있지만, 전립선하고 바로 붙어 있는 항문 근육을 통해서도 얼마든지 자극이 가능해요. 그것은 모든 남자가 그 자극을 느낄 수 있습니다. 특별한 사람만 자극을 느낄 수 있는 게 아니야. 그러니까 자꾸 이제 어릴 때 어 장난을 하고 그러다 보면 누구든지 약간의 생각 같은 것을 느끼게 돼요. 그것을 자꾸 느끼고 그러면서 그것이 습관이 되고 그러면 이게 중독이 되고 나중에 빠져나갈 수 없게 되고 그러면서 동성애를 하게 되는 거야. 그죠? 이거는 모든 남성에게 생물학적으로 인체 구조가 그렇게 되어 있어요. 그쪽을 자극하면 더 느낄 수 있게 되어 있어요.

어… 예를 들어서 그 뭐냐면 이 여성의 성기라고 하는 것은 여성의 성기는 하나님께서 굉장히 잘 만드셨어요. 그래서 여성 성기의 경우에는 여러분들이 그 성관계를 가질 때 굉장히 격렬하게 이거 해도 그거를 여성의 성기가 다 받아내게 되어 있고 상처가 안 나게 되어 있어요."[632]

이런 이상원 교수의 수업 중 발언과 아동들에게 젠더 이데올로기를 세뇌하는 나다움 어린이책의 내용을 비교해보면, 젠더 이데올로기 유불리에 따라 표현의 자유를 규제하는 이중잣대가 형성되었다는 사실이 드러난다. 한편, 동성애나 에이즈 감염경로는 대부분 성(性)과 얽혀 있다. 구체적으로 설명하기 위해서는 성기 및 성관계와 관련된 발언이 나올 수밖에 없는 주제다. 그렇다면 이상원 교수의 '여성 성기' 언급이 과연 성희롱적 발언일까, 아니면 거짓 프레임에 갇힌 것일까? '발언 내용'과 이를 '듣는 대상'을 나다움 어린이책과 각각 비교해보면 그 답을 알 수 있을 것이다.

'발언 내용'과 관련해, 이상원 교수는 "여성 성기의 경우에는 여러분들이 그 성관계를 가질 때 굉장히 격렬하게 이거 해도 그거를 여성의 성기가 다 받아내게 되어 있고 상처가 안 나게 되어 있어요"라고 발언했다.[633] 동성애 문제점을 지적하는 문헌에서 크게 벗어나지 않는 내용이다. 반면 나다움 어린이책에서는 "아빠 고추가 커지면서 번쩍 솟아올라. 두 사람은 고추를 질에 넣고 싶어져. 재미있거든...... 아빠는 엄마의 질에 고추를 넣어. 그러고는 몸을 위아래로 흔들지.", "곧이어 여자의 질이 촉촉해지고 남자의 음경이 딱딱해져요. 남자가 음경을 여자의 질 안으로 밀어 넣어요."라고 기재되어 있다.[634] 이상원 교수 발언보다 더 외설적·직설적으로 묘사하고 있다.

'듣는 대상'과 관련해, 이상원 교수의 발언은 신체적·정신적으로 성숙하여 자신의 판단에 따라 자율적으로 행동하고 책임질 수 있는 대학생을 대상으로 한다. 반면 나다움 어린이책은 신체적·정신적으로 성숙하지 못하여 자신의 판단에 따라 자율적 행동하고 책임을 질 수 없는 아동들을 대상으로 한다.

초·중등교육 수업의 자유보다 대학에서의 교수의 자유가 헌법상 더 보장되어야 한다.[635] 그러나 젠더 이데올로기가 장악한 현실에서는 그 반대 현상이 나타난다. 앞서 언급했듯 나다움 어린이책의 '내용'은 이상원 교수의 발언보다 더 외설적이다. 게다가 이를 '듣는 대상'도 판단 능력 없이 그대로 흡수하는 아동들이다. 그리고 이 내용을 듣는 아동들은 향후 동성애에 빠지면서 그 사회적 병리현상으로 인해 생명을 잃게 될 가능성도 커진다. 동성애 위험성 정보를 차단함으로써 균형을 잃은 정보만 제공되기 때문이다. 이로 인해 본인의 선택권과 자기운명결정권이 박탈된다. 그럼에도 나다움 어린이책을 읽어주는 교사는 '인권적'이라는 프레임을 쓰게 된다.

이와 대조적으로, 이상원 교수의 '발언 내용'은 교과서에 있는 의학적 사실이고 이를 '듣는 대상'도 대학생들이다. 그리고 이 수업을 듣는 대학생들은 동성애에서 유발되는 사회적 병리현상으로부터 생명을 지킬 가능성이 커진다. 동성애에 관한 균형 있는 정보가 제공되기 때문이다. 이로 인해 본인의 선택권과 자기운명결정권이 보장된다. 그럼에도 이상원 교수는 '성희롱자'라는 거짓 프레임을 쓰게 되었다. 이런 비상식적인 결과는 젠더 이데올로기의 유불리에 따라 이중잣대가 적용되기 때문이다.

또 다른 사례를 보자. 2017년경 한동대에서는 학생 석모씨 등이 학내에서 다자성애(난교, 폴리아모리)를[636] 주장하고, 동성애 등의 성적지향을 옹호하며, 매춘의 합법화를 주장하는 강연을 열었다. 석모씨 등은 한동대에 집회나 시설물 사용을 요구했으나, 허락되지 않았다.[637] 기독교 대학인 한동대의 건학 이념과 충돌하기 때문이다. 게다가 이 특강의 내용은 성매매 금지법이나 중혼 금지 등 현행 법률에 반하기까지 한다.[638] 그럼에도 석모씨는 신고한 집회 내용을 속이고 특강을 강행함으로써 징계를 받게 되었다.[639] 2018년경 국가인권위는 이것이 집회의 자유와 평등권에 대한 인권 침해라고 결정했다.[640]

이와 대조적으로 대학교수가 동성 성행위의 위험성을 밝히는 의학적 사실을 수업 중 표현하게 되면 행정 권력에 의해 강력히 탄압된다. 대학교수도 이중잣대에 따라 학문적 표현의 자유가 박탈되는 것이다. 게다가 항문성교와 에이즈의 연관성을 모르기 때문에[641] 수많은 젊은이가 HIV에 감염된 채 치료 시기를 놓쳐 목숨을 잃는 것이 한국의 현실이다.[642]

그럼에도 예방 차원에서 절실하게 필요한 의학적 사실과 이에 대한 교수의 수업도 학문의 자유로 보호받지 못한다. 반면 성의 상품화와 집단 난교를 옹호하는 특강은 젠더 이데올로기에 유리한 내용이기 때문에 강력하게 보호된다. 이것은 균형을 잃은 불합리한 차별로서 동일한 잣대가 적용되지 않는 것이다.

젠더 이데올로기가 성행하는 외국에서도 학자 상당수는 젠더 추종자의 캔슬 컬처 대상이 되어 소속 대학으로부터 불이익 받는 것을 두려워한다. 이에 따라 교수·연구자들은 실명을 밝힌 채 동성애/성전환의 객관적 사실을 말하거나 학문적 표현하는 것을 회피하게 된다.[643]

결국, 젠더 이데올로기를 옹호하는 표현을 할 경우, 전방위적 면책과 특혜가 사실상 주어진다. 반면 젠더 이데올로기에 반대하는 표현을 할 경우, 사회적으로 매장당할 우려가 크게 된다. 젠더 이데올로기에 유리한 표현을 하면 관대한 기준을 적용하는 반면, 불리한 표현을 하면 탄압받게 되는 것이다. 특히, 이런 탄압의 방법으로 평판을 깎는 거짓 프레임을 씌워 '캔슬 컬처'(cancel culture)' 공격을 하는 경우가 빈번하다. 그리고 학문·종교의 자유로 강력히 보호받아야 하는 보수적인 기독교 대학이 이런 상황이라면, 다른 사회 영역들은 젠더 이데올로기의 이중잣대에 더 취약할 수밖에 없다.[644]

04

성평등, 양성평등을 해체하고
여성 인권을 오히려 후퇴시킨다고?

젠더 추종자들은 양성평등과 성평등을 혼용해 사용하면서,[645] 양성평등을 해체하고 성평등으로 이를 은밀하게 대체한다. 이런 성평등에는 동성애, 양성애, 트랜스젠더, 제3의 성 등이 포함된다.[646] 그 결과 사회적 성인 동성애와 성전환이 급속도로 확산한다.[647]

그러나 생물학적 성별을 기초로 하는 '양성평등'과 사회적 성을 기초로 하는 '성평등'은 완전히 다른 개념이다.[648] 전자는 남녀 구분을 토대로 평등권을 추구하지만, 후자는 남녀 구분 자체를 해체한다. 양성평등은 신체적인 성이 다른 남자와 여자를 생물학적으로 구분하는 것을 토대로 사회적 기회균등의 평등을 지향한다.[649] 신체적으로 성이 다르다고 여성을 사회적으로 차별하거나 억압하지 못하도록 양성평등을 보장하고 제도화하자는 것이다. 반면 성평등은 젠더 이데올로기가 반영된 개념으로 생물학적 성별을 해체하고 스스로 자신의 성별을 결정할 수 있게 하자는 뜻이다.[650] 성평등이 되면 생물학적 남녀의 성 개념 자체를 인정하지 않는 상태가 된다.[651]

따라서 50가지 넘는 성별을 인정하며 무제한 확장되는 '사회적 성'과 '성평등'은 헌법상 가치인 '양성평등'과 양립할 수 없게 된다.[652] 나아가 양성평등은 여성의 지위를 향상시키는 반면, 성평등은 여성의 지위를 후퇴시킨다.[653] 일례로, 성기를 가진 생물학적 남성(트랜스젠더)이 여성 전용시설에 출입하는 문제가 이를 단적으로 보여준다. 성평등은 이를 제도적으로 강제하기 위해 여성을 희생시키는 반면, 양성평등은 이를 금지하며 여성을 보호한다. 성평등은 '인권'이나 '배려'라는 명분을 내세워 여성이 전용공간에서 성범죄에 취약해지고 수치심을 감내하도

록 강요하기에 이른다.[654] 그 결과 여성의 안전과 존엄이 후퇴한다.[655]

차별금지법이 제정되면 남녀 차이로 여성들에게 생기는 본성적인 반응이나 항의조차 '혐오'와 '차별'이 된다.[656] 심지어 증오범죄로 간주되어 각종 불이익을 받을 가능성이 크다.[657] 우선, 민형사상 소송이 잇따른다. 일례로, 2023년 5월 4일 성전환 수술하지 않은 미국 트랜스젠더 알리 마일스(Ali Miles)가 여성들의 항의로 뉴욕 맨해튼에 있는 요가 학원(Hot Yoga Chelsea)에서 여성 탈의실 사용을 제지당했다.[658] 그러자 마일스는 차별을 당해 수치심을 느꼈다면서 66억 원(미화 500만 달러) 상당의 소송을 제기해 논란이 되고 있다.[659] 당시 탈의실에 있던 여성 목격자가 말한다.

"트랜스젠더 여성이라고 주장하는 그가 남성스러운 옷차림을 입고 여성 탈의실에 들어왔습니다.[660] 그가 옷을 벗었는데, 완전한 수컷입니다. 150% 남자입니다. 물건(성기)이 매달려 있었습니다.[661] 게다가 그는 그냥 서 있는 것도 아니었습니다. 그는 샤워실 앞쪽 바닥에서 쭈그리고 앉았습니다. 당시 그 안에 있던 여성 중 한 명은 완전히 알몸이었는데, 불편함을 호소했습니다."[662]

나아가 피해자인 여성들이 이런 상황에 대해 항의하면 오히려 직장에서 해고당할 가능성도 크다. 왜냐하면 '제3의 성 차별금지'를 규정함으로써 생물학적 성별을 기초로 한 남녀 구분을 차별로 간주하기 때문이다.[663] 양성평등 자체가 차별인 것이다.[664] 사실상 법의 이름으로 여성에게 폭력을 행사하는 것과 다를 바 없다. 즉, 차별금지법은 양성체제의 사회구조를 근본에서부터 해체하면서 남녀 구분에 따른 여성 보호장치도 함께 해체하게 된다.[665]

이를 단적으로 드러내는 다른 사례도 보자. 2021년 미국 로스앤젤레스 한인타운에서 남성 성기를 지닌 트랜스젠더가 여탕을 사용하다가 논란이 된 사건이다. 이 머리저(Merager, 52세)라는 트랜스젠더는 40여 건에 이르는 음란 노출 등으로 성범죄자 등록이 된 인물인데 여탕에 들어갔다.[666] 생물학적 남성에게 알몸이 노출된 여성들은 트라우마에 시달릴 것 같다고 반응한다.[667] 그러나 업소 측은 '캘리포니아 차별금지법이 성정체성을 주장하는 생물학적 남성에게 여탕 입장을 제한·거부할 수 없게 한다'라고 입장표명을 했다.[668] 머리저는 오히려 "노출 행위 신고는 트랜스젠더를 괴롭히는 행위"라고 주장한다.[669] 가해자와 피해자가 뒤바뀌는 것이다. 한인타운 내 여러 스파 업소들에서는 이런 문제가 꾸준히 제기돼 왔다.[670]

이와 같이 젠더 이데올로기를 실현하는 차별금지법은 생물학적 성별을 해체하면서 사회적 성을 악용한 성범죄에 여성을 취약하게 만든다.[671] 그리고 수치심을 느끼고 항의하는 행위는 반인권적 범죄가 돼버린다. LGBT 인권을 내세워 여성 존엄성을 훼손하는 것이다.[672]

그뿐만 아니라 여성 운동경기에 생물학적 남성이 참가해 우승을 휩쓰는 것이 성평등이라며 여성을 역차별한다.[673] 2023년 6월 3일 한국에서도 성전환 사이클 선수 나화린이 공식 경기(강원도민체전)에 출전해 사이클 여자부에서 우승을 차지해[674] 역차별이 논란되고 있다.[675] 성전환 수술을 한 남성이 여성 스포츠에 출전하는 일도 더 이상 다른 나라 이야기가 아닌 것이다.[676] 젠더 이데올로기가 만연한 외국에서는 성전환 수술 없이 트랜스젠더 선언을 한 남성들이 여성 스포츠에 출전해 여성 선수들의 땀과 노력을 허사로 만든다는 비판을 받는다.[677] 연구결과, 트랜스젠더로 식별된 남성은 '여성화' 호르몬을 복용하고 수년이 흘러도 생물학적 여성보다 골밀도와 근육량에서 우위를 유지한다고 밝힌다.[678] 이런 불공정성과 역차별로 남녀 갈등까지 부추기는 것이다.

결국, 성평등은 여성의 지위 향상 대신 동성애/성전환의 확산만을 추구한다. 왜냐하면, 성평등의 실체는 헌법상 가치가 아니라 편향된 정치이념이기 때문이다. 성평등은 남녀 구분을 폐지하는 성혁명의 법제화를 지향하면서 정작 여성을 희생시키고,[679] 문화혁명에 따라 일부일처제와 양성을 기초로 한 가정까지 해체하게 된다.[680] 양성평등이 성평등으로 대체될 경우 자신의 성별을 아무 때나 맘대로 바꿀 수 있게 모든 법 제도가 근본적으로 바뀌는 것이다.[681]

05

동성애/성전환의 사회적 병리현상,
그 논의·검증·비판을 어떻게 금지시킬까?

　차별금지법은 그 요건이 추상적이고 모호하며 포괄적인 용어를 사용한다. 사회적 성이라는 막연한 개념까지 사용한다. 그 적용 범위도 지나치게 광범위하다. 그리고 법 집행자에게는 포괄적인 규제 권한을 부여하게 된다. 시민 개개인을 대상으로 강력한 제재까지 가능해진다. 불명확성이라는 위헌적 요소를 포괄적 법안이라는 형식을 통해 의도적으로 남겨놓은 것이다. 이런 이질적인 법체계는 수범자가 무엇이 금지되거나 처벌받는 행위인지 예견할 수 없게 만든다. 그리고 법 집행기관의 자의적 법 해석 가능성을 초래한다. 젠더 이데올로기 실현을 위한 차별적·편향적인 법집행의 통로가 제공되는 효과가 발생하는 것이다.[682] 한 마디로, 차별금지법은 '코에 걸면 코걸이 귀에 걸면 귀걸이' 식으로 규정되어 있다. 이런 이질적인 법체계로 젠더 이데올로기에 거슬리는 표현을 하면 차별과 혐오로 몰아 제재할 수 있게 된다.[683]

　특히, 차별금지법은 사회적 성과 양립할 수 없는 생물학적 성별(양성평등)을 해체하고 일체의 반대표현을 억압한다. 그 결과 젠더 이데올로기가 성숙하게 된다면 남성 성기를 지닌 채 자신을 여성으로 인식한다고 주장하면 여성 전용공간에 합법적으로 출입할 수 있게 된다.[684] 이로 인해 수치심이나 두려움을 느낀 여성이 항의하게 되면 '혐오 표현'이 되어 제재를 받는다.

　아이들에게 해악을 끼치는 사회적 성의 사회적 병리현상의 논의나 검증 자체도 금지된다. 법 규정에 모호하고 포괄적인 용어들을 사용함으로써 표현의 규제를 극대화하기 때문이다. 그 적용 범위도 무제한 확장될 수 있다.[685] 이렇게 젠더 이데올로기로 유발되는 폐해를 비판할 경우 '혐오', '차별', '반인권적'이라고 부르게 된다. '차별하지 않는다'라는 문구로 이런 논의 자체를 하지 못하도록 규제하며 이에 대한 불이익 처분을 정당화하는 것이다.

차별금지법의 제재 수단도 강력한데, 집행기관은 자의적인 해석을 통해 이를 악용할 소지가 크다. 이런 차별금지법의 집행기관이 바로 젠더 이데올로기에 편향된 국가인권위다.[686] 게다가 일반적인 법 원칙과 반대로 증명책임까지 전환한다.[687] 사회적 성에 대해 반대표현을 한 자가 가해자로 지목되면 차별금지법이 예정한 가혹한 제재에서 벗어나기 어려운 구조인 것이다.[688]

게다가 차별금지법은 사실상 모든 국가기관과 법 제도가 복종해야 할 의무를 부여한다.[689] 이로 인해 젠더 이데올로기나 이를 실현하는 수단인 동성애/성전환의 문제를 드러내는 표현을 할 경우, 모든 법 제도가 우회적으로 불이익한 처분을 가하게 된다. 비례성 원칙에 어긋나게 사회적으로 매장당하는 사례들이 빈번히 일어나는 이유다.[690] 본보기를 보여 시민사회가 침묵하게 만드는 것이다.

'성희롱' 프레임을 쓰고 해임된 한국 총신대의 이상원 교수 사례나[691] '아동학대' 프레임을 쓰고 자격 박탈된 대구 달서구의 어린이집 교사들 사례에서 볼 수 있듯이,[692] 교육현장에서 에이즈 주요 감염경로를 설명하거나 동성애 유해성을 알리는 교사나 대학교수는 파면된다.[693] 아이들의 건강권과 생명권을 걱정하는 교사나 교수에게 각종 프레임을 씌워 혐오주의자로 몰아가는 것이다. 이렇게 본보기를 보여 재갈을 물림으로써 에이즈 유관성을 비롯해 동성애 유해성에 관한 정보를 일체 차단하게 된다.[694]

이와 같이 젠더 이데올로기가 만연할 경우, 교수·의사가 사회적 성에 대한 과학적·의학적 진실을 밝히려면 자격 박탈을 각오해야 한다.[695] 영국 교사가 페이스북에서 "공교육을 통해 자녀들을 세뇌하는 젠더 이데올로기에 대해 부모들이 우려한다"라고 글을 썼을 뿐인데 파면되는 사례도 있다.[696] 지식인들은 사회적 매장이 두려워 편향된 정치이념에 침묵할 수밖에 없는 환경이 조성되는 것이다.[697] 더군다나 살해 협박 메시지를 담은 캔슬 컬처에 대해서도 사회는 이중잣대에 따라 관용적으로 대한다.[698] 이런 메커니즘을 통해 젠더 이데올로기에 대한 비판이 금지된다.

Q&A

Don't Mess with My Kids!

한국은 지금

01_ 사상 통제를 위한 천문학적인 혈세(하루 천억 원), 출산 장려 정책까지 저해한다고?

02_ 국가인권위, 왜 젠더 이데올로기 정책(동성애 확산정책)의 컨트롤타워라고 불릴까?

03_ '성적지향'을 주입하는 인권교육 등, 한국 아이들의 삶을 어떻게 파괴할까?

04_ '성정체성'을 주입하는 인권교육 등, 한국 아이들의 삶을 어떻게 파괴할까?

05_ 세계적인 추세와 달리, 왜 한국만 에이즈가 급증할까?

06_ 젠더 이데올로기를 거스르는 목소리, 한국에서도 과도한 탄압이 자행될까?

07_ 실질적 입법행위, 국가인권위와 사법부가 연계해서 한다고?

08_ 군대 내 동성애 합법화, 어떻게 후임병 성폭행과 에이즈를 폭증시킬까?

01

사상 통제를 위한 천문학적인 혈세(하루 천억 원), 출산 장려 정책까지 저해한다고?

젠더 이데올로기 정책은 문화혁명을 위해 사상 통제 정책을 추진한다. 공무원과 학생들을 대상으로 사회 곳곳에서 이루어지고 있는 '성인지 관점에 기반한 포괄적 성교육'은 사회적 성을 주입하는 교육이다.[699] 이런 인권교육과 젠더 이데올로기 주입 정책에 막대한 재정이 투입된다.[700] 젠더 이데올로기를 실현하는 재원을 가늠할 수 있는 제도로 성인지 예산이 있다. 이런 성인지 예산의 규모가 2021년경 약 35조 원에 이른다.[701] 여기에 지방정부의 예산까지 추가되면 '성적지향', '성정체성', '성평등' 등 사회적 성과 젠더 이데올로기를 확산시키는 재원의 규모는 천문학적이다.[702] 더 자세히 보자.

'성인지 예산제도'란 예산이 성별에 미치는 효과를 고려하여 국가나 지방 재원이 성평등하게 사용될 수 있도록 하는 자원 배분의 과정을 의미한다.[703] 재정사업의 성별 영향 분석 과정을 통해 성평등 인식을 높이고 실질적인 예산 배분의 변화 유도를 목적으로 한다. 즉, 성인지 예산은 모든 수준의 예산과정에서 젠더 관점을 결합하고 성평등을 위해 세입과 세출을 재구조화하는 것이다.[704] 다시 말해 성평등 정책이 실현되도록 예산 분배를 유도하는 일종의 가이드라인인 셈이다.[705]

성인지 예산으로 집행하고 있는 '성인지 관점에 기반한 포괄적 성교육'과 '성평등 교육'은 사회적 성을 세뇌한다.[706] '성인지' 용어가 양성평등과 성평등을 혼용해 사용하면서,[707] 양성평등을 해체하고 성평등으로 은밀하게 이를 대체하는 것이다. 그 결과 사회적 성인 동성애와 성전환이 급속도로 확산한다.[708] 모든 공무원은 젠더 이데올로기를 주입하는 이런 성인지 교육을 의무적으로 받게 된다. 천문학적 예산을 들여 사회적 성에 대한 인식을 강제로 심는 셈이다. 결국, 젠더 이데올로기는 '성평등'을 내세운 성인지 예산제도를 통해 재원을 마련하며 확산해 가는 실정이다.

그렇다면 성인지 예산의 규모는 구체적으로 얼마나 될까? 국회예산정책처에 따르면, 2021년도 성인지 예산은 총 35조2,854억 원에 달한다.[709] 하루에 1천억 원씩 투입된 셈이다.[710]

중앙정부뿐만 아니라 지방정부의 예산도 젠더 이데올로기 실현을 위해 사용된다. 지방자치단체에서도 성인지 예산제도를 시행하는 것이다. 게다가 지방자치단체는 인권조례를 통해 젠더 이데올로기 정책을 실현할 조직 신설, 예산 확보 등 물적 자원을 별도로 동원한다.[711] 인권조례에서 '성적지향', '성정체성', '성평등' 등 사회적 성을 확산시키는 근거를 마련하고 있기 때문이다.[712] 결국, 지방자치단체에서는 성인지 예산제도를 통한 예산 분배와 인권조례를 통한 별도 예산 투입이 가능하므로, 젠더 이데올로기 실현을 위해 쓰이는 예산의 규모 또한 천문학적일 것으로 추정된다. 이것은 아동·청소년들이 동성애/성전환에 쉽게 빠지도록 제도적 환경을 조성하는 예산이라는 지적이 나온다.

나아가 젠더 이데올로기 정책으로 인해 국민 혈세로 충당해야 하는 에이즈 치료비용과 건강보험료도 급증한다. 에이즈 환자 1명의 평생 치료비용은 6억 원에 이른다고 한다.[713] 그런데 미국은 일부만 지원하는 에이즈 약값 예산으로 매년 34조 원이 지출된다. 이 예산으로 HIV 감염인의 절반 이하만 치료받을 뿐이다.[714] 그런데 다른 나라들과 달리, 한국은 평생 HIV 치료비, 입원비, 간병비까지 100% 국가 예산으로 지원한다.[715]

동성애 확산정책은 에이즈까지 필연적으로 확산시킨다. 이것은 일반 국민의 '세금폭탄'과 '건강보험료 상승'의 문제로 이어질 수밖에 없다. 동성애 확산정책으로 대폭 늘어나는 재정적 부담을 국민이 모두 떠안게 되는 것이다.[716] 또 그 반작용으로 수많은 장애인과 희귀성 난치병 환자도 치료받을 기회를 잃게 된다. 건강보험의 재정이 고갈되면 에이즈 치료 기회를 잃는 게이들도 생명 연장이 어려워질 것이다.[717]

역설적이게도 동성애 확산정책이 장기적으로 젠더 이데올로기의 명분과 원동

력으로 삼는 LGBT까지 희생시키는 것이다.[718]

요컨대 젠더 이데올로기 실현을 위해 사용되는 중앙정부와 지방정부의 예산, 에이즈 치료비용 등의 규모는 가히 천문학적이다. 그리고 이 금액은 모두 국민의 혈세로 충당된다. 게다가 차별금지법이 제정되면 젠더 이데올로기의 실현을 가속화 하기 위해 시민의 세금 부담이 더 크게 늘어날 것이다. 시민의 고혈을 쥐어 짜내어 문화혁명과 편향된 정치이념을 실현하는 것이다. 그리고 이 예산은 아동·청소년들이 동성애/성전환에 빠지도록 유도하는 정책에 사용된다. 부모들이 부담하는 천문학적인 혈세로 우리 자녀들을 불행하게 만드는 것이다.

한편, 젠더 이데올로기는 출산의 기초가 되는 전통적 가정을 해체한다.[719] 이런 이념 편향적인 인권교육을 받은 청소년들의 가치관 변화도 결혼이나 가정을 꾸리는 것을 꺼리는 분위기로 만든다.[720] 게다가 젠더 이데올로기 실현수단인 동성애/성전환 확산정책도 출산을 어렵게 만든다.[721] 성전환의 호르몬 시술은 아이들을 영구적 불임으로 만든다.[722] 동성애도 불임을 유발하는 에이즈나 성병을 사회에 급속히 확산시킨다. 양성애자로부터 성병 감염된 여성들도 불임으로 이어질 가능성이 크다.[723] 미국 질병관리본부에서는 10대 소녀 중 25%가 성병을 앓고 있으며, 매년 2만4천 명의 여성이 성병으로 인해 불임이 된다고 밝힌 바 있다.[724]

결국, 젠더 이데올로기 정책은 저출산에 대응하는 인구정책에 역행하며 악영향을 끼친다.[725] 한국의 존속을 위해 가장 시급히 추진해야 할 정책은 인구절벽을 극복하고 출산율을 높이는 것이다. 그런데 천문학적인 예산을 투입하는 젠더 이데올로기 정책의 영향으로 국가 소멸을 막으려는 출산 장려 정책이 공회전한다고 분석된다.[726] 출산에 중요한 가정을 해체하고 인권교육으로 아이들에게 그런 가치관을 주입하기 때문이다. 이것은 청년세대가 결혼과 출산을 꺼리는 가치관적 문제를 만드는 주요 원인 중 하나가 된다. 국가 존망이 걸린 중대 사안보다 문화혁명을 더 중시한 결과라는 비판이 잇따른다.[727]

02

국가인권위, 왜 젠더 이데올로기 정책
(동성애 확산정책)의 컨트롤타워라고 불릴까?

국가인권위는 중립적인 독립기관의 모습을 버리고 편향된 이념을 추구한다는 지적이 많다. 즉, 젠더 이데올로기 정책을 실현하는 컨트롤타워 역할을 한다는 것이다.[728] 그 이유를 살펴보도록 하자.

우선, 국가인권위는 동성애 확산정책의 컨트롤타워라는 지적이다.[729] 이런 정책을 추진하기 위해 시민들이 동성애-에이즈 연관성을 알지 못하게 한다.[730] 국가인권위가 제정한 인권보도준칙은 동성애를 성매매/에이즈와 연결 짓지 않는다고 명시해 언론을 통제한다.[731] 이것은 바텀알바를 통한 에이즈 확산의 방치로 이어지게 된다.[732] 그리고 질병관리본부가 에이즈 주요 감염경로에 대해 알리지 못하도록 국가인권위가 영향을 끼친다는 비판이 많다.[733] 한국 청소년 70%가 에이즈 전파경로에 대해 모르는 이유다.[734] 그 결과 전 세계적 추세와 달리, 한국만 에이즈 환자가 급증하는 추세다.[735] 특히 정보 차단으로 동성애-에이즈에 대한 경각심과 치료 기회, 그리고 생명까지 잃는 청소년들이 급증하고 있다.[736] 그 비율은 외국보다 월등히 높다.[737] 언론의 사각지대에서 아이들의 선택권과 건강, 그리고 생명권까지 편향된 정치이념을 위해 희생되는 것이다.[738]

다음으로, 국가인권위는 생물학적 성별을 기초로 세워진 가족관계를 해체하는 정책을 실현한다는 지적이다. 특히 헌법적 가치인 '일부일처제'와 배치되는 폴리아모리(중혼)까지 지지한다.[739] 다자성애자도 '성소수자'에 포함시킨다.[740] 동성결혼의 합법화도 일부다처제와 폴리아모리의 법적 보호로 이어지는 중간단계인 셈이다.[741] '다양한 가족형태'를 내세워 양성평등을 해체하고 성평등으로 이를 대체하는 문화혁명을 실현하는 것이다.[742]

게다가 문화혁명을 위한 사상 통제 정책까지 이루어진다. 공무원과 학생들을 대상으로 이루어지는 '성인지 관점에 기반한 포괄적 성교육'은 사회적 성을 사회 곳곳에 주입하는 교육이다.[743] 이런 인권교육과 젠더 이데올로기 주입 정책에 막대한 재정이 투입된다.[744] 젠더 이데올로기를 실현하는 재원을 가늠하는 2021년도 성인지 예산의 규모가 35조 원에 이른다.[745] 중앙정부만 놓고 보더라도 하루에 1천억 원씩 투입되는 셈이다.[746] 여기에 지방정부의 예산까지 추가되면 '성적지향', '성정체성', '성평등' 등 사회적 성과 젠더 이데올로기를 확산시키는 재원의 규모는 천문학적이다.[747] 부모의 혈세를 쥐어짜 자녀가 동성애/성전환에 빠지도록 유도하는 예산으로 사용되는 것이다.[748] 더군다나 한국의 존립이 걸린 인구감소 문제에도 악영향을 끼친다는 비판이 많다.[749]

마지막으로, "국가인권위는 입법, 사법, 행정 등 모든 국가기관에 이념 편향적이고 정치 편향적인 권고를 남발해 헌법적 가치를 위협하는 정책을 지속해왔다"라는 지적이 많다.[750] 특히 젠더 이데올로기 정책의 실현을 위해 국가인권위와 사법부가 연계한 실질적 입법행위가 이뤄진다고 한다.[751]

구체적으로, 국가인권위는 대법원에 성전환 수술 없이 트랜스젠더 성별정정을 하라고 권고 결정을 내렸다.[752] 남성 성기를 지닌 트랜스젠더가 여성 화장실·여탕·탈의실에 출입하거나 군대를 회피하는 수단으로 악용될 수 있는 것이다.[753] 그 결과 여성은 성범죄에 더 취약해지고 '병역의무의 공평한 부담'은 훼손된다.[754] 실제로 전쟁 중인 러시아에서는 군 입대를 피하기 위해 트랜스젠더 증명서로 성별을 바꾸는 사례가 증가하고 있다.[755]

국가인권위는 항문성교를 금지하는 군형법 조항을 폐지하라는 권고결정도 내렸다.[756] 군대 선임병이 후임병에게 동성애 성폭행을 쉽게 저지를 수 있는 환경이 조성되는 것이다. 동성애 성폭력 가해자 중 81.7%가 동성애 성폭력의 피해자였다는 사실은 동성애 성폭력의 악순환을 보여준다.[757] 그리고 상명하복의 위계질서는 합의를 가장하거나 성폭행을 은폐하기가 쉽게 만든다.[758] 게다가 동성애의 성중독 유사 증상이나 이성애 관계가 제한되는 군대 환경을 고려하면, 동성애 확산정책이 실현되는 셈이다. 군대 내 에이즈 확산과 같은 사회적 병리현상이 은폐될 것 역시 불 보듯 뻔하다.[759]

그러나 사법부는 이런 점들을 고려하지 않은 채 국가인권위의 권고 결정에 따르는 판결이나 대법원 예규를 통해 실질적인 입법행위를 했다는 비판을 받는다.[760] 법률해석 권한의 한계를 벗어나 국민 합의까지 배제하는 방식으로 젠더 이데올로기 정책이 실현되고 있다는 지적이 나온다.[761] 젠더 이데올로기가 여성 인권이나 국가안보보다 우선하는 것이다.[762]

비단 한국만 이런 비판이 나오는 것이 아니다. 젠더 이데올로기가 성행하는 다른 나라에서도 '인권위원회는 중립적 기관이 아니라 방대한 아젠다를 옹호하는 기관으로서 표현의 자유를 심각하게 침해한다'라는 비판이 잇따른다.[763]

03

'성적지향'을 주입하는 인권교육 등, 한국 아이들의 삶을 어떻게 파괴할까?

국내외 포괄적 차별금지법과 평등법은 모두 욕야카르타 원칙에 뿌리를 두기 때문에 그 내용이 대동소이하다.[764] 그 결과 이런 법이 시행되는 국가에서 나타나는 사회적 병리현상과 폐해 또한 공통적이다. 마찬가지로 젠더 이데올로기를 주입하는 인권교육의 폐해도 동일한 현상을 보인다. 영국에서는 2010년 평등법(차별금지법)이 시행된 후 인권교육이 강화되었고, 이로 인한 사회적 병리현상이나 폐해가 통계로 누적되면서 가시화되었다.

영국 교육부 가이드라인에서는 5세 아동에게도 LGBT 관계와 성전환에 대해 수업을 받게 한다. 이런 인권교육에 자녀의 참석을 원하지 않는 부모의 의사가 있어도 무시할 수 있게 된다.[765] 초등학교 때는 의무적으로 동성애 부모와 다양한 형태의 가족에 대해 배우고, 중학교 때는 의무적으로 성적지향과 성정체성에 대해 배워야 한다.[766]

한국에서 2021년에 확정한 2기 학생인권종합계획은 영국에서 실시하고 있는 젠더 이데올로기 교육(LGBT 교육, 관계와 성교육)과 매우 유사하다.[767] 향후 한국의 인권교육이 불러올 사회적 문제를 예측하기 위해서는 2010년부터 평등법을 시행한 영국의 선례를 주목할 필요가 있다.

2010년 이후부터 영국의 인권교육이 강화되었는바, 2010년 이후에 나타나는 통계 결과 등을 분석하면 인권교육이 아이들에게 미치는 해악성을 가늠할 수 있다. 아래 연구결과들을 보면 인권교육이 시행된 기간에 아이들에게 해악을 미치는 사회적 병리현상들이 급증했다는 사실을 확인할 수 있다.

먼저, '성적지향'을 가르치는 인권교육은 동성애를 주입하는데, 이것이 아이들에게 미친 신체적 해악성을 살펴보자. 영국에서는 2010년 평등법이 시행된 이후부터 게이들이 주로 걸리는 임질, 매독, 이질 등 성병 감염이 가파르게 증가하는 추세다. 인권교육이 본격적으로 시행되면서부터 게이 청소년의 숫자뿐만 아니라 동성 성행위에 수반되는 성병 감염률도 함께 급증하는 것이다.

2015년도 기준으로 런던에서 보고된 매독의 90%,[768] 영국 전역에서 발생한 임질의 70%가 게이들에 의한 것이었다.[769] 그런데 2010년부터 2014년 사이에, 임질 진단은 16,843건(2010년)에서 34,958건(2014년)으로 107%(2배 이상) 증가했고, 매독 진단은 2,647건(2010년)에서 4,317건(2014년)으로 63% 증가했다.[770] 영국 공중보건국은 2015년 런던에 거주하는 15~24세 청소년들이 각종 성병의 36%를 차지한다고 밝혔다. 2011년부터 2015년 사이에 15~24세 영국 청소년들의 신규 매독 진단은 128%, 신규 임질 진단은 61% 각각 증가했다.[771] 영국 보건당국은 2014년경 게이 그룹에서 이질이 재유행한다며 감염 증가추세라고 경고했다.[772] 이와 같은 현상은 인권교육이 성행하는 미국, 캐나다 등 다른 국가에서도 나타난다.[773]

다음으로, 인권교육이 아이들에게 미치는 정신적 해악성을 보자. 게이 청소년은 5명 중 2명(40%)이 자살 기도를 진지하게 고려하며, 일반 청소년보다 자살을 시도할 확률이 5배 높다. 인권교육이 시행되는 국가인지 아닌지 여부, 그 기간과 관계없이 LGBT 개인의 높은 자살률 수치는 유의미하게 줄어들지 않는다.[774] 이를 나타내는 통계는 '인권교육이 아이들의 정신질환을 개선하지 못한다'라는 사실을 실증적으로 보여준다.

인권교육은 동성애 유해성·위험성에 대한 정보를 차단한다.[775] 대신에 동성애가 선천적이라는 근거 없는 메시지를 주입한다. 언론도 동성애의 부정적인 측면은 숨기고 실체와 다른 미화된 이미지만을 부각한다. 언론과 인권교육이 동성애에 대한 호기심을 발동시키는 것이다.[776] 이렇게 동성애에 대한 성적 호기심을 어릴 때부터 자극받은 아이들은 경각심 없이 동성애 앱이나[777] 가출 시 성매매를 통해 동성애를 경험하게 된다. 그런데 항문성교를 경험하게 되면 전립선의 자극 때문에 중독에 빠질 우려가 크다. 이 경우 자발적인 의지로 동성애를 중단하기 어렵게 된다. 학교 교사가 동성애 유해성에 대한 경각심을 주거나 의사가 동성애 중독성을 상담 치료하면 파면시키는 제도적 환경이 조성될 경우, 더욱 그러하다.[778] 유해성·위험성 정보를 차단당한 아이들은 동성애로부터 파생되는 신체적·정신적 질환을 몸소 경험할 수밖에 없고, 그중 상당수는 생명까지 잃게 된다.

영국의 인권교육을 따르는 한국도 아동기부터 '성적지향'을 가르침으로써 자신을 동성애자로 인식하는 아이들이 급증할 우려가 크다.[779] 이에 따라 아이들의 자살 시도율도 급증할 것이 예상된다.

주목할 점은 인권교육에 노출이 많은 세대일수록 LGBT 비율도 급증하는 현상이 가시화됐다는 사실이다. 2021년 미국의 통계를 통해, 본인을 LGBT라고 밝힌 비율을 세대별로 분석해 보자. 세대가 젊을수록 아동기부터 인권교육에 더 많이 노출되는 특징이 있는데, 그 영향으로 LGBT 비율도 급격히 높아지게 된다.

2021년 기준 미국의 Z세대(1997~2003년 출생)는 20.8%, 밀레니얼 세대(1981~1996년 출생)는 10.5%, X세대(1965~1980년 출생)는 4.2%가 자신을 LGBT라고 밝혔다.[780] 가장 어린 Z세대가 밀레니얼 세대보다 LGBT 비율이 2배나 높은 것이다. 1965년 이전에 태어난 베이비붐 세대는 2.6%, 1946년 이전 출생자 가운데 자신을 LGBT라고 답한 비율은 0.8%에 불과했다.[781]

충격적이게도, 미국 고등학생(14~18세)은 26%(4명 중 1명)가 자신을 LGBT로 밝힌다.[782] 가장 어린 세대인 고등학생들이 다른 세대들보다 인권교육의 영향을 더 강하게 받았기 때문이다. 이것은 사회적 성을 주입하는 인권교육의 노출에 비례해 동성 성행위를 하는 사람들이 증가한다는 사실을 시사한다.

이런 현상은 정도의 차이는 있겠지만 인권교육이 성행하는 모든 국가에서 공통적으로 나타난다.[783] 그 이유는 동성애가 내재적 원인에서 비롯되고 후천적으로 학습되기 때문이라는 지적이다.

한편, 젠더불쾌증을 앓던 아이들은 동성 성행위를 하는 성적지향을 가질 확률이 매우 높다.[784] 성정체성 혼란을 겪는 아이들 중 이미 자폐증을 앓고 있던 비율도 매우 높다. 연구결과에서는 자폐증이 있는 경우 비이성애와 젠더불쾌증 특징을 보인다고 밝힌다.[785] 자폐증에 취약한 젠더불쾌증과 동성애 성적지향도 상호 밀접한 연관성이 있는 것이다. 모두 후천적으로 학습하는 사회적 성이라는 공통분모가 있기 때문이다. 인권교육이 강화되면, 후천적으로 동성애자와 트랜스젠더 모두 기하급수적으로 폭증하는 이유일 것이다.

통계들을 분석해 보면, 인권교육은 LGBT의 신체적·정신적 질환을 심화시킬 뿐, 이를 개선한다는 근거나 수치가 전혀 나타나지 않는다. 이와 대조적으로 에이즈·성병 감염과 정신질환으로 고통받는 LGBT 청소년의 숫자를 폭증시킨다는 실증적 근거들은 넘쳐난다. 인권교육은 편향된 정치이념을 주입할 뿐,[786] 그 외 순기능이 있다는 실증적 근거가 없는 것이다.

04

'성정체성'을 주입하는 인권교육 등, 한국 아이들의 삶을 어떻게 파괴할까?

'성정체성'을 가르치는 인권교육은 아이들에게 자신의 성별에 의문을 갖게 하면서 성전환을 주입한다. 영국 평등법이 시행되고 인권교육이 강화된 2010년 이후의 사회적 병리현상을 살펴봄으로써, 영국을 따르는 한국의 인권교육이 우리 아이들에게 미칠 해악성을 전망해보자.

영국에서는 2010~2018년 사이에 '성전환 시술'을 원하는 아동·청소년이 44배 증가했다. 그중 45명은 6세 이하였으며 4세 아동도 있었다.[787] 평등법이 제정된 지 8년 만에 이런 폐해가 가시화되자 영국 사회는 큰 충격에 빠졌다. 이에 영국의 여성평등부 장관은 2018년 9월경 그 이유에 대한 조사를 명했다.[788] 인권교육이 성행하는 미국, 네덜란드, 캐나다, 노르웨이, 핀란드, 오스트레일리아 등 다른 국가에서도 트랜스젠더의 폭발적인 증가 현상을 보이기는 마찬가지다.[789]

영국 런던에 소재한 타비스톡(Tavistock Gender Identity Development Service)은 성정체성 혼란을 겪는 아이들을 치료하는 곳이다.[790] 타비스톡에 치료 의뢰를 한 아이들이 2009년에는 97명이었으나 2018년에는 2,519명으로 급증했다.[791] 평등법 제정으로 인권교육이 강화된 10년 동안 25배가 증가한 것이다. 법원 자료에 의하면 15년 동안 60배가 증가했는데, 특히 성전환 시술을 원하는 12~17세 여아들의 숫자가 폭증했다고 한다.[792] 타비스톡 자료에 의하더라도, 인권교육이 강화된지 10년이 채 안 되어서(2021년 기준) 성전환 치료 의뢰를 받은 아이들 수가 급증했다. 남아는 1,460%(14배), 여아는 5,337%(53배) 각각 폭증했다. 2011년에는 성전환 시술을 의뢰한 아이들의 비율이 남녀 반반이었으나, 2019년에는 76%가 여아로 변했다.[793] 남아보다 여아가 '성정체성' 주입 교육에 더 취약한 것이다.

2019년 기준 타비스톡 환자의 반 이상은 14세보다 어렸다. 그리고 젠더불쾌증을 겪는 여아의 수가 남아의 2.8배였다.[794] 아이들 대부분은 다른 정신질환을 동반했고, 어린 시절 성적 학대와 트라우마를 경험했으며, 35%는 자폐증을 앓고 있었다.[795] 2022년 연구결과에서는 타비스톡에 치료 의뢰한 아이들(14~17세)은 같은 또래의 일반 아이들보다 자살할 확률이 5.5배 높다고 밝혔다.[796]

트랜스젠더 중 41%는 실제로 자살을 시도한다.[797] 인권교육이 시행되는 기간이나 장소와 상관없이 이 수치는 일정하다. 인권교육이 트랜스젠더의 자살 시도나 고통받는 정신질환을 개선하는데 아무런 역할을 하지 못하는 것이다.[798] 젠더 이데올로기가 만연한 국가에서도 트랜스젠더의 정신질환 수치가 유의미하게 변하지 않는다.[799] 반면 이런 고통을 받는 트랜스젠더 아동·청소년의 숫자만 폭증시킬 뿐이다.

한편, 자해는 자살위험을 예고하는 신호이며, 성정체성 혼란 등 해결되지 않는 근본적인 문제가 있다는 표현이다.[800] 성정체성 혼란과 자해는 밀접히 연관되어 있다. 영국 맨체스터 대학 연구에서는 영국 일반의사(GP) 보고를 기초로 2001~2014년 사이에 13~16세 여아 자해율을 조사했다. 2001~2010년 사이에는 자해율이 거의 일정했다가 2011~2014년 사이에 68% 급증했다. 그리고 여아가 남아보다 자해 확률이 3배 높았다. 이에 따라 자살률도 높아졌다.[801] 평등법이 2010년부터 시행되었는데,[802] 그전에는 자해율이 일정했다는 사실이 드러난다. 그러나 2010년 직후 13~16세 여아 자해율이 급증한 것이다.

이 통계를 분석해 보면, '평등법 시행으로 인한 인권교육의 강화'와 '여아 자해율의 급증' 사이에 밀접한 상관관계가 나타난다. 즉, 자신의 생물학적 성별에 의문을 품게 하는 인권교육이 아이들에게 성정체성 혼란을 유발한다는 사실이 드러난다. 나아가 자해율과 불가분의 관계가 있는 '성제청성 혼란에 의한 자살 시도'도 인권교육과 직접적인 인과관계가 있다는 사실을 여실히 드러낸다. 인권교육이 젠더불쾌증과 정신질환을 유발하면서 아이들의 삶을 파괴하는 증거를 보여주는 셈이다.

이와 같은 아동·청소년의 정신건강 악화는 '젠더 이데올로기 정책에 따른 외부 개입' 때문이라는 비판도 잇따른다. 동성애의 성적 유동성과 마찬가지로, 젠더불쾌증의 유동성도 인정되기 때문이다.[803] 여러 연구결과 아동·청소년 대다수는 사춘기가 지나거나 성인이 된 이후 젠더불쾌증이 지속되지 않는다고 밝힌다.[804] 단지 지나가는 단계라는 것이다. 이것은 외부 개입이 없으면 아이들 대다수가 동성애/성전환 문제를 자연스럽게 해결할 수 있다는 것을 의미한다.[805] 그러나 인권교육은 이런 과정에 개입해 동성애/성전환을 고착화한다.[806] 인권교육은 동성 성행위에 대한 흥미를 유발한다. 그리고 성정체성의 혼란을 유발한다. 아동기부터 시작되는 인권교육은 많은 아이들을 동성애/성전환에 끌어들이는 역할을 한다. 이후 동성애는 성중독 유사 증상 때문에, 젠더불쾌증은 돌이킬 수 없는 성전환 시술 때문에 고착화되는 것이다.

미국 정신의학회의 DSM-5에 따르면 사춘기 차단제를 사용하지 않을 경우, 젠더불쾌증이 있는 남아의 98%와 여아의 88%가 성인이 되면 자연스럽게 젠더불쾌증에서 벗어날 것이라고 밝힌다.[807] 케네스 저커(Kenneth Zucker) 교수는 젠더불쾌증을 앓는 아이들의 80~90%가 외부 개입이 없으면 사춘기를 지나면서 본래 성을 받아들이게 된다고 밝힌다.[808] 외부 개입이 없으면 젠더불쾌증을 가진 학령기 아이들의 94%가 자연스럽게 성정체성 문제를 해결한다는 연구결과도 있다.[809]

그러나 인권교육은 이 과정에 개입해 본인의 성정체성에 의문을 제기하도록 가르친다.[810] 그리고 이미 정서적 장애를 가진 아이들에게 성전환이 이런 문제를 해결할 것처럼 상담한다.[811] 인권교육과 성전환 시술을 파이프라인처럼 연계하는 제도적 환경을 조성하는 것이다.[812] 2018~2022년까지 진행된 3개의 연구결과, 사춘기 차단제가 투여된 아이들의 96~98%는 교차 성호르몬까지 받게 된다.[813] 이것은 외부적 개입이 없으면 성정체성 혼란을 겪는 아이들의 88~98%가 자연스럽게 젠더불쾌증에서 벗어나는 현상과 대조된다.[814] 인권교육과 연계된 확인치료가 트랜스젠더 정체성을 어린 나이에 고착화한다는 사실을 보여준다.[815] 이런 젠더 이데올로기 정책이 아동·청소년에게 성정체성 혼란을 유발하고 고착화시키는 것이다.[816]

호르몬 치료는 불임 등 부작용이 있는 임상실험이라는 지적이 많다. 영국에서는 2010년 평등법이 시행되기 이전에 16세 이하 아이들에 대한 호르몬 치료가 금지됐다. 그러나 평등법 시행 직후인 2011년부터는 11세 아동에게까지 호르몬 치료가 공식적으로 인정됐다.[817] 그 결과 성정체성 혼란과 자해로 고통받은 영국 아동의 수가 8년간 44배 폭증했다. 그중 76%가 어린 소녀들이다.[818] 차별금지법 시행과 강화된 인권교육이 연계되어서 호르몬 치료 허용 나이를 점차 낮추는 것이다. 미국에서도 원래 13세 이하 아이들에게 호르몬 치료가 금지됐으나 2017년부터 8세 이상 아동에게도 호르몬 치료가 허용됐다.[819]

한국에서도 법안으로 발의된 4개의 차별금지법과 초·중등교육법에 '성정체성'을 새로 추가했다. 한국 법체계에서는 그 이전에 볼 수 없었던 용어다.[820] 2021년부터 영국의 인권교육을 그대로 따르는 한국은[821] 만 3세 아동에게까지 그 대상을 확장했다.[822] 영국 등 차별금지법을 시행하는 다른 국가들과 마찬가지로, 이 법들을 근거로 한국의 인권교육이 강화된다면 자신을 트랜스젠더로 인식하면서 정신질환을 앓게 되는 아동·청소년들이 폭증할 우려가 크다.[823] 이런 무책임한 교육정책으로 인한 고통은 성정체성 혼란을 겪는 아이들과 그 부모들의 몫으로 오롯이 돌아갈 것이다.

05

세계적인 추세와 달리, 왜 한국만 에이즈가 급증할까?

 HIV 감염자가 감소하는 세계적인 추세와 대조적으로,[824] 한국만 HIV 신규 감염자들이 해마다 급증하는 이유는 무엇일까? 동성애와 에이즈의 밀접한 상관관계를 쉬쉬하는 한국 보건당국의 잘못된 정책 때문이라는 비판의 목소리가 높다.[825] 보건복지위원회 소속 성일종 국회의원이 국회 국정감사에서 질병관리본부장과 보건복지부 장관에게 따지며 발언한 내용이다.

 "세계적으로 에이즈 환자가 감소추세에 있지만 유독 대한민국만 증가추세에 있습니다. 우리나라 에이즈 감염자의 92%가 남성인 상황 속에 동성 간 성접촉이 에이즈 감염 및 확산의 주요 경로인 것이 확실합니다. 이런 내용은 보건복지부와 질병관리본부 공식자료에도 분명하게 나옵니다. 또한, 미국과 일본의 질병관리본부 등에서 확실하게 동성애와 에이즈의 높은 상관성에 대해서 명확하게 밝히고 있는데 우리나라 질병관리본부는 감추기에만 급급합니다. 그 결과 다른 나라의 에이즈 증가율은 감소추세인데 우리나라는 정반대로 증가추세에 있습니다."[826]

 "여러분은 국민 건강을 다루기에 있는 그대로 다뤄야 합니다. 당신들이 국가인권위원회 하부기관입니까? 홈페이지에 미국이나 일본처럼 남성 간 성접촉에 의한 에이즈 감염을 공식적으로 밝히십시오. 정부가 (에이즈 문제에) 나서지 않고 은폐하기에 급급합니다. 언론에 알리는 것도 금기시하고 있습니다. 교육부나 질병관리본부 홈페이지도 이 문제를 방치하는 것을 넘어 옹호하는 수준입니다. 참 안타깝습니다."[827]

 미국 질병관리본부는 홈페이지 곳곳에서 남성 간 성행위가 HIV/에이즈의 주요 확산 경로라는 사실을 밝힌다. 신규 및 기존 HIV 감염자의 대부분이 남성 동성애자 집단이라는 사실도 명시한다.[828] 미국뿐만 아니라,[829] 영국,[830] 일본[831] 질병관리본부나 세계보건기구의[832] 각 홈페이지에서도 남성 간 동성애가 에이즈의 주요 감염경로라는 사실을 분명히 알린다.[833] 에이즈 예방 활동을 위해 시민들이 반드시 알아야 할 정보이기 때문이다.

이와 대조적으로 한국 질병관리본부는 이런 정보를 철저하게 차단한다.[834] 심지어 동성애와 에이즈가 관련이 없다고 착각하게 만든다.[835] 국가인권위가 제정한 인권보도준칙에서는 "동성애를 에이즈 등 특정 질환이나 성매매, 마약 등 사회적 병리현상과 연결 짓지 않는다"라고 명시한다.[836] 인권보도준칙은 이런 정보를 '혐오 표현'이라고 규정하며 언론에 재갈을 채운다.[837] 학교에서도 인권교육을 통해 이런 정보를 차단한다.

국가인권위는 2011년경 인권보도준칙을 제정했는데,[838] 이 시점 이후 동성애를 지지하는 기사가 25% 정도 늘었다는 통계가 있다.[839] 그리고 주류 언론에서는 동성애의 사회적 병리현상에 대해 언급하지 못하게 됐다.

2011년도까지는 한국 질병관리본부도 에이즈와 동성애의 연관성을 적극적으로 발표했는데,[840] 그 이후부터는 LGBT 인권을 내세우며 이런 정보를 더 이상 발표하지 않는다.[841] 국가인권위가 주도한 인권보도준칙 제정 시점(2011년)부터 정책이 확 달라진 것이다. 여기서 'LGBT 인권'은 동성애의 부정적인 면을 은폐하는 것이다. 그 결과 동성애 이미지를 미화하는 대신 에이즈에 대한 경각심을 잃게 한다. 한국 질병관리본부가 에이즈 예방정책을 방기하는 것이다.[842] 이것은 국가인권위의 영향 때문이라는 비판의 목소리가 높다.[843]

정부 통계를 보면, 한국 청소년 70% 정도가 에이즈 전파경로를 모르는 것으로 나타난다.[844] 한국 보건복지부의 제4차 국민건강증진종합계획(2016-2020)에서도 다음과 같이 밝힌다.

"HIV/AIDS 예방에 필요한 지식수준도 그리 만족스럽지 못한 것으로 파악되고 있다. 이는 HIV 감염인의 일상 삶을 가장 어렵게 하는 요인이 되고 있으며, 결국은 HIV/AIDS의 확산의 주요 원인이 되기도 한다."[845]

이처럼 동성애-에이즈 관련 정보를 차단하는 정책은 에이즈 전파력을 빠르고 강하게 한다.[846] 그 결과, 1998~2019년 전 세계적으로 에이즈 환자가 39.3% 감소한 것과 달리 대한민국은 오히려 892% 증가했다.[847] 그리고 적절한 치료 시기를 놓쳐 손쓸 수 없는 단계에서 에이즈를 진단받는 비율이 외국보다 월등히 높다.[848] 10대에 HIV에 감염된 이후 무증상 잠복기(7~10년)를 지나서[849] 20대에 에이즈 확진으로 사망하는 비율 역시 가장 높다.[850] 10대 시절에 본인의 HIV 감염 상태를 알지 못한 채 검사나 치료를 받지 못하기 때문이다. 경각심을 주지 않는 한국의 예방대책이 유명무실하기 때문에 한국 HIV 감염률은 젊은 층을 중심으로 급증하는 추세인 것이다.[851]

미국 질병관리본부가 2016년 발표한 보고서에는 "항문성교를 할 때 삽입 당하는 쪽인 바텀(bottom)이 삽입하는 쪽인 탑(top)보다 HIV 감염 위험이 13배 높다"라고 밝히고 있다.[852] 그런데 23개의 논문을 분석한 연구결과, 나이가 어릴수록 바텀 역할을, 나이가 많을수록 탑 역할을 하게 된다는 사실이 밝혀졌다. 성기를 항문에 받아들이는 바텀에는 '여성성'과 '복종'을, 성기를 항문에 삽입하는 탑에는 '남성성'과 '권력'을 내포하는 의미가 있기 때문이라고 한다.[853] 결국, 동성애-에이즈 정보를 차단당한 아이들이 HIV 감염에 특히 취약한 것이다. 몇만 원의 바텀 알바비로 생명을 잃는 아이들이 비일비재한 것이다. 이런 사실이 지적되지 못하도록 언론이 통제되어 시민들이 알지 못할 뿐이다.

국정감사 자료를 인용한 국회의원 윤종필은 "질병관리본부가 에이즈 원인 분석과 예방사업을 제대로 실시하지 않아 감염자가 지속적으로 늘어나는 상황을 방치했다. 에이즈 관리를 방치한 것이다"라고 밝힌다.[854]

이와 같이 에이즈 예방사업을 제대로 시행하지 않는 것은 젠더 이데올로기 정책의 실현과 충돌하기 때문이라는 지적이 많다. 청소년의 생명권이나 국민의 보건권보다 젠더 이데올로기의 실현을 우선적 가치로 보기 때문이다. 특히, 동성애의 미화된 이미지가 실추되지 않도록 실상을 숨기는 정책을 추진한다.[855] 차별금지법 제정 등에 반대 여론이 생기지 않도록 에이즈 관련 정보를 차단하는 것이다.[856] 이로 인해 에이즈 예방이 무력화된다. 반면 젠더 이데올로기 확산을 위해 동성애자를 양산한다. 수많은 아동·청소년들이 게이 커뮤니티에 유입되어 그 규모가 비약적으로 확대되고,[857] 이것은 문화혁명의 원동력이 되는 것이다.

06

젠더 이데올로기를 거스르는 목소리, 한국에서도 과도한 탄압이 자행될까?

한국에서도 젠더 이데올로기에 불리한 내용을 가르치는 대학교수나 초중고등학교 선생은 해임될 가능성이 커졌다. 일례로 한국 총신대의 이상원 교수는 '동성애 항문성교가 에이즈에 취약한 객관적·의학적 사실'을 대학에서 강의했다가 캔슬 컬처 표적이 됐다. 수업 중 강의한 내용은 의학 교과서에 나오는 내용이다.[858] 그러나 젠더 추종자들은 나중에 거짓으로 드러난 '성희롱자' 프레임을 씌워 이상원 교수의 평판을 깎고 공공의 적으로 만들려고 했다. 그리고 총장이 자인한 대로 교육부가 총신대에 압력을 가함으로써,[859] 비정상적인 징계 절차를 거쳐 이상원 교수의 해임까지 의결했다.[860] 가장 보수적인 신학대가 이런 상황이라면, 사회전 영역도 마찬가지라는 우려의 목소리가 크다.[861]

또 대구 달서구의 어린이집 교사 2명이 초등학교 5~6학년 아이들에게 '에이즈와 동성애, 충격적 진실'이라는 제목의 유튜브 동영상을 보여줬다는 이유로 교사자격이 박탈됐다.[862] 이 동영상은 초등학생 다수가 참석한 연세중앙교회에서 이루어진 강연 녹화로 유튜브에서 120만 건 이상 조회됐고, 네이버에서도 연령 제한 없이 공개돼 있다.[863]

한국에서는 동성애-에이즈 관계를 모르는 아동·청소년의 비율이 매우 높다.[864] 세계적 추세와 달리, 한국 청년층에서 에이즈가 급증하고 있으며 외국보다 치료 기회와 생명을 잃는 비율이 훨씬 높은 이유다.[865] 아동·청소년의 생명권·보건권을 생각한다면 교수·선생들은 동성애-에이즈의 관계성에 대해 마땅히 가르쳐야 한다. 그러나 젠더 추종자들에게는 아동·청소년의 생명보다 젠더 이데올로기의 실현이 우선된다. 이에 따라 관련 정보를 알리는 교수·선생은 캔슬 컬처의 표적이

되며, 평판을 깎고 각종 프레임을 씌워 사회적 매장을 시도한다.[866]

학계와 교육계뿐만 아니라, 한국 정치계에서도 젠더 이데올로기에 불리한 표현을 하면 억압한다는 지적이 나온다. 2021년 2월경 서울시장 보궐선거 TV 토론회에서 안철수는 퀴어축제에 대한 질문을 받았다. 이에 시장 후보였던 안철수는 아이들 걱정으로 서울광장 개최가 부적절하다는 시민들의 우려가 있다고 말했다.[867] 그런데 국가인권위는 안철수의 이런 발언이 '혐오 표현'에 해당한다고 결정했다.[868] 젠더 이데올로기에 불리한 표현을 한 정치인을 매장하는 캔슬 컬처 운동에 국가인권위가 앞장선다는 지적이다.[869]

주목할 점은, 지구상의 수많은 축제 가운데 보건당국이 간염 예방주사를 맞고 참여하라고 경고까지 하는 축제는 퀴어축제가 유일하다는 사실이다.[870] 예컨대, 세계보건기구(WHO)는 "미국과 유럽에서 매년 열리는 퀴어축제가 A형 간염 확산에 기여할 수 있다"라고 경고한다.[871] 퀴어축제에서 A형 간염이 확산될 수 있는 이유는 A형 간염이 중간 매개체를 요하지 않는 세균 오염이기 때문이다. 스페인과 영국의 보건당국도 퀴어축제를 참석하려면 간염에 걸리지 않게 미리 예방 백신을 맞아야 한다고 경고한다.[872]

원숭이두창도 퀴어축제를 통해 급속히 전파될 수 있는데,[873] 어린아이들이 이에 무방비로 노출된다는 문제가 있다. 원숭이두창은 피부 접촉뿐만 아니라 감염자의 체액, 병변에 오염된 물건·옷과 접촉하더라도 감염될 수 있기 때문이다.[874] 이런 직·간접적인 신체접촉뿐만 아니라 얼굴과 얼굴을 맞대고 대화하다가 호흡기 분비물(침방울 등)에 의해 감염될 수도 있다.[875]

더군다나 퀴어축제는 원숭이두창 확산의 진원지로 지목된다.[876] 국제기구와 전문가들은 2022년경 유럽 지역에서 열린 대규모 퀴어축제를 계기로 원숭이두창이 전 세계적으로 확산된 것으로 보고 있다.[877] 그리하여 영국 보건안전청(UKHSA)은 퀴어축제를 앞두고 원숭이두창 예방 접종을 받으라고 촉구한 바 있다.[878] 대규모 동성애 행사가 원숭이두창의 전염을 '가속화'시킬 수 있다는 우려는 세계보건기구에서도 나왔다.[879] 게다가 원숭이두창에 감염된 어린아이들은 성인과 달리 중증이나 합병증으로 고통받을 가능성이 크다.[880]

따라서 서울광장에서 열리는 퀴어축제에 어린아이들이 아무런 보호책 없이 노출된다면 이런 신체적 질환에 감염될 수 있다. 그럼에도 서울시장 후보로 나선 정치인이 퀴어축제에 노출되는 아이들을 걱정하는 토론을 했다는 이유만으로 국가인권위로부터 '혐오 표현' 결정을 받는 것이 한국의 현주소다.[881] 아이들을 보호하기 위한 취지더라도 젠더 이데올로기에 거슬리는 사회적 논의나 토론은 허용되지 않는 것이다.

　차별금지법이 제정되면 표현의 자유를 제한하는 이런 현상은 훨씬 심각해질 것이다. 왜 그런 것인지 안철수 사례와 연계해서 그 메커니즘을 분석해 보자.

　차별금지법이 제정된다면 LGBT에 대한 혐오 표현이 발생하지 않도록 조치할 법적 의무가 발생한다. 차별을 금지한다는 명분으로 사회적 논의를 차단하는 법체계가 완성된다. 모든 법 제도와 국가기관에 젠더 이데올로기를 따라야 할 복종 의무가 발생하기 때문이다.[882] 그리고 차별금지법의 집행기관인 국가인권위의 결정도 사실상 구속력을 가지게 된다. 이 사건과 같이 질문에 어쩔 수 없이 답변한 경우라도, 아무리 합리적인 내용이더라도 젠더 이데올로기에 거슬리는 표현은 '혐오 표현'이 되어 금지된다. 아이들에게 끼치는 보건적·정서적 유해성에 대해 표현할 자유조차 박탈되는 것이다. 대다수 시민의 의사까지 무시된다. 아이들의 건강이나 생명을 빼앗는 젠더 이데올로기 정책을 비판하거나 관련 토론을 할 수 있는 자유까지 잃게 되는 것이다.

　퀴어축제의 탈법행위를 지적하는 등 합리적인 반대 의견을 내더라도 혐오 표현으로 간주된다. 젠더 이데올로기에 불리한 내용이기 때문이다. 그리고 이런 표현을 한 공무원들은 혐오 표현자로 낙인찍힌 후 해임 등 불이익한 처분을 받을 가능성이 크다.[883] 게다가 젠더 이데올로기 정책에서 유발되는 사회적 병리현상에 대해 논의하지 못하도록 정당, 선거관리위원회, 언론사 등 모든 기관은 제도적 보완을 강요당하게 된다. 옳고 그른 것을 떠나, 관련 토론 자체가 원천봉쇄 되는 것이다. 그 결과 아이들의 보건권·생명권은 외면당하고, 아이들을 보호할 수 있는 헌법적 가치나 사회적 정화능력도 무력화된다. 가장 심각한 사례 중 하나는 동성애-에이즈 정보를 차단당해 생명을 잃고 있는 수많은 한국 아이들이다.[884] 인권보도준칙 등을 통해 이런 문제에 대한 사회적 논의를 금지한다.[885]

　그리고 젠더 이데올로기 실현을 위해 희생된 아이들을 언론의 사각지대에서 방치하게 된다. 사회적 논의를 위한 표현의 자유뿐만 아니라, 그 전제가 되는 알 권리까지 차단하기 때문이다. 차별금지법 제정은 이런 현상을 극단적으로 심화시킬 것이다.

07

실질적 입법행위,
국가인권위와 사법부가 연계해서 한다고?

　국가인권위는 사법부에 'LGBT 인권'을 명분 삼아 젠더 이데올로기를 헌법적 가치보다 우선시하도록 권장하는 모습을 보여왔다. 사법부는 이를 반영한 판결이나 대법원 예규를 통해 편향된 이념을 실현하는 실질적인 입법행위를 한다는 비판을 받는다. 이와 관련된 4가지 사례들을 보자.

　첫째, 국가인권위는 2010년경 '항문성교를 금지하는 군형법 조항이 헌법에 정한 과잉금지 원칙을 위반해 군인 동성애자들의 평등권 등을 침해한다'라는 의견을 헌법재판소에 제출했다. 이후에도 군형법 제92조의6을 폐지하라는 목소리를 꾸준히 내왔다. 2016년 제3차 국가인권정책기본계획(NAP) 권고에서는 'LGBT 인권 보호를 위한 핵심 추진과제'로 군형법 추행죄 폐지를 명시했다. 2020년 7월경에는 전원위원회 의결로 법무부 장관에게 군형법 추행죄를 폐지할 필요가 있다는 의견을 표명했다.[886]

　이런 국가인권위의 권고에 따라 2022년경 대법원의 다수의견은 '동성 군인들이 부대시설인 독신자 숙소에서 동성 성행위를 한 것이 군형법 제92조의6에 해당하지 않는다'라고 판결했다.[887] 그러나 대법원의 소수의견은 다수의견이 "법원에 주어진 법률해석 권한의 한계를 벗어난 것으로서 실질적인 입법행위에 해당한다.[888] 시민사회, 학계, 법률가 및 정치권 등의 소통을 통한 논의와 입법절차를 통하여 얻어야 할 결론을 법률 문언을 넘어서는 사법판단을 통하여 이루고자 하는 것이어서 받아들이기 어렵다"라고 판시했다.[889]

대법원 다수의견은 그 법률해석 권한을 넘어 기존 대법원과 헌법재판소의 판단을 파기했다. 기존에는 "상급자가 강제력을 행사하지 않은 경우에도 하급자가 스스로 원하지 아니하는 성적 교섭행위에 연관될 개연성이 높은 점 등을 고려할 때, 군형법 제92조의6은 강제력 행사를 요구하지 않는 것으로 해석된다"라고 판단했었는데, 이를 파기한 것이다.[890] 법조계와 군 안팎에서는 "사실상 군내 동성애를 허용한 것이나 다름없다"라는 해석이 나온다.[891] 국가인권위의 영향을 받은 사법부의 이런 판단에는 군대 내 동성애 확산으로 유발될 사회적 병리현상과 성범죄 문제가 고려되지 않는다.[892] 에이즈 확산 등을 통한 군 전투력 약화나 한국의 특수한 안보 상황 또한 도외시된다.[893]

둘째, 2008년경 국가인권위는 '트랜스젠더 성별정정 시 성전환 수술을 요건으로 한다'라는 대법원규칙을 폐지하라는 결정을 내렸다.[894] 이에 따라 대법원은 2020년경 성전환 수술을 하지 않고 성별 변경이 가능하도록 대법원 예규를 개정했다.[895] 그 결과 '남성 성기를 가진 법적 여성'의 등장이 쉬워졌다.[896] 그뿐 아니라 생물학적 남성의 여성 전용공간 출입이 사법부에 의해 허용된 것이다.[897] 여성이 사회적 성을 악용한 성범죄에 취약해지는 결과와 감수해야 할 수치심은 도외시된다.[898] 젠더 이데올로기 앞에서 여성 인권과 존엄이 되려 후퇴하는 것이다.[899]

병역기피를 위해 사회적 성이 악용될 소지도 크다. 성전환 수술 없이 트랜스젠더 선언만 하더라도 여성으로 보기 때문에 병역기피가 쉬워지는 것이다. 이것은 시민사회 등의 소통을 통해 국민의 대표인 국회가 처리할 영역이다. 왜냐하면, 국방의무의 평등한 이행확보가 어렵게 된다면 의무징병제를 바탕으로 한 전체 병역제도의 실효성이 훼손될 수 있기 때문이다. 그러나 사법부는 이런 점들을 고려하지 않은 채 국가인권위의 의견에 따라 실질적인 입법행위를 한다는 비판을 받는다.

셋째, 2022년경 국가인권위원회는 "동성 커플 등 다양한 가족형태도 법적 가족으로 인정할 수 있게 제도 개선이 필요하다"라고 발표했다.[900] 그런데 한 동성 커플이 국민건강보험공단을 상대로 '건강보험 직장 가입자의 피부양자 자격을 인정해달라'며 법원에 소송을 냈다.[901] 2023년경 서울고등법원은 원심을 뒤집으면서 동성 커플의 손을 들어줘 논란이 되고 있다.[902] 국가인권위의 이념 편향적인

권고에 따라 사법부가 법의 테두리를 벗어난 실질적인 입법행위를 했다는 비판이 쏟아진다.[903]

넷째, 대법원은 2020년경 어린이집 교사 2명이 초등학교 5~6학년 아이들 18명에게 '에이즈와 동성애, 충격적 진실'이라는 제목의 유튜브 동영상을 보여줬다는 이유로 아동학대죄로 형사처벌 했다. 그리고 교사의 자격 박탈이 적법하다고 판단했다.[904] 그러나 에이즈 진단으로 생명을 잃는 아이들이 급증하는 것이 한국의 현실이다. 바로 동성애-에이즈 관련 정보 차단 정책 때문이다.[905] 헌법적 가치나 기본권보다 젠더 이데올로기를 실현하는 국가인권위의 의견·정책이 법 판단의 잣대로 더 중요하게 작용한다는 지적이다.[906] 아이들의 보건권이나 생명권이 편향된 이념 앞에서 외면당하는 것이다.

08

군대 내 동성애 합법화, 어떻게 후임병 성폭행과 에이즈를 폭증시킬까?

군형법 제92조의6은 '군인이나 군인에 준하는 자에 대해 항문성교나 그 밖의 추행을 한 사람은 처벌한다'라고 규정한다. '성관계 합의 여부' 등을 따질 필요가 없기 때문에 상급자의 성접촉 압력이 합의로 포장된 것인지 따질 필요가 없게 한다.[907] 이는 대한민국 법률 중 유일하게 동성애를 금지한 조항이다.[908]

헌법재판소는 군대 내에서의 추행을 형법이나 성폭법(성폭력범죄의 처벌 등에 관한 특례법)과 달리 규정해야 하는 이유로, 군의 특성상 군인은 군영 내에서 동성 간 집단숙박을 하여야 하는 사실 및 엄격한 상명하복 관계에 있어 상관의 지시를 거역하기가 사실상 불가능한 점을 고려했다고 판단했다. 그리고 상급자가 강제력을 행사하지 않은 경우에도 하급자가 스스로 원치 않는 성적 교섭행위에 연관될 개연성이 높은 점 등을 고려할 때, 이 사건 법률조항(군형법 제92조의6은)은 강제력 행사를 요구하지 않는 것으로 해석된다고 판단했다.[909]

그런데 2022년 4월 21일 대법원 다수의견은 '동성 군인들이 사적 공간인 독신자 숙소에서 합의에 따라 가진 성관계는 군이라는 공동사회의 건전한 생활과 군기를 침해한 것으로 보기 어렵다며 군형법상 추행죄로 처벌할 수 없다'라고 판시했다.[910] 그러나 대법원 소수의견은 이와 같은 다수의견의 판단이 법원에 주어진 법률해석 권한의 한계를 벗어난 것으로서 실질적인 입법행위에 해당한다고 비판한다.[911]

법조계와 군 안팎에서는 "사실상 군내 동성애를 허용한 것이나 다름없다"라는 해석을 내놓는다.[912] 전문가들은 이 대법원 판결이 해당 조항에 대한 헌법재판소의 위헌결정에 큰 영향을 미칠 것으로 본다.[913] 그리고 대법원 판결에 맞춰 국

회에서 군형법 제92조의6을 삭제하는 개정안이 발의되면서 해당 조항이 사라질 가능성이 커졌다.[914]

헌법재판소는 "군대는 동성 간의 비정상적인 성적 교섭행위가 발생할 가능성이 현저히 높고, 상급자가 하급자를 상대로 동성애 성행위를 감행할 가능성이 높다"라고 판시한 바 있다.[915] 과연 그런지 실태조사 등을 통해 살펴보자.

국가인권위와 (사)한국성폭력상담소는 2004년 '군대 내 성폭력 현황 실태조사'를 발표했다. 이 실태조사의 연구책임자인 권인숙은 이후 국회의원이 되어 2021년 8월 31일 포괄적 차별금지 법률안을 대표발의 했다.[916] 편향성 논란이 없는 실태조사인 셈이다.

첫째, 성폭력 가해자 중 피해 경험이 있는 사람이 81.7%에 달해 군대 내 성폭력이 악순환된다는 조사결과가 나왔다. 동성애 성폭력을 경험한 피해자가 동성애를 후천적으로 학습한다는 사실을 시사한다.

둘째, 응답 사병의 15.4%는 성폭력 피해 경험이 있고, 성폭력을 듣거나 본 적이 있다는 응답자는 24.7%에 달했다. 성폭력 발생 빈도와 관련하여, 8.7%는 '1회 이하', 40.8%는 '2~4회', 12.6%는 '5~6회', 30.1%는 '수시로 당했다'라고 응답했다. 관련 응답 사병의 반 이상이 지속적으로 성폭력 피해를 당한 것이다.

셋째, 군대 성범죄의 81.2%는 상급자에 의해 강제적으로 저질러진다는 조사결과가 나왔다. 이런 상급자의 71.1%는 선임병, 7%는 부사관, 3.1%는 장교로 밝혀졌다.

넷째, 성폭력 피해자의 약 95%가 신고하지 않는다는 조사결과가 나왔다. 신고하지 않은 이유로는 64%가 '으레 있는 일이라 문제가 되지 않아서'이고, 16%가 '상관에게 보고해도 소용이 없어서'이며, 9.3%는 '가해자와의 관계 때문에'라고 조사됐다. 군대 성범죄 중 불과 4.4%만 밝혀지고 나머지는 은폐되는 것이다.[917]

2013년 한국갤럽도 군필 남성 1,020명을 대상으로 한 조사결과를 발표했다. '군대 내 성폭력과 은폐 실태'가 드러난 국가인권위와 (사)한국성폭력상담소의 심각한 조사결과를 재확인시켜 준다.

첫째, 5명 중 2명(37.6%)은 복무기간 동안 병역 근무지 내에서 군인 간 성추행 및 성폭행 사건에 대해 듣거나 본 경험이 있다고 답했다. 한국성폭력상담소 조사결과보다 12.9% 높은 것으로 군대 성폭력의 증가추세를 보여준다. 게다가 성 관련 사건 인지자 중 62.3%가 그 정도가 '심각했다'라고 응답했다.

둘째, 군인 간 성 관련 사건의 원인에 대해 36.3%는 '동성애 때문'이라고 응답했다. 18.1%는 '억압적이고 폐쇄된 공간에서 생활하기 때문에', 17.3%는 '성욕을 해소할 방법이 없어서'라고 응답했다.

셋째, 군인 간 성 관련 사건 피해자들의 82.9%는 피해 사실 신고가 '쉽지 않다'라고 응답했다. 그 이유에 대해 24.5%는 '계급사회의 특수성 때문에', 12.8%는 '보복, 따돌림 등 2차 가해가 발생할 수 있기 때문에', 9.4%는 '주변 시선 때문에, 소문이 두려워', 8.3%는 '폐쇄적인 군대 문화 특성', 7.1%는 '신고자의 신변 보호가 잘 안 돼서', 5.1%는 '군 생활을 지속하는데 발생할 피해 때문에'라고 응답했다.[918]

결국, 통계를 보면 군대 내 성범죄의 97.7%가 합의 없이 이루어진다.[919] 그리고 군대 성폭력 피해자의 약 95%가 신고를 하지 않는다.[920] 이런 상황에서 성범죄로부터 하급자·후임병을 보호하는 최후의 보루 기능을 수행하는 것이 군형법 제92조의6인 셈이다. 이것이 폐지된다면 위계질서를 이용한 압력이 합의로 포장되어 후임병 성폭행(동성애 성폭행)이 폭발적으로 급증할 수밖에 없다는 우려의 목소리가 높다.

특히 이런 군대 환경과 동성애의 성중독 유사 증상이 만나면 이런 현상이 더욱 심각해질 수밖에 없는 것이다. 탈동성애자 김정현은 '항문성교는 전립선을 자극해 쾌감을 느끼게 한다. 여기에 중독되면 그때부터 동성애에서 빠져나오는 것은 거의 불가능하다'라고 밝힌다.[921] 모든 남자가 이런 자극을 느낄 수 있는데,[922] 이성 간 성행위보다 쾌감이 더 큰 경우가 많다고 한다.[923] 중독되면 본인의 의지로 빠져나오기 어려운 이유다. 이런 중독 증상으로 인해 동성애자들 대부분은 끊임없이 새로운 성 파트너를 찾게 된다.[924] 남성 동성애자 중 43%가 500명 이상, 28%가 1,000명 이상의 성 파트너를 가지고 있다는 연구결과도 있다.[925]

이런 특성을 가진 동성애자는 군대에서 선임병이 되면 성 파트너를 후임병에서 찾을 개연성이 높다. 이것은 본인의 의지로 자제하기 어렵다. 그리고 동성애 성폭력을 경험한 후임병은 전립선 자극으로 동성애에 중독될 가능성이 크다. 그 피해자가 상급자가 되면 다시 그 후임병들에게 동성애 성폭력을 가하는 악순환이 반복되는 것이다.

이렇게 후임병 성폭행이 폭증하면 군대 내 에이즈도 필연적으로 폭증하게 된다. 전 육군 중령 출신이자 대전시 인권센터장인 김영길이 말한다.[926]

"국방부는 소수자 인권을 보호한다는 미명 아래 군 입대 시 에이즈 검사를 하지 못하게 합니다. 동성애 병사에 대한 채혈 및 에이즈 검사 자체가 불가능하도록 훈령으로 규정하여 누가 동성애자이고 에이즈 감염자인지 서로 알 수 없다는 점이 큰 문제입니다."[927]

남성 동성애자의 에이즈 감염확률은 일반인보다 180배 높다.[928] 한국 보건복지부는 "전체 HIV 감염인의 91.7%가 남성임과 동성애자 역학조사의 어려움 등을 고려할 때 남성 동성애자 간 성접촉이 주요 전파경로일 것으로 판단된다"라고 한다.[929]

게다가 에이즈에 감염된 게이의 평생 성 파트너 수가 1,100명에 이른다는 연구결과가 있다.[930] 또한, 에이즈 남성 환자 한 명당 1년간 성관계를 갖는 평균 파트너의 수가 60명에 이른다는 연구결과도 있다.[931] 이런 특징에 더해 군대 내에서 누가 에이즈 감염자인지 알 수 없고, 군형법 제92조의6이 폐지되어 합의를 가장한 후임병 성폭행이 급증할 수밖에 없는 환경이 조성된다면 군대 내 에이즈도 폭증할 수밖에 없다는 지적이다.

심지어 의무적 군 복무로 인해 생명을 잃게 되는 청소년들도 급증할 개연성이 높다. '한국 에이즈 사망자의 거의 절반(45%)이 HIV 감염진단 후 6개월 이내에 사망한다'라는 한국 질병관리본부의 보고가 이런 우려를 뒷받침한다. 동성애와 에이즈의 연관성을 알리지 않는 정책 때문에 적절한 치료 시기를 놓쳐 조기에 사망하는 것이다.[932] 이 수치는 한국이 외국보다 월등히 높다. 정보 차단 정책으로 유발되는 이런 현상은 사회보다 군대가 더 심각할 것으로 보인다. 더 나아가 사회와 달리, 군대에서는 동성 성행위에 발을 들여놓는 계기가 본인의 선택이 아닌 강요 때문일 수 있다. 젠더 이데올로기의 실현을 위해 국방의무를 수행하는 청년들이 희생되는 것이다.

REFERENCE

1부

내 아이 코앞에 다가온 동성애와 성전환,
결코 남의 일이 아니다

1. Foxnews, 『San Francisco Gay Men's Chorus faces backlash for 'we're coming for your children' video』, 9 July 2021.
2. MailOnline, 『San Francisco Gay Men's Chorus sparks outrage among conservatives by singing 'we'll convert your children' in satirical song that takes a swipe at anti-gay stereotypes』, 9 July 2021.
3. https://repository.library.northeastern.edu/files/neu:cj82nh65s; https://www.youtube.com/watch?v=NtGv4Q2pzB8 (2023.3.8. 방문, 보스턴 게이 합창단의 공연 영상)
4. United States, Congress, House, Committe, "Policy Implications of Lifting the ban on Homosexuals in the Military: Hearings Before the Committee on Armed Services, House of Representatives, One Hundred Third Congress First Session, Hearings Held May 4 and 5, 1993," Palala Press, September 2015, p.120.
5. Laura Briggs, "Somebody's Children: The Politics of Transracial and Transnational Adoption," 2012, p.251.
6. Michael Swift, "Gay Revolutionary," Gay Community News, February 1987, pp.15-21; Jr. Eskridge, William N., Nan D. Hunter, "Sexuality, Gender and the Law," 2003, p.288; Richard D. Land, Frank D. York, "Send a Message to Mickey: The ABC's of Making Your Voice Heard at Disney," B & H Pub Group, 1998, p.61; Gene Antonio, "AIDS: Rage and Reality - Why Silence is Deadly," Anchor Books, 1992, p.253; Jack Van, "AIDS is for Death," Jack Van Impe Ministries, 1988, p.152; John D. Laing, Page Matthew Brooks, Douglas L. Carver, "Don't Ask, Don't Tell: Homosexuality, Chaplaincy, and the Modern Military," 2013, p.56.
7. United States, Congress, House, Committe, "Policy Implications of Lifting the ban on Homosexuals in the Military: Hearings Before the Committee on Armed Services, House of Representatives, One Hundred Third Congress First Session, Hearings Held May 4 and 5, 1993," Palala Press, September 2015, p.120.
8. Resources, 『"Gender-free" Children: The Newest Fad in Public Education』, 30 December 2011; The Daily Signal, 『Yes, Schools Are Secretly Trying to 'Gender Transition' Kids, and It Must Be Stopped』, 22 March 2022; Richard P. Fitzgibbons, "Transsexual attractions and sexual reassignment surgery: Risks and potential risks," Linacre Quarterly, 82(4), November 2015, pp.337-350; The Heritage Foundation, 『Woke Gender』, 7 July 2021; The Daily Signal, 『Promise to America's Children Warns of Destructive Equality Act LGBT Agenda』, 18 February 2018.
9. Daily Dot, 『Why can't the nation's first legally nonbinary person get an ID?』, 23 July 2016.
10. 충청일보, 『젠더, 익숙하고도 낯선』, 2018.6.11.
11. 펜앤드마이크, 『[펜앤현장] 학생인권조례 폐지 촉구 시민대회…"사상 주입 막기 위해 반드시 폐지되어야"』, 2023.3.10.
12. Pink News, 『Half of trans and non-binary people want to abolish legal gender categories altogether, study finds』, 3 October 2020; Pink News, 『As non-binary people, do we really want legal recognition, or should we be fighting to abolish gender categories entirely?』, 23 September 2020; Catholic News Agency, 『Could

it soon be illegal for doctors to believe in male and female?』, 3 February 2016; JTBC 뉴스, 『화장실·목욕탕에도 트랜스젠더…'성별 이분법'의 종말?』, 2021.7.1.

13. Spiked, 『The making of an identity crisis』, 7 May 2023.
14. The Guardian, 『Record 7.1% of Americans identify as LGBTQ+, Gallup poll finds』, 17 February 2022; Gallup, LGBT Identification in U.S. Ticks Up to 7.1%, 17 February 2022;
https://news.gallup.com/poll/389792/lgbt-identification-ticks-up.aspx
15. Catholic News Agency, 『Peruvian marches against gender ideology attract 1.5 million』, 7 March 2017.
16. Catholic News Agency, 『Peru to withdraw controversial "gender ideology" curriculum』, 1 December 2017.
17. Catholic News Agency, 『Colombian bishops welcome government backing down from gender ideology』, 15 August 2016.
18. Catholic News Agency, 『March against gender ideology in schools held in Puerto Rico』, 16 August 2021.
19. Catholic News Agency, 『Paraguay's government rejects gender ideology』, 24 September 2017.
20. 뉴시스, 『울산 고교선 '동성애 교육'…시의회는 '학생민주시민조례' 폐지 추진』, 2023.5.17.; 경상일보, 『고교 동성애교육 논란 확산…학부모단체 대책 촉구』, 2023.5.19.; 울산신문, 『"고교 동성애 조장 강연은 교육중립성 위반"』, 2023.5.18.; 국제신문, 『울산 한 고교 성소수자 쓴 강의자료로 동성애 등 교육해 논란』, 2023.5.16.; 뉴데일리, 『[포토] 트루스포럼 "차별금지법 강행시도 규탄한다"(전문)』, 2022.4.13.
21. 한국교육신문, 『<현장의 눈> 학교에서 동성애를 가르치란 말인가』, 2014.12.1.
22. 서울경제, 『세살짜리 유치원생에게 동성애 교육? 서울교육청 학생인권종합계획 논란』, 2021.1.15.; 한국교육신문, 『'학생인권' 영향? 조희연·도성훈 지지도 최하위권』, 2021.2.9.; 머니투데이, 『"성소수자 보호"…보수·기독교 반발 샀던 학생인권종합계획 수립』, 2021.4.1.; 조선에듀, 『서울 학생인권종합계획 '이념 편향 교육' 논란 커지자… 해명 나선 교육청』, 2021.1.15.; 이데일리, 『학생인권계획 비판에 "동성애·편향사상 주입 아냐"…서울시교육청 '반박'』, 2021.1.15.; 이데일리, 『"동성애 옹호·편향사상 주입?"…서울시교육청 '학생인권계획' 논란』, 2021.1.21.; 경향신문, 『'서울 학생인권의 날' 앞두고…여전히 '성소수자 보호'가 '동성애 조장'이라는 이들』, 2021.1.25.
23. The Wall Street Journal, 『When Your Daughter Defies Biology』, 6 January 2019; The Heritage Foundation, 『How the Equality Act's Gender Ideology Would Harm Children』, 9 June 2021; The Daily Signal, 『Promise to America's Children Warns of Destructive Equality Act LGBT Agenda』, 18 February 2018.
24. Kenneth J Zucker, Susan J Bradley, "Gender Identity and Psychosexual Disorders," FOCUS The Journal of Lifelong Learning in Psychiatry 3(4), October 2005, pp.598-617.
25. 한국성소수자연구회, "무지개는 더 많은 빛깔을 원한다," 창비, 2019, 13면.
26. 뉴스앤조이, 『동성애, 사랑으로 회복할 수 있다』, 2003.5.14.
27. 세계일보, 『미국 전역 동성결혼 합법화… 동성 결혼 가능한 나라는?』, 2022.12.14.; 뉴스1, 『'독일에도 무지개'…동성결혼 합법 국가는 어디어디?』, 2017.6.30.; 한겨레, 『"개신

	교 천국' 미국 동성혼 합법화…선진국 대부분 차별 철폐』, 2017.9.15.; 머니S, 『[이건희칼럼] 동성애 합법화한 미국』, 2015.11.18.; 브릿지경제, 『[트렌드] 전 세계가 무지개로 물들다… 동성애 합법화 바람』, 2015.6.30.
28	미디어오늘, 『해외 혐오표현 규제 어떻게 하고 있을까』, 2019.12.1.; 노컷뉴스, 『증오범죄, 한국은 안전한가?』, 2015.8.29.
29	Gallup, In U.S., Estimate of LGBT Population Rises to 4.5%, 22 May 2018; https://news.gallup.com/poll/234863/estimate-lgbt-population-rises.aspx
30	머니투데이, 『미국 성소수자 청소년 40% "극단 선택 생각해봤다"』, 2020.7.16.
31	Gallup, LGBT Identification in U.S. Ticks Up to 7.1%, 17 February 2022; https://news.gallup.com/poll/389792/lgbt-identification-ticks-up.aspx
32	CBS News, 『1 in 6 Generation Z adults identify as something other than heterosexual』, 25 F2bruary 2021.
33	Medical News Today, 『What are the different types of sexualities?』, 20 October 2020; 스포츠서울, 『[최신혜의 色다른 성] 두 성(性) 모두를 사랑하는 사람들』, 2016.2.18.
34	USA Today, 『'Society is changing': A record 5.6% of US adults identify as LGBTQ, poll shows. And young people are driving the numbers』, 24 February 2021.
35	The Washington Post, 『A record number of US adults identify as LGBTQ. Gen Z is driving the increase』, 17 February 2022.
36	The Guardian, 『Record 7.1% of Americans identify as LGBTQ+, Gallup poll finds』, 17 February 2022.
37	매일경제, 『결혼은 선택, 맘에들면 '내돈내산'…밀레니얼과 또 다른 Z세대입니다』, 2021.8.13.; The Guardian, 『Record 7.1% of Americans identify as LGBTQ+, Gallup poll finds』, 17 February 2022.
38	Gallup, LGBT Identification in U.S. Ticks Up to 7.1%, 17 February 2022; https://news.gallup.com/poll/389792/lgbt-identification-ticks-up.aspx
39	NBC News, 『Americans are identifying as LGBTQ more than ever, poll finds』, 24 February 2021; USA Today, 『'Society is changing': A record 5.6% of US adults identify as LGBTQ, poll shows. And young people are driving the numbers』, 24 February 2021.
40	Gallup, LGBT Identification Rises to 5.6% in Latest U.S. Estimate, 24 February 2021; https://news.gallup.com/poll/329708/lgbt-identification-rises-latest-estimate.aspx
41	The Guardian, 『New record as estimated 18m Americans identify as LGBTQ, poll finds』, 24 February 2021; 한국경제, 『갤럽 "美 젊은층 16%가 성소수자…양성애자 최대"』, 2021.3.2.; 머니투데이, 『美 젊은이 6명 중 1명 "나는 성소수자"』, 2021.2.25.; 매일경제, 『결혼은 선택, 맘에들면 '내돈내산'…밀레니얼과 또 다른 Z세대입니다』, 2021.8.13.
42	The Washington Post, 『1 in 6 Gen Z adults are LGBT. And this number could continue』, 24 February 2021; 한국경제, 『갤럽 "美 젊은층 16%가 성소수자…양성애자 최대"』, 2021.3.2.; 머니투데이, 『美 젊은이 6명 중 1명 "나는 성소수자"』, 2021.2.25.
43	Gallup, LGBT Identification in U.S. Ticks Up to 7.1%, 17 February 2022;

https://news.gallup.com/poll/389792/lgbt-identification-ticks-up.aspx

44. The Times, 『One in four at high school in US are LGBTQ』, 28 April 2023.
45. Los Angeles Blade, 『CDC: A quarter-plus of U.S. high school students identify LGBTQ』, 1 May 2023.
46. Metroweekly, 『1 in 4 High School Students Identify as LGBTQ』, 1 May 2023; CBS News, 『Nearly a third of teen girls say they have seriously considered suicide, CDC survey shows』, 13 February 2023.
47. The Christian Post, 『Number of teens who identify as LGBT skyrockets: CDC』, 2 May 2023.
48. The Hill, 『1 in 4 high school students identifies as LGBTQ』, 27 April 2023.
49. New York Post, 『Fewer teens than ever identify as heterosexual: CDC report』, 27 April 2023.
50. 김미선, 박성수, "청소년이 음란물접촉과 예방대책," 한국중독범죄학회보, 9(1), 2019, 1-22면.
51. MailOnllne, 『Record one in FOUR high school students say they are gay, bisexual or 'questioning' their sexuality, official CDC data shows - double the amount in 2015』, 27 April 2023; Spiked, 『The making of an identity crisis』, 7 May 2023.
52. 펜앤드마이크, 『[이명진 칼럼] 젠더권력의 꿀을 빨며 독(毒)을 주입하려는 자들』, 2021.6.18.
53. 경상매일신문, 『<윤정배 칼럼>동성애와 에이즈 II 』, 2018.4.27.
54. nate 뉴스, 『스페인, Z세대 이성애자 비율이 역대 최저 기록』, 2021.7.9.
55. 아시아투데이, 『스페인, Z세대 이성애자 비율이 역대 최저 기록』, 2021.7.9.
56. 포괄적 차별금지법 바로알기 법조토론회 자료, 2020.10.20., 212-213면; 복음법률가회, "정의당 차별금지법안의 반성경성과 위험성," 밝은생각, 2020, 117면; 명재진 외 6인, "포괄적 차별금지법, 찬성할 것인가 반대할 것인가," 밝은생각, 2020.6., 206-207면.
57. 헤럴드경제, 『加 성소수자 100만명…15~24세 층에 30% 몰려』, 2021.6.16.; 에너지경제, 『캐나다, 성소수자 100만명 시대…10명 중 3명은 청소년·청년』, 2021.6.16.
58. BBC News, 『Gay rights 50 years on: 10 ways in which the UK has changed』, 29 July 2017.
59. 뉴데일리, 『[포토] 트루스포럼 "차별금지법 강행시도 규탄한다"(전문)』, 2022.4.13.
60. 데일리굿뉴스, 『"초·중등학교서 동성애 위험성 못 가르칠 수도"』, 2021.11.17.
61. 한국성소수자연구회, "무지개는 더 많은 빛깔을 원한다," 창비, 2019, 13면.
62. Dale O'Leary, Peter Sprigg, "Understanding and responding to the transgender movement," Family Research Council, June 2015, Issue Analysis IS15F01, p.2.
63. 한겨레, 『성소수자에 대해서 궁금한 6가지』, 2016.6.10.; 선데이저널, 『위 스파, 트랜스젠더 여탕출입 허가 논쟁 시위 안팎』, 2021.7.7.
64. Sinead Helyar, Laura Jackson, et al., "Gender Dysphoria in children and young people: The implications for clinical staff of the Bell V's Tavistock Judicial Review and Appeal Ruling," Journal of Clinical Nursing, 31(9-10), May 2022, e11-e13; Mikael Landen, "Okningen av konsdysfori hos unga tarvar eftertanke - Mer an 2300 procent fler under den senaste 10-arsperioden - kulturbunden psykologisk smitta kan vara en forklaring [Dramatic increase in adolescent gender dysphoria requires

65. The Telegraph, 『Minister orders inquiry into 4,000 per cent rise in children wanting to change sex』, 16 September 2018; The Times, 『Inquiry into surge in gender treatment ordered by Penny Mordaunt』, 16 September 2018; Annelou L C de Vries, "Challenges in Timing Puberty Suppression for Gender-Nonconforming Adolescents," Pediatrics, 146(4), October 2020, e2020010611.

66. 의학신문, 『법이 의학을 위협하면 안 된다---차별금지법이 의학에 미치는 영향』, 2020.8.21.; 메디칼타임즈, 『"포괄적 차별금지법' 의학적 파장 우려…임상의들 반대 목소리』, 2021.6.2.

67. Marcus Evans, "Freedom to think: the need for thorough assessment and treatment of gender dysphoric children," BJPsych Bulletin, 45(5), October 2021, pp.315-316.

68. Prospect Magazine, 『Why do so many teenage girls want to change gender?』, 3 March 2020.

69. Eva Moore, Amy Wisniewski, Adrian Dobs, "Endocrine treatment of transsexual people: a review of treatment regimens, outcomes, and adverse effects," The Journal of Clinical Endocrinology Metabolism, 88(8), August 2003, pp.3467-3473; Annelou L C de Vries, "Challenges in Timing Puberty Suppression for Gender-Nonconforming Adolescents," Pediatrics, 146(4), October 2020, e2020010611; Kenneth J Zucker, "Adolescents with Gender Dysphoria: Reflections on Some Contemporary Clinical and Research Issues," Archives of Sexual Behavior, 48(7), October 2019, pp.1983-1992.

70. BBC News, 『Tavistock puberty blocker study published after nine years』, 11 December 2020; The Guardian, 『Tavistock trust whistleblower David Bell: 'I believed I was doing the right thing'』, 2 May 2021.

71. Antony Latham, "Puberty Blockers for Children: Can They Consent?," The New Bioethics, 28(3), September 2022, pp.268-291.

72. MailOnline, 『In 20 years we'll look back on the rush to change our children's sex as one of the darkest chapters in medicine, says psychotherapist BOB WITHERS』, 18 November 2018; MailOnline, 『School has SEVENTEEN children changing gender as teacher says vulnerable pupils are being 'tricked' into believing they are the wrong sex』, 17 November 2018; The Irish Times, 『Gender distress treatment in young people: a highly charged debate』, 26 June 2021.

73. Express, 『Investigation as number of girls seeking gender transition treatment rises 4,515 percent』, 16 September 2018.

74. 글로벌에픽, 『영국, 정신건강 문제 겪는 학생 10년새 450% 증가』, 2021.7.26.

75. Express, 『Investigation as number of girls seeking gender transition treatment rises 4,515 percent』, 16 September 2018.

76. Cecilia Dhejne, Paul Lichtenstein et al., "Long-term follow-up of transsexual persons undergoing sex reassignment surgery: cohort study in Sweden," PLoS One, 6(2), 22 February 2011, e16885; Public Discourse, 『Transition as Treatment: The Best Studies Show the Worst Outcomes』, 16 February 2020; Mercatornet, 『Interrogating the transgender agenda』, 1 January 2020; Lawrence S Mayer, Paul

R McHugh, "Sexuality and Gender: Findings from the Biological," Psychological, and Social Sciences, The New Atlantis, 50, Special Report: Sexuality and Gender (Fall 2016), pp. 10-143.

77 한겨레, 『"서울광장에 휘날릴 무지개 깃발, 지킬 만한 가치가 있죠"』, 2022.6.10.

78 Business World, 『Sexual mutilations』, 3 March 2022; Thejournal.ie, 『The Irish state will now accept trans people's own declaration of their gender』, 3 June 2015; The Federalist, 『Trouble In Transtopia: Murmurs Of Sex Change Regret』, 11 November 2014.

79 The Heritage Foundation, 『Pelosi's Equality Act Could Lead to More Parents Losing Custody of Kids Who Want "Gender Transition"』, 15 January 2019; The Heritage Foundation, 『Sex Reassignment Doesn't Work. Here Is the Evidence』, 9 March 2018.

80 코람데오닷컴, 『차금법 옹호하는 '뉴조'기사에 대한 팩트체크(9)』, 2020.8.5.

81 MailOnline, 『Government probe into why so many girls want to be boys: Investigation ordered after number of 'transitioning referrals' increases by four thousand per cent』, 17 September 2018.

82 The Epoch Times, 『The Totalitarian Agenda Behind LGBT Sex-Ed Revolution at School』, 27 July 2021.

83 Independent, 『More people identifying as trans than ever before』, 10 June 2022; Spiked, 『The making of an identity crisis』, 7 May 2023.

84 The New York Times, 『Report Reveals Sharp Rise in Transgender Young People in the U.S.』, 10 June 2022; The Hill, 『New studies find millions of young nonbinary and transgender Americans』, 13 January 2023.

85 Pink News, 『There are four times more transgender teenagers than we thought』, 7 February 2018.

86 New York Civil Liberties Union, "Dignity for all? Discrimination Against Transgender and Gender Nonconforming Students in New York," June 2015; Public Discourse, 『Regret Isn't Rare: The Dangerous Lie of Sex Change Surgery's Success』, 17 June 2016; Pink News, 『There are four times more transgender teenagers than we thought』, 7 February 2018; Jody L. Herman, Taylor N.T. Brown, Ann P. Haas, "Suicide Thoughts and Attempts Among Transgender Adults in the US," The Williams Institute, September 2019.

87 The Independent, 『What the critics say about treatment for transgender children』, 26 October 2016; Mikael Landen, "Okningen av konsdysfori hos unga tarvar eftertanke - Mer an 2300 procent fler under den senaste 10-arsperioden - kulturbunden psykologisk smitta kan vara en forklaring [Dramatic increase in adolescent gender dysphoria requires careful consideration]," Lakartidningen, 116, 11 October 2019, FSMH.

88 Breitbart, 『Number of Swedish Children Wanting to Change Gender Doubling Each Year』, 15 March 2017; The Epoch Times, 『The Totalitarian Agenda Behind LGBT Sex-Ed Revolution at School』, 27 July 2021; The American College of Pediatricians, "Gender Ideology Harms Children," ACPeds article, March 2016.

89	CBN News, 『CA Mom Says State Pushed Teen Daughter into Transgender Treatments, Leading Her to Commit Suicide』, 15 March 2022.
90	Medscape, 『Transgender Teens: Is the Tide Starting to Turn?』, 26 April 2021; Medscape Medical News, 『Transition Therapy for Transgender Teens Drives Divide』, 23 April 2021.
91	The Guardian, 『Teenage transgender row splits Sweden as dysphoria diagnoses soar by 1,500%』, 22 February 2021.
92	Mikael Landen, "Okningen av konsdysfori hos unga tarvar eftertanke - Mer an 2300 procent fler under den senaste 10-arsperioden - kulturbunden psykologisk smitta kan vara en forklaring [Dramatic increase in adolescent gender dysphoria requires careful consideration]," Lakartidningen, 116, 11 October 2019, FSMH.
93	Breitbart, 『Number of Swedish Children Wanting to Change Gender Doubling Each Year』, 15 March 2017; Breitbart, 『Sweden To Include "Gender Identity" In Hate Crime Legislation』, 24 June 2017.
94	데일리굿뉴스, 『트랜스젠더는 정신적 문제…의학적으로 바꿀 수 없어』, 2021.4.1.
95	Madeleine S C Wallien, Peggy T Cohen-Kettenis, "Psychosexual outcome of gender-dysphoric children," Journal of the American Academy of Child and Adolescent Psychiatry, 47(12), December 2008, pp.1413-1423; Lawrence S Mayer, Paul R McHugh, "Sexuality and Gender: Findings from the Biological, Psychological, and Social Sciences," The New Atlantis, 50, Special Report: Sexuality and Gender (Fall 2016), pp.10-143; Richard P. Fitzgibbons, "Transsexual attractions and sexual reassignment surgery: Risks and potential risks," Linacre Quarterly, 82(4), November 2015, pp.337-350; The Washington Times, 『Kindergarten transgender lessons have parents changing schools』, 3 September 2017; The Wall Street Journal, 『Transgender Surgery Isn't the Solution』, 12 June 2014.
96	Catholic News Agency, 『School district can't hide student gender identity 'transition' from parents, Wis. judge says』, 30 September 2020.
97	데일리굿뉴스, 『"초·중등학교서 동성애 위험성 못 가르칠 수도"』, 2021.11.17.
98	서울경제, 『세살짜리 유치원생에게 동성애 교육? 서울교육청 학생인권종합계획 논란』, 2021.1.15.; 한국교육신문, 『'학생인권' 영향? 조희연·도성훈 지지도 최하위권』, 2021.2.9.; 머니투데이, 『"성소수자 보호"…보수·기독교 반발 샀던 학생인권종합계획 수립』, 2021.4.1.; 조선에듀, 『서울 학생인권종합계획 '이념 편향 교육' 논란 커지자… 해명 나선 교육청』, 2021.1.15.; 이데일리, 『학생인권계획 비판에 "동성애·편향사상 주입 아냐"…서울시교육청 '반박'』, 2021.1.15.; 이데일리, 『"동성애 옹호·편향사상 주입?"…서울시교육청 '학생인권계획' 논란』, 2021.1.21.; 경향신문, 『'서울 학생인권의 날' 앞두고…여전히 '성소수자 보호'가 '동성애 조장'이라는 이들』, 2021.1.25.
99	한겨레, 『페미니즘 세뇌'시키는 교사조직?…'불온사상' 돼가는 성교육』, 2021.6.8.
100	대법원 2020.6.4. 선고 2020도3975 판결; 대구지방법원 2020.2.19. 선고 2019노2758 판결; 대구지방법원 서부지원 2019.6.28. 선고 2017고단2897 판결; 대구지방법원 2021.7.8. 선고 2020구합27005 판결; 법률신문, 『초등학생에게 '동성애 위험' 유튜브 보게 했다면… 학대행위 해당』, 2020.8.6; 대구MBC, 『'동성애 혐오 영상' 보여준 보육교사 "자격 취소 적법"』, 2021.7.13.; KBS뉴스, 『봉사 온 초등생에게 '동성애·이상성애' 성교육 영

상…대법 "정서적 학대"』, 2020.8.6.; 대구MBC, 『부적절한 영상으로 성교육..대법, "정서적 학대"』, 2020.8.14.

101 Catholic News Agency, 『How a new executive order would promote gender ideology and silence free speech at schools』, 11 March 2021; 뉴스윅스, 『"인권위의 '제3의 성' 인정 시도는 결국 '여자'의 권익 침해할 것"』, 2019.11.19.

102 뉴스앤조이, 『동성애, 사랑으로 회복할 수 있다』, 2003.5.14.

103 크리스천투데이, 『[김영한 칼럼] 젠더 이데올로기 비판(I)』, 2017.9.29.

104 The Telegraph, 『Minister orders inquiry into 4,000 per cent rise in children wanting to change sex』, 16 September 2018; The Times, 『Inquiry into surge in gender treatment ordered by Penny Mordaunt』, 16 September 2018.

105 Antony Latham, "Puberty Blockers for Children: Can They Consent?," The New Bioethics, 28(3), September 2022, pp.268-291; Sinead Helyar, Laura Jackson, et al., "Gender Dysphoria in children and young people: The implications for clinical staff of the Bell V's Tavistock Judicial Review and Appeal Ruling," Journal of Clinical Nursing, 31(9-10), May 2022, e11-e13; The Independent, 『What the critics say about treatment for transgender children』, 26 October 2016; The Washington Times, 『Kindergarten transgender lessons have parents changing schools』, 3 September 2017; Washington Examiner, 『Title IX's anti-parent secret agenda』, 24 June 2022; The Federalist, 『3 Reasons Parents Are Absolutely Right To Demand Informed Consent To What Schools Do To Their Kids』, 10 March 2022; The Federalist, 『The Studies Cited To Support Gender-Bending Kids Are Largely Junk Science』, 10 March 2022; The Daily Signal, 『Yes, Schools Are Secretly Trying to 'Gender Transition' Kids, and It Must Be Stopped』, 22 March 2022; Anderson Valley Advertiser, 『Mendocino County Today: Saturday, June 11, 2022』, 11 June 2022; Newsweek, 『Schools Must Stop Keeping Trans-Secrets From Parents | Opinion』, 23 March 2022.

106 The Spectator, 『Don't tell the parents』, 6 October 2018.

107 Unherd, 『Suella Braverman: transitioning is not a neutral act』, 11 August 2022.

108 The Telegraph, 『Minister orders inquiry into 4,000 per cent rise in children wanting to change sex』, 16 September 2018; 미디어인권연구소 뭉클, "평등법 관련 미디어 모니터링," 국가인권위원회, 2020.12.18., 177면.

109 MailOnline, 『Schools should not teach eight-year-old's 'key words' such as transgender, pansexual, gender fluid or gender dysphoria, says Attorney General Suella Braverman - as she claims four-year-olds should NOT be told people can change sex or gender』, 10 August 2022.

110 CBN News, 『'Infuriating': UK Parents Launch Legal Fight Against Mandatory 'Sexuality and Gender' Classes for 3-Year-Olds』, 22 August 2022.

111 CBN News, 『'It Should Be Scrapped': Christian Parents Demand Church of England Stop Forcing Kids to Affirm Trans Ideology』, 13 October 2022.

112 MailOnline, 『Schools should not teach eight-year-old's 'key words' such as transgender, pansexual, gender fluid or gender dysphoria, says Attorney General Suella Braverman - as she claims four-year-olds should NOT be told people can

113　The Federalist, 『Public School Indoctrinates 5-Year-Olds About Transgenderism Without Telling Parents』, 18 March 2019.

114　Reuters, 『Canadian mother blocking trans teen's surgery fuels age debate』, 15 November 2020; Openly News, 『Canadian mother blocking trans teen's surgery fuels age debate』, 13 November 2020.

115　CBN News, 『Kindergarteners Scared They Will Be 'Turned into Boys' After School's Transgender Celebration』, 23 August 2017.

116　Fox 40, 『Transgender Kindergarten Lesson has Rocklin Parents Split』, 16 August 2017.

117　MailOnline, 『'My daughter came home crying afraid she'd turn into a boy': Parents' anger after kindergarten lesson has student's transgender reveal occur mid-class』, 22 August 2017.

118　Pink News, 『Transgender school lesson for 5-year-olds sparks parent backlash』, 25 August 2017.

119　Lifesite, 『Kindergarten celebrates 5-year-old transgender 'transition;' kids traumatized』, 21 August 2017.

120　Fox 40, 『Transgender Kindergarten Lesson has Rocklin Parents Split』, 16 August 2017.

121　Lifesite, 『Kindergarten celebrates 5-year-old transgender 'transition;' kids traumatized』, 21 August 2017.

122　CBC News, 『CAMH reaches settlement with former head of gender identity clinic』, 7 October 2018; National Post, 『CAMH to pay more than half a million settlement to head of gender identity clinic after releasing fallacious report』, 7 October 2018; The Guardian, 『BBC film on child transgender issues worries activists』, 11 January 2017; The Varsity, 『Controversial CAMH gender identity clinic winds down』, 11 January 2016; Anderson Valley Advertiser, 『Mendocino County Today: Saturday, June 11, 2022』, 11 June 2022; National Review, 『What Is 'Conversion Therapy'?』, 11 March 2020; The Daily Signal, 『Yes, Schools Are Secretly Trying to 'Gender Transition' Kids, and It Must Be Stopped』, 22 March 2022.

123　Breitbart, 『Dr. Quentin Van Meter: How Faulty Research by a 1950s 'Sexual Revolutionist' Guided the Modern Transgender Movement』, 24 October 2018.

124　National Review, 『Dr. Zucker Defied Trans Orthodoxy. Now He's Vindicated』, 25 October 2018; National Post, 『Are autistic children more likely to believe they're transgender? Controversial Toronto expert backs link』, 12 January 2017; National Post, 『Why CBC cancelled a BBC documentary that activists claimed was 'transphobic'』, 13 December 2017; The New York Times, 『Supporting Boys or Girls When the Line Isn't Clear』, 2 December 2006; Breitbart, 『Dr. Quentin Van Meter: How Faulty Research by a 1950s 'Sexual Revolutionist' Guided the Modern Transgender Movement』, 24 October 2018; Mercatornet, 『Interrogating the transgender agenda』, 1 January 2020; The Washington Times, 『Kindergarten

transgender lessons have parents changing schools』, 3 September 2017; The Independent, 『What the critics say about treatment for transgender children』, 26 October 2016.
125 The Daily Signal, 『Yes, Schools Are Secretly Trying to 'Gender Transition' Kids, and It Must Be Stopped』, 22 March 2022; The Federalist, 『3 Reasons Parents Are Absolutely Right To Demand Informed Consent To What Schools Do To Their Kids』, 10 March 2022.
126 CNN News, 『Transgender kids: Painful quest to be who they are』, 27 September 2021.
127 The Spectator, 『Don't tell the parents』, 6 October 2018.
128 Jack Drescher, Jack Pula, "Ethical issues raised by the treatment of gender-variant prepubescent children," The Hastings Center Report, 17 September 2014; Michelle A. Cretella, Quentin Van Meter, Paul McHugh, "Gender Ideology Harms Children," American College of Pediatricians, 14 September 2017.
129 Thomas D Steensma, Roeline Biemond, Fijgje de Boer, Peggy T Cohen-Kettenis, "Desisting and persisting gender dysphoria after childhood: a qualitative follow-up study," Clinical Child Psychology Psychiatry, 16(4), October 2011, pp.499-516; Public Discourse, 『Public School LGBT Programs Don't Just Trample Parental Rights. They Also Put Kids at Risk』, 8 June 2015.
130 Fox News, 『Detransitioner slams the entertainment industry for normalizing child gender transitions: 'How low can you go'』, 1 February 2023; Mercatornet, 『Help! My daughter wants to become a man』, 7 August 2017.
131 The Federalist, 『Va. Public School Indoctrinates 5-Year-Olds About Transgenderism Without Telling Parents』, 18 March 2019; Catholic News Agency, 『School district can't hide student gender identity 'transition' from parents, Wis. judge says』, 30 September 2020.
132 Ken C Pang, Nastasja M de Graaf, Denise Chew et al., "Association of Media Coverage of Transgender and Gender Diverse Issues With Rates of Referral of Transgender Children and Adolescents to Specialist Gender Clinics in the UK and Australia," JAMA Network Open, 3(7), 1 July 2020, e2011161.
133 Thomas D Steensma, Roeline Biemond, Fijgje de Boer, Peggy T Cohen-Kettenis, "Desisting and persisting gender dysphoria after childhood: a qualitative follow-up study," Clinical Child Psychology Psychiatry, 16(4), October 2011, pp.499-516; Public Discourse, 『Public School LGBT Programs Don't Just Trample Parental Rights. They Also Put Kids at Risk』, 8 June 2015; The Federalist, 『Public School Indoctrinates 5-Year-Olds About Transgenderism Without Telling Parents』, 18 March 2019; The Daily Signal, 『Yes, Schools Are Secretly Trying to 'Gender Transition' Kids, and It Must Be Stopped』, 22 March 2022; Catholic News Agency, 『School district can't hide student gender identity 'transition' from parents, Wis. judge says』, 30 September 2020.
134 The Heritage Foundation, 『Woke Gender』, 7 July 2021.
135 Richard P. Fitzgibbons, "Transsexual attractions and sexual reassignment surgery:

Risks and potential risks," Linacre Quarterly, 82(4), November 2015, pp.337-350; Antony Latham, "Puberty Blockers for Children: Can They Consent?," The New Bioethics, 28(3), September 2022, pp.268-291; Sinead Helyar, Laura Jackson, et al., "Gender Dysphoria in children and young people: The implications for clinical staff of the Bell V's Tavistock Judicial Review and Appeal Ruling," Journal of Clinical Nursing, 31(9-10), May 2022, e11-e13; The Independent, 『What the critics say about treatment for transgender children』, 26 October 2016.

136 Lawrence S Mayer, Paul R McHugh, "Sexuality and Gender: Findings from the Biological, Psychological, and Social Sciences," The New Atlantis, 50, Special Report: Sexuality and Gender (Fall 2016), pp.10-143; Richard P. Fitzgibbons, "Transsexual attractions and sexual reassignment surgery: Risks and potential risks," Linacre Quarterly, 82(4), November 2015, pp.337-350; Spiked, 『It's not transphobic to question transgenderism』, 20 January 2017; Mercatornet, 『Interrogating the transgender agenda』, 1 January 2020; The Wall Street Journal, 『Transgender Surgery Isn't the Solution』, 12 June 2014.

137 Philip Baiden, Lisa S Panisch, Yi Jin Kim, "Association between First Sexual Intercourse and Sexual Violence Victimization, Symptoms of Depression, and Suicidal Behaviors among Adolescents in the United States: Findings from 2017 and 2019 National Youth Risk Behavior Survey," International Journal Environmental Research and Public Health, 18(15), 27 July 2021, 7922; The Federalist, 『Public School Indoctrinates 5-Year-Olds About Transgenderism Without Telling Parents』, 18 March 2019; Public Discourse, 『Public School LGBT Programs Don't Just Trample Parental Rights. They Also Put Kids at Risk』, 8 June 2015; Remafedi G, Farrow JA, Deisher RW, "Risk factors for attempted suicide in gay and bisexual youth," Pediatrics, June 1991, 87(6), pp.869-875; Dale O'Leary, "Gay Teens and Attempted Suicide," NARTH Bulletin, December 1999, p.11.

138 The Federalist, 『The Studies Cited To Support Gender-Bending Kids Are Largely Junk Science』, 10 March 2022.

139 Public Discourse, 『Transgenderism: A Pathogenic Meme』, 10 June 2015; Richard P. Fitzgibbons, "Transsexual attractions and sexual reassignment surgery: Risks and potential risks," Linacre Quarterly, 82(4), November 2015, pp.337-350.

140 김미선, 박성수, "청소년이 음란물접촉과 예방대책," 한국중독범죄학회보, 9(1), 2019, 1-22면; Catholic News Agency, 『How a new executive order would promote gender ideology and silence free speech at schools』, 11 March 2021; 국민일보, 『[동성애자 입장만 강조한 중·고 교과서] 동성애-에이즈 연관성 명시한 교과서 한권도 없어』, 2015.9.2.

141 크리스천투데이, 『"퀴어행사 후원한 오비맥주 강력 규탄"』, 2019.6.4.

142 Pink News, 『Almost half of young people in the UK would not define themselves as "100% straight"』, 16 August 2015.

143 Pink News, 『A third of young Americans aren't '100% straight'』, 21 August 2015.

144 Pink News, 『Quarter of straight women have had lesbian sex, while half believe gender is fluid』, 11 May 2016; Pink News, 『Most women are either gay or

bisexual but 'never straight', says study』, 5 November 2015; Pink News, 『HALF of young people don't identify as '100% straight'』, 16 August 2015.

145　Pink News, 『Less than half of America's youth are straight, new survey finds』, 11 March 2016.

146　Gerulf Rieger, Ritch C Savin-Williams, Meredith L Chivers, J Michael Bailey, "Sexual arousal and masculinity-femininity of women," Journal of Personality and Social Psychology, 111(2), August 2016, pp.265-283.

147　김영한 외 지음, "동성애, 21세기 문화충돌," 킹덤북스, 2016.6., 106면.

148　Mirror, 『More Brits identify as gay or bisexual than EVER before, survey reveals』, 15 November 2018.

149　United States, Congress, House, Committe, "Policy Implications of Lifting the ban on Homosexuals in the Military: Hearings Before the Committee on Armed Services, House of Representatives, One Hundred Third Congress First Session, Hearings Held May 4 and 5, 1993," Palala Press, September 2015, p.96.

150　The Guardian, 『Record 7.1% of Americans identify as LGBTQ+, Gallup poll finds』, 17 February 2022; Gallup, LGBT Identification in U.S. Ticks Up to 7.1%, 17 February 2022; https://news.gallup.com/poll/389792/lgbt-identification-ticks-up.aspx

151　뉴데일리, 『[포토] 시민단체 "학생인권종합계획 토론회, 공정한 패널로 다시 진행하라"(전문)』, 2021.2.1.

152　Fox News, 『Influencer Oli London explains why he detransitioned back to male, blasts 'hypocritical' haters』, 17 October 2022; CBN News, 『Influencer Oli London Detransitions After Finding Faith in Christ, Pushes Back Against Trans Ideology』, 1 November 2022.

153　김선희, 김미숙, "청소년의 랜덤 채팅 중독으로 인한 성의식 변화와 성매매 대응방안," 한국중독범죄학회보, 7(3), 2017, 5-6면.

154　MailOnline, 『Record one in FOUR high school students say they are gay, bisexual or 'questioning' their sexuality, official CDC data shows - double the amount in 2015』, 27 April 2023.

155　미디어오늘, 『성소수자에 대한 교육, 초중고교에서 실시 당연』, 2021.5.4.

156　한국교육신문, 『<현장의 눈> 학교에서 동성애를 가르치란 말인가』, 2014.12.1.

157　김영길, "인권의 딜레마," 보담, 2021, 364면.

158　대법원 2020.6.4. 선고 2020도3975 판결; 대구지방법원 2020.2.19. 선고 2019노2758 판결; 대구지방법원 서부지원 2019.6.28. 선고 2017고단2897 판결; 대구지방법원 2021.7.8. 선고 2020구합27005 판결; 법률신문, 『초등학생에게 '동성애 위험' 유튜브 보게 했다면… 학대행위 해당』, 2020.8.6; 대구MBC, 『"동성애 혐오 영상"보여준 보육교사"자격취소 적법"』, 2021.7.13.; KBS뉴스, 『봉사 온 초등생에게 '동성애·이상애' 성교육 영상…대법 "정서적 학대"』, 2020.8.6.; 대구MBC, 『부적절한 영상으로 성교육..대법, "정서적 학대"』, 2020.8.14.; 노컷뉴스, 『총신대, 성희롱 발언 이상원 교수 해임』, 2020.5.20.; 네일리굿뉴스, 『동성애 반대 이상원 교수 부당해임 철회 공동성명』, 2021.6.7.; 국민일보, 『"학교 정상화, 회복·혁신이 핵심"』, 2020.5.26.; 펜앤드마이크, 『"민주당 이상민 의원의 '평등법안'은 전체주의 독재법이자 국민에 재갈물리는 노예법"』, 2021.6.23.; The Christian Post, 『Testosterone being given to 8-y-o girls, age lowered from 13:

doctors』, 2 April 2019.
159 The Wall Street Journal,『When Your Daughter Defies Biology』, 6 January 2019; The Heritage Foundation,『How the Equality Act's Gender Ideology Would Harm Children』, 9 June 2021.

2부

내 아이를 빠져들게 하는
동성애와 성전환의 실체

1	조선일보, 『동성애자들이 말해주지 않는 동성애에 대한 비밀』, 2010.11.10.
2	월간조선, 『코로나19 확진자 발생한 '찜방'의 정체는? 10년 전 <월간조선> 내용 보니』, 2020.5.10.
3	머니투데이, 『단속 비웃듯…어제도 '찜방'은 문 열었다』, 2020.5.12.
4	조선일보, 『동성애자들이 말해주지 않는 동성애에 대한 비밀』, 2010.11.10.; 조선일보, 『동성애자들이 말해주지 않는 '동성애에 대한 비밀' -동성애자의 양심고백-』, 2020.9.1.
5	월간조선, 『코로나19 확진자 발생한 '찜방'의 정체는? 10년 전 <월간조선> 내용 보니』, 2020.5.10.
6	Documentary Channel, 『'It was wrong to cut off my male anatomy': people who regret sex change surgery』, 13 September 2018; Life Site, 『For some, transgender 'transitioning' brings unimaginable regret: I would know』, 26 October 2015.
7	The Federalist, 『30 Transgender Regretters Come Out Of The Closet』, 3 January 2019.
8	Public Discourse, 『"Sex Change" Surgery: What Bruce Jenner, Diane Sawyer, and You Should Know』, 27 April 2015; The Federalist, 『30 Transgender Regretters Come Out Of The Closet』, 3 January 2019; The Daily Signal, 『Inconvenient Truth: No One Actually Changes Gender, Only Persona』, 16 July 2021.
9	The Sydney Morning Herald, 『The in-betweeners』, 31 July 2015; World, 『Gender agenda A Texas father is fighting his ex-wife's claim that their son is a transgender girl』, 30 November 2018; Public Discourse, 『Transgender Identities Are Not Always Permanent』, 27 September 2016.
10	Stuff, 『The in-betweeners: Life as a non-binary trans person』, 2 August 2015; Public Discourse, 『Public School LGBT Programs Don't Just Trample Parental Rights. They Also Put Kids at Risk』, 8 June 2015; MailOnline, 『The man who's had TWO sex changes: Incredible story of Walt, who became Laura, then REVERSED the operation because he believes surgeons in US and Europe are too quick to operate』, 14 February 2017; World, 『Gender agenda A Texas father is fighting his ex-wife's claim that their son is a transgender girl』, 30 November 2018.
11	The Daily Signal, 『Inconvenient Truth: No One Actually Changes Gender, Only Persona』, 16 July 2021; Public Discourse, 『"Sex Change" Surgery: What Bruce Jenner, Diane Sawyer, and You Should Know』, 27 April 2015; Public Discourse, 『Public School LGBT Programs Don't Just Trample Parental Rights. They Also Put Kids at Risk』, 8 June 2015; Public Discourse, 『Regret Isn't Rare: The Dangerous Lie of Sex Change Surgery's Success』, 17 June 2016.
12	Documentary Channel, 『'It was wrong to cut off my male anatomy': people who regret sex change surgery』, 13 September 2018.
13	The Federalist, 『30 Transgender Regretters Come Out Of The Closet』, 3 January 2019; Public Discourse, 『Transgender Identities Are Not Always Permanent』, 27 September 2016; Public Discourse, 『Regret Isn't Rare: The Dangerous Lie of Sex Change Surgery's Success』, 17 June 2016.
14	MailOnline, 『The man who's had TWO sex changes: Incredible story of Walt, who became Laura, then REVERSED the operation because he believes surgeons in US

15. MailOnline, 『The man who's had TWO sex changes: Incredible story of Walt, who became Laura, then REVERSED the operation because he believes surgeons in US and Europe are too quick to operate』, 14 February 2017.
15. MailOnline, 『The man who's had TWO sex changes: Incredible story of Walt, who became Laura, then REVERSED the operation because he believes surgeons in US and Europe are too quick to operate』, 14 February 2017.
16. Dale O'Leary, Peter Sprigg, "Understanding and responding to the transgender movement," Family Research Council, June 2015, Issue Analysis IS15F01, p.3.
17. Public Discourse, 『Regret Isn't Rare: The Dangerous Lie of Sex Change Surgery's Success』, 17 June 2016; Public Discourse, 『Transgender Identities Are Not Always Permanent』, 27 September 2016.
18. Thejournal.ie, 『The Irish state will now accept trans people's own declaration of their gender』, 3 June 2015; The Federalist, 『Trouble In Transtopia: Murmurs Of Sex Change Regret』, 11 November 2014; The Federalist, 『14 Years After Becoming Transgender, Teacher Says 'It Was A Mistake'』, 5 February 2019; Stream, 『Interview: The Pain of Transgender Regret』, 9 October 2015; Life Site, 『For some, transgender 'transitioning' brings unimaginable regret: I would know』, 26 October 2015.
19. Mercatornet, 『Transgender identities are not always permanent』, 14 October 2016.
20. WND, 『Dozens of trans-regretters now 'out of the closet'』, 6 January 2019; The Federalist, 『30 Transgender Regretters Come Out Of The Closet』, 3 January 2019.
21. The Federalist, 『Research Claiming Sex-Change Benefits Is Based On Junk Science』, 13 April 2017.
22. Public Discourse, 『Correction: Transgender Surgery Provides No Mental Health Benefit』, 13 September 2020.
23. Public Discourse, 『Transgender Identities Are Not Always Permanent』, 27 September 2016; Public Discourse, 『Regret Isn't Rare: The Dangerous Lie of Sex Change Surgery's Success』, 17 June 2016; The Federalist, 『Research Claiming Sex-Change Benefits Is Based On Junk Science』, 13 April 2017; Mercatornet, 『Transgender identities are not always permanent』, 14 October 2016.
24. The Federalist, 『30 Transgender Regretters Come Out Of The Closet』, 3 January 2019; Walt Heyer, "Trans Life Survivors," Paperback, 2018.
25. The Daily Signal, 『Inconvenient Truth: No One Actually Changes Gender, Only Persona』, 16 July 2021.
26. 한겨례, 『'페미니즘 세뇌'시키는 교사조직?…'불온사상' 돼가는 성교육』, 2021.6.8.; MailOnline, 『I'm de-transitioning after realising I'm happier as a man - and blame 'woke' culture for influencing impressionable teens into switching gender』, 30 January 2023.
27. World, 『Trans-fluence University caves to pressure to suppress research on transgender teens』, 7 September 2018.
28. G Remafedi 1, J A Farrow, R W Deisher, "Risk factors for attempted suicide in gay and bisexual youth," Pediatrics, 87(6), June 1991, pp.869-875.
29. Jack Drescher, Jack Pula, "Ethical issues raised by the treatment of gender-variant

prepubescent children," The Hastings Center Report, 17 September 2014.

30　Thomas D Steensma, Roeline Biemond, Fijgje de Boer, Peggy T Cohen-Kettenis, "Desisting and persisting gender dysphoria after childhood: a qualitative follow-up study," Clinical Child Psychology Psychiatry, 16(4), October 2011, pp.499-516; The Federalist, 『Public School Indoctrinates 5-Year-Olds About Transgenderism Without Telling Parents』, 18 March 2019; Public Discourse, 『Public School LGBT Programs Don't Just Trample Parental Rights. They Also Put Kids at Risk』, 8 June 2015.

31　The Federalist, 『Pushing Kids Into Transgenderism Is Medical Malpractice』, 21 September 2016.

32　Public Discourse, 『"Sex Change" Surgery: What Bruce Jenner, Diane Sawyer, and You Should Know』, 27 April 2015.

33　OCPA, 『As OU touts 'gender-affirming' care, ex-transgenders warn against it』, 19 July 2021; Mercatornet, 『The Pain of Transgender Regret』, 9 October 2015; Life Site, 『For some, transgender 'transitioning' brings unimaginable regret: I would know』, 26 October 2015.

34　Stream, 『Interview: The Pain of Transgender Regret』, 9 October 2015; Life Site, 『For some, transgender 'transitioning' brings unimaginable regret: I would know』, 26 October 2015; Public Discourse, 『"Sex Change" Surgery: What Bruce Jenner, Diane Sawyer, and You Should Know』, 27 April 2015; The Federalist, 『30 Transgender Regretters Come Out Of The Closet』, 3 January 2019; The Federalist, 『Why A Compromise On Transgender Politics Would Be Capitulation』, 16 May 2018.

35　The Daily Signal, 『How 'Equality Act' Would Impose Transgender Ideology on Everyone』, 24 February 2021.; 뉴스앤넷, 『美 의학교수, 동성애 위험 경고하다 병원서 쫓겨나』, 2015.10.2.

36　The Federalist, 『30 Transgender Regretters Come Out Of The Closet』, 3 January 2019; World, 『Gender agenda A Texas father is fighting his ex-wife's claim that their son is a transgender girl』, 30 November 2018.

37　WND, 『Dozens of trans-regretters now 'out of the closet'』, 6 January 2019; The Federalist, 『30 Transgender Regretters Come Out Of The Closet』, 3 January 2019; Mercatornet, 『The Pain of Transgender Regret』, 9 October 2015; Life Site, 『For some, transgender 'transitioning' brings unimaginable regret: I would know』, 26 October 2015; World, 『Gender agenda A Texas father is fighting his ex-wife's claim that their son is a transgender girl』, 30 November 2018.

38　Public Discourse, 『"Sex Change" Surgery: What Bruce Jenner, Diane Sawyer, and You Should Know』, 27 April 2015.

39　The Federalist, 『14 Years After Becoming Transgender, Teacher Says 'It Was A Mistake'』, 5 February 2019.

40　Stream, 『Interview: The Pain of Transgender Regret』, 9 October 2015; Life Site, 『For some, transgender 'transitioning' brings unimaginable regret: I would know』, 26 October 2015.

41	Ryan T. Anderson, "When Harry Became Sally: Responding to the Transgender Moment," Encounter Books, 2018; Walt Heyer, "Pulling the Mask Off the Transgender Phenomenon," Paperback, 2011; Walt Heyer, "Gender, Lies and Suicide: A Whistleblower Speaks Out," Paperback, 2011; The Federalist, 『30 Transgender Regretters Come Out Of The Closet』, 3 January 2019.
42	데일리굿뉴스, 『트랜스젠더는 정신적 문제…의학적으로 바꿀 수 없어』, 2021.4.1.
43	The Guardian, 『Jamie Shupe becomes first legally non-binary person in the US』, 16 June 2016; Daily Dot, 『Why can't the nation's first legally nonbinary person get an ID?』, 23 July 2016; Monthly Portland, 『Male? Female? Jamie Shupe Battles for a Third Option』, 20 February 2017; NBC News, 『Oregon Becomes First State to Add Third Gender to Driver's Licenses』, 16 June 2017.
44	Jessica A Clarke, "They, Them, and Theirs," Harvard Law Review, 132(894), 10 January 2019, p.896; The Sex Change of Jamie Shupe, No. 16CV13991, slip op. at 1 (Cir. Ct. Or. Multnomah Cty. June 10, 2016); NBC News, 『Oregon Becomes First State to Add Third Gender to Driver's Licenses』, 16 June 2017; The Christian Post, 『First man recognized as 'nonbinary' in US regrets taking hormones, warns against trans 'sham'』, 14 March 2019; NPR, 『Neither Male Nor Female: Oregon Resident Legally Recognized As Third Gender』, 17 June 2016; CNS News, 『First Legally Recognized 'Non-Binary' American Advocates Against Gender Transitioning』, 12 March 2019.
45	The Daily Signal, 『I Was America's First 'Nonbinary' Person. It Was All a Sham』, 10 March 2019.
46	The Christian Post, 『First person to legally obtain 'nonbinary' gender status now calls it 'psychologically harmful'』, 1 January 2020.
47	한겨레, 『'제3의 성' '성별 X'…남녀 이분법 벗어난 성별 표기는 '뉴노멀'』, 2021.10.28.; 서울신문, 『[여기는 남미 "우리 애는 남자도 여자도 아니다"..부모가 선택해 버린 '제3의 성' 논란』, 2022.5.10.; 뉴시스, 『뉴욕주, 운전면허증에 여성·남성 대신 '제3의 성' 표기 허용』, 2021.6.25.; USA Today, 『When asked their sex, some are going with option 'X'』, 21 June 2017.
48	Oregon Live, 『Oregon court allows person to change sex from 'female' to 'non-binary'』, 10 June 2016.
49	Ocala News, 『Ocala man blasts gender identity as 'sham' after reclaiming male birth status』, 20 January 2020; Christian Headlines, 『The Nation's 1st Non-Binary Person Regrets Switch, Legally Changes Back』, 7 January 2020.
50	NBC News, 『Judge Grants Oregon Resident the Right to Be Genderless』, 23 March 2017.
51	NBC News, 『Oregon Becomes First State to Add Third Gender to Driver's Licenses』, 16 June 2017; Monthly Portland, 『Male? Female? Jamie Shupe Battles for a Third Option』, 20 February 2017; Legal Reader, 『Agender and Name Change Application Is Approved』, 31 March 2017; CNS News, 『Transgender Treatment Is Medical Malpractice for Many Teens』, 15 December 2020; 연합뉴스, 『性을 중성으로 표기하는 美 캘리포니아 주민 7명으로 늘어』, 2017.2.17.

52 JD Supra, 『The "Non-Binary" Dilemma: Federal Gender Reporting When "Male" & "Female" Are No Longer the Only Realities in the Workplace』, 2 July 2019; The Daily Signal, 『I Was America's First 'Nonbinary' Person. It Was All a Sham』, 10 March 2019; The Christian Post, Oregon Court Rules a Person Can Now Choose to Be 'Third Sex', 13 June 2016; Bustle, 『These Are All The States With IDs That Recognize Non-Binary People』, 11 June 2019; NBC News, 『Oregon Becomes First State to Add Third Gender to Driver's Licenses』, 16 June 2017; Bustle, 『This State Now Has Gender-Neutral Driver's Licenses & It's Just In Time For Pride Month』, 13 June 2018; Reuters, 『FACTBOX-Nonbinary? Intersex? 11 U.S. states issuing third-gender IDs』, 1 February 2019; USA Today, 『When asked their sex, some are going with option 'X'』, 21 June 2017; 뉴시스, 『뉴욕주, 운전면허증에 여성·남성 대신 '제3의 성' 표기 허용』, 2021.6.25.; 중앙일보, 『뉴욕시 내년부터 제3의 성 표기』, 2018.10.9.

53 PBS News, 『Oregon court rules that 'nonbinary' is a legal gender』, 11 June 2016.

54 Oregon Live, 『Oregon court allows person to change sex from 'female' to 'non-binary'』, 10 June 2016.

55 The Mirror, 『First person to be legally named non-binary in US says it is "the greatest victory of my life"』, 20 June 2016.

56 Daily Dot, 『Why can't the nation's first legally nonbinary person get an ID?』, 23 July 2016.

57 The Guardian, 『Jamie Shupe becomes first legally non-binary person in the US』, 16 June 2016.

58 The Christian Post, 『Oregon Court Rules a Person Can Now Choose to Be 'Third Sex'』, 13 June 2016.

59 Monthly Portland, 『Male? Female? Jamie Shupe Battles for a Third Option』, 20 February 2017.

60 The Guardian, 『I am the first official genderless person in the United States』, 16 June 2016.

61 The Guardian, 『Jamie Shupe becomes first legally non-binary person in the US』, 16 June 2016.

62 The New York Times, 『Oregon Court Allows a Person to Choose Neither Sex』, 13 June 2016.

63 CNN, 『Army veteran legally not male or female, judge rules』, 12 June 2016; NPR, 『Neither Male Nor Female: Oregon Resident Legally Recognized As Third Gender』, 17 June 2016; BBC, 『First non-binary person legally recognised in the US: "I am free"』, 7 March 2018.

64 The Guardian, 『I am the first official genderless person in the United States』, 16 June 2016; Daily Dot, 『Why can't the nation's first legally nonbinary person get an ID?』, 23 July 2016.

65 The Federalist, 『I Became Transgender In The Military. That's How I Know People Shouldn't』, 12 April 2018.

66 CBN News, 『America's First Non-Binary Person Admits 'Big Mistake,' Legally Changes Back to Male』, 8 January 2020; Ocala News, 『Ocala man blasts gender

identity as 'sham' after reclaiming male birth status』, 20 January 2020; Monthly Portland, 『Male? Female? Jamie Shupe Battles for a Third Option』, 20 February 2017; Oregon Live, 『Oregon court allows person to change sex from 'female' to 'non-binary'』, 10 June 2016.

67　The Daily Signal, 『I Was America's First 'Nonbinary' Person. It Was All a Sham』, 10 March 2019.

68　NeonNettle, 『America's First Legally Recognized Transgender 'Regrets' Transitioning』, 13 March 2019.

69　Ocala News, 『Ocala man blasts gender identity as 'sham' after reclaiming male birth status』, 20 January 2020.

70　The Christian Post, 『First person to legally obtain 'nonbinary' gender status now calls it 'psychologically harmful'』, 1 January 2020.

71　The Daily Signal, 『I Was America's First 'Nonbinary' Person. It Was All a Sham』, 10 March 2019.

72　The Daily Signal, 『'I Perfectly Understand Why This Kills People': Former Transgender Jamie Shupe Details How Process Affected Him』, 15 March 2019.

73　The Daily Signal, 『'I Perfectly Understand Why This Kills People': Former Transgender Jamie Shupe Details How Process Affected Him』, 15 March 2019.

74　The Christian institute, 『First legally non-binary person now regrets transgender 'fraud'』, 15 February 2019.

75　NeonNettle, 『America's First Legally Recognized Transgender 'Regrets' Transitioning』, 13 March 2019.

76　The Christian institute, 『First legally non-binary person now regrets transgender 'fraud'』, 15 February 2019.

77　Ocala News, 『Ocala man blasts gender identity as 'sham' after reclaiming male birth status』, 20 January 2020.

78　CBN News, 『America's First Non-Binary Person Admits 'Big Mistake,' Legally Changes Back to Male』, 8 January 2020.

79　CBN News, 『America's First Non-Binary Person Admits 'Big Mistake,' Legally Changes Back to Male』, 8 January 2020.

80　The Daily Signal, 『'I Perfectly Understand Why This Kills People': Former Transgender Jamie Shupe Details How Process Affected Him』, 15 March 2019.

81　Daily Dot, 『Why can't the nation's first legally nonbinary person get an ID?』, 23 July 2016.

82　The Daily Signal, 『'I Perfectly Understand Why This Kills People': Former Transgender Jamie Shupe Details How Process Affected Him』, 15 March 2019.

83　Daily Dot, 『Why can't the nation's first legally nonbinary person get an ID?』, 23 July 2016.

84　The Daily Signal, 『I Was America's First 'Nonbinary' Person. It Was All a Sham』, 10 March 2019.

85　CBN News, 『America's First Non-Binary Person Admits 'Big Mistake,' Legally Changes Back to Male』, 8 January 2020; The Daily Signal, 『I Was America's First

	'Nonbinary' Person. It Was All a Sham』, 10 March 2019.
86	Monthly Portland,『Male? Female? Jamie Shupe Battles for a Third Option』, 20 February 2017.
87	NeonNettle,『America's First Legally Recognized Transgender 'Regrets' Transitioning』, 13 March 2019.
88	The Christian Post,『First man recognized as 'nonbinary' in US regrets taking hormones, warns against trans 'sham'』, 14 March 2019; Ocala News,『Ocala man blasts gender identity as 'sham' after reclaiming male birth status』, 20 January 2020.
89	Ocala News,『Ocala man blasts gender identity as 'sham' after reclaiming male birth status』, 20 January 2020.
90	The Daily Signal,『'I Perfectly Understand Why This Kills People': Former Transgender Jamie Shupe Details How Process Affected Him』, 15 March 2019; The Federalist,『Criminal Records Show Women Are Prudent To Not Want Men In Their Bathrooms』, 19 December 2018.
91	The Daily Signal,『I Was America's First 'Nonbinary' Person. It Was All a Sham』, 10 March 2019.
92	CNS News,『First Legally Recognized 'Non-Binary' American Advocates Against Gender Transitioning』, 12 March 2019; NeonNettle,『America's First Legally Recognized Transgender 'Regrets' Transitioning』, 13 March 2019.
93	The Daily Signal,『I Was America's First 'Nonbinary' Person. It Was All a Sham』, 10 March 2019.
94	The Daily Signal,『'I Perfectly Understand Why This Kills People': Former Transgender Jamie Shupe Details How Process Affected Him』, 15 March 2019.
95	The Daily Signal,『'I Perfectly Understand Why This Kills People': Former Transgender Jamie Shupe Details How Process Affected Him』, 15 March 2019.
96	Ocala News,『Ocala man blasts gender identity as 'sham' after reclaiming male birth status』, 20 January 2020.
97	Christian Headlines,『The Nation's 1st Non-Binary Person Regrets Switch, Legally Changes Back』, 7 January 2020.
98	CBN News,『America's First Non-Binary Person Admits 'Big Mistake,' Legally Changes Back to Male』, 8 January 2020.
99	The Federalist,『I Became Transgender In The Military. That's How I Know People Shouldn't』, 12 April 2018.
100	The Daily Signal,『I Was America's First 'Nonbinary' Person. It Was All a Sham』, 10 March 2019.
101	Ocala News,『Ocala man blasts gender identity as 'sham' after reclaiming male birth status』, 20 January 2020.
102	CNS News,『Transgender Treatment Is Medical Malpractice for Many Teens』, 15 December 2020.
103	The Daily Signal,『I Was America's First 'Nonbinary' Person. It Was All a Sham』, 10 March 2019.

104	Monthly Portland, 『Male? Female? Jamie Shupe Battles for a Third Option』, 20 February 2017.
105	CNS News, 『Transgender Treatment Is Medical Malpractice for Many Teens』, 15 December 2020.
106	The Guardian, 『Jamie Shupe becomes first legally non-binary person in the US』, 16 June 2016.
107	Monthly Portland, 『Male? Female? Jamie Shupe Battles for a Third Option』, 20 February 2017.
108	CBN News, 『America's First Non-Binary Person Admits 'Big Mistake,' Legally Changes Back to Male』, 8 January 2020.
109	The Daily Signal, 『I Was America's First 'Nonbinary' Person. It Was All a Sham』, 10 March 2019.
110	The Christian Post, 『First man recognized as 'nonbinary' in US regrets taking hormones, warns against trans 'sham'』, 14 March 2019; The Daily Signal, 『I Was America's First 'Nonbinary' Person. It Was All a Sham』, 10 March 2019.
111	The Christian Post, 『First person to legally obtain 'nonbinary' gender status now calls it 'psychologically harmful'』, 1 January 2020.
112	CNS News, 『First Legally Recognized 'Non-Binary' American Advocates Against Gender Transitioning』, 12 March 2019; NeonNettle, 『America's First Legally Recognized Transgender 'Regrets' Transitioning』, 13 March 2019.
113	The Christian Post, 『First man recognized as 'nonbinary' in US regrets taking hormones, warns against trans 'sham'』, 14 March 2019.
114	Ocala News, 『Ocala man blasts gender identity as 'sham' after reclaiming male birth status』, 20 January 2020.
115	The Federalist, 『Criminal Records Show Women Are Prudent To Not Want Men In Their Bathrooms』, 19 December 2018.
116	The Daily Signal, 『'I Perfectly Understand Why This Kills People': Former Transgender Jamie Shupe Details How Process Affected Him』, 15 March 2019.
117	The Federalist, 『I Became Transgender In The Military. That's How I Know People Shouldn't』, 12 April 2018.
118	The Daily Signal, 『'I Perfectly Understand Why This Kills People': Former Transgender Jamie Shupe Details How Process Affected Him』, 15 March 2019.
119	The Daily Signal, 『'I Perfectly Understand Why This Kills People': Former Transgender Jamie Shupe Details How Process Affected Him』, 15 March 2019.
120	The Daily Signal, 『I Was America's First 'Nonbinary' Person. It Was All a Sham』, 10 March 2019; The Christian Post, 『First man recognized as 'nonbinary' in US regrets taking hormones, warns against trans 'sham'』, 14 March 2019.
121	Christian Headlines, 『The Nation's 1st Non-Binary Person Regrets Switch, Legally Changes Back』, 7 January 2020; CBN News, 『America's First Non-Binary Person Admits 'Big Mistake,' Legally Changes Back to Male』, 8 January 2020.
122	The Christian institute, 『First legally non-binary person now regrets transgender 'fraud'』, 15 February 2019.

123　The Christian Post,『First person to legally obtain 'nonbinary' gender status now calls it 'psychologically harmful'』, 1 January 2020.

124　Ocala News,『Ocala man blasts gender identity as 'sham' after reclaiming male birth status』, 20 January 2020.

125　The Christian Post,『First man recognized as 'nonbinary' in US regrets taking hormones, warns against trans 'sham'』, 14 March 2019.

126　The Daily Signal,『'I Perfectly Understand Why This Kills People': Former Transgender Jamie Shupe Details How Process Affected Him』, 15 March 2019.

127　The Christian Post,『First man recognized as 'nonbinary' in US regrets taking hormones, warns against trans 'sham'』, 14 March 2019.

128　The Daily Signal,『I Was America's First 'Nonbinary' Person. It Was All a Sham』, 10 March 2019.

129　CNS News,『First Legally Recognized 'Non-Binary' American Advocates Against Gender Transitioning』, 12 March 2019.

130　NeonNettle,『America's First Legally Recognized Transgender 'Regrets' Transitioning』, 13 March 2019.

131　The Christian Post,『First person to legally obtain 'nonbinary' gender status now calls it 'psychologically harmful'』, 1 January 2020.

132　CBN News,『America's First Non-Binary Person Admits 'Big Mistake,' Legally Changes Back to Male』, 8 January 2020.

133　The Daily Signal,『I Was America's First 'Nonbinary' Person. It Was All a Sham』, 10 March 2019.

134　The Christian institute,『First legally non-binary person now regrets transgender 'fraud'』, 15 February 2019.

135　The Christian Post,『First man recognized as 'nonbinary' in US regrets taking hormones, warns against trans 'sham'』, 14 March 2019; The Christian Post,『First person to legally obtain 'nonbinary' gender status now calls it 'psychologically harmful'』, 1 January 2020.

136　CNS News,『First Legally Recognized 'Non-Binary' American Advocates Against Gender Transitioning』, 12 March 2019.

137　NeonNettle,『America's First Legally Recognized Transgender 'Regrets' Transitioning』, 13 March 2019.

138　The Christian Post,『First man recognized as 'nonbinary' in US regrets taking hormones, warns against trans 'sham'』, 14 March 2019.

139　Ocala News,『Ocala man blasts gender identity as 'sham' after reclaiming male birth status』, 20 January 2020.

140　The Christian Post,『First man recognized as 'nonbinary' in US regrets taking hormones, warns against trans 'sham'』, 14 March 2019.

141　NeonNettle,『America's First Legally Recognized Transgender 'Regrets' Transitioning』, 13 March 2019.

142　The Christian Post,『First man recognized as 'nonbinary' in US regrets taking hormones, warns against trans 'sham'』, 14 March 2019.

143 United States, Congress, House, Committe, "Policy Implications of Lifting the ban on Homosexuals in the Military: Hearings Before the Committee on Armed Services, House of Representatives, One Hundred Third Congress First Session, Hearings Held May 4 and 5, 1993," Palala Press, September 2015, p.120.

144 J Michael Bailey, Paul L Vasey, Lisa M Diamond et al., "Sexual Orientation, Controversy, and Science," Psychological Science in the Public Interest, September 2016, 17(2), pp.45-101.

145 김영한 외 지음, "동성애, 21세기 문화충돌," 킹덤북스, 2016, 586면.

146 국민일보, 『[칼럼] 인간의 가치를 부정하는 '동성애 약자 프레임'』, 2021.4.20.

147 오마이뉴스, 『이언주 의원의 말 한마디에, 참담함이 밀려왔다』, 2018.11.7.

148 김영한 외 지음, "동성애, 21세기 문화충돌," 킹덤북스, 2016, 644-645면.

149 D H Hamer, S Hu, V L Magnuson, N Hu, A M Pattatucci, "A linkage between DNA markers on the X chromosome and male sexual orientation," Science, 261(5119), 17 July 1993, pp.321-327; 한국일보, 『[교과서 밖 과학] 47만명 유전체 분석…'동성애 유전자'는 없다』, 2019.8.31.; 국민일보, 『[기고] 동성애는 유전이 아니다』, 2017.9.20.; 연합뉴스, 『[디지털스토리] 동성애…선천적인가, 후천적인가』, 2017.7.22.; 경향신문, 『'남녀유별'한 뇌 시상하부…성별의 비밀 풀 열쇠』, 2017.1.20.

150 E Marshall, "NIH's 'gay gene' study questioned," Science, 268(5219), 30 June 1995, p.1841.

151 라포르시안, 『"게이 유전자를 발견했다" 주장한 딘 해머, 거짓말쟁이란 오명 벗을까』, 2014.11.21.

152 G Rice, C Anderson, N Risch, G Ebers, "Male homosexuality: absence of linkage to microsatellite markers at Xq28," Science, 284(5414), 23 April 1999, pp.665-667.

153 Brian S Mustanski, Michael G Dupree, Caroline M Nievergelt, Sven Bocklandt, Nicholas J Schork, Dean H Hamer, "A genomewide scan of male sexual orientation," Human Genetics, 116(4), March 2005, pp.272-278.

154 김영한 외 지음, "동성애, 21세기 문화충돌," 킹덤북스, 2016, 586-590면.

155 J Michael Bailey, Richard C Pillard, "A Genetic Study of Male Sexual Orientation," Archives of General Psychiatry, 48(12), December 1991, pp.1089-1096; J M Bailey, R C Pillard, M C Neale, Y Agyei, "Heritable factors influence sexual orientation in women," Archives of General Psychiatry, 50(3), March 1993, pp.217-223; 한국일보, 『[교과서 밖 과학] 47만명 유전체 분석…'동성애 유전자'는 없다』, 2019.8.31.

156 국민일보, 『'일란성 쌍둥이'의 동성애 일치 비율 10%가 말하는 것』, 2021.2.26.

157 Stanton L. Jones, Mark A. Yarhouse, "Homosexuality: The Use of Scientific Research in the Church's Moral Debate," IVP Academics, 2009, pp.72-79.

158 S LeVay, "A difference in hypothalamic structure between heterosexual and homosexual men," Science, 253(5023), 30 August 1991, pp.1034-1037.

159 W Byne, S Tobet, L A Mattiace, M S Lasco et al., "The interstitial nuclei of the human anterior hypothalamus: an investigation of variation with sex, sexual orientation, and HIV status," Hormones and Behavior, 40(2), September 2001, pp.86-92; L S Allen, R A Gorski, "Sexual orientation and the size of the anterior commissure in the human brain," Proceedings of the National Academy of Sciences of the United

States of America, 89(15), 1 August 1992, pp.7199-7202; Mitchell S Lasco, Theresa J Jordan, Mark A Edgar et al., "A lack of dimorphism of sex or sexual orientation in the human anterior commissure," Brain Research, 936(1-2), 17 May 2002, pp.95-98.; 국민일보, 『[기고] 동성애는 유전이 아니다』, 2017.9.20.

160   국민일보, 『[기고] 동성애는 유전이 아니다』, 2017.9.20.

161   국민일보, 『"동성애는 유전적으로 타고나는 것이 아니라 치료 가능한 질병"』, 2020.9.18.; 국민일보, 『'일란성 쌍둥이'의 동성애 일치 비율 10%가 말하는 것』, 2021.2.26.; 국민일보, 『[칼럼] '동성애는 타고 나는 것'이라는 미혹을 끊자』, 2021.1.8.

162   국민일보, 『[젠더이데올로기 실체를 말한다] "동성애가 유전된다는 주장에 대한 과학적 근거는 없다"』, 2019.10.29.

163   동아사이언스, 『[프리미엄 리포트] 희귀질환 게놈 진단 시대로 가는 길은 '산넘어 산'』, 2022.1.8.; 중앙일보, 『"한국인 1만 명 게놈 지도 완성…유전병 없는 시대 '성큼'"』, 2021.4.26.

164   중앙일보, 『한국인 고유의 'DNA지도' 만들었다』, 2021.4.27.

165   C Francks 1, S Maegawa, J Lauren, B S Abrahams et al., "LRRTM1 on chromosome 2p12 is a maternally suppressed gene that is associated paternally with handedness and schizophrenia," Molecular Psychiatry. 12(12), December 2007, pp.1129-1139; BBC News, 『Gene for left-handedness is found』, 31 July 2007; 연합뉴스, 『<의학> 왼손잡이 만드는 유전자 발견』, 2007.8.1.; 부산일보, 『[생활 속의 과학] 왼손잡이』, 2007.8.22.; 동아일보, 『왼손잡이 유전자 발견』, 2009.9.26.; 한겨레, 『"왼손잡이 만드는 유전자 발견"』, 2007.8.1.

166   Valentina Parma, Romain Brasselet, Stefania Zoia, Maria Bulgheroni, Umberto Castiello, "The origin of human handedness and its role in pre-birth motor control," Scientific Reports, 7(16804), 1 December 2017; Science Daily, 『Right-handed or left-handed? Hand preference during gestation』, 4 December 2017; 연합뉴스, 『"왼손잡이, 자궁에서 결정된다"』, 2017.12.22.; 에너지경제, 『왼손잡이의 비밀…"자궁에서 결정된다"』, 2017.12.22.; 중앙일보, 『"왼손잡이, 자궁에서 결정"…임신 18주면 이미 정해져』, 2017.12.22.; 헤모라이프, 『"왼손잡이, 임신 18주쯤 자궁에서 결정된다"』, 2017.12.22.

167   Naomi R. Wray, Stephan Ripke et al., "Genome-wide association analyses identify 44 risk variants and refine the genetic architecture of major depression," Nature Genetics, 50, 26 April 2018, pp.668-681; Medical News Today, 『Depression: Pioneering study pinpoints 44 genetic culprits』, 27 April 2018; Psychology Today, 『Massive Study Clarifies Genetic Risks of Major Depression』, 29 April 2018; Worldhealth.net, 『44 Genomic Variants Linked To Depression』, 2 May 2018; 메디게이트뉴스, 『세계 최대 규모의 연구에서 우울증의 위험 요인 관련 44개 유전자 변이를 확인했다』, 2018.4.30.; 메디컬투데이, 『우울증 발병 위험 높이는 유전자 변이 44종 규명』, 2018.4.27.

168   Hang Zhou, Julia M. Sealock, Joel Gelernter et al., "Genome-wide meta-analysis of problematic alcohol use in 435,563 individuals yields insights into biology and relationships with other traits," Nature Neuroscience, 23, 25 May 2020, pp.809-818; 연합뉴스, 『"알코올 중독 유전적 연관성, 더 확실해졌다"』, 2020.5.26.

169 국제신문, 『클리노믹스 "게놈·조기진단 두 마리 토끼 쫓는다"』, 2021.3.25.; 경상일보, 『[기고]글로벌 바이오 허브 도시로의 도약을 바라며』, 2021.2.9.
170 헬스경향, 『[김경철의 다가오는 미래의학] 10년 만에 '100만배' 발전한 유전자분석』, 2019.3.20.
171 국민일보, 『"동성애는 유전적으로 타고나는 것이 아니라 치료 가능한 질병"』, 2020.9.18.
172 E M Drabant, A K Kiefer, N Eriksson e al., "Genome wide association study of sexual orientation in a large, web-based cohort," Presented at the American Society of Human Genetics annual meeting, San Francisco, 6-10 November 2012.; 국민일보, 『[칼럼] 동성애 유전자는 없다… 그러나 유전자 변이는 발견』, 2021.1.29.
173 Andrea Ganna, Karin J H Verweij, Michel G Nivard et al., "Large-scale GWAS reveals insights into the genetic architecture of same-sex sexual behavior," Science, 365(6456), 30 August 2019, eaat7693; 의학신문, 『동성애는 정말 유전 되는가?』, 2021.4.5.
174 매일경제, 『동성애 유전자는 없다』, 2019.8.30.
175 기독일보, 동성애는 유전되는가?, 2020.7.15.
176 동아사이언스, 『"동성애 유발 단일·소수 유전자 없다"』, 2019.8.30.; 경향신문, 『미 연구팀 "동성애 결정하는 '단일 유전자'는 없다"』, 2019.8.30.
177 Catholic News Agency, 『Study finds no 'gay gene' - What that means for Catholic morality』, 30 August 2019.
178 국민일보, 『"동성애는 유전적으로 타고나는 것이 아니라 치료 가능한 질병"』, 2020.9.18.
179 전자신문, 『[사이언스 인 컬쳐]동성애』, 2010.10.23.
180 Paul Cameron, Thomas Landess, Kirk Cameron, "Homosexual sex as harmful as drug abuse, prostitution, or smoking," Psychological Reports, 96(3Pt2), June 2005, pp.915-961; 김영한 외 지음, "동성애, 21세기 문화충돌," 킹덤북스, 2016, 505면.
181 K S Kendler, L M Thornton, S E Gilman, R C Kessler, "Sexual orientation in a U.S. national sample of twin and nontwin sibling pairs," American Journal of Psychiatry, 157(11), November 2000, pp.1843-1846.
182 J M Bailey, M P Dunne, N G Martin, "Genetic and environmental influences on sexual orientation and its correlates in an Australian twin sample," Journal of Personality and Social Psychology, 78(3), March 2000, pp.524-536; Stanton L. Jones, Mark A. Yarhouse, "Homosexuality: The Use of Scientific Research in the Church's Moral Debate," IVP Academic, 2000.
183 Niklas Langstrom, Qazi Rahman, Eva Carlstrom, Paul Lichtenstein, "Genetic and environmental effects on same-sex sexual behavior: a population study of twins in Sweden," Archives of Sexual Behavior, 39(1), February 2010, pp.75-80.
184 연합뉴스, 『[디지털스토리] 동성애…선천적인가, 후천적인가』, 2017.7.22.
185 Keith W. Beard, Stephen L. O'Keefe, Sam Swindell et al., "Brother-brother Incest: Data from an Anonymous Computerized Survey," Sexual Addiction & Compulsivity, 20(3), 12 Aug 2013, pp.217-253; 의학신문, 『동성애는 정말 유전 되는가?』, 2021.4.5.
186 김영한 외 지음, "동성애, 21세기 문화충돌," 킹덤북스, 2016, 513면.

187 국민일보, 『[젠더이데올로기 실체를 말한다]"동성애가 유전된다는 주장에 대한 과학적 근거는 없다"』, 2019.10.29.; 국민일보, 『[기고] 동성애는 유전이 아니다』, 2017.9.20.; 국민일보, 『'일란성 쌍둥이'의 동성애 일치 비율 10%가 말하는 것』, 2021.2.26.

188 Edward O. Laumann, John H. Gagnon, Robert T. Michael, Stuart Michaels, "The Social Organization of Sexuality," The University of Chicago Press, 1994.

189 nate 뉴스, 『스페인, Z세대 이성애자 비율이 역대 최저 기록』, 2021.7.9.

190 The Guardian, 『Record 7.1% of Americans identify as LGBTQ+, Gallup poll finds』, 17 February 2022; Gallup, LGBT Identification in U.S. Ticks Up to 7.1%, 17 February 2022; https://news.gallup.com/poll/389792/lgbt-identification-ticks-up.aspx

191 The Times, 『One in four at high school in US are LGBTQ』, 28 April 2023; Metroweekly, 『1 in 4 High School Students Identify as LGBTQ』, 1 May 2023; CBS News, 『Nearly a third of teen girls say they have seriously considered suicide, CDC survey shows』, 13 February 2023; The Christian Post, 『Number of teens who identify as LGBT skyrockets: CDC』, 2 May 2023; Spiked, 『The making of an identity crisis』, 7 May 2023; The Hill, 『1 in 4 high school students identifies as LGBTQ』, 27 April 2023; New York Post, 『Fewer teens than ever identify as heterosexual: CDC report』, 27 April 2023.

192 MailOnline, 『Record one in FOUR high school students say they are gay, bisexual or 'questioning' their sexuality, official CDC data shows - double the amount in 2015』, 27 April 2023.

193 Sabra L Katz-Wise, Janet S Hyde, "Sexual Fluidity and Related Attitudes and Beliefs Among Young Adults with a Same-Gender Orientation," Archives of Sexual Behavior, 44(5), July 2015, pp.1459-1470; Gu Li, Sabra L Katz-Wise, Jerel P Calzo, "The unjustified doubt of add health studies on the health disparities of non-heterosexual adolescents: comment on Savin-Williams and Joyner (2014)," Archives of Sexual Behavior, 43(6), August 2014, pp.1023-1026.; Stephen T Russell, Russell B Toomey, Caitlin Ryan, Rafael M Diaz, "Being out at school: the implications for school victimization and young adult adjustment." American Journal of Orthopsychiatry, 84(6), November 2014, pp.635-643; Margaret Rosario, Eric W. Schrimshaw, Joyce Hunter, and Lisa Braun, "Sexual identity development among gay, lesbian, and bisexual youths: consistency and change over time," Journal of Sex Research, 43(1), 2006, pp.46-58; K K Kinnish, D S Strassberg, C W Turner, "Sex Differences in the Flexibility of Sexual Orientation: A Multidimensional Retrospective Assessment," Archives of Sexual Behavior, 34(2), 2005, pp.173–183; S E Mock, R P Eibach, "Stability and change in sexual orientation identity over a 10-year period in adulthood," Archives of Sexual Behavior, 41(3), 2012, pp.641–648; Stanton L Jones, Mark A Yarhouse, "A longitudinal study of attempted religiously mediated sexual orientation change," Journal of Sex & Marital Therapy, 37(5), 2011, pp.404-427; Ritch C Savin-Williams, Geoffrey L Ream, "Prevalence and stability of sexual orientation components during adolescence and young adulthood," Archives of Sexual Behavior, 36(3), June 2007, pp.385-394; R C Savin-Williams, K Joyner, "The politicization of gay youth health: Response to Li, Katz-Wise, and Calzo (2014),"

Archives of Sexual Behavior, 43(6), 2014, pp.1027–1030; Ritch C Savin-Williams, Kara Joyner, "The dubious assessment of gay, lesbian, and bisexual adolescents of add health," Archives of Sexual Behavior, 43(3), April 2014, pp.413-422; A Lee Beckstead, "Can we change sexual orientation?," Archives of Sexual Behavior, 41(1), February 2012, p.128; Edward O. Laumann, John H. Gagnon, Robert T. Michael, Stuart Michaels, "The Social Organization of Sexuality," The University of Chicago Press, 1994; Michael, Robert T., John H. Gagnon, Edward O. Laumann, Gina Kolata, "Sex in America: A Definitive Survey," Little, Brown and Company, Inc., 1994; J. Richard Udry, Kim Chantala, "Risk factors differ according to same-sex and opposite-sex interest," Journal of Biosocial Science, 37(4), 2005, pp.481–497; Miles Q Ott, David Wypij, Heather L Corliss, "Repeated Changes in Reported Sexual Orientation Identity Linked to Substance Use Behaviors in Youth," Journal of Adolescent Health, 52(4), April 2013, pp.465–472.

194   Edward O. Laumann, John H. Gagnon, Robert T. Michael, Stuart Michaels, "The Social Organization of Sexuality," The University of Chicago Press, 1994.

195   Alan P Bell, Martin S Weinberg, Sue Kiefer Hammersmith, "Sexual Preference: Its Development in Men and Women," Indiana University Press, 1981.

196   P Cameron, K Proctor, W Coburn Jr, N Forde, "Sexual orientation and sexually transmitted disease. Nebraska Medical Journal," 70(8), August 1985, pp.292-299.

197   Nigel Dickson, Charlotte Paul, Peter Herbison, "Same-sex attraction in a birth cohort: prevalence and persistence in early adulthood," Social Science and Medicine, 56(8), April 2003, pp.1607-1615.

198   Kelly K Kinnish, Donald S Strassberg, Charles W Turner, "Sex differences in the flexibility of sexual orientation: a multidimensional retrospective assessment," Archives of Sexual Behavior, 34(2), April 2005, pp.173-183; 국민일보, 『동성애는 중독의 일종, 충분히 치유 가능하다』, 2021.4.6.

199   Margaret Rosario, Heino F.L. Meyer‐Bahlburg, Joyce Hunter et al., "The psychosexual development of urban lesbian, gay, and bisexual youths," The Journal of Sex Research, 33(2), 1996, pp.113-126; Margaret Rosario, Eric W. Schrimshaw, Joyce Hunter, and Lisa Braun, "Sexual identity development among gay, lesbian, and bisexual youths: consistency and change over time," Journal of Sex Research, 43(1), 2006, pp.46-58.

200   국민일보, 『"동성애 치료 연구결과 평균 79% 효과"… "선천적" 주장 뒤엎어』, 2019.12.20.

201   Lawrence S. Mayer, Paul R. McHugh, "Sexuality and Gender: Findings from the Biological, Psychological, & Social Sciences - (The New Atlantis: A Journal of Technology & Society - Number 50, Fall 2016)," Center for the Study of Technology and Society, 1 January 2016, pp.10-143.

202   김영길, "인권의 딜레마," 보담, 2021, 374면.

203   펜앤드마이크, 『[기고/민성길 교수] "'성인권 교육'이 동성애를 조장한다는 주장은 '가짜뉴스'"인가?』, 2021.3.30.

204   한겨레, 『법원이 〈한겨레〉 보도 승소 판결문에서 '가짜뉴스' 개념을 정의했다』,

	2020.2.24.; 미디어오늘, 『반동성애 주장에 '가짜뉴스' 규정, 법원의 판단은』, 2021.5.1.
205	명재진 외 6인, "포괄적 차별금지법, 찬성할 것인가 반대할 것인가," 밝은생각, 2020.6., 311-312면.
206	김영한 외 지음, "동성애, 21세기 문화충돌," 킹덤북스, 2016, 586-587면.
207	김영한 외 지음, "동성애, 21세기 문화충돌," 킹덤북스, 2016, 507면.
208	미디어오늘, 『'성인권 교육'이 동성애를 조장한다는 주장은 '가짜뉴스'』, 2021.3.18.; 뉴스컬처, 『[사이컬처] 동성애, 선택인가? 유전인가?』, 2014.9.17.; 조선비즈, 『팀 쿡 커밍아웃…과학의 관점에서 본 동성애는?』, 2014.11.2.; 전자신문, 『[사이언스 인 컬쳐] 동성애』, 2010.10.23.; 서울신문, 『"게이는 선천적…DNA부터 다르다" 美연구팀 주장』, 2014.2.14.; 한국일보, 『동성애는 왜 존재하는가』, 2009.3.18.; 프레시안, 『'국가의 적' 동성애자는 어떻게 해방되었나』, 2014.1.10.
209	국민일보, 『"동성애는 유전적으로 타고나는 것이 아니라 치료 가능한 질병"』, 2020.9.18.
210	The Daily Signal, 『How 'Equality Act' Would Impose Transgender Ideology on Everyone』, 24 February 2021; 뉴스앤넷, 『美 의학교수, 동성애 위험 경고하다 병원서 쫓겨나』, 2015.10.2.
211	대법원 2020.6.4. 선고 2020도3975 판결; 대구지방법원 2020.2.19. 선고 2019노2758 판결; 대구지방법원 서부지원 2019.6.28. 선고 2017고단2897 판결; 대구지방법원 2021.7.8. 선고 2020구합27005 판결; 법률신문, 『초등학생에게 '동성애 위험' 유튜브 보게 했다면… 학대행위 해당』, 2020.8.6; 대구MBC, 『'동성애 혐오 영상'보여준 보육교사"자격취소 적법"』, 2021.7.13.; KBS뉴스, 『봉사 온 초등생에게 '동성애·이상성애' 성교육 영상…대법 "정서적 학대"』, 2020.8.6.; 대구MBC, 『부적절한 영상으로 성교육..대법, "정서적 학대"』, 2020.8.14.; 데일리굿뉴스, 『동성애 반대 이상원 교수 부당해임 철회 공동성명』, 2021.6.7.; 국민일보, 『"학교 정상화, 회복·혁신이 핵심"』, 2020.5.26.; 노컷뉴스, 『총신대, 성희롱 발언 이상원 교수 해임』, 2020.5.20.
212	크리스천투데이, 『"동성애·불륜·포르노 옹호 이론, 기독교 공격"』, 2020.1.19.
213	Newsday, 『Is sexual orientation determined at birth? No.』, 25 May 2019; Gallup, 『Americans' Views on Origins of Homosexuality Remain Split』, 28 May 2014; The Washington Post, 『The U.S. is still divided on what causes homosexuality』, 10 March 2015; Pink News, 『US: Less than half of Americans think people are born gay.』, 31 May 2014; 조 달라스, "동성애를 말하다," 하늘물고기, 2017, 71면.
214	대법원 1992.3.31. 선고 90도2033 전원합의체 판결 중 반대 의견.
215	헌법재판소 2015.4.30. 2012헌바95 중 반대 의견, 판례집 27-1상, 453면; 헌법재판소 2014.12.19. 2013헌다1 중 반대 의견, 판례집 26-2하, 1면.
216	PD저널, 『'퀴어=동성애?' 의미조차 축소하는 공영방송』, 2016.6.13.; 한국기자협회, 한국기자협회 인권보도준칙, https://www.journalist.or.kr/news/section4.html?p_num=7
217	백상현, "가짜 인권, 가짜 혐오, 가짜 소수자," 밝은생각, 2017, 320-321면.
218	Belfast Telegraph, 『DUP's Donaldson to chair Westminster briefing with minister who branded LGBT education 'state-sponsored abuse'』, 26 February 2020.
219	Ryan T. Anderson, "When Harry Became Sally: Responding to the Transgender Moment," Encounter Books, 2018.

220　Catholic News Agency, 『Amazon pulls transgender-critical book before relisting it』, 14 April 2021; Catholic News Agency, 『Scholar's critique of transgender movement reportedly de-listed by Amazon』, 22 February 2021; Catholic News Agency, 『Senators denounce Amazon's removal of transgender-critical book』, 23 February 2021; Catholic News Agency, 『Amazon says its ban of transgender-critical book was due to updated content policy』, 12 March 2021.

221　머니투데이, 『아마존 "성소수자 정신병자로 묘사한 책들, 판매 안하겠다"』, 2021.3.12.; 미디어오늘, 『WHO, 동성애와 트랜스젠더는 정상적인 삶의 형태로 규정』, 2021.4.12.

222　Fox News, 『Amazon slammed after banning books it says frames transgenderism as mental illness』, 12 March 2021.

223　Daily News, 『Amazon no longer sells books that 'frame LGBTQ identities as a mental illness'』, 12 March 2021.

224　The Guardian, 『Amazon to stop selling books that frame LGBTQ+ identities as mental illness』, 12 March 2021; The Wall Street Journal, 『Amazon Won't Sell Books Framing LGBTQ+ Identities as Mental Illnesses』, 11 March 2021; CNET, 『Amazon halts sales of books that treat LGBTQ identities as mental illness, report says』, 12 March 2021; WBTV, 『Amazon has stopped selling books that frame LGBTQ+ identities as mental illnesses』, 16 March 2021; CBS News, 『Amazon has stopped selling books that frame LGBTQ+ identities as mental illnesses』, 12 March 2021; Stream, 『Ryan Anderson Refutes Amazon: Book on Transgenderism Doesn't Call LGBT Identity 'Mental Illness'』, 15 March 2021.

225　Catholic News Agency, 『Senators denounce Amazon's removal of transgender-critical book』, 23 February 2021.

226　Joseph Nicolosi, Linda Ames Nicolosi, "A Parent's Guide to Preventing Homosexuality," IVP Books, 2002.

227　Pink News, 『Amazon has stopped selling 'gay cure' books by Joseph Nicolosi』, 3 July 2019.

228　Abigail Shrier, "Irreversible Damage: The Transgender Craze Seducing Our Daughters," Regnery Publishing, 2020.

229　Pink News, 『Amazon refuses to advertise renowned anti-trans journalist's book suggesting trans teens are a 'contagion'』, 23 June 2020.

230　홍성수, "말이 칼이 될 때," 어크로스, 2018, 208면.

231　Public Health England, "The Resurgent Global HIV Epidemic among Men who have sex with Men," 2013, p.30; 김지연, "덮으려는 자 펼치려는 자," 사람, 2019, 153면.

232　Patricia Gabriela Zambrano Sanchez, Felipe Mosquera Moyano, "A case of monkeypox coinfection with syphilis in an Ecuadorian HIV positive young male," Travel Medicine and Infectious Diseases, 52, March-April 2023, 102516.

233　조선일보, 『『동성애자들이 말해주지 않는 동성애에 대한 비밀』』, 2010.11.10.

234　Martin S. Bell, Alan P. & Weinberg, "Homosexualities A Study of Diversity Among Men & Women," Simon and Schuster; 1978, pp.308-309; 김지연, "덮으려는 자 펼치려는 자," 사람, 2019, 71면; 국민일보, 『[칼럼] 차별금지와 LGBT 의학, 그리고 덕성』, 2021.7.13.

235 월간조선, 『'동성애 전문가' 염안섭 수동연세요양병원장 인터뷰』, 2020.5.10.; 조선펍, 『"나라 지키는 의병의 마음으로 동성애·에이즈 확산 막겠다"』, 2016.9.9.
236 독서신문, 『동성애 합법화, 이석태·이은애 '찬성' vs 이영진 '반대'… 헌재도 좌경화?』, 2018.9.13.
237 김영한 외 지음, "동성애, 21세기 문화충돌," 킹덤북스, 2016, 338면.
238 Public Health England(영국 공중보건국) 홈페이지, "Shigella dysentery on the rise among gay and bisexual men," 30 January 2014; https://www.gov.uk/government/news/shigella-dysentery-on-the-rise-among-gay-and-bisexual-men
239 S K Gill, C Loveday, R J Gilson, "Transmission of HIV-1 infection by oroanal intercourse," Genitourinary Medicine, 68(4), August 1992, pp.254-257.
240 김영한 외 지음, "동성애, 21세기 문화충돌, 킹덤북스," 2016, 652면.
241 김지연, "덮으려는 자 펼치려는 자," 사람, 2019, 99-101면.
242 CDC(미국 질병관리본부) 홈페이지, Shigella – Shigellosis - Information for Sexually Active People; https://www.cdc.gov/shigella/audience-sexually-active.html
243 CDC, Shigella sonnei Outbreak Among Men Who Have Sex with Men --- San Francisco, California, 2000-2001, 26 October 2001;
https://www.cdc.gov/mmwr/preview/mmwrhtml/mm5042a3.htm
244 CDC(미국 질병관리본부) 홈페이지, "Shigella Infections among Gay & Bisexual Men"
https://www.cdc.gov/shigella/pdf/msm-factsheet-508.pdf
245 독서신문, 『동성애 합법화, 이석태·이은애 '찬성' vs 이영진 '반대'… 헌재도 좌경화?』, 2018.9.13.; 조선일보, 『동성애자들이 말해주지 않는 '동성애에 대한 비밀' -동성애자의 양심고백-』, 2020.9.1.; 월간조선, 『'동성애 전문가' 염안섭 수동연세요양병원장 인터뷰』, 2020.5.10.; 조선펍, 『"나라 지키는 의병의 마음으로 동성애·에이즈 확산 막겠다"』, 2016.9.9.
246 김지연, "덮으려는 자 펼치려는 자," 사람, 2019, 167-168면; Oklahoma State Department of Health Acute Disease Service, Prevention of Diarrheal Illness, Public Health Fact Sheet https://oklahoma.gov/content/dam/ok/en/health/health2/documents/diarrheal-illness-fecal-oral-transmission-and-prevention.2014.pdf
247 김지연, "덮으려는 자 펼치려는 자," 사람, 2019, 183-184면.
248 국민일보, 『세계 보건당국, 퀴어행사와 A형 간염 연결고리 보고』, 2019.7.2.
249 국민일보, 『후진국형 전염병 '이질' 선진국서 다시 고개… 보건당국 긴장』, 2019.7.16.
250 Public Health England(영국 공중보건국) 홈페이지, "Shigella dysentery on the rise among gay and bisexual men," 30 January 2014; https://www.gov.uk/government/news/shigella-dysentery-on-the-rise-among-gay-and-bisexual-men
251 김지연, "덮으려는 자 펼치려는 자," 사람, 2019, 223-233면.
252 CDC(미국 질병관리본부) 홈페이지, Gay and Bisexual Men's Health - Sexually Transmitted Diseases https://www.cdc.gov/msmhealth/STD.htm
253 W W Y Tong, R J Hillman, A D Kelleher, A E Grulich, A Carr, "Anal intraepithelial neoplasia and squamous cell carcinoma in HIV-infected adults," HIV Medicine, 15(2), February 2014, pp.65-76; Pink News, 『Minority gay and bisexual men at higher risk of HPV infection, study says』, 4 April 2019.
254 메디컬투데이, 『극심한 통증 야기하는 요도 곤지름 해결 방법은』, 2021.7.12.

255	Mario A. Brondani, Mario A. Cruz-Cabrera & Cheryle Colombe, "Oral sex and oral cancer in the context of human papillomavirus infection: lay public understanding, Oncology Reviews," Vol. 4, 2010, pp.171–176; 김지연, 덮으려는 자 펼치려는 자, 사람, 2019, 193-194면.
256	Pink News, 『Many queer men do not understand risk of HPV infection, study shows』, 21 February 2020.
257	Reuters, 『HPV common among sexually active young gay men』, 6 December 2013; Pink News, 『Minority gay and bisexual men at higher risk of HPV infection, study says』, 4 April 2019.
258	Public Health England, "Syphilis epidemiology in London Sustained high numbers of cases in men who have sex with men," July 2016; 김지연, "덮으려는 자 펼치려는 자," 사람, 2019, 309-310면.
259	김지연, "덮으려는 자 펼치려는 자," 사람, 2019, 288면.
260	CDC(미국 질병관리본부) 홈페이지, Gay and Bisexual Men's Health - Sexually Transmitted Diseases https://www.cdc.gov/msmhealth/STD.htm
261	김지연, "덮으려는 자 펼치려는 자," 사람, 2019, 304면.
262	Healthday, 『Syphilis Rates Spike Among Gay, Bisexual Men: CDC』, 6 April 2017.
263	Ann N. Burchell, Vanessa G. Allen, Sandra L. Gardner et al., "High incidence of diagnosis with syphilis co-infection among men who have sex with men in an HIV cohort in Ontario, Canada," BMC Infectious Diseases, 15, 356, 20 August 2015.
264	CDC(미국 질병관리본부) 홈페이지, Gay and Bisexual Men's Health - Viral Hepatitis https://www.cdc.gov/msmhealth/viral-hepatitis.htm
265	헬스경향, 『또 다른 간질환 부르는 '바이러스간염'…어떻게 예방·관리할까』, 2021. 10.20; 약업신문, 『"C형 간염, 치료 가능하지만 검진 통해 빠른 치료가 더 중요"』, 2021. 12.27.; 김지연, "덮으려는 자 펼치려는 자," 사람, 2019, 244면.
266	WHO(세계보건기구) 홈페이지, Hepatitis A outbreaks mostly affecting men who have sex with men – European Region and the Americas, 7 June 2017; https://www.who.int/news/item/07-06-2017-hepatitis-a-outbreaks-mostly-affecting-men-who-have-sex-with-men-european-region-and-the-americas
267	Lawrence Corey, King K Holmes, "Sexual transmission of hepatitis A in homosexual men: incidence and mechanism," The New England Journal of Medicine, 302(8), 21 February 1980, pp.435-438.
268	김지연, "덮으려는 자 펼치려는 자, 사람," 2019, 252-253면.
269	Immunization Action Coalition, Protect yourself against hepatitis A and hepatitis B: a guide for gay and bisexual men; 김지연, 덮으려는 자 펼치려는 자, 사람, 2019, 259-262면.
270	김지연, "덮으려는 자 펼치려는 자, 사람," 2019, 292면.
271	김지연, "덮으려는 자 펼치려는 자, 사람," 2019, 324면.
272	김지연, "덮으려는 자 펼치려는 자, 사람," 2019, 328-329면.
273	국민일보, 『미국 임질 환자 42% 남성 동성애자… 감염률 증가 주요인』, 2019.8.27.
274	Laura Kann, Emily O'Malley Olsen, Tim McManus et al., "Sexual identity, sex of sexual contacts, and health-risk behaviors among students in grades 9-12--youth

risk behavior surveillance, selected sites, United States, 2001-2009," Morbidity and Mortality Weekly Report, 60(7), 10 June 2011, pp.1-133; Sarah M Wood, Caroline Salas-Humara, Nadia L Dowshen, "Human Immunodeficiency Virus, Other Sexually Transmitted Infections, and Sexual and Reproductive Health in Lesbian, Gay, Bisexual, Transgender Youth," Pediatric Clinics of North America, 63(6), December 2016, pp.1027-1055.

275　Lifesite News, 『UK study shows massive surge in deadly STDs among gay men』, 25 June 2015.

276　Haidong Wang, Lu Zhang et al., "The use of geosocial networking smartphone applications and the risk of sexually transmitted infections among men who have sex with men: a systematic review and meta-analysis," BMC Public Health, 18(1), 16 October 2018, p.1178; Junjie Xu, Huan Yu et al., "The Effect of Using Geosocial Networking Apps on the HIV Incidence Rate Among Men Who Have Sex With Men: Eighteen-Month Prospective Cohort Study in Shenyang, China," Journal of Medical Internet Research, 20(12), 21 December 2018, e11303; Luca Flesia, Valentina Fietta, Carlo Foresta et al., "What Are You Looking For? Investigating the Association Between Dating App Use and Sexual Risk Behaviors," Sexual Medicine, 9(4), August 2021, 100405; Ian W Holloway 1, Craig A Pulsipher, Jeremy Gibbs et al., "Network Influences on the Sexual Risk Behaviors of Gay, Bisexual and Other Men Who Have Sex with Men Using Geosocial Networking Applications," AIDS and Behavior, 19 Suppl 2(Suppl 2), June 2015, pp.112-122; Artur Acelino Francisco Luz Nunes Queiroz, Alvaro Francisco Lopes de Sousa et al., "A Review of Risk Behaviors for HIV Infection by Men Who Have Sex With Men Through Geosocial Networking Phone Apps," The Journal of the Association of Nurses in AIDS Care, 28(5), September-October 2017, pp.807-818; Huachun Zou, Song Fan, "Characteristics of Men Who Have Sex With Men Who Use Smartphone Geosocial Networking Applications and Implications for HIV Interventions: A Systematic Review and Meta-Analysis," Archives of Sexual Behavior, 46(4), May 2017, pp.885-894; CBS News, 『Gay "hook-up" apps tied to higher STD infection rates, study finds』, 13 June 2014; The Boston Globe, 『Gay men who use dating apps at increased risk for STDs』, 16 June 2014; Pink News, 『Study finds dating app users are more likely to contract STIs』, 13 June 2014.

277　경북일보, 『포항인권윤리포럼 성료…국회 제출 포괄적 차별금지법안 '문제투성이'』, 2020.11.24.

278　크리스천투데이, 『미화되고 왜곡된 동성애의 실제적 진실』, 2019.3.12.

279　P Cameron, K Cameron, W L Playfair, "Does homosexual activity shorten life?," Psychological Reports, 1 December 1998, 83(3 Pt 1), pp.847-866; Lifesite News, 『Expert Research Finds Homosexuality More Dangerous Than Smoking』, 3 April 2007.

280　프란시스 S 맥너트, "동성애 치유될 수 있는가?," 순전한 나드, 2006; Paul Cameron, Thomas Landess, Kirk Cameron, "Homosexual sex as harmful as drug abuse, prostitution, or smoking, Psychological Reports," 96(3 Pt 2), June 2005, pp.915-961.

281 Evelyn Parrish, "Sexual and gender minority health disparities," Perspectives in Psychiatric Care, 55(4), October 2019, p.537; P Cameron, T Landess, K Cameron, "Homosexual sex as harmful as drug abuse, prostitution, or smoking," Psychological Reports, 96(3 Pt 2), June 2005, pp.915-961.

282 메디소비자뉴스, 『"HIV 감염만 돼도 기대수명 30년 준다"』, 2023.3.20.

283 Jay A Irwin, Jason D Coleman et al., "Correlates of suicide ideation among LGBT Nebraskans," Journal of Homosexuality, 61(8), 2014, pp.1172-1191; Richard T Liu, Brian Mustanski, "Suicidal ideation and self-harm in lesbian, gay, bisexual, and transgender youth," American Journal of Preventive Medicine, 42(3), March 2012, pp.221-228; Brian S Mustanski, Robert Garofalo, Erin M Emerson, "Mental health disorders, psychological distress, and suicidality in a diverse sample of lesbian, gay, bisexual, and transgender youths," American Journal of Public Health, 100(12), December 2010, pp.2426-2432; C D Proctor, V K Groze, "Risk factors for suicide among gay, lesbian, and bisexual youths," Social Work, 39(5), September 1994, pp.504-513; CNS News, 『From Social Media to Suicide: Psychological Risks to Transgender Kids』, 26 August 2021.

284 Brian Mustanski, Richard T Liu, "A longitudinal study of predictors of suicide attempts among lesbian, gay, bisexual, and transgender youth," Archives of Sexual Behavior, 42(3), April 2013, pp.437-448.

285 Jeanne Nagle, "Are You LGBTQ?," Enslow Publishing, 2015, p.101; Lifesite News, 『Study: gay teens five times more likely to attempt suicide』, 29 April 2011; Ira Bogotch, Carolyn M. Shields, "International Handbook of Educational Leadership and Social (In)Justice," Springer, 2013, p.616.

286 Laura Kann, Emily O'Malley Olsen, Tim McManus et al., "Sexual Identity, Sex of Sexual Contacts, and Health-Related Behaviors Among Students in Grades 9–12 — United States and Selected Sites, 2015," Morbidity and Mortality Weekly Report, 65(9), 12

287 NBC News, 『40 percent of LGBTQ youth 'seriously considered' suicide in past year, survey finds』, 16 July 2020; The Today Show, 『Survey: 40 percent of LGBTQ youth 'seriously considered' suicide in past year』, 16 July 2020.

288 Pink News, 『The largest study of trans and non-binary youth reveals more than half have seriously contemplated death by suicide』, 15 July 2020; 머니투데이, 『미국 성소수자 청소년 40% "극단 선택 생각해봤다"』, 2020.7.16.

289 Scinece News, 『Young gay, bisexual men six times more likely to attempt suicide than older counterparts』, 26 April 2016; Aidsmap, 『Poor mental health more commonly experienced by gay and bisexual men who are younger, poorer, less educated or black』, 20 May 2016.

290 Washington Blade, 『British youth face 'mental health crisis'』, 15 January 2014.

291 BBC News, 『Fifth of 14-year-old girls in UK 'have self-harmed'』, 29 August 2018; Mental Health Today, 『Half of children discovering their sexuality are self-harming』, 29 August 2018.

292 Pink News, 『More than 80% of LGBT students in China report depression』, 10

May 2019.

293 연합뉴스, 『중고생 165명 중 1명 '동성애' 경험…34%는 이성 성경험』, 2016.7.18.; SBS News, 『중고생 165명 중 1명 '동성애' 경험…34%는 이성 성경험』, 2016.7.18.; 한겨레, 『"중고등학생 가운데 0.6%는 동성 사이 성 접촉 경험"』, 2016.7.18.; 헤럴드경제, 『중고생 3명 중 1명이 성접촉 경험…동성애, 약물 오남용 위험 14배 높아』, 2016.7.18.; MBN 뉴스, 『중고생 165명 中 1명…'동성 간 성접촉'』, 2016.7.18.; 브릿지경제, 『중고생 165명 중 1명 꼴 '동성간 성접촉' 경험』, 2016.7.18.

294 The Federalist, 『Trouble In Transtopia: Murmurs Of Sex Change Regret』, 11 November 2014; Business World, 『Sexual mutilations』, 3 March 2022.

295 Charlotte Bjorkenstam, Gunnar Andersson, Christina Dalman et al., "Suicide in married couples in Sweden: Is the risk greater in same-sex couples?," Eur J Epidemiol, 31(7), 31 July 2016, pp.685-690; Lifesite News, 『People in homosexual 'marrigaes' almost 3 times more likely to commit suicide: study』, 5 August 2016.

296 Robin M. Mathy, Susan D. Cochran, Jorn Olsen, Vickie M. Mays, "The association between relationship markers of sexual orientation and suicide: Denmark, 1990–2001," Soc Psychiatry Psychiatr Epidemiol, 46(2), 2011, pp.111–117; Neil E. Whitehead, "Gay male partnerships no defence against suicide," New Zealand, January 2011; 김영한 외 지음, "동성애, 21세기 문화충돌," 킹덤북스, 2016, 669면.

297 Pink News, Comment: 『Why is drug use higher in the gay community?』, 29 July 2014; Pink News, 『Crime survey: Third of gay and bisexual men took illegal drugs last year』, 24 July 2014; Michael King, Joanna Semlyen, Sharon See Tai et al., "A systematic review of mental disorder, suicide, and deliberate self harm in lesbian, gay and bisexual people," BMC Psychiatry, 8, 18 August 2008, p.70; Shay-Lee Bolton, Jitender Sareen, "Sexual orientation and its relation to mental disorders and suicide attempts: findings from a nationally representative sample," Canadian Journal of Psychiatry, 56(1), January 2011, pp.35-43.

298 BBC 뉴스, 『LGTB: '성소수자, 정신건강 문제 겪을 가능성 더 높다'』, 2021.7.9.

299 Pink News, 『CDC study finds gay teens are nearly five times as likely to attempt suicide』, 12 August 2016.

300 Gilbert Gonzales, Julia Przedworski, Carrie Henning-Smith, "Comparison of Health and Health Risk Factors Between Lesbian, Gay, and Bisexual Adults and Heterosexual Adults in the United States: Results From the National Health Interview Survey," JAMA Internal Medicine, 176(9), 1 September 2016, pp.1344-1351; Benjamin H Han, Dustin T Duncan, Mauricio Arcila-Mesa, Joseph J Palamar, "Co-occurring mental illness, drug use, and medical multimorbidity among lesbian, gay, and bisexual middle-aged and older adults in the United States: a nationally representative study," BMC Public Health, 20(1), 4 August 2020, p.1123; Emma C Potter, Charlotte J Patterson, "Health-Related Quality of Life Among Lesbian, Gay, and Bisexual Adults: The Burden of Health Disparities in 2016 Behavioral Risk Factor Surveillance System Data," LGBT Health, 6(7), October 2019, pp.357-369; Michael King, Joanna Semlyen, Sharon See Tai et al., "A systematic review of mental disorder, suicide, and deliberate self harm in lesbian, gay and bisexual people,"

BMC Psychiatry, 8, 18 August 2008, p.70; Shay-Lee Bolton, Jitender Sareen, "Sexual orientation and its relation to mental disorders and suicide attempts: findings from a nationally representative sample," Canadian Journal of Psychiatry, 56(1), January 2011, pp.35-43.

301　Kate Jackman, Judy Honig, Walter Bockting, "Nonsuicidal self-injury among lesbian, gay, bisexual and transgender populations: an integrative review," Journal of Clinical Nursing, 25(23-24), December 2016, pp.3438-3453.

302　스카이데일리, 『개인·사회 비참한 최후 부르는 동성애의 목적 '변태적 쾌락'』, 2020.9.28.

303　국민일보, 『[칼럼] 차별금지와 LGBT 의학, 그리고 덕실』, 2021.7.13.

304　동아일보, 『"섹스 중독은 '진짜' 정신 장애" 진단…왜?』, 2012.10.22.

305　시사포커스, 『성중독은 '정신질환'인가?』, 2014.10.30.

306　신동아, 『피해자 공포·충격 보며 희열과 존재감 느껴』, 2014.9.18.

307　동아사이언스, 『동성애는 죄악인가? 질병인가?』, 2017.10.2.; 서울신문, 『동성애=정신병?…벽면에 안내문 내건 英 병원 된서리』, 2020.8.24.

308　크리스천투데이, 『[크리스천이 보는 성혁명사 83] 동성애가 DSM에서 삭제된 경위』, 2022.12.27.

309　Donn Teal, "The gay militants," Stein & Day, 1971, pp.272-273.

310　Ronald Bayer, "Homosexuality and American Psychiatry: The Politics of Diagnosis," Princeton University Press, 1987, p.104; Kay Tobin, Randy Wicker, "The Gay Crusaders," Paperback Library, 1972, p.216.

311　Kay Tobin, Randy Wicker, "The Gay Crusaders," Paperback Library, 1972, p.234.

312　Jonathan Ned Katz, "Gay American History: Lesbians and Gay Men in the U.S.A.," Plume, 1992, p.427.

313　Eric Marcus, "Making History: The Struggle for Gay and Lesbian Equal Rights, 1945-1990 : An Oral History," Harpercollins, 1992, pp.216-217.

314　김영한 외 지음, "동성애, 21세기 문화충돌," 킹덤북스, 2016, 101면.

315　Laurie Guy, "'Straightening the Queers': Medical Perspectives on Homosexuality in Mid-Twentieth-Century New Zealand," Health and History, 2(1), July 2000, pp.101-120; 조선일보, 『'동성애자들이 말해주지 않는 동성애에 대한 비밀'』, 2010.11.10.; 조선일보, 『동성애자들이 말해주지 않는 '동성애에 대한 비밀' -동성애자의 양심고백-』, 2020.9.1.; 국민일보, 『동성애는 중독의 일종, 충분히 치유 가능하다』, 2021.4.6.

316　Mark Thompson, "Long Road To Freedom: The Advocate History Of The Gay And Lesbian Movement," St. Martin's Press, 1994, pp.105-106.

317　Ronald Bayer, "Homosexuality and American Psychiatry: The Politics of Diagnosis," Princeton University Press, 1987, p.104

318　United States, Congress, House, Committe, "Policy Implications of Lifting the ban on Homosexuals in the Military: Hearings Before the Committee on Armed Services, House of Representatives, One Hundred Third Congress First Session, Hearings Held May 4 and 5, 1993," Palala Press, September 2015, p.118; Ronald Bayer, "Homosexuality and American Psychiatry: The Politics of Diagnosis," New York: Basic Books Inc, 1981; 조 달라스, "동성애를 말하다," 하늘물고기, 2017, 113면.

319　Eric Marcus, "Making History: The Struggle for Gay and Lesbian Equal Rights, 1945-

	1990 : An Oral History," Harpercollins, 1992, p.224.
320	Andrew Sullivan, "Love Undetectable: Notes on Friendship, Sex, and Survival," Vintage, 1999, p.107.
321	Tracy Baim, "Barbara Gittings: Gay Pioneer," Create Space Independent Publishing Platform, 2015; Leigh W. Rutledge, "The Gay Decades," Plume, 1992.
322	Alfred C Kinsey, Wardell R Pomeroy, Clyde E Martin, "Sexual behavior in the human male," W.B. Saunders, 1948; Alfred C Kinsey, Wardell R Pomeroy, Clyde E Martin, "Sexual behavior in the human male. 1948," American Journal of Public Health, June 2003, 93(6), pp.894-898; Alfred C. Kinsey, Wardell B. Pomeroy, Clyde E. Martin, Paul H. Gebhard, "Sexual behavior in the human female," W.B. Saunders, 1953; Alfred C. Kinsey, Wardell B. Pomeroy, Clyde E. Martin, Paul H. Gebhard, "Sexual Behavior in the Human Female," Indiana University Press, 1998.
323	E Hooker, "The adjustment of the male overt homosexual, Journal of Projective Techniques," 21(1), March 1957, pp.18-31.
324	A H Maslow, J M Sakoda, "Volunteer-error in the Kinsey study," Journal of Abnormal Psychology, 47(2), April 1952, pp.259-262; J A Reisman, E W Eichel, "Kinsey, Sex and Fraud: The Indoctrination of a People," Huntington House Publishers, 1990; P Cameron, K Cameron, "Re-examining Evelyn Hooker: Setting the record straight with comments on Schumm's (2012) reanalysis," Marriage & Family Review, 48(6), 2012, pp.491–523; George Ritzer, J. Michael Ryan, "The Concise Encyclopedia of Sociology," Wiley-Blackwell, p.338; CBS News, 『50 Years After The Kinsey Report』, 27 January 2003; 김영한 외 지음, "동성애, 21세기 문화충돌," 킹덤북스, 2016, 585면.
325	크리스천투데이, 『동성애는 병이 아닌가?①』, 2019.5.28.
326	김영한 외 지음, "동성애, 21세기 문화충돌," 킹덤북스, 2016, 579면.
327	김영한 외 지음, "동성애, 21세기 문화충돌," 킹덤북스, 2016, 133면.
328	P Cameron, K Cameron, "Re-examining Evelyn Hooker: Setting the record straight with comments on Schumm's (2012) reanalysis," Marriage & Family Review, 48(6), 2012, pp.491–523; 김영한 외 지음, "동성애, 21세기 문화충돌," 킹덤북스, 2016, 605-606면.
329	Georgiana Preskar, "Seeds of Deception: Planting Destruction of America's Children," AuthorHouse, 2004; 미디어펜, 『동성애에 대한 다섯가지 오해와 진실, 그것이 알고 싶다』, 2015.10.9.; 국민일보, 『동성애자들 50년 넘는 공세에 무너진 美 건국정신… 우리는?』, 2020.4.14.; 김영한 외 지음, "동성애, 21세기 문화충돌," 킹덤북스, 2016, 578-579면; J A Reisman, E W Eichel, "Kinsey, Sex and Fraud: The Indoctrination of a People," Huntington House Publishers, 1990; 정일권, "문화막시즘의 황혼," CLC, 2022, 133면.
330	Time, Sick Again? Psychiatrists vote on gays, Feb 20, 1978, Vol. 111 Issue 8, p.102.; 김영한 외 지음, "동성애, 21세기 문화충돌," 킹덤북스, 2016, 581면.
331	Lawrence S Mayer, Paul R McHugh, "Sexuality and Gender: Findings from the Biological, Psychological, and Social Sciences," The New Atlantis, 50, Special Report: Sexuality and Gender (Fall 2016), pp.10-143.

332 Pietro Gambadauro, Vladimir Carli, Danuta Wasserman et al., "Serious and persistent suicidality among European sexual minority youth," PLoS One, 15(10), 16 October 2020, e0240840.

333 NBC News, 『40 percent of LGBTQ youth 'seriously considered' suicide in past year, survey finds』, 16 July 2020; Washington Blade, 『British youth face 'mental health crisis'』, 15 January 2014; Pink News, 『More than 80% of LGBT students in China report depression』, 10 May 2019.

334 Jeanne Nagle, "Are You LGBTQ?," Enslow Publishing, 2015, p.101; Lifesite News, 『Study: gay teens five times more likely to attempt suicide』, 29 April 2011; Pink News, 『CDC study finds gay teens are nearly five times as likely to attempt suicide』, 12 August 2016; NBC News, 『40 percent of LGBTQ youth 'seriously considered' suicide in past year, survey finds』, 16 July 2020.

335 T G Sandfort, R de Graaf, R V Bijl, P Schnabel, "Same-sex sexual behavior and psychiatric disorders: findings from the Netherlands Mental Health Survey and Incidence Study (NEMESIS)," Archives of General Psychiatry, 58(1), January 2001, pp.85-91; Ron de Graaf, Theo G M Sandfort, Margreet ten Have, "Suicidality and sexual orientation: differences between men and women in a general population-based sample from the Netherlands," Archives of Sexual Behavior, 35(3), June 2006, pp.253-262.

336 Sanjay Aggarwal, Rene Gerrets, "Exploring a Dutch paradox: an ethnographic investigation of gay men's mental health," Culture, Health & Sexuality, 16(2), 2014, pp.105-119; 김영한 외 지음, "동성애, 21세기 문화충돌, 킹덤북스," 2016, 117-118면.

337 국민일보, 『"동성애는 유전적으로 타고나는 것이 아니라 치료 가능한 질병"』, 2020.9.18.

338 펜앤드마이크, 『[기고/민성길 교수] "'성인권 교육'이 동성애를 조장한다는 주장은 '가짜 뉴스'"인가?』, 2021.3.30.

339 John E Pachankis, Kirsty A Clark, Charles L Burton et al., "Sex, status, competition, and exclusion: Intraminority stress from within the gay community and gay and bisexual men's mental health," Journal of Personality and Social Psychology, 119(3), 2020, pp.713–740.

340 Charles L Burton, Kirsty A Clark, John E Pachankis, "Risk From Within: Intraminority Gay Community Stress and Sexual Risk-Taking Among Sexual Minority Men," Annals of Behavioral Medicine, 54(9), 1 September 2020, pp.703-712.

341 Carlos Hermosa-Bosano, Paula Hidalgo-Andrade, Clara Paz, "Geosocial Networking Apps Use Among Sexual Minority Men in Ecuador: An Exploratory Study," Archives of Sexual Behavior, 50(7), October 2021, pp.2995-3009.

342 Jeffrey T. Parsons, Brian C. Kelly, David S. Bimbi et al., "Explanations for the Origins of Sexual Compulsivity Among Gay and Bisexual Men," Archives of Sexual Behavior, 37(5), October 2007, pp.817-826; Phillip L Hammack, Brock Grecco, Bianca D M Wilson, Ilan H Meyer, "White, Tall, Top, Masculine, Muscular: Narratives of Intracommunity Stigma in Young Sexual Minority Men's Experience on Mobile Apps," Archives of Sexual Behavior, 24 November 2021.

343 Pink News, 『Eye-opening new study reveals why gay men are so stressed』, 2 March 2020.

344 Charles L Burton, Kirsty A Clark, John E Pachankis, "Risk From Within: Intraminority Gay Community Stress and Sexual Risk-Taking Among Sexual Minority Men," Annals of Behavioral Medicine, 54(9), 1 September 2020, pp.703-712; Pink News, 『Depression and low self-esteem rising among gay men』, 6 August 2015.

345 The Guardian, 『Pressure to keep up: status imbalance a major factor in stress in gay men』, 29 February 2020.

346 Pink News, 『Depression and low self-esteem rising among gay men』, 6 August 2015.

347 Cory R Woodyatt, Rob Stephenson, "Emotional intimate partner violence experienced by men in same-sex relationships, Culture Health & Sexuality," 18(10), October 2016 , pp.1137-1149.

348 The Guardian, 『Pressure to keep up: status imbalance a major factor in stress in gay men』, 29 February 2020.

349 Pink News, 『Do Grindr and other dating apps affect mental health?』, 18 April 2018; Pink News, 『What is Grindr? Everything you need to know』, 30 April 2018.

350 Carlos Hermosa-Bosano, Paula Hidalgo-Andrade, Clara Paz, "Geosocial Networking Apps Use Among Sexual Minority Men in Ecuador: An Exploratory Study," Archives of Sexual Behavior, 50(7), October 2021, pp.2995-3009.

351 Pink News, 『What is Grindr? Everything you need to know』, 30 April 2018; Pink News, 『Grindr is making users sad, a study has revealed』, 16 January 2018.

352 Pink News, 『Do Grindr and other dating apps affect mental health?』, 18 April 2018; Pink News, 『Why are so many gay millennials alone?』, 16 April 2018.

353 Martin E. P. Seligman, "Helplessness: On Depression, Development, and Death," W H Freeman & Co, 1992.

354 Richard B Gartner, "Sexual victimization of boys by men: Meanings and consequences," Journal of Gay & Lesbian Psychotherapy, 3(2), pp.1–33; M E Tomeo, D I Templer, S Anderson, D Kotler, "Comparative data of childhood and adolescence molestation in heterosexual and homosexual persons," Archives of Sexual Behavior, 30(5), Oct 2001, pp.535-541; 가브리엘 쿠비, "글로벌 성혁명," 밝은생각, 2020, 228-229면.

355 United States, Congress, House, Committe, "Policy Implications of Lifting the ban on Homosexuals in the Military: Hearings Before the Committee on Armed Services, House of Representatives, One Hundred Third Congress First Session, Hearings Held May 4 and 5, 1993," Palala Press, September 2015, p.117.

356 M D Robert, L Johnson, M D Diane, K Shrier, "Sexual victimization of boys: Experience at an adolescent medicine clinic," Journal of Adolescent Health Care, 6(5), 1985, pp.372-376.

357 Emily F Rothman, Deinera Exner, Allyson L Baughman, "The prevalence of sexual assault against people who identify as gay, lesbian, or bisexual in the United States: a systematic review," Trauma Violence & Abuse, 12(2), April 2011, pp.55-

66; Lawrence S Mayer, Paul R McHugh, "Sexuality and Gender: Findings from the Biological, Psychological, and Social Sciences," The New Atlantis, 50, Special Report: Sexuality and Gender (Fall 2016), pp.10-143.

358 Reuters, 『Nearly half of gay, bi men in UK sexually assaulted, survey finds』, 23 July 2021; Pink News, 『Almost half of gay and bi men have been sexually assaulted, troubling research finds』, 22 July 2021; Them, 『Nearly Half of Queer Men Have Survived Sexual Violence, According to New Study』, 22 July 2021.

359 Dale O'Leary, "Gay Teens and Attempted Suicide," NARTH Bulletin, December 1999, p.11.

360 Amy L Hequembourg, Jennifer A Livingston, Weijun Wang, "Prospective associations among relationship abuse, sexual harassment and bullying in a community sample of sexual minority and exclusively heterosexual youth," Journal of Adolescence, 83, August 2020, pp.52-61.

361 동아사이언스, 『[박진영의 사회심리학] 친밀한 관계에서의 폭력이란?』, 2018.3.31.; 세계일보, 『이재명 '조카 변호'에 불붙은 용어 논란… "'데이트폭력' 표현 자체 부적절" [이슈+]』, 2021.11.27.

362 중앙일보, 『[건강칼럼]친밀한 관계에서 발생하는 폭력』, 2016.10.12.

363 프레시안, 『"조선대 '데이트 폭력', 결코 끝나지 않습니다!"』, 2015.12.4.

364 중앙일보, 『[건강칼럼]친밀한 관계에서 발생하는 폭력』, 2016.10.12.

365 프레시안, 『동성커플 간 가정폭력이 양성커플보다 높다?』, 2018.6.5.

366 Darren L Whitfield, Robert W S Coulter, Lisa Langenderfer-Magruder, Daniel Jacobson, "Experiences of Intimate Partner Violence Among Lesbian, Gay, Bisexual, and Transgender College Students: The Intersection of Gender, Race, and Sexual Orientation," Journal of Interpersonal Violence, 36(11-12), June 2021, NP6040-NP6064; Ada R Miltz, Fiona C Lampe et al., "Intimate partner violence, depression, and sexual behaviour among gay, bisexual and other men who have sex with men in the PROUD trial," BMC Public Health, 19(1), 25 April 2019, p.431.

367 Cory R Woodyatt, Rob Stephenson, "Emotional intimate partner violence experienced by men in same-sex relationships, Culture Health & Sexuality," 18(10), October 2016, pp.1137-1149.

368 동아사이언스, 『[박진영의 사회심리학] 친밀한 관계에서의 폭력이란?』, 2018.3.31.

369 Christopher B Stults, Shabnam Javdani, Chloe A Greenbaum et al., "Intimate Partner Violence and Sex Among Young Men Who Have Sex With Men," The Journal of Adolescent Health, 58(2), February 2016, pp.215-222; Rob Stephenson, Catherine Finneran, "Receipt and Perpetration of Intimate Partner Violence and Condomless Anal Intercourse Among Gay and Bisexual Men in Atlanta," AIDS and Behavior, 21(8), August 2017, pp.2253-2260.

370 Adam Jackson Heintz, Rita M Melendez, "Intimate partner violence and HIV/STD risk among lesbian, gay, bisexual, and transgender individuals," Journal of Interpersonal Violence, 21(2), February 2006, pp.193-208.

371 Mary Ann Dutton, Lisa A Goodman, "Coercion in Intimate Partner Violence: Toward a New Conceptualization," Sex Roles, 52, 2005, pp.743–756.

372 Cory R Woodyatt, Rob Stephenson, "Emotional intimate partner violence experienced by men in same-sex relationships, Culture Health & Sexuality," 18(10), October 2016 , pp.1137-1149; 프레시안, 『"조선대 '데이트 폭력', 결코 끝나지 않습니다!"』, 2015.12.4.

373 Darren L Whitfield, Robert W S Coulter, Lisa Langenderfer-Magruder, Daniel Jacobson, "Experiences of Intimate Partner Violence Among Lesbian, Gay, Bisexual, and Transgender College Students: The Intersection of Gender, Race, and Sexual Orientation," Journal of Interpersonal Violence, 36(11-12), June 2021, NP6040-NP6064; Jennifer W H Wong, Vincent V La et al., "The ALOHA Study: Intimate Partner Violence in Hawai'i's Lesbian, Gay, Bisexual, and Transgender Community," Hawaii Journal of Health & Social Welfare, 79(6), 1 June 2020, pp.187-193; Rob Stephenson, Catherine Finneran, "Minority Stress and Intimate Partner Violence Among Gay and Bisexual Men in Atlanta," American Journal of Men's Health, July 2017, 11(4), pp.952-961; Autumn M Bermea, Danielle C Slakoff, Abbie E Goldberg, "Intimate Partner Violence in the LGBTQ+ Community: Experiences, Outcomes, and Implications for Primary Care," Primary Care, 48(2), June 2021, pp.329-337.

374 Jennifer W H Wong, Vincent V La et al., "The ALOHA Study: Intimate Partner Violence in Hawai'i's Lesbian, Gay, Bisexual, and Transgender Community," Hawaii Journal of Health & Social Welfare, 79(6), 1 June 2020, pp.187-193.

375 라포르시안, 『[칼럼] 5년간 데이트 폭력 사망자만 290명…여성폭력은 감염병보다 더 위험하다』, 2016.3.7.

376 프레시안, 『"조선대 '데이트 폭력', 결코 끝나지 않습니다!"』, 2015.12.4.

377 프레시안, 『동성커플 간 가정폭력이 양성커플보다 높다?』, 2018.6.5.

378 세계일보, 『이재명 '조카 변호'에 불붙은 용어 논란… "'데이트폭력' 표현 자체 부적절"[이슈+]』, 2021.11.27.

379 헬스조선, 『'데이트폭력 처벌법'이 필요한 의학적 이유』, 2021.6.16.

380 프레시안, 『"조선대 '데이트 폭력', 결코 끝나지 않습니다!"』, 2015.12.4.

381 Andrea L Roberts, PhD, Margaret Rosario, "Elevated Risk of Posttraumatic Stress in Sexual Minority Youths: Mediation by Childhood Abuse and Gender Nonconformity," American Journal of Public Health, 102(8), August 2012, pp.1587-1593; Nicholas A Livingston, Danielle Berke et al., "Addressing Diversity in PTSD Treatment: Clinical Considerations and Guidance for the Treatment of PTSD in LGBTQ Populations," Current Treatment Options in Psychiatry, 7(2), 2020, pp.53-69.

382 Mary Ellsbergcorresponding, Maria Emmelin, "Intimate partner violence and mental health. Glob Health Action," 7, 12 September 2014, 25658.

383 헬스조선, 『'데이트폭력 처벌법'이 필요한 의학적 이유』, 2021.6.16.

384 프레시안, 『"조선대 '데이트 폭력', 결코 끝나지 않습니다!"』, 2015.12.4.

385 Darren L Whitfield, Robert W S Coulter, Lisa Langenderfer-Magruder, Daniel Jacobson, "Experiences of Intimate Partner Violence Among Lesbian, Gay, Bisexual, and Transgender College Students: The Intersection of Gender, Race, and Sexual Orientation," Journal of Interpersonal Violence, 36(11-12), June 2021, NP6040-NP6064; Jennifer W H Wong, Vincent V La et al., "The ALOHA Study: Intimate

Partner Violence in Hawaiʻi's Lesbian, Gay, Bisexual, and Transgender Community," Hawaii Journal of Health & Social Welfare, 79(6), 1 June 2020, pp.187-193; Rob Stephenson, Catherine Finneran, "Minority Stress and Intimate Partner Violence Among Gay and Bisexual Men in Atlanta," American Journal of Men's Health, July 2017, 11(4), pp.952-961; Autumn M Bermea, Danielle C Slakoff, Abbie E Goldberg, "Intimate Partner Violence in the LGBTQ+ Community: Experiences, Outcomes, and Implications for Primary Care," Primary Care, 48(2), June 2021, pp.329-337.

386 Rob Stephenson, Catherine Finneran, "Minority Stress and Intimate Partner Violence Among Gay and Bisexual Men in Atlanta," American Journal of Men's Health, July 2017, 11(4), pp.952-961.

387 Ada R Miltz, Fiona C Lampe et al., "Intimate partner violence, depression, and sexual behaviour among gay, bisexual and other men who have sex with men in the PROUD trial," BMC Public Health, 19(1), 25 April 2019, p.431.

388 Cory R Woodyatt, Rob Stephenson, "Emotional intimate partner violence experienced by men in same-sex relationships, Culture Health & Sexuality," 18(10), October 2016 , pp.1137-1149.

389 Rob Stephenson, Catherine Finneran, "Minority Stress and Intimate Partner Violence Among Gay and Bisexual Men in Atlanta," American Journal of Men's Health, July 2017, 11(4), pp.952-961.

390 Brian J Adams, Blair Turner et al., "Associations Between LGBTQ-Affirming School Climate and Intimate Partner Violence Victimization Among Adolescents," Prevention Science, 22(2), February 2021, pp.227-236.

391 P Cameron, K Cameron, "Do homosexual teachers pose a risk to pupils?," Journal of Psychology, 130(6), November 1996, pp.603-613.

392 R B Gartner, "Sexual victimization of boys by men: Meanings and consequences," Journal of Gay and Lesbian Psychotherapy, 3(2), 1999, pp.1–33.

393 Katie A McLaughlin, Mark L Hatzenbuehler, Ziming Xuan, Kerith J Conron, "Disproportionate exposure to early-life adversity and sexual orientation disparities in psychiatric morbidity," Child Abuse and Neglect, 36(9), September 2012, pp.645-655.

394 크리스천투데이, 『"자기결정권? 청소년에게 성관계 가르칠 필요 없어"』, 2019.11.20.

395 Judith P Andersen, John Blosnich, "Disparities in adverse childhood experiences among sexual minority and heterosexual adults: results from a multi-state probability-based sample," PLoS One, 8(1), 2013, e54691.

396 Andrea L Roberts, M Maria Glymour, Karestan C Koenen, "Does maltreatment in childhood affect sexual orientation in adulthood?," Archives of Sexual Behavior, 42(2), February 2013, pp.161-171; 가브리엘 쿠비, "글로벌 성혁명," 밝은생각, 2020, 228-229면.

397 Abigail W Batchelder, Calvin Fitch, Brian A Feinstein et al., "Psychiatric, Substance Use, and Structural Disparities Between Gay and Bisexual Men with Histories of Childhood Sexual Abuse and Recent Sexual Risk Behavior," Archives of Sexual Behavior, 50(7), October 2021, pp.2861-2873.

398 Kuyper L. and T. Fokkema, "Loneliness Among Older Lesbian, Gay, and Bisexual Adults: The Role of Minority Stress," Archives of Sexual Behavior 39, 2010, p.1171.

399 펜앤드마이크, 『"당신의 아들이 동성애자 '식성'의 노예가 되어 죽어가도 좋습니까"…어느 동성애자의 양심고백 '충격'』, 2020.9.1.

400 Benjamin H Han, Dustin T Duncan, Mauricio Arcila-Mesa, Joseph J Palamar, "Co-occurring mental illness, drug use, and medical multimorbidity among lesbian, gay, and bisexual middle-aged and older adults in the United States: a nationally representative study," BMC Public Health, 20(1), 4 August 2020, p.1123; Emma C Potter, Charlotte J Patterson, "Health-Related Quality of Life Among Lesbian, Gay, and Bisexual Adults: The Burden of Health Disparities in 2016 Behavioral Risk Factor Surveillance System Data," LGBT Health, 6(7), October 2019, pp.357-369; Gordon Mansergh, Grant N. Colfax, Gary Marks, Melissa Rader et al., "The Circuit Party Men's Health Survey: findings and implications for gay and bisexual men," American Journal of Public Health, 91(6), June 2001, pp.953-958.

401 David P McWhirter; Andrew M Mattison, "The male couple : how relationships develop," Englewood Cliffs, New Jersey: Prentice-Hall, 1984.

402 경상매일신문, 『<윤정배 칼럼>동성애와 에이즈 II』, 2018.4.27.; 김영한 외 지음, "동성애, 21세기 문화충돌," 킹덤북스, 2016.6., 528면.

403 The Daily Signal, 『How 'Equality Act' Would Impose Transgender Ideology on Everyone』, 24 February 2021.

404 The Daily Signal, 『How 'Equality Act' Would Impose Transgender Ideology on Everyone』, 24 February 2021; 데일리굿뉴스, 『동성애 반대 이상원 교수 부당해임 철회 공동성명』, 2021.6.7.; 국민일보, 『"학교 정상화, 회복·혁신이 핵심"』, 2020.5.26.; 노컷뉴스, 『총신대, 성희롱 발언 이상원 교수 해임』, 2020.5.20.; 대법원 2020.6.4. 선고 2020도3975 판결; 대구지방법원 2020.2.19. 선고 2019노2758 판결; 대구지방법원 서부지원 2019.6.28. 선고 2017고단2897 판결; 대구지방법원 2021.7.8. 선고 2020구합27005 판결; 법률신문, 『초등학생에게 '동성애 위험' 유튜브 보게 했다면… 학대행위 해당』, 2020.8.6; 대구MBC, 『'동성애 혐오 영상'보여준 보육교사"자격취소 적법"』, 2021.7.13.; KBS뉴스, 『봉사 온 초등생에게 '동성애·이상애' 성교육 영상…대법 "정서적 학대"』, 2020.8.6.; 대구MBC, 『부적절한 영상으로 성교육..대법, "정서적 학대"』, 2020.8.14.; 뉴스앤넷, 『美 의학교수, 동성애 위험 경고하다 병원서 쫓겨나』, 2015.10.2.

405 Amy L Hequembourg, Jennifer A Livingston, Weijun Wang, "Prospective associations among relationship abuse, sexual harassment and bullying in a community sample of sexual minority and exclusively heterosexual youth," Journal of Adolescence, 83, August 2020, pp.52-61.

406 The Guardian, 『Pressure to keep up: status imbalance a major factor in stress in gay men』, 29 February 2020.

407 P Cameron, T Landess, K Cameron, "Homosexual sex as harmful as drug abuse, prostitution, or smoking," Psychological Reports, 96(3 Pt 2), June 2005, pp.915-961.

408 국민일보, 『'동성애 유전자는 없다' 선천적으로 타고난다는 건 거짓』, 2020.12.11.

409 Roberta Ann Shechter, "Treatment parameters and structural change: Reflections on the psychotherapy of a male homosexual," International Forum of

Psychoanalysis, Vol.1, 1992, pp.197-201.

410 가브리엘 쿠비, "글로벌 성혁명," 밝은생각, 2020, 344면.

411 Antony Latham, "Puberty Blockers for Children: Can They Consent?," The New Bioethics, 28(3), September 2022, pp.268-291; Maria Fernandez, Patricia Guerra et al., "Atencion sanitaria a adolescentes con disforia de genero [Health care for adolescents with gender dysphoria]," Revista Espanola Salud Publica, 92, 28 February 2018, e201802003.

412 A Becerra Fernandez, D A de Luis Roman, G Piedrola Maroto, "Morbilidad en pacientes transexuales con autotratamiento hormonal para cambio de sexo [Morbidity in transsexual patients with cross-gender hormone self-treatment]," Medicina Clinica (Barc), 113(13), 23 October 1999 Oct, pp.484-487; Eva Moore, Amy Wisniewski, Adrian Dobs, "Endocrine treatment of transsexual people: a review of treatment regimens, outcomes, and adverse effects," The Journal of Clinical Endocrinology Metabolism, 88(8), August 2003, pp.3467-3473.

413 메디컬타임즈, 『항정신병 약물이 유방암 키운다…최대 62% 위험 증가』, 2021.12.15.; 데일리팜, 『아미설프리드 제제, 유방암 병력 환자에 투여주의』, 2015.4.28.; 의학신문, 『식약처, 소화기관용약 '돔페리돈' 단일제 허가 변경』, 2017.5.10.

414 H Asscheman, L J Gooren, P L Eklund, "Mortality and morbidity in transsexual patients with cross-gender hormone treatment," Metabolism, 38(9), September 1989, pp.869-873; Dale O'Leary, Peter Sprigg, "Understanding and responding to the transgender movement," Family Research Council, June 2015, Issue Analysis IS15F01, p.20.

415 Shira Baram, Samantha A Myers et al., "Fertility preservation for transgender adolescents and young adults: a systematic review," Human Reproduction Update, 25(6), 5 November 2019, pp.694-716; Eva Feigerlová, Véronique Pascal et al., "Fertility desires and reproductive needs of transgender people: Challenges and considerations for clinical practice," Clinical Endocrinology (Oxf), 91(1), July 2019, pp.10-21; Catholic News Agency, 『Swedish hospital praised for halting gender-transitioning for children under 16』, 6 May 2021.

416 Magdalena Dobrolińska, Karin van der Tuuk et al., "Bone Mineral Density in Transgender Individuals After Gonadectomy and Long-Term Gender-Affirming Hormonal Treatment," The Journal of Sexual Medicine, 16(9), September 2019, pp.1469-1477; Magdalena Dobrolińska, Karin van der Tuuk et al., Bone Mineral Density in Transgender Individuals After Gonadectomy and Long-Term Gender-Affirming Hormonal Treatment, The Journal of Sexual Medicine, 16(9), September 2019, pp.1469-1477; Iris E Stoffers, Martine C de Vries, Sabine E Hannema, "Physical changes, laboratory parameters, and bone mineral density during testosterone treatment in adolescents with gender dysphoria," The Journal of Sexual Medicine, 16(9), Septeember 2019, pp.1459-1468; Mariska C Vlot, Daniel T Klink et al., "Effect of pubertal suppression and cross-sex hormone therapy on bone turnover markers and bone mineral apparent density (BMAD) in transgender adolescents," Bone, 95, February 2017, pp.11-19; Behdad Navabi, Ken Tang et al., "Pubertal Suppression,

Bone Mass, and Body Composition in Youth With Gender Dysphoria," Pediatrics, 148(4), October 2021, e2020039339; Janet Y Lee, Courtney Finlayson et al., "Low Bone Mineral Density in Early Pubertal Transgender/Gender Diverse Youth: Findings From the Trans Youth Care Study," Journal of the Endocrine Society, 4(9), 2 July 2020, bvaa065; Daniel Klink, Martine Caris et al., "Bone mass in young adulthood following gonadotropin-releasing hormone analog treatment and cross-sex hormone treatment in adolescents with gender dysphoria," The Journal of Clinical Endocrinology and Metabolism, 100(2), February 2015, E270-5.

417   Post Millennial, 『Father jailed after referring to biological female child as his daughter』, 16 March 2021.

418   Mercatornet, 『Interrogating the transgender agenda』, 1 January 2020; The Daily Signal, 『I'm a Pediatrician. How Transgender Ideology Has Infiltrated My Field and Produced Large-Scale Child Abuse』, 3 July 2017; National Review, 『Over 1,000 Parents Protest Pediatrics Group's Treatment Guidelines for Transgender Youths』, 29 October 2018; Richard P. Fitzgibbons, "Transsexual attractions and sexual reassignment surgery: Risks and potential risks," Linacre Quarterly, 82(4), November 2015, pp.337-350; The Wall Street Journal, 『Transgender Surgery Isn't the Solution』, 12 June 2014; Scoop, 『Calls Build For Ban On Puberty Blockers For Teens』, 11 May 2021.

419   Henk Asscheman, Erik J Giltay, Jos A J Megens, "A long-term follow-up study of mortality in transsexuals receiving treatment with cross-sex hormones," European Journal of Endocrinology, 164(4), April 2011, pp.635-642.

420   The Daily Signal, 『The Ugly Truth About Sex Reassignment the Transgender Lobby Doesn't Want You to Know』, 30 October 2017.

421   데일리굿뉴스, 『트랜스젠더는 정신적 문제…의학적으로 바꿀 수 없어』, 2021.4.1.

422   Richard Fitzgibbons, Philip Sutton, Dale O'Leary, "The psychopathology of 'sex reassignment' surgery: Assessing its medical, psychological, and ethical appropriateness," The National Catholic Bioethics Quarterly, Spring 2009; Richard P. Fitzgibbons, "Transsexual attractions and sexual reassignment surgery: Risks and potential risks," Linacre Quarterly, 82(4), November 2015, pp.337-350.

423   CNS News, 『From Social Media to Suicide: Psychological Risks to Transgender Kids』, 26 August 2021.

424   Melissa Moschella, "Trapped in the Wrong Body? Transgender Identity Claims, Body-Self Dualism, and the False Promise of Gender Reassignment Therapy," The Journal of Medicine and Philosophy, 46(6), 2 December 2021, pp.782-804.

425   국민일보, 『"에이즈는 치명적 질병… 만성질환처럼 호도해선 안돼"』, 2021.2.22.; 크리스천투데이, 『동성애·불륜·포르노 옹호 이론, 기독교 공격"』, 2020.1.19.

426   CNS News, 『Transgender Treatment Is Medical Malpractice for Many Teens』, 15 December 2020.

427   The Dailywire, 『The Shocking Criminality Of An Underground Transgender Drug 'Network' For Children』, 12 August 2022.

428   The Dailywire, 『Transgender Young People In U.S. Have Nearly Doubled Recently,

429 The Daily Signal, 『'We Are Manufacturing Transgender Kids,' Says Man Who Once Identified as Woman』, 2 April 2019.
430 The Dailywire, 『Doctors Are Now Giving 8-Year-Old Girls Testosterone, Claiming They're 'Transgender'』, 5 April 2019.
431 The Christian Post, 『Testosterone being given to 8-y-o girls, age lowered from 13: doctors』, 2 April 2019.
432 쉴라 제프리스, "젠더는 해롭다," 열다북스, 2019, 161-162면.
433 데일리굿뉴스, 『트랜스젠더는 정신적 문제…의학적으로 바꿀 수 없어』, 2021.4.1.
434 Tanvi Arora, Neelam Wadhwa, Deepika Pandhi et al., "Transgenders are the most vulnerable amongst individuals engaging in receptive anal intercourse: A cross-sectional study from North India," Journal of Family Medicine Primary Care, 10(12), December 2021, pp.4463-4470.
435 Madeleine S C Wallien, Peggy T Cohen-Kettenis, "Psychosexual outcome of gender-dysphoric children," Journal of the American Academy of Child and Adolescent Psychiatry, 47(12), December 2008, pp.1413-1423.
436 Jeffrey H Herbst, Elizabeth D Jacobs et al., "HIV/AIDS Prevention Research Synthesis Team. Estimating HIV prevalence and risk behaviors of transgender persons in the United States: a systematic review," AIDS and Behavior, 12(1), January 2008, pp.1-17.
437 Breitbart, 『World Health Organization Report: Trannies 49 Xs Higher HIV Rate』, 2 December.
438 George R Brown, Kenneth T Jones, "Mental Health and Medical Health Disparities in 5135 Transgender Veterans Receiving Healthcare in the Veterans Health Administration: A Case-Control Study," LGBT Health, 3(2), April 2016, pp.122-131; Plus, 『Trans People Continue to Carry Disproportionate Burden of HIV』, 18 April 2016.
439 Malgorzata Urban, "Transseksualizm czy urojenia zmiany plci? Uniknac blednej diagnozy [Transsexualism or delusions of sex change? Avoiding misdiagnosis]," Psychiatria Polska, 43(6), November-December 2009, pp.719-728; Richard Fitzgibbons, Philip Sutton, Dale O'Leary, "The psychopathology of 'sex reassignment' surgery: Assessing its medical, psychological, and ethical appropriateness," The National Catholic Bioethics Quarterly, Spring 2009; Antony Latham, "Puberty Blockers for Children: Can They Consent?," The New Bioethics, 28(3), September 2022, pp.268-291; Richard P. Fitzgibbons, "Transsexual attractions and sexual reassignment surgery: Risks and potential risks," Linacre Quarterly, 82(4), November 2015, pp.337-350.
440 Mikael Landen, "Ökningen av könsdysfori hos unga tarvar eftertanke - Mer än 2300 procent fler under den senaste 10-årsperioden – kulturbunden psykologisk smitta kan vara en förklaring [Dramatic increase in adolescent gender dysphoria requires careful consideration]," Lakartidningen, 116, 11 October 2019, FSMH; Lawrence S Mayer, Paul R McHugh, "Sexuality and Gender: Findings from the Biological,

Psychological, and Social Sciences," The New Atlantis, 50, Special Report: Sexuality and Gender (Fall 2016), pp.10-143; Antony Latham, "Puberty Blockers for Children: Can They Consent?," The New Bioethics, 28(3), September 2022, pp.268-291; BBC News, 『Transgender treatment: Puberty blockers study under investigation』, 22 July 2019.

441　BBC News, 『Puberty blockers: Under-16s 'unlikely to be able to give informed consent'』, 1 December 2020; National Post, 『Canada's teen transgender treatment boom: Life-saving services or dangerous experimentation?』, 14 December 2020; National Catholic Register, 『Gender Reassignment for Children: Cautionary Perspectives From Science』, 16 June 2022; The Daily Signal, 『Yes, Schools Are Secretly Trying to 'Gender Transition' Kids, and It Must Be Stopped』, 22 March 2022; The Irish Times, 『Gender distress treatment in young people: a highly charged debate』, 26 June 2021; Undark Magazine, 『Of Politics, Science, and Gender Identity』, 17 July 2017.

442　Mercatornet, 『Help! My daughter wants to become a man』, 7 August 2017; The Heritage Foundation, 『Woke Gender』, 7 July 2021.

443　The Federalist, 『Threatening Violence, Trans Activists Expel Un-PC Research At Medical Conference』, 27 February 2017.

444　The Daily Wire, 『How Do Gender Transitions Impact Children? Here's What The Science Says』, 7 April 2022.

445　S J Bradley, R Blanchard, S Coates, R Green, S B Levine, H F Meyer-Bahlburg, I B Pauly, K J Zucker, "Interim report of the DSM-IV Subcommittee on Gender Identity Disorders," Archives of Sexual Behavior, 20(4), August 1991, pp.333-343.

446　Stephen Levine, George R Brown, Eli Coleman et al., "The Standards of Care for Gender Identity Disorders," Journal of Psychology & Human Sexuality, 11(2), 1999, pp.1-34.

447　The Heritage Foundation, 『Woke Gender』, 7 July 2021; Breitbart, 『Dr. Quentin Van Meter: How Faulty Research by a 1950s 'Sexual Revolutionist' Guided the Modern Transgender Movement』, 24 October 2018.

448　The Irish Times, 『Gender distress treatment in young people: a highly charged debate』, 26 June 2021.

449　The Texan, 『Hearing in Custody Battle Over Alleged Transgender Seven-Year-Old Will Resume Next Week』, 18 October 2019.

450　The Irish Times, 『Gender distress treatment in young people: a highly charged debate』, 26 June 2021.

451　The Texan, 『Hearing in Custody Battle Over Alleged Transgender Seven-Year-Old Will Resume Next Week』, 18 October 2019.

452　Public Discourse, 『The Impossibility of Informed Consent for Transgender Interventions: The Risks』, 27 April 2020.

453　BBC News, 『Transgender treatment: Puberty blockers study under investigation』, 22 July 2019.

454　Stephen B Levine, "Ethical Concerns About Emerging Treatment Paradigms for

Gender Dysphoria," Journal of Sex & Marital Theraphy. 44(1), 2 January 2018, pp.29-44.

455 MailOnline, 『'A live experiment on children': Mail on Sunday publishes the shocking physicians' testimony that led a High Court judge to ban NHS's Tavistock clinic from giving puberty blocking drugs to youngsters as young as 10 who want to change sex』, 9 January 2021.

456 CBN News, 『Largest US Pediatric Hospital Cancels Puberty Blocking Trans Treatments for Kids After TX Called It 'Child Abuse'』, 8 March 2022; Tampa Bay Times, 『As DeSantis focuses on Florida transgender kids, here's what you need to know』, 27 June 2022; The New American, 『Senate Confirms Levine as No. 2 at HHS. First "Transgender" Asst. Sec. Favors Chemically Castrating Kids』, 25 March 2021; CBN News, 『The New Underground: Parents of Trans-Identifying Kids』, 10 May 2021.

457 The Daily Signal, 『The Ugly Truth About Sex Reassignment the Transgender Lobby Doesn't Want You to Know』, 30 October 2017; The Catholic Register, 『'No science' behind transgender therapy for kids, doctors warn』, 16 October 2017; The Heritage Foundation, 『The Sex-Change Revolution Is Based on Ideology, Not Science』, 22 January 2018.

458 CBN News, 『'How Many Children Are Going to Be Harmed?' The Medical Risks of Treating Children with Gender Dysphoria』, 6 July 2020.

459 The Daily Signal, 『The Ugly Truth About Sex Reassignment the Transgender Lobby Doesn't Want You to Know』, 30 October 2017.

460 The Heritage Foundation, 『Woke Gender』, 7 July 2021.

461 CBN News, 『Largest US Pediatric Hospital Cancels Puberty Blocking Trans Treatments for Kids After TX Called It 'Child Abuse'』, 8 March 2022; CBN News, 『The New Underground: Parents of Trans-Identifying Kids』, 10 May 2021.

462 The Catholic Register, 『'No science' behind transgender therapy for kids, doctors warn』, 16 October 2017.

463 Peggy T Cohen-Kettenis, Thomas D Steensma, Annelou L C de Vries, "Treatment of adolescents with gender dysphoria in the Netherlands," Child and Adolescent Psychiatric Clinics of North America, 20(4), October 2011, pp.689-700.

464 The Daily Signal, 『Swedish Hospital Bans Puberty Blockers, Cross-Sex Hormones for Gender Dysphoric Youths Under 16. We Should, Too』, 7 May 2021.

465 MailOnline, 『MP Jackie Doyle-Price accuses transgender lobby groups of turning gender stereotyping into a 'science' by encouraging girls as young as 10 to believe they're 'not female' and to take puberty-blocking drugs』, 14 July 2020; The Irish Times, 『Gender distress treatment in young people: a highly charged debate』, 26 June 2021.

466 Richard P. Fitzgibbons, "Transsexual attractions and sexual reassignment surgery: Risks and potential risks," Linacre Quarterly, 82(4), November 2015, pp.337-350.

467 National Review, 『Major Transgender Org to Recommend Lowering Age for Hormone Treatment, Surgeries』, 15 June 2022; Binary, 『Trans activists want to

lower the age of consent for children』, 16 August 2022; Los Angeles Times, 『Trans kids' treatment can start younger, new guidelines say』, 16 June 2022.

468 BBC News, 『Puberty blockers: Under-16s 'unlikely to be able to give informed consent'』, 1 December 2020; National Post, 『Canada's teen transgender treatment boom: Life-saving services or dangerous experimentation?』, 14 December 2020; National Catholic Register, 『Gender Reassignment for Children: Cautionary Perspectives From Science』, 16 June 2022; The Daily Signal, 『Yes, Schools Are Secretly Trying to 'Gender Transition' Kids, and It Must Be Stopped』, 22 March 2022; The Irish Times, 『Gender distress treatment in young people: a highly charged debate』, 26 June 2021; Undark Magazine, 『Of Politics, Science, and Gender Identity』, 17 July 2017; BBC News, 『Transgender treatment: Puberty blockers study under investigation』, 22 July 2019.

469 Medscape Medical News, 『Transition Therapy for Transgender Teens Drives Divide』, 23 April 2021.

470 Bell v Tavistock [2020] EWHC 3274 (Admin).

471 Sinead Helyar, Laura Jackson, et al., "Gender Dysphoria in children and young people: The implications for clinical staff of the Bell V's Tavistock Judicial Review and Appeal Ruling," Journal of Clinical Nursing, 31(9-10), May 2022, e11-e13.

472 Antony Latham, "Puberty Blockers for Children: Can They Consent?," The New Bioethics, 28(3), September 2022, pp.268-291; Sinead Helyar, Laura Jackson, et al., "Gender Dysphoria in children and young people: The implications for clinical staff of the Bell V's Tavistock Judicial Review and Appeal Ruling," Journal of Clinical Nursing, 31(9-10), May 2022, e11-e13; Richard P. Fitzgibbons, "Transsexual attractions and sexual reassignment surgery: Risks and potential risks," Linacre Quarterly, 82(4), November 2015, pp.337-350; The Independent, 『What the critics say about treatment for transgender children』, 26 October 2016.

473 Scoop, 『Calls Build For Ban On Puberty Blockers For Teens』, 11 May 2021.

474 Lifesite, 『Fr. James Martin appears to defend transgender puberty blockers for children』, 23 February 2022; Lifesite, 『Sweden recommends against puberty blockers for children in setback to trans movement』, 25 February 2022.

475 Quillette, 『The White House's Specious Gender Manifesto』, 13 May 2022.

476 The Christian Post, 『Swedish hospital halts use of puberty blockers in gender-confused kids due to serious health risks』, 6 May 2021.

477 National Review, 『Major Swedish Hospital Bans Puberty Blocking for Gender Dysphoria』, 5 May 2021; The Daily Signal, 『Swedish Hospital Bans Puberty Blockers, Cross-Sex Hormones for Gender Dysphoric Youths Under 16. We Should, Too』, 7 May 2021; National Review, 『Florida Surgeon General in Good Company Rejecting 'Gender Affirming' Care in Children』, 22 April 2022.

478 Lifesite, 『Sweden recommends against puberty blockers for children in setback to trans movement』, 25 February 2022.

479 George R Brown, Kenneth T Jones, "Mental Health and Medical Health Disparities in 5135 Transgender Veterans Receiving Healthcare in the Veterans Health

Administration: A Case-Control Study," LGBT Health, 3(2), April 2016, pp.122-131; Elena Garcia-Vega, Aida Camero et al., "Suicidal ideation and suicide attempts in persons with gender dysphoria," Psicothema, 30(3), August 2018, pp.283-288; CNS News, 『From Social Media to Suicide: Psychological Risks to Transgender Kids』, 26 August 2021; Mercatornet, 『Interrogating the transgender agenda』, 1 January 2020.

480 CBN News, 『'Reckless and Irresponsible': Johns Hopkins Prof. Issues Dire Warning on Transgender Treatment for Kids』, 19 September 2019; The College Fix, 『Johns Hopkins professor on child transgender trend: 'Many will regret this'』, 17 September 2019; CNS News, 『From Social Media to Suicide: Psychological Risks to Transgender Kids』, 26 August 2021.

481 Brian C Thoma, Rachel H Salk et al., "Suicidality Disparities Between Transgender and Cisgender Adolescents," Pediatrics, 144(5), November 2019, e20191183; Claire M Peterson, Abigail Matthews et al., "Suicidality, Self-Harm, and Body Dissatisfaction in Transgender Adolescents and Emerging Adults with Gender Dysphoria," Suicide & Life Threatening Behavior, 47(4), August 2017, pp.475-482; The Federalist, 『Drop The T From LGBT』, 21 April 2016.

482 Dale O'Leary, Peter Sprigg, "Understanding and responding to the transgender movement," Family Research Council, June 2015, Issue Analysis IS15F01, p.19; Robert J Stoller, "Sex and Gender. Volume II: The Transsexual Experiment," Aronson, 1975, p.90, p.266.

483 The Federalist, 『Drop The T From LGBT』, 21 April 2016.

484 Ines Modrego Pardo, Marcelino Gomez Balaguer et al., "Self-injurious and suicidal behaviour in a transsexual adolescent and young adult population, treated at a specialised gender identity unit in Spain," Endocrinologia Diabetes y Nutricion (Engl Ed), 68(5), May 2021, pp.338-345.

485 Jaimie F Veale, Ryan J Watson et al., "Mental Health Disparities Among Canadian Transgender Youth, The Journal of Adolescent Health," 60(1), January 2017, pp.44-49.

486 Mila Kingsbury, Nicole G Hammond, Fae Johnstone, Ian Colman, "Suicidality among sexual minority and transgender adolescents: a nationally representative population-based study of youth in Canada," Canadian Medical Association Journal, 194(22), 6 June 2022, E767-E774.

487 Sari L Reisner, Ralph Vetters, M Leclerc et al., "Mental health of transgender youth in care at an adolescent urban community health center: a matched retrospective cohort study," The Journal of Adolescent Health, 56(3), March 2015, pp.274-249; Richard P. Fitzgibbons, "Transsexual attractions and sexual reassignment surgery: Risks and potential risks," Linacre Quarterly, 82(4), November 2015, pp.337-350.

488 Cecilia Dhejne, Paul Lichtenstein, Marcus Boman, et al., "Long-term follow-up of transsexual persons undergoing sex reassignment surgery: cohort study in Sweden," PLoS One, 6(2), 22 February 2011, e16885; Richard P. Fitzgibbons, "Transsexual attractions and sexual reassignment surgery: Risks and potential

risks," Linacre Quarterly, 82(4), November 2015, pp.337-350.

489 Myeshia Price-Feeney, Amy E. Green, Samuel Dorison, "Understanding the Mental Health of Transgender and Nonbinary Youth," Journal of Adolescent Health, 66(6), 1 June 2020, pp.684-690; Pink News, 『Nearly a third of trans and non-binary youth attempted suicide in the past year, eye-opening study confirms』, 26 May 2020; Outrage, 『Call for Help』, 1 May 2011.

490 New York Civil Liberties Union, "Dignity for all? Discrimination Against Transgender and Gender Nonconforming Students in New York," June 2015; Public Discourse, 『Regret Isn't Rare: The Dangerous Lie of Sex Change Surgery's Success』, 17 June 2016; Pink News, 『Study finds 40% of transgender people have attempted suicide』, 11 December 2016.

491 Pink News, 『Study finds 40% of transgender people have attempted suicide』, 11 December 2016; Pink News, 『There are four times more transgender teenagers than we thought』, 7 February 2018.

492 Jody L. Herman, Taylor N.T. Brown, Ann P. Haas, "Suicide Thoughts and Attempts Among Transgender Adults in the US," The Williams Institute, September 2019.

493 Russell B Toomey, Amy K Syvertsen, Maura Shramko, "Transgender Adolescent Suicide Behavior," Pediatrics, 142(4), October 2018, e20174218; Pink News, 『Half of trans male teens have attempted suicide』, 12 September 2018; Pink News, 『Lesbian, gay and bisexual students more likely to self-harm』, 25 November 2018.

494 H. G. Virupaksha, Daliboyina Muralidhar, Jayashree Ramakrishna, "Suicide and Suicidal Behavior among Transgender Persons," Indian Journal of Psychological Medicine, 38(6), November-December 2016, pp.505-509.

495 김미선, 박성수, "청소년이 음란물접촉과 예방대책," 한국중독범죄학회보, 9(1), 2019, 4면.

496 New Statesman, 『What is gender, anyway?』, 16 May 2016.

497 Mary Rice Hasson, Theresa Farnan, "Get Out Now: Why You Should Pull Your Child from Public School Before It's Too Late," Regnery Gateway, 2018; Thomas D Steensma, Roeline Biemond, Fijgje de Boer, Peggy T Cohen-Kettenis, "Desisting and persisting gender dysphoria after childhood: a qualitative follow-up study," Clinical Child Psychology Psychiatry, 16(4), October 2011, pp.499-516; Marcus Evans, "Freedom to think: the need for thorough assessment and treatment of gender dysphoric children," BJPsych Bulletin, 45(5), October 2021, pp.315-316; The Times, 『Staff at trans clinic fear damage to children as activists pile on pressure』, 16 February 2019.

498 Stream, 『Interview: The Pain of Transgender Regret』, 9 October 2015; Life Site, 『For some, transgender 'transitioning' brings unimaginable regret: I would know』, 26 October 2015; Mercatornet, 『The pain of transgender regret』, 9 October 2015.

499 MailOnline, 『The man who's had TWO sex changes: Incredible story of Walt, who became Laura, then REVERSED the operation because he believes surgeons in US and Europe are too quick to operate』, 14 February 2017; The Federalist, 『30

Transgender Regretters Come Out Of The Closet』, 3 January 2019; Catholic News Agency, 『Could it soon be illegal for doctors to believe in male and female?』, 3 February 2016.

500 Catholic News Agency, 『The danger of forcing doctors to perform gender transitions』, 14 October 2016.
501 Marcus Evans, "Freedom to think: the need for thorough assessment and treatment of gender dysphoric children," BJPsych Bulletin, 45(5), October 2021, pp.315-316.
502 Richard Branstrom, John E. Pachankis, "Reduction in mental health treatment utilization among transgender individuals after gender-affirming surgeries: a total population study," American journal of psychiatry, August 2020, pp.727-734; The Heritage Foundation, 『"Transitioning" Procedures Don't Help Mental Health, Largest Dataset Shows』, 3 August 2020; Society for Evidence based Gender Medicine, 『Correction of a Key Study: No Evidence of "Gender-Affirming" Surgeries Improving Mental Health』, 30 August 2020.
503 Leslie Citrome, "Quantifying Clinical Relevance, Innovations in Clinical Neuroscience," May-June 2014; 11(5-6), pp.26–30.
504 Public Discourse, 『New Data Show "Gender-Affirming" Surgery Doesn't Really Improve Mental Health. So Why Are the Study's Authors Saying It Does?』, 13 November 2019; Gender Health Query, 『Gender Dysphoria and Other Mental Health Issues are Rising in Teens』, 4 December 2019.
505 Herald Malaysia Online, 『Researchers reverse: Gender surgery offers 'no advantage' to mental health』, 4 August 2020; Catholic News Agency, 『Researchers reverse: Gender surgery offers 'no advantage' to mental health』, 4 August 2020; OCPA, 『As OU touts 'gender-affirming' care, ex-transgenders warn against it』, 19 July 2021; CNS News, 『From Social Media to Suicide: Psychological Risks to Transgender Kids』, 26 August 2021.
506 The Daily Signal, 『Sex Reassignment Doesn't Work. Here's the Evidence』, 9 March 2018.
507 Noah Adams, Maaya Hitomi, Cherie Moody, "Varied Reports of Adult Transgender Suicidality: Synthesizing and Describing the Peer-Reviewed and Gray Literature," Transgender Health, 2(1), 1 April 2017, pp.60-75.
508 Pink News, 『Half of trans male teens have attempted suicide』, 12 September 2018; Pink News, 『Lesbian, gay and bisexual students more likely to self-harm』, 25 November 2018
509 Business World, 『Sexual mutilations』, 3 March 2022; Thejournal.ie, 『The Irish state will now accept trans people's own declaration of their gender』, 3 June 2015; The Federalist, 『Trouble In Transtopia: Murmurs Of Sex Change Regret』, 11 November 2014.
510 Public Discourse, 『Transition as Treatment: The Best Studies Show the Worst Outcomes』, 16 February 2020; Mercatornet, 『Interrogating the transgender agenda』, 1 January 2020; Cecilia Dhejne, Paul Lichtenstein et al., "Long-term follow-up of transsexual persons undergoing sex reassignment surgery:

511 Cecilia Dhejne, Paul Lichtenstein, Marcus Boman, "Long-term follow-up of transsexual persons undergoing sex reassignment surgery: cohort study in Sweden," PLoS One, 6(2), 22 February 2011, e16885; Lawrence S Mayer, Paul R McHugh, "Sexuality and Gender: Findings from the Biological," Psychological, and Social Sciences, The New Atlantis, 50, Special Report: Sexuality and Gender (Fall 2016), pp. 10-143.

511 Cecilia Dhejne, Paul Lichtenstein, Marcus Boman, "Long-term follow-up of transsexual persons undergoing sex reassignment surgery: cohort study in Sweden," PLoS One, 6(2), February 2011, e16885.

512 Richard P. Fitzgibbons, "Transsexual attractions and sexual reassignment surgery: Risks and potential risks," Linacre Quarterly, 82(4), November 2015, pp.337-350; The Wall Street Journal, 『Transgender Surgery Isn't the Solution』, 12 June 2014.

513 BBC News, 『'Steep rise' in self-harm among teenage girls』, 19 October 2017; 대전일보, 『자살고위험군 멘토링 역량강화교육 및 간담회 실시』, 2017.3.27.

514 P Castellvi, E Lucas-Romero et al., "Longitudinal association between self-injurious thoughts and behaviors and suicidal behavior in adolescents and young adults: A systematic review with meta-analysis," Journal of Affective Disorders, 215, June 2017, pp.37-48.

515 The Sun, 『Fears puberty blockers used in child transgender treatment 'increase risk of suicide and self-harm'』, 23 July 2019; BBC News, 『Transgender treatment: Puberty blockers study under investigation』, 22 July 2019.

516 Josh Bradlow, Fay Bartram, April Guasp, Vasanti Jadva, "School Report The experiences of lesbian, gay, bi and trans young people in Britain's schools in 2017," Stonewall, 2017; Pink News, 『Nearly half of transgender schoolchildren have attempted suicide, figures show』, 27 June 2017.

517 Pink News, 『A shocking 90% of trans youth are depressed, research finds』, 29 November 2016.

518 Yahoo News, 『Trans, gender fluid and genderqueer teens seven times as likely to use drugs or alcohol before sex than cisgender youth, study finds』, 2 November 2020.

519 Glenn-Milo Santos, Jenna Rapues et al., "Alcohol and substance use among transgender women in San Francisco: prevalence and association with human immunodeficiency virus infection," Drug and Alcohol Review, 33(3), May 2014, pp.287-295.

520 Sari L Reisner, Jaclyn M White et al., "Sexual risk behaviors and psychosocial health concerns of female-to-male transgender men screening for STDs at an urban community health center," AIDS Care, 26(7), 2014, pp.857-864.

521 Don Operario, Tooru Nemoto, "Sexual risk behavior and substance use among a sample of Asian Pacific Islander transgendered women," AIDS Education and Prevention, 17(5), October 2005, pp.430-443.

522 한겨레, 『성소수자 위한 정신건강 안전망이 시급하다』, 2021.3.31.

523 헬스조선, 『[젠더의학④] '정신병' 오해 벗은 성소수자들… 그러나 아직 먼 길』, 2021.5.6.

524 The Irish Times, 『Gender distress treatment in young people: a highly charged debate』, 26 June 2021; The Guardian, 『Tavistock trust whistleblower David Bell: 'I

believed I was doing the right thing'』, 2 May 2021.
525 Madison Aitken, Thomas D Steensma et al., "Evidence for an altered sex ratio in clinic-referred adolescents with gender dysphoria," The Journal of Sexual Medicine, 12(3), March 2015, pp.756-763.
526 Thomas D Steensma, Peggy T Cohen-Kettenis, Kenneth J Zucker, "Evidence for a Change in the Sex Ratio of Children Referred for Gender Dysphoria: Data from the Center of Expertise on Gender Dysphoria in Amsterdam (1988-2016)," Journal of Sex & Marital Therapy, 44(7), 2018, pp.713-715.
527 Christel Jm de Blok, Chantal M Wiepjes, Daan M van Velzen et al., "Mortality trends over five decades in adult transgender people receiving hormone treatment: a report from the Amsterdam cohort of gender dysphoria," The Lancet Diabetes and Endocrinology, 9(10), October 2021, pp.663-670; Forbes, 『Transgender People Twice As Likely To Die As Cisgender People, Study Finds』, 2 September 2021; Yahoo News, 『Trans adults twice as likely to die as cis adults, eye-opening study finds』, 3 September 2021.
528 New York Civil Liberties Union, "Dignity for all? Discrimination Against Transgender and Gender Nonconforming Students in New York," June 2015; Public Discourse, 『Regret Isn't Rare: The Dangerous Lie of Sex Change Surgery's Success』, 17 June 2016; Pink News, 『Study finds 40% of transgender people have attempted suicide』, 11 December 2016; Pink News, 『There are four times more transgender teenagers than we thought』, 7 February 2018; Jody L. Herman, Taylor N.T. Brown, Ann P. Haas, "Suicide Thoughts and Attempts Among Transgender Adults in the US," The Williams Institute, September 2019.
529 Spiked, 『It's not transphobic to question transgenderism』, 20 January 2017.
530 The Washington Times, 『Kindergarten transgender lessons have parents changing schools』, 3 September 2017; Lawrence S Mayer, Paul R McHugh, "Sexuality and Gender: Findings from the Biological, Psychological, and Social Sciences," The New Atlantis, 50, Special Report: Sexuality and Gender (Fall 2016), pp.10-143.
531 Metroweekly, 『1 in 4 High School Students Identify as LGBTQ』, 1 May 2023.
532 Undark Magazine, 『Of Politics, Science, and Gender Identity』, 17 July 2017; The Irish Times, 『Gender distress treatment in young people: a highly charged debate』, 26 June 2021.
533 The Daily Signal, 『Yes, Schools Are Secretly Trying to 'Gender Transition' Kids, and It Must Be Stopped』, 22 March 2022; Spiked, 『The making of an identity crisis』, 7 May 2023.
534 City Journal, 『The School-to-Clinic Pipeline』, Autumn 2022; Catholic News Agency, 『De-transitioner Oli London shares conversion to Christianity』, 4 November 2022.
535 Fox News, 『Biden's gender transition proposal cements school-to-clinic pipeline』, 1 December 2022.
536 Mary Rice Hasson, Theresa Farnan, "Get Out Now: Why You Should Pull Your Child from Public School Before It's Too Late," Regnery Gateway, 2018.

537 Melanie Bechard, Doug P VanderLaan, Hayley Wood et al., "Psychosocial and Psychological Vulnerability in Adolescents with Gender Dysphoria: A "Proof of Principle" Study," Journal of Sex & Marital Therapy, 43(7), 3 October 2017, pp.678-688; Lawrence S Mayer, Paul R McHugh, "Sexuality and Gender: Findings from the Biological, Psychological, and Social Sciences," The New Atlantis, 50, Special Report: Sexuality and Gender (Fall 2016), pp.10-143; Brian C Thoma, Taylor L Rezeppa et al., "Disparities in Childhood Abuse Between Transgender and Cisgender Adolescents, Pediatrics," 148(2), August 2021, e2020016907.

538 A D Fisher, J Ristori, G Castellini et al., "Psychological characteristics of Italian gender dysphoric adolescents: a case-control study," Journal of Endocrinological Investigation, 40(9), September 2017, pp.953-965; Kenneth J Zucker, Susan J Bradley, "Gender Identity Disorder and Psychosexual Problems in Children and Adolescents," The Guilford Press, 1995; Dale O'Leary, Peter Sprigg, "Understanding and responding to the transgender movement," Family Research Council, June 2015, Issue Analysis IS15F01, p.3, p.14; The Irish Times, 『Gender distress treatment in young people: a highly charged debate』, 26 June 2021.

539 Lawrence S Mayer, Paul R McHugh, "Sexuality and Gender: Findings from the Biological, Psychological, and Social Sciences," The New Atlantis, 50, Special Report: Sexuality and Gender (Fall 2016), pp.10-143.

540 Lisa Langenderfer-Magruder, N Eugene Walls et al., "Sexual Victimization and Subsequent Police Reporting by Gender Identity Among Lesbian, Gay, Bisexual, Transgender, and Queer Adults. Violence and Victims," 31(2), 2016, pp.320-331; Michele L Ybarra, Kimberly L Goodman et al., "Youth Characteristics Associated With Sexual Violence Perpetration Among Transgender Boys and Girls, Cisgender Boys and Girls, and Nonbinary Youth," JAMA Network Open, 5(6), 1 June 2022, e2215863.

541 Antony Latham, "Puberty Blockers for Children: Can They Consent?," The New Bioethics, 28(3), September 2022, pp.268-291; Medscape Medical News, 『Transition Therapy for Transgender Teens Drives Divide』, 23 April 2021; Medscape Medical News, 『Transgender Teens: Is the Tide Starting to Turn?』, 26 April 2021.

542 Robert Withers, "Transgender medicalization and the attempt to evade psychological distress," The Journal of Analytical Psychology, 65(5), November 2020, pp.865-889.

543 Breitbart, 『Dr. Quentin Van Meter: How Faulty Research by a 1950s 'Sexual Revolutionist' Guided the Modern Transgender Movement』, 24 October 2018.

544 Sari L Reisner, Ralph Vetters, M Leclerc et al., "Mental health of transgender youth in care at an adolescent urban community health center: a matched retrospective cohort study," The Journal of Adolescent Health, 56(3), March 2015, pp.274-249.

545 Jennifer C Ablow, Jeffrey R Measelle et al., "Linking marital conflict and children's adjustment: the role of young children's perceptions," Journal of Family Psychology, 23(4), August 2009, pp.485-499; Melissa K Richmond, Clare M Stocker,

"Siblings' differential experiences of marital conflict and differences in psychological adjustment," Journal of Family Psychology, 17(3), September 2003, pp.339-350.

546 Renee L DeBoard-Lucas, Gregory M Fosco et al., "Interparental conflict in context: exploring relations between parenting processes and children's conflict appraisals," Journal of Clinical Child and Adolescent Psychology, 39(2), 2010, pp.163-175.

547 Rikuya Hosokawa, Toshiki Katsura, "Exposure to marital conflict: Gender differences in internalizing and externalizing problems among children," PLoS One, 14(9), 12 September 2019, e0222021; Katherine H Shelton, Gordon T Harold, "Interparental conflict, negative parenting, and children's adjustment: bridging links between parents' depression and children's psychological distress," Journal of Family Psychology, 22(5), October 2008, pp.712-724; Gregory M Fosco, John H Grych, "Emotional, cognitive, and family systems mediators of children's adjustment to interparental conflict," Journal of Family Psychology, 22(6), December 2008, pp.843-854; Rianne van Dijk, Inge E van der Valk et al., "A meta-analysis on interparental conflict, parenting, and child adjustment in divorced families: Examining mediation using meta-analytic structural equation models," Clinical Psychology Review, 79, July 2020, 101861; Ernest N Jouriles, David Rosenfield et al., "Child involvement in interparental conflict and child adjustment problems: a longitudinal study of violent families," Journal of Abnormal Child Psychology, 42(5), 2014, pp.693-704.

548 Mercatornet, 『Help! My daughter wants to become a man』, 7 August 2017.

549 Fox News, 『More About Sexual Reassignment Surgery』, 27 November 2015; CBN News, 『'Reckless and Irresponsible': Johns Hopkins Prof. Issues Dire Warning on Transgender Treatment for Kids』, 19 September 2019; The Heritage Foundation, 『The Sex-Change Revolution Is Based on Ideology, Not Science』, 22 January 2018; Lebanon Daily News, 'Transgenderism' v. biology, philosophy and computer math』, 13 May 2019; The Mercury News, 『Big gaps in transgender research: A team at UCSF is working to change that』, 3 March 2019; Tulsa World, 『Guerin Emig mailbag: I have never received feedback on a column like last week's on transgender athletes』, 7 April 2022.

550 Kenneth J Zucker, Susan J Bradley, Dahlia N Ben-Dat et al., "Psychopathology in the parents of boys with gender identity disorder," Journal of the American Academy of Child and Adolescent Psychiatry, 42(1), January 2003, pp.2-4.

551 Bradley Susan, "Affect regulation and the development of psychopathology," Guilford Press, 2003, pp.201-203.

552 Laura E Kuper, Stacy Mathews, May Lau, "Baseline Mental Health and Psychosocial Functioning of Transgender Adolescents Seeking Gender-Affirming Hormone Therapy," Journal of Developmental and Behavioral Pediatrics, 40(8), October-November 2019, pp.589-596; Kelley D Drummond, Susan J Bradley, Michele Peterson-Badali et al., "Behavior Problems and Psychiatric Diagnoses in Girls with Gender Identity Disorder: A Follow-Up Study," Journal of Sex & Marital Therapy, 44(2), 17 February 2018, pp.172-187.

553 Kenneth J Zucker, Susan J Bradley, Allison Owen-Anderson, "Demographics,

554 Richard P. Fitzgibbons, "Transsexual attractions and sexual reassignment surgery: Risks and potential risks," Linacre Quarterly, 82(4), November 2015, pp.337-350.

behavior problems, and psychosexual characteristics of adolescents with gender identity disorder or transvestic fetishism," Journal of Sex & Marital Therapy, 38(2), 2012, pp.151-189.

555 Brian C Thoma, Taylor L Rezeppa, Sophia Choukas-Bradley et al., "Disparities in Childhood Abuse Between Transgender and Cisgender Adolescents," Pediatrics, 148(2), August 2021, e2020016907.

556 Andrea L Roberts, Margaret Rosario, Heather L Corliss et al., "Childhood gender nonconformity: a risk indicator for childhood abuse and posttraumatic stress in youth," Pediatrics, 129(3), March 2012, pp.410-417; Andrea L Roberts, Margaret Rosario, Heather L Corliss, "Elevated risk of posttraumatic stress in sexual minority youths: mediation by childhood abuse and gender nonconformity," American Journal of Public Health, 102(8), August 2012, pp.1587-1593.

557 BBC News, 『'How do I go back to the Debbie I was?'』, 26 November 2019; Lesbian and Gay News, 『What's driving the huge rise in gender dysphoria referrals for children and teenagers?』, 26 February 2021.

558 Melanie Bechard, Doug P VanderLaan, Hayley Wood et al., "Psychosocial and Psychological Vulnerability in Adolescents with Gender Dysphoria: A "Proof of Principle" Study," Journal of Sex & Marital Therapy, 43(7), 3 October 2017, pp.678-688.

559 국민일보, 『[칼럼] 트랜스젠더와 건강문제』, 2021.10.5.

560 New Statesman, 『What is gender, anyway?』, 16 May 2016.

561 The Federalist, 『Drop The T From LGBT』, 21 April 2016.

562 Jennifer Hillman, "Lifetime Prevalence of Intimate Partner Violence and Health-Related Outcomes among Transgender Adults Aged 50 and Older," The Gerontologist, 62(2), 9 February 2022, pp.212-222.

563 Richard S Henry, Paul B Perrin et al., "Intimate Partner Violence and Mental Health Among Transgender/Gender Nonconforming Adults," Journal of Interpersonal Violence, 36(7-8), April 2021, pp.3374-3399.

564 Brian C Thoma, Taylor L Rezeppa et al., "Disparities in Childhood Abuse Between Transgender and Cisgender Adolescents," Pediatrics, 148(2), August 2021, e2020016907.

565 Tamar Goldenberg, Laura Jadwin-Cakmak, Gary W Harper, "Intimate Partner Violence Among Transgender Youth: Associations with Intrapersonal and Structural Factors," Violence and Gender, 5(1), 1 March 2018, pp.19-25.

566 Sarah M Peitzmeier, Mannat Malik et al., "Intimate Partner Violence in Transgender Populations: Systematic Review and Meta-analysis of Prevalence and Correlates," American Journal of Public Health, 110(9), September 2020, e1-e14.

567 Lisa Langenderfer-Magruder, Darren L Whitfield et al., "Experiences of Intimate Partner Violence and Subsequent Police Reporting Among Lesbian, Gay, Bisexual, Transgender, and Queer Adults in Colorado: Comparing Rates of Cisgender and

Transgender Victimization," Journal of Interpersonal Violence, 31(5), March 2016, pp.855-871.

568 Rita George, Mark A Stokes, "Gender identity and sexual orientation in autism spectrum disorder," Autism, 22(8), November 2018, pp.970-982; Alessandra D Fisher, Giovanni Castellini et al., "Hypersexuality, Paraphilic Behaviors, and Gender Dysphoria in Individuals with Klinefelter's Syndrome," The Journal of Sexual Medicine, 12(12), December 2015, pp.2413-2424.

569 Aimilia Kallitsounaki, David M Williams, Sophie E Lind, "Links Between Autistic Traits, Feelings of Gender Dysphoria, and Mentalising Ability: Replication and Extension of Previous Findings from the General Population," Journal of Autism and Developmental Disorder, 51(5), May 2021, pp.1458-1465; Aimilia Kallitsounaki, David Williams, "Mentalising Moderates the Link between Autism Traits and Current Gender Dysphoric Features in Primarily Non-autistic, Cisgender Individuals," Journal of Autism and Developmental Disorder, 50(11), November 2020, pp.4148-4157.

570 Hiroshi Yamashita, "[Gender identity disorder and related sexual behavior problems in children and adolescents: from the perspective of development and child psychiatry]," Seishin Shinkeigaku Zasshi, 115(3), 2013, pp.295-303.

571 Gözde Yazkan Akgül, Ayse Burcu Ayaz et al., "Autistic Traits and Executive Functions in Children and Adolescents With Gender Dysphoria," Journal of Sex & Marital Therapy, 44(7), 2018, pp.619-626.

572 Laura A Pecora, Merrilyn Hooley, et al., "Sexuality and Gender Issues in Individuals with Autism Spectrum Disorder," Child and Adolescent Psychiatric Clinics of North America, 29(3), July 2020, pp.543-556; Laura A Pecora, Merrilyn Hooley, Laurie Sperry et al., "Sexuality and Gender Issues in Individuals with Autism Spectrum Disorder," The Psychiatric Clinics of North America, 44(1), March 2021, pp.111-124.

573 R George, M A Stokes, "Sexual Orientation in Autism Spectrum Disorder," Autism Research, 11(1), January 2018, pp.133-141.

574 Elizabeth Weir, Carrie Allison, Simon Baron-Cohen, "The sexual health, orientation, and activity of autistic adolescents and adults," Autism Research, 14(11), November 2021, pp.2342-2354.

575 John F Strang, Lauren Kenworthy et al., "Increased gender variance in autism spectrum disorders and attention deficit hyperactivity disorder," Archives of Sexual Behavior, 43(8), November 2014, pp.1525-1533; Mercatornet, 『The increasingly convincing link between autism and gender dysphoric kids』, 20 January 2017.

576 Madeleine S C Wallien, Peggy T Cohen-Kettenis, "Psychosexual outcome of gender-dysphoric children," Journal of the American Academy of Child and Adolescent Psychiatry, 47(12), December 2008, pp.1413-1423.

577 Rita George, Mark A Stokes, "A Quantitative Analysis of Mental Health Among Sexual and Gender Minority Groups in ASD," Journal of Autism and Developmental Disorder, 48(6), June 2018, pp.2052-2063.

578 The Australian, 『Lawyers zone in on transgender drug therapy』, 29 October 2019.

579　The Irish Times,『Gender distress treatment in young people: a highly charged debate』, 26 June 2021.

580　Scoop,『Calls Build For Ban On Puberty Blockers For Teens』, 11 May 2021.

581　The Guardian,『Teenage transgender row splits Sweden as dysphoria diagnoses soar by 1,500%』, 22 February 2021.

582　MailOnline,『Hundreds of doctors call for an urgent inquiry into risky treatment of children who believe they are transgender - as website of man who led the petition is sabotaged』, 26 September 2019; Quillette,『The White House's Specious Gender Manifesto』, 13 May 2022; The Times,『Autistic girls seeking answers 'are seizing on sex change'』, 9 January 2021.

583　The Sydney Morning Herald,『The in-betweeners』, 31 July 2015; World,『Gender agenda A Texas father is fighting his ex-wife's claim that their son is a transgender girl』, 30 November 2018; Public Discourse,『Transgender Identities Are Not Always Permanent』, 27 September 2016; Kenneth J Zucker, Susan J Bradley, Allison Owen-Anderson, "Demographics, behavior problems, and psychosexual characteristics of adolescents with gender identity disorder or transvestic fetishism," Journal of Sex & Marital Therapy, 38(2), 2012, pp.151-189.

584　Richard P. Fitzgibbons, "Transsexual attractions and sexual reassignment surgery: Risks and potential risks," Linacre Quarterly, 82(4), November 2015, pp.337-350.

585　The New York Times,『Supporting Boys or Girls When the Line Isn't Clear』, 2 December 2006.

586　Radio Canada International,『Parents sue school board for teaching their daughter 'girls are not real'』, 5 November 2019; CBC News,『CAMH reaches settlement with former head of gender identity clinic』, 7 October 2018; National Post,『CAMH to pay more than half a million settlement to head of gender identity clinic after releasing fallacious report』, 7 October 2018; The Guardian,『BBC film on child transgender issues worries activists』, 11 January 2017; The Varsity,『Controversial CAMH gender identity clinic winds down』, 11 January 2016; Anderson Valley Advertiser,『Mendocino County Today: Saturday, June 11, 2022』, 11 June 2022; National Review,『What Is 'Conversion Therapy'?』, 11 March 2020; The Daily Signal,『Yes, Schools Are Secretly Trying to 'Gender Transition' Kids, and It Must Be Stopped』, 22 March 2022.

587　Kenneth J Zucker, Hayley Wood, Devita Singh, Susan J Bradley, "A developmental, biopsychosocial model for the treatment of children with gender identity disorder," Journal of Homosexuality, 59(3), 2012, pp.369-397; The Cut,『How the Fight Over Transgender Kids Got a Leading Sex Researcher Fired』, 7 February 2016.

588　CBN News,『'Reckless and Irresponsible': Johns Hopkins Prof. Issues Dire Warning on Transgender Treatment for Kids』, 19 September 2019.

589　The Spectator,『Don't tell the parents』, 6 October 2018; National Review,『Why Did Brown University Bow to Trans Activists?』, 6 September 2018.

590　The College Fix,『Johns Hopkins professor on child transgender trend: 'Many will regret this'』, 17 September 2019; CBN News,『'Reckless and Irresponsible':

Johns Hopkins Prof. Issues Dire Warning on Transgender Treatment for Kids』, 19 September 2019.
591　National Review, 『Dr. Zucker Defied Trans Orthodoxy. Now He's Vindicated』, 25 October 2018; CBN News, 『'Reckless and Irresponsible': Johns Hopkins Prof. Issues Dire Warning on Transgender Treatment for Kids』, 19 September 2019.
592　Meredith Wadman, "Rapid onset of transgender identity ignites storm," Science, 361(6406), 7 September 2018, pp.958-959; National Review, 『'Rapid Onset Gender Dysphoria' Should Be Investigated, Not Smeared』, 18 January 2019; The Guardian, 『'Rapid-onset gender dysphoria' is a poisonous lie used to discredit trans people』, 21 October 2018; Marcus Evans, "Freedom to think: the need for thorough assessment and treatment of gender dysphoric children," BJPsych Bulletin, 45(5), October 2021, pp.315-316.
593　Kenneth J Zucker, "Adolescents with Gender Dysphoria: Reflections on Some Contemporary Clinical and Research Issues," Archives of Sexual Behavior, 48(7), October 2019, pp.1983-1992; National Review, 『Rapid Onset Gender Dysphoria' Should Be Investigated, Not Smeared』, 18 January 2019; National Review, 『Dr. Zucker Defied Trans Orthodoxy. Now He's Vindicated』, 25 October 2018; Metroweekly, 『1 in 4 High School Students Identify as LGBTQ』, 1 May 2023.
594　The College Fix, 『Johns Hopkins professor on child transgender trend: 'Many will regret this'』, 17 September 2019; CBN News, 『'Reckless and Irresponsible': Johns Hopkins Prof. Issues Dire Warning on Transgender Treatment for Kids』, 19 September 2019.
595　Lisa Littman, "Rapid-onset gender dysphoria in adolescents and young adults: A study of parental reports. / Parent reports of adolescents and young adults perceived to show signs of a rapid onset of gender dysphoria," PLoS One, 13(8), 16 August 2018, e0202330; CBN News, 『'Mom, I'm Transgender': Parents Grapple as Trans Phenomenon Explodes』, 18 November 2019.
596　Lisa Littman, "Parent reports of adolescents and young adults perceived to show signs of a rapid onset of gender dysphoria," PLoS One, 13(8), 2018, e0202330.
597　World, 『Trans-fluence』, 7 September 2018; NBC News, 『Brown criticized for removing article on transgender study』, 6 September 2018; Science, 『New paper ignites storm over whether teens experience 'rapid onset' of transgender identity』, 30 August 2018.
598　Lisa Littman, "Parent reports of adolescents and young adults perceived to show signs of a rapid onset of gender dysphoria," PLoS One, 13(8), 2018, e0202330.
599　Lisa L Littman, "Rapid Onset of Gender Dysphoria in Adolescents and Young Adults: a Descriptive Study," Journal of Adolescent Health, 60(2), Supplement 1, 1 February 2017, pp.95-96.
600　CNS News, 『From Social Media to Suicide: Psychological Risks to Transgender Kids』, 26 August 2021.
601　National Review, 『Dr. Zucker Defied Trans Orthodoxy. Now He's Vindicated』, 25 October 2018; CBN News, 『'Mom, I'm Transgender': Parents Grapple as Trans

602 National Review, 『Why Did Brown University Bow to Trans Activists?』, 6 September 2018.
603 University Affairs, 『Academic freedom, scholarly responsibility and the new gender wars』, 2 August 2019.
604 National Review, 『Dr. Zucker Defied Trans Orthodoxy. Now He's Vindicated』, 25 October 2018.
605 The Heritage Foundation, 『Woke Gender』, 7 July 2021; The Spectator, 『Don't tell the parents』, 6 October 2018.
606 National Review, 『Dr. Zucker Defied Trans Orthodoxy. Now He's Vindicated』, 25 October 2018.
607 The College Fix, 『Johns Hopkins professor on child transgender trend: 'Many will regret this'』, 17 September 2019.
608 National Review, 『Why Did Brown University Bow to Trans Activists?』, 6 September 2018.
609 Marcus Evans, "Freedom to think: the need for thorough assessment and treatment of gender dysphoric children," BJPsych Bulletin, 45(5), October 2021, pp.315-316.
610 National Review, 『Dr. Zucker Defied Trans Orthodoxy. Now He's Vindicated』, 25 October 2018.
611 National Review, 『'Rapid Onset Gender Dysphoria' Should Be Investigated, Not Smeared』, 18 January 2019; National Review, 『Dr. Zucker Defied Trans Orthodoxy. Now He's Vindicated』, 25 October 2018.
612 The Irish Times, 『Gender distress treatment in young people: a highly charged debate』, 26 June 2021.
613 The Heritage Foundation, 『Woke Gender』, 7 July 2021.
614 Public Discourse, 『Correction: Transgender Surgery Provides No Mental Health Benefit』, 13 September 2020.
615 Public Discourse, 『Transition as Treatment: The Best Studies Show the Worst Outcomes』, 16 February 2020; MailOnline, 『I'm de-transitioning after realising I'm happier as a man - and blame 'woke' culture for influencing impressionable teens into switching gender』, 30 January 2023; UNILAD, 『Man who spent nearly $300,000 to look like a Korean woman has now reverted back to original gender』, 26 February 2023.
616 국민일보, 『[칼럼] 차별금지와 LGBT 의학, 그리고 덕성』, 2021.7.13.
617 CBN News, 『'Reckless and Irresponsible': Johns Hopkins Prof. Issues Dire Warning on Transgender Treatment for Kids』, 19 September 2019; 뉴스윈코리아, 『서울교육사랑학부모연합, 동성애·성전환 옹호정책 서울시 교육청에 중단 촉구』, 2021.3.10.; Melissa Moschella, "Trapped in the Wrong Body? Transgender Identity Claims, Body-Self Dualism, and the False Promise of Gender Reassignment Therapy," The Journal of Medicine and Philosophy, 46(6), 2 December 2021, pp.782-804; Dale O'Leary, Peter Sprigg, "Understanding and responding to the transgender movement," Family Research Council, June 2015, Issue Analysis IS15F01, p.12-14,

618   p.20; New Statesman, 『What is gender, anyway?』, 16 May 2016.
618   Roberto D'Angelo, "The man I am trying to be is not me," The International Journal of Psycho-analysis, 101(5), October 2020, pp.951-970; Public Discourse, 『The Impossibility of Informed Consent for Transgender Interventions: The Risks』, 27 April 2020.
619   Kirsty Entwistle, "Debate: Reality check - Detransitioner's testimonies require us to rethink gender dysphoria," Child and Adolescent Mental Health, 26(1), February 2021, pp.15-16; Dale O'Leary, Peter Sprigg, "Understanding and responding to the transgender movement," Family Research Council, June 2015, Issue Analysis IS15F01, pp.25-26; Richards Renee, "The Liaison Legacy," Tennis Magazine, March 1999; Public Discourse, 『"Sex Change" Surgery: What Bruce Jenner, Diane Sawyer, and You Should Know』, 27 April 2015; Richard P. Fitzgibbons, "Transsexual attractions and sexual reassignment surgery: Risks and potential risks," Linacre Quarterly, 82(4), November 2015, pp.337-350; Marcus Evans, "Freedom to think: the need for thorough assessment and treatment of gender dysphoric children," BJPsych Bulletin, 45(5), October 2021, pp.315-316; Spiked, 『It's not transphobic to question transgenderism』, 20 January 2017.
620   Marcus Evans, "Freedom to think: the need for thorough assessment and treatment of gender dysphoric children," BJPsych Bulletin, 45(5), October 2021, pp.315-316; Sky News, 『'Hundreds' of young trans people seeking help to return to original sex』, 5 October 2019; BBC News, 『'How do I go back to the Debbie I was?'』, 26 November 2019; The Telegraph, 『Meet the 'detransitioners': the women who became men - and now want to go back』, 16 November 2019; News Medical, 『Hundreds of trans people regret changing their gender, says trans activist』, 7 October 2019; Lifesite, 『Ex-transgender starts 'detransitioning' advocacy group: 'I felt I had to do something'』, 7 October 2019; The Dailywire, 『WATCH: 'Hundreds' Of Young People Regret Gender Transition, Seek Reversal』, 8 October 2019; MailOnline, 『Hundreds of transgender youths who had gender reassignment surgery wish they hadn't and want to transition back, says trans rights champion』, 5 October 2019.
621   Mercatornet, 『The pain of transgender regret』, 9 October 2015; Public Discourse, 『Regret Isn't Rare: The Dangerous Lie of Sex Change Surgery's Success』, 17 June 2016.
622   The Guardian, 『Sex changes are not effective, say researchers』, 30 July 2004; The Federalist, 『Research Claiming Sex-Change Benefits Is Based On Junk Science』, 13 April 2017; Forerunners of America, 『Is Sex-Change Surgery The Solution?』, 14 June 2016; The Federalist, 『Drop The T From LGBT』, 21 April 2016.
623   Newsweek, 『The Top 10 Hospitals In the World』, 3 June 2020.
624   Undark Magazine, 『Of Politics, Science, and Gender Identity』, 17 July 2017.
625   ABC News, 『Buying Time for Gender-Confused Kids』, 12 March 2013; The Spectator, 『It's dangerous and wrong to tell all children they're 'gender fluid'』, 23 July 2017.

626	Richard P. Fitzgibbons, "Transsexual attractions and sexual reassignment surgery: Risks and potential risks," Linacre Quarterly, 82(4), November 2015, pp.337-350; Dale O'Leary, Peter Sprigg, "Understanding and responding to the transgender movement," Family Research Council, June 2015, Issue Analysis IS15F01, p.14; 한국교육신문, 『"변희수 비극 재발 막아야… 서울교육청 인권정책 반대"』, 2021.3.5.
627	Mercatornet, 『The troubling history of "sex change" surgery』, 8 May 2015.
628	The Federalist, 『Why A Compromise On Transgender Politics Would Be Capitulation』, 16 May 2018; Public Discourse, 『50 Years of Sex Changes, Mental Disorders, and Too Many Suicides』, 2 February 2016; The Federalist, 『Pushing Kids Into Transgenderism Is Medical Malpractice』, 21 September 2016.
629	The Federalist, 『Drop The T From LGBT』, 21 April 2016.
630	Pink News, 『Canadian broadcaster pulls controversial BBC transgender 'cure' documentary』, 14 December 2017; Anderson Valley Advertiser, 『Mendocino County Today: Saturday, June 11, 2022』, 11 June 2022.
631	Spiked, 『It's not transphobic to question transgenderism』, 20 January 2017.
632	Mercatornet, 『The increasingly convincing link between autism and gender dysphoric kids』, 20 January 2017.
633	National Post, 『Are autistic children more likely to believe they're transgender? Controversial Toronto expert backs link』, 12 January 2017; The Guardian, 『BBC film on child transgender issues worries activists』, 11 January 2017; Mercatornet, 『The increasingly convincing link between autism and gender dysphoric kids』, 20 January 2017; National Post, 『Why CBC cancelled a BBC documentary that activists claimed was 'transphobic'』, 13 December 2017.
634	David Garcia Nunez, Nesrin Raible-Destan, Urs Hepp et al., "Suicidal ideation and self-injury in LGB youth: a longitudinal study from urban Switzerland," Child and Adolescent Psychiatry and Mental Health, 16(1), 14 March 2022, p.21.
635	미디어오늘, 『성소수자에 대한 교육, 초중고교에서 실시 당연』, 2021.5.4.
636	뉴시스, 『울산 고교선 '동성애 교육'…시의회는 '학생민주시민조례' 폐지 추진』, 2023.5.17.; 경상일보, 『고교 동성애교육 논란 확산…학부모단체 대책 촉구』, 2023.5.19.; 울산신문, 『"고교 동성애 조장 강연은 교육중립성 위반"』, 2023.5.18.; 국제신문, 『울산 한 고교 성소수자 쓴 강의자료로 동성애 등 교육해 논란』, 2023.5.16.
637	Public Health England, "Syphilis epidemiology in London Sustained high numbers of cases in men who have sex with men," July 2016; 김지연, 『덮으려는 자 펼치려는 자』, 사람, 2019, 309-310면.
638	김지연, 『덮으려는 자 펼치려는 자, 사람』, 2019, 328-329면; 국민일보, 『미국 임질 환자 42% 남성 동성애자… 감염률 증가 주요인』, 2019.8.27.
639	The Guardian, 『Cuts to sexual health services will lead to STI 'explosion', warn experts』, 3 January 2016; Pink News, 『Sexual health cuts will cause STI 'explosion', warn experts』, 4 January 2016.
640	Pink News, 『Young people 'failed by sex ed' as under-24s now account for a THIRD of sexually transmitted infections』, 15 September 2016.
641	Public Health England(영국 공중보건국) 홈페이지, "Shigella dysentery on the rise

among gay and bisexual men," 30 January 2014; https://www.gov.uk/government/news/shigella-dysentery-on-the-rise-among-gay-and-bisexual-men; 김지연, "덮으려는 자 펼치려는 자," 사람, 2019, 223-233면.

642 Louis MacGregor, Nathan Speare, Jane Nicholls et al., " Evidence of changing sexual behaviours and clinical attendance patterns, alongside increasing diagnoses of STIs in MSM and TPSM," Sex Transmitted Infections, 97(7), November 2021, pp.507-513.

643 CDC(미국 질병관리본부) 홈페이지, Gay and Bisexual Men's Health - Sexually Transmitted Diseases https://www.cdc.gov/msmhealth/STD.htm; Ann N. Burchell, Vanessa G. Allen, Sandra L. Gardner et al., "High incidence of diagnosis with syphilis co-infection among men who have sex with men in an HIV cohort in Ontario, Canada," BMC Infectious Diseases, 15, 356, 20 August 2015; 김지연, "덮으려는 자 펼치려는 자," 사람, 2019, 292면, 304면, 324면.

644 경상매일신문, 『<윤정배 칼럼>동성애와 에이즈 II 』, 2018.4.27.

645 NBC News, 『40 percent of LGBTQ youth 'seriously considered' suicide in past year, survey finds』, 16 July 2020; Washington Blade, 『British youth face 'mental health crisis'』, 15 January 2014; Pink News, 『More than 80% of LGBT students in China report depression』, 10 May 2019; Jeanne Nagle, "Are You LGBTQ?," Enslow Publishing, 2015, p.101; Lifesite News, 『Study: gay teens five times more likely to attempt suicide』, 29 April 2011; Pink News, 『CDC study finds gay teens are nearly five times as likely to attempt suicide』, 12 August 2016; NBC News, 『40 percent of LGBTQ youth 'seriously considered' suicide in past year, survey finds』, 16 July 2020.

646 J M Bailey, "Homosexuality and mental illness," Archives of General Psychiatry, 56(10), October 1999, pp.883-884; 가브리엘 쿠비, "글로벌 성혁명," 밝은생각, 2020, 224-225면.

647 Neil E. Whitehead, "Gay male partnerships no defence against suicide," New Zealand, January 2011; 김영한 외 지음, "동성애, 21세기 문화충돌," 킹덤북스, 2016, 669면; Neil E. Whitehead, "Homosexuality and Co-Morbidities: Research and Therapeutic Implications," Journal of Human Sexuality, Vol.2, 2010, pp.124-175.

648 Delaney M Skerrett, Kairi Kolves, Diego De Leo, "Are LGBT populations at a higher risk for suicidal behaviors in Australia? Research findings and implications," Journal of Homosexuality, 62(7), 2015, pp.883-901.

649 Ilan H Meyer, John R Blosnich, Soon Kyu Choi et al., "Suicidal Behavior and Coming Out Milestones in Three Cohorts of Sexual Minority Adults," LGBT Health, 8(5), July 2021, pp.340-348.

650 Jeremy W Luk, Rise B Goldstein, Jing Yu et al., "Sexual Minority Status and Age of Onset of Adolescent Suicide Ideation and Behavior," Pediatrics, 148(4), October 2021, e2020034900.

651 Brian J Adams, Blair Turner et al., "Associations Between LGBTQ-Affirming School Climate and Intimate Partner Violence Victimization Among Adolescents," Prevention Science, 22(2), February 2021, pp.227-236.

652 Emmet Power, Helen Coughlan, Mary Clarke et al., "Nonsuicidal self-injury, suicidal

thoughts and suicide attempts among sexual minority youth in Ireland during their emerging adult years," Early Intervention in Psychiatry, 10(5), October 2016, pp.441-445.

653   John E Pachankis, Kirsty A Clark, Daniel N Klein, Lea R Dougherty, "Early Timing and Determinants of the Sexual Orientation Disparity in Internalizing Psychopathology: A Prospective Cohort Study from Ages 3 to 15," Journal of Youth and Adolescence, 51(3), March 2022, pp.458-470.

654   Chaim la Roi, Tina Kretschmer, Jan Kornelis Dijkstra, "Disparities in Depressive Symptoms Between Heterosexual and Lesbian, Gay, and Bisexual Youth in a Dutch Cohort: The TRAILS Study," Journal of Youth and Adolescence, 45(3), March 2016, pp.440-456.

655   Douglas D'Agati, Geoffrey D Kahn, Karen L Swartz, "Preteen Behaviors and Sexual Orientation of High School Students Who Report Depressive Symptoms, United States, 2015-2017," Public Health Reports, 136(2), March-April 2021, pp.132-135.

656   Lorraine E Lothwell, Naomi Libby, Stewart L Adelson, "Mental Health Care for LGBT Youths," Focus (American Psychiatric Publishing), 18(3), July 2020, pp.268-276.

657   The Federalist, 『Public School Indoctrinates 5-Year-Olds About Transgenderism Without Telling Parents』, 18 March 2019; Public Discourse, 『Public School LGBT Programs Don't Just Trample Parental Rights. They Also Put Kids at Risk』, 8 June 2015; Remafedi G, Farrow JA, Deisher RW, "Risk factors for attempted suicide in gay and bisexual youth," Pediatrics, June 1991, 87(6), pp.869-875; Dale O'Leary, "Gay Teens and Attempted Suicide", NARTH Bulletin, December 1999, p.11; Philip Baiden, Lisa S Panisch, Yi Jin Kim, "Association between First Sexual Intercourse and Sexual Violence Victimization, Symptoms of Depression, and Suicidal Behaviors among Adolescents in the United States: Findings from 2017 and 2019 National Youth Risk Behavior Survey," International Journal Environmental Research and Public Health, 18(15), 27 July 2021, 7922.

658   A. Dean Byrd, "Homosexuality: Innate and Immutable? What Science Can and Cannot Say," Liberty University Law Review, Vol. 4, 2015, p.407; 한겨레, 『미 캘리포니아, 동성애 청소년 '이성애자 전환 치료' 불법화』, 2012.10.2.

659   National Association for Research & Therapy of Homosexuality, Gay Men Differ From Heterosexuals In Suicidality: Netherlands Study, 17 October 2006; 김영한 외 지음, "동성애, 21세기 문화충돌," 킹덤북스, 2016, 669면; Remafedi, Gary, Farrow, James A., and Deister, RW., "Risk Factors in Attempted Suicide in Gay and Bisexual Youth," Pediatrics, 87(6), June 1991, pp.869-875.

660   Remafedi G, Farrow JA, Deisher RW, "Risk factors for attempted suicide in gay and bisexual youth," Pediatrics, June 1991, 87(6), pp.869-875; Dale O'Leary, "Gay Teens and Attempted Suicide," NARTH Bulletin, December 1999, p.11.

661   Arielle Kuperberg, Alicia M Walker, "Heterosexual College Students Who Hookup with Same-Sex Partners," Archives of Sexual Behavior, July 2018, 47(5), pp.1387-1403; FYI, 『Straight People Don't Exist, Research Says』, 7 November 2015; Pink News, 『'Straight' men discuss their secret sexual relationships with other men』,

25 December 2019; Aazios, 『Study Says More And More Straight People Are Having Same Gender Experiences』, 30 April 2018; Pink News, 『Straight men have a lot of gay sex, study shows』, 29 April 2018.

662　Pink News, 『Straight men watch gay porn a quarter of the time, study reveals』, 6 March 2018.

663　Ritch C. Savin-Williams, "Mostly Straight: Sexual Fluidity among Men," Harvard University Press, 2017; Pink News, 『No one is 100% straight, study reveals』, 12 March 2018; Time, 『Why 'Mostly Straight' Men Are a Distinct Sexual Identity』, 20 November 2017; MailOnline, 『No one is 100% straight: Study says sexuality is a 'spectrum' and all of us get aroused by me and women』, 13 March 2018; NZHerald, 『Study reveals no one is 100% straight』, 15 March 2018.

664　뉴스웍스, 『"인권위의 '제3의 성' 인정 시도는 결국 '여자'의 권익 침해할 것"』, 2019.11.19.

665　Catholic News Agency, 『How a new executive order would promote gender ideology and silence free speech at schools』, 11 March 2021; 김영한 외 지음, "동성애, 21세기 문화충돌," 킹덤북스, 2016.6., 528면.

666　Ritch C Savin-Williams, Geoffrey L Ream, "Pubertal onset and sexual orientation in an adolescent national probability sample," Archives of Sexual Behavior, 35(3), June 2006, pp.279-286; Ritch C Savin-Williams, Geoffrey L Ream, "Prevalence and stability of sexual orientation components during adolescence and young adulthood," Archives of Sexual Behavior, 36(3), June 2007, pp.385-394.

667　Gary Remafedi, Michael Resnick, Robert Blum, Linda Harris, "Demography of Sexual Orientation in Adolescents," Pediatrics, 89(4), April 1992, pp.714-721; Lisa M Diamond, "Sexual identity, attractions, and behavior among young sexual-minority women over a 2-year period," Developmental Psychology, 36(2), March 2000, pp.241-250; Lisa M Diamond, "Was it a phase? Young women's relinquishment of lesbian/bisexual identities over a 5-year period," Journal of Personality and Social Psychology, 84(2), February 2003, pp.352-364; 국민일보, 『"동성애 치료 연구결과 평균 79% 효과"… '선천적' 주장 뒤엎어』, 2019.12.20.; 펜앤드마이크, 『[기고/민성길 교수] "'성인권 교육'이 동성애를 조장한다는 주장은 '가짜뉴스'"인가?』, 2021.3.30.

668　R E Fay, C F Turner, A D Klassen, J H Gagnon, "Prevalence and patterns of same-gender sexual contact among men," Science, 243(4889), 20 January1989, pp.338-348; Margaret Rosario, Eric W. Schrimshaw, Joyce Hunter, and Lisa Braun, "Sexual identity development among gay, lesbian, and bisexual youths: consistency and change over time," Journal of Sex Research, 43(1), 2006, pp.46-58; Ritch C Savin-Williams, Kara Joyner, "The dubious assessment of gay, lesbian, and bisexual adolescents of add health," Archives of Sexual Behavior, 43(3), April 2014, pp.413-422; Ritch C Savin-Williams, Geoffrey L Ream, "Prevalence and stability of sexual orientation components during adolescence and young adulthood," Archives of Sexual Behavior, 36(3), June 2007, pp.385-394.

669　김영한 외 지음, "동성애, 21세기 문화충돌," 킹덤북스, 2016.6., 528면.

670　Pink News, 『US: Less than half of Americans think people are born gay』, 31 May

2014.

671 연합뉴스, 『중고생 165명 중 1명 '동성애' 경험…34%는 이성 성경험』, 2016.7.18.; SBS News, 『중고생 165명 중 1명 '동성애' 경험…34%는 이성 성경험』, 2016.7.18.; 한겨레, 『"중고등학생 가운데 0.6%는 동성 사이 성 접촉 경험"』, 2016.7.18.; 헤럴드경제, 『중고생 3명 중 1명이 성접촉 경험…동성애, 약물 오남용 위험 14배 높아』, 2016.7.18.; MBN 뉴스, 『중고생 165명 中 1명…'동성 간 성접촉'』, 2016.7.18.; 브릿지경제, 『중고생 165명 중 1명 꼴 '동성간 성접촉' 경험』, 2016.7.18.

672 The Times, 『One in four at high school in US are LGBTQ』, 28 April 2023; Metroweekly, 『1 in 4 High School Students Identify as LGBTQ』, 1 May 2023; CBS News, 『Nearly a third of teen girls say they have seriously considered suicide, CDC survey shows』, 13 February 2023; The Christian Post, 『Number of teens who identify as LGBT skyrockets: CDC』, 2 May 2023; Spiked, 『The making of an identity crisis』, 7 May 2023; The Hill, 『1 in 4 high school students identifies as LGBTQ』, 27 April 2023; New York Post, 『Fewer teens than ever identify as heterosexual: CDC report』, 27 April 2023.

673 Belfast Telegraph, 『DUP's Donaldson to chair Westminster briefing with minister who branded LGBT education 'state-sponsored abuse'』, 26 February 2020; Catholic News Agency, 『How a new executive order would promote gender ideology and silence free speech at schools』, 11 March 2021; 김영길, "인권의 딜레마," 보담, 2021, 33면; 노컷뉴스, 『포항성시화운동본부 '포괄적 차별금지법 입법반대' 규탄집회 동참』, 2020.7.31.

674 데일리굿뉴스, 『"초·중등학교서 동성애 위험성 못 가르칠 수도"』, 2021.11.17.

675 서울경제, 『세살짜리 유치원생에게 동성애 교육? 서울교육청 학생인권종합계획 논란』, 2021.1.15.; 한국교육신문, 『'학생인권' 영향? 조희연·도성훈 지지도 최하위권』, 2021.2.9.; 머니투데이, 『"성소수자 보호"…보수·기독교 반발 샀던 학생인권종합계획 수립』, 2021.4.1.; 조선에듀, 『서울 학생인권종합계획 '이념 편향 교육' 논란 커지자… 해명 나선 교육청』, 2021.1.15.; 이데일리, 『학생인권계획 비판에 "동성애·편향사상 주입 아냐"…서울시교육청 '반박'』, 2021.1.15.; 이데일리, 『"동성애 옹호·편향사상 주입?"… 서울시교육청 '학생인권계획' 논란』, 2021.1.21.; 경향신문, 『'서울 학생인권의 날' 앞두고…여전히 '성소수자 보호'가 '동성애 조장'이라는 이들』, 2021.1.25.

676 The Telegraph, 『Minister orders inquiry into 4,000 per cent rise in children wanting to change sex』, 16 September 2018; The Times, 『Inquiry into surge in gender treatment ordered by Penny Mordaunt』, 16 September 2018.

677 MailOnline, 『Government probe into why so many girls want to be boys: Investigation ordered after number of 'transitioning referrals' increases by four thousand per cent』, 17 September 2018.

678 Medscape, 『Transgender Teens: Is the Tide Starting to Turn?』, 26 April 2021; Medscape Medical News, 『Transition Therapy for Transgender Teens Drives Divide』, 23 April 2021.

679 BBC News, 『Transgender treatment: Puberty blockers study under investigation』, 22 July 2019.

680 The Guardian, 『NHS to hold review into gender identity services for children

and young people』, 22 September 2020; The Irish Times, 『HSE officials opted not to pull puberty blocking treatment at Crumlin hospital』, 10 March 2021; The Guardian, 『Gender identity clinic accused of fast-tracking young adults』, 3 November 2018; The Times, 『Gender advisers 'rushing young into big decisions'』, 5 November 2018; The Times, 『Landmark High Court ruling restricts puberty blockers for children』, 2 December 2020; The Times, 『Autistic girls seeking answers 'are seizing on sex change'』, 9 January 2021.

681 MailOnline, 『'A live experiment on children': Mail on Sunday publishes the shocking physicians' testimony that led a High Court judge to ban NHS's Tavistock clinic from giving puberty blocking drugs to youngsters as young as 10 who want to change sex』, 9 January 2021.

682 The Irish Times, 『Gender distress treatment in young people: a highly charged debate』, 26 June 2021; The Guardian, 『Tavistock trust whistleblower David Bell: 'I believed I was doing the right thing'』, 2 May 2021.

683 Catholic News Agency, 『New study suggests link between autism and gender dysphoria』, 18 July 2019.

684 Lesbian and Gay News, 『What's driving the huge rise in gender dysphoria referrals for children and teenagers?』, 26 February 2021.

685 Michael Biggs, "Suicide by Clinic-Referred Transgender Adolescents in the United Kingdom," Archives of Sexual Behavior, 51(2), February 2022, pp.685-690.

686 Marcus Evans, "Freedom to think: the need for thorough assessment and treatment of gender dysphoric children," BJPsych Bulletin, 45(5), October 2021, pp.315-316.

687 The Guardian, 『Gender identity clinic accused of fast-tracking young adults』, 3 November 2018.

688 The Guardian, 『Tavistock trust whistleblower David Bell: 'I believed I was doing the right thing'』, 2 May 2021; The Guardian, 『Governor of Tavistock Foundation quits over damning report into gender identity clinic』, 23 February 2019.

689 MailOnline, 『Should Dexter, 9, REALLY be on the transgender fast track? Child who was born a girl has been waiting three years for an autism diagnosis. Yet it took just months for UK's leading gender clinic to agree to set him on road to transitioning』, 14 July 2020; The Irish Times, 『Gender distress treatment in young people: a highly charged debate』, 26 June 2021.

690 Spectator, 『In praise of the MPs who spoke out in the trans debate』, 10 March 2020.

691 MailOnline, 『MP Jackie Doyle-Price accuses transgender lobby groups of turning gender stereotyping into a 'science' by encouraging girls as young as 10 to believe they're 'not female' and to take puberty-blocking drugs』, 14 July 2020.

692 Christian Today, 『Transgender ideology is 'so dangerous' for young girls, says former health minister』, 14 July 2020.

693 National Post, 『Canada's teen transgender treatment boom: Life-saving services or dangerous experimentation?』, 14 December 2020.

694 Radio Canada International, 『Parents sue school board for teaching their daughter

'girls are not real'』, 5 November 2019.
695 NeonNettle, 『School Punishes Sixth-Grader for Saying Transgender Classmate 'is a Boy'』, 10 August 2019.
696 The Heritage Foundation, 『Woke Gender』, 7 July 2021.
697 PR Newswire, 『Surgeon ordered to not remove teenager's breasts』, 12 November 2020; World, 『Pumping the brakes on teen sex change』, 13 November 2020; Lifesite, 『Judge stops surgeon from chopping off breasts of gender-confused 17-year-old after mother's plea』, 11 November 2020.
698 뉴시스, 『광주 학부모 단체 "차별금지법은 동성애 교육 옹호 수단"』, 2022.4.26.
699 Mary Rice Hasson, Theresa Farnan, "Get Out Now: Why You Should Pull Your Child from Public School Before It's Too Late," Regnery Gateway, 2018; Thomas D Steensma, Roeline Biemond, Fijgje de Boer, Peggy T Cohen-Kettenis, "Desisting and persisting gender dysphoria after childhood: a qualitative follow-up study," Clinical Child Psychology Psychiatry, 16(4), October 2011, pp.499-516; Marcus Evans, "Freedom to think: the need for thorough assessment and treatment of gender dysphoric children," BJPsych Bulletin, 45(5), October 2021, pp.315-316; The Times, 『Staff at trans clinic fear damage to children as activists pile on pressure』, 16 February 2019.
700 Lawrence S Mayer, Paul R McHugh, "Sexuality and Gender: Findings from the Biological, Psychological, and Social Sciences," The New Atlantis, 50, Special Report: Sexuality and Gender (Fall 2016), pp.10-143; New York Civil Liberties Union, "Dignity for all? Discrimination Against Transgender and Gender Nonconforming Students in New York," June 2015; Public Discourse, 『Regret Isn't Rare: The Dangerous Lie of Sex Change Surgery's Success』, 17 June 2016; Pink News, 『Study finds 40% of transgender people have attempted suicide』, 11 December 2016; Pink News, 『There are four times more transgender teenagers than we thought』, 7 February 2018; Jody L. Herman, Taylor N.T. Brown, Ann P. Haas, "Suicide Thoughts and Attempts Among Transgender Adults in the US," The Williams Institute, September 2019.
701 Kenneth J Zucker, "Adolescents with Gender Dysphoria: Reflections on Some Contemporary Clinical and Research Issues," Archives of Sexual Behavior, 48(7), October 2019, pp.1983-1992.
702 Brian C Thoma, Rachel H Salk, Sophia Choukas-Bradley et al., "Suicidality Disparities Between Transgender and Cisgender Adolescents," Pediatrics, 144(5), November 2019, e20191183; Tracy A Becerra-Culqui, Yuan Liu, Rebecca Nash et al., "Mental Health of Transgender and Gender Nonconforming Youth Compared With Their Peers," Pediatrics, 141(5), May 2018, e20173845; Johanna Olson, Sheree M Schrager, Marvin Belzer et al,, "Baseline Physiologic and Psychosocial Characteristics of Transgender Youth Seeking Care for Gender Dysphoria," The Journal of Adolescent Health, 57(4), October 2015, pp.374-380.
703 Marla E Eisenberg, Amy L Gower, Barbara J McMorris et al., "Risk and Protective Factors in the Lives of Transgender/Gender Nonconforming Adolescents," The

Journal of Adolescent Health, 61(4), October 2017, pp.521-526.

704 Radio Canada International, 『Parents sue school board for teaching their daughter 'girls are not real'』, 5 November 2019.

705 Ellen Marshall, Laurence Claes et al., "Non-suicidal self-injury and suicidality in trans people: A systematic review of the literature," International Review of Psychiatry, 28(1), 2016, pp.58-69; Amelie Hartig, Catharina Voss et al., "Suicidal and nonsuicidal self-harming thoughts and behaviors in clinically referred children and adolescents with gender dysphoria," Clinical Child Psychology and Psychiatry, 27(3), July 2022, pp.716-729.

706 Laurence Claes, Walter Pierre Bouman et al., "Non-suicidal self-injury in trans people: associations with psychological symptoms, victimization, interpersonal functioning, and perceived social support," The Journal of Sexual Medicine, 12(1), January 2015, pp.168-179.

707 대전일보, 『자살고위험군 멘토링 역량강화교육 및 간담회 실시』, 2017.3.27.; BBC News, 『'Steep rise' in self-harm among teenage girls』, 19 October 2017.

708 Catharine Morgan, Roger T Webb, Matthew J Carr et al., "Incidence, clinical management, and mortality risk following self harm among children and adolescents: cohort study in primary care," BMJ, 10 October 2017, p.359; The Guardian, 『Self-harm among girls aged 13 to 16 rose by 68% in three years, UK study finds』, 18 October 2017, The Guardian, 『Hospital admissions for teenage girls who self-harm nearly double』, 6 August 2018.

709 연합뉴스, 『주한 대사들 "평등법, 인식 변화에 큰 영향…입법 필요"』, 2021.6.11.; 오마이뉴스, 『멀쩡한 영국 통계 끌어와 성소수자 때린 국힘 의원』, 2022.10.27.; 로이슈, 『박주민 의원, 주한영국대사관 초청 평등법 입법연구포럼 개최』, 2022.2.10.; 브레이크뉴스, 『박주민 의원, 영국 평등담당 차관 초청 '국회 평등법 제정 간담회' 개최』, 2021.11.12.

710 크리스천투데이, 『英 중학교 69%, '생물학적 성'에 대해 거짓말 강요』, 2023.4.5.; 크리스천투데이, 『英 성공회 학교, 4살 학생에 잘못된 성 정체성 교육 논란』, 2023.3.7.

711 BBC News, 『'Steep rise' in self-harm among teenage girls』, 19 October 2017.

712 BBC News, 『Self-harm hospital admissions of children show 'frightening rise'』, 9 December 2016; National Council for Hypnotherapy, 『Hypnotherapy can help counter self-harming increase』, 13 December 2016.

713 BBC News, 『Self-harm hospital admissions among children 'at five-year high'』, 12 December 2014.

714 BBC News, 『Children as young as six self-harming in Wales schools』, 17 September 2017.

715 BBC News, 『Self-harm among children in Scotland on the rise』, 17 February 2015.

716 The Guardian, 『Self-harm among girls aged 13 to 16 rose by 68% in three years, UK study finds』, 18 October 2017.

717 American Psychiatric Association, "Diagnostic and Statistical Manual of Mental Disorders," 5th edition, p.455; Lifesite, 『Sweden recommends against puberty blockers for children in setback to trans movement』, 25 February 2022.

718 Kelley D Drummond, Susan J Bradley, Michele Peterson-Badali, Kenneth J Zucker, "A follow-up study of girls with gender identity disorder," Developmental Psychology, 44(1), January 2008, pp.34-45; The Independent, 『What the critics say about treatment for transgender children』, 26 October 2016; CNN News, 『Transgender kids: Painful quest to be who they are』, 27 September 2021; The Federalist, 『3 Reasons Parents Are Absolutely Right To Demand Informed Consent To What Schools Do To Their Kids』, 10 March 2022; National Post, 『Are autistic children more likely to believe they're transgender? Controversial Toronto expert backs link』, 12 January 2017; The Daily Signal, 『Yes, Schools Are Secretly Trying to 'Gender Transition' Kids, and It Must Be Stopped』, 22 March 2022; National Post, 『Why CBC cancelled a BBC documentary that activists claimed was 'transphobic'』, 13 December 2017; The New York Times, 『Supporting Boys or Girls When the Line Isn't Clear』, 2 December 2006; Breitbart, 『Dr. Quentin Van Meter: How Faulty Research by a 1950s 'Sexual Revolutionist' Guided the Modern Transgender Movement』, 24 October 2018; Mercatornet, 『Interrogating the transgender agenda』, 1 January 2020; The Washington Times, 『Kindergarten transgender lessons have parents changing schools』, 3 September 2017.

719 Jack Drescher, Jack Pula, "Ethical issues raised by the treatment of gender-variant prepubescent children," The Hastings Center Report, 17 September 2014; Michelle A. Cretella, Quentin Van Meter, Paul McHugh, "Gender Ideology Harms Children," American College of Pediatricians, 14 September 2017.

720 The Telegraph, 『Minister orders inquiry into 4,000 per cent rise in children wanting to change sex』, 16 September 2018; 미디어인권연구소 뭉클, "평등법 관련 미디어 모니터링," 국가인권위원회, 2020.12.18., 177면.

721 The Heritage Foundation, 『Sexual Ideology Indoctrination: The Equality Act's Impact on School Curriculum and Parental Rights』, 15 May 2019; 뉴시스, 『광주 학부모 단체 "차별금지법은 동성애 교육 옹호 수단"』, 2022.4.26.

722 City Journal, 『The School-to-Clinic Pipeline』, Autumn 2022.

723 Fox News, 『Biden's gender transition proposal cements school-to-clinic pipeline』, 1 December 2022.

724 American Psychiatric Association, "Diagnostic and Statistical Manual of Mental Disorders," 5th edition, p.455; Lifesite, 『Sweden recommends against puberty blockers for children in setback to trans movement』, 25 February 2022.

725 Marcus Evans, "Freedom to think: the need for thorough assessment and treatment of gender dysphoric children," BJPsych Bulletin, 45(5), October 2021, pp.315-316; The Times, 『Staff at trans clinic fear damage to children as activists pile on pressure』, 16 February 2019; Mary Rice Hasson, Theresa Farnan, "Get Out Now: Why You Should Pull Your Child from Public School Before It's Too Late," Regnery Gateway, 2018; Thomas D Steensma, Roeline Biemond, Fijgje de Boer, Peggy T Cohen-Kettenis, "Desisting and persisting gender dysphoria after childhood: a qualitative follow-up study," Clinical Child Psychology Psychiatry, 16(4), October 2011, pp.499-516; 뉴시스, 『광주 학부모 단체 "차별금지법은 동성애 교육 옹호 수단"』,

2022.4.26.

726 데일리굿뉴스, 『트랜스젠더는 정신적 문제…의학적으로 바꿀 수 없어』, 2021.4.1.

727 Thomas D Steensma, Roeline Biemond, Fijgje de Boer, Peggy T Cohen-Kettenis, "Desisting and persisting gender dysphoria after childhood: a qualitative follow-up study," Clinical Child Psychology Psychiatry, 16(4), October 2011, pp.499-516; Public Discourse, 『Public School LGBT Programs Don't Just Trample Parental Rights. They Also Put Kids at Risk』, 8 June 2015; The Irish Times, 『Gender distress treatment in young people: a highly charged debate』, 26 June 2021.

728 The Telegraph, 『Transgender people can end up 'badly damaged' says Lord Robert Winston』, 1 November 2017; The Daily Signal, 『Promise to America's Children Warns of Destructive Equality Act LGBT Agenda』, 18 February 2018.

729 미디어인권연구소 뭉클, "평등법 관련 미디어 모니터링," 국가인권위원회, 2020.12.18., 192면.

730 The Daily Signal, 『School Districts Are Hiding Information About Gender-Transitioning Children from Their Parents. This Is Unconstitutional』, 24 March 2021; The Heritage Foundation, 『How the Equality Act's Gender Ideology Would Harm Children』, 9 June 2021.

731 World, 『Trans-fluence University caves to pressure to suppress research on transgender teens』, 7 September 2018; The Heritage Foundation, 『Woke Gender』, 7 July 2021.

732 Bell v Tavistock [2020] EWHC 3274 (Admin); Medscape Medical News, 『Transition Therapy for Transgender Teens Drives Divide』, 23 April 2021.

733 BBC News, 『Puberty blockers: Under-16s 'unlikely to be able to give informed consent'』, 1 December 2020; The Guardian, 『Puberty blockers: under-16s 'unlikely to be able to give informed consent'』, 1 December 2020; BBC News, 『NHS gender clinic 'should have challenged me more' over transition』, March 2020.

734 Mercatornet, 『The pain of transgender regret』, 9 October 2015; Public Discourse, 『Regret Isn't Rare: The Dangerous Lie of Sex Change Surgery's Success』, 17 June 2016; Lawrence S Mayer, Paul R McHugh, "Sexuality and Gender: Findings from the Biological, Psychological, and Social Sciences," The New Atlantis, 50, Special Report: Sexuality and Gender (Fall 2016), pp.10-143; New York Civil Liberties Union, "Dignity for all? Discrimination Against Transgender and Gender Nonconforming Students in New York," June 2015; Public Discourse, 『Regret Isn't Rare: The Dangerous Lie of Sex Change Surgery's Success』, 17 June 2016; Pink News, 『Study finds 40% of transgender people have attempted suicide』, 11 December 2016; Pink News, 『There are four times more transgender teenagers than we thought』, 7 February 2018; Jody L. Herman, Taylor N.T. Brown, Ann P. Haas, "Suicide Thoughts and Attempts Among Transgender Adults in the US," The Williams Institute, September 2019.

735 Abigail Shrier, "Irreversible Damage: The Transgender Craze Seducing Our Daughters," Regnery Publishing, 2020; The Heritage Foundation, 『How the

Equality Act's Gender Ideology Would Harm Children』, 9 June 2021; The Wall Street Journal, 『When Your Daughter Defies Biology』, 6 January 2019; Mary Rice Hasson, Theresa Farnan, "Get Out Now: Why You Should Pull Your Child from Public School Before It's Too Late," Regnery Gateway, 2018.

736 G Remafedi 1, J A Farrow, R W Deisher, "Risk factors for attempted suicide in gay and bisexual youth," Pediatrics, 87(6), June 1991, pp.869-875.

737 The Epoch Times, 『The Totalitarian Agenda Behind LGBT Sex-Ed Revolution at School』, 27 July 2021.

738 Johanna Olson, Sheree M Schrager et al., "Baseline Physiologic and Psychosocial Characteristics of Transgender Youth Seeking Care for Gender Dysphoria," The Journal of Adolescent Health, 57(4), October 2015, pp.374-380.

739 The Spectator, 『Don't tell the parents』, 6 October 2018; The Washington Times, 『Kindergarten transgender lessons have parents changing schools』, 3 September 2017; Washington Examiner, 『Title IX's anti-parent secret agenda』, 24 June 2022; The Federalist, 『3 Reasons Parents Are Absolutely Right To Demand Informed Consent To What Schools Do To Their Kids』, 10 March 2022; The Federalist, 『The Studies Cited To Support Gender-Bending Kids Are Largely Junk Science』, 10 March 2022; The Daily Signal, 『Yes, Schools Are Secretly Trying to 'Gender Transition' Kids, and It Must Be Stopped』, 22 March 2022; Anderson Valley Advertiser, 『Mendocino County Today: Saturday, June 11, 2022』, 11 June 2022; Newsweek, 『Schools Must Stop Keeping Trans-Secrets From Parents | Opinion』, 23 March 2022.

740 뉴시스, 『광주 학부모 단체 "차별금지법은 동성애 교육 옹호 수단"』, 2022.4.26.

741 The Dailywire, 『Doctors Are Now Giving 8-Year-Old Girls Testosterone, Claiming They're 'Transgender'』, 5 April 2019; The Christian Post, 『Testosterone being given to 8-y-o girls, age lowered from 13: doctors』, 2 April 2019.

742 Pink News, 『Researchers behind 'controversial' puberty blockers study slammed by BBC's Newsnight cleared of any wrongdoing』, 16 October 2019; Pink News, 『Puberty blockers challenger Keira Bell wants doctors to 'help' trans kids 'reconcile with their sex'』, 10 December 2019.

743 The Irish Times, 『Gender distress treatment in young people: a highly charged debate』, 26 June 2021; The Guardian, 『Tavistock trust whistleblower David Bell: 'I believed I was doing the right thing'』, 2 May 2021.

744 미디어오늘, 『성소수자에 대한 교육, 초중고교에서 실시 당연』, 2021.5.4.; 여성신문, 『영국, 11세부터 '여성성기 절제' 위험성도 가르친다』, 2019.3.12.

745 Belfast Telegraph, 『DUP's Donaldson to chair Westminster briefing with minister who branded LGBT education 'state-sponsored abuse'』, 26 February 2020; Catholic News Agency, 『How a new executive order would promote gender ideology and silence free speech at schools』, 11 March 2021; 김영길, "인권의 딜레마," 보담, 2021, 33면; 노컷뉴스, 『포항성시화운동본부 '포괄적 차별금지법 입법반대' 규탄집회 동참』, 2020.7.31.

746 국립보건원, "HIV/AIDS 관리지침," 2002, 13면; 김지연, "덮으려는 자 펼치려는 자," 사람,

2019, 337면; 헬스조선, 『잊혀진 에이즈의 공포, 알고 보니‥'충격'』, 2012.12.3.; 헬스조선, 『"HIV 감염 증상 감기몸살과 비슷…환자인 줄 모르고 방치도"』, 2019.7.30.; 헬스조선, 『국내 에이즈 발생 한 해 1000명 넘어… 에이즈 궁금증 Q&A』, 2019.12.5.

747 Jaume Galceran, Rafael Marcos-Gragera, Maria Soler et al., "Cancer incidence in AIDS patients in Catalonia, Spain," European Journal of Cancer, 43(6), April 2007, pp.1085-1091.

748 Peter A. Selwyn, Joseph L. Goulet, Susan Molde et al., "HIV as a chronic disease: implications for long-term care at an AIDS-dedicated skilled nursing facility," Journal of urban health, 77(2), 2000, pp.187-203.

749 경상일보, 『에이즈 증상은? 무증상 잠복기 10년 지속…"감염 모를 수도 있다?"』, 2017.10.11.; 한국경제, 『에이즈, 무증상 잠복기 10년…초기엔 감기몸살과 비슷』, 2017.10.19.

750 질병관리본부, "국가 에이즈관리사업 평가 및 전략개발," 청원군: 질병관리본부, 2014, 8면; 보건복지부, "제4차 국민건강증진종합계획(2016-2020)," 2015.12., 323면.

751 김지연, "덮으려는 자 펼치려는 자," 사람, 2019, 378면; https://www.cdc.gov/hiv/group/msm/index.html

752 Centers for Disease Control and Prevention (CDC), Ways HIV Can Be Transmitted; https://www.cdc.gov/hiv/basics/hiv-transmission/ways-people-get-hiv.html?CDC_AA_refVal=https%3A%2F%2Fwww.cdc.gov%2Fhiv%2Frisk%2Fanalsex.html

753 김지연, "덮으려는 자 펼치려는 자," 사람, 2019, 375면.

754 http://www.cdc.gov/hiv/group/gender/men/index.html

755 https://www.cdc.gov/hiv/group/msm/msm-content/incidence.html

756 김지연, "덮으려는 자 펼치려는 자," 사람, 2019, 369면, 374-375면; 국민일보, 『청소년 HIV 감염자 92% 남성 간 성접촉… WHO '고위험군' 적시』, 2019.9.17.

757 https://www.cdc.gov/hiv/group/gay-bisexual-men/index.html

758 https://www.ecdc.europa.eu/en/publications-data/hivaids-eu-and-eea

759 http://www.nih.go.jp/niid/ja/diseases/alphabet/aids.html

760 국민일보, 『정부 "신규 에이즈 환자 사상 최대"… 감염 원인 쉬쉬』, 2015.7.24.

761 국민일보, 『청소년 HIV 감염자 92% 남성 간 성접촉… WHO '고위험군' 적시』, 2019.9.17.; 국민일보, 『"남성 동성애자 성관계와 에이즈의 높은 상관성 공개하라"』, 2016.10.1.; 크리스천투데이, 『"10~20대 에이즈 감염 주된 경로는 동성 간 성접촉"』, 2019.11.28.

762 의학신문, 『HIV 감염률 걱정 된다』, 2016.12.1.; 국민일보, 『복지부 "남성 동성애자 그룹은 1순위 에이즈 고위험군" 명시』, 2019.9.10.; 국민일보, 『"청소년 에이즈 확산... 동성애 주된 이유 맞다"』, 2017.12.3.; 김지연, "덮으려는 자 펼치려는 자," 사람, 2019, 422면; 메디파타뉴스, 『에이즈 폭등 "질본, 감염원인 동성애 제대로 알려야"』, 2018.10.11.

763 김지연, "덮으려는 자 펼치려는 자," 사람, 2019, 377면.

764 의학신문, 『HIV 감염률 걱정 된다』, 2016.12.1.

765 Centers for Disease Control and Prevention(CDC), HIV Surveillance in Adolescents and Young Adults, 2012; https://www.cdc.gov/healthyyouth/sexualbehaviors/pdf/hiv_factsheet_ymsm.pdf; American for Truth about Homosexuality, 『CDC: 94 to 95 Percent of HIV Cases among Boys and Young Men Linked to Homosexual Sex』, 11

September 2013; 김영한 외 지음, "동성애, 21세기 문화충돌," 킹덤북스, 2016.6., 336면, 658면; 김지연, "덮으려는 자 펼치려는 자," 사람, 2019, 381면; Mercatornet, 『Shouldn't same-sex oriented teens be given a chance to change?』, 14 February 2014; 국민일보, 『청소년 HIV 감염자 92% 남성 간 성접촉⋯ WHO '고위험군' 적시』, 2019.9.17.; H W Haverkos, R C Chung, L C Norville Perez, "Is there an epidemic of HIV/AIDS among heterosexuals in the USA?," Postgraduate Medical Journal, 79(934), August 2003, pp.444-448.

766 아시아경제, 『복지부 국감서 때아닌 '에이즈' 감염 원인 놓고 고성』, 2018.10.12.; 메디칼업저버, 『국내 에이즈 감염 주 경로 "동성·양성간 성 접촉"』, 2018.8.21.
767 국민일보, 『남성 동성애-에이즈 연관성, 의학적 근거 나왔다』, 2018.4.16.
768 국민일보, 『복지부 "남성 동성애자 그룹은 1순위 에이즈 고위험군" 명시』, 2019.9.10.
769 김지연, "덮으려는 자 펼치려는 자," 사람, 2019, 381-382면.
770 김준명, 최준용, 정우용, 성 혜, 김신우, 김우주, 최희정, 김민자, 우준희, 김윤정, 최보율, 최윤수, 기미경, 김기순, "국내 Human Immunodeficiency Virus 감염의 감염 경로: 한국 HIV/AIDS 코호트 연구," 대한내과학회지, 93(4), 2018, 379-389면; 김지연, "덮으려는 자 펼치려는 자," 사람, 2019, 417-418면; 후생신문, 『청소년 70% 에이즈 교육 받은적 없다』, 2020.11.24.; 메디컬투데이, 『국내 에이즈 감염 경로 중 60% '동성 및 양성 간 성접촉'』, 2018.8.27.
771 질병관리청, "2020 HIV/AIDS 신고 현황 연보," 2021.8., 9면.
772 질병관리청, "2020 HIV/AIDS 신고 현황 연보," 2021.8., 6면.
773 질병관리청, "2020 HIV/AIDS 신고 현황 연보," 2021.8., 8면.
774 김지연, "덮으려는 자 펼치려는 자," 사람, 2019, 363면.
775 국민일보, 『"에이즈는 치명적 질병⋯ 만성질환처럼 호도해선 안돼"』, 2021.2.22.
776 국회 토론회 자료, 국민행복시대, 에이즈 예방 및 환자 지원을 위한 현황과 과제, 2013.11.28., 14면; 크리스천투데이, 『[염안섭 반론] '한국 에이즈 감염의 주된 경로'에 대해』, 2018.10.18.; 김지연, "덮으려는 자 펼치려는 자," 사람, 2019, 452면.
777 질병관리청, "2020 HIV/AIDS 신고 현황 연보," 2021.8., 6면; 약업신문, 『서정숙 의원, '2020 세계 에이즈의 날' 기념세미나 개최』, 2020.11.24.
778 의학신문, 『국내 청소년 70%, 에이즈 관련 배운 사실 '없다'』, 2020.11.24.
779 쿠키뉴스, 『늘어나는 10대 에이즈⋯"치료제론 한계, 예방 중요하다"』, 2021.11.23.; 크리스천투데이, 『"에이즈 사망률 8~29%⋯ 위험성 제대로 알려야"』, 2021.2.23.; 크리스천투데이, 『[소중한 성 거룩한 성] HIV 전파에 대한 올바른 이해 및 차단을 위한 노력』, 2021.2.23.
780 보건복지부, "제3차 국민건강증진종합계획(2011-2015)," 2010, 472면; 김지연, "덮으려는 자 펼치려는 자," 사람, 2019, 411면.
781 보건복지부, "제4차 국민건강증진종합계획(2016-2020)," 2015.12., 323면.
782 보건복지부, "제4차 국민건강증진종합계획(2016-2020)," 2015.12., 327면.
783 국민일보, 『복지부 "남성 동성애자 그룹은 1순위 에이즈 고위험군" 명시』, 2019.9.10.
784 질병관리본부, "국가 에이즈관리사업 평가 및 전략개발," 청원군: 질병관리본부, 2014, 70면.
785 김지연, "덮으려는 자 펼치려는 자," 사람, 2019, 452-453면; 국민일보, 『복지부 "남성 동성애자 그룹은 1순위 에이즈 고위험군" 명시』, 2019.9.10.

786 질병관리본부, "국가 에이즈관리사업 평가 및 전략개발," 청원군: 질병관리본부, 2014, 60면; 동성애자인권연대, 40-60대 남성동성애자 HIV/AIDS 감염인 보고서, 2013, 63면; 보건복지부, "제3차 국민건강증진종합계획(2011-2015)," 2010, 472면; 이훈재, 국민행복시대, 에이즈 예방 및 환자 지원을 위한 현황과 과제, 국회토론회 자료집, 2013, 44면; 김영한 외 지음, "동성애, 21세기 문화충돌," 킹덤북스, 2016.6., 530면.

787 헬스조선, 『프레디 머큐리도 울게 한 '에이즈'… 동성 간 잘 감염되는 이유』, 2018.12.6.; 김영한 외 지음, "동성애, 21세기 문화충돌," 킹덤북스, 2016.6., 661면.

788 김지연, "덮으려는 자 펼치려는 자," 사람, 2019, 379면.

789 Centers for Disease Control and Prevention (CDC), Ways HIV Can Be Transmitted; https://www.cdc.gov/hiv/basics/hiv-transmission/ways-people-get-hiv.html?CDC_AA_refVal=https%3A%2F%2Fwww.cdc.gov%2Fhiv%2Frisk%2Fanalsex.html; 김지연, "덮으려는 자 펼치려는 자, 사람," 2019, 343면, 377면.

790 Centers for Disease Control and Prevention (CDC), Anal Sex and HIV Risk, 9 August 2016; https://www.thebodypro.com/article/anal-sex-and-hiv-risk;
Karolynn Siegel, Helen-Maria Lekas, Marie Onaga, "The Strategies of Heterosexuals from Large Metropolitan Areas for Assessing the Risks of Exposure to HIV or Other Sexually Transmitted Infections from Partners Met Online," AIDS patient care and STDs, 31(4), 1 April 2017, pp.182–195; Prevention, 『8 Things You Can Do to Protect Yourself—and Your Loved Ones—From HIV』, 3 December 2019.

791 Louis MacGregor, Nathan Speare, Jane Nicholls et al., "Evidence of changing sexual behaviours and clinical attendance patterns, alongside increasing diagnoses of STIs in MSM and TPSM," Sex Transmitted Infections, 97(7), November 2021, pp.507-513; Patricia Gabriela Zambrano Sanchez, Felipe Mosquera Moyano, "A case of monkeypox coinfection with syphilis in an Ecuadorian HIV positive young male," Travel Medicine and Infectious Diseases, 52, March-April 2023, 102516.

792 Gilbert R. Lavoie, John F. Fisher, "Receptive Anal Intercourse and HIV Infection," World Journal of AIDS, 7(4), December 2017, pp.269-278; Miriam Grossman, "You're Teaching My Child What?: A Physician Exposes the Lies of Sex Ed and How They Harm Your Child," Regnery Publishing, 2009, P.87; Mercatornet, 『Shouldn't same-sex oriented teens be given a chance to change?』, 14 February 2014; 연합뉴스, 『"男동성애자 에이즈 예방노력 효과없어"』, 2012.7.20.; 오마이뉴스, 『동성애 두려운 가족들, '혐오'는 시민권을 요구했다』, 2016.6.22.

793 헬스조선, 『국내 에이즈 감염 경로, 동성·양성 성접촉이 60%』, 2018.8.28.; 크리스천투데이, 『"10~20대 에이즈 감염 주된 경로는 동성 간 성접촉"』, 2019.11.28.

794 대한내과학회, "해리슨 내과학," MIP, 2010, 1388면; 국민일보, 『남성 동성애자들, 왜 이러나…10대 청소년들까지』, 2016.10.4.; 김지연, "덮으려는 자 펼치려는 자," 사람, 2019, 375면; 국민일보, 『[긴급진단-퀴어문화축제 실체를 파헤친다 ⑨] 동성애단체 "에이즈에 무방비 노출" 자인』, 2015.6.10.

795 김영한 외 지음, "동성애, 21세기 문화충돌," 킹덤북스, 2016.6., 608면.

796 김영한 외 지음, "동성애, 21세기 문화충돌," 킹덤북스, 2016.6., 610면; 데일리코리아, 『동성애,.. 과연 선천적인가?』, 2015.10.8.; 시사전북닷컴, 『LGBT의 차별과 분별』, 2018.1.24.

797 Neil Whitehead, Briar Whitehead, "My Genes Made Me Do It!," Huntington House Pub, 1999.
798 William C Goedel, Dustin T Duncan, "Geosocial-Networking App Usage Patterns of Gay, Bisexual, and Other Men Who Have Sex With Men: Survey Among Users of Grindr, A Mobile Dating App," JMIR Public Health Surveillance, 1(1), 8 May 2015, e4; 김영한 외 지음, "동성애, 21세기 문화충돌," 킹덤북스, 2016.6., 530면.
799 Paul Van de Ven, Pamela Rodden, June Crawford, Susan Kippax, "A Comparative Demographic and Sexual Profile of Older Homosexually Active Men," The Journal of Sex Research, 34(4), 1997, pp.349–360.
800 연합뉴스, 『"男동성애자 에이즈 예방노력 효과없어"』, 2012.7.20.; 김영한 외 지음, "동성애, 21세기 문화충돌," 킹덤북스, 2016.6., 669-670면.
801 프리미엄조선, 『HIV가 뭔지도 모른 채 숙식 위해 아저씨 상대로 '바텀알바'하는 가출소년들』, 2014.11.17.; 김지연, "덮으려는 자 펼치려는 자," 사람, 2019, 466-467면.
802 김지연, "덮으려는 자 펼치려는 자," 사람, 2019, 379면.
803 John E Pachankis, Kirsty A Clark, Charles L Burton et al., "Sex, status, competition, and exclusion: Intraminority stress from within the gay community and gay and bisexual men's mental health," Journal of Personality and Social Psychology, 119(3), 2020, pp.713–740; The Guardian, 『Pressure to keep up: status imbalance a major factor in stress in gay men』, 29 February 2020.
804 Xiaoyou Su, A. Ning Zhou, Jianjun Li et al., "Depression, Loneliness, and Sexual Risk-Taking Among HIV-Negative/Unknown Men Who Have Sex with Men in China," Archives of Sexual Behavior, 47, October 2018, pp.1959–1968; Pink News, 『Gay men who feel lonely are 67 percent more likely to have unprotected anal sex, study shows』, 28 August 2018; Pink News, 『Men with mental health issues more at risk of HIV』, 15 January 2015.
805 John Bancroft, Erick Janssen, David Strong, Zoran Vukadinovic, "The relation between mood and sexuality in gay men," Archives of Sexual Behavior, 32(3), June 2003, pp.231-242.
806 Pink News, 『Depression and low self-esteem rising among gay men』, 6 August 2015.
807 G Rogers, M Curry, J Oddy et al., "Depressive disorders and unprotected casual anal sex among Australian homosexually active men in primary care," HIV Medicine, 4(3), July 2003, pp.271-275; Ada R. Miltz,corresponding author Alison J. Rodger, Janey Sewell et al., "Clinically significant depressive symptoms and sexual behaviour among men who have sex with men," BJPsych open, 3(3), 8 May 2017, pp.127–137; L M Camacho, B S Brown, D D Simpson, "Psychological dysfunction and HIV/AIDS risk behavior," Journal of Acquired Immune Deficiency Syndromes Human Retrovirology, 11(2), 1 February 1996, pp.198-202; M P Carey, K B Carey, S C Kalichman, "Risk for human immunodeficiency virus (HIV) infection among persons with severe mental illnesses," Clinical Psychology Review, 17(3), 1997, pp.271-291; Loïc Desquilbet, Christiane Deveau et al., "Increase in at-risk sexual behaviour among HIV-1-infected patients followed in the French PRIMO cohort," AIDS, 16(17),

22 November 2002, pp.2329-2333; Sari L. Reisner, Matthew J. Mimiaga, Margie Skeer et al., "Clinically significant depressive symptoms as a risk factor for HIV infection among black MSM in Massachusetts. AIDS and behavior," 13(4), August 2009, pp.798–810; Gary Marks, Cherilyn R Bingman, T Shelley Duval, "Negative affect and unsafe sex in HIV-positive men," AIDS and Behavior, 2(2), 1998, pp.89–99; GMFA, 『Meet the HIV-positive gay men who are depressed and suicidal』, 3 August 2015; Aidsmap, 『Chronic low-grade depression means gay men more likely to have casual unprotected sex』, 9 September 2003.

808 김영한 외 지음, "동성애, 21세기 문화충돌," 킹덤북스, 2016.6., 671-672면.
809 헬스조선, 『부산 에이즈 환자 80명 잠적… '에이즈'에 대한 오해와 진실』, 2017.10.26.
810 인사이트코리아, 『'에이즈 잠복기' 초기 증상을 느끼지 못하고 무증상이나 경미한』, 2019.11.7.; 시사매거진, 『'에이즈 감염확률' 바이러스인 인체면역결핍바이러스 HIV의 초기증상 잠복기는 약』, 2019.9.24.
811 경상일보, 『에이즈 증상은? 무증상 잠복기 10년 지속…"감염 모를 수도 있다?"』, 2017.10.11.; 한국경제, 『에이즈, 무증상 잠복기 10년…초기엔 감기몸살과 비슷』, 2017.10.19.; 헬스조선, 『성병 에이즈, 초기 증상은 '감기몸살?'』, 2021.3.10.; 헬스조선, 『"HIV 감염 증상 감기몸살과 비슷…환자인 줄 모르고 방치도"』, 2019.7.30.; 보건복지부, "제4차 국민건강증진종합계획(2016-2020)," 2015.12., 331면.
812 보건복지부, "제4차 국민건강증진종합계획(2016-2020)," 2015.12., 331면.
813 김지연, "덮으려는 자 펼치려는 자," 사람, 2019, 336면, 356면; 한국일보, 『국내 에이즈환자 87%가 성관계로 감염』, 2014.11.30.; 국제신문, 『"국내 에이즈환자 87%가 성관계로 감염"… 평균나이 46세, 93%는 남성』, 2014.11.30.; 연합뉴스, 『"국내 에이즈환자 87%가 성관계로 감염"』, 2014.11.30.
814 한국경제, 『에이즈, 무증상 잠복기 10년…초기엔 감기몸살과 비슷』, 2017.10.19.
815 김영한 외 지음, "동성애, 21세기 문화충돌," 킹덤북스, 2016.6., 564면.
816 노컷뉴스, 『본인도 모르게 에이즈 감염…확산되는 피해』, 2009.2.17.
817 국가인권위원회, HIV 감염인 및 AIDS 환자 인권상황 실태조사, 2005, 132-133면.
818 김지연, "덮으려는 자 펼치려는 자," 사람, 2019, 346면.
819 신동아, 『한국형 에이즈 환자 1호를 찾아라!』, 2004.9.7.
820 Neil Whitehead, Briar Whitehead, "My Genes Made Me Do It!," Huntington House Pub, 1999; 김영한 외 지음, "동성애, 21세기 문화충돌," 킹덤북스, 2016.6., 610면; 데일리코리아, 『동성애,.. 과연 선천적인가?』, 2015.10.8.; 시사전북닷컴, 『LGBT의 차별과 분별』, 2018.1.24.
821 Gabriela Paz-Bailey, Maria C.B. Mendoza, Teresa Finlayson et al., "Trends in condom use among MSM in the United States: the role of antiretroviral therapy and seroadaptive strategies," AIDS, 30(12), 31 July 2016, pp.1985–1990; Pink News, 『A new survey has revealed the number of men having unprotected sex has jumped in the last decade』, 31 May 2016; Plus, 『Over 40 Percent of Gay & Bi Men Are Having Condomless Sex』, 27 May 2016; Aidsmap, 『American gay men's use of condoms has been falling for a decade, regardless of serosorting or PrEP』, 24 May 2016.
822 경인일보, 『10대 여성, 에이즈 감염자와 '조건만남' 후 감염… 에이즈 증상은?』,

2017.10.11.; 헬스조선, 『"HIV 감염 증상 감기몸살과 비슷…환자인 줄 모르고 방치도"』, 2019.7.30.

823 의학신문, 『HIV 감염률 걱정 된다』, 2016.12.1.; 김지연, "덮으려는 자 펼치려는 자," 사람, 2019, 414면; https://www.ohchr.org/EN/Issues/Health/Pages/HIVandAIDS.aspx
824 크리스천투데이, 『"10~20대 에이즈 감염 주된 경로는 동성 간 성접촉"』, 2019.11.28.
825 후생신문, 『청소년 70% 에이즈 교육 받은적 없다』, 2020.11.24.
826 국민일보, 『"에이즈는 치명적 질병… 만성질환처럼 호도해선 안돼"』, 2021.2.22.
827 질병관리청, "2020 HIV/AIDS 신고 현황 연보," 2021.8., 8면.
828 질병관리청, "2020 HIV/AIDS 신고 현황 연보," 2021.8., 8면.
829 팜뉴스, 『에이즈 무릎꿇린 길리어드, 빅타비로 시장서 돌풍』, 2021.6.24.
830 김지연, "덮으려는 자 펼치려는 자," 사람, 2019, 363면; 동아일보, 『[또 다른 '울지마 톤즈' 빈민촌의 코리안]<2>짐바브웨서 유치원 운영-에이즈 퇴치 현내식 씨』, 2012.1.16.; 연합뉴스, 『'에이즈 예방대책 마련 시급하다'』, 1992.7.30.; 노컷뉴스, 『본인도 모르게 에이즈 감염…확산되는 피해』, 2009.2.17.
831 국민일보, 『"잘못된 국내 에이즈 감염 정보 바로잡아야"』, 2018.4.19.; 국민일보, 『"동성애-에이즈 긴밀한 연관성 명시해야"』, 2018.3.23.
832 https://www.cdc.gov/hiv/group/msm/msm-content/incidence.html
833 김지연, "덮으려는 자 펼치려는 자," 사람, 2019, 412-413면, 503면; 국민일보, 『동성애 연관성 쉬쉬하며… 에이즈 환자 진료비 연 800억 썼다』, 2016.11.30.
834 국민일보, 『복지부 "남성 동성애자 그룹은 1순위 에이즈 고위험군" 명시』, 2019.9.10.
835 김지연, "덮으려는 자 펼치려는 자," 사람, 2019, 422면.
836 국민일보, 『"청소년 에이즈 확산... 동성애 주된 이유 맞다"』, 2017.12.3.
837 국민일보, 『"청소년 에이즈 확산... 동성애 주된 이유 맞다"』, 2017.12.3.; 크리스천투데이, "10~20대 에이즈 감염 주된 경로는 동성 간 성접촉", 2019.11.28.
838 펜앤드마이크, 『[이명진 칼럼] 국가인권위원회 폐지론』, 2021.7.20.
839 PD저널, 『'퀴어=동성애?' 의미조차 축소하는 공영방송』, 2016.6.13.; 한국기자협회, 한국기자협회 인권보도준칙, https://www.journalist.or.kr/news/section4.html?p_num=7
840 보건복지부, "제4차 국민건강증진종합계획(2016-2020)," 2015.12., 323면.
841 메디칼업저버, 『국내 에이즈 감염 주 경로 "동성·양성간 성 접촉"』, 2018.8.21.; 김지연, "덮으려는 자 펼치려는 자," 사람, 2019, 443면; 연합뉴스, 『[건강이 최고] 국내 에이즈 감염 60%는 '동성끼리'…10·20대 '위험수위'』, 2018.8.25.
842 경상매일신문, 『<윤정배 칼럼>동성애와 에이즈』, 2018.4.20.
843 백상현, "가짜 인권, 가짜 혐오, 가짜 소수자," 밝은생각, 2017, 320-321면.
844 국민일보, 『"청소년 에이즈 확산... 동성애 주된 이유 맞다"』, 2017.12.3.
845 국민일보, 『남성 동성애-에이즈 연관성, 의학적 근거 나왔다』, 2018.4.16.
846 크리스천투데이, 『"10·20대, 에이즈 위험에 노출… '성적지향' 삭제해야"』, 2019.11.26.
847 의학신문, 『국내 청소년 70%, 에이즈 관련 배운 사실 '없다'』, 2020.11.24.; 데일리굿뉴스, 『청소년 에이즈 감염 급증하는데…정작 실상에 대해선 몰라』, 2020.11.24.; 크리스천투데이, 『"청소년들, 대부분 HIV/AIDS 감염 실태와 경로 몰라"』, 2020.11.23.
848 의학신문, 『HIV 감염률 걱정 된다』, 2016.12.1.
849 JTBC 뉴스, 『[단독] '에이즈 익명 검사' 3년 새 2배…예방은 '뒷걸음'』, 2017.10.21.

850 의학신문, 『국내 청소년 70%, 에이즈 관련 배운 사실 '없다'』, 2020.11.24.; 후생신문, 『청소년 70% 에이즈 교육 받은적 없다』, 2020.11.24.; 약업신문, 『서정숙 의원, '2020 세계 에이즈의 날' 기념세미나 개최』, 2020.11.24.; 헬스인뉴스, 『국민의힘 서정숙 의원, '2020 세계 에이즈의 날' 기념세미나 '디셈버퍼스트' 개최』, 2020.11.25.; 데일리굿뉴스, 『청소년 에이즈 감염 급증하는데…정작 실상에 대해선 몰라』, 2020.11.24.

851 경북일보, 『청소년 68.5% "HIV·AIDS 관련 교육 경험 '없다'"』, 2020.11.30.

852 데일리굿뉴스, 『청소년 에이즈 감염 급증하는데…정작 실상에 대해선 몰라』, 2020.11.24.; 경북일보, 『청소년 68.5% "HIV·AIDS 관련 교육 경험 '없다'"』, 2020.11.30.; 후생신문, 『청소년 70% 에이즈 교육 받은적 없다』, 2020.11.24.

853 매일신문, 『대구서 '청소년 HIV/AIDS 인식 실태조사' 세미나 열려』, 2020.11.29.

854 국민일보, 『"청소년 에이즈 확산… 동성애 주된 이유 맞다"』, 2017.12.3.

855 국민일보, 『"에이즈는 치명적 질병… 만성질환처럼 호도해선 안돼"』, 2021.2.22.

856 Centers for Disease Control and Prevention (CDC), "Prevalence and awareness of HIV infection among men who have sex with men --- 21 cities, United States," 2008, Morbidity and Mortality Weekly Report, 59(37), 24 September 2010, pp.1201-1207.

857 Centers for Disease Control and Prevention (CDC), "Men Living with Diagnosed HIV Who Have Sex with Men: Progress Along the Continuum of HIV Care — United States, 2010," Morbidity and Mortality Weekly Report, 63(38), 26 September 2014, pp.829-833; Pink News, 『CDC: Half of gay men with HIV not recieving treatment』, 26 September 2014; The Georgiavoice, 『CDC: half of gay, bisexual men with HIV don't receive treatment』, 25 September 2014; The Guardian, 『Only half of US HIV-diagnosed gay men got treatment in 2010, CDC says』, 25 September 2014.

858 메디파타뉴스, 『에이즈 폭등 "질본, 감염원인 동성애 제대로 알려야"』, 2018.10.11.

859 PD저널, 『'퀴어=동성애?' 의미조차 축소하는 공영방송』, 2016.6.13.; 한국기자협회, 한국기자협회 인권보도준칙, https://www.journalist.or.kr/news/section4.html?p_num=7

860 김영길, "인권의 딜레마," 보담, 2021, 35면, 336-338면; 의학신문, 『에이즈 예방법 개정이 필요하다』, 2020.5.4.

861 의학신문, 『HIV 감염률 걱정 된다』, 2016.12.1.; 김지연, "덮으려는 자 펼치려는 자," 사람, 2019, 414면, 508면.

862 http://www.cdc.gov/hiv/group/age/youth/index.html

863 헬스조선, 『성병 에이즈, 초기 증상은 '감기몸살'?』, 2021.3.10.; 헬스조선, 『"HIV 감염 증상 감기몸살과 비슷…환자인 줄 모르고 방치도"』, 2019.7.30.

864 의학신문, 『국내 청소년 70%, 에이즈 관련 배운 사실 '없다'』, 2020.11.24.

865 질병관리청, "2020 HIV/AIDS 신고 현황 연보," 2021.8., 6면; 약업신문, 『서정숙 의원, '2020 세계 에이즈의 날' 기념세미나 개최』, 2020.11.24.

866 김지연, "덮으려는 자 펼치려는 자," 사람, 2019, 354면.; 국민일보, 『청소년 HIV 감염자 92% 남성 간 성접촉… WHO '고위험군' 적시』, 2019.9.17.

867 의학신문, 『에이즈 예방법 개정이 필요하다』, 2020.5.4.

868 질병관리본부 국립보건연구원 면역병리센터 에이즈·종양바이러스과, "우리나라 HIV 감염인의 최초 감염진단 이후 생존율 변화," 주간 건강과 질병, 2009, 1면; 김지연, "덮으려는 자 펼치려는 자," 사람, 2019, 363면, 466면.

869 김지연, "덮으려는 자 펼치려는 자," 사람, 2019, 457면.
870 보건복지부, "제4차 국민건강증진종합계획(2016-2020)," 2015.12., 328면.
871 시사매거진, 『'에이즈 감염확률' 바이러스인 인체면역결핍바이러스 HIV의 초기증상 잠복기는 약』, 2019.9.24.; 인사이트코리아, 『'에이즈 잠복기' 초기 증상을 느끼지 못하고 무증상이나 경미한』, 2019.11.7.
872 경상매일신문, 『<윤정배 칼럼>동성애와 에이즈 III』, 2018.5.4.
873 헬스조선, 『에이즈 무속인 징역, 에이즈 감염경로 어떻길래?』, 2019.9.16.; 헬스조선, 『프레디 머큐리도 울게 한 '에이즈'… 동성 간 잘 감염되는 이유』, 2018.12.6.
874 Centers for Disease Control and Prevention (CDC), "Prevalence and awareness of HIV infection among men who have sex with men --- 21 cities, United States," 2008, Morbidity and Mortality Weekly Report, 59(37), 24 September 2010, pp.1201-1207.
875 보건복지부, "제4차 국민건강증진종합계획(2016-2020)," 2015.12., 328면.
876 김지연, "덮으려는 자 펼치려는 자," 사람, 2019, 357면.
877 국민일보, 『동성애자로 살다가 에이즈 걸린 청년, 지난날 청산하고 강사됐다』, 2019.10.1.
878 김지연, "덮으려는 자 펼치려는 자," 사람, 2019, 472면; World Health Organization, "HIV drug resistance report 2021," November 2021;
https://www.who.int/teams/global-hiv-hepatitis-and-stis-programmes/hiv/treatment/hiv-drug-resistance
879 의학신문, 『제6회 디셈버퍼스트 세미나 개최..올바른 에이즈 예방지식 전달』, 2021.11.22.; 의학신문, 『에이즈 예방법 개정이 필요하다』, 2020.5.4.; 한국경제, 『에이즈, 무증상 잠복기 10년…초기엔 감기몸살과 비슷』, 2017.10.19.
880 김지연, "덮으려는 자 펼치려는 자," 사람, 2019, 290면.
881 Ann N Burchell, Vanessa G Allen, Sandra L Gardner et al., "High incidence of diagnosis with syphilis co-infection among men who have sex with men in an HIV cohort in Ontario, Canada," BMC Infectious Diseases, 15(356), 20 August 2015.
882 Public Health Agency of Canada, Report on Sexually Transmitted Infections in Canada: 2011, 2014, p.14; 김지연, "덮으려는 자 펼치려는 자," 사람, 2019, 315면.
883 의학신문, 『법이 의학을 위협하면 안 된다---차별금지법이 의학에 미치는 영향』, 2020.8.21.
884 경북일보, 『포항인권윤리포럼 성료…국회 제출 포괄적 차별금지법안 '문제투성이'』, 2020.11.24.; 경북도민일보, 『포괄적 차별금지법안 '문제투성이'』, 2020.11.24.
885 헬스조선, 『"HIV 감염 증상 감기몸살과 비슷…환자인 줄 모르고 방치도"』, 2019.7.30.
886 Sara Croxford, Aileen Kitching, Sarika Desai et al., "Mortality and causes of death in people diagnosed with HIV in the era of highly active antiretroviral therapy compared with the general population: an analysis of a national observational cohort," Lancet Public Health, 2(1), January 2017, e35-e46; Sara Croxford et al., Suicide among people diagnosed with HIV in England and Wales compared to the general population, British HIV Association conference, abstract O16, Liverpool, April 2017; Aidsmap, 『Suicide accounts for 2% of deaths in people with HIV, twice the rate of the general population』, 6 April 2017; Pink News, 『Men with HIV are twice as likely to die by suicide』, 7 April 2017.

887 국민일보, 『"에이즈는 치명적 질병… 만성질환처럼 호도해선 안돼"』, 2021.2.22.
888 국민일보, 『"에이즈는 치명적 질병… 만성질환처럼 호도해선 안돼"』, 2021.2.22.
889 Jenny E. Ostergren, B.R. Simon Rosser, Keith J. Horvath, "Reasons for non-use of condoms among men who have sex with men: a comparison of receptive and insertive role in sex and online and offline meeting venue," Culture, health & sexuality, 13(2), February 2011, pp.123-140; Pink News, 『Exclusive: 70% of gay men believe that sex without condoms is more pleasurable』, 19 February 2014; The Gaily Grind, 『Study Finds 80% Of Young Gay Londoners Have Had Bareback Sex & More Likely To Bareback With "Good Looking Guy"』, 24 February 2014.
890 김지연, "덮으려는 자 펼치려는 자," 사람, 2019, 381-382면; 국민일보, 『복지부 "남성 동성애자 그룹은 1순위 에이즈 고위험군" 명시』, 2019.9.10.
891 Elise Bragard, Kathryn Macapagal, Brian Mustanski, Celia B Fisher, "Association of CAI Vulnerability and Sexual Minority Victimization Distress Among Adolescent Men Who Have Sex With Men," Psychology of Sexual Orientation and Gender Diversity, 8(4), December 2021, pp.496-505.
892 Charles L Burton, Kirsty A Clark, John E Pachankis, "Risk From Within: Intraminority Gay Community Stress and Sexual Risk-Taking Among Sexual Minority Men," Annals of Behavioral Medicine, 54(9), 1 September 2020, pp.703-712.
893 Gabriela Paz-Bailey, Maria C.B. Mendoza, Teresa Finlayson et al., "Trends in condom use among MSM in the United States: the role of antiretroviral therapy and seroadaptive strategies," AIDS, 30(12), 31 July 2016, pp.1985–1990; Pink News, 『A new survey has revealed the number of men having unprotected sex has jumped in the last decade』, 31 May 2016; Plus, 『Over 40 Percent of Gay & Bi Men Are Having Condomless Sex』, 27 May 2016; Aidsmap, 『American gay men's use of condoms has been falling for a decade, regardless of serosorting or PrEP』, 24 May 2016.
894 Pink News, 『1 in 4 gay men have contracted an STI while in a relationship』, 14 February 2017.
895 Centers for Disease Control and Prevention (CDC), Teresa J Finlayson, Binh Le, Amanda Smith, Kristina Bowles et al., "HIV risk, prevention, and testing behaviors among men who have sex with men--National HIV Behavioral Surveillance System, 21 U.S. cities, United States, 2008," Morbidity and Mortality Weekly Report, 60(14), 28 October 2011, pp.1-34.
896 William C Goedel, Dustin T Duncan, "Contextual factors in geosocial-networking smartphone application use and engagement in condomless anal intercourse among gay, bisexual, and other men who have sex with men who use Grindr," Sexual Health, 13(6), November 2016, pp.549-554.
897 Dawn K Smith, Jeffrey H Herbst, Xinjiang Zhang et al., "Condom Effectiveness for HIV Prevention by Consistency of Use Among Men Who Have Sex With Men in the United States," JAIDS Journal of Acquired Immune Deficiency Syndromes, 68(3), 1 March 2015, pp.337-344; Prevention, 『How well do condoms protect gay men from HIV?』, 17 October 2016.

898 Kathryn Macapagal, David A. Moskowitz, Dennis H. Li et al., "Hookup App Use, Sexual Behavior, and Sexual Health Among Adolescent Men Who Have Sex With Men in the United States," Journal of Adolescent Health, 62(6), 1 June 2018, pp.708-715.

899 Reuters, 『Nearly half of gay, bi men in UK sexually assaulted, survey finds』, 23 July 2021; Pink News, 『Almost half of gay and bi men have been sexually assaulted, troubling research finds』, 22 July 2021; Them, 『Nearly Half of Queer Men Have Survived Sexual Violence, According to New Study』, 22 July 2021.

900 보건복지부, "제4차 국민건강증진종합계획(2016-2020)," 2015.12., 331면.

901 보건복지부, "제4차 국민건강증진종합계획(2016-2020)," 2015.12., 328면.

902 보건복지부, "제4차 국민건강증진종합계획(2016-2020)," 2015.12., 331면.

903 조병희, "HIV/AIDS의 사회적 영향," 질병관리본부·UNDP 주최 에이즈로 인한 사회·경제적 영향 국제 심포지움 발표문, 2004, 35-145면; 김지연, "덮으려는 자 펼치려는 자," 사람, 2019, 487면.

904 Gilbert R. Lavoie, John F. Fisher, "Receptive Anal Intercourse and HIV Infection," World Journal of AIDS, 7(4), December 2017, pp.269-278.

905 Dawn K Smith, Jeffrey H Herbst, Xinjiang Zhang et al., "Condom Effectiveness for HIV Prevention by Consistency of Use Among Men Who Have Sex With Men in the United States," JAIDS Journal of Acquired Immune Deficiency Syndromes, 68(3), 1 March 2015, pp.337-344; Prevention, 『How well do condoms protect gay men from HIV?』, 17 October 2016; https://www.sfaf.org/collections/beta/how-well-do-condoms-protect-gay-men-from-hiv/

906 국민일보, 『"에이즈는 치명적 질병… 만성질환처럼 호도해선 안돼"』, 2021.2.22.

907 데일리굿뉴스, 『청소년 에이즈 감염 급증하는데…정작 실상에 대해선 몰라』, 2020.11.24.; 크리스천투데이, 『"청소년들, 대부분 HIV/AIDS 감염 실태와 경로 몰라"』, 2020.11.23.

908 Centers for Disease Control and Prevention (CDC), "Prevalence and awareness of HIV infection among men who have sex with men --- 21 cities, United States, 2008," Morbidity and Mortality Weekly Report, 59(37), 24 September 2010, pp.1201-1207; 김지연, "덮으려는 자 펼치려는 자," 사람, 2019, 374면.

909 Dorian Freeman, "The Association Between Internalized Homophobia, Stigma, Racism, Religion and Sexual Risk Behaviors in Young African American Men who have sex with Men in Jackson, MS," Thesis, Georgia State University, 2018; https://scholarworks.gsu.edu/iph_theses/582

910 연합뉴스, 『"男동성애자 에이즈 예방노력 효과없어"』, 2012.7.20.; 김영한 외 지음, "동성애, 21세기 문화충돌," 킹덤북스, 2016.6., 530면, 669-670면.

911 김지연, "덮으려는 자 펼치려는 자," 사람, 2019, 383면.; Public Health England, "PHE responds to health inequalities facing gay, bisexual and MSM," 27 June 2014; https://www.gov.uk/government/news/phe-responds-to-health-inequalities-facing-gay-bisexual-and-msm

912 경상매일신문, 『<윤정배 칼럼>동성애와 에이즈 II』, 2018.4.27.

913	국민일보, 『청소년 HIV 감염자 92% 남성 간 성접촉… WHO '고위험군' 적시』, 2019.9.17.
914	크리스천투데이, 『"10~20대 에이즈 감염 주된 경로는 동성 간 성접촉"』, 2019.11.28.
915	김영한 외 지음, "동성애, 21세기 문화충돌," 킹덤북스, 2016.6., 981면; 국민일보, 『[동성애 침투 이대로 괜찮은가-오해와 진실] 동성애는 타고난다?』, 2015.6.26.
916	크리스천투데이, 『"에이즈 대처, 인권 가면 벗고 정직해야"』, 2015.11.30.
917	크리스천투데이, 『샬롬나비 "동성애, 인권 차별문제로 환원 안 돼"』, 2014.11.20.; 김영한 외 지음, "동성애, 21세기 문화충돌," 킹덤북스, 2016.6., 337-338면, 981면; 국민일보, 『[동성애 침투 이대로 괜찮은가-오해와 진실] 동성애는 타고난다?』, 2015.6.26.; 크리스천투데이, 『"에이즈 대처, 인권 가면 벗고 정직해야"』, 2015.11.30.
918	Heidi J. Larson, Jai P. Narain, Beyond 2000 responding to HIV/AIDS in the new millennium, World Health Organization, 15 May 2001, pp.7-8; http://apps.who.int/iris/handle/10665/204818
919	보건복지부, "제4차 국민건강증진종합계획(2016-2020)," 2015.12., 323면; 의학신문, 『HIV 감염률 걱정 된다』, 2016.12.1.; 세계일보, 『에이즈 감염자들 발병으로 죽는 것보다 자살이 더 많아요』, 2013.11.26.
920	질병관리청, "2020 HIV/AIDS 신고 현황 연보," 2021.8., 6면.
921	경상매일신문, 『<윤정배 칼럼>동성애와 에이즈 V』, 2018.5.18.; 국민일보, 『"차별금지법 폐해, 남성 간 성행위에 따른 에이즈 확산은 사실"』, 2018.10.10.
922	김지연, "덮으려는 자 펼치려는 자," 사람, 2019, 343면, 424면.
923	국민일보, 『청소년 HIV 감염자 92% 남성 간 성접촉… WHO '고위험군' 적시』, 2019.9.17.
924	김영한 외 지음, "동성애, 21세기 문화충돌," 킹덤북스, 2016.6., 336면.
925	세계일보, 『에이즈 감염자들 발병으로 죽는 것보다 자살이 더 많아요』, 2013.11.26.; 김지연, "덮으려는 자 펼치려는 자," 사람, 2019, 453면.
926	김지연, "덮으려는 자 펼치려는 자," 사람, 2019, 503면; 메디파타뉴스, 『에이즈 폭등 "질본, 감염원인 동성애 제대로 알려야"』, 2018.10.11.
927	경상매일신문, 『<윤정배 칼럼>동성애와 에이즈 V』, 2018.5.18.
928	경향신문, 『FDA, 에이즈 예방약 첫 승인』, 2012.7.17.
929	연합뉴스, 『<의학> 美 에이즈 환자 평균생존기간 24년』, 2006.11.13.; 쿠키뉴스, 『에이즈 환자, 평균 24년 생존… 치료비용 60만달러』, 2006.11.13.
930	크리스천투데이, 『[소중한 성 거룩한 성] HIV 전파에 대한 올바른 이해 및 차단을 위한 노력』, 2021.3.9.
931	의학신문, 『HIV 감염률 걱정 된다』, 2016.12.1.; 김지연, "덮으려는 자 펼치려는 자," 사람, 2019, 492면.
932	Centers for Disease Control and Prevention (CDC), The Affordable Care Act Helps People Living with HIV/AIDS, 12 May 2020; https://www.cdc.gov/hiv/policies/aca.html; 김지연, "덮으려는 자 펼치려는 자," 사람, 2019, 504면.
933	Centers for Disease Control and Prevention (CDC), "Men Living with Diagnosed HIV Who Have Sex with Men: Progress Along the Continuum of HIV Care — United States, 2010," Morbidity and Mortality Weekly Report, 63(38), 26 September 2014, pp.829-833; Pink News, 『CDC: Half of gay men with HIV not recieving treatment』,

26 September 2014; The Georgiavoice, 『CDC: half of gay, bisexual men with HIV don't receive treatment』, 25 September 2014; The Guardian, 『Only half of US HIV-diagnosed gay men got treatment in 2010, CDC says』, 25 September 2014; 김지연, "덮으려는 자 펼치려는 자," 사람, 2019, 503면.

934 김지연, "덮으려는 자 펼치려는 자," 사람, 2019, 472면; 국민일보, 『동성애자로 살다가 에이즈 걸린 청년, 지난날 청산하고 강사됐다』, 2019.10.1.

935 김지연, "덮으려는 자 펼치려는 자," 사람, 2019, 472면.

936 김지연, "덮으려는 자 펼치려는 자," 사람, 2019, 488면.

937 김지연, "덮으려는 자 펼치려는 자," 사람, 2019, 478면, 480면; 명재진 외 6인, "포괄적 차별금지법, 찬성할 것인가 반대할 것인가," 밝은생각, 2020.6., 363면; 뉴시스, 『에이즈환자 치료비 해마다 늘어…지난해에만 1000억 투입』, 2017.10.13.

938 의학신문, 『국내 청소년 70%, 에이즈 관련 배운 사실 '없다'』, 2020.11.24.

939 메디파타뉴스, 『에이즈 폭등 "질본, 감염원인 동성애 제대로 알려야"』, 2018.10.11.; 김지연, "덮으려는 자 펼치려는 자," 사람, 2019, 478면.

940 뉴스포스트, 『에이즈 환자 매년 급증, 지난해 치료비만 1000억원 이상』, 2017.10.15.; 김지연, "덮으려는 자 펼치려는 자," 사람, 2019, 447면; 국민일보, 『동성애 연관성 쉬쉬하며… 에이즈 환자 진료비 연 800억 썼다』, 2016.11.30.

941 메디게이트뉴스, 『작년 에이즈 환자 치료비 1천억원 이상』, 2017.10.13.; 의학신문, 『국내 에이즈 환자 증가세…작년 치료비로 1,000억 사용』, 2017.10.13.; 메디컬투데이, 『에이즈 감염자 해마다 급격히 증가…지난해 치료비 1000억원 지원』, 2017.10.13.; 뉴시스, 『에이즈환자 치료비 해마다 늘어…지난해에만 1000억 투입』, 2017.10.13.; 메디파나뉴스, 『에이즈 환자 급증‥2016년에만 치료에 1천억 지원』, 2017.10.13.

942 메디파타뉴스, 『에이즈 폭등 "질본, 감염원인 동성애 제대로 알려야"』, 2018.10.11.

943 의학신문, 『HIV 감염률 걱정 된다』, 2016.12.1.

944 보건복지부, "제4차 국민건강증진종합계획(2016-2020)," 2015.12., 331면.

945 질병관리본부 국립보건연구원 면역병리센터 에이즈·종양바이러스과, "우리나라 HIV 감염인의 최초 감염진단 이후 생존율 변화," 주간 건강과 질병, 2009, 1면; 김지연, "덮으려는 자 펼치려는 자," 사람, 2019, 363면, 466면.

946 김영한 외 지음, "동성애, 21세기 문화충돌," 킹덤북스, 2016.6., 567-569면.

947 김지연, "덮으려는 자 펼치려는 자," 사람, 2019, 363면; 동아일보, 『[또 다른 '울지마 톤즈' 빈민촌의 코리안]<2>짐바브웨서 유치원 운영-에이즈 퇴치 현내식 씨』, 2012.1.16.; 연합뉴스, 『'에이즈 예방대책 마련 시급하다'』, 1992.7.30.; 노컷뉴스, 『본인도 모르게 에이즈 감염…확산되는 피해』, 2009.2.17.

948 의학신문, 『국내 청소년 70%, 에이즈 관련 배운 사실 '없다'』, 2020.11.24.

949 김지연, "덮으려는 자 펼치려는 자," 사람, 2019, 457면; 쿠키뉴스, 『늘어나는 10대 에이즈…"치료제론 한계, 예방 중요하다"』, 2021.11.23.; 질병관리청, "2020 HIV/AIDS 신고현황 연보," 2021.8., 6면; 약업신문, 『서정숙 의원, '2020 세계 에이즈의 날' 기념세미나 개최』, 2020.11.24.

950 국민일보, 『"청소년 에이즈 확산... 동성애 주된 이유 맞다"』, 2017.12.3.

951 김지연, "덮으려는 자 펼치려는 자," 사람, 2019, 480면.

952 의학신문, 『국내 청소년 70%, 에이즈 관련 배운 사실 '없다'』, 2020.11.24.

953 헤럴드경제, 『[사설] 급증하는 에이즈 환자, 전문병원 지정 관리 시급』, 2016.9.27.

954 경향신문, 『FDA, 에이즈 예방약 첫 승인』, 2012.7.17.; 연합뉴스, 『<의학> 美 에이즈 환자 평균생존기간 24년』, 2006.11.13.; 쿠키뉴스, 『에이즈 환자, 평균 24년 생존… 치료비용 60만달러』, 2006.11.13.

955 국민일보, 『경남지역 성도들 '퀴어행사' 저지 집회』, 2019.12.2.; 국민일보, 『"동성 간 성 접촉이 에이즈 감염의 주된 경로"』, 2019.11.28.

956 데일리굿뉴스, 『에이즈 감염, 젊은층 확산…위험성 알려야』, 2020.7.18.

957 인사이트코리아, 『'에이즈 잠복기' 초기 증상을 느끼지 못하고 무증상이나 경미한』, 2019.11.7.; 시사매거진, 『'에이즈 감염확률' 바이러스인 인체면역결핍바이러스 HIV의 초기증상 잠복기는 약』, 2019.9.24.; 경상매일신문, 『<윤정배 칼럼>동성애와 에이즈 V』, 2018.5.18.

958 질병관리본부, "HIV/AIDS 예방 및 대응 국가전략 개발에 관한 연구," 2006, 12면, 20면; 경상매일신문, 『<윤정배 칼럼>동성애와 에이즈 V』, 2018.5.18.; 김지연, "덮으려는 자 펼치려는 자," 사람, 2019, 414-415면, 484-488면.

959 노컷뉴스, 『본인도 모르게 에이즈 감염…확산되는 피해』, 2009.2.17.; 김지연, "덮으려는 자 펼치려는 자," 사람, 2019, 454면, 460-462면.

960 국민일보, 『"사랑 어쩌고저쩌고해도 결국에는 단순 엔조이… 동성애자 성적 쾌락 추구는 성 중독에 가까워"』, 2017.9.20.

961 오마이뉴스, 『동성애=후천적? 차별금지법 반대하는 개신교인에게』, 2020.8.8.

962 J Michael Bailey, Paul L Vasey, Lisa M Diamond et al., "Sexual Orientation, Controversy, and Science," Psychological Science in the Public Interest, September 2016, 17(2), pp.45-101.

963 Newsday, 『Is sexual orientation determined at birth? No.』, 25 May 2019; Gallup, 『Americans' Views on Origins of Homosexuality Remain Split』, 28 May 2014; The Washington Post, 『The U.S. is still divided on what causes homosexuality』, 10 March 2015; Pink News, 『US: Less than half of Americans think people are born gay』, 31 May 2014; 조 달라스, "동성애를 말하다," 하늘물고기, 2017, 71면; 미디어오늘, 『WHO, 동성애와 트랜스젠더는 정상적인 삶의 형태로 규정』, 2021.4.12.

964 J Michael Bailey, Paul L Vasey, Lisa M Diamond et al., "Sexual Orientation, Controversy, and Science," Psychological Science in the Public Interest, September 2016, 17(2), pp.45-101.

965 Arielle Kuperberg, Alicia M Walker, "Heterosexual College Students Who Hookup with Same-Sex Partners," Archives of Sexual Behavior, July 2018, 47(5), pp.1387-1403; FYI, 『Straight People Don't Exist, Research Says』, 7 November 2015; Pink News, 『'Straight' men discuss their secret sexual relationships with other men』, 25 December 2019; Aazios, 『Study Says More And More Straight People Are Having Same Gender Experiences』, 30 April 2018; Pink News, 『Straight men have a lot of gay sex, study shows』, 29 April 2018; Pink News, 『Straight men watch gay porn a quarter of the time, study reveals』, 6 March 2018.

966 R E Fay, C F Turner, A D Klassen, J H Gagnon, "Prevalence and patterns of same-gender sexual contact among men," Science, 243(4889), 20 January1989, pp.338-348; Margaret Rosario, Eric W. Schrimshaw, Joyce Hunter, and Lisa Braun, "Sexual identity development among gay, lesbian, and bisexual youths: consistency and

change over time," Journal of Sex Research, 43(1), 2006, pp.46-58; Ritch C Savin-Williams, Kara Joyner, "The dubious assessment of gay, lesbian, and bisexual adolescents of add health," Archives of Sexual Behavior, 43(3), April 2014, pp.413-422; Ritch C Savin-Williams, Geoffrey L Ream, "Prevalence and stability of sexual orientation components during adolescence and young adulthood," Archives of Sexual Behavior, 36(3), June 2007, pp.385-394.

967　Ritch C Savin-Williams, Geoffrey L Ream, "Pubertal onset and sexual orientation in an adolescent national probability sample," Archives of Sexual Behavior, 35(3), June 2006, pp.279-286; Ritch C Savin-Williams, Geoffrey L Ream, "Prevalence and stability of sexual orientation components during adolescence and young adulthood," Archives of Sexual Behavior, 36(3), June 2007, pp.385-394.

968　Lawrence S Mayer, Paul R McHugh, "Sexuality and Gender: Findings from the Biological, Psychological, and Social Sciences," The New Atlantis, 50, Special Report: Sexuality and Gender (Fall 2016), pp.10-143.

969　국민일보, 『[젠더이데올로기 실체를 말한다] "동성애가 유전된다는 주장에 대한 과학적 근거는 없다"』, 2019.10.29.

970　조선일보, 『'동성애자들이 말해주지 않는 동성애에 대한 비밀'』, 2010.11.10.; 조선일보, 『동성애자들이 말해주지 않는 '동성애에 대한 비밀' -동성애자의 양심고백-』, 2020.9.1.

971　크리스천투데이, 『HIV 감염자 "동성애와 에이즈의 위험성 알려야"』, 2019.11.28.

972　펜앤드마이크, 『한국가족보건협회 "폭증하는 청소년 에이즈…'동성간 성관계'가 주요 감염경로임을 가르쳐야"』, 2019.11.27.

973　백상현, "가짜 인권, 가짜 혐오, 가짜 소수자," 밝은생각, 2017, 211면; 국민일보, 『경남지역 성도들 '퀴어행사' 저지 집회』, 2019.12.2.; 국민일보, 『"동성애가 유전이라고요? 이기적 욕망·중독일 뿐 다들 속고 있습니다"』, 2016.6.9.

974　디지털타임스, 『여성 성기 언급한 총신대 교수, "동성간 성관계 경종 울리는 일 계속할 것"』, 2019.11.24.; 연합뉴스, 『여성 성기 언급한 총신대 교수 '성희롱' 논란에 반박 대자보』, 2019.11.24.; 세계일보, 『'성희롱' 논란 총신대 교수 "의학적 사실 제시했을 뿐" 반박』, 2019.11.24.

975　스카이데일리, 『개인·사회 비참한 최후 부르는 동성애의 목적 '변태적 쾌락'』, 2020.9.28.

976　https://namu.wiki/w/게이/오해

977　크리스천투데이, 『"퀴어행사 후원한 오비맥주 강력 규탄"』, 2019.6.4.

978　경상매일신문, 『<윤정배 칼럼> 퀴어축제와 예방주사』, 2018.6.8.

979　Alan P Bell, Martin S Weinberg, "Homosexualities: A Study of Diversity Among Men and Women," Simon and Schuster, 1978. p.308, p.505.

980　김영한 외 지음, "동성애, 21세기 문화충돌," 킹덤북스, 2016.6., 530면.

981　United States, Congress, House, Committe, "Policy Implications of Lifting the ban on Homosexuals in the Military: Hearings Before the Committee on Armed Services, House of Representatives, One Hundred Third Congress First Session, Hearings Held May 4 and 5, 1993," Palala Press, September 2015, p.114.

982　Lawrence Corey, King K Holmes, "Sexual transmission of hepatitis A in homosexual men: incidence and mechanism," The New England Journal of Medicine, 302(8), 21 February 1980, pp.435-438.

983 Harry W. Haverkos, Robert Edelman, "The Epidemiology of Acquired Immunodeficiency Syndrome Among Heterosexuals," JAMA, 260(13), 1988, pp.1922-1929.

984 M E Guinan, P A Thomas, P F Pinsky et al., "Heterosexual and homosexual patients with the acquired immunodeficiency syndrome. A comparison of surveillance, interview, and laboratory data," Annals of Internal Medicine, 100(2), February 1984, pp.213-218; J W Gold, C S Weikel, J Godbold et al., "Unexplained persistent lymphadenopathy in homosexual men and the acquired immune deficiency syndrome," Medicine (Baltimore), 64(3), May 1985, pp.203-213.

985 Alan P. Bell, Martin S. Weinberg, Sue Kiefer Hammersmith, "Sexual Preference," Indiana University Press, 1981.

986 가브리엘 쿠비, "글로벌 성혁명," 밝은생각, 2020, 226면.

987 Paul Van de Ven, Pamela Rodden, June Crawford, Susan Kippax, "A Comparative Demographic and Sexual Profile of Older Homosexually Active Men," The Journal of Sex Research, 34(4), 1997, pp.349–360; 김영한 외 지음, 동성애, 21세기 문화충돌, 킹덤북스, 2016.6., 823면.

988 동아일보, 『홍석천, "남자 선배 300명 이상과 관계" 충격 고백』, 2007.5.18.; 김영한 외 지음, "동성애, 21세기 문화충돌," 킹덤북스, 2016.6., 823면; 월간조선, 『'동성애 전문가' 염안섭 수동연세요양병원장 인터뷰』, 2020.5.10.

989 Jennifer Hecht, Maria Zlotorzynska, Travis H Sanchez, Dan Wohlfeiler, "Gay Dating App Users Support and Utilize Sexual Health Features on Apps," AIDS and Behavior, 11 January 2022.

990 가브리엘 쿠비, "글로벌 성혁명," 밝은생각, 2020, 226면; Zurich Men's Study, Institut fur Sozial- und Praventivmedizin Universitat Zurich, Sumtraster, 30, CH-8006 Zurich, June 1999.

991 Maria Xiridou, Ronald Geskus, John De Wit et al., "The contribution of steady and casual partnerships to the incidence of HIV infection among homosexual men in Amsterdam," AIDS, 17(7), May 2003, pp.1029-1038; 가브리엘 쿠비, "글로벌 성혁명," 밝은생각, 2020, 227면.

992 David P. McWhirter, "The Male Couple," Prentice Hall Direct, 1985; 브라이어 와이트헤드, "나는 사랑받고 싶다," 웰스프링, 2007, 144면.

993 경상매일신문, 『<윤정배 칼럼>동성애와 에이즈Ⅵ』, 2018.5.29.; 경상매일신문, 『<윤정배 칼럼> 퀴어축제와 예방주사』, 2018.6.8.; James E. Phelan, "Addiction and Recovery in Homosexuality," Journal of Ministry in Addiction & Recovery, 5(1), 1998, pp.64-71; 김영한 외 지음, "동성애, 21세기 문화충돌," 킹덤북스, 2016.6., 113-114면.

994 김영한 외 지음, "동성애, 21세기 문화충돌," 킹덤북스, 2016.6., 113-114면.

995 김일수, "성소수자의 권리 논쟁," 세창출판사, 2019, 259면.

996 Lisa M Diamond, "Was it a phase? Young women's relinquishment of lesbian/bisexual identities over a 5-year period," Journal of Personality and Social Psychology, 84(2), February 2003, pp.352-364; Lisa M Diamond, "A New View of Lesbian Subtypes: Stable Versus Fluid Identity Trajectories over an 8-Year Period," Psychology of Women Quarterly, 29(2), June 2005, pp.119-128; Lisa

M Diamond, "Sexual identity, attractions, and behavior among young sexual-minority women over a 2-year period," Developmental Psychology, 36(2), March 2000, pp.241-250; Lisa M Diamond, "Sexual Fluidity: Understanding Women's Love and Desire," Harvard University Press, 2009, p.52; Lisa M Diamond, "The desire disorder in research on sexual orientation in women: contributions of dynamical systems theory," Archives of Sexual Behavior, 41(1), February 2012, pp.73-83; R F Baumeister, "Gender differences in erotic plasticity: the female sex drive as socially flexible and responsive," Psychological Bulletin, 126(3), May 2000, pp.347-374; Rodríguez Rust, Paula C, "Bisexuality: A contemporary paradox for women," Journal of Social Issues, 56(2), 2000, pp.205–221; Miles Q Ott, Heather L Corliss, David Wypij, Margaret Rosario, S Bryn Austin, "Stability and change in self-reported sexual orientation identity in young people: application of mobility metrics," Archives of Sexual Behavior, 40(3), June 2011, pp.519-532; Pink News, 『This new research says that sexual fluidity is more common than we thought』, 15 October 2017.; 펜앤드마이크, 『[기고/민성길 교수] "'성인권 교육'이 동성애를 조장한다는 주장은 '가짜뉴스'"인가?』, 2021.3.30.

997 프레시안, 『특히 중년 이후, 성적 유동성이 커진다』, 2018.5.29.
998 Satoshi Kanazawa, "Possible evolutionary origins of human female sexual fluidity," Biological Reviews of the Cambridge Philosophical Society, 92(3), August 2017, pp.1251-1274; Pink News, 『Women's sexual orientations 'may not' be fixed, says study』, 21 May 2016
999 Lisa M Diamond, "Female bisexuality from adolescence to adulthood: results from a 10-year longitudinal study," Developmental Psychology, January 2008, 44(1), pp.5-14; 프레시안, 『특히 중년 이후, 성적 유동성이 커진다』, 2018.5.29.; 프레시안, 『성정체성에 경계를 그을 수 없다』, 2018.4.11.
1000 국민일보, 『"동성애 치료 연구결과 평균 79% 효과"… "선천적" 주장 뒤엎어』, 2019.12.20.
1001 Jamshid A Marvasti, Valerie L Dripchak, "The trauma of incest and child sexual abuse: Psychobiological perspective. In J. A. Marvasti (Ed.), Psychiatric treatment of victims and survivors of sexual trauma: A neuro-bio-psychological approach," Charles C Thomas Publisher, 2004, pp.3-17.
1002 Emily F Rothman, Deinera Exner, Allyson L Baughman, "The prevalence of sexual assault against people who identify as gay, lesbian, or bisexual in the United States: a systematic review," Trauma Violence & Abuse, 12(2), April 2011, pp.55-66.
1003 J Bradford, C Ryan, E D Rothblum, "National Lesbian Health Care Survey: implications for mental health care," Journal of Consulting & Clinical Psychology, 62(2), April 1994, pp.228-242.
1004 Pink News, 『Quarter of straight women have had lesbian sex, while half believe gender is fluid』, 11 May 2016.
1005 Tom Actz, 『Half of New York high school girls have had lesbian sex at some point』, March 2017.
1006 Valerie Voon ,Thomas B. Mole, Paula Banca et al., "Neural Correlates of Sexual Cue

Reactivity in Individuals with and without Compulsive Sexual Behaviours," PLoS One, 9(7), 11 July 2014, e102419.
1007 주간동아, 『[커버스토리 | 밀착 취재-성 중독자들의 절규 "난 살기 위해 섹스한다" 02] 유아기 형성된 性 평생간다』, 2012.8.20.
1008 경상일보, 『[안준호의 세상읽기(14)]인간의 성 행동, 어디까지 정상일까?』, 2018.3.15.; 위드인뉴스, 『과연 성중독도 병일까』, 2021.3.4.
1009 Amanda L. Giordano, "A Clinical Guide to Treating Behavioral Addictions," Springer Publishing Company, 2021, p.85.
1010 신동아, 『피해자 공포·충격 보며 희열과 존재감 느껴』, 2014.9.18.; 위드인뉴스, 『[서경현 교수의 중독타파] 과연 성중독도 질병일까?』, 2018.8.14.
1011 신동아, 『피해자 공포·충격 보며 희열과 존재감 느껴』, 2014.9.18.
1012 브릿지경제, 『[카드뉴스] 성중독은 중독일까 장애일까』, 2016.10.22.
1013 시사포커스, 『성중독은 '정신질환'인가?』, 2014.10.30.
1014 머니투데이, 『[기고]문화가 된 게임은 마약이 아니다』, 2019.7.1.
1015 S L Satel, "The diagnostic limits of addiction," The Journal of Clinical Psychiatry, 54(6), June 1993, 237-238.
1016 Joshua N Hook, Rory C Reid, J Kim Penberthy, Don E Davis et al., "Methodological review of treatments for non-paraphilic hypersexual behavior," Journal of Sex & Marital Therapy, 40(4), 2014, pp.294-308.
1017 위드인뉴스, 『과연 성중독도 병일까』, 2021.3.4.; 위드인뉴스, 『[서경현 교수의 중독타파] 과연 성중독도 질병일까?』, 2018.8.14.
1018 Martin P Kafka, "Hypersexual disorder: a proposed diagnosis for DSM-V," Archives of Sexual Behavior, 39(2), April 2010, pp.377-400.
1019 Rory C Reid, Sheila Garos, Timothy Fong, "Psychometric development of the hypersexual behavior consequences scale," Journal of Behavioral Addictions, 1(3), September 2012, pp.115-122.
1020 Rory C Reid, Bruce N Carpenter, Joshua N Hook et al., "Report of findings in a DSM-5 field trial for hypersexual disorder," The Journal of Sexual Medicine, 9(11), November 2012, pp.2868-2877.
1021 Medical Daily, 『Study Explains Why Sex Addiction Is a Real Disorder』, 11 October 2012; 동아일보, 『"섹스 중독은 '진짜' 정신 장애" 진단…왜?』, 2012.10.22.; 코메디닷컴, 『"섹스중독, 정신장애 맞다" 진단기준 나왔다』, 2012.10.15.
1022 Frederico Duarte Garcia, Florence Thibaut, "Sexual addictions," The American Journal of Drug and Alcohol Abuse, 36(5), September 2010, pp.254-260.
1023 A Goodman, "Sexual addiction: designation and treatment," Journal of Sex & Marital Therapy, 18(4), 1992 Winter, pp.303-314; Martin P Kafka, "Hypersexual disorder: a proposed diagnosis for DSM-V," Archives of Sexual Behavior, 39(2), April 2010, pp.377-400; Ariel Kor, Yehuda Fogel, Rory C. Reid, Marc N. Potenza, "Should Hypersexual Disorder be Classified as an Addiction?," Sexual addiction & compulsivity, 20(1-2), 9 April 2013, 10.1080/10720162.2013.768132.
1024 Rory C Reid, Bruce N Carpenter, Joshua N Hook et al., "Report of findings in a DSM-5 field trial for hypersexual disorder," The Journal of Sexual Medicine, 9(11),

November 2012, pp.2868-2877.

1025 Liana R N Schreiber, Brian L Odlaug, Jon E Grant, "Compulsive Sexual Behavior: Phenomenology and Epidemiology," Oxford University Press, 2012, pp.165-175; Jason Winters, Kalina Christoff, Boris B Gorzalka, "Dysregulated sexuality and high sexual desire: distinct constructs?," Archives of Sexual Behavior, 39(5), October 2010, pp.1029-1043.

1026 경상일보, 『[안준호의 세상읽기(14)] 인간의 성 행동, 어디까지 정상일까?』, 2018.3.15.; I Toussaint, W Pitchot, "Le désordre hypersexuel ne figurera pas dans le DSM V : analyse contextuelle [Hypersexual disorder will not be included in the DSM V : a contextual analysis]," Revue Medicale Liege, 68(5-6), May-Jun 2013, pp.348-353; Uwe H Hartmann, "Re: Report of findings in a DSM-5 field trial for hypersexual disorder," European Urology, October 2013, 64(4), pp.685-686; Beáta Bothe, Réka Bartók, István Tóth-Király, "Hypersexuality, Gender, and Sexual Orientation: A Large-Scale Psychometric Survey Study," Archives of Sexual Behavior, 47(8), November 2018, pp.2265-2276.

1027 Cecilia A Essau, Paul Delfabbro, "Adolescent Addiction: Epidemiology, Assessment, and Treatment (Practical Resources for the Mental Health Professional)," Academic Press, 2008, p.216; 송원영, "가족응집력이 성범죄 청소년의 성중독에 미치는 영향: 외로움의 매개효과," 한국심리학회지: 건강, 17(1), 2012, 217-227면; 박소영, 박경, "한국판 성 중독 척도(K-HBCS)의 타당화 연구," 청소년학연구, 27(12), 2020.12, 225면.

1028 C Holden, "Behavioral addictions: do they exist?," Science, 294(5544), 2 November 2001, pp.980–982.

1029 Joshua N Hook, Jan P Hook, Don E Davis et al., "Measuring sexual addiction and compulsivity: A critical review of instruments," Journal of Sex & Marital Therapy, 36(3), 2010, pp.227-260; Rory C Reid, Sheila Garos, Timothy Fong, "Psychometric development of the hypersexual behavior consequences scale," Journal of Behavioral Addictions, 1(3), September 2012, pp.115-122; 박소영, 박경, "한국판 성 중독 척도(K-HBCS)의 타당화 연구," 청소년학연구, 27(12), 2020.12, 227면.

1030 Rory C Reid, "How should severity be determined for the DSM-5 proposed classification of Hypersexual Disorder?," Journal of Behavioral Addictions, 4(4), December 2015, pp.221-225.

1031 Ariel Kor, Yehuda Fogel, Rory C. Reid, Marc N. Potenza, "Should Hypersexual Disorder be Classified as an Addiction?," Sexual addiction & compulsivity, 20(1-2), 9 April 2013, 10.1080/10720162.2013.768132.

1032 Reuters, 『In the brain, sex addiction looks the same as drug addiction』, 16 July 2014.

1033 브릿지경제, 『[카드뉴스] 성중독은 중독일까 장애일까』, 2016.10.22.

1034 Forbes, 『Does Sex Addiction Function Like Drug Addiction In The Brain?』, 12 July 2014.

1035 Valerie Voon, Thomas B. Mole, Paula Banca et al., "Neural Correlates of Sexual Cue Reactivity in Individuals with and without Compulsive Sexual Behaviours," PLoS One, 9(7), 11 July 2014, e102419; BBC News, 『Scientists probe 'sex addict' brains』, 12 July 2014; The Guardian, 『Is compulsive sexual behaviour comparable to drug addiction?』, 14 July 2014; WebMD, 『Brains of Sex Addicts』, 11 July 2014; HealthDay, 『Brains of Sex Addicts May Be Wired Like Those of Drug Addicts, Study Finds』, 11 July 2014; The Telegraph, 『Love is the drug, scientists find』, 11 July 2014; VOA, 『Sex, Drug Addicts Have Similar Brain Responses』, 11 July 2014.

1036 시사포커스, 『성중독은 '정신질환'인가?』, 2014.10.30.
1037 ABC News, 『Sexual Addiction May Be Real After All』, 11 July 2014; Valerie Voon ,Thomas B. Mole, Paula Banca et al., "Neural Correlates of Sexual Cue Reactivity in Individuals with and without Compulsive Sexual Behaviours," PLoS One, 9(7), 11 July 2014, e102419.
1038 ABC News, 『Sexual Addiction May Be Real After All』, 11 July 2014.
1039 경향신문, 『중독은 뇌 병들게 만드는 '뇌질환'』, 2020.7.22.; 독서신문, 『중독은 의지 문제?... "처벌보다 치료, 쾌락보다 행복 중요"』, 2020.7.23.
1040 의협신문, 『"술·담배·게임 중독도 질병...치료 받아야"』, 2016.4.14.
1041 펜앤드마이크, 『[기고/민성길 교수] "'성인권 교육'이 동성애를 조장한다는 주장은 '가짜뉴스'"인가?』, 2021.3.30.
1042 김교헌, "중독과 자기조절: 인지신경과학적 접근," 한국심리학회지: 건강, 11(1), 2006, 63-105면.
1043 American Psychiatric Association, "Diagnostic and Statistical Manual of Mental Disorders: Fifth Edition (DSM-5)," 2013.
1044 독서신문, 『중독은 의지 문제?... "처벌보다 치료, 쾌락보다 행복 중요"』, 2020.7.23.
1045 [네이버 지식백과] 내성 [tolerance] (심리학용어사전, 2014. 4.): https://terms.naver.com/entry.naver?docId=2094330&cid=41991&categoryId=41991;
김교헌, "중독을 어떻게 바라보고 이해할 것인가. 중독의 이해와 상담실제," 학지사, 2009, 14-56면.
1046 경향신문, 『중독은 뇌 병들게 만드는 '뇌질환'』, 2020.7.22.; 펜앤드마이크, 『[기고/민성길 교수] "'성인권 교육'이 동성애를 조장한다는 주장은 '가짜뉴스'"인가?』, 2021.3.30.
1047 헬스조선, 『올 한 해 술, 담배에 중독 돼 있지는 않으셨나요?』, 2015.12.18.
1048 American Psychiatric Association, "Diagnostic and Statistical Manual of Mental Disorders: Fifth Edition (DSM-5)," 2013; 국민일보, 『[바로서는 한국사회—4부] 정신과학회 도박중독 진단기준』, 2004.3.21.; [네이버 지식백과] 내성 [tolerance] (심리학용어사전, 2014. 4.):
https://terms.naver.com/entry.naver?docId=2094330&cid=41991&categoryId=41991
1049 D W Black, L L Kehrberg, D L Flumerfelt, S S Schlosser, "Characteristics of 36 subjects reporting compulsive sexual behavior," The American Journal of Psychiatry, 154(2), February 1997, pp.243-249; Martin P Kafka, John Hennen, "A DSM-IV Axis I comorbidity study of males (n = 120) with paraphilias and paraphilia-related disorders," Sexual Abuse: a journal of research and treatment, 14(4), October 2002, pp.349-366; Michael J Maranda, Chenglong Han, Gregory A

Rainone, "Crack cocaine and sex," Journal of Psychoactive Drugs, 36(3), September 2004, pp.315-322; Nancy C Raymond, Eli Coleman, Michael H Miner, "Psychiatric comorbidity and compulsive/impulsive traits in compulsive sexual behavior," Comprehensive Psychiatry, 44(5), September-October 2003, pp.370-380; R F Valois, J E Oeltmann, J Waller, J R Hussey, "Relationship between number of sexual intercourse partners and selected health risk behaviors among public high school adolescents," The Journal of Adolescent Health, 25(5), November 1999, pp.328-335; D Wines, "Exploring the applicability of criteria for substance dependence to sexual addiction," Sexual Addiction & Compulsivity, 4,1997, pp.195–220; Frederico Duarte Garcia, Florence Thibaut, "Sexual addictions," The American Journal of Drug and Alcohol Abuse, 36(5), September 2010, pp.254-260; Jon E Grant, Marc N Potenza, Aviv Weinstein, David A Gorelick, "Introduction to behavioral addictions," The American Journal of Drug and Alcohol Abuse, 36(5), September 2010, pp.233-241; Forbes, 『Does Sex Addiction Function Like Drug Addiction In The Brain?』, 12 July 2014.

1050 Aviel Goodman, "What's in a Name? Terminology for Designating a Syndrome of Driven Sexual Behavior," Sexual Addiction & Compulsivity, 8(3-4), 7 January 2011, pp.191-213; Patrick J. Carnes, Marie Wilson, "The Sexual Addiction Assessment Process," Routledge, 2002. 박소영, 박경, "한국판 성 중독 척도(K-HBCS)의 타당화 연구," 청소년학연구, 27(12), 2020.12, 222-224면.

1051 D Wines, "Exploring the applicability of criteria for substance dependence to sexual addiction," Sexual Addiction & Compulsivity, 4,1997, pp.195–220.

1052 J Giugliano, "Sexual impulsivity, compulsivity or dependence: An investigative inquiry," Sexual Addiction and Compulsivity, 15, 2008, pp.139–157.

1053 Martin P Kafka, "Hypersexual disorder: a proposed diagnosis for DSM-V," Archives of Sexual Behavior, 39(2), April 2010, pp.377-400; 박소영, 박경, "한국판 성 중독 척도(K-HBCS)의 타당화 연구," 청소년학연구, 27(12), 2020.12, 222-224면; Leonard A Steverson, "Addiction Reimagined: Challenging Views of an Enduring Social Problem (Cognitive Science and Psychology)," Vernon Press, 2020, p.57.

1054 Frederico Duarte Garcia, Florence Thibaut, "Sexual addictions," The American Journal of Drug and Alcohol Abuse, 36(5), September 2010, pp.254-260; Ariel Kor, Yehuda Fogel, Rory C. Reid, Marc N. Potenza, "Should Hypersexual Disorder be Classified as an Addiction?," Sexual addiction & compulsivity, 20(1-2), 9 April 2013, 10.1080/10720162.2013.768132.

1055 Frederico Duarte Garcia, Florence Thibaut, "Sexual addictions," The American Journal of Drug and Alcohol Abuse, 36(5), September 2010, pp.254-260.

1056 Martin Rettenberger, Verena Klein, Peer Briken, "The Relationship Between Hypersexual Behavior, Sexual Excitation, Sexual Inhibition, and Personality Traits," Archives of Sexual Behavior, 45(1), January 2016, pp.219-233.

1057 박소영, 박경, "한국판 성 중독 척도(K-HBCS)의 타당화 연구," 청소년학연구, 27(12), 2020.12, 224면.

1058 월간조선, 『'동성애 전문가' 염안섭 수동연세요양병원장 인터뷰』, 2020.5.10.

1059 경상매일신문, 『<윤정배 칼럼> 퀴어축제와 예방주사』, 2018.6.8.; 디지털타임스, 『여성 성기 언급한 총신대 교수, "동성간 성관계 경종 울리는 일 계속할 것"』, 2019.11.24.
1060 Rory C Reid, Sheila Garos, Timothy Fong, "Psychometric development of the hypersexual behavior consequences scale," Journal of Behavioral Addictions, 1(3), September 2012, pp.115-122.
1061 Frederico Duarte Garcia, Florence Thibaut, "Sexual addictions," The American Journal of Drug and Alcohol Abuse, 36(5), September 2010, pp.254-260.
1062 Rory C Reid, Bruce N Carpenter, Joshua N Hook et al., "Report of findings in a DSM-5 field trial for hypersexual disorder," The Journal of Sexual Medicine, 9(11), November 2012, pp.2868-2877.
1063 김영한 외 지음, "동성애, 21세기 문화충돌," 킹덤북스, 2016.6., 530면; Neil Whitehead, Briar Whitehead, "My Genes Made Me Do It!," Huntington House Pub, 1999.
1064 김영한 외 지음, "동성애, 21세기 문화충돌," 킹덤북스, 2016.6., 610면; 데일리코리아, 『동성애,.. 과연 선천적인가?』, 2015.10.8.; 시사전북닷컴, 『LGBT의 차별과 분별』, 2018.1.24.
1065 Lawrence Corey, King K Holmes, "Sexual transmission of hepatitis A in homosexual men: incidence and mechanism," The New England Journal of Medicine, 302(8), 21 February 1980, pp.435-438.
1066 Harry W. Haverkos, Robert Edelman, "The Epidemiology of Acquired Immunodeficiency Syndrome Among Heterosexuals," JAMA, 260(13), 1988, pp.1922-1929.
1067 United States, Congress, House, Committe, "Policy Implications of Lifting the ban on Homosexuals in the Military: Hearings Before the Committee on Armed Services, House of Representatives, One Hundred Third Congress First Session, Hearings Held May 4 and 5, 1993," Palala Press, September 2015, p.114.
1068 Alan P Bell, Martin S Weinberg, "Homosexualities: A Study of Diversity Among Men and Women," Simon and Schuster, 1978. p.308, p.505.
1069 Alan P. Bell, Martin S. Weinberg, Sue Kiefer Hammersmith, "Sexual Preference," Indiana University Press, 1981.
1070 가브리엘 쿠비, "글로벌 성혁명," 밝은생각, 2020, 226면.
1071 브릿지경제, 『[카드뉴스] 성중독은 중독일까 장애일까』, 2016.10.22.
1072 브릿지경제, 『[카드뉴스] 성중독은 중독일까 장애일까』, 2016.10.22.
1073 Rory C Reid, Sheila Garos, Timothy Fong, "Psychometric development of the hypersexual behavior consequences scale," Journal of Behavioral Addictions, 1(3), September 2012, pp.115-122.
1074 D Wines, "Exploring the applicability of criteria for substance dependence to sexual addiction," Sexual Addiction & Compulsivity, 4, 1997, pp.195–220; 박소영, 박경, "한국판 성 중독 척도(K-HBCS)의 타당화 연구," 청소년학연구, 27(12), 2020.12, 224면.
1075 조선일보, 『'동성애자들이 말해주지 않는 동성애에 대한 비밀'』, 2010.11.10.; 조선일보, 『동성애자들이 말해주지 않는 '동성애에 대한 비밀' -동성애자의 양심고백-』, 2020.9.1.
1076 Frederico Duarte Garcia, Florence Thibaut, "Sexual addictions," The American Journal of Drug and Alcohol Abuse, 36(5), September 2010, pp.254-260.

1077 국민일보, 『"동성애, 선천적 아니며 벗어날 수 있다"』, 2016.12.15.
1078 Rory C Reid, Bruce N Carpenter, Randy Gilliland, Reef Karim, "Problems of self-concept in a patient sample of hypersexual men with attention-deficit disorder," Journal of Addiction Medicine, 5(2), June 2011, pp.134-140.
1079 Peter H Silverstone, Mahnaz Salsali, "Low self-esteem and psychiatric patients: Part I - The relationship between low self-esteem and psychiatric diagnosis," Annals of general hospital psychiatry, 2(1), 2003, p.2.
1080 Pille-Riin Kaare, Rene Mottus, Kenn Konstabel, "Pathological gambling in Estonia: relationships with personality, self-esteem, emotional States and cognitive ability," Journal of Gambling Studies, 25(3), September 2009, pp.377-390; Peter H Silverstone, Mahnaz Salsali, "Low self-esteem and psychiatric patients: Part I - The relationship between low self-esteem and psychiatric diagnosis," Annals of general hospital psychiatry, 2(1), 2003, p.2.
1081 Pink News, 『Depression and low self-esteem rising among gay men』, 6 August 2015.
1082 Miriam Raviv, "Personality characteristics of sexual addicts and pathological gamblers. Journal of Gambling Studies," 9(1), 1993, pp.17–30; Liana R N Schreiber, Brian L Odlaug, Jon E Grant, "Compulsive Sexual Behavior: Phenomenology and Epidemiology," Oxford University Press, 2012, pp.165–175; D W Black, L L Kehrberg, D L Flumerfelt, S S Schlosser, "Characteristics of 36 subjects reporting compulsive sexual behavior," The American Journal of Psychiatry, 154(2), February 1997, pp.243-249; J Gerevich, T Treuer, Z Danics, J Herr, "Diagnostic and psychodynamic aspects of sexual addiction appearing as a non-paraphilic form of compulsive sexual behavior," Journal of Substance Use, 10, 2005, pp.253–259; J Bancroft, "Sexual behavior that is out of control: A theoretical conceptual approach," Psychiatric Clinics of North America, 31, 2008, pp.593–601.
1083 Amanda L. Giordano, "A Clinical Guide to Treating Behavioral Addictions," Springer Publishing Company, 2021, p.85.
1084 Nancy C Raymond 1, Eli Coleman, Michael H Miner, "Psychiatric comorbidity and compulsive/impulsive traits in compulsive sexual behavior," Comprehensive Psychiatry, 44(5), September-October 2003, pp.370-380; Ariel Kor, Yehuda Fogel, Rory C. Reid, Marc N. Potenza, "Should Hypersexual Disorder be Classified as an Addiction?," Sexual addiction & compulsivity, 20(1-2), 9 April 2013, 10.1080/10720162.2013.768132.
1085 UPI, 『This is what a sex addict's brain looks like』, 11 July 2014.
1086 스카이데일리, 『개인·사회 비참한 최후 부르는 동성애의 목적 '변태적 쾌락'』, 2020.9.28.
1087 T G Sandfort, R de Graaf, R V Bijl, P Schnabel, "Same-sex sexual behavior and psychiatric disorders: findings from the Netherlands Mental Health Survey and Incidence Study (NEMESIS)," Archives of General Psychiatry, 58(1), January 2001, pp.85-91; Ron de Graaf, Theo G M Sandfort, Margreet ten Have, "Suicidality and sexual orientation: differences between men and women in a general population-based sample from the Netherlands," Archives of Sexual Behavior, 35(3), June

2006, pp.253-262.

1088 Sanjay Aggarwal, Rene Gerrets, "Exploring a Dutch paradox: an ethnographic investigation of gay men's mental health," Culture, Health & Sexuality, 16(2), 2014, pp.105-119; 김영한 외 지음, "동성애, 21세기 문화충돌, 킹덤북스," 2016, 117-118면.

1089 NBC News, 『40 percent of LGBTQ youth 'seriously considered' suicide in past year, survey finds』, 16 July 2020; Washington Blade, 『British youth face 'mental health crisis'』, 15 January 2014; Pink News, 『More than 80% of LGBT students in China report depression』, 10 May 2019.

1090 Jeanne Nagle, "Are You LGBTQ?," Enslow Publishing, 2015, p.101; Lifesite News, 『Study: gay teens five times more likely to attempt suicide』, 29 April 2011; Pink News, 『CDC study finds gay teens are nearly five times as likely to attempt suicide』, 12 August 2016; NBC News, 『40 percent of LGBTQ youth 'seriously considered' suicide in past year, survey finds』, 16 July 2020.

1091 Pink News, 『CDC study finds gay teens are nearly five times as likely to attempt suicide』, 12 August 2016.

1092 Elan Y. Karten, Jay C. Wade, "Sexual Orientation Change Efforts in Men: A Client Perspective," The Journal of Men's Studies, 18(1), 1 January 2010, pp.84-102.

1093 브릿지경제, 『[카드뉴스] 성중독은 중독일까 장애일까』, 2016.10.22.

1094 American Psychiatric Association, "Diagnostic and Statistical Manual of Mental Disorders: Fifth Edition (DSM-5)," 2013; 국민일보, [바로서는 한국사회―4부] 정신과학회 도박중독 진단기준, 2004.3.21.; [네이버 지식백과] 내성 [tolerance] (심리학용어사전, 2014. 4.): https://terms.naver.com/entry.naver?docId=2094330&cid=41991&categoryId=41991

1095 John Bancroft, Erick Janssen, David Strong, Zoran Vukadinovic, "The relation between mood and sexuality in gay men," Archives of Sexual Behavior, 32(3), June 2003, pp.231-242.

1096 Pink News, 『Depression and low self-esteem rising among gay men』, 6 August 2015.

1097 채규만, "성중독 치료," 목회와 상담, 2, 2002, 228-229면.

1098 Rory C Reid, Sheila Garos, Timothy Fong, "Psychometric development of the hypersexual behavior consequences scale," Journal of Behavioral Addictions, 1(3), September 2012, pp.115-122; D W Black, L L Kehrberg, D L Flumerfelt, S S Schlosser, "Characteristics of 36 subjects reporting compulsive sexual behavior," The American Journal of Psychiatry, 154(2), February 1997, pp.243-249; Rory C. Reid, Desiree S. Li, Randy Gilliland, Judith A. Stein, Timothy Fong, "Reliability, Validity, and Psychometric Development of the Pornography Consumption Inventory in a Sample of Hypersexual Men," Journal of Sex & Marital Therapy, 37:5, 30 September 2011, pp.359-385; 박소영, 박경, "한국판 성 중독 척도(K-HBCS)의 타당화 연구," 청소년학연구, 27(12), 2020.12, 218면; 경상일보, 『[안준호의 세상읽기(14)]인간의 성 행동, 어디까지 정상일까?』, 2018.3.15.

1099 Ariel Kor, Yehuda Fogel, Rory C. Reid, Marc N. Potenza, "Should Hypersexual

Disorder be Classified as an Addiction?," Sexual addiction & compulsivity, 20(1-2), 9 April 2013, 10.1080/10720162.2013.768132; 박소영, "박경, 한국판 성 중독 척도(K-HBCS)의 타당화 연구," 청소년학연구, 27(12), 2020.12., 217-247면.

1100 Frederico Duarte Garcia, Florence Thibaut, "Sexual addictions," The American Journal of Drug and Alcohol Abuse, 36(5), September 2010, pp.254-260.

1101 프란시스 S 맥너트, "동성애 치유될 수 있는가?," 순전한 나드, 2006; Paul Cameron, Thomas Landess, Kirk Cameron, "Homosexual sex as harmful as drug abuse, prostitution, or smoking, Psychological Reports," 96(3 Pt 2), June 2005, pp.915-961.

1102 김영한 외 지음, "동성애, 21세기 문화충돌," 킹덤북스, 2016.6., 608면.

1103 경상매일신문, 『<윤정배 칼럼>동성애와 에이즈 II』, 2018.4.27.

1104 Gilbert R. Lavoie, John F. Fisher, "Receptive Anal Intercourse and HIV Infection," World Journal of AIDS, 7(4), December 2017, pp.269-278; Miriam Grossman, "You're Teaching My Child What?: A Physician Exposes the Lies of Sex Ed and How They Harm Your Child," Regnery Publishing, 2009, P.87; Mercatornet, 『Shouldn't same-sex oriented teens be given a chance to change?』, 14 February 2014; 연합뉴스, 『"男동성애자 에이즈 예방노력 효과없어"』, 2012.7.20.; 오마이뉴스, 『동성애 두려운 가족들, '혐오'는 시민권을 요구했다』, 2016.6.22.

1105 크리스천투데이, 『샬롬나비 "동성애, 인권 차별문제로 환원 안 돼"』, 2014.11.20.; 김영한 외 지음, "동성애, 21세기 문화충돌," 킹덤북스, 2016.6., 337-338면, 981면; 국민일보, 『[동성애 침투 이대로 괜찮은가-오해와 진실] 동성애는 타고난다?』, 2015.6.26.; 크리스천투데이, 『"에이즈 대처, 인권 가면 벗고 정직해야"』, 2015.11.30.

1106 R D Pullin, "Homosexuality and Psychopathology," In Collected papers from the NARTH Annual Conference, Encino, California: NARTH, 1995, p.23.

1107 Gabriela Paz-Bailey, Maria C.B. Mendoza, Teresa Finlayson et al., "Trends in condom use among MSM in the United States: the role of antiretroviral therapy and seroadaptive strategies," AIDS, 30(12), 31 July 2016, pp.1985–1990; Pink News, 『A new survey has revealed the number of men having unprotected sex has jumped in the last decade』, 31 May 2016; Plus, 『Over 40 Percent of Gay & Bi Men Are Having Condomless Sex』, 27 May 2016; Aidsmap, 『American gay men's use of condoms has been falling for a decade, regardless of serosorting or PrEP』, 24 May 2016.

1108 Neil Whitehead, Briar Whitehead, "My Genes Made Me Do It!," Huntington House Pub, 1999.

1109 질병관리본부, "HIV/AIDS 예방 및 대응 국가전략 개발에 관한 연구," 2006, 12면, 20면; 경상매일신문, 『<윤정배 칼럼>동성애와 에이즈 V』, 2018.5.18.; 김지연, "덮으려는 자 펼치려는 자," 사람, 2019, 414-415면, 484-488면.

1110 J M Bailey, "Homosexuality and mental illness," Archives of General Psychiatry, 56(10), October 1999, pp.883-884; 가브리엘 쿠비, "글로벌 성혁명," 밝은생각, 2020, 224-225면.

1111 박소영, 박경, "한국판 성 중독 척도(K-HBCS)의 타당화 연구," 청소년학연구, 27(12), 2020.12, 224면.

1112 박소영, 박경, "한국판 성 중독 척도(K-HBCS)의 타당화 연구," 청소년학연구, 27(12), 2020.12, 221면.

1113 Rory C Reid, Sheila Garos, Timothy Fong, "Psychometric development of the hypersexual behavior consequences scale," Journal of Behavioral Addictions, 1(3), September 2012, pp.115-122.

1114 Frederico Duarte Garcia, Florence Thibaut, "Sexual addictions," The American Journal of Drug and Alcohol Abuse, 36(5), September 2010, pp.254-260.

1115 Marc N Potenza, "Should addictive disorders include non-substance-related conditions?," Addiction. 101 Suppl 1, September 2006, pp.142-151.

1116 William C Goedel, Dustin T Duncan, "Geosocial-Networking App Usage Patterns of Gay, Bisexual, and Other Men Who Have Sex With Men: Survey Among Users of Grindr, A Mobile Dating App," JMIR Public Health Surveillance, 1(1), 8 May 2015, e4; Pink News, 『Study: Six million users log onto Grindr an average of eight times a day』, 27 March 2013.

1117 Carlos Hermosa-Bosano, Paula Hidalgo-Andrade, Clara Paz, "Geosocial Networking Apps Use Among Sexual Minority Men in Ecuador: An Exploratory Study," Archives of Sexual Behavior, 50(7), October 2021, pp.2995-3009.

1118 Jennifer Hecht, Maria Zlotorzynska, Travis H Sanchez, Dan Wohlfeiler, "Gay Dating App Users Support and Utilize Sexual Health Features on Apps," AIDS and Behavior, 11 January 2022.

1119 Kathryn Macapagal, Ashley Kraus, David A Moskowitz, Jeremy Birnholtz, "Geosocial Networking Application Use, Characteristics of App-Met Sexual Partners, and Sexual Behavior Among Sexual and Gender Minority Adolescents Assigned Male at Birth," Journal of Sex Research, 57(8), October 2020, pp.1078-1087; NBC News, 『Sex and drugs: Popular gay dating app allows users to find more than a date』, 1 August 2018.

1120 The Times, 『I was 13 and on dating apps in seconds. Years of rape followed』, 10 February 2019.

1121 프레시안, 『게임 중독자, 한국의 미래를 갉아먹는 좀비들!』, 2012.1.10.

1122 Pink News, 『What is Grindr? Everything you need to know』, 30 April 2018.

1123 Su Hyun Park, Yazan Al-Ajlouni, Joseph J Palamar et al., "Financial hardship and drug use among men who have sex with men," Substance Abuse Treatment, Prevention and Policy, 13(1), 24 May 2018, p.19.

1124 Dustin T Duncan, Su Hyun Park 1, Yazan A Al-Ajloun, "Association of financial hardship with poor sleep health outcomes among men who have sex with men," SSM Population Health, 3, 21 July 2017, pp.594-599; Dustin T Duncan, Su Hyun Park, William C Goedel, "Perceived Neighborhood Safety Is Associated with Poor Sleep Health among Gay, Bisexual, and Other Men Who Have Sex with Men in Paris, France," Journal of Urban Health, 94(3), June 2017, pp.399-407.

1125 Monika Koos, Beata Bothe, Gabor Orosz et al., "The negative consequences of hypersexuality: Revisiting the factor structure of the Hypersexual Behavior Consequences Scale and its correlates in a large, non-clinical sample," Addictive

Behaviors Reports, 13:100321, 3 December 2020; D W Black, L L Kehrberg, D L Flumerfelt, S S Schlosser, "Characteristics of 36 subjects reporting compulsive sexual behavior," The American Journal of Psychiatry, 154(2), February 1997, pp.243-249; Rory C. Reid, Desiree S. Li, Randy Gilliland, Judith A. Stein, Timothy Fong, "Reliability, Validity, and Psychometric Development of the Pornography Consumption Inventory in a Sample of Hypersexual Men," Journal of Sex & Marital Therapy, 37:5, 30 September 2011, pp.359-385; 박소영, 박경, "한국판 성 중독 척도(K-HBCS)의 타당화 연구," 청소년학연구, 27(12), 2020.12, 218면.

1126 Pink News, 『Depression and low self-esteem rising among gay men』, 6 August 2015.
1127 Time, Sick Again? Psychiatrists vote on gays, Feb 20, 1978, Vol. 111 Issue 8, p.102.; 김영한 외 지음, "동성애, 21세기 문화충돌," 킹덤북스, 2016, 581면.
1128 David P. McWhirter, "The Male Couple," Prentice Hall Direct, 1985; 브라이어 와이트헤드, "나는 사랑받고 싶다," 웰스프링, 2007, 144면.
1129 Maria Xiridou, Ronald Geskus, John De Wit et al., "The contribution of steady and casual partnerships to the incidence of HIV infection among homosexual men in Amsterdam," AIDS, 17(7), May 2003, pp.1029-1038; 가브리엘 쿠비, "글로벌 성혁명," 밝은생각, 2020, 227면.
1130 주간동아, 『[SOCIETY] 혹, 나도 '섹스 중독증' 아닌가요?』, 2010.2.10.
1131 Amanda L. Giordano, "A Clinical Guide to Treating Behavioral Addictions," Springer Publishing Company, 2021, pp.82-83.
1132 크리스천투데이, 『"자기결정권? 청소년에게 성관계 가르칠 필요 없어"』, 2019.11.20.
1133 Judith P Andersen, John Blosnich, "Disparities in adverse childhood experiences among sexual minority and heterosexual adults: results from a multi-state probability-based sample," PLoS One, 8(1), 2013, e54691.
1134 Andrea L Roberts, M Maria Glymour, Karestan C Koenen, "Does maltreatment in childhood affect sexual orientation in adulthood?," Archives of Sexual Behavior, 42(2), February 2013, pp.161-171.
1135 Frederico Duarte Garcia, Florence Thibaut, "Sexual addictions," The American Journal of Drug and Alcohol Abuse, 36(5), September 2010, pp.254-260; A Goodman, "Sexual addiction: designation and treatment," Journal of Sex & Marital Therapy, 18(4), 1992 Winter, pp.303-314; Martin P Kafka, "Hypersexual disorder: a proposed diagnosis for DSM-V," Archives of Sexual Behavior, 39(2), April 2010, pp.377-400; 박소영, 박경, "한국판 성 중독 척도(K-HBCS)의 타당화 연구," 청소년학연구, 27(12), 2020.12, 225면.
1136 Beata Bothe, Reka Bartok, Istvan Toth-Kiraly, "Hypersexuality, Gender, and Sexual Orientation: A Large-Scale Psychometric Survey Study," Archives of Sexual Behavior, 47(8), November 2018, pp.2265-2276.
1137 한겨레21, 『[팩트체크] 동성애는 치료하면 바뀔 수 있다?』, 2020.10.31.; 오마이뉴스, 『차별금지법 생기면, 동성애 늘어난다고? 천만에』, 2021.1.9.
1138 이데일리, 『[중독사회]중독, 개인 아닌 사회 문제…사회·경제적 손실 '110조'』, 2015.12.30.

1139 크리스천투데이, 『동성애란 무엇인가?』, 2019.5.7.
1140 경남도민일보, 『높은 자살률·범죄와 연관…청소년 도박 '폭발직전'』, 2016.2.15.
1141 Lester Pincu, "Sexual compulsivity in gay men: controversy and treatment," Journal of Counselling and Development, 68(1), 1989, pp.63-66.
1142 국민일보, 『"동성애, 선천적 아니며 벗어날 수 있다"』, 2016.12.15.
1143 에릭 캔델, "마음의 오류들," 알에이치코리아, 2020; 독서신문, 『중독은 의지 문제?… "처벌보다 치료, 쾌락보다 행복 중요"』, 2020.7.23.
1144 쿠키뉴스, 『[이제는 정신건강이다] 중독 장애에 대한 예방과 조기치료로 자살률 떨어뜨려야』, 2017.6.19.; 쿠키뉴스, 『OECD 국가 중 우리나라가 부동의 1위를 지키고 있는 지표』, 2017.9.2.
1145 국민일보, 『동성애는 유전적인가?(김원평 부산대 교수)』, 2010.11.28.
1146 국민일보, 『[칼럼] 동성애자의 낙원을 만들려고 하는 차별금지법』, 2021.5.25.
1147 오마이뉴스, 『고독사할까 두렵단 이들… 에이즈 혐오의 추한 민낯』, 2021.9.19.
1148 문화일보, 『<메디컬 프런티어> "평생 행복 당겨쓰는 게 마약중독… 나머지 인생은 포기"』, 2012.6.1.
1149 American Psychiatric Association, "Diagnostic and Statistical Manual of Mental Disorders: Fifth Edition (DSM-5)," 2013; https://terms.naver.com/entry.naver?docId=2094330&cid=41991&categoryId=41991
1150 내일신문, 『[한국은 마약오염국 | ② 재범률부터 줄이자] "마약류 중독, 40·50대 조폭에서 20·30대 청년·여성으로"』, 2021.4.28.; 내일신문, 『경찰 검거 마약 사범 80%가 '초범'』, 2021.9.6.
1151 내일신문, 『4대 중독(알코올 도박 마약 인터넷) 사회적비용 109조, 대책마련 시급』, 2017.4.28.
1152 문화일보, 『<메디컬 프런티어> "평생 행복 당겨쓰는 게 마약중독… 나머지 인생은 포기"』, 2012.6.1.
1153 뉴스토마토, 『"음주율 높은 마을, 자살률도 높다"』, 2018.11.2.
1154 아시아투데이, 『"경기도 알코올중독과 자살예방 포럼 개최"』, 2018.11.2.; NSP통신, 『"경기도, '알코올중독과 자살예방 포럼' 개최"』, 2018.11.2.; 공감신문, 『경기도, 알코올중독과 자살예방 포럼 개최』, 2018.11.2.
1155 쿠키뉴스, 『[이제는 정신건강이다] 중독 장애에 대한 예방과 조기치료로 자살률 떨어뜨려야』, 2017.6.19.; 쿠키뉴스, 『OECD 국가 중 우리나라가 부동의 1위를 지키고 있는 지표』, 2017.9.2.
1156 문화일보, 『<메디컬 프런티어> "평생 행복 당겨쓰는 게 마약중독… 나머지 인생은 포기"』, 2012.6.1.
1157 쿠키뉴스, 『[이제는 정신건강이다] 중독 장애에 대한 예방과 조기치료로 자살률 떨어뜨려야』, 2017.6.19.; 쿠키뉴스, 『OECD 국가 중 우리나라가 부동의 1위를 지키고 있는 지표』, 2017.9.2.
1158 크리스천투데이, 『자살과 우울증의 관련성』, 2009.4.9.
1159 NBC News, 『40 percent of LGBTQ youth 'seriously considered' suicide in past year, survey finds』, 16 July 2020; Washington Blade, 『British youth face 'mental health crisis'』, 15 January 2014; Pink News, 『More than 80% of LGBT students in

China report depression』, 10 May 2019; Jeanne Nagle, "Are You LGBTQ?," Enslow Publishing, 2015, p.101; Lifesite News, 『Study: gay teens five times more likely to attempt suicide』, 29 April 2011; Pink News, 『CDC study finds gay teens are nearly five times as likely to attempt suicide』, 12 August 2016; NBC News, 『40 percent of LGBTQ youth 'seriously considered' suicide in past year, survey finds』, 16 July 2020.

1160 기독일보, 『동성애는 유전되는가?』, 2020.7.15.

1161 경향신문, 『중독은 뇌 병들게 만드는 '뇌질환'』, 2020.7.22.; 독서신문, 『중독은 의지 문제?... "처벌보다 치료, 쾌락보다 행복 중요"』, 2020.7.23.

1162 테크홀릭, 『도박 중독을 만드는 카지노의 전략』, 2016.11.27.

1163 Valerie Voon ,Thomas B. Mole, Paula Banca et al., "Neural Correlates of Sexual Cue Reactivity in Individuals with and without Compulsive Sexual Behaviours," PLoS One, 9(7), 11 July 2014, e102419; 브릿지경제, 『[카드뉴스] 성중독은 중독일까 장애일까』, 2016.10.22.

1164 동아일보, 『동성애, 어떻게 생각하십니까』, 2013.12.17.

1165 노컷뉴스, 『총신대, 성희롱 발언 이상원 교수 해임』, 2020.5.20.; 데일리굿뉴스, 『동성애 반대 이상원 교수 부당해임 철회 공동성명』, 2021.6.7.; 국민일보, 『"학교 정상화, 회복·혁신이 핵심"』, 2020.5.26.; 대법원 2020.6.4. 선고 2020도3975 판결; 대구지방법원 2020.2.19. 선고 2019노2758 판결; 대구지방법원 서부지원 2019.6.28. 선고 2017고단2897 판결; 대구지방법원 2021.7.8. 선고 2020구합27005 판결; 법률신문, 『초등학생에게 '동성애 위험' 유튜브 보게 했다면… 학대행위 해당』, 2020.8.6; 대구MBC, 『'동성애 혐오 영상'보여준 보육교사"자격취소 적법"』, 2021.7.13.; KBS뉴스, 『봉사 온 초등학생에게 '동성애·이상성애' 성교육 영상…대법 "정서적 학대"』, 2020.8.6.; 대구MBC, 『부적절한 영상으로 성교육..대법, "정서적 학대"』, 2020.8.14.

1166 국민일보, 『[칼럼] 동성애 옹호자들이 '탈동성애'를 탄압하는 이유』, 2021.4.13.

1167 김영한 외 지음, "동성애, 21세기 문화충돌," 킹덤북스, 2016.6., 528면.

1168 Pink News, 『Exclusive: 70% of gay men believe that sex without condoms is more pleasurable』, 19 February 2014.

1169 가브리엘 쿠비, "글로벌 성혁명," 밝은생각, 2020, 344면.

1170 Pink News, 『Parents lose legal bid to stop gender identity and sex education being taught in Welsh schools』, 2 September 2022; 데일리굿뉴스, 『英 3세 아이부터 동성 결혼과 성전환 교육…우려 한 목소리』, 2022.2.4.

1171 Pink News, 『Anti-LGBT+ priest tells MPs that sex education leads to sex abuse and anal cancer, and no one stopped her』, 11 March 2020; OCPA, 『As OU touts 'gender-affirming' care, ex-transgenders warn against it』, 19 July 2021; Mercatornet, 『The Pain of Transgender Regret』, 9 October 2015; Life Site, 『For some, transgender 'transitioning' brings unimaginable regret: I would know』, 26 October 2015; BBC News, 『Puberty blockers: Under-16s 'unlikely to be able to give informed consent'』, 1 December 2020; National Post, 『Canada's teen transgender treatment boom: Life-saving services or dangerous experimentation?』, 14 December 2020; National Catholic Register, 『Gender Reassignment for Children: Cautionary Perspectives From Science』, 16 June 2022;

The Daily Signal, 『Yes, Schools Are Secretly Trying to 'Gender Transition' Kids, and It Must Be Stopped』, 22 March 2022; The Irish Times, 『Gender distress treatment in young people: a highly charged debate』, 26 June 2021; Undark Magazine, 『Of Politics, Science, and Gender Identity』, 17 July 2017.

1172 The Daily Signal, 『How 'Equality Act' Would Impose Transgender Ideology on Everyone』, 24 February 2021; 노컷뉴스, 『총신대, 성희롱 발언 이상원 교수 해임』, 2020.5.20.; 데일리굿뉴스, 『동성애 반대 이상원 교수 부당해임 철회 공동성명』, 2021.6.7.; 국민일보, 『"학교 정상화, 회복·혁신이 핵심"』, 2020.5.26.

1173 국민일보, 『"동성애, 선천적 아니며 벗어날 수 있다"』, 2016.12.15.

1174 미디어스, 『'혐오의 장' 우려되는 민주당 차별금지법 토론회』, 2021.11.24.

1175 크리스천투데이, 『[영상] "동성애는 '유전' 아닌 '중독'"』, 2021.12.11.

1176 뉴스1, 『코로나 종식 아직인데 '원숭이두창' 국내 전파…커지는 감염병 공포』, 2022.6.22.

1177 Independent, 『Monkeypox virus undergoing 'accelerated evolution' experts warn as outbreak spreads』, 25 June 2022; MailOnline, 『Texas officials confirms first US monkeypox death - unnamed Harris County resident with 'various severe illnesses' is 16th person globally to die while infected』, 30 August 2022.

1178 동아일보, 『'사람-동물간 감염 예방' 통합 감시체계 구축』, 2023.5.11.; 뉴스1, 『엠폭스, 실제 얼마나 퍼졌을까…"역학조사 강화, 신상보호는 철저"』, 2023.4.16.

1179 NBC News, 『The symptoms and causes of monkeypox infections, now diagnosed in more than 20,000 people』, 20 May 2022; CNBC News, 『WHO recommends gay and bisexual men limit sexual partners to reduce the spread of monkeypox』, 27 July 2022; MailOnline, 『EVERYTHING you need to know about monkeypox: Strain 'transmits through sex' and is about as deadly as the Wuhan Covid variant — but a vaccine does exist』, 19 May 2022; Pink News, 『What is monkeypox, what are the symptoms and why are gay and bisexual men at risk?』, 23 May 2022; 코메디닷컴, 『"원숭이두창, 확산 느리지만 사라지진 않을 것"』, 2022.10.4.

1180 Sharon Sukhdeo, Sharmistha Mishra, Sharon Walmsley, "Human monkeypox: a comparison of the characteristics of the new epidemic to the endemic disease," BMC Infectious Diseases. 22(1), 12 December 2022, 928; Akira Endo, Hiroaki Murayama, Sam Abbott et al., "Heavy-tailed sexual contact networks and monkeypox epidemiology in the global outbreak, 2022," Science, 378(6615), 7 October 2022, pp.90-94; Brisbane Times, 『Monkeypox cases among gay, bisexual men reported in Portugal, Britain』, 19 May 2022.

1181 Qi Liu, Leiwen Fu, Bingyi Wang et al., "Clinical Characteristics of Human Mpox (Monkeypox) in 2022: A Systematic Review and Meta-Analysis," Pathogens, 12(1), 15 January, 146; Giorgio Tiecco, Melania Degli Antoni et al., "Monkeypox, a Literature Review: What Is New and Where Does This concerning Virus Come From?," Viruses, 14(9), 27 August 2022, 1894; Jeannette Guarner, Carlos Del Rio, Preeti N Malani, "Monkeypox in 2022-What Clinicians Need to Know," JAMA, 328(2), 12 July 2022, 139 140.

1182 데일리포스트, 『세계로 확산되는 '원숭이 두창'…"팬데믹 가능성은 낮아"』, 2022.5.24.;

한겨레, 『원숭이두창이 온다』, 2022.8.1.

1183 세계일보, 『엠폭스 확진자 3명 늘어 총 13명… 전문가 "양성애자 감염되면 확산세 위험"』, 2023.4.18.; 위키트리, 『[팩트 체크!] 동성애? 해외 사례? 국내 전파력? 소문 무성한 엠폭스, '팩트'만 팠습니다』, 2023.4.19.

1184 YTN 라디오, 『'곰보' 부작용 엠폭스 확산, "역학조사 어려워, 알려진 것보다 2~3배 많을 것"』, 2023.4.17.

1185 데일리포스트, 『'엠폭스' 주의 단계 격상…일상접촉으로 인한 발생 가능성 낮아』, 2023.4.16.

1186 USA Today, 『Texas officials investigating whether monkeypox played role in death of immunocompromised adult』, 30 August 2022; Fox News, 『Texas confirms first US death of person with monkeypox』, 30 August 2022; The Washington Post, 『Monkeypox death reported in Texas patient; virus link unclear』, 30 August 2022; Huffpost, 『Texas Reports First Possible US Death From Monkeypox』, 31 August 2022; Daily News, 『Texas adult with monkeypox dies, may be first U.S. death from the virus』, 30 August 2022; Advocate, 『First U.S. Monkeypox-Related Death Reported in Texas』, 30 August 2022; Sonya L Heath, Anju Bansal, "Mpox infection in people living with HIV," AIDS, 37(4) 15 March 2023, pp.701-703; Oriol Mitja, Andrea Alemany, Michael Marks et al., "Mpox in people with advanced HIV infection: a global case series," Lancet, 401(10380), 18 March 2023, pp.939-949; 매일경제, 『원숭이 두창 첫 사망 사례 나오나…확진자 가장 많은 이 나라 `초긴장`』, 2022.8.31.

1187 Stefano Ramoni, Carlo Alberto Maronese, Nicole Morini et al., "Syphilis and monkeypox co-infection: Coincidence, synergy or asymptomatic carriage?," Travel Medicine and Infectious Diseases, 50, November-December 2022, 102447; Jennifer B Nuzzo, Luciana L Borio, Lawrence O Gostin, "The WHO Declaration of Monkeypox as a Global Public Health Emergency," JAMA, 328(7), 16 August 2022, pp.615-617; The Washington Post, 『Understanding Monkeypox and How Outbreaks Spread』, 5 July 2022.

1188 Olivier Segeral, Stefano Musumeci, Laurent Kaiser, Alexandra Calmy, "Variole du singe : une nouvelle menace infectieuse émergente ? [Monkeypox: a new emerging infectious threat?]," Revue Medicale Suisse, 19(822), 12 April 2023, pp.702-707; Masoud Keikha, "Is sexual intercourse a major route of human Monkeypox transmission mode? - Correspondence," International Journal of Surgery, 106, October 2022, 106939; CNN, 『Monkeypox may spread before symptoms start, study suggests』, 2 November 2022; NBC News, 『U.S. offers extra monkeypox vaccine doses for gay pride events』, 16 August 2022; David Philpott, Christine M Hughes, Karen A Alroy, et al., CDC Multinational Monkeypox Response Team, "Epidemiologic and clinical characteristics of monkeypox cases—United States, May 17–July 22, 2022," MMWR Morbidity and Mortality Weekly Report, 71(32), 12 August 2022, pp.1018–1022.

1189 Reuters, 『WHO calls emergency meeting as monkeypox cases top 100 in Europe』, 21 May 2022; The Guardian, 『WHO official warns monkeypox could accelerate as cases spread across Europe』, 20 May 2022; 뉴데일리, 『WHO '원숭이 두창' 경고…"동성애자·양성애자, 성관계 좀 자제해 달라"』, 2022.7.29.

1190 Shiting Yang, Xiaohao Guo, Zeyu Zhao et al., "Possibility of mpox viral transmission and control from high-risk to the general population: a modeling study," BMC Infectious Diseases, 23(1), 24 February 2023, 119.

1191 Z-Y Qiu, Y-H Tao, S-L Zheng et al., "How to recognize and respond to monkeypox 2022 outbreak in non-endemic countries: a narrative review," European Review for Medical and Pharmacological Sciences, 26(22), November 2022, pp.8620-8630; Rozana El Eid, Fatima Allaw, Sara F Haddad, Souha S Kanj, "Human monkeypox: A review of the literature," PLoS Pathogens, 18(9), 22 September 2022, e1010768; Elangovan Arumugam, Santhakumar Aridoss, Nagaraj Jaganathasamy et al., "Why should the men who have sex with men population in India be vigilant for monkeypox infection?," Indian Journal of Public Health, 67(1), January-March 2023, pp.178-180; Theresa Barton, Regina Oladokun, "Monkeypox: How Globalization, Host Immunity, and Viral Evolution Create a New Pathogen," Pediatric Annals, 51(11), November 2022, e431-e435; Aisling M Vaughan, Orlando Cenciarelli, Soledad Colombe et al., "A large multi-country outbreak of monkeypox across 41 countries in the WHO European Region, 7 March to 23 August 2022," Euro Surveillance, 27(36), September 2022; Eva Orviz, Anabel Negredo, Oskar Ayerdi et al., "Monkeypox outbreak in Madrid (Spain): Clinical and virological aspects," The Journal of Infection, 85(4), October 2022, pp.412-417; NBC News, 『The symptoms and causes of monkeypox infections, now diagnosed in more than 20,000 people』, 20 May 2022; The Washington Post, 『Monkeypox is 'a public health emergency,' U.S. health secretary declares』, 4 August 2022; World Health Organization, "Public advice for men who have sex with men on preventing mpox (monkeypox)," 2 September 2022;
https://www.who.int/news-room/public-advice/men-who-have-sex-with-men-preventing-monkeypox; World Health Organization, "Mpox (monkeypox) outbreak," 2022;
https://www.who.int/emergencies/situations/monkeypox-oubreak-202

1192 Patricia Gabriela Zambrano Sanchez, Felipe Mosquera Moyano, "A case of monkeypox coinfection with syphilis in an Ecuadorian HIV positive young male," Travel Medicine and Infectious Diseases, 52, March-April 2023, 102516.

1193 Jamie Frankis, "Understanding the signs and symptoms of the 2022 monkeypox outbreak is crucial for clinicians, public health practitioners and gay, bisexual and other men who have sex with men (GBMSM)," Evidence-Based Nursing, 26(2), April 2023, pp.59-60; Larissa Mulka, Jackie Cassell, "The changing face of monkeypox," BMJ, 378, 10 August 2022, o1990.

1194 Nicolo Girometti, Ruth Byrne, Margherita Bracchi et al., "Demographic and clinical characteristics of confirmed human monkeypox virus cases in individuals attending a sexual health centre in London, UK: an observational analysis," The Lancet Infectious Diseases, 22(9), September 2022, pp.1321-1328.

1195 데일리안, 『"원숭이두창 감염된 男 다수, 생식기·항문에 피부병변 호소"』, 2022.7.3.; 부산일보, 『"원숭이두창 성기주변 병변 많고 열 덜 나…증상 달라졌다"』, 2022.7.3.; 아시아타임즈, 『"원숭이두창, 일반 성병과 증상 비슷…감염자, 대부분 남성 동성애자"』, 2022.7.2.

1196 Dan Liu, Yuan Chi, Peige Song, Xiantao Zeng et al., "Risk factors, clinical manifestation, precaution, and management of monkeypox," Journal of Evidence-Based Medicine, 15(3), 2022, pp.183-186.

1197 CNN, 『Monkeypox is disproportionately affecting Black, Hispanic people, latest CDC breakdown shows』, 5 August 2022.

1198 메디게이트뉴스, 『원숭이두창 감염자 528명 조사해보니 98% 양성애자…95% 성행위로 발생』, 2022.7.25.

1199 Time, 『The U.S. Declares Monkeypox a Public Health Emergency. Here's What That Means』, 4 August 2022; U.S. News, 『Biden Administration Declares Monkeypox a Public Health Emergency』, 4 August 2022.

1200 Talha Burki, "What does it mean to declare monkeypox a PHEIC?" The Lancet Infectious Diseases, 22(9), September 2022, pp.1286-1287; CNN, 『Biden administration declares the monkeypox outbreak a public health emergency』, 5 August 2022; Reuters, 『U.S. declares monkeypox outbreak a public health emergency』, 5 August 2022.

1201 World Health Organization, "2022-23 Mpox (Monkeypox) Outbreak: Global Trends," 18 April 2023; https://worldhealthorg.shinyapps.io/mpx_global/

1202 내일신문, 『최근 아시아지역 엠폭스 증가세』, 2023.5.2.

1203 메디컬월드뉴스, 『5월 13일 기준 아시아 엠폭스(원숭이두창) 현황은?…일본>대만>한국 순』, 2023.5.17.; 일요신문, 『마스크 벗고 끝난 줄 알았더니…'엠폭스 독감 수두 뎅기열' 감염병 공포』, 2023.4.18.

1204 서울신문, 『일본, 엠폭스(원숭이두창) 감염세 확산일로…누적 100명 넘어』, 2023.4.12.; 코메디닷컴, 『국외 엠폭스 환자 줄어든 이유…국내는 세 자릿수 우려』, 2023.4.18.

1205 뉴시스, 『엠폭스 환자 4명 추가, 누적 68명…이틀 연속 4명』, 2023.5.10.; 투데이코리아, 『[원숭이두창] 4명 추가 발생…엠폭스 누적 확진자 68명』, 2023.5.10.; 시빅뉴스, 『엠폭스(MPOX), 18일 확진자 3명 늘어 총 16명, 국내 확진 10개월 만에 두 자릿수 기록, 동성애 접촉 아니라도 주의해야』, 2023.4.19.; 국제뉴스, 『국내 엠폭스(원숭이두창) 환자 3명 추가… 누적 79명 집계』, 2023.5.19.; 뉴시스, 『국내 엠폭스 확진자 3명 더 늘어…누적 79명』, 2023.5.18.

1206 국제뉴스, 『엠폭스(원숭이두창) 누적확진자 16명 집계… 전문가 "男중심 확산"』, 2023.4.19.

1207 문화일보, 『엠폭스, 3주새 29명 '깜깜이 전파'… 확인된 환자 수는 '빙산의 일각'[Who, What, Why]』, 2023.4.26.

1208 일요시사, 『<와글와글NET세상> 엠폭스와 동성애 설왕설래』, 2023.4.25.

1209 세계일보, 『엠폭스 확진자 3명 늘어 총 13명… 전문가 "양성애자 감염되면 확산세 위험"』, 2023.4.18.

1210 데일리굿뉴스, 『엠폭스(원숭이두창) 국내 감염 확산…"남성 동성애 그룹서 유행"』, 2023.4.17.; 미디어오늘, 『엠폭스 확산에 다시 성소수자 낙인찍는 언론』, 2023.4.20.

1211 MBC News, 『심상찮은 '엠폭스'…3명 또 늘고 첫 '2차 감염'까지』, 2023.4.17.
1212 일요신문, 『마스크 벗고 끝난 줄 알았더니…'엠폭스 독감 수두 뎅기열' 감염병 공포』, 2023.4.18.
1213 국제뉴스, 『엠폭스(원숭이두창) 누적확진자 16명 집계… 전문가 "男중심 확산"』, 2023.4.19.
1214 뉴스토마토, 『엠폭스 환자 3명 추가, 누적 16명…"국내 감염 추정"』, 2023.4.18.
1215 서울신문, 『"엠폭스, 대부분 성접촉 전파"…질병청, 유증상자 접촉 삼가 당부』, 2023.4.18.
1216 국제뉴스, 『엠폭스(원숭이두창) 누적확진자 16명 집계… 전문가 "男중심 확산"』, 2023.4.19.
1217 세계일보, 『연일 발생하는 엠폭스 확진자…정부 "대규모 전파 가능성 낮아"』, 2023.4.19.; 여성신문, 『"낙인은 방역에 도움 안돼" 성소수자 인권단체, 엠폭스발 혐오 중단 요구』, 2023.4.19.
1218 미디어스, 『"언론, 엠폭스발 성소수자 혐오 멈춰라"』, 2023.4.18.
1219 미디어오늘, 『엠폭스 확산에 다시 성소수자 낙인찍는 언론』, 2023.4.20.
1220 한겨레21, 『엠폭스, 혐오·낙인은 방역에 방해가 된다 [뉴스큐레이터]』, 2023.4.20.
1221 미디어오늘, 『엠폭스 확산에 다시 성소수자 낙인찍는 언론』, 2023.4.20.
1222 Shiting Yang, Xiaohao Guo, Zeyu Zhao et al., "Possibility of mpox viral transmission and control from high-risk to the general population: a modeling study," BMC Infectious Diseases, 23(1), 24 February 2023, 119.
1223 미디어오늘, 『원숭이두창에 '공포' '창궐' 과장한 언론 보도』, 2022.6.19.
1224 크리스천투데이, 『"언론들 원숭이두창에 침묵, 인권보도준칙 때문인가?"』, 2022.6.8.; 미디어오늘, 『엠폭스 확산에 다시 성소수자 낙인찍는 언론』, 2023.4.20.
1225 미디어오늘, 『엠폭스 확산에 다시 성소수자 낙인찍는 언론』, 2023.4.20.
1226 미디어오늘, 『"지식을 두려움으로, 특정 집단 혐오로 모는 나쁜 언론"』, 2022.7.3.
1227 여성신문, 『정의당, '세계 에이즈의 날' 맞아 "차별금지법 제정" 약속』, 2022.12.1.
1228 미디어오늘, 『'원숭이두창'에 성소수자 거론 "못된 버릇 달라지지 않아"』, 2022.6.1.
1229 크리스천투데이, 『'원숭이두창 동성애자 주로 발생' 팩트 보도도 '혐오'?』, 2022.5.24.
1230 The Washington Post, 『Opinion | The Biden administration's monkeypox response has been a mess』, 21 July 2022; Yale Daily News, 『Akiko Iwasaki and Gregg Gonsalves named among "50 experts to trust in a pandemic"』, 1 October 2020.
1231 Kai Kupferschmidt, "Why monkeypox is mostly hitting men who have sex with men," Science, 376(6600), 24 June 2022, pp.1364-1365.
1232 서울신문, 『세계 최초… 코로나·원숭이두창·에이즈 '동시감염' 이유는』, 2022.8.28.; 크리스천투데이, 『세계 최초 코로나-원숭이두창-에이즈 동시 감염자 "동성 성관계 가져"』, 2022.8.29.
1233 Ian H Spicknall, Emily D Pollock, Patrick A Clay et al., "Modeling the Impact of Sexual Networks in the Transmission of Monkeypox virus Among Gay, Bisexual, and Other Men Who Have Sex with Men - United States, 2022," MMWR Morbidity and Mortality Weekly Report, 71(35), September 2022, pp.1131-1135.
1234 Alexandre Vallee, "Sexual behaviors, cannabis, alcohol and monkeypox infection," Frontiers in Public Health, 10, 17 January 2023, 1054488.

1235 열린뉴스통신, 『WHO "원숭이두창, 여러 파트너 가진 남성들에 집중돼" 비상사태 선언』, 2022.7.24.

1236 CTV News, 『WHO declares monkeypox a global emergency; Canada confirms 681 cases』, 23 July 2022; CBC News, 『WHO chief declares expanding monkeypox outbreak a global emergency』, 23 July 2022.

1237 이투데이, 『WHO "원숭이두창 감염 1만8000건 이상"…유럽·미국서 95% 발병』, 2022.7.28.; 세계일보, 『WHO "원숭이두창 78개국 1만8000건. 70% 유럽·25%는 미주"』, 2022.7.28.

1238 The Guardian, 『Monkeypox: WHO chief advises at-risk men to reduce number of sexual partners』, 27 July 2022; NBC News, 『WHO chief advises reducing sex partners to avoid monkeypox』, 28 July 2022; 아시아투데이, 『WHO "원숭이두창 1만8000건 돌파"…美 발병 신고 의무화』, 2022.7.28.

1239 조선일보, 『WHO "원숭이 두창 확진자 1만8000명…동성애 남성, 성관계 상대 줄여야"』, 2022.7.28.; 데일리안, 『"낯선 사람과는"…급증하는 원숭이두창, WHO가 내놓은 예방법』, 2022.7.28.

1240 국제뉴스, 『원숭이두창 확진자 2만 명 눈앞 "남성 간 성관계 줄여라"』, 2022.7.28.

1241 CBS News, 『Monkeypox officially becomes a global emergency』, 23 July 2022; CTV News, 『WHO declares monkeypox a global emergency; Canada confirms 681 cases』, 23 July 2022; CNBC News, 『WHO recommends gay and bisexual men limit sexual partners to reduce the spread of monkeypox』, 27 July 2022; 뉴데일리, 『WHO '원숭이두창' 경고…"동성애자·양성애자, 성관계 좀 자제해 달라"』, 2022.7.29.

1242 Darwin A León-Figueroa, Joshuan J Barboza et al., "Detection of Monkeypox Virus according to The Collection Site of Samples from Confirmed Cases: A Systematic Review," Tropical Medicine and Infectious Disease, 8(1), 22 December 2022, p.4.

1243 서울경제, 『원숭이두창 확진자…"98%가 '동성·양성애 男'"』, 2022.7.22.

1244 NBC News, 『Monkeypox is being driven overwhelmingly by sex between men, major study finds』, 23 July 2022.

1245 뉴스1, 『원숭이두창 확진자 95%, 성관계 통해 감염-英연구』, 2022.7.22.

1246 POZ Magazine, 『Study Reveals Novel Monkeypox Symptoms and Transmission Routes』, 23 July 2022.

1247 뉴시스, 『원숭이두창, 이전과 다른 증상…'다른 성병으로 오진할수도'』, 2022.7.23.

1248 John P Thornhill, Sapha Barkati, Sharon Walmsley et al., "Monkeypox Virus Infection in Humans across 16 Countries - April-June 2022," The New England Journal of Medicine, 387(8), 25 August 2022, pp.679-691.

1249 동아사이언스, 『"원숭이두창 사례 95%, 성접촉에 따른 감염 추정"』, 2022.7.25.

1250 Kristina M Angelo, Teresa Smith, Daniel Camprubi-Ferrer et al., "GeoSentinel Network Collaborators. Epidemiological and clinical characteristics of patients with monkeypox in the GeoSentinel Network: a cross-sectional study," The Lancet Infectious Diseases, 23(2), February 2023, pp.196-206.

1251 Shi-Yan Ren, Jing Li, Rong-Ding Gao, "2022 Monkeypox outbreak: Why is it a public health emergency of international concern? What can we do to control it?," World Journal of Clinical Cases, 10(30), 26 October 2022, pp.10873-10881; Darwin A León-

Figueroa, Joshuan J Barboza et al., "Detection of Monkeypox Virus according to The Collection Site of Samples from Confirmed Cases: A Systematic Review," Tropical Medicine and Infectious Disease, 8(1), 22 December 2022, p.4; Stephanie Rimmer, James Barnacle, Malick M Gibani et al., "The clinical presentation of monkeypox: a retrospective case-control study of patients with possible or probable monkeypox in a West London cohort," International Journal of Infectious Diseases, 126, January 2023, pp.48-53; Joshuan J Barboza, Darwin A León-Figueroa, Hortencia M Saldaña-Cumpa et al., "Virus Identification for Monkeypox in Human Seminal Fluid Samples: A Systematic Review," Tropical Medicine and Infectious Disease, 8(3), 14 March 2023, 173; Amoolya Vusirikala, Hannah Charles, Sooria Balasegaram et al., "Epidemiology of Early Monkeypox Virus Transmission in Sexual Networks of Gay and Bisexual Men, England, 2022," Emerging Infectious Diseases, 28(10), October 2022, pp.2082-2086.

1252 코메디닷컴, 『국외 엠폭스 환자 줄어든 이유…국내는 세 자릿수 우려』, 2023.4.18.
1253 Medical Press, 『Why did the mpox epidemic wane? Belgian researchers offer a theory』, 13 April 2023.
1254 위키트리, 『[팩트 체크!] 동성애? 해외 사례? 국내 전파력? 소문 무성한 엠폭스, '팩트'만 팠습니다』, 2023.4.19.
1255 CNBC News, 『Texas reports what may be the first U.S. death from monkeypox』, 30 August 2022.
1256 David Philpott, Christine M Hughes, Karen A Alroy, et al., CDC Multinational Monkeypox Response Team, "Epidemiologic and clinical characteristics of monkeypox cases—United States, May 17–July 22, 2022," MMWR Morbidity and Mortality Weekly Report, 71(32), 12 August 2022, pp.1018–1022; 한국일보, 『'원숭이두창' 확산에 미 대학가 성소수자 걱정 커진다』, 2022.8.7.
1257 아시아경제, 『美 질병통제예방센터 "원숭이두창 완전 소멸 안 될 듯"』, 2022.10.2.; 세계일보, 『美 CDC "원숭이두창, 미국서 완전히 없어지지 않을 듯"』, 2022.10.3.; 에너지경제, 『美 CDC "원숭이두창 미국에 계속 있을 듯…무한히 퍼져"』, 2022.10.2.
1258 Aatish Patel, Julia Bilinska, Jerry C H Tam et al., "Clinical features and novel presentations of human monkeypox in a central London centre during the 2022 outbreak: descriptive case series," BMJ, 378, 28 July 2022, e072410.
1259 Jamie Frankis, "Understanding the signs and symptoms of the 2022 monkeypox outbreak is crucial for clinicians, public health practitioners and gay, bisexual and other men who have sex with men (GBMSM)," Evidence-Based Nursing, 26(2), April 2023, pp.59-60.
1260 오마이뉴스, 『원숭이두창이 '에이즈 사촌'?... 또 시작된 낙인찍기』, 2022.6.27.
1261 KBS News, 『원숭이두창, 왜 남성이 주로 걸리나…낙인과 예방의 딜레마』, 2022.6.23.
1262 Kai Kupferschmidt, "Why monkeypox is mostly hitting men who have sex with men," Science, 376(6600), 24 June 2022, pp.1364-1365.
1263 UK Health Security Agency, Investigation into monkeypox outbreak in England: technical briefing 1, 23 September 2022;
https://www.gov.uk/government/publications/monkeypox-outbreak-technical-

briefings/investigation-into-monkeypox-outbreak-in-england-technical-briefing-1
1264 이데일리, 『원숭이두창, 성병 증상과 비슷…환자 25%는 에이즈 감염』, 2022.7.3.
1265 UK Health Security Agency, UKHSA urges those with new or multiple sexual partners to be vigilant as monkeypox outbreak grows, 24 June 2022; https://www.gov.uk/government/news/ukhsa-urges-those-with-new-or-multiple-sexual-partners-to-be-vigilant-as-monkeypox-outbreak-grows; 이데일리, 『英보건당국 "원숭이두창 감염 99% 남성…동성·양성애 다수"』, 2022.6.26.
1266 Thomas Ward, Rachel Christie, Robert S Paton et al., "Transmission dynamics of monkeypox in the United Kingdom: contact tracing study," BMJ, 379, 2022, e073153.
1267 시사저널, 『원숭이두창 확산 경고…'성소수자 축제' 2~3주 후를 주목하라』, 2022.7.10.
1268 이데일리, 『英보건당국 "원숭이두창 감염 99% 남성…동성·양성애 다수"』, 2022.6.26.
1269 Jesus Inigo Martinez, Elisa Gil Montalban, Susana Jimenez Bueno et al., "Monkeypox outbreak predominantly affecting men who have sex with men, Madrid, Spain, 26 April to 16 June 2022," Euro Surveillance, 27(27), July 2022, 2200471.
1270 Alba Catala, Petunia Clavo-Escribano, Josep Riera-Monroig et al., "Monkeypox outbreak in Spain: clinical and epidemiological findings in a prospective cross-sectional study of 185 cases," The British Journal of Dermatology, 187(5), November 2022, pp.765-772.
1271 Eloy Jose Tarin-Vicente, Andrea Alemany, Manuel Agud-Dios et al., "Clinical presentation and virological assessment of confirmed human monkeypox virus cases in Spain: a prospective observational cohort study," Lancet. 400(10353), 27 August 2022, pp.661-669.
1272 서울신문, 『세계 최초… 코로나·원숭이두창·에이즈 '동시감염' 이유는』, 2022.8.28.
1273 Christian Hoffmann, Heiko Jessen, Christoph Boesecke, "Monkeypox in Germany," Deutsches Arzteblatt International, 119(33-34), 22 August 2022, pp.551-557.
1274 Christian Hoffmann, Heiko Jessen, Christoph Wyen et al., "Clinical characteristics of monkeypox virus infections among men with and without HIV: A large outbreak cohort in Germany," HIV Medicine, 24(4), April 2023, pp.389-397.
1275 연합뉴스, 『독일 예방접종위 "위험그룹, 원숭이두창 백신 접종" 권고』, 2022.6.9.; MBC News, 『독일 예방접종위 "위험그룹, 원숭이두창 백신 접종" 권고』, 2022.6.9.; 톱스타뉴스, 『독일 예방접종위 "위험그룹, 원숭이두창 바이러스 백신 접종" 권고』, 2022.6.9.; SBS Biz, 『원숭이두창 백신접종 국가 잇따라…독일 "위험군 접종해야"』, 2022.6.10.; 문화뉴스, 『'14,000명 이상 감염' 원숭이두창, 증상부터 예방법은?』, 2022.7.22.; SBS News, 『독일 예방접종위 "위험그룹, 원숭이두창 백신 접종" 권고』, 2022.6.10.
1276 Morgane Mailhe, Anne-Lise Beaumont, Michael Thy et al., "Clinical characteristics of ambulatory and hospitalized patients with monkeypox virus infection: an observational cohort study," Clinical Microbiology and Infection, 29(2), February 2023, pp.233-239.
1277 뉴스1, 『佛보건당국 "동성애男·성전환자·성노동자, 원숭이두창 백신 맞아야"』, 2022.7.8.; 문화뉴스, 『'14,000명 이상 감염' 원숭이두창, 증상부터 예방법은?』, 2022.7.22.; 뉴시스, 『프랑스, 원숭이두창 고위험군에 백신접종 권고』, 2022.7.9.

1278 National Post, 『168 cases of monkeypox confirmed in Canada, including 141 in Quebec』, 17 June 2022; CTV News, 『168 cases of monkeypox confirmed in Canada, including 141 in Quebec』, 17 June 2022; Vancouver Sun, 『B.C. confirms second monkeypox case as Canada records 168 infections so far』, 17 June 2022; Toronto Star, 『168 cases of monkeypox confirmed in Canada, including 141 in Quebec』, 17 June 2022; Toronto Sun, 『168 cases of monkeypox confirmed in Canada, including 141 in Quebec』, 17 June 2022; 오마이뉴스, 『원숭이두창이 '에이즈 사촌'?... 또 시작된 낙인찍기』, 2022.6.27.

1279 NBC News, 『Monkeypox likely spread by sex at two raves in Europe, expert says』, 23 May 2022; AP News, 『African scientists baffled by monkeypox cases in Europe, US』, 21 May 2022; Bloomberg, 『African Scientists Baffled By Monkeypox Cases in Europe, US』, 21 May 2022; U.S. News, 『African Scientists Baffled by Monkeypox Cases in Europe, US』, 20 May 2022.

1280 H Clifford Lane, Anthony S Fauci, "Lane HC, Fauci AS. Monkeypox - Past as Prologue," The New England Journal of Medicine, 387(8), 25 August, pp.749-750.

1281 뉴시스, 『"원숭이두창 초기 유행 양상, 에이즈와 놀랍도록 유사"』, 2022.8.26.

1282 Brando Ortiz-Saavedra, Elizbet S Montes-Madariaga, Cielo Cabanillas-Ramirez et al., "Epidemiologic Situation of HIV and Monkeypox Coinfection: A Systematic Review," Vaccines (Basel), 11(2), 22 January 2023, p.246; Darwin A León-Figueroa, Joshuan J Barboza et al., "Detection of Monkeypox Virus according to The Collection Site of Samples from Confirmed Cases: A Systematic Review," Tropical Medicine and Infectious Disease, 8(1), 22 December 2022, p.4; Monica Brundu, Serena Marinello, Vincenzo Scaglione et al., "The first case of monkeypox virus and acute HIV infection: Should we consider monkeypox a new possible sexually transmitted infection?," The Journal of Dermatology, 50(3), March 2023, pp.383-386; Lao-Tzu Allan-Blitz, Monica Gandhi, Paul Adamson et al., "A Position Statement on Mpox as a Sexually Transmitted Disease," Clinical Infectious Diseases, 76(8), 17 April 2023, pp.1508-1512.

1283 Kai Kupferschmidt, "Why monkeypox is mostly hitting men who have sex with men," Science, 376(6600), 24 June 2022, pp.1364-1365.

1284 Md Rabiul Islam, Delruba Tabassum Nowshin, Md Robin Khan et al., "Monkeypox and sex: Sexual orientations and encounters are key factors to consider," Health Science Reports, 6(1),

1285 Stefano Ramoni, Carlo Alberto Maronese, Nicole Morini et al., "Syphilis and monkeypox co-infection: Coincidence, synergy or asymptomatic carriage?," Travel Medicine and Infectious Diseases, 50, November-December 2022, 102447; Alba Català, Petunia Clavo-Escribano, Josep Riera-Monroig et al., "Monkeypox outbreak in Spain: clinical and epidemiological findings in a prospective cross-sectional study of 185 cases," The British Journal of Dermatology, 187(5), November 2022, pp.765-772; John P Thornhill, Sapha Barkati, Sharon Walmsley et al., "Monkeypox Virus Infection in Humans across 16 Countries - April-June 2022," The New England Journal of Medicine, 387(8), 25 August 2022, pp.679-691; Aatish Patel, Julia

Bilinska, Jerry C H Tam et al., "Clinical features and novel presentations of human monkeypox in a central London centre during the 2022 outbreak: descriptive case series," BMJ, 378, 28 July 2022, e072410.

1286 Xiaoning Liu, Zheng Zhu, Yun He et al., "Monkeypox claims new victims: the outbreak in men who have sex with men," Infectious Diseases of Poverty, 11(1), 23 July 2022, 84; Caterina Candela, Angelo Roberto Raccagni, Elena Bruzzesi et al., Centro San Luigi (CSL) Working Group, "Human Monkeypox Experience in a Tertiary Level Hospital in Milan, Italy, between May and October 2022: Epidemiological Features and Clinical Characteristics," Viruses, 15(3), 2 March 2023, 667; Raul Montalvo Otivo, Sonia Crisostomo, Liz Zevallos et al., "Sexual Behavior of Men Who Have Sex with Men and Its Relationship to Sexually Transmitted Infections during an Outbreak of the Human Monkeypox Virus," Acta Medica (Hradec Kralove), 65(4), 2022, pp.133-138; Alberto Rizzo, Giacomo Pozza, Federica Salari et al., "Concomitant diagnosis of sexually transmitted infections and human monkeypox in patients attending a sexual health clinic in Milan, Italy," Journal of Medical Virology, 95(1), January 2023, e28328.

1287 Jesse O'Shea, Thomas D Filardo, Sapna Bamrah Morris et al., "Interim Guidance for Prevention and Treatment of Monkeypox in Persons with HIV Infection - United States, August 2022," MMWR Morbidity and Mortality Weekly Report, 71(32), 12 August 2022, pp.1023-1028; Oriol Mitja, Andrea Alemany, Michael Marks et al., "Mpox in people with advanced HIV infection: a global case series," Lancet, 401(10380), 18 March 2023, pp.939-949.

1288 Kathryn G Curran, Kristen Eberly, Olivia O Russell, et al, Monkeypox, HIV, and STI Team, "HIV and Sexually Transmitted Infections Among Persons with Monkeypox - Eight U.S. Jurisdictions, May 17-July 22, 2022," MMWR Morbidity and Mortality Weekly Report, 71(36), 9 September 2022, pp.1141-1147.

1289 의학신문, 『HIV 감염률 걱정 된다』, 2016.12.1.

1290 김지연, "덮으려는 자 펼치려는 자," 사람, 2019, 412-413면, 503면; 국민일보, 『동성애 연관성 쉬쉬하며… 에이즈 환자 진료비 연 800억 썼다』, 2016.11.30.

1291 파이낸셜뉴스, 『'엠폭스' 환자 벌써 47명인데…국민 40% "정확한 정보 몰라"』, 2023.5.2.; 세계일보, 『국민 39% "엠폭스 정보 정확히 몰라"』, 2023.5.1.; KBS 뉴스, 『엠폭스 누적 확진 47명…국민 40% "정확히 아는 정보 없어"』, 2023.5.1.; 조선비즈, 『2030, 엠폭스 불감증…69%가 "난 안 걸릴 듯"』, 2023.5.1.

1292 이코리아, 『[팩트체크] 원숭이두창 관련 '진실과 거짓'』, 2022.7.8.; 뉴스1, 『코로나 종식 아직인데 '원숭이두창' 국내 전파…커지는 감염병 공포』, 2022.6.22.; 뉴데일리, 『원숭이두창 퍼질라… 의심 외국인, 입국 과정서 '증상 없음' 표기』, 2022.6.22.; 중앙일보, 『'원숭이 두창' 결국 들어왔다… 독일서 인천공항 입국한 내국인』, 2022.6.23.

1293 World Health Organization, "Public health advice on protecting yourself and others from mpox (monkeypox)," 2 September 2022;
https://www.who.int/news-room/public-advice/protecting-yourself-from-monkeypox;
코메디닷컴, 『원숭이두창 새 이름은 'm두창'…내년까지 병행 사용』, 2022.11.29.; 세계일보, 『美 CDC "원숭이두창, 미국서 완전히 없어지지 않을 듯"』, 2022.10.3.; 코메디닷컴, 『어린이, 원숭이두창 감염 시 폐렴·뇌염 동반 우려』, 2022.8.16.

1294 Francisco Javier Melgosa Ramos, Marina Parra Civera, Jesus Jose Pons Fuster, "Skin lesions due to monkeypox virus in a well-controlled HIV patient," Medicina Clinica (Barc), 159(12), 23 December 2022, e87-e88; World Health Organization, "Mpox (monkeypox)," 18 April 2023;
https://www.who.int/news-room/fact-sheets/detail/monkeypox

1295 헤럴드경제, 『"원숭이두창, 성기 주변 병변 많아…예전 증상과 다르다"』, 2022.7.2.; 파이낸셜뉴스, 『원숭이두창 환자 성기·항문주변에 병변…매독 등 성병과 증상 비슷』, 2022.7.3.; 중앙일보, 『"원숭이두창, 열 덜나고 항문에 피부병변…증상 달라졌다"』, 2022.7.2.; 디지털타임스, 『원숭이두창, 성기 주변 병변 많고 열 덜 나…"기침 재채기로도 전파 가능"』, 2022.7.2.

1296 Express, 『Monkeypox warning: New study discovers somewhere else the virus may linger - in your home』, 22 August 2022; Business Telegraph, 『Gay porn star Silver Steele posts horrific photos of monkeypox battle』, 17 August 2022; MailOnline, 『Texas officials confirms first US monkeypox death - unnamed Harris County resident with 'various severe illnesses' is 16th person globally to die while infected』, 30 August 2022; 파이낸셜뉴스, 『원숭이두창 환자 성기·항문주변에 병변…매독 등 성병과 증상 비슷』, 2022.7.3.; 서울신문, 『英원숭이두창 환자, 4명 중 1명은 'HIV 감염' 상태였다』, 2022.7.2.

1297 문화뉴스, 『'14,000명 이상 감염' 원숭이두창, 증상부터 예방법은?』, 2022.7.22.; CDC, How It Spreads, 2 February 2023;
https://www.cdc.gov/poxvirus/mpox/if-sick/transmission.html

1298 CNN, 『Anyone can get monkeypox, but CDC warns LGBTQ community about 'greater chance' of exposure now』, 24 May 2022; The Star, 『Roundup: U.S. CDC issues new monkeypox warning as more potential cases found』, 25 May 2022; CNBC News, 『CDC says monkeypox doesn't spread easily by air: 'This is not Covid'』, 24 May 2022.; 미디어오늘, 『'원숭이두창, 동성 성접촉으로 퍼져?' CDC 발표 왜곡한 언론』, 2022.6.5.

1299 Sophie Seang, Sonia Burrel, Eve Todesco et al., "Evidence of human-to-dog transmission of monkeypox virus," The Lancet, 400(10353), 27 August 2022, pp.658-659.

1300 The Telegraph, 『Dog catches monkeypox after sharing owners' bed』, 14 August 2022; Independent, 『Dog catches monkeypox from owners after sleeping in their bed』, 17 August 2022; Pink News, 『Monkeypox: Dog tests positive after sharing bed with owners』, 15 August 2022; MBN 뉴스, 『프랑스서 확진자와 한 침대 쓴 반려견 원숭이두창 감염』, 2022.8.16.; 데일리벳, 『원숭이두창 사람→반려견 전파 첫 확인…보호자는 동성애자 커플』, 2022.8.16.

1301 한겨레, 『원숭이두창이 온다』, 2022.8.1.

1302 경향신문, 『동물에서 온 바이러스가 인간을 쩔쩔매게 만들었다, '인수공통전염병' 역사』, 2020.1.24.

1303 시사저널, 『신종 코로나, 잠복기 이후에도 안심할 수 없다?』, 2020.2.11.; MailOnline,

『Monkeypox may have been spreading silently for FOUR YEARS in UK, former WHO doctor suggests』, 26 May 2022; The Conversation, 『Why it's important to tell people that monkeypox is predominately affecting gay and bisexual men』, 14 August 2022.

1304 Joana Isidro, Vítor Borges, Miguel Pinto et al., "Phylogenomic characterization and signs of microevolution in the 2022 multi-country outbreak of monkeypox virus," Nature Medicine, 28, 2022, 1569–1572.

1305 Forbes, 『Study: Monkeypox Virus Has Had 'Accelerated Evolution,' Around 50 Mutations In DNA』, 25 June 2022.

1306 Bloomberg, 『Monkeypox Virus Mutating More Than Expected, Say Scientists』, 24 June 2022; Fox News, 『Monkeypox mutating more than previously thought, researchers say』, 25 June 2022; 라디오코리아, 『원숭이두창, 돌연변이 현상 심화.. 수십여종 변이 나타나』, 2022.6.25.

1307 Thomas Ward, Rachel Christie, Robert S Paton et al., "Transmission dynamics of monkeypox in the United Kingdom: contact tracing study," BMJ, 379, 2022, e073153.

1308 CNN, 『Monkeypox may spread before symptoms start, study suggests』, 2 November 2022.

1309 Prakasini Satapathy, Parimala Mohanty, Subhanwita Manna et al., "Potentially Asymptomatic Infection of Monkeypox Virus: A Systematic Review and Meta-Analysis," Vaccines (Basel), 10(12), 6 December 2022, 2083; Abdullah Reda, Amr Ehab El-Qushayri, Jaffer Shah, "Asymptomatic monkeypox infection: a call for greater control of infection and transmission," The Lancet, 4(1), 6 October 2022, E15-E16.

1310 동아사이언스, 『무증상도 있다…원숭이두창 새로운 임상증상에 학계 경고』, 2022.9.2.

1311 The New York Times, 『This Is Not the Monkeypox That Doctors Thought They Knew』, 26 August 2022.

1312 Valentine Marie Ferre, Antoine Bachelard, Meryem Zaidi et al., "Detection of Monkeypox Virus in Anorectal Swabs From Asymptomatic Men Who Have Sex With Men in a Sexually Transmitted Infection Screening Program in Paris, France," Annals of Internal Medicine, 175(10), October 2022, pp.1491-1492; Irith De Baetselier, Christophe Van Dijck, Chris Kenyon et al., ITM Monkeypox study group, "Retrospective detection of asymptomatic monkeypox virus infections among male sexual health clinic attendees in Belgium," Nature Medicine, 28(11), November 2022, pp.2288-2292; 동아일보, 『원숭이 두창, 무증상자도 나와 비상… "초기 증상 재정의해야"』, 2022.9.2.

1313 CBS News, 『Texas confirms first U.S. death in monkeypox outbreak, says patient was "severely immunocompromised"』, 30 August 2022.

1314 Newsweek, 『Monkeypox Patient Dies in Belgium』, 1 Sepember 2022; U.S. News, 『First U.S. Monkeypox Death Reported in Texas』, 30 August 2022.

1315 머니투데이, 『"양성애자가 걸리면…" 의사의 경고, 엠폭스 지역사회 확산 우려』, 2023.4.17.

1316 위키트리, 『[팩트 체크!] 동성애? 해외 사례? 국내 전파력? 소문 무성한 엠폭스, '팩트'만 팠습니다』, 2023.4.19.

1317 코메디닷컴, 『어린이, 원숭이두창 감염 시 폐렴·뇌염 동반 우려』, 2022.8.16.

1318 데일리한국, 『미국내 원숭이두창 감염자 중 31명은 어린이』, 2022.9.2.; 조선일보, 『미국 원숭이두창 감염자 1만8400명 중 어린이 31명』, 2022.9.2.; 한국경제, 『美 원숭이두창 감염자 1만8400명…어린이 감염자도 31명』, 2022.9.2.; 조선일보, 『美 원숭이두창 감염자 1만8400여명 중 어린이 31명… "밀접접촉 위험"』, 2022.9.2.

1319 코메디닷컴, 『어린이, 원숭이두창 감염 시 폐렴·뇌염 동반 우려』, 2022.8.16.

1320 케미컬뉴스, 『CDC, "Mpox(원숭이두창)가 여름에 돌아올 수 있다"』, 2023.5.18.; 시사저널, 『원숭이두창 확산 경고…'성소수자 축제' 2~3주 후를 주목하라』, 2022.7.10.

1321 Nicola Luigi Bragazzi, Jude Dzevela Kong, Jianhong Wu, "Is monkeypox a new, emerging sexually transmitted disease? A rapid review of the literature," Journal of Medical Virology, 95(1), January 2023, e28145.

1322 Jesus Inigo Martinez, Elisa Gil Montalban, Susana Jimenez Bueno et al., "Monkeypox outbreak predominantly affecting men who have sex with men, Madrid, Spain, 26 April to 16 June 2022," Euro Surveillance, 27(27), July 2022, 2200471; NBC News, 『Monkeypox is being driven overwhelmingly by sex between men, major study finds』, 23 July 2022; Scottish Daily Express, 『Monkeypox outbreak linked to Canary Island and Spanish sex parties』, 24 May 2022; AP News, 『Expert: Monkeypox likely spread by sex at 2 raves in Europe』, 23 May 2022; CBS News, 『Monkeypox spread likely "amplified" by sex at 2 raves in Europe, leading WHO adviser says』, 24 May 2022; CBC News, 『WHO chief declares expanding monkeypox outbreak a global emergency』, 23 July 2022; CTV News, 『WHO declares monkeypox a global emergency; Canada confirms 681 cases』, 23 July 2022; CBS News, 『Monkeypox officially becomes a global emergency』, 23 July 2022; 뉴시스, 『[원숭이두창 유입③]젊은 남성이 주로 감염되는 이유는?』, 2022.6.25.

1323 NBC News, 『Monkeypox likely spread by sex at two raves in Europe, expert says』, 23 May 2022; CBC News, 『Health officials continue to monitor monkeypox cases in Europe and North America』, 23 May 2022.

1324 Fox News, 『Monkeypox likely spread by sex at 2 raves in Europe: expert』, 23 May 2022; U.S. News, 『Expert: Monkeypox Likely Spread by Sex at 2 Raves in Europe』, 23 May 2022; MailOnline, 『Monkeypox may have been spreading silently for FOUR YEARS in UK, former WHO doctor suggests』, 26 May 2022; Scottish Daily Express, 『Monkeypox outbreak linked to Canary Island and Spanish sex parties』, 24 May 2022; 서울신문, 『[속보] "원숭이두창 걸리면 성관계 자제…딱지 마를 때까지 접촉 피해야"』, 2022.5.31.

1325 세계일보, 『"올 여름 엠폭스 급증할 수 있다"…유럽 또 긴장』, 2023.4.20.

1326 BBC News, 『Monkeypox: Time to worry or one to ignore?』, 21 May 2022; MailOnline, 『Music festivals could be monkeypox super-spreader events in summer, experts warn after UK confirms 106 cases』, 30 May 2022; Advocate, 『Monkeypox Outbreak Linked to Gay Sauna and Festival』, 23 May 2022; Pink News, 『Monkeypox outbreaks across Europe linked to gay sauna and fetish

1327 The Telegraph, 『Monkeypox: Why we should be worried』, 20 May 2022; MailOnline, 『Monkeypox may have been spreading silently for FOUR YEARS in UK, former WHO doctor suggests』, 26 May 2022; Scottish Daily Express, 『Monkeypox outbreak linked to Canary Island and Spanish sex parties』, 24 May 2022; AP News, 『Expert: Monkeypox likely spread by sex at 2 raves in Europe』, 23 May 2022; CBS News, 『Monkeypox spread likely "amplified" by sex at 2 raves in Europe, leading WHO adviser says』, 24 May 2022; Pink News, 『Monkeypox outbreaks across Europe linked to gay sauna and fetish festival』, 23 May 2022.

1328 Reuters, 『Spain monkeypox cases tally reaches 30, mostly linked to sauna』, 21 May 2022; Advocate, 『Monkeypox Outbreak Linked to Gay Sauna and Festival』, 23 May 2022.

1329 크리스천투데이, 『"퀴어축제 서울광장 강행 시, 원숭이두창 확산 우려"』, 2022.7.8.

1330 뉴시스, 『[원숭이두창 유입③]젊은 남성이 주로 감염되는 이유는?』, 2022.6.25.

1331 WHO(세계보건기구) 홈페이지, Hepatitis A outbreaks mostly affecting men who have sex with men – European Region and the Americas, 7 June 2017;
https://www.who.int/news/item/07-06-2017-hepatitis-a-outbreaks-mostly-affecting

1332 내일신문, 『바이든정부, 원숭이두창 비상사태 선포』, 2022.8.5.

1333 투데이신문, 『인권위 "안철수 '퀴어축제 거부할 권리' 발언은 혐오 표현" 의견표명』, 2021.9.1.

1334 크리스천투데이, 『""동성애자들, 에이즈·원숭이두창 등 고통… 치유는 의무""』, 2022.9.14.

1335 Blazemedia, 『Transgenderism of Children is Child Abuse, American College of Pediatricians Rules』, 26 March 2016;
https://www.flfamily.org/genderideologyharmschildren

1336 Intersex Society of North America, "Clinical Guidelines for the Management of Disorders of Sex Development in Childhood," 16 August 2006.

1337 Kenneth J Zucker, Susan J Bradley, "Gender Identity and Psychosexual Disorders," FOCUS The Journal of Lifelong Learning in Psychiatry 3(4), October 2005, pp.598-617; N.E.Whitehead, "Is transsexuality biologically determined?," Triple Helix (UK), Autumn 2000, pp.6-8; Sheila Jeffreys, "Gender Hurts: A Feminist Analysis of the Politics of Transgenderism," Routledge, 2014, pp.1-35.

1338 American Psychiatric Association, "Diagnostic and Statistical Manual of Mental Disorders: Fifth Edition (DSM-5)," 2013, pp.451-459; Kenneth J Zucker, Susan J Bradley, "Gender Identity and Psychosexual Disorders," FOCUS The Journal of Lifelong Learning in Psychiatry 3(4), October 2005, pp.598-617; Sheila Jeffreys, "Gender Hurts: A Feminist Analysis of the Politics of Transgenderism," Routledge, 2014, pp.1-35.

1339 Wylie C Hembree, Peggy Cohen-Kettenis et al., "Endocrine treatment of transsexual persons: an Endocrine Society clinical practice guideline," The Journal of Clinical Endocrinology Metabolism, 94(9), September 2009, pp.3132-3154.

1340 American Psychiatric Association, "Diagnostic and Statistical Manual of Mental

Disorders: Fifth Edition (DSM-5)," 2013, pp.451-459.

1341 Eva Moore, Amy Wisniewski, Adrian Dobs, "Endocrine treatment of transsexual people: a review of treatment regimens, outcomes, and adverse effects," The Journal of Clinical Endocrinology Metabolism, 88(8), August 2003, pp.3467-3473; World Health Organization, "Carcinogenicity of combined hormonalcontraceptives and combined menopausal treatment," September 2005; U.S. Food & Drug Administration, Testosterone Information, 3 March 2015;
https://www.fda.gov/drugs/postmarket-drug-safety-information-patients-and-providers/testosterone-information;
J Olson-Kennedy, M Forcier, Overview of the management of gender nonconformity in children and adolescents, UpToDate, 4 November 2015; www.uptodate.com

1342 Cecilia Dhejne, Paul Lichtenstein, Marcus Boman, "Long-term follow-up of transsexual persons undergoing sex reassignment surgery: cohort study in Sweden," PLoS One, 6(2), February 2011, e16885.

1343 Mercatornet, 『Gender ideology harms children』, 28 Mar 2016.

1344 MailOnline, 『Record one in FOUR high school students say they are gay, bisexual or 'questioning' their sexuality, official CDC data shows — double the amount in 2015』, 27 April 2023; The Guardian, 『Record 7.1% of Americans identify as LGBTQ+, Gallup poll finds』, 17 February 2022; The Times, 『One in four at high school in US are LGBTQ』, 28 April 2023; Metroweekly, 『1 in 4 High School Students Identify as LGBTQ』, 1 May 2023; CBS News, 『Nearly a third of teen girls say they have seriously considered suicide, CDC survey shows』, 13 February 2023; nate 뉴스, 『스페인, Z세대 이성애자 비율이 역대 최저 기록』, 2021.7.9.; 한국경제, 『갤럽 "美 젊은층 16%가 성소수자…양성애자 최대"』, 2021.3.2.; 머니투데이, 『美 젊은이 6명 중 1명 "나는 성소수자"』, 2021.2.25.; The Telegraph, 『Minister orders inquiry into 4,000 per cent rise in children wanting to change sex』, 16 September 2018.

1345 국민일보, 『"청소년 에이즈 확산... 동성애 주된 이유 맞다"』, 2017.12.3.

1346 Belfast Telegraph, 『DUP's Donaldson to chair Westminster briefing with minister who branded LGBT education 'state-sponsored abuse'』, 26 February 2020; Pink News, 『Anti-LGBT+ priest tells MPs that sex education leads to sex abuse and anal cancer, and no one stopped her』, 11 March 2020; Blaze Media, 『Pediatrician drops a bomb on idea that transgenderism is real — completely destroys it with truth』, 15 October 2017; The Goldwater, 『One Big Happy (Sick) Tranny-Family? An Entire Arizona Family, Parents & Kids, Turn Transgender』, 15 December 2017; CBN News, 『TX Dad Faces Final Court Battle That Could Determine if His 7-Year-Old Son Becomes a Girl』, 2 October 2019.

REFERENCE

3부

내 아이를 해치는
젠더 이데올로기와 차별금지법

1. 론 폴 외 4명, "문화 막시즘," 이든북스, 2020, 11-12면, 27면, 245면, 252면; 의학신문, 『양성평등과 성평등은 다르다』, 2017.7.11.; 펜앤드마이크, 『[이명진 칼럼] 가까스로 자살을 피한 대한민국』, 2023.4.21.; 펜앤드마이크, 『[이명진 칼럼] 젠더권력의 꿀을 빨며 독(毒)을 주입하려는 자들』, 2021.6.18.; 크리스천투데이, 『샬롬나비 "차별금지법은 문화마르크시즘의 전복전략"』, 2021.11.30.; 크리스천투데이, 『젠더 이데올로기와 한국교회 해체 작업이 불러올 미래』, 2020.4.23.; 펜앤드마이크, 『[기고/민성길 교수] "'성인권 교육'이 동성애를 조장한다는 주장은 '가짜뉴스'"인가?』, 2021.3.30.; 주간동아, 『양날의 칼 된 PC-정치적 올바름』, 2021.4.22.

2. Pink News, 『Priest who compared LGBT-inclusive education to Nazism invited to speak in UK parliament』, 26 February 2020; Catholic News Agency, 『How a new executive order would promote gender ideology and silence free speech at schools』, 11 March 2021; Belfast Telegraph, 『DUP's Donaldson to chair Westminster briefing with minister who branded LGBT education 'state-sponsored abuse'』, 26 February 2020; NBC News, 『Teacher on leave after speaking out against pronoun policy for students』, 2 June 2021; The CollegePost, 『Professor Sues Shawnee State University Over Transgender Pronoun Use』, 7 November 2018; USA Today, 『Virginia teacher put on paid leave after speaking against student pronoun, gender identity policy』, 1 June 2021; The Daily Signal, 『Teacher Fights Suspension for Declining to Obey School District's Transgender Pronoun Policy』, 1 June 2021; 크리스천투데이, 『"젠더 이데올로기, 가정과 국가 파괴할 것"』, 2019.10.8.; Catholic News Agency, 『Lawyers warn of global push for 'gender identity' language』, 9 April 2014; 미디어펜, 『동성애? 성 이용 특정 목적 노린 거짓 세력 경계해야』, 2015.10.12.; 크리스천투데이, 『"양성평등은 생물학적, 성평등은 사회학적… 제3의 性 추구"』, 2017.7.27.; 크리스천투데이, 『[김영한 칼럼] 문화 마르크스주의: 비판적 성찰(I)』, 2020.3.19.; 크리스천투데이, 『[김영한 칼럼] 문화 마르크스주의: 비판적 성찰(II)』, 2020.4.9.; 크리스천투데이, 『"학생인권조례, 학교를 갈등과 투쟁의 장소로 만들어"』, 2019.5.8.; 국민일보, 『[칼럼] 왜, 젠더 용어가 계속 나오는 것일까』, 2021.7.6.; 국민일보, 『[칼럼] 섹스와 젠더는 어떻게 다른가』, 2021.6.15.; 국민일보, 『대학생들 이어 교수 2204명 "동성애 합법화 개헌안 반대"』, 2017.8.11.; 국민일보, 『['국가인권정책 기본계획' 독소조항을 고발한다] (1) 성평등으로 양성평등 가치 훼손』, 2018.8.14.; 가브리엘 쿠비, "글로벌 성혁명," 밝은생각, 2020, 167-185면.

3. Catholic News Agency, 『Peruvian marches against gender ideology attract 1.5 million』, 7 March 2017; Catholic News Agency, 『Peru to withdraw controversial "gender ideology" curriculum』, 1 December 2017.

4. S McAndrew 1, T Warne, "Ignoring the evidence dictating the practice: sexual orientation, suicidality and the dichotomy of the mental health nurse," Journal of Psychiatric Mental Health Nursing, 11(4), August 2004, pp.428-434.

5. The Federalist, 『Pushing Kids Into Transgenderism Is Medical Malpractice』, 21 September 2016.

6. 펜앤드마이크, 『[이명진 칼럼] 젠더권력의 꿀을 빨며 독(毒)을 주입하려는 자들』, 2021.6.18.; 펜앤드마이크, 『젠더주의 기독교대책협의회 출범…"사탄적 퀴어신학 막아낼 방파제 역할 할 것"』, 2020.9.25.; 크리스천투데이, 『"차별금지법(평등법), 문화 마르크

	시즘의 오랜 전략과 기획』, 2021.4.25.; 뉴스앤조이, 『차별금지법 제정되면 '동성애 독재' 시대 온다?』, 2019.2.12.
7	국민일보, 『비뚤어진 젠더 이데올로기 양산… "결혼·가족 가치관 해체" 외쳐』, 2020.6.23.
8	뉴스앤조이, 『한국교회의 네오마르크스주의 비판, 이대로 괜찮나』, 2019.3.9.
9	론 폴 외 4명, "문화 막시즘," 이든북스, 2020, 32, 47-48면.
10	뉴스앤조이, 『인터콥 최바울, 자유한국당 행사에서 동성애 특강 "신좌파, 동성애 합법화로 기독교 해체 노려"』, 2019.11.14.
11	Mark R. Levin, "American Marxism," Threshold Editions, 2021; The Guardian, 『Sheffield UKIP candidate sacked over Breivik comments』, 2 May 2012; Pink News, 『UKIP candidate who claimed link between homosexuality and child abuse loses local election bid』, 4 May 2012.
12	헌법재판소 2015.2.26. 2009헌바17 등 결정, 판례집 27-1상, 20면.
13	The Epoch Times, 『The Totalitarian Agenda Behind LGBT Sex-Ed Revolution at School』, 7 July 2021.
14	The Epoch Times, 『The Totalitarian Agenda Behind LGBT Sex-Ed Revolution at School』, 7 July 2021.
15	헌법재판소 2015.2.26. 2009헌바17 등 결정, 판례집 27-1상, 20면.
16	The Daily Signal, 『The Persecution of J.K. Rowling at Hands of 'Oppressed'』, 29 November 2021.
17	크리스천투데이, 『"학생인권조례, 학교를 갈등과 투쟁의 장소로 만들어"』, 2019.5.8.
18	홍성수, "말이 칼이 될 때," 어크로스, 2018, 139면.
19	프레시안, 『학생인권조례 폐지의 논리에는 '혐오세력' 있다』, 2023.2.10.
20	홍성수, "말이 칼이 될 때," 어크로스, 2018, 165면.
21	Mary Rice Hasson, Theresa Farnan, "Get Out Now: Why You Should Pull Your Child from Public School Before It's Too Late," Regnery Gateway, 2018.
22	The Epoch Times, 『The Sordid History and Deadly Consequences of 'Sex Ed' at School』, 6 April 2020; The Epoch Times, 『The Totalitarian Agenda Behind LGBT Sex-Ed Revolution at School』, 7 July 2021; The Heritage Foundation, 『How the Equality Act's Gender Ideology Would Harm Children』, 9 June 2021.
23	국민일보, 『"왜곡된 인권으로 성문란, 교권 붕괴 초래하는 학생인권조례 폐지해야"』, 2023.3.10.; 크리스천투데이, 『수업시간에 '동성애의 실체' 소개했다고 교사 징계?』, 2017.2.10.
24	코람데오닷컴, 『젠더 이데올로기에 대한 비판적 성찰(I)』, 2017.9.28.
25	The Times, 『Pastor who links sex education to abuse invited to speak in parliament』, 26 February 2020; The Epoch Times, 『The Totalitarian Agenda Behind LGBT Sex-Ed Revolution at School』, 7 July 2021; Catholic News Agency, 『How a new executive order would promote gender ideology and silence free speech at schools』, 11 March 2021.
26	펜앤드마이크, 『[기고/민성길 교수] "'성인권 교육'이 동성애를 조장한다는 주장은 '가짜뉴스'"인가?』, 2021.3.30.
27	펜앤드마이크, 『'문화혁명을 통한 기독교 문화 해체' 문화막시즘을 비판한다…정일권 박

사 <문화막시즘의 황혼> 출간』, 2020.11.10.
28 뉴스앤조이, 『한국교회의 네오마르크스주의 비판, 이대로 괜찮나』, 2019.3.9.
29 리버티코리아포스트, 『"문화막시즘, 자유세계를 타락시키는 악마…. 문화막시즘 실현의 수단 차별 금지법』, 2020.7.17.
30 뉴데일리, 『안희정의 '동성애' 고민…인권조례 진퇴양난』, 2018.2.9.
31 펜앤드마이크, 『[펜앤현장] "서울시민 약 6만 4천명, 학생인권조례 폐지 찬성…심각한 교권추락, 학력저하 부작용"』, 2023.2.22.
32 론 폴 외 4명, "문화 막시즘," 이든북스, 2020, 14-16면; 국민일보, 『김승규 前국정원장 "反동성애 운동·차별금지법 제정 저지 노력"』, 2020.5.21.
33 The Epoch Times, 『The Totalitarian Agenda Behind LGBT Sex-Ed Revolution at School』, 7 July 2021.
34 Fox News, 『Influencer Oli London explains why he detransitioned back to male, blasts 'hypocritical' haters』, 17 October 2022; CBN News, 『Influencer Oli London Detransitions After Finding Faith in Christ, Pushes Back Against Trans Ideology』, 1 November 2022.
35 Pink News, 『Half of trans and non-binary people want to abolish legal gender categories altogether, study finds』, 3 October 2020; Pink News, 『As non-binary people, do we really want legal recognition, or should we be fighting to abolish gender categories entirely?』, 23 September 2020; Catholic News Agency, 『Could it soon be illegal for doctors to believe in male and female?』, 3 February 2016.
36 론 폴 외 4명, "문화 막시즘," 이든북스, 2020, 31-33면, 49면; FEE Stories, 『Antonio Gramsci: the Godfather of Cultural Marxism』, 31 March 2019.
37 코람데오닷컴, 『조용한 혁명, 어디까지 왔나』, 2019.11.16.; 뉴스앤조이, 『인터콥 최바울, 자유한국당 행사에서 동성애 특강 "신좌파, 동성애 합법화로 기독교 해체 노려"』, 2019.11.14.
38 [네이버 지식백과] 안토니오 그람시; https://terms.naver.com/entry.naver?docId=3574789&cid=59014&categoryId=59014
39 FEE Stories, 『Antonio Gramsci: the Godfather of Cultural Marxism』, 31 March 2019; 크리스천투데이, 『"미국 청년들, 지금도 마르크스주의에 속고 있다"』, 2020.7.9.
40 뉴스앤조이, 『한국교회의 네오마르크스주의 비판, 이대로 괜찮나』, 2019.3.9.
41 안토니오 그람시, "그람시의 옥중수고 1: 정치편," 거름, 2006; 안토니오 그람시, "그람시의 옥중수고 2: 철학.역사.문화," 거름, 2007.
42 FEE Stories, 『Antonio Gramsci: the Godfather of Cultural Marxism』, 31 March 2019.
43 머니투데이, 『그람시 '헤게모니' 이론으로 본 미국의 '문화전쟁'[PADO]』, 2023.3.26.
44 뉴스앤조이, 『인터콥 최바울, 자유한국당 행사에서 동성애 특강 "신좌파, 동성애 합법화로 기독교 해체 노려"』, 2019.11.14.; 김영길, "인권의 딜레마," 보담, 2021, 33면.
45 고신뉴스, 『"동성애 옹호 법무부 국가인권정책 기본계획 반대한다"』, 2018.6.21.
46 국민일보, 『"대선 후보들, 동성애 차별금지법 제정 않겠다고 약속하라"』, 2017.4.15.
47 국민일보, 『그람시 이론따라… 대한민국 헤게모니 장악 위해 '진지' 구축』, 2020.6.2.
48 정일권, "문화막시즘의 황혼," CLC, 2022, 54면; 크리스천투데이, 『'하나님 없는 세계'의

	거대한 포문 연 위험한 무신론자들』, 2020.11.11.
49	펜앤드마이크, 『[기고/민성길 교수] "'성인권 교육'이 동성애를 조장한다는 주장은 '가짜뉴스'"인가?』, 2021.3.30.
50	정일권, "문화막시즘의 황혼," CLC, 2022, 113-114면.
51	가브리엘 쿠비, "글로벌 성혁명," 밝은생각, 2020, 344면.
52	정일권, "문화막시즘의 황혼," CLC, 2022, 109면; 펜앤드마이크, 『[기고/민성길 교수] "'성인권 교육'이 동성애를 조장한다는 주장은 '가짜뉴스'"인가?』, 2021.3.30.
53	Catholic News Agency, 『How a new executive order would promote gender ideology and silence free speech at schools』, 11 March 2021.
54	김영길, "인권의 딜레마," 보담, 2021, 361면; 펜앤드마이크, 『[펜앤현장] "서울시민 약 6만 4천명, 학생인권조례 폐지 찬성…심각한 교권추락, 학력저하 부작용"』, 2023.2.22.; 스카이데일리, 『유아·초중고 대상 좌경화 획책 차단해야』, 2023.3.17.
55	정일권, "문화막시즘의 황혼," CLC, 2022, 128-132면.
56	국민일보, 『옳고 그름에 대한 구별이 법으로 금지된다면 종교자유도 사라진다』, 2021.5.4.
57	김미선, 박성수, "청소년 음란물접촉과 예방대책," 한국중독범죄학회보, 9(1), 2019, 1-22면; 코람데오닷컴, 『젠더 이데올로기에 대한 비판적 성찰(I)』, 2017.9.28.; 국민일보, 『[동성애자 입장만 강조한 중·고 교과서] 동성애-에이즈 연관성 명시한 교과서 한권도 없어』, 2015.9.2.
58	크리스천투데이, 『'젠더 이데올로기' 확산 배경, 네오마르크스주의의 계보』, 2020.4.14.
59	The Heritage Foundation, 『Woke Gender』, 7 July 2021.
60	Marcus Evans, "Freedom to think: the need for thorough assessment and treatment of gender dysphoric children," BJPsych Bulletin, 45(5), October 2021, pp.315-316.
61	The Guardian, 『Record 7.1% of Americans identify as LGBTQ+, Gallup poll finds』, 17 February 2022; Gallup, LGBT Identification in U.S. Ticks Up to 7.1%, 17 February 2022; https://news.gallup.com/poll/389792/lgbt-identification-ticks-up.aspx
62	The Times, 『One in four at high school in US are LGBTQ』, 28 April 2023; Metroweekly, 『1 in 4 High School Students Identify as LGBTQ』, 1 May 2023; CBS News, 『Nearly a third of teen girls say they have seriously considered suicide, CDC survey shows』, 13 February 2023; The Christian Post, 『Number of teens who identify as LGBT skyrockets: CDC』, 2 May 2023; Spiked, 『The making of an identity crisis』, 7 May 2023; The Hill, 『1 in 4 high school students identifies as LGBTQ』, 27 April 2023; New York Post, 『Fewer teens than ever identify as heterosexual: CDC report』, 27 April 2023.
63	펜앤드마이크, 『[이명진 칼럼] 젠더권력의 꿀을 빨며 독(毒)을 주입하려는 자들』, 2021.6.18.
64	김영한 외 지음, "동성애, 21세기 문화충돌," 킹덤북스, 2016.6., 118면.
65	Pink News, 『Anti-LGBT+ priest tells MPs that sex education leads to sex abuse and anal cancer, and no one stopped her』, 11 March 2020; BBC News, 『Puberty blockers: Under-16s 'unlikely to be able to give informed consent'』, 1 December 2020; National Post, 『Canada's teen transgender treatment boom: Life-saving services or dangerous experimentation?』, 14 December 2020; National Catholic

Register, 『Gender Reassignment for Children: Cautionary Perspectives From Science』, 16 June 2022; The Daily Signal, 『Yes, Schools Are Secretly Trying to 'Gender Transition' Kids, and It Must Be Stopped』, 22 March 2022; The Irish Times, 『Gender distress treatment in young people: a highly charged debate』, 26 June 2021; Undark Magazine, 『Of Politics, Science, and Gender Identity』, 17 July 2017.

66 펜앤드마이크, 『[이명진 칼럼] 젠더권력의 꿀을 빨며 독(毒)을 주입하려는 자들』, 2021.6.18.; 정일권, "문화막시즘의 황혼," CLC, 2022, 255면.
67 종교와 진리, 『동성애와 젠더 이데올로기에 지배당할 것인가?』, 2018.8.17.
68 정일권, "문화막시즘의 황혼," CLC, 2022, 129면; 조영길, "동성애 차별금지법에 대한 교회의 복음적 대응," 밝은생각, 2020, 99면.
69 뉴스앤조이, 『인터콥 최바울, 자유한국당 행사에서 동성애 특강 "신좌파, 동성애 합법화로 기독교 해체 노려"』, 2019.11.14.
70 정일권, "문화막시즘의 황혼," CLC, 2022, 49면, 51면.
71 정일권, "문화막시즘의 황혼," CLC, 2022, 170-172면.
72 Pink News, 『Half of trans and non-binary people want to abolish legal gender categories altogether, study finds』, 3 October 2020; Pink News, 『As non-binary people, do we really want legal recognition, or should we be fighting to abolish gender categories entirely?』, 23 September 2020; Catholic News Agency, 『Could it soon be illegal for doctors to believe in male and female?』, 3 February 2016.
73 국민일보, 『[칼럼] 왜, 젠더 용어가 계속 나오는 것일까』, 2021.7.6.; 크리스천투데이, 『[소중한 성 거룩한 성] '정치적 올바름'의 한계를 극복하는 진실의 문, '의학적 올바름'』, 2021.3.2.; 크리스천투데이, 『[김영한 칼럼] 젠더 이데올로기 비판(I)』, 2017.9.29.
74 크리스천투데이, 『[크리스천이 보는 성혁명사 96] 주디스 버틀러』, 2023.3.27.
75 노컷뉴스, 『'포괄적 차별금지법 무엇이 문제인가?' 포항인권윤리포럼 열려』, 2020.11.25.
76 이뉴스투데이, 『박상진 과천시의원 "청소년 성범죄 예방에 동성애 사항 넣어 조례 부결시킨 민주당의원들 사죄해야"』, 2019.12.18.; 국민일보, 『[젠더이데올로기 실체를 말한다] '성평등=양성평등'이라던 경기도의원들 "제3의 성도 포함" 실토』, 2019.11.12.
77 명재진 외 6인, "포괄적 차별금지법, 찬성할 것인가 반대할 것인가," 밝은생각, 2020.6., 1면, 200-203면; 포괄적 차별금지법 바로알기 법조토론회 자료, 2020.10.20., 60-61면, 234면; 데일리굿뉴스, 『평등법…법조인이 말하는 실체는?』, 2021.7.16.; https://www1.nyc.gov/site/cchr/law/legal-guidances-gender-identity-expression.page
78 쉴라 제프리스, "젠더는 해롭다," 열다북스, 2019, 28면, 328면.
79 New York Post, 『San Francisco launches guaranteed income program for transgender people』, 19 November 2022; Fox News, 『Over 100 gender, sexuality options on application for San Francisco's guaranteed transgender income program』, 19 November 2022.
80 Breitbart, 『Transgender Male Athletes Fear 'Ridicule' For Seeking Slots in Olympic Women's Races』, 7 July 2016.
81 The Daily Signal, 『Yes, Schools Are Secretly Trying to 'Gender Transition' Kids, and It Must Be Stopped』, 22 March 2022.

82 Wall Street Journal, 『The Progressive Pronoun Police Come for Middle Schoolers』, 23 May 2022; MailOnline, 『Wisconsin mom says son, 13, was accused of SEXUAL HARASSMENT and hit with Title IX complaint for refusing to refer to non-binary classmate by 'they/them' pronouns』, 14 May 2022; Fox News, 『Greg Gutfeld: The parodies we've created are now real』, 17 May 2022; Washington Examiner, 『The Left started a culture war over pronouns, not the Right』, 18 July 2022; Judicial Watch, 『Public School Charges Boys with Sexual Harassment for "Mispronouning" Trans Classmate』, 15 June 2022; RealClearPolicy, 『Title IX, Pronouns, and Campus Freedom, 12 August 2022; Independent Women's Forum, 『Pronoun Police Attempt Another Arrest』, 31 May 2022.

83 Fairfax Times, 『The Fairfax County School Board has lost its way』, 1 July 2022.

84 Breitbart, 『Criticism of Transgender Agenda Will Get Virginia Students Expelled』, 10 June 2016; Breitbart, 『Transgender Ideology: Obama Bans Single-Sex Bathrooms at National Parks』, 27 June 2016.

85 Fox News, 『New California law allows jail time for using wrong gender pronoun, sponsor denies that would happen』, 9 October 2017; The Daily Signal, 『In the Pronoun Wars, Be Thankful for the Founding Fathers』, 11 December 2017; India Today, 『Irish teacher refuses to use student's gender-neutral pronoun, jailed』, 7 September 2022.

86 Mirror, 『Mum arrested in front of her children for 'calling transgender woman a man'』, 1 September 2019; MailOnline, 『Mother, 38, is arrested in front of her children and locked in a cell for seven HOURS after calling a transgender woman a man on Twitter』, 10 February 2019; Pink News, 『Police have charged a mother in the UK for malicious communication after she referred to a trans woman as man on Twitter in a "campaign of targeted harassment"』, 5 September 2019; NeonNettle, 『Mother Arrested in Police Raid at Home for Calling Transgender 'Man' on Twitter』, 10 February 2019; Metro, 『Mum 'locked up for seven hours' after referring to a trans woman as a man on Twitter』, 11 February 2019.

87 The Suffolk Journal, 『Detainment of British woman for misgendering person shows free speech is under attack in UK』, 6 November 2022.

88 BBC News, 『Irish teacher Enoch Burke released from jail』, 21 December 2022; Mailonline, 『'I love my school but I am here today because I would not call a boy a girl': Teacher who refused to use student's gender-neutral pronouns condemns 'insanity' as he is JAILED for contempt in Ireland』, 6 September 2022.

89 Toronto Sun, 『Irish school teacher jailed after not using transgender pronouns』, 6 September 2022.

90 The Guardian, 『Irish teacher jailed for breaching court order to stay away from school』, 15 September 2022.

91 Irish Mirror, 『Enoch Burke loses appeal amid chaotic courtroom scenes as gardai make arrest』, 7 March 2023; Breaking News, 『Jailed teacher Enoch Burke seeks stay on proceedings brought against him by employer』, 24 October 2022; The Critic, 『The authoritarianism stalking Ireland』, 26 December 2022.

92   The Independent,『Trans row Irish schoolteacher dismissed from job』, 20 January 2023; Waterford News,『Enoch Burke shows up late to court as school asked to list times he breached order』, 28 February 2023.

93   National Review,『Mandatory Gender-Neutral Pronoun Rules Are a Threat to Campus Free Speech』, 9 August 2018; The Washington Free Beacon,『Harvard Tells Students: 'Using Wrong Pronouns' Constitutes 'Abuse'』, 14 September 2022; The Christian Post,『Most Americans say allowing kids to use 'preferred pronouns' confuses them about sex, survey finds』, 2 June 2022.

94   The Heritage Foundation,『How the Federal "Equality Act" Would Multiply the Harm Already Done by State SOGI Policies』, 1 May 2019.

95   The College Fix,『Sixth grader dragged out of class for saying gender-confused boy 'is a boy'』, 8 August 2019; NeonNettle,『School Punishes Sixth-Grader for Saying Transgender Classmate 'is a Boy'』, 10 August 2019.

96   Washington Blade,『Va. school board sued over transgender student policies』, 9 June 2022; CNN,『Public school teacher's firing wasn't just about a pronoun, but about intolerance for different beliefs』, 1 November 2019; The Washington Post,『A Virginia teacher was fired for refusing to use a trans student's pronouns. Now, he's suing his school district』, 1 October 2019; DailyPress,『Clashing with Gavin Grimm decision, Virginia's new transgender school policies trouble civil rights groups』, 21 September 2022; CBN News,『VA Supreme Court Hears Case of Teacher Fired for Refusing to Call Transgender Student by Preferred Pronoun』, 15 February 2022; NBC12,『West Point High teacher fired following transgender controversy』, 9 December 2018; Forbes,『Teacher Sues After Getting Fired For Refusing To Refer To Transgender Student With Male Pronouns』, 3 October 2019; Inside Edition,『Virginia Teacher Fired for Not Using Transgender Student's Chosen Pronoun Because of Religious Beliefs』, 7 December 2018; The Guam Daily Post,『Americans shouldn't fear the pronoun police』, 16 December 2018.

97   The Daily Signal,『This Teacher Was Fired for 'Misgendering' a Student. Who Could Be Next?』, 10 December 2018.

98   The Epoch Times,『Virginia AG Sides With High School Teacher Fired for Rejecting Transgender Pronoun Demands』, 27 May 2022.

99   Washington Examiner,『Forcing pronoun usage is compelled speech』, 31 May 2022; The Daily Signal,『Teacher Fired for Using 'Wrong' Pronoun for Student Discusses Ongoing Legal Case』, 29 September 2021; Metroweekly,『Virginia teacher fired for refusing to call transgender student by male pronouns』, 12 December 2018.

100   DailyPress,『West Point High School teacher who was fired after refusing to use student's preferred pronoun appealing case to Virginia Supreme Court』, 23 November 2021.

101   The Daily Signal,『Fired for Accidentally Calling a Transgender Student 'She,' Teacher Takes Case to Court』, 17 August 2020.

102   The Washington Times,『Virginia Supreme Court to hear teacher's case over not

using student's preferred pronoun』, 3 March 2022.
103 Richmond Times Dispatch, 『Virginia high school teacher fired for refusing to use transgender student's new pronouns』, 6 December 2018.
104 리버티코리아포스트, 『포괄적차별금지법(평등법)에 무너진 세계교회들 (유럽, 북미, 미국 등을 중심으로)』, 2020.10.27.; 국민일보, 『['국가인권정책 기본계획' 독소조항을 고발한다] (1) 성평등으로 양성평등 가치 훼손』, 2018.8.14.; MailOnline, 『Goodbye, mother and father! Now Parent 1 and Parent 2 appear on PC passport form』, 3 October 2011.
105 조선일보, 『아빠·엄마 대신 '부모1·부모2'… 프랑스, 학교 서류 표기 논란』, 2019.2.16.; 스포츠경향, 『프랑스 학내 서식 용어 '엄마·아빠' 대신 '부모 1·2' 대체 움직임』, 2019.2.15.
106 펜앤드마이크, 『[단독] 서울시교육청, 교사들에 '학부모' 대신 성별구별 없는 '보호자' 표현 쓰라고 제시』, 2022.9.15.
107 국민일보, 『생물학적 동성이 법적으로 이성이 된다면 '동성결혼' 막을 길 없어』, 2021.2.5.
108 법률저널, 『[칼럼] 남과 여』, 2017.9.22.
109 The Times, 『LGBT activists get word 'mother' axed from government policies』, 15 October 2021; MailOnline, 『Scotland's civil service agreed to delete the word 'MOTHER' from its maternity leave policy after being urged by Stonewall to remove 'gendered' words from official documents』, 18 October 2021; Christian Today, 『Gender 'equality' in a fallen world』, 2 November 2021.
110 크리스천투데이, 『[김영한 칼럼] 젠더 이데올로기 비판(V)』, 2017.12.20.
111 Pink News, 『Trans competition is discriminatory, say teens backed by anti-abortion lawyers』, 20 June 2019.
112 의학신문, 『양성평등과 성평등은 다르다』, 2017.7.11.
113 크리스천투데이, 『[김영한 칼럼] 젠더 이데올로기 비판(V)』, 2017.12.20.
114 Marcus Evans, "Freedom to think: the need for thorough assessment and treatment of gender dysphoric children," BJPsych Bulletin, 45(5), October 2021, pp.315-316; The Daily Signal, 『Defend Free Speech, Urges Author Who Faced Repercussions for Teaching College Students About Pronouns』, 17 May 2021; 김지연, "나의 어여쁜 자야", 두란노, 2020.
115 정일권, "문화막시즘의 황혼," CLC, 2022, 134-135면, 145면.
116 국민일보, 『'성적지향 차별 금지' 현실화되면… 동성애를 정상으로 만드는 법 동성결혼 합법화도 시간문제』, 2017.9.20.; 국민일보, 『[기고] '동성애자를 차별하자는 말인가'라는 비판에 대해』, 2019.12.9.
117 The New York Times, 『A Massachusetts City Decides to Recognize Polyamorous Relationships』, 1 July 2020; Dailycitizen, 『Massachusetts Town First in Nation to Legally Recognize Group "Marriages"』, 7 July 2020.
118 프레시안, 『장혜영, 염수정 추기경 담화 비판 "생명가치 위협하는 건 차별과 혐오"』, 2021.4.22.; 이데일리, 『[전문]염수정 추기경의 '생명주일 담화문'』, 2021.4.22.; 한국일보, 『염수정 추기경 "동성애자 공격은 부당… 동성혼 인정은 반대"』, 2021.4.22.; 조선일보, 『염수정 추기경 "비혼 동거·사실혼, 보편가치 아니다" 가족범위 확대 반대』,

2021.4.22.; 김영한 외 지음, "동성애, 21세기 문화충돌," 킹덤북스, 2016.6.; 크리스천투데이, 『젠더 이데올로기(1)-신에 대한 또 다른 도전』, 2018.12.4.; 명재진 외 6인, "포괄적 차별금지법, 찬성할 것인가 반대할 것인가," 밝은생각, 2020.6., 200면, 205면.

119. Pink News, 『Most Russians believe in a secret group which is destroying their values with 'gay propaganda'』, 22 August 2018.; 펜앤드마이크, 『젠더주의 기독교대책협의회 출범…"사탄적 퀴어신학 막아낼 방파제 역할 할 것"』, 2020.9.25.; 아이굿뉴스, 『21세기 퇴폐문화병인 동성애에 대한 35전문가들에 의한 포괄적인 진단서(Ⅰ)』, 2016.9.9.; 펜앤드마이크, 『[기고/민성길 교수] "'성인권 교육'이 동성애를 조장한다는 주장은 '가짜뉴스'"인가?』, 2021.3.30.; 국민일보, 『'유엔 동성애자 인권조사관제' 잘못돼 따를 필요 없다』, 2017.1.7.; 크리스천투데이, 『"인권위, 탈동성애자 위한 활동 전무… 엄연한 차별"』, 2015.3.20.; 경향신문, 『인권위 떠나는 최영애 위원장 "박원순 '성희롱' 판단은 옳았다"』, 2021.8.31.

120. 크리스천투데이, 『젠더 이데올로기(2)-대중의 마음을 파고 들라』, 2018.12.11.
121. 크리스천투데이, 『[김영한 칼럼] 젠더 이데올로기 비판(Ⅲ)』, 2017.11.2.
122. 홍원식, "성소수자 마오쩌둥," 비전브리지, 2020, 22면, 98면, 168면.
123. 크리스천투데이, 『'젠더 이데올로기' 확산 배경, 네오마르크스주의의 계보』, 2020.4.14.
124. 정일권, "문화막시즘의 황혼," CLC, 2022, 227면.
125. The Heritage Foundation, 『Woke Gender』, 7 July 2021.
126. 국민일보, 『[칼럼] 트랜스젠더와 건강문제』, 2021.10.5.
127. 경향신문, 『인권위 떠나는 최영애 위원장 "박원순 '성희롱' 판단은 옳았다"』, 2021.8.31.
128. The Daily Signal, 『Wake Up, America: Cultural Marxism Is 'Identifying' as Transgenderism』, 5 January 2022.
129. 정일권, "문화막시즘의 황혼," CLC, 2022, 228면, 246면.
130. 정일권, "문화막시즘의 황혼," CLC, 2022, 130면, 245면.
131. 헌법재판소 2015.2.26. 2009헌바17 등 결정, 판례집 27-1상, 20면.
132. The Epoch Times, 『The Totalitarian Agenda Behind LGBT Sex-Ed Revolution at School』, 7 July 2021.
133. P S Ho, "Male homosexual identity in Hong Kong: a social construction, Journal of Homosexuality," 29(1), 1995, pp.71-88.
134. Pink News, 『A spike in children being homeschooled may be due to LGBT-inclusive education』, 23 September 2019; Pink News, 『Education secretary says all schools will be given support to teach LGBT-inclusive lessons amidst protests』, 2 September 2019.
135. The Heritage Foundation, 『How the Equality Act's Gender Ideology Would Harm Children』, 9 June 2021; The Heritage Foundation, 『Woke Gender』, 7 July 2021.
136. Bell v Tavistock [2020] EWHC 3274 (Admin); Medscape Medical News, 『Transition Therapy for Transgender Teens Drives Divide』, 23 April 2021.
137. 명재진 외 6인, "포괄적 차별금지법, 찬성할 것인가 반대할 것인가," 밝은생각, 2020.6., 206-207면; 포괄적 차별금지법 바로알기 법조토론회 자료, 2020.10.20., 212-213면; 복음법률가회, "정의당 차별금지법안의 반성경성과 위험성," 밝은생각, 2020, 117면.
138. 가브리엘 쿠비, "글로벌 성혁명," 밝은생각, 2020, 344면; 국민일보, 『"왜곡된 인권으로 성문란, 교권 붕괴 초래하는 학생인권조례 폐지해야"』, 2023.3.10.

139 헌법재판소 2000.4.27. 98헌가16 등 결정, 판례집 12-1, 427면.
140 대법원 2011. 9. 2.자 2009스117 전원합의체 결정.
141 Catholic News Agency, 『Lawyers warn of global push for 'gender identity' language』, 9 April 2014.
142 Catholic News Agency, 『Paraguay's government rejects gender ideology』, 24 September 2017.
143 Turtle Bay and Beyond, 『Parents Defeat Gender Ideology in Paraguay』, 19 October 2017.
144 정일권, "문화막시즘의 황혼," CLC, 2022, 108면; 크리스천투데이, 『일부 지식인과 언론들이 기독교를 집요하게 공격하는 이유』, 2020.4.9.; 크리스천투데이, 『젠더 이데올로기와 한국교회 해체 작업이 불러올 미래』, 2020.4.23.; 크리스천투데이, 『"마이크 펜스처럼 분명한 정체성 가진 지도자 나오길"』, 2019.11.15.
145 스카이데일리, 『"차별금지법은 동성애 장려법이자 반동성애 억압법"』, 2020.7.21.; 노컷뉴스, 『'포괄적 차별금지법 무엇이 문제인가?' 포항인권윤리포럼 열려』, 2020.11.25.; 국민일보, 『'동성애 유전자는 없다' 선천적으로 타고난다는 건 거짓』, 2020.12.11.; 크리스천투데이, 『"동성애자들, 헌법의 '양성평등' 조항까지 삭제하려"』, 2017.4.14.; 데일리굿뉴스, 『한교연 "차별금지법·평등법 강력 반대"』, 2021.6.17.; 크리스천투데이, 『"차별금지법, 학자적 양심으로 대응"… 교수들도 거리로』, 2022.5.5.; 크리스천투데이, 『차별금지법에 화난 청년들 "진짜 몸통은 '국가인권위'"』, 2022.5.26.
146 크리스천투데이, 『젠더 이데올로기와 한국교회 해체 작업이 불러올 미래』, 2020.4.23.
147 한국성소수자연구회, "무지개는 더 많은 빛깔을 원한다," 창비, 2019, 218면; 김영길, "인권의 딜레마," 보담, 2021, 364면.
148 The Daily Signal, 『How 'Equality Act' Would Impose Transgender Ideology on Everyone』, 24 February 2021.
149 Pink News, 『School worker sacked after claiming LGBT+ 'indoctrination' is 'brainwashing our children'. Now, she's suing for discrimination』, 21 September 2020; The Epoch Times, 『Christian Allegedly Sacked for Opposing Modern Sex Education Sues Former School Employer』, 22 September 2020; Pink News, 『School employee fired for claim LGBT education is 'brainwashing' children』, 16 April 2019.
150 펜앤드마이크, 『"민주당 이상민 의원의 '평등법안'은 전체주의 독재법이자 국민에 재갈물리는 노예법"』, 2021.6.23.
151 이상민 의원 대표발의, 평등에 관한 법률안(의안번호: 10822, 발의: 2021.6.16.) 제12조; The Guardian, 『Pressure to keep up: status imbalance a major factor in stress in gay men』, 29 February 2020; 한국성소수자연구회, "무지개는 더 많은 빛깔을 원한다," 창비, 2019, 19면; 명재진 외 6인, "포괄적 차별금지법, 찬성할 것인가 반대할 것인가," 밝은생각, 2020.6., 399면.
152 헤럴드경제, 『[종합] 신임 대법원장 '깜짝 인사'…김명수 춘천법원장 지명』, 2017.8.21.; 서울신문, 『'코드 인사' 입 닫은 김명수… 임기말 입지 더 좁아진다』, 2022.4.12.; 아시아경제, 『[시시비비] 법원·검찰 인사 정상화돼야』, 2022.2.9.; 머니투데이, 『"'쇼리' 한 마디 하고 발뻗고 주무셨습니까"…김명수는 또 '침묵'』, 2021.2.8.
153 The Guardian, 『Pressure to keep up: status imbalance a major factor in stress in

gay men』, 29 February 2020; 한국성소수자연구회, "무지개는 더 많은 빛깔을 원한다," 창비, 2019, 19면; 명재진 외 6인, "포괄적 차별금지법, 찬성할 것인가 반대할 것인가," 밝은생각, 2020.6., 399면.

154　대법원 2020.6.4. 선고 2020도3975 판결; 대구지방법원 2020.2.19. 선고 2019노2758 판결; 대구지방법원 서부지원 2019.6.28. 선고 2017고단2897 판결; 대구지방법원 2021.7.8. 선고 2020구합27005 판결; 뉴스앤조이, 『염안섭 '반동성애 영상' 보여 준 어린이집 보육교사·원장 자격 취소 처분 '적법'』, 2021.7.31.; 법률신문, 『초등학생에게 '동성애 위험' 유튜브 보게 했다면… 학대행위 해당』, 2020.8.6.

155　이데일리, 『[전문]염수정 추기경의 '생명주일 담화문'』, 2021.4.22.; 한국일보, 『염수정 추기경 "동성애자 공격은 부당... 동성혼 인정은 반대"』, 2021.4.22.; 조선일보, 『염수정 추기경 "비혼 동거·사실혼, 보편가치 아니다" 가족범위 확대 반대』, 2021.4.22.; 정일권, "문화막시즘의 황혼," CLC, 2022, 251면; 국민일보, 『"대선 후보들, 동성애 차별금지법 제정 않겠다고 약속하라"』, 2017.4.15.

156　정일권, "문화막시즘의 황혼," CLC, 2022, 246-247면.

157　크리스천투데이, 『""평등법, 건강가정기본법 이어… 정보통신망법 개정도 문제"』, 2021.6.30.

158　The Heritage Foundation, 『How the Equality Act's Gender Ideology Would Harm Children』, 9 June 2021; Helen Joyce, "Trans: When Ideology Meets Reality, Simon & Schuster," 2021; Sheila Jeffreys, "Gender Hurts: A Feminist Analysis of the Politics of Transgenderism," Routledge, 2014.

159　PD저널, 『'퀴어=동성애?' 의미조차 축소하는 공영방송』, 2016.6.13.; 한국기자협회, 한국기자협회 인권보도준칙, https://www.journalist.or.kr/news/section4.html?p_num=7; 김영길, "인권의 딜레마," 보담, 2021, 374면.

160　조선일보, 『동성애자들이 말해주지 않는 동성애에 대한 비밀』, 2010.11.10.; 조선일보, 『동성애자들이 말해주지 않는 '동성애에 대한 비밀' -동성애자의 양심고백-』, 2020.9.1.; 국민일보, 『[동성애자 입장만 강조한 중·고 교과서] 동성애-에이즈 연관성 명시한 교과서 한권도 없어』, 2015.9.2.

161　The Guardian, 『Pressure to keep up: status imbalance a major factor in stress in gay men』, 29 February 2020.

162　The Federalist, 『30 Transgender Regretters Come Out Of The Closet』, 3 January 2019.

163　김미선, 박성수, "청소년이 음란물접촉과 예방대책," 한국중독범죄학회보, 9(1), 2019, 1-22면; 데일리굿뉴스, 『진평연, "이상민의원 평등법안 발의 반대한다"』, 2021.4.27.

164　Belfast Telegraph, 『DUP's Donaldson to chair Westminster briefing with minister who branded LGBT education 'state-sponsored abuse'』, 26 February 2020; Catholic News Agency, 『How a new executive order would promote gender ideology and silence free speech at schools』, 11 March 2021; 김영길, "인권의 딜레마," 보담, 2021, 33면; 노컷뉴스, 『포항성시화운동본부 '포괄적 차별금지법 입법반대' 규탄집회 동참』, 2020.7.31.

165　국민일보, 『[기고] "성별을 남자와 여자로 한정하는 것에 반대한다"는 주장에 대해』, 2019.12.11.

166　대경일보, 『[기고] 포괄적 차별 금지법의 문제점(1)』, 2020.10.26.

167 펜앤드마이크, 『[단독] 구글은 인간이 만든게 아닌가?...성별 선택지에 남성도 여성도 아닌 '제3의 성' 제시해 파문』, 2020.9.21.; 권인숙 의원 대표발의, 평등 및 차별금지에 관한 법률안(의안번호: 12330, 발의: 2021.8.31. 제3조; 박주민 의원 대표발의, 평등에 관한 법률안(의안번호: 11964, 발의: 2021.8.9.) 제2조; 이상민 의원 대표발의, 평등에 관한 법률안(의안번호: 10822, 발의: 2021.6.16.) 제3조; 장혜영 의원 대표발의, 차별금지법안(의안번호: 1116, 발의: 2020.6.29.) 제2조.
168 서울신문, 『"한국인으로 인종 전환 수술"…영국男 "수천건 살해협박"』, 2021.7.2.
169 국회사무처, 제17차 헌법개정특별위원회 회의록, 2017.10.11., 3면; 국민일보, 『"동성애·동성혼 합법화 개헌 절대 반대"』, 2017.11.21.; 뉴스1, 『대전NGO·동성애 반대단체 "개헌논의 실질적 국민참여"』, 2017.9.12.; 국민일보, 『"동성애·동성혼 찬성 지방선거 후보자 낙선운동 펴겠다"』, 2018.3.9.
170 뉴스웍스, 『"인권위의 '제3의 성' 인정 시도는 결국 '여자'의 권익 침해할 것"』, 2019.11.19.; 국민일보, 『20·30청년들, "인권위, 이념편향적" 규탄』, 2022.5.26.; 데일리굿뉴스, 『인권법 개정 시민단체연합, '성적지향' 삭제 개정안 발의 적극 지지』, 2019.11.19.; 크리스천투데이, 『"성평등에는 동성애도 포함… 여가부, 국민 기만치 말라"』, 2017.12.14.
171 서울신문, 『[단독] '시한부 여가부' 장관 지명된 김현숙, 성소수자 포괄하는 '성평등' 대신 '양성평등' 주장』, 2022.4.11.
172 JTBC 뉴스, 『화장실·목욕탕에도 트랜스젠더…'성별 이분법'의 종말?』, 2021.7.1.
173 의학신문, 『양성평등과 성평등은 다르다』, 2017.7.11.; 국회사무처, "제17차 헌법개정특별위원회 회의록," 2017.10.11., 3면; 국민일보, 『"동성애·동성혼 합법화 개헌 절대 반대"』, 2017.11.21.; 뉴스1, 『대전NGO·동성애 반대단체 "개헌논의 실질적 국민참여"』, 2017.9.12.; 국민일보, 『"동성애·동성혼 찬성 지방선거 후보자 낙선운동 펴겠다"』, 2018.3.9.
174 Pink News, 『Half of trans and non-binary people want to abolish legal gender categories altogether, study finds』, 3 October 2020; Pink News, 『As non-binary people, do we really want legal recognition, or should we be fighting to abolish gender categories entirely?』, 23 September 2020.
175 머니투데이, 『[런치리포트]내 삶을 바꾸는 개헌,양성평등→성평등』, 2017.11.15.
176 법률저널, 『[칼럼] 대선후보들의 개헌논의』, 2017.4.21.; 뉴스앤조이, 『차별금지법 제정되면 '동성애 독재' 시대 온다?』, 2019.2.12.; 국민일보, 『대학생들 이어 교수 2204명 "동성애 합법화 개헌안 반대"』, 2017.8.11.
177 쉴라 제프리스, "젠더는 해롭다," 열다북스, 2019, 328면.
178 국민일보, 『헌법에 '젠더' 삽입될 경우 생명윤리·가족제도 파괴』, 2017.9.20.
179 국민일보, 『[젠더이데올로기 실체를 말한다] '성평등=양성평등'이라던 경기도의원들 "제3의 성도 포함" 실토』, 2019.11.12.
180 우먼타임스, 『LA 한인 스파 여탕 들어간 트랜스젠더…찬반 유혈충돌로』, 2021.7.7.
181 Sheila Jeffreys, "Gender Hurts: A Feminist Analysis of the Politics of Transgenderism," Routledge, 2014; Katie Roche, "2+2=5: How The Transgender Craze is Redefining Reality," 2020; The Federalist, 『Drop The T From LGBT』, 21 April 2016.
182 국회사무처, "제17차 헌법개정특별위원회 회의록," 2017.10.11., 3면; 국민일보, 『[젠

이데올로기 실체를 말한다』 '성평등=양성평등'이라던 경기도의원들 "제3의 성도 포함" 실토』, 2019.11.12.; 국민일보, 『"동성애·동성혼 합법화 개헌 절대 반대"』, 2017.11.21.; 뉴스1, 『대전NGO·동성애 반대단체 "개헌논의 실질적 국민참여"』, 2017.9.12.; 국민일보, 『"동성애·동성혼 찬성 지방선거 후보자 낙선운동 펴겠다"』, 2018.3.9.

183 국회헌법개정특별위원회 자문위원회의 보고서, 2018.1., 61-64면.
184 뉴스1, 『대전NGO·동성애 반대단체 "개헌논의 실질적 국민참여"』, 2017.9.12.
185 제16차 국회헌법개정특별위원회 회의록, 2면; 제17차 국회헌법개정특별위원회 회의록, 3면; 국민일보, 『"동성애·동성혼 합법화 개헌 절대 반대"』, 2017.11.21.; 국민일보, 『[젠더이데올로기 실체를 말한다] '성평등=양성평등'이라던 경기도의원들 "제3의 성도 포함" 실토』, 2019.11.12.
186 Mary Rice Hasson, Theresa Farnan, "Get Out Now: Why You Should Pull Your Child from Public School Before It's Too Late," Regnery Gateway, 2018; The Heritage Foundation, 『Woke Gender』, 7 July 2021.
187 데일리굿뉴스, 『제3의 性, 교회는 어떻게 바라봐야 할까?』, 2019.1.14.; 고신뉴스, 『"동성애 옹호 법무부 국가인권정책 기본계획 반대한다"』, 2018.6.21.
188 명재진 외 6인, "포괄적 차별금지법, 찬성할 것인가 반대할 것인가," 밝은생각, 2020.6., 384면.
189 제프리스, "젠더는 해롭다," 열다북스, 2019, 331면; 크리스천투데이, 『"헌법의 자유 침해하는 국가인권위법의 '성적지향'"』, 2019.11.19.
190 한국경제, 『[토요칼럼] 차별금지법, 악마는 디테일에 있다』, 2022.5.6.
191 Lifesite, 『Free from gag order, dad tells how judges forced transgender insanity on daughter』, 30 April 2020.
192 경향신문, 『한국서 '통계에도 없는 존재'로 산다는 것』, 2020.2.22.
193 한겨레, 『[단독] 법원, 성전환자 성기수술 안해도 성별 전환 첫 허가』, 2013.3.16.; 헤럴드경제, 『성전환자 성기 성형 안해도 성별 전환 첫 허가』, 2013.3.16.
194 우먼타임스, 『국가인권위 "성 소수자 실태조사해서 정책에 반영해라"』, 2022.3.21.; 시사위크, 『[한국 성소수자 인권 '12점'⑤] 장서연 변호사 "인권과 평등은 다수결로 정해지지 않는다"』, 2018.7.25.
195 데일리굿뉴스, 『대법, 절차 간소화한 '성별정정 처리 개정지침' 시행』, 2020.3.16.
196 국민일보, 『[기고] "성별을 남자와 여자로 한정하는 것에 반대한다"는 주장에 대해』, 2019.12.11.
197 우먼타임스, 『[이슈 짚기] 성기 수술 안 해도 법적으로 여자가 될 수 있게 됐지만…』, 2020.3.17.
198 명재진 외 6인, "포괄적 차별금지법, 찬성할 것인가 반대할 것인가," 밝은생각, 2020.6., 195-197면.; 데일리굿뉴스, 『시민단체들, 대법원 '성별 정정 지침' 규탄』, 2020.3.6.
199 매일경제, 『인권위 남성 여성 이분법 인권위법 개정안 반대』, 2020.3.8.
200 한국경제, 『[토요칼럼] 차별금지법, 악마는 디테일에 있다』, 2022.5.6.
201 뉴스토마토, 『성전환 여성, 화장실 이용 차별한 미용실 원장 상대 승소』, 2021.11.4.
202 서울행정법원 2021.6.10. 선고 2019구합89043 판결; 법률신문, 『성별정체성에 따른 시설 이용권 인정의 문제』, 2021.9.9.
203 법률방송뉴스, 『"시기상조" vs "평등하게"… 논란 속 성공회대 '모두의 화장실' 개방, 내부 모습과 위법 여부』, 2022.4.8.; 투데이신문, 『'5년 간'의 긴 기다림…성공회대, 국내 대학

최초 '모두의 화장실' 설치』, 2022.3.16.; 미디어오늘, 『성공회대 '모두의 화장실', 논란의 잣대로 본 언론』, 2022.3.23.; 중앙일보, 『남녀 구분 없는 '모두의 화장실' 대학 첫 설치…학생 반응 보니』, 2022.3.28.

204　Katie Roche, "2+2=5: How The Transgender Craze is Redefining Reality," 2020.
205　Pink News, 『Half of trans and non-binary people want to abolish legal gender categories altogether, study finds』, 3 October 2020; Pink News, 『As non-binary people, do we really want legal recognition, or should we be fighting to abolish gender categories entirely?』, 23 September 2020; Catholic News Agency, 『Could it soon be illegal for doctors to believe in male and female?』, 3 February 2016; 크리스천투데이, 『[전문] 대법원의 성별 변경의 간소화 반대 샬롬나비 성명』, 2020.3.9.
206　Pink News, 『Anti-LGBT+ priest tells MPs that sex education leads to sex abuse and anal cancer, and no one stopped her』, 11 March 2020; 제프리스, "젠더는 해롭다," 열다북스, 2019, 331면.
207　The Federalist, 『Criminal Records Show Women Are Prudent To Not Want Men In Their Bathrooms』, 19 December 2018.
208　Dale O'Leary, Peter Sprigg, "Understanding and responding to the transgender movement," Family Research Council, June 2015, Issue Analysis IS15F01, p.30; Kathleen Stock, "Material Girls: Why Reality Matters for Feminism," Fleet, 2021; The Times, 『Unisex changing rooms put women in danger』, 2 September 2018; Independent, 『Unisex changing rooms put women at danger of sexual assault, data reveals』, 2 September 2018.
209　MailOnline, 『Voices forgotten in the push for gender neutral changing rooms – disabled women, rape victims and religious groups: They all respect the rights of trans women, but here they ask: What about ours?』, 16 July 2022; WalesOnline, 『Mum campaigns against 'dangerous' unisex changing rooms at her local leisure centre』, 2 September 2018; NorthWales Chronicle, 『Anglesey mum helps start campaign against Island's planned unisex changing rooms』, 3 August 2021.
210　MailOnline, 『New York literary agent who 'stands with J K Rowling' is fired for retweeting comment that read, 'being vulnerable to male violence does not make you a woman' on her personal Twitter account』, 25 August 2020; The Christian Post, 『Video game company fires employee amid backlash to following 'transphobic' Twitter accounts』, 10 January 2023.
211　데일리굿뉴스, 『차별금지법 제정 시도 중단하라!』, 2021.6.16.
212　월간조선, 『"정의당의 차별금지법은 여성의 안전권·인권·기회 침해하는 역차별법"(바른인권여성연합)』, 2020.7.23.
213　국민일보, 『20·30청년들, "인권위, 이념편향적" 규탄』, 2022.5.26.
214　펜앤드마이크, 『찐(眞)주권여성행동 "여성 안전 위협하는 성공회대 남녀 공용화장실, 여가부는 왜 침묵하나?"』, 2022.3.21.
215　크리스천투데이, 『성공회대 총학생회 '성중립 화장실' 추진… 찬반 논란』, 2017.9.21.
216　데일리굿뉴스, 『모두를 위한 화장실' 논란…이유는?』, 2021.6.4.
217　The Daily Signal, 『Promise to America's Children Warns of Destructive Equality Act LGBT Agenda』, 18 February 2018; 데일리굿뉴스, 『'모두를 위한 화장실' 논란…이유

	는?』, 2021.6.4.
218	크리스천투데이, 『'성범죄 위험 논란' 성중립 화장실, 서울대 등 국내 대학에?』, 2023.3.23.
219	우먼타임스, 『[이슈 짚기] 공중화장실, '남녀 공용'으로 회귀한다』, 2022.3.19.
220	Katie Roche, "2+2=5: How The Transgender Craze is Redefining Reality," 2020.
221	Church Militant, 『Canadian Students Protest Gender-Neutral Bathrooms』, 22 November 2017.
222	아시아투데이, 『'동성애·동성혼 개헌반대 국민연합' "헌법개정안에 동성결혼·동성애합법화가 포함되는 것을 절대 반대"』, 2017.8.20.
223	GOV.UK, Equalities and rights: Conflict and the need for clarity, 10 August 2022; https://www.gov.uk/government/speeches/equalities-and-rights-conflict-and-the-need-for-clarity
224	세계일보, 『여성 포함 전국 75개 시민단체 "페미들이 女 대표 자처, 여가부 당장 폐지하라"』, 2022.1.19.
225	펜앤드마이크, 『바른 인권 여성연합 "차별금지법안·평등법안은 여성 역차별 법안…즉각 철회하라"』, 2021.7.7.
226	우먼타임스, 『'강남역 살인사건' 5주기…살인 동기 두고 논쟁』, 2021.5.18.
227	Katie Roche, "2+2=5: How The Transgender Craze is Redefining Reality," 2020.
228	The Heritage Foundation, 『How the Equality Act's Gender Ideology Would Harm Children』, 9 June 2021; Dale O'Leary, Peter Sprigg, "Understanding and responding to the transgender movement," Family Research Council, June 2015, Issue Analysis IS15F01, p.30.
229	MailOnline, 『Voices forgotten in the push for gender neutral changing rooms – disabled women, rape victims and religious groups: They all respect the rights of trans women, but here they ask: What about ours?』, 16 July 2022; The Federalist, 『Criminal Records Show Women Are Prudent To Not Want Men In Their Bathrooms』, 19 December 2018.
230	데일리굿뉴스, 『차금법 이후…"화장실 성범죄 남의 일 아냐"』, 2021.8.6.
231	쉴라 제프리스, "젠더는 해롭다", 열다북스, 2019, 316-317면.
232	쉴라 제프리스, "젠더는 해롭다", 열다북스, 2019, 23면.
233	뉴스워커, 『성 중립 화장실을 둘러싼 '불편한 시선'… '범죄의 온상' 우려의 목소리도』, 2021.6.3.
234	데일리굿뉴스, 『차금법 이후…"화장실 성범죄 남의 일 아냐"』, 2021.8.6.
235	주간동아, 『양날의 칼 된 PC-정치적 올바름』, 2021.4.22.
236	동아일보, 『美서 5세 여아 상대 트렌스젠더 성범죄 발생…'화장실법' 논란 재점화되나』, 2018.10.5.; 데일리굿뉴스, 『차금법 이후…"화장실 성범죄 남의 일 아냐"』, 2021.8.6.; 국민일보, 『[젠더이데올로기 실체를 말한다] 남녀 아닌 '제3의 성' 인정하자… 스웨덴에선 '성 중립 화장실' 등장』, 2019.12.31.
237	코람데오닷컴, 『차금법 옹호하는 '뉴조'기사에 대한 팩트체크(8)』, 2020.8.2.; 명재진 외 6인, "포괄적 차별금지법, 찬성할 것인가 반대할 것인가, 밝은생각, 2020.6., 332면.
238	국민일보, 『[젠더이데올로기 실체를 말한다] 남녀 아닌 '제3의 성' 인정하자… 스웨덴에선 '성 중립 화장실' 등장』, 2019.12.31.; 국민일보, 『'생물학적 남성'과 여성이 겨루는 스포

	츠… 과연 공정한 게임인가』, 2019.10.8.
239	펜앤드마이크, 『정신나간 조선일보, 국내에서 불법인 '성중립 화장실' 옹호 기사 게재해 물의』, 2021.6.1.
240	Mashable, 『Target says customers may use whichever bathroom they choose』, 20 April 2016; Fox 26 Huston, 『Man tests out Target's new bathroom policy, asks to use female restroom』, 27 April 2016.
241	ABC30 Action News, 『Hidden camera found in restroom of Hanford Target store』, 17 July 2015; Good, 『Man Uses Hidden Camera to Test Target's New Bathroom Policy And People Are Outraged』, 27 April 2016; ST.Louis Post Dispatch, 『Man used hidden camera to spy on female at Brentwood Target store, police say』, 20 October 2016; 40 South News, 『Brentwood man secretly filmed woman under dress at Target: police』, 20 October 2016; WBAY, 『Appleton man accused of placing hidden camera in a Target dressing room』, 25 October 2017; Breitbart, 『Wisconsin Man Accused of Setting Up Hidden Camera in Target Changing Room』, 26 October 2017; The Detroit News, 『Man accused of putting camera in fitting room at Auburn Hills Target store』, 22 January 2020; Macomb Daily, 『Man arrested after camera found in Target store fitting room』, 22 January 2020; CBS News Pittsburgh, 『Camera Found Inside Bathroom At Target In Richland Township』, 28 April 2021; ButlerRadio, 『Police Investigating Camera Inside Target Bathroom』, 30 April 2021; Pittsburgh Post Gazette, 『Police say camera found in restroom of Target store in Richland』, 29 April 2021; The Bristol Press, 『Bristol man accused of setting up hidden camera in bathroom of Southington Target seeking diversionary program』, 30 August 2021.
242	KTLA, 『Man Accused of Taking Photo Under Woman's Dress in Riverside Target Store; Police Investigating』, 8 June 2017.
243	국민일보, 『[젠더이데올로기 실체를 말한다] 남녀 아닌 '제3의 성' 인정하자… 스웨덴에선 '성 중립 화장실' 등장』, 2019.12.31.
244	월간조선, 『포괄적 차별금지법의 법적 문제점, 남자가 女화장실 출입하고 女大 사라질 수도』, 2020.8.27.; 쉴라 제프리스, "젠더는 해롭다," 열다북스, 2019, 334-336면.
245	데일리임팩트, 『[즐거운 세상] '모두를 위한 화장실'이라는데...』, 2022.4.15.
246	쉴라 제프리스, "젠더는 해롭다," 열다북스, 2019, 334면; Dale O'Leary, Peter Sprigg, "Understanding and responding to the transgender movement," Family Research Council, June 2015, Issue Analysis IS15F01, p.30.
247	Pink News, 『Man abuses trans rules to strip in woman's bathroom』, 18 February 2016.
248	김영길, "인권의 딜레마," 보담, 2021, 371면.
249	제프리스, "젠더는 해롭다," 열다북스, 2019, 331면.
250	Catholic News Agency, 『Thousands of students, parents ask Supreme Court to protect bathroom privacy』, 28 September 2016.; 명재진 외 6인, "포괄적 차별금지법, 찬성할 것인가 반대할 것인가, 밝은생각, 2020.6., 401면.
251	쉴라 제프리스, "젠더는 해롭다," 열다북스, 2019, 332면.
252	데일리굿뉴스, 『차금법 이후…"화장실 성범죄 남의 일 아냐"』, 2021.8.6.

253   NBC News, 『J.K. Rowling doubles down in what some critics call a 'transphobic manifesto'』, 11 June 2020; Pink News, 『JK Rowling death threats are vile and should be condemned. The same goes for transphobic violence』, 20 July 2021; ET Canada, 『J.K. Rowling Reveals Sexual Assault As Reason Behind Her Comments On Trans People, Worrying That By Opening Bathrooms: 'You Open The Door To Any And All Men Who Wish To Come Inside'』, 10 June 2020; Forbes, 『This Is The Sequel J.K. Rowling Doesn't Want You To Read』, 10 June 2020; Pink News, 『JK Rowling is so worried about men using women's bathrooms that she… wrote a book about boys using a girls' toilet』, 11 June 2020; Pink News, 『JK Rowling invokes history of sexual assault while peddling widely debunked myth about trans people in single-sex spaces』, 11 June 2020.

254   국민일보, 『[젠더이데올로기 실체를 말한다] 남녀 아닌 '제3의 성' 인정하자… 스웨덴에선 '성 중립 화장실' 등장』, 2019.12.31.

255   Pink News, 『JK Rowling death threats are vile and should be condemned. The same goes for transphobic violence』, 20 July 2021.

256   LBC, 『School dumps JK Rowling name over trans views and replaces her with Dame Kelly Holmes』, 5 January 2022, 헤럴드경제, 『푸틴 "러, 해리포터 작가처럼 배척 당해"…JK롤링 "학살자 할 말 아냐"』, 2022.3.26.; 연합뉴스, 『[우크라 침공] 해리포터 작가 배척되듯 러시아도…푸틴 발언에 롤링 반박』, 2022.3.26.

257   Kathleen Stock, "Material Girls: Why Reality Matters for Feminism," Fleet, 2021.

258   The Times, 『Unisex changing rooms put women in danger』, 2 September 2018.

259   Independent, 『Unisex changing rooms put women at danger of sexual assault, data reveals』, 2 September 2018.

260   WalesOnline, 『Mum campaigns against 'dangerous' unisex changing rooms at her local leisure centre』, 2 September 2018; NorthWales Chronicle, 『Anglesey mum helps start campaign against Island's planned unisex changing rooms』, 3 August 2021.

261   MailOnline, 『Voices forgotten in the push for gender neutral changing rooms – disabled women, rape victims and religious groups: They all respect the rights of trans women, but here they ask: What about ours?』, 16 July 2022.

262   Pink News, 『Two hundred students walk out over trans classmate using girls' locker room』, 2 September 2015.

263   NBC News, 『Student Sues Pennsylvania School Over Transgender-Friendly Policy』, 22 March 2017; Pink News, 『Student sues school district claiming pro-trans policy constitutes sexual harassment』, 21 March 2017; Pink News, 『Anti-LGBT+ priest tells MPs that sex education leads to sex abuse and anal cancer, and no one stopped her』, 11 March 2020.

264   The Sunday Times, 『A man can't just say he has turned into a woman』, 25 July 2017; Pink News, 『Left-wing magazine boss says gender reforms will lead to bearded men exposing their penises to women』, 25 July 2017.

265   Lifesite, 『Sexual predator jailed after claiming to be 'transgender' to assault women in shelter』, 4 March 2014; Toronto Sun, 『Predator who claimed to be

266. 주간동아, 『양날의 칼 된 PC-정치적 올바름』, 2021.4.22.
267. 쉴라 제프리스, "젠더는 해롭다," 열다북스, 2019, 25면.
268. The Heritage Foundation, 『How the Equality Act's Gender Ideology Would Harm Children』, 9 June 2021.
269. The Guardian, 『Person charged with indecent exposure at LA spa after viral Instagram video』, 3 Septembeer 2021; Los Angeles Blade, 『LOS ANGELESLAPD seeking registered sex offender in June Wi-Spa incident』, 2 September 2021.
270. CBS Los Angeles, 『Koreatown's Wi Spa At Center Of Controversy After Complaint About Transgender Customer』, 30 June 2021.
271. 데일리굿뉴스, 『"여성 인권 유린 평등법·차금법 제정 중단하라"』, 2021.7.7.
272. 한국경제, 『"난 여자다"…여탕 들어간 남성에 발칵 뒤집힌 美』, 2021.6.29.; 한국경제, 『트랜스젠더 여탕 출입 논란…LA 목욕탕 또 격렬한 충돌』, 2021.7.19.
273. 중앙일보, 『여성 탈의실서 성기노출 트랜스젠더… 사건 발단된 미 대법원 판결』, 2021.7.6.
274. NBC News, 『Protesters clash outside Los Angeles spa over trans woman disrobing』, 4 July 2021; 데일리안, 『'몸은 아직 남자면서'…알몸으로 여탕 출입해 난리난 트랜스젠더』, 2021.9.4.
275. 우먼타임스, 『LA 한인 스파 여탕 들어간 트랜스젠더…찬반 유혈충돌로』, 2021.7.7.
276. JTBC 뉴스, 『화장실·목욕탕에도 트랜스젠더…'성별 이분법'의 종말?』, 2021.7.1.
277. 한국경제, 『"내 정체성은 여자"…여탕 들어간 남성, 성범죄 전과자였다』, 2021.9.4.
278. New York Post, 『Sex offending suspect claims transgender harassment in Wi Spa case』, 2 September 2021; 데일리굿뉴스, 『LA 여탕 갔던 트랜스젠더, 남성 알몸 노출로 기소돼』, 2021.9.5.
279. The Federalist, 『Drop The T From LGBT』, 21 April 2016.
280. The Heritage Foundation, 『Woke Gender』, 7 July 2021.
281. Dale O'Leary, Peter Sprigg, "Understanding and responding to the transgender movement," Family Research Council, June 2015, Issue Analysis IS15F01, p.30.
282. NBC News, 『Student Sues Pennsylvania School Over Transgender-Friendly Policy』, 22 March 2017; Pink News, 『Student sues school district claiming pro-trans policy constitutes sexual harassment』, 21 March 2017; Pink News, 『Anti-LGBT+ priest tells MPs that sex education leads to sex abuse and anal cancer, and no one stopped her』, 11 March 2020.
283. 쉴라 제프리스, "젠더는 해롭다," 열다북스, 2019, 337-338면.
284. 뉴시스, 『美 여성 전용 교도소서 재소자끼리 성관계해 임신…아빠는 누구?』, 2022.4.15.
285. TV조선, 『美 '여성 교도소' 재소자끼리 임신…아빠는 '트랜스 젠더'』, 2022.4.15.
286. MailOnline, 『EXCLUSIVE: 'We found love in a hopeless place.' Meet the trans prisoner, 27, convicted of killing her foster father and the female double murderer she impregnated, who began their forbidden relationship at NJ women's prison』, 14 April 2022.
287. 이데일리, 『'여성만' 있는 교도소서 두 명이나 임신 가능했던 이유는』, 2022.4.15.; 한국경제, 『女교도소서 재소자끼리 성관계해 임신…아빠 정체에 '발칵'』, 2022.4.15.; 중앙일

288 The Times, 『Why was convicted paedophile allowed to move to a female jail?』, 9 September 2018.
289 연합뉴스, 『'트랜스젠더 주장' 英성범죄자, 여성교도소 이송돼 성폭력』, 2018.9.10.; 코람데오닷컴, 『차금법 옹호하는 '뉴조'기사에 대한 팩트체크(7)』, 2020.7.31.
290 쉴라 제프리스, "젠더는 해롭다," 열다북스, 2019, 18면.
291 The Guardian, 『Transgender prisoner who sexually assaulted inmates jailed for life』, 11 October 2018.
292 뉴스앤조이, 『트랜스젠더가 화장실 가는 게 차별금지법 폐해?』, 2020.7.16.
293 The Times, 『Rapist, Karen White, in women's jail 'was trans faker'』, 11 October 2018; The Guardian, 『Karen White: how 'manipulative' transgender inmate attacked again』, 11 October 2018.
294 연합뉴스, 『'트랜스젠더 주장' 英성범죄자, 여성교도소 이송돼 성폭력』, 2018.9.10.; 동아일보, 『英 런던에 사상 최초 '트랜스젠더 전용 교도소' 생겼다…이유는?』, 2019.3.4.; 명재진 외 6인, "포괄적 차별금지법, 찬성할 것인가 반대할 것인가," 밝은생각, 2020.6., 332면.
295 명재진 외 6인, "포괄적 차별금지법, 찬성할 것인가 반대할 것인가," 밝은생각, 2020.6., 185-186면.
296 BBC News, 『Trans women in female jails policy lawful, High Court rules』, 2 July 2021.
297 Sputnik International, 『Fox in the Henhouse: Prison Guards Protected Trans Paedophile Who Molested Female Inmates』, 24 July 2021.
298 MailOnline, 『'I was sexually assaulted in a women's prison… by a fellow inmate with male genitalia': Read Amy's story and decide - can it be right to put trans sex offenders in female jails?』, 23 July 2021.
299 의학신문, 『법이 의학을 위협하면 안 된다---차별금지법이 의학에 미치는 영향』, 2020.8.21.; 펜앤드마이크, 『[이명진 칼럼] 젠더권력의 꿀을 빨며 독(毒)을 주입하려는 자들』, 2021.6.18.
300 스타뉴스, 『'性 오픈 종목 만들자' 美 트랜스젠더 여자수영 우승에 논란 가열 [이종성의 스포츠 문화&산업]』, 2022.3.24.; 국민일보, 『'생물학적 남성'과 여성이 겨루는 스포츠…과연 공정한 게임인가』, 2019.10.8.
301 헌법재판소 2010.11.25. 2006헌마328 결정, 판례집 22-2하, 446면.
302 뉴스웍스, 『"인권위의 '제3의 성' 인정 시도는 결국 '여자'의 권익 침해할 것"』, 2019.11.19.; 국민일보, 『20·30청년들, "인권위, 이념편향적" 규탄』, 2022.5.26.; 데일리굿뉴스, 『인권법 개정 시민단체연합, '성적지향' 삭제 개정안 발의 적극 지지』, 2019.11.19.
303 The Daily Signal, 『How 'Equality Act' Would Impose Transgender Ideology on Everyone』, 24 February 2021.
304 서울신문, 『영국 총리 "트랜스젠더, 여자 스포츠 출전 말아야"』, 2022.4.7.
305 서울신문, 『'남→여' 성전환 美수영선수, NCAA 수영대회 우승 '최초 트랜스젠더 챔피언'』, 2022.3.21.

306 헤럴드경제, 『'여자로 성전환' 수영선수, 女 종목 압도적 우승에 美 발칵』, 2022.3.21.
307 Evie Magazine, 『Trans Swimmer Lia Thomas (Formerly 462th Ranked William Thomas) Takes The Gold In Ivy League Women's Championships By 7 Full Seconds』, 18 February 2022; MailOnline, 『Ivy League says transgender swimmer Lia Thomas WILL be eligible to compete in conference championship - but new rules leave her participation in NCAA tournament in doubt』, 8 February 2022.
308 머니투데이, 『"이제 나도 여자" 성전환 美 수영선수, 462위→1위…불만 쏟아졌다』, 2022.6.2.
309 인사이트, 『여자로 성전환한 트랜스젠더 수영선수, 라커룸서 동료 선수들에게 '남성 성기' 노출』, 2022.1.28.
310 Reuters, 『Trans swimmer Lia Thomas nominated for NCAA Woman of the Year award』, 19 July 2022; CNN News, 『Transgender swimmer Lia Thomas nominated for NCAA 2022 Woman of the Year Award』, 16 July 2022; Fox News, 『Lia Thomas nominated by University of Pennsylvania for NCAA 'Woman of the Year' award』, 15 July 2022.
311 Swimming World, 『A Look At the Numbers and Times: No Denying the Advantages of Lia Thomas』, 5 April 2022; Independent, 『Critics accuse trans swimming star Lia Thomas of having an unfair advantage. The data tells a different story』, 31 May 2022; 스타뉴스, 『'性 오픈 종목 만들자' 美 트랜스젠더 여자수영 우승에 논란 가열 [이종성의 스포츠 문화&산업]』, 2022.3.24.
312 데일리굿뉴스, 『트랜스젠더, 女 수영대회서 우승…공정성 논란』, 2022.3.20.
313 라디오코리아, 『트랜스젠더 여성 수영 선수, 라커룸에서 '성기 노출' 논란』, 2022.1.29.
314 뉴스1, 『성전환 후 기록 싹쓸이 女수영선수, 탈의실서 '남성 그것' 노출』, 2022.1.29.; 서울신문, 『남→여 성전환 美수영선수, 라커룸서 '남성 성기' 노출』, 2022.1.29.
315 Catholic News Agency, 『Arkansas students seek to intervene in challenge to federal transgender sports policy』, 5 October 2021; 경향신문, 『트랜스젠더 선수 우승 독식에…여성 선수 "불공정"』, 2020.2.13.; 명재진 외 6인, "포괄적 차별금지법, 찬성할 것인가 반대할 것인가", 밝은생각, 2020.6., 331면; 코라데오닷컴, 『차금법 옹호하는 '뉴조'기사에 대한 팩트체크(6)』, 2020.7.30.
316 CBN News, 『Female Student Athletes File Federal Complaint After Transgender Runner Dominates Girls' Track Meets』, 19 June 2019; Boston.com, 『3 Conn. high school track runners say transgender athletes have cost them top finishes. Now, they're suing』, 19 June 2019; CBS News, 『3 Connecticut female athletes file federal discrimination complaint over transgender competition』, 19 June 2019; Boston Spirit, 『Three Connecticut high school athletes sue against transgender competitors』, 20 June 2019.
317 국민일보, 『'생물학적 남성'과 여성이 겨루는 스포츠… 과연 공정한 게임인가』, 2019.10.8.
318 The Daily Signal, 『How 'Equality Act' Would Impose Transgender Ideology on Everyone』, 24 February 2021.
319 주간경향, 『she와 he 사이…교사는 트랜스젠더 학생을 어떻게 불러야 하나』, 2021.7.12.; 매일경제, 『美, 트랜스젠더 스포츠 출전금지법 놓고 갑론을박』, 2021.5.8.;

CBN News, 『Four Athletes to Appeal Ruling Allowing Athletic Conference to Abolish 'Girls Only' Sports』, 6 May 2021; Catholic News Agency, 『Judge tosses out girls' complaint against Connecticut transgender sports policy』, 26 April 2021.

320　명재진 외 6인, "포괄적 차별금지법, 찬성할 것인가 반대할 것인가," 밝은생각, 2020.6., 191-192면.

321　Catholic News Agency, 『Female athletes can't be silent when forced to compete with males, attorney argues』, 26 February 2021.

322　국민일보, 『'생물학적 남성'과 여성이 겨루는 스포츠… 과연 공정한 게임인가』, 2019.10.8.

323　The Daily Signal, 『"Abuse of Women in Sports Under the Guise of Trans Rights Deserves a #MeToo Movement"』, 23 February 2021; The Heritage Foundation, 『How the Equality Act's Gender Ideology Would Harm Children』, 9 June 2021; 명재진 외 6인, "포괄적 차별금지법, 찬성할 것인가 반대할 것인가," 밝은생각, 2020.6., 193면; 뉴스앤조이, 『트랜스젠더가 화장실 가는 게 차별금지법 폐해?』, 2020.7.16.

324　일요신문, 『경쟁이냐 특혜냐…링 위의 트랜스젠더 '뜨거운 감자'』, 2020.2.21.; 명재진 외 6인, "포괄적 차별금지법, 찬성할 것인가 반대할 것인가," 밝은생각, 2020.6., 331면.

325　Breitbart, 『Biopic of Trans MMA Fighter Fallon Fox in the Works』, 22 January 2020; Daily News, 『In the era of equality, how will sports handle transgender athletes?』, 2 March 2018; The Federalist, 『Allowing Transgender Olympians Is Unfair To Women』, 27 January 2016; The Libertarian Republic, 『Transgender MMA Fighter Destroys Female Opponent』, 10 June 2015; The Federalist, 『Why Drafting Women Would Be A Big Mistake』, 8 February 2016; Breitbart, 『Transgender Male Athletes Fear 'Ridicule' For Seeking Slots in Olympic Women's Races』, 7 July 2016; The Daily Signal, 『The Ugly Truth About Sex Reassignment the Transgender Lobby Doesn't Want You to Know』, 30 October 2017.

326　국민일보, 『'생물학적 남성'과 여성이 겨루는 스포츠… 과연 공정한 게임인가』, 2019.10.8.

327　The Guardian, 『Alana McLaughlin's journey from US special forces to trans MMA fighter』, 8 September 2021; New York Post, 『Transgender fighter Alana McLaughlin wins MMA debut』, 11 September 2021; Mirror, 『Transgender fighter wins debut after choking out opponent in second round』, 11 September 2021.

328　MailOnline, 『Transgender MMA fighter who used to be in US Army Special Forces reignites debate over trans women in sport with rear-naked choke to seal debut victory』, 12 September 2021; Fox News, 『Transgender fighter Alana McLaughlin wins MMA debut』, 12 September 2021.

329　한국경제, 『특수 부대 출신 '트랜스젠더', 女 격투기 데뷔전 승리 논란 [박상용의 별난세계]』, 2021.9.13.

330　Fox Sports, 『Bearded man smashes women's weightlifting record held by trans lifter』, 31 March 2023.

331　MailOnline, 『Pulling his weight! Male powerlifter protests Canada's woke gender self-ID laws by saying he's a woman, then entering female contest and smashing bench press record』, 5 April 2023.

332　CBC News, 『Trans woman's inclusion in female category of powerlifting championship in B.C. questioned by protesters』, 18 February 2023.
333　New York Post, 『Male powerlifter enters women's event, breaks record』, 30 March 2023.
334　인사이트, 『여자라고 주장하며 '여성 대회' 참가해 신기록 세워버린 턱수염 난 파워리프터』, 2023.3.31.
335　Opindia, 『Canada: Male powerlifter participates in women's competition to mock new trans-inclusive policy, smashes women's record held by a trans 'woman'』, 30 March 2023.
336　펜앤드마이크, 『바른 인권 여성연합 "차별금지법안·평등법안은 여성 역차별 법안…즉각 철회하라"』, 2021.7.7.
337　김영길, "인권의 딜레마," 보담, 2021, 373면.
338　홍원식, "성소수자 마오쩌둥," 비전브리지, 2020, 122면.
339　한국경제, 『차별금지법, 또 다른 '기업 옥죄기' 되나』, 2021.6.21.
340　헌법재판소 2014.8.28. 2013헌마553 결정, 판례집 26-2상, 429면.
341　국민일보, 『동성애 폐해 알리는 연구소 설립 지원한다』, 2020.9.28.
342　쉴라 제프리스, "젠더는 해롭다", 열다북스, 2019, 23면; 헤럴드경제, 『트랜스젠더 화장실 전쟁'… 美 11개 주, 연방정부 상대 소송』, 2016.5.26.; 연합뉴스, 『트럼프 '화장실 전쟁' 재점화하나…성전환 학생 보호지침 폐기』, 2017.2.13.; 한국일보, 『성전환 학생 화장실 선택권 다시 뺏겨』, 2017.2.23.
343　미주중앙일보, 『트랜스젠더 학생 여자 탈의실 사용』, 2016.1.15.
344　Sentinel, 『STAMPER BROWN: The War On Girls' Privacy』, 10 November 2015; Pink News, 『School told they must give trans student access to girls' locker room』, 2 November 2015.
345　Pink News, 『Half of trans and non-binary people want to abolish legal gender categories altogether, study finds』, 3 October 2020; Pink News, 『As non-binary people, do we really want legal recognition, or should we be fighting to abolish gender categories entirely?』, 23 September 2020.
346　국민일보, 『[젠더이데올로기 실체를 말한다] 남녀 아닌 '제3의 성' 인정하자… 스웨덴에선 '성 중립 화장실' 등장』, 2019.12.31.
347　디스패치, 『치마+가발 쓰고 여탕 들어가 20분간 목욕한 남성』, 2020.2.13.; 인사이트, 『가발 쓰고 치마 입은 채 '여탕' 들어가 20분 동안 목욕한 남성』, 2020.2.14. JTBC 뉴스, 『여탕 들어가 목욕한 여장남자…출동 경찰은 '황당 답변'』, 2020.2.13.; 중앙일보, 『여탕 들어가 20분 목욕한 '여장 남자'... 잡고보니 성소수자』, 2020.2.15.
348　JTBC 뉴스, 『여탕 '여장남자' 검거…"여자라고 생각해 간 것" 주장』, 2020.2.14.
349　동아일보, 『여장하고 여탕 들어간 이용객 기소유예…"정체성 혼란"』, 2020.12.15.; 국민일보, 『여탕 들어가 목욕한 '성소수자' 기소유예… 이유는?』, 2020.12.15.
350　명재진 외 6인, "포괄적 차별금지법, 찬성할 것인가 반대할 것인가," 밝은생각, 2020.6., 189면.
351　펜앤드마이크, 『바른 인권 여성연합 "차별금지법안·평등법안은 여성 역차별 법안…즉각 철회하라"』, 2021.7.7.
352　Eater Washington DC, 『D.C. Restaurant Implements Civil Rights Training Following

Transgender Bathroom Incident』, 19 January 2019.
353 The Daily Signal, 『DC Restaurant Fined for Asking Man in Women's Restroom to Show ID』, 24 January 2019.
354 EBS 뉴스, 『<세계의 교육> 美 '화장실 전쟁'…정부 상대 소송까지』, 2016.5.13.
355 연합뉴스, 『트럼프 '화장실 전쟁' 재점화하나…성전환 학생 보호지침 폐기』, 2017.2.13.; 한국일보, 『성전환 학생 화장실 선택권 다시 뺏겨』, 2017.2.23.; 헤럴드경제, 『'트랜스젠더 화장실 전쟁'… 美 11개 주, 연방정부 상대 소송』, 2016.5.26.; Catholic News Agency, 『Nearly half of US states have sued over transgender bathroom rule in schools』, 8 July 2016; 쉴라 제프리스, "젠더는 해롭다," 열다북스, 2019, 23면.
356 한겨레, 『'성전환자 화장실' 사용 논란, 언제까지…』, 2016.8.23.
357 연합뉴스, 『미국 법원, 연방 정부 '성전환자 화장실 지침'에 또 제동』, 2016.8.23.
358 EBS 뉴스, 『<세계의 교육> 美 '화장실 전쟁'…정부 상대 소송까지』, 2016.5.13.
359 abc News, 『Supreme Court to rule in Virginia transgender case』, 29 September 2016; Catholic News Agency, 『Thousands of students, parents ask Supreme Court to protect bathroom privacy』, 28 September 2016; Lifesite, 『8,900+ students, parents to Supreme Court: Uphold policy to protect privacy in restrooms』, 29 September 2016.
360 The Washington Post, 『Eleven states sue Obama administration over bathroom guidance for transgender students』, 25 May 2016; abc News, 『11 States Sue Obama Administration Over Transgender Bathroom Directive』, 26 May 2016.
361 문화일보, 『4개월째 출입구 못찾는 性소수자 '화장실 전쟁'』, 2016.6.17.
362 아주경제, 『미국 법원 "연방 정부 '성전환 학생 화장실 지침'은 성 차별"』, 2016.8.23.; 한겨레, 『트랜스젠더 화장실이용, 미 연방정부-법원 '충돌'』, 2016.8.23.
363 Reuters, 『U.S. appeals court sides with transgender student over bathroom access』, 27 August 2020; Daily Press, 『Gavin Grimm's yearslong transgender rights battle against Gloucester ends in 'enormous victory'』, 29 June 2021.
364 경향신문, 『트랜스젠더 학생은 어느 화장실 사용?…성정체성 맞게 사용 확정』, 2021.6.29.; 중앙일보, 『여성 탈의실서 성기노출 트랜스젠더… 사건 발단된 미 대법원 판결』, 2021.7.6.
365 허프포스트코리아, 『"트랜스젠더는 일반 화장실 사용 금지" 美 트랜스젠더 학생이 성소수자 차별한 고등학교를 고소했고 '15억'을 받게 됐다』, 2021.8.31.
366 월간조선, 『포괄적 차별금지법의 법적 문제점, 남자가 女화장실 출입하고 女大 사라질 수도』, 2020.8.27.
367 Spiked, 『I was banned for trans heresy』, 23 July 2019.
368 CBC News, 『Estheticians don't have to wax male genitalia against their will, B.C. tribunal rules』, 23 October 2019; Metro, 『Trans woman tried to sue beauticians for refusing to wax her testicles』, 25 October 2019; The Guardian, 『It's not a hate crime for a woman to feel uncomfortable waxing male genitalia』, 27 July 2019.
369 쉴라 제프리스, "젠더는 해롭다," 열다북스, 2019, 19면.
370 CBC News, 『Man who changed legal gender to get cheaper insurance exposes the unreliability of gender markers』, 28 July 2018.
371 Fox News, 『Canadian man legally lists gender as female to get cheaper car

	insurance: report』, 30 July 2018.
372	CBC News, 『Alberta man changes gender on government IDs for cheaper car insurance』, 20 July 2018.
373	CBN News, 『Canadian Man Becomes a Woman to Save Money on His Car Insurance』, 30 July 2018.
374	나우뉴스, 『더 저렴한 차보험료율 받기 위해 법적으로 성별 전환한 남성』, 2018.7.31.; 뉴스앤조이, 『트랜스젠더가 화장실 가는 게 차별금지법 폐해?』, 2020.7.16.; 명재진 외 6인,『포괄적 차별금지법, 찬성할 것인가 반대할 것인가," 밝은생각, 2020.6., 197-198면, 287면, 334면.
375	Thejournal.ie, 『The Irish state will now accept trans people's own declaration of their gender』, 3 June 2015; Yahoo News, 『The Irish state will now accept trans people's own declaration of their gender』, 4 June 2015.
376	김영길, "인권의 딜레마," 보담, 2021, 364면.
377	크리스천투데이, 『"'성기 달린 남성'도 여성으로 인정? 결국 피해는 여성들만"』, 2023.3.23.
378	코람데오닷컴, 『차금법 옹호하는 '뉴조'기사에 대한 팩트체크(8)』, 2020.8.2.; 명재진 외 6인,"포괄적 차별금지법, 찬성할 것인가 반대할 것인가," 밝은생각, 2020.6., 364면.
379	쉴라 제프리스, "젠더는 해롭다," 열다북스, 2019, 272면, 344면; 욕야카르타 원책의 위험성과 부당성 토론회 자료, 2020.11.24., 114면; 조영길, "동성애 차별금지법에 대한 교회의 복음적 대응," 밝은생각, 2020, 98면.
380	PD저널, 『'퀴어=동성애?' 의미조차 축소하는 공영방송』, 2016.6.13.; 한국기자협회, 한국기자협회 인권보도준칙, https://www.journalist.or.kr/news/section4.html?p_num=7
381	MailOnline, 『Voices forgotten in the push for gender neutral changing rooms – disabled women, rape victims and religious groups: They all respect the rights of trans women, but here they ask: What about ours?』, 16 July 2022.
382	KBS 뉴스, 『언론·미디어단체들 "4월 내 차별금지법 국회 통과해야"』, 2022.4.25.; 경향신문, 『우리의 용기로 내딛은 한발…더는 '사회적 합의' 뒤로 미뤄선 안 돼』, 2021.6.18.; 디지털타임스, 『차별금지법 공론화 18년 됐는데…아직도 "사회적 논의 부족하다"는 이준석』, 2021.6.18.
383	헤럴드경제, 『인권위, 국회에 차별금지법 제정 촉구 의견표명』, 2021.6.21.
384	법률신문, 『"평등법, '차별금지 사유' 법률에 구체적으로 나열해둬야"』, 2020.11.5.
385	홍원식, "성소수자 마오쩌둥," 비전브리지, 2020, 126-127면; 베이비뉴스, 『"평등 없는 가짜 평등법 학부모들은 반대한다"』, 2021.7.7.; 베이비뉴스, 『"우리 딸들의 화장실을 지켜주세요"』, 2021.7.7.
386	월간조선, 『여성의 58.3%가 "차별금지법이 다수를 역차별 할 경우 반대"』, 2020.7.23.
387	시사매거진, 『바른 인권 여성연합, "'차별금지법'은 여성의 인권 침해하고 역차별하는 법"』, 2020.7.24.; 뉴스브라이트, 『바른 인권 여성연합, "차별금지법 즉각 철회하라!"』, 2020.7.24.; 리버티코리아포스트, 『여성인권 침해, 여성 역차별 조장하는 차별금지법 즉각 철회하라-바른 인권 여성연합 포럼 진행』, 2020.7.23.; 뉴데일리, 『[포토] 바른 인권 여성연합 "여성 역차별 조장하는 '차별금지법' 즉각 철회하라"(전문)』, 2020.7.23.
388	서울경제, 『숙명여대 성전환 합격자 "등록 여부 고민…혐오 말고 이해해달라"』,

	2020.2.5.; MBN뉴스, 『숙명여대 트랜스젠더 합격자 입학 포기…"무서워 여대 지원 못할 것 같다"』, 2020.2.7.
389	아시아경제, 『트랜스젠더 숙명여대 입학 포기…성소수자 차별 논란 후폭풍』, 2020.2.8.
390	한국일보, 『"트랜스젠더 학생 입학 포기, 숙명여대의 방관 무책임"』, 2020.2.14.
391	Catholic News Agency, 『How a new executive order would promote gender ideology and silence free speech at schools』, 11 March 2021.
392	월간조선, 『포괄적 차별금지법의 법적 문제점, 남자가 女화장실 출입하고 女大 사라질 수도』, 2020.8.27.
393	데일리굿뉴스, 『차금법 이후…"화장실 성범죄 남의 일 아냐"』, 2021.8.6.
394	우먼타임스, 『[이슈 짚기] 공중화장실, '남녀 공용'으로 회귀한다』, 2022.3.19.
395	명재진 외 6인, "포괄적 차별금지법, 찬성할 것인가 반대할 것인가," 밝은생각, 2020.6., 183-185면, 190면.
396	Kenneth J Zucker, "Epidemiology of gender dysphoria and transgender identity," Sexual Health, 14(5), October 2017, pp.404-411.
397	Pink News, 『Anti-LGBT+ priest tells MPs that sex education leads to sex abuse and anal cancer, and no one stopped her』, 11 March 2020.
398	Pink News, 『Same-sex toilets in London school cause outrage among parents』, 26 November 2016.
399	명재진 외 6인, "포괄적 차별금지법, 찬성할 것인가 반대할 것인가," 밝은생각, 2020.6., 195면.
400	코람데오닷컴, 『차금법 옹호하는 '뉴조'기사에 대한 팩트체크(8)』, 2020.8.2.
401	The Irish Times, 『Number of children sexually abusing other children rises in UK』, 9 October 2017.
402	BBC News, 『Reports of sex abuse between children double in two years』, 6 September 2021.
403	김영길, "인권의 딜레마," 보담, 2021, 355면; Belfast Telegraph, 『DUP's Donaldson to chair Westminster briefing with minister who branded LGBT education 'state-sponsored abuse'』, 26 February 2020; The Times, 『Pastor who links sex education to abuse invited to speak in parliament』, 26 February 2020.
404	경향신문, 『충남, 학생인권조례 제정…이번엔 의회 문턱 넘을까』, 2020.6.7.; 노컷뉴스, 『서울·경기·광주·전북 교육감 "경남학생인권조례 제정 지지"』, 2019.5.8.; 굿모닝충청, 『충남학생인권조례 탄생…전국에서 5번째』, 2020.6.27.; 제주의 소리, 『타시도 뿌리내린 학생인권조례…늦깎이 제주서 논란 왜?』, 2020.9.18.; 연합뉴스, 『제정 10주년 맞은 학생인권조례, 보수단체 반발로 확산 더뎌』, 2020.1.26.
405	신아일보, 『학교폭력, 10년간 신체폭력 60.9% 감소…정서·언어폭력 2배 이상 증가』, 2023.3.5.
406	세계일보, 『폭행 60% 줄고 '성폭력' 11배 급증』, 2023.3.5.
407	조선일보, 『"사랑하는 법원이 위기에…" 성창호 판사의 사의글 뒤늦게 화제』, 2023.3.7.
408	뉴스1, 『'정순신 아들' 같은 요즘 학폭…정서폭력 2배, 성폭력 11배 급증』, 2023.3.5.
409	크리스천투데이, 『국민 60% 이상 "학교서 '성별 선택' 교육 반대"』, 2021.12.29.
410	김지연, "덮으려는 자 펼치려는 자," 사람, 2019, 478면, 480면; 명재진 외 6인, "포괄적 차별금지법, 찬성할 것인가 반대할 것인가," 밝은생각, 2020.6., 363면; 뉴시스, 『에이즈환자

치료비 해마다 늘어…지난해에만 1000억 투입』, 2017.10.13.; 메디파타뉴스, 『에이즈 폭등 "질본, 감염원인 동성애 제대로 알려야"』, 2018.10.11.

411 연합뉴스, 『육군부대서 분대장이 후임병 14명 성추행·유사성행위』, 2014.3.18.; 서울신문, 『후임병 더듬은 분대장』, 2014.3.19.; 경북매일신문, 『후임병 14명 성추행 사병 징역 1년6월 피해자들 가족 "처벌 가볍다" 반발』, 2014.3.19.

412 위키트리, 『후임병에 '유사성행위 강요', 피해 병사 누나 페북글』, 2014.3.18.

413 YTN, 『후임 14명 성추행 분대장 실형…처벌 미흡 반발』, 2014.3.18.; 브레이크뉴스, 『올해 대구경북 5대 인권뉴스는?』, 2014.12.8.; 푸른한국닷컴, 『동성애대책위, 군대 내 동성애 옹호 조장하는 군형법 92조 개정 반대』, 2014.3.28.; 경북일보, 『육군 분대장이 후임병 14명 성추행』, 2014.3.18.

414 중앙일보, 『"동성애 합법화하면 전투력 무너질 것" 반발 클 듯』, 2008.11.15.

415 메디컬투데이, 『군대 내 동성애는 '형사처벌'…동성애 4건 중 3건은 처벌』, 2010.10.27.; 한국경제, 『"동성애 군인 처벌' 인권침해 논란 점화』, 2010.10.27.; 연합뉴스, 『"동성애 군인 처벌' 인권침해 논란 점화』, 2010.10.27.; SBS 뉴스, 『"동성애 군인 처벌' 인권침해 논란 점화』, 2010.10.27.

416 크리스천투데이, 『"軍 동성애 허용하면, 우리 아들 죽어도 못보내"』, 2010.11.15.

417 인사이트, 『코로나에 외출 막힌 뒤 육군 내 '동성간 성범죄' 49% 폭증』, 2021.4.29.; 데일리굿뉴스, 『"트랜스젠더 입대 막아달라" 청원 등장』, 2021.10.21.

418 일요시사, 『동성애 성범죄 대란』, 2013.5.29.

419 크리스천투데이, 『[사설] 군형법 개정안 철회하라』, 2017.5.30.

420 권인숙 의원 대표발의, 평등 및 차별금지에 관한 법률안(의안번호: 12330, 발의: 2021.8.31.)

421 백상현, "가짜 인권, 가짜 혐오, 가짜 소수자", 밝은생각, 2017, 382면.

422 국가인권위원회, '군대 내 성폭력 현황 실태조사' 결과발표 및 토론회 개최 보도자료, 2004.4.8.; https://www.humanrights.go.kr/site/program/board/basicboard/view&boardtypeid=24&menuid=001004002001&boardid=554754

423 푸른한국닷컴, 『동성애대책위,군대 내 동성애 옹호 조장하는 군형법 92조 개정 반대』, 2014.3.28.; 국민일보, 『전역자 38% "軍내 性추문 듣거나 본 적 있다"』, 2013.10.17.; 천지일보, 『교회언론회 "군형법 92조 폐지, 軍내 동성애 조장"』, 2014.3.20.; 크리스천투데이, 『軍 동성 성폭력 규제, 약 87%가 "강화·유지해야"』, 2013.10.18.

424 굿데일리뉴스, 『"군(軍) 동성애 실태 심각…군형법 강화해야"』, 2016.2.12.; 국민일보, 『軍부대 내 동성애 부추기는 국회의원들』, 2014.3.20.

425 뉴스앤조이, 『반동성애 진영 길원평 교수와의 소송, 1심에 이어 항소심에서도 이겼습니다』, 2021.7.5.; 뉴스앤조이, 『국민 40% 이상이 차별금지법 반대? 이상한 여론조사』, 2020.7.17.

426 크리스천투데이, 『"합의로 포장된 성폭력 난무하는 군대엔 자녀 못 보내"』, 2016.4.28.

427 메디컬투데이, 『군대 내 동성애는 '형사처벌'…동성애 4건 중 3건은 처벌』, 2010.10.27.; 한국경제, 『"동성애 군인 처벌' 인권침해 논란 점화』, 2010.10.27.; 연합뉴스, 『"동성애 군인 처벌' 인권침해 논란 점화』, 2010.10.27.; SBS 뉴스, 『"동성애 군인 처벌' 인권침해 논란 점화』, 2010.10.27.

428 국가인권위원회, '군대 내 성폭력 현황 실태조사' 결과발표 및 토론회 개최 보도자료, 2004.4.8.

429	연합뉴스, 『'동성애 군인 처벌' 인권침해 논란 점화』, 2010.10.27.; SBS 뉴스, 『'동성애 군인 처벌' 인권침해 논란 점화』, 2010.10.27.; 한국경제, 『'동성애 군인 처벌' 인권침해 논란 점화』, 2010.10.27.
430	한국성소수자연구회, "무지개는 더 많은 빛깔을 원한다," 창비, 2019, 229면.
431	헌법재판소 2002.6.27. 2001헌바70 결정, 판례집 14-1, 601면.
432	헌법재판소 2011.3.31. 2008헌가21 결정, 판례집 23-1상, 178면.
433	헌법재판소 2011.3.31. 2008헌가21 결정, 판례집 23-1상, 178면.
434	대법원 2008.5.29. 선고 2008도2222 판결; 대법원 2012.6.14. 선고 2012도3980 판결; 법률방송뉴스, 『"자발적 동성군인 성행위 처벌 못한다"… 대법원 판례 바뀐 이유』, 2022.4.22.
435	조선일보, 『"군기 침해땐 합의한 동성애라도 처벌"』, 2022.4.22.
436	헌법재판소 2002.6.27. 2001헌바70 결정, 판례집 14-1, 601면; 헌법재판소 2011.3.31. 2008헌가21 결정, 판례집 23-1상, 178면; 헌법재판소 2016.7.28. 2012헌바258 결정, 판례집 28-2상, 1면.
437	JTBC뉴스, 『인권위 "동성 군인 간 합의 성관계 처벌금지한 대법 판결 환영"』, 2022.4.22.; 조선일보, 『동성 군인의 합의된 성관계 인정… 인권위 "대법원 판결 환영한다"』, 2022.4.23.; 연합뉴스, 『인권위 "동성 군인간 합의 성관계 처벌금지 대법원 판결 환영"』, 2022.4.22.; 서울경제, 『"동성 군인간 합의 성관계 처벌금지 대법원 판결 환영"… 인권위 성명』, 2022.4.22.; 아주경제, 『[주요재판 톺아보기] "동성군인 간 성관계, 합의하면 처벌 부당"…대법, 판례 뒤집어』, 2022.4.23.; 헤럴드경제, 『인권위 "동성 군인 간 합의 성관계 처벌금지한 대법 판결 환영"』, 2022.4.22.
438	고등군사법원 2019.2.1. 선고 2018노64 판결.
439	헤럴드경제, 『"합의된 동성 군인 성행위 처벌 안돼"…판례 바꾼 대법원』, 2022.4.23.; 아시아경제, 『인권위 "동성 군인 간 성관계 처벌금지 대법원 판결 환영"』, 2022.4.22.; MBC뉴스, 『대법 전원합의체 "군인 간 자발적 동성애는 무죄"』, 2022.4.21.; 한국일보, 『대법 "사적공간서 합의된 동성 군인 성관계, 처벌 대상 아냐"』, 2022.4.22.; 아주경제, 『[주요재판 톺아보기] "동성군인 간 성관계, 합의하면 처벌 부당"…대법, 판례 뒤집어』, 2022.4.23.
440	우먼타임스, 『[이슈 짚기] 대법원은 왜 군대 내 동성 간 성행위를 처벌하지 않았나』, 2022.4.23.
441	대법원 2022.4.21 선고 2019도3047 전원합의체 판결.
442	서울신문, 『"사적 공간 동성 성행위, 무조건 처벌은 부당"… 대법 판례 바꿨다』, 2022.4.21.
443	조선일보, 『"군기 침해땐 합의한 동성애라도 처벌"』, 2022.4.22.
444	국가인권위원회, '군대 내 성폭력 현황 실태조사' 결과발표 및 토론회 개최 보도자료, 2004.4.8.
445	국민일보, 『전역자 38% "軍내 性추문 듣거나 본 적 있다"』, 2013.10.17.; 푸른한국닷컴, 『동성애대책위,군대 내 동성애 옹호 조장하는 군형법 92조 개정 반대』, 2014.3.28.; 천지일보, 『교회언론회 "군형법 92조 폐지, 軍내 동성애 조장"』, 2014.3.20.; 크리스천투데이, 『軍 동성 성폭력 규제, 약 87%가 "강화·유지해야"』, 2013.10.18.
446	국민일보, 『"군부대 동성애 확산 추세, 전투력 상실·보건 문제 초래"』, 2017.10.13.
447	이코리아, 『대법, 군인간 동성애 첫 무죄 판결, 군형법 개정 여부 주목』, 2022.4.22.

448 국민일보, 『교계 "軍 동성 간 성행위 허용은 동성애 합법화 수순" 반발』, 2022.4.22.
449 아시아경제, 『'군형법 92조6' 폐지될까…"군인 평등권·행복추구권 보장해야"』, 2022.4.23.; 뉴시스, 『국방부, 사적공간 합의 동성 성관계 처벌제외 검토…"대법원 판례 명확히"』, 2023.2.27.; 뉴스1, 『국방부 "사적 공간서 합의된 동성 성관계 처벌 안 해"』, 2023.2.27.
450 우먼타임스, 『[이슈 짚기] 대법원은 왜 군대 내 동성 간 성행위를 처벌하지 않았나』, 2022.4.23.
451 대법원 2022.4.21 선고 2019도3047 전원합의체 판결.
452 크리스천투데이, 『샬롬나비 "군대 내 동성애 허용은 오히려 역차별"』, 2014.4.8.; 크리스천투데이, 『[사설] 군형법 개정안 철회하라』, 2017.5.30.
453 국민일보, 『교계 "軍 동성 간 성행위 허용은 동성애 합법화 수순" 반발』, 2022.4.22.
454 한겨레, 『서울시학생인권조례폐지 강연에 대전시인권센터장이 왜 나와…』, 2023.2.16.
455 아이굿뉴스, 『"국민 62%, 군내 성추행 발생 시 처벌 강화해야"』, 2022.10.12.
456 명재진 외 6인, "포괄적 차별금지법, 찬성할 것인가 반대할 것인가," 밝은생각, 2020.6., 356면.
457 조선일보, 『동성애자들이 말해주지 않는 '동성애에 대한 비밀' -동성애자의 양심고백-』, 2020.9.1.
458 조선일보, 『'동성애자들이 말해주지 않는 동성애에 대한 비밀'』, 2010.11.10.
459 디지털타임스, 『여성 성기 언급한 총신대 교수, "동성간 성관계 경종 울리는 일 계속할 것"』, 2019.11.24.; 연합뉴스, 『여성 성기 언급한 총신대 교수 '성희롱' 논란에 반박 대자보』, 2019.11.24.; 세계일보, 『'성희롱' 논란 총신대 교수 "의학적 사실 제시했을 뿐" 반박』, 2019.11.24.; 스카이데일리, 『개인·사회 비참한 최후 부르는 동성애의 목적 '변태적 쾌락'』, 2020.9.28.
460 https://namu.wiki/w/게이/오해
461 백상현, "가짜 인권, 가짜 혐오, 가짜 소수자," 밝은생각, 2017, 391면; 경상매일신문, 『<윤정배 칼럼> 퀴어축제와 예방주사』, 2018.6.8.
462 United States, Congress, House, Committe, "Policy Implications of Lifting the ban on Homosexuals in the Military: Hearings Before the Committee on Armed Services, House of Representatives, One Hundred Third Congress First Session, Hearings Held May 4 and 5, 1993," Palala Press, September 2015, p.114.
463 M E Guinan, P A Thomas, P F Pinsky et al., "Heterosexual and homosexual patients with the acquired immunodeficiency syndrome. A comparison of surveillance, interview, and laboratory data," Annals of Internal Medicine, 100(2), February 1984, pp.213-218; J W Gold, C S Weikel, J Godbold et al., "Unexplained persistent lymphadenopathy in homosexual men and the acquired immune deficiency syndrome," Medicine (Baltimore), 64(3), May 1985, pp.203-213.
464 국가인권위원회, '군대 내 성폭력 현황 실태조사' 결과발표 및 토론회 개최 보도자료, 2004.4.8.
465 R B Gartner, "Sexual victimization of boys by men: Meanings and consequences," Journal of Gay and Lesbian Psychotherapy, 3(2), 1999, pp.1-33.
466 Richard B Gartner, "Sexual victimization of boys by men: Meanings and consequences," Journal of Gay & Lesbian Psychotherapy, 3(2), pp.1-33; M E

Tomeo, D I Templer, S Anderson, D Kotler, "Comparative data of childhood and adolescence molestation in heterosexual and homosexual persons," Archives of Sexual Behavior, 30(5), Oct 2001, pp.535-541; 가브리엘 쿠비, "글로벌 성혁명," 밝은생각, 2020, 228-229면.

467 Reuters, 『Nearly half of gay, bi men in UK sexually assaulted, survey finds』, 23 July 2021; Pink News, 『Almost half of gay and bi men have been sexually assaulted, troubling research finds』, 22 July 2021; Them, 『Nearly Half of Queer Men Have Survived Sexual Violence, According to New Study』, 22 July 2021.
468 일요시사, 『동성애 성범죄 대란』, 2013.5.29.
469 국가인권위원회, '군대 내 성폭력 현황 실태조사' 결과발표 및 토론회 개최 보도자료, 2004.4.8.
470 천지일보, 『개신교계 "군 동성애법 개정 반대" 확산』, 2014.4.12.; 크리스천투데이, 『샬롬나비 "군대 내 동성애 허용은 오히려 역차별"』, 2014.4.8.
471 Wayne S. Wooden, Jay Parker, "Men Behind Bars: Sexual Exploitation In Prison," Da Capo Press, 1984.
472 헌법재판소 2011.3.31. 2008헌가21 결정, 판례집 23-1상, 178면.
473 The Guardian, 『Record 7.1% of Americans identify as LGBTQ+, Gallup poll finds』, 17 February 2022; Gallup, LGBT Identification in U.S. Ticks Up to 7.1%, 17 February 2022; https://news.gallup.com/poll/389792/lgbt-identification-ticks-up.aspx
474 김영하 외 지음, "동성애, 21세기 문화충돌", 킹덤북스, 2016.6., 603면.
475 서울경제, 『"BTS만 국위선양 했냐"…병역특례에 2030 男 뿔났다』, 2022.4.15.; 국제뉴스, 『방탄소년단(BTS) 군대 입대VS면제 여론조사 '첨예한 대립'』, 2022.9.20.; 톱스타뉴스, 『BTS 군대 면제, 20대 남성 10명 중 7명 반대…"상업적 활동"』, 2022.4.18.; 국제뉴스, 『'PD수첩' 방탄소년단(BTS) 군대 입대 면제 이슈 심층 취재』, 2022.5.10.
476 국제뉴스, 『[속보]'공정성' 논란 속 방탄소년단(BTS) 군대 입대·면제 어떻게?』, 2022.10.7.
477 위키트리, 『방탄소년단(BTS) 군대면제 문제, 문체부장관이 총대 메며 이렇게 말했다』, 2022.5.4.
478 국제뉴스, 『[속보]'공정성' 논란 속 방탄소년단(BTS) 군대 입대·면제 어떻게?』, 2022.10.7.
479 에너지경제, 『병무청장, BTS 군대면제 관련해 "병역특례 적용 문제는 신중"』, 2022.6.24.
480 매일경제, 『[매경의 창] BTS 군 입대와 문화 정책』, 2023.1.26.
481 헌법재판소 2011.8.30. 2008헌가22 등 결정, 판례집 23-2상, 174면.
482 헌법재판소 2018.6.28. 2011헌바379 등 결정, 판례집 30-1하, 370면.
483 헌법재판소 2020.9.24. 2016헌마889 결정, 판례집 32-2, 280면.
484 헌법재판소 2004.8.26. 2002헌가1 결정, 판례집 16-2상, 141면.
485 헌법재판소 2018.6.28. 2011헌바379 등 결정, 판례집 30-1하, 370면.
486 헌법재판소 2011.8.30. 2007헌가12 등 결정, 판례집 23-2상, 132면.
487 헌법재판소 2004.8.26. 2002헌가1 결정, 판례집 16-2상, 141면.
488 중앙일보, 『종교 아닌 비폭력신념 병역거부 첫 무죄』, 2021.6.25.
489 매일경제, 『"퀴어 페미니스트로서 군대 못가"…대법 첫 무죄 확정』, 2021.6.24.; 아시아

경제, 『'반전·평화주의자'가 거부한 현역 입대… 대법은 어떻게 봤을까?』, 2021.6.26.; 중앙일보, 『"성소수자로 폭력 반대"…'비종교적 현역거부' 첫 무죄 확정』, 2021.6.24.

490 우먼타임스, 『[이슈 짚기] 성기 수술 안 해도 법적으로 여자가 될 수 있게 됐지만…』, 2020.3.17.; 국민일보, 『[기고] "성별을 남자와 여자로 한정하는 것에 반대한다"는 주장에 대해』, 2019.12.11.; 명재진 외 6인, "포괄적 차별금지법, 찬성할 것인가 반대할 것인가," 밝은생각, 2020.6., 195-197면.; 데일리굿뉴스, 『시민단체들, 대법원 '성별 정정 지침' 규탄』, 2020.3.6.

491 한국경제, 『[토요칼럼] 차별금지법, 악마는 디테일에 있다』, 2022.5.6.

492 Fox News, 『Canadian man legally lists gender as female to get cheaper car insurance: report』, 30 July 2018; CBC News, 『Man who changed legal gender to get cheaper insurance exposes the unreliability of gender markers』, 28 July 2018; CBC News, 『Alberta man changes gender on government IDs for cheaper car insurance』, 20 July 2018; CBN News, 『Canadian Man Becomes a Woman to Save Money on His Car Insurance』, 30 July 2018.

493 나우뉴스, 『더 저렴한 차보험료율 받기 위해 법적으로 성별 전환한 남성』, 2018.7.31.; 뉴스앤조이, 『트랜스젠더가 화장실 가는 게 차별금지법 폐해?』, 2020.7.16.; 명재진 외 6인, "포괄적 차별금지법, 찬성할 것인가 반대할 것인가," 밝은생각, 2020.6., 197-198면, 287면, 334면.

494 쉴라 제프리스, "젠더는 해롭다," 열다북스, 2019, 324-328면.

495 코람데오닷컴, 『차금법 옹호하는 '뉴조' 기사에 대한 팩트체크(8)』, 2020.8.2.; 명재진 외 6인, "포괄적 차별금지법, 찬성할 것인가 반대할 것인가," 밝은생각, 2020.6., 364면.

496 헌법재판소 2018.6.28. 2011헌바379 등 결정, 판례집 30-1하, 370면.

497 명재진 외 6인, "포괄적 차별금지법, 찬성할 것인가 반대할 것인가," 밝은생각, 2020.6., 364면.

498 크리스천투데이, 『"'성기 달린 남성'도 여성으로 인정? 결국 피해는 여성들만"』, 2023.3.23.

499 월간조선, 『여성의 58.3%가 "차별금지법이 다수를 역차별 할 경우 반대"』, 2020.7.23.

500 크리스천투데이, 『"군 내 동성애자 권익 보호가 성행위 보장은 아냐"』, 2017.10.12.

501 데일리굿뉴스, 『"트랜스젠더 입대 막아달라" 청원 등장』, 2021.10.21.

502 경상매일신문, 『<안언주 칼럼>민주당 이상민 의원 발의 '평등법'을 반대하는 이유』, 2021.7.5.

503 의학신문, 『양성평등과 성평등은 다르다』, 2017.7.11.

504 BBC News, 『US Supreme Court allows Trump military transgender ban』, 22 January 2019; The New York Times, 『Supreme Court Revives Transgender Ban for Military Service』, 22 January 2019; CNN, 『Supreme Court allows transgender military ban to go into effect』, 22 January 2019; The Guardian, 『Supreme court allows Trump trans military limit to be enforced』, 22 January 2019; The Washington Post, 『Supreme Court allows Trump restrictions on transgender troops in military to go into effect as legal battle continues』, 22 January 2019; Reuters, 『U.S. court lets Trump transgender military ban stand, orders new review』, 22 January 2019; Bloomberg, 『Supreme Court Lets Trump's Transgender Military Ban Take Effect』, 22 January 2019.

505	Pink News, 『Half of trans and non-binary people want to abolish legal gender categories altogether, study finds』, 3 October 2020; Pink News, 『As non-binary people, do we really want legal recognition, or should we be fighting to abolish gender categories entirely?』, 23 September 2020.
506	크리스천투데이, 『"에이즈 대처, 인권 가면 벗고 정직해야"』, 2015.11.30.
507	보건복지부, "제4차 국민건강증진종합계획(2016-2020)," 2015.12., 323면.
508	김영한 외 지음, "동성애, 21세기 문화충돌," 킹덤북스, 2016.6., 610면; 데일리코리아, 『동성애,.. 과연 선천적인가?』, 2015.10.8.; 시사전북닷컴, 『LGBT의 차별과 분별』, 2018.1.24.
509	김지연, "덮으려는 자 펼치려는 자," 사람, 2019, 457면; 쿠키뉴스, 『늘어나는 10대 에이즈…"치료제론 한계, 예방 중요하다"』, 2021.11.23.
510	노컷뉴스, 『본인도 모르게 에이즈 감염…확산되는 피해』, 2009.2.17.; 김지연, "덮으려는 자 펼치려는 자," 사람, 2019, 454면, 460-462면.
511	데일리굿뉴스, 『"군(軍) 동성애 실태 심각…군형법 강화해야"』, 2016.2.12.; 크리스챤연합신문, 『"군 동성애 합법화는 단기속성 망국 프로젝트"』, 2016.2.16.
512	크리스챤연합신문, 『"군 동성애 합법화는 단기속성 망국 프로젝트"』, 2016.2.16.
513	국가인권위원회, '군대 내 성폭력 현황 실태조사' 결과발표 및 토론회 개최 보도자료, 2004.4.8.
514	국민일보, 『"청소년들이 항문알바 하고 있다" 김순례 의원 발언 화제』, 2018.10.12.
515	독서신문, 『동성애 합법화, 이석태·이은애 '찬성' vs 이영진 '반대'... 헌재도 좌경화?』, 2018.9.13.
516	헬스조선, 『방귀 자꾸 참으면 '이 병' 생긴다』, 2022.5.12.
517	김영한 외 지음, "동성애, 21세기 문화충돌," 킹덤북스, 2016, 338면.
518	뉴스앤조이, 『군형법 '추행' 죄 둘러싼 교회의 오해』, 2017.3.19.
519	김지연, "덮으려는 자 펼치려는 자, 사람," 2019, 292면.
520	Healthday, 『Syphilis Rates Spike Among Gay, Bisexual Men: CDC』, 6 April 2017.
521	국가인권위원회, '군대 내 성폭력 현황 실태조사' 결과발표 및 토론회 개최 보도자료, 2004.4.8.
522	중앙일보, 『"동성애 합법화하면 전투력 무너질 것" 반발 클 듯』, 2008.11.15.
523	홍성수, "말이 칼이 될 때," 어크로스, 2018, 62면; 중앙일보, 『군동성애 허용반대 성명광고』, 2010.10.29.; 조선일보, 『군동성애 허용반대 성명광고』, 2010.10.29.; 크리스천투데이, 『"軍 동성애 허용하면, 우리 아들 죽어도 못내내"』, 2010.11.15.
524	중앙일보, 『"동성애 합법화하면 전투력 무너질 것" 반발 클 듯』, 2008.11.15.
525	국민일보, 『"군부대 동성애 확산 추세, 전투력 상실·보건 문제 초래"』, 2017.10.13.
526	헌법재판소 2018.6.28. 2011헌바379 등 결정, 판례집 30-1하, 370면.
527	홍원식, "성소수자 마오쩌둥," 비전브리지, 2020, 83-85면.
528	스카이데일리, 『'문재인 케어'가 건강보험 재정 악화시켰다』, 2022.1.20.
529	헌법재판소 2001.8.30. 2000헌마668 결정, 판례집 13-2, 287면; 헌법재판소 2000.6.29. 99헌마289 결정, 판례집 12-1, 913면.
530	헌법재판소 2021.6.24. 2019헌바342 결정, 판례집 33-1, 692면.
531	동아일보, 『건강보험 재정 3년연속 적자 수렁인데… 文대통령 "국민 의료비 9조원 아꼈다"』, 2021.8.13.

532 디지털타임스, 『밑빠진 4대 보험, 文정부 22조 적자』, 2021.8.16.; 스카이데일리, 『8대 사회보험 절반이 적자 "걱정 안 되나"』, 2021.8.18.; 서울파이낸스, 『[20대 대선 공약점검②] '표심 잡기' 보험공약 남발…비전·로드맵 결여』, 2022.3.5.

533 매일비즈, 『건보료 오르고 대상자 확대… '文케어' 국민 부담 가중』, 2022.1.10.; 보험매일, 『건보 확대 공약 내건 대선 후보들…비급여 풍선효과 '우려'』, 2022.1.18.

534 오피니언 타임스, 『[데이터로 보는 경제] 文케어로 지출이 확대됐는데도 재정은 오히려 양호해졌다?』, 2022.2.28.

535 스카이데일리, 『'문재인 케어'가 건강보험 재정 악화시켰다』, 2022.1.20.

536 브릿지경제, 『[비바100] 자꾸 오르는 건강보험료, 줄이는 방법은 없나』, 2021.5.13.

537 스카이데일리, 『'문재인 케어'가 건강보험 재정 악화시켰다』, 2022.1.20.

538 뉴스포스트, 『에이즈 환자 매년 급증, 지난해 치료비만 1000억원 이상』, 2017.10.15.; 김지연, "덮으려는 자 펼치려는 자," 사람, 2019, 447면; 국민일보, 『동성애 연관성 쉬쉬하며… 에이즈 환자 진료비 연 800억 썼다』, 2016.11.30.; 뉴시스, 『에이즈환자 치료비 해마다 늘어…지난해에만 1000억 투입』, 2017.10.13.

539 김지연, "덮으려는 자 펼치려는 자," 사람, 2019, 478면; 명재진 외 6인, "포괄적 차별금지법, 찬성할 것인가 반대할 것인가," 밝은생각, 2020.6., 363면; 뉴시스, 『에이즈환자 치료비 해마다 늘어…지난해에만 1000억 투입』, 2017.10.13.

540 김영한 외 지음, 동성애, 21세기 문화충돌, 킹덤북스, 2016.6., 572면; 경북매일신문, 『구미 일부 기독교계, "성평등→양성평등 조례안 용어 바꿔라"』, 2020.9.17.; 일요신문, 『대구·경북 기독교계, 퀴어축제 저지 '총력전'』, 2017.6.22.

541 Centers for Disease Control and Prevention(CDC), HIV Surveillance in Adolescents and Young Adults, 2012;
https://www.cdc.gov/healthyyouth/sexualbehaviors/pdf/hiv_factsheet_ymsm.pdf;
American for Truth about Homosexuality, 『CDC: 94 to 95 Percent of HIV Cases among Boys and Young Men Linked to Homosexual Sex』, 11 September 2013; 김영한 외 지음, "동성애, 21세기 문화충돌," 킹덤북스, 2016.6., 336면, 658면; 김지연, "덮으려는 자 펼치려는 자," 사람, 2019, 381면; Mercatornet, 『Shouldn't same-sex oriented teens be given a chance to change?』, 14 February 2014; 국민일보, 『청소년 HIV 감염자 92% 남성 간 성접촉… WHO '고위험군' 적시』, 2019.9.17.; H W Haverkos, R C Chung, L C Norville Perez, "Is there an epidemic of HIV/AIDS among heterosexuals in the USA?," Postgraduate Medical Journal, 79(934), August 2003, pp.444-448.

542 국민일보, 『복지부 "남성 동성애자 그룹은 1순위 에이즈 고위험군" 명시』, 2019.9.10.

543 김지연, "덮으려는 자 펼치려는 자," 사람, 2019, 375면, 378면;
https://www.cdc.gov/hiv/group/msm/index.html;
http://www.cdc.gov/hiv/group/gender/men/index.html;
https://www.cdc.gov/hiv/group/msm/msm-content/incidence.html

544 의학신문, 『HIV 감염률 걱정 된다』, 2016.12.1.; 메디파타뉴스, 『에이즈 폭등 "질본, 감염원인 동성애 제대로 알려야"』, 2018.10.11.

545 PD저널, 『'퀴어=동성애?' 의미조차 축소하는 공영방송』, 2016.6.13.; 한국기자협회, 한국기자협회 인권보도준칙, https://www.journalist.or.kr/news/section4.html?p_num=7; 김영길, "인권의 딜레마," 보담, 2021, 374면.

546 쿠키뉴스, 『늘어나는 10대 에이즈…"치료제론 한계, 예방 중요하다"』, 2021.11.23.; 의

학신문, 『국내 청소년 70%, 에이즈 관련 배운 사실 '없다'』, 2020.11.24.; 후생신문, 『청소년 70% 에이즈 교육 받은적 없다』, 2020.11.24.; 약업신문, 『서정숙 의원, '2020 세계 에이즈의 날' 기념세미나 개최』, 2020.11.24.; 헬스인뉴스, 『국민의힘 서정숙 의원, '2020 세계 에이즈의 날' 기념세미나 '디셈버퍼스트' 개최』, 2020.11.25.; 데일리굿뉴스, 『청소년 에이즈 감염 급증하는데…정작 실상에 대해선 몰라』, 2020.11.24.

547 의학신문, 『HIV 감염률 걱정 된다』, 2016.12.1.; 김지연, "덮으려는 자 펼치려는 자," 사람, 2019, 414면; 국민일보, 『"에이즈는 치명적 질병… 만성질환처럼 호도해선 안돼"』, 2021.2.22.;
https://www.ohchr.org/EN/Issues/Health/Pages/HIVandAIDS.aspx

548 메디게이트뉴스, 『작년 에이즈 환자 치료비 1천억원 이상』, 2017.10.13.; 의학신문, 『국내 에이즈 환자 증가세…작년 치료비로 1,000억 사용』, 2017.10.13.; 메디컬투데이, 『에이즈 감염자 해마다 급격히 증가…지난해 치료비 1000억원 지원』, 2017.10.13.; 뉴스시, 『에이즈환자 치료비 해마다 늘어…지난해에만 1000억 투입』, 2017.10.13.; 메디파나뉴스, 『에이즈 환자 급증‥2016년에만 치료에 1천억 지원』, 2017.10.13.

549 가브리엘 쿠비, "글로벌 성혁명," 밝은생각, 2020, 344면.

550 United States, Congress, House, Committe, "Policy Implications of Lifting the ban on Homosexuals in the Military: Hearings Before the Committee on Armed Services, House of Representatives, One Hundred Third Congress First Session, Hearings Held May 4 and 5, 1993," Palala Press, September 2015, p.116.

551 질병관리청, "2020 HIV/AIDS 신고 현황 연보," 2021.8., 6면; 약업신문, 『서정숙 의원, '2020 세계 에이즈의 날' 기념세미나 개최』, 2020.11.24.; 의학신문, 『국내 청소년 70%, 에이즈 관련 배운 사실 '없다'』, 2020.11.24.; 쿠키뉴스, 『늘어나는 10대 에이즈…"치료제론 한계, 예방 중요하다"』, 2021.11.23.

552 의학신문, 『국내 청소년 70%, 에이즈 관련 배운 사실 '없다'』, 2020.11.24.; 프리미엄조선, 『HIV가 뭔지도 모른 채 숙식 위해 아저씨 상대로 '바텀알바'하는 가출소년들』, 2014.11.17.; 김지연, "덮으려는 자 펼치려는 자," 사람, 2019, 466-468면.

553 김지연, "덮으려는 자 펼치려는 자," 사람, 2019, 457면; 쿠키뉴스, 『늘어나는 10대 에이즈…"치료제론 한계, 예방 중요하다"』, 2021.11.23.

554 경상일보, 『에이즈 증상은? 무증상 잠복기 10년 지속…"감염 모를 수도 있다?"』, 2017.10.11.; 한국경제, 『에이즈, 무증상 잠복기 10년…초기엔 감기몸살과 비슷』, 2017.10.19.; 헬스조선, 『성병 에이즈, 초기 증상은 '감기몸살'?』, 2021.3.10.; 헬스조선, 『"HIV 감염 증상 감기몸살과 비슷…환자인 줄 모르고 방치도"』, 2019.7.30.; 보건복지부, "제4차 국민건강증진종합계획(2016-2020)," 2015.12., 331면.

555 월간조선, 『'동성애 전문가' 염안섭 수동연세요양병원장 인터뷰』, 2020.5.10.

556 M E Guinan, P A Thomas, P F Pinsky et al., "Heterosexual and homosexual patients with the acquired immunodeficiency syndrome. A comparison of surveillance, interview, and laboratory data," Annals of Internal Medicine, 100(2), February 1984, pp.213-218; J W Gold, C S Weikel, J Godbold et al., "Unexplained persistent lymphadenopathy in homosexual men and the acquired immune deficiency syndrome," Medicine (Baltimore), 64(3), May 1985, pp.203-213.

557 김영한 외 지음, "동성애, 21세기 문화충돌," 킹덤북스, 2016.6., 610면; 데일리코리아, 『동성애,.. 과연 선천적인가?』, 2015.10.8.; 시사전북닷컴, 『LGBT의 차별과 분별』,

	2018.1.24.
558	세계일보, 『에이즈 감염자들 발병으로 죽는 것보다 자살이 더 많아요』, 2013.11.26.
559	경향신문, 『FDA, 에이즈 예방약 첫 승인』, 2012.7.17.; 연합뉴스, 『<의학> 美 에이즈 환자 평균생존기간 24년』, 2006.11.13.; 쿠키뉴스, 『에이즈 환자, 평균 24년 생존… 치료비용 60만달러』, 2006.11.13.
560	의학신문, 『HIV 감염률 걱정 된다』, 2016.12.1.; 김지연, "덮으려는 자 펼치려는 자," 사람, 2019, 492면; https://files.kff.org/attachment/fact-sheet-u-s-federal-funding-for-hivaids-the-presidents-fy-2016-budget-request
561	Centers for Disease Control and Prevention (CDC), "Men Living with Diagnosed HIV Who Have Sex with Men: Progress Along the Continuum of HIV Care - United States, 2010," Morbidity and Mortality Weekly Report, 63(38), 26 September 2014, pp.829-833; Pink News, 『CDC: Half of gay men with HIV not recieving treatment』, 26 September 2014; The Georgiavoice, 『CDC: half of gay, bisexual men with HIV don't receive treatment』, 25 September 2014; The Guardian, 『Only half of US HIV-diagnosed gay men got treatment in 2010, CDC says』, 25 September 2014; 경상매일신문, 『<윤정배 칼럼>동성애와 에이즈 III』, 2018.5.4.; 김지연, "덮으려는 자 펼치려는 자," 사람, 2019, 503면.
562	김지연, "덮으려는 자 펼치려는 자," 사람, 2019, 472면; 국민일보, 『동성애자로 살다가 에이즈 걸린 청년, 지난날 청산하고 강사됐다』, 2019.10.1.
563	보건복지부, "제4차 국민건강증진종합계획(2016-2020)," 2015.12., 328면.
564	백상현, "가짜 인권, 가짜 혐오, 가짜 소수자," 밝은생각, 2017, 254-256면.
565	국민일보, 『"남성 동성애자 성관계와 에이즈의 높은 상관성 공개하라"』, 2016.10.1.
566	크리스천투데이, 『인권윤리포럼, 서울광장 퀴어행사 반대 서명운동 진행』, 2022.5.9.
567	김영길, "인권의 딜레마," 보담, 2021, 374면.
568	의학신문, 『국내 청소년 70%, 에이즈 관련 배운 사실 '없다'』, 2020.11.24.
569	조선일보, 『"단 한 번이면 완치되는데 치료비 25억"… 희귀병 딸 둔 엄마의 청원』, 2021.9.15.
570	경상매일신문, 『<윤정배 칼럼>동성애와 에이즈 III』, 2018.5.4.
571	월간조선, 『'동성애 전문가' 염안섭 수동연세요양병원장 인터뷰』, 2020.5.10.; 정경조선, 『"나라 지키는 의병의 마음으로 동성애·에이즈 확산 막겠다"』, 2016.9.9.
572	의학신문, 『HIV 감염률 걱정 된다』, 2016.12.1.; 김지연, "덮으려는 자 펼치려는 자," 사람, 2019, 492면; https://files.kff.org/attachment/fact-sheet-u-s-federal-funding-for-hivaids-the-presidents-fy-2016-budget-request
573	Pink News, 『Many queer men do not understand risk of HPV infection, study shows』, 21 February 2020.
574	W W Y Tong, R J Hillman, A D Kelleher, A E Grulich, A Carr, "Anal intraepithelial neoplasia and squamous cell carcinoma in HIV-infected adults," HIV Medicine, 15(2), February 2014, pp.65-76; Pink News, 『Minority gay and bisexual men at higher risk of HPV infection, study says』, 4 April 2019.
575	CDC(미국 질병관리본부) 홈페이지, Gay and Bisexual Men's Health - Sexually

	Transmitted Diseases』; https://www.cdc.gov/msmhealth/STD.htm
576	Pink News, 『Study: Young gay men need HPV vaccine as they are 15 times more likely to develop genital cancer』, 16 July 2013; Pink News, 『UK Government: No plans to extend the HPV vaccine to gay men』, 19 September 2013; Pink News, 『Joint Committee on Vaccination and Immunisation sets up working group on extending HPV vaccine to gay men』, 19 September 2013; Huffpost, 『Gay Men Should Receive Cancer Vaccine For Girls To Reduce Anal Cancer Risk, Says BMA』, 17 January 2013.
577	The Guardian, 『Cuts to sexual health services will lead to STI 'explosion', warn experts』, 3 January 2016; Metro, 『There's an 'explosion' of sexually transmitted diseases on the way - here's why』, 4 January 2016; Express, 『Doctors fear wave of STIs will sweep across UK amid rumours over sex health cuts』, 4 January 2016; Pink News, 『Sexual health cuts will cause STI 'explosion', warn experts』, 4 January 2016; Daily Star, 『Docs fear new wave of STIs: Drug-fuelled sex and hookup apps spark crisis』, 4 January 2016.
578	쿠키뉴스, 『늘어나는 10대 에이즈…"치료제론 한계, 예방 중요하다"』, 2021.11.23.
579	경상매일신문, 『<윤정배 칼럼>동성애와 에이즈 IV』, 2018.5.11.
580	데일리굿뉴스, 『에이즈 감염, 젊은층 확산…위험성 알려야』, 2020.7.18.
581	백상현, "가짜 인권, 가짜 혐오, 가짜 소수자," 밝은생각, 2017, 322면.
582	헤럴드경제, 『[사설] 급증하는 에이즈 환자, 전문병원 지정 관리 시급』, 2016.9.27.
583	김영한 외 지음, "동성애, 21세기 문화충돌," 킹덤북스, 2016.6., 666면.
584	경상매일신문, 『<윤정배 칼럼>동성애와 에이즈 III』, 2018.5.4.; 경향신문, 『FDA, 에이즈 예방약 첫 승인』, 2012.7.17.; 연합뉴스, 『<의학> 美 에이즈 환자 평균생존기간 24년』, 2006.11.13.; 쿠키뉴스, 『에이즈 환자, 평균 24년 생존… 치료비용 60만달러』, 2006.11.13.
585	홍원식, "성소수자 마오쩌둥," 비전브리지, 2020, 64면, 67면; 백상현, "가짜 인권, 가짜 혐오, 가짜 소수자," 밝은생각, 2017, 434면; 김지연, "덮으려는 자 펼치려는 자," 사람, 2019, 488면.
586	김영길, "인권의 딜레마," 보담, 2021, 24-25면, 361면.
587	권인숙 의원 대표발의, 평등 및 차별금지에 관한 법률안(의안번호: 12330, 발의: 2021.8.31.) 제4조 제1항; 박주민 의원 대표발의, 평등에 관한 법률안(의안번호: 11964, 발의: 2021.8.9.) 제3조 제1항; 이상민 의원 대표발의, 평등에 관한 법률안(의안번호: 10822, 발의: 2021.6.16.) 제4조 제2항; 장혜영 의원 대표발의, 차별금지법안(의안번호: 1116, 발의: 2020.6.29.) 제3조 제1항.
588	권인숙 의원 대표발의, 평등 및 차별금지에 관한 법률안(의안번호: 12330, 발의: 2021.8.31.) 제3조; 박주민 의원 대표발의, 평등에 관한 법률안(의안번호: 11964, 발의: 2021.8.9.) 제2조; 이상민 의원 대표발의, 평등에 관한 법률안(의안번호: 10822, 발의: 2021.6.16.) 제3조; 장혜영 의원 대표발의, 차별금지법안(의안번호: 1116, 발의: 2020.6.29.) 제2조.
589	노컷뉴스, 『'포괄적 차별금지법 무엇이 문제인가?' 포항인권윤리포럼 열려』, 2020.11.25.

590　김영길, "인권의 딜레마," 보담, 2021, 371면.
591　JTBC 뉴스, 『화장실·목욕탕에도 트랜스젠더…'성별 이분법'의 종말?』, 2021.7.1.; 뉴스웍스, 『"인권위의 '제3의 성' 인정 시도는 결국 '여자'의 권익 침해할 것"』, 2019.11.19.; 국민일보, 『20·30청년들, "인권위, 이념편향적" 규탄』, 2022.5.26.; 데일리굿뉴스, 『인권법 개정 시민단체연합, '성적지향' 삭제 개정안 발의 적극 지지』, 2019.11.19.
592　Pink News, 『Half of trans and non-binary people want to abolish legal gender categories altogether, study finds』, 3 October 2020; Pink News, 『As non-binary people, do we really want legal recognition, or should we be fighting to abolish gender categories entirely?』, 23 September 2020.
593　Katie Roche, "2+2=5: How The Transgender Craze is Redefining Reality," 2020.
594　권인숙 의원 대표발의, 평등 및 차별금지에 관한 법률안(의안번호: 12330, 발의: 2021.8.31.) 제4조 제1항; 박주민 의원 대표발의, 평등에 관한 법률안(의안번호: 11964, 발의: 2021.8.9.) 제3조 제1항; 이상민 의원 대표발의, 평등에 관한 법률안(의안번호: 10822, 발의: 2021.6.16.) 제4조 제2항; 장혜영 의원 대표발의, 차별금지법안(의안번호: 1116, 발의: 2020.6.29.) 제3조 제1항.
595　J Michael Bailey, Paul L Vasey, Lisa M Diamond et al., "Sexual Orientation, Controversy, and Science," Psychological Science in the Public Interest, September 2016, 17(2), pp.45-101.
596　김영길, "인권의 딜레마," 보담, 2021, 371면.
597　Catholic News Agency, 『Lawyers warn of global push for 'gender identity' language』, 9 April 2014.
598　펜앤드마이크, 『[이명진 칼럼] 젠더권력의 꿀을 빨며 독(毒)을 주입하려는 자들』, 2021.6.18.; 펜앤드마이크, 『젠더주의 기독교대책협의회 출범…"사탄적 퀴어신학 막아낼 방파제 역할 할 것"』, 2020.9.25.; 뉴스앤조이, 『차별금지법 제정되면 '동성애 독재' 시대 온다?』, 2019.2.12.
599　국회사무처, 제17차 헌법개정특별위원회 회의록, 2017.10.11., 3면; 국민일보, 『"동성애·동성혼 합법화 개헌 절대 반대"』, 2017.11.21.; 뉴스1, 『대전NGO·동성애 반대단체 "개헌논의 실질적 국민참여"』, 2017.9.12.; 국민일보, 『"동성애·동성혼 찬성 지방선거 후보자 낙선운동 펴겠다"』, 2018.3.9.
600　명재진 외 6인, "포괄적 차별금지법, 찬성할 것인가 반대할 것인가," 밝은생각, 2020.6., 88면; 이뉴스투데이, 『박상진 과천시의원 "청소년 성범죄 예방에 동성애 사항 넣어 조례 부결시킨 민주당의원들 사죄해야"』, 2019.12.18.; 데일리굿뉴스, 『초등 성교육·젠더교육의 실태 논란…문제는?』, 2021.6.15.
601　국민일보, 『[젠더이데올로기 실체를 말한다] '제3의 성'을 보편적 인권으로 보호… 비판하면 혐오·차별로 몰아』, 2020.1.7.; 국민일보, 『[젠더이데올로기 실체를 말한다] '성적지향' 포함 국가인권법이 대표적… 헌법에 부합하는지 살펴야』, 2020.1.14.
602　크리스천투데이, 『"포괄적 차별금지법의 근원, 신나치주의적 독재선언"』, 2020.11.25.
603　Catholic News Agency, 『Lawyers warn of global push for 'gender identity' language』, 9 April 2014; 김영길, "인권의 딜레마," 보담, 2021, 35면, 341면.
604　Sheila Quinn, "An Activist's Guide to The Yogyakarta Principles," ARC International, 2010.
605　https://yogyakartaprinciples.org/principle-2/

606	오마이뉴스, 『3번의 실패 후 찾아온 기회... 차별받아도 되는 사람은 없다』, 2020.8.10.
607	이코리아, 『차별금지법 발의 16년째, 왜 국회 문턱 못 넘을까』, 2022.5.8.; 김영길, "인권의 딜레마," 보담, 2021, 35면, 367면.
608	권인숙 의원 대표발의, 평등 및 차별금지에 관한 법률안(의안번호: 12330, 발의: 2021.8.31.); 박주민 의원 대표발의, 평등에 관한 법률안(의안번호: 11964, 발의: 2021.8.9.); 이상민 의원 대표발의, 평등에 관한 법률안(의안번호: 10822, 발의: 2021.6.16.); 장혜영 의원 대표발의, 차별금지법안(의안번호: 1116, 발의: 2020.6.29.)
609	우먼타임스, 『[이슈 짚기] '차별금지법' 물 건너 가나...발의한 지 14년』, 2021.11.26.
610	데일리굿뉴스, 『잇단 차별금지법…"평등 가장한 역차별" 우려』, 2021.8.14.
611	펜앤드마이크, 『"민주당 이상민 의원의 '평등법안'은 전체주의 독재법이자 국민에 재갈물리는 노예법"』, 2021.6.23.
612	권인숙 의원 대표발의, 평등 및 차별금지에 관한 법률안(의안번호: 12330, 발의: 2021.8.31.) 제7조 제2항; 박주민 의원 대표발의, 평등에 관한 법률안(의안번호: 11964, 발의: 2021.8.9.) 제7조 제2항; 이상민 의원 대표발의, 평등에 관한 법률안(의안번호: 10822, 발의: 2021.6.16.) 제6조 제2항.
613	법률저널, 『강신업 변호사의 법과정치(296)-포괄적 차별금지법』, 2023.1.20.
614	Pink News, 『Half of trans and non-binary people want to abolish legal gender categories altogether, study finds』, 3 October 2020; Pink News, 『As non-binary people, do we really want legal recognition, or should we be fighting to abolish gender categories entirely?』, 23 September 2020; JTBC 뉴스, 『화장실·목욕탕에도 트랜스젠더…'성별 이분법'의 종말?』, 2021.7.1.; 뉴스웍스, 『"'인권위의 '제3의 성' 인정 시도는 결국 '여자'의 권익 침해할 것"』, 2019.11.19.; 국민일보, 『20·30청년들, "인권위, 이념편향적" 규탄』, 2022.5.26.; 데일리굿뉴스, 『인권법 개정 시민단체연합, '성적지향' 삭제 개정안 발의 적극 지지』, 2019.11.19.
615	대법원 2020.6.4. 선고 2020도3975 판결; 대구지방법원 2020.2.19. 선고 2019노2758 판결; 대구지방법원 서부지원 2019.6.28. 선고 2017고단2897 판결; 대구지방법원 2021.7.8. 선고 2020구합27005 판결; 법률신문, 『초등학생에게 '동성애 위험' 유튜브 보게 했다면… 학대행위 해당』, 2020.8.6; 대구MBC, 『"동성애 혐오 영상"보여준 보육교사"자격 취소 적법"』, 2021.7.13.; KBS뉴스, 『봉사 온 초등생에게 '동성애·이상성애' 성교육 영상…대법 "정서적 학대"』, 2020.8.6.; 대구MBC, 『부적절한 영상으로 성교육..대법, "정서적 학대"』, 2020.8.14.; 데일리굿뉴스, 『동성애 반대 이상원 교수 부당해임 철회 공동성명』, 2021.6.7.; 국민일보, 『"학교 정상화, 회복·혁신이 핵심"』, 2020.5.26.; 노컷뉴스, 『총신대, 성희롱 발언 이상원 교수 해임』, 2020.5.20.; The Daily Signal, 『How 'Equality Act' Would Impose Transgender Ideology on Everyone』, 24 February 2021.; 뉴스앤넷, 『美 의학교수, 동성애 위험 경고하다 병원서 쫓겨나』, 2015.10.2.
616	권인숙 의원 대표발의, 평등 및 차별금지에 관한 법률안(의안번호: 12330, 발의: 2021.8.31.) 제5조; 박주민 의원 대표발의, 평등에 관한 법률안(의안번호: 11964, 발의: 2021.8.9.) 제4조; 이상민 의원 대표발의, 평등에 관한 법률안(의안번호: 10822, 발의: 2021.6.16.) 제5조; 장혜영 의원 대표발의, 차별금지법안(의안번호: 1116, 발의: 2020.6.29.) 제3조 제2항.
617	김진석, "진보는 차별을 없앨 수 있을까," 개마고원, 2020, 194면.
618	김영길, "인권의 딜레마," 보담, 2021, 25면.

619 Pink News, 『Most Russians believe in a secret group which is destroying their values with 'gay propaganda'』, 22 August 2018.
620 크리스천투데이, 『'젠더 이데올로기' 확산 배경, 네오마르크스주의의 계보』, 2020.4.14.
621 국민일보, 『[미션쿡] 동성애자 보듬을 수 있지만 동성애는 절대 안된다』, 2016.4.12.
622 권인숙 의원 대표발의, 평등 및 차별금지에 관한 법률안(의안번호: 12330, 발의: 2021.8.31.) 제4조 제3항; 박주민 의원 대표발의, 평등에 관한 법률안(의안번호: 11964, 발의: 2021.8.9.) 제3조 제2항; 이상민 의원 대표발의, 평등에 관한 법률안(의안번호: 10822, 발의: 2021.6.16.) 제4조 제4항.
623 권인숙 의원 대표발의, 평등 및 차별금지에 관한 법률안(의안번호: 12330, 발의: 2021.8.31.) 제3조; 박주민 의원 대표발의, 평등에 관한 법률안(의안번호: 11964, 발의: 2021.8.9.) 제2조; 이상민 의원 대표발의, 평등에 관한 법률안(의안번호: 10822, 발의: 2021.6.16.) 제3조.
624 권인숙 의원 대표발의, 평등 및 차별금지에 관한 법률안(의안번호: 12330, 발의: 2021.8.31.) 제4조 제2항; 박주민 의원 대표발의, 평등에 관한 법률안(의안번호: 11964, 발의: 2021.8.9.) 제3조 제2항; 이상민 의원 대표발의, 평등에 관한 법률안(의안번호: 10822, 발의: 2021.6.16.) 제4조 제3항; 장혜영 의원 대표발의, 차별금지법안(의안번호: 1116, 발의: 2020.6.29.) 제3조 제1항.
625 권인숙 의원 대표발의, 평등 및 차별금지에 관한 법률안(의안번호: 12330, 발의: 2021.8.31.) 제42조 제2항; 박주민 의원 대표발의, 평등에 관한 법률안(의안번호: 11964, 발의: 2021.8.9.) 제42조 제2항; 이상민 의원 대표발의, 평등에 관한 법률안(의안번호: 10822, 발의: 2021.6.16.) 제37조 제2항; 장혜영 의원 대표발의, 차별금지법안(의안번호: 1116, 발의: 2020.6.29.) 제52조.
626 김영길, "인권의 딜레마," 보담, 2021, 374면.
627 김영길, "인권의 딜레마," 보담, 2021, 34면; The Heritage Foundation, 『Woke Gender』, 7 July 2021.
628 Catholic News Agency, 『Lawyers warn of global push for 'gender identity' language』, 9 April 2014.
629 홍성수, "말이 칼이 될 때, 어크로스, 2018," 173-174면; 국민일보, 『20·30청년들, "인권위, 이념편향적" 규탄』, 2022.5.26.; 김영길, "인권의 딜레마," 보담, 2021, 372면.
630 김영길, "인권의 딜레마," 보담, 2021, 373면.
631 김영길, "인권의 딜레마," 보담, 2021, 372면; 법률신문, 『"차별금지법안 '증명책임 전환'은 불공정"』, 2020.10.29.
632 Mark R. Levin, "American Marxism," Threshold Editions, 2021; The Guardian, 『Sheffield UKIP candidate sacked over Breivik comments』, 2 May 2012; Pink News, 『UKIP candidate who claimed link between homosexuality and child abuse loses local election bid』, 4 May 2012.
633 United States, Congress, House, Committe, "Policy Implications of Lifting the ban on Homosexuals in the Military: Hearings Before the Committee on Armed Services, House of Representatives, One Hundred Third Congress First Session, Hearings Held May 4 and 5, 1993," Palala Press, September 2015, p.120.
634 코람데오닷컴, 『젠더 이데올로기에 대한 비판적 성찰(I)』, 2017.9.28.; 크리스천투데이, 『동성결혼은 시작일 뿐, 성혁명의 결론은 '폴리 아모리' 될 것』, 2020.12.4.; 국민일보,

『[동성애자 입장만 강조한 중·고 교과서] 동성애-에이즈 연관성 명시한 교과서 한권도 없어』, 2015.9.2.; 백상현, "가짜 인권, 가짜 혐오, 가짜 소수자," 밝은생각, 2017, 211면.; 김영한 외 지음, "동성애, 21세기 문화충돌," 킹덤북스, 2016.6., 528면.; 김미선, 박성수, "청소년이 음란물접촉과 예방대책," 한국중독범죄학회보, 9(1), 2019, 1-22면; The Daily Signal, 『Yes, Schools Are Secretly Trying to 'Gender Transition' Kids, and It Must Be Stopped』, 22 March 2022.

635 권인숙 의원 대표발의, 평등 및 차별금지에 관한 법률안(의안번호: 12330, 발의: 2021.8.31.) 제12조-제31조; 박주민 의원 대표발의, 평등에 관한 법률안(의안번호: 11964, 발의: 2021.8.9.) 제12조-제32조; 이상민 의원 대표발의, 평등에 관한 법률안(의안번호: 10822, 발의: 2021.6.16.) 제13조-제30조; 장혜영 의원 대표발의, 차별금지법안(의안번호: 1116, 발의: 2020.6.29.) 제10조-제40조.

636 권인숙 의원 대표발의, 평등 및 차별금지에 관한 법률안(의안번호: 12330, 발의: 2021.8.31.) 제22조; 박주민 의원 대표발의, 평등에 관한 법률안(의안번호: 11964, 발의: 2021.8.9.) 제22조; 이상민 의원 대표발의, 평등에 관한 법률안(의안번호: 10822, 발의: 2021.6.16.) 제23조; 장혜영 의원 대표발의, 차별금지법안(의안번호: 1116, 발의: 2020.6.29.) 제26조.

637 한국경제, 『"내 정체성은 여자"…여탕 들어간 남성, 성범죄 전과자였다』, 2021.9.4.; 데일리굿뉴스, 『"여성 인권 유린 평등법·차금법 제정 중단하라"』, 2021.7.7.; 중앙일보, 『여성 탈의실서 성기노출 트랜스젠터… 사건 발단된 미 대법원 판결』, 2021.7.6.

638 우먼타임스, 『LA 한인 스파 여탕 들어간 트랜스젠더…찬반 유혈충돌로』, 2021.7.7.

639 권인숙 의원 대표발의, 평등 및 차별금지에 관한 법률안(의안번호: 12330, 발의: 2021.8.31.) 제24조; 박주민 의원 대표발의, 평등에 관한 법률안(의안번호: 11964, 발의: 2021.8.9.) 제24조; 이상민 의원 대표발의, 평등에 관한 법률안(의안번호: 10822, 발의: 2021.6.16.) 제25조; 장혜영 의원 대표발의, 차별금지법안(의안번호: 1116, 발의: 2020.6.29.) 제24조.

640 크리스천투데이, 『[전문] 평등법(차별금지법)의 부당성 및 위험성』, 2021.10.14.

641 국민일보, 『복지부 "남성 동성애자 그룹은 1순위 에이즈 고위험군" 명시』, 2019.9.10.

642 가브리엘 쿠비, "글로벌 성혁명," 밝은생각, 2020, 344면.

643 의학신문, 『HIV 감염률 걱정 된다』, 2016.12.1.; 김지연, "덮으려는 자 펼치려는 자," 사람, 2019, 422면, 503면.

644 김지연, "덮으려는 자 펼치려는 자," 사람, 2019, 457면.

645 질병관리청, "2020 HIV/AIDS 신고 현황 연보," 2021.8., 6면; 약업신문, 『서정숙 의원, '2020 세계 에이즈의 날' 기념세미나 개최』, 2020.11.24.; 의학신문, 『국내 청소년 70%, 에이즈 관련 배운 사실 '없다'』, 2020.11.24.; 쿠키뉴스, 『늘어나는 10대 에이즈…"치료제론 한계, 예방 중요하다"』, 2021.11.23.

646 권인숙 의원 대표발의, 평등 및 차별금지에 관한 법률안(의안번호: 12330, 발의: 2021.8.31.) 제25조; 박주민 의원 대표발의, 평등에 관한 법률안(의안번호: 11964, 발의: 2021.8.9.) 제25조; 이상민 의원 대표발의, 평등에 관한 법률안(의안번호: 10822, 발의: 2021.6.16.) 제26조; 장혜영 의원 대표발의, 차별금지법안(의안번호: 1116, 발의: 2020.6.29.) 제29조.

647 김영길, "인권의 딜레마," 보담, 2021, 35면, 336-338면.

648 PD저널, 『'퀴어=동성애?' 의미조차 축소하는 공영방송』, 2016.6.13.; 한국기자협회,

	한국기자협회 인권보도준칙, https://www.journalist.or.kr/news/section4.html?p_num=7
649	크리스천투데이, 『"동성애가 원인이던 토막살인, 언론들이 자기검열"』, 2020.12.8.
650	국어사전, https://ko.dict.naver.com/#/entry/koko/2a7b6e8562aa4b10b20de5c79a222255
651	크리스천투데이, 『"동성애가 원인이던 토막살인, 언론들이 자기검열"』, 2020.12.8.
652	장혜영 의원 대표발의, 차별금지법안(의안번호: 1116, 발의: 2020.6.29.) 제28조.
653	펜앤드마이크, 『바른 인권 여성연합 "차별금지법안·평등법안은 여성 역차별 법안…즉각 철회하라"』, 2021.7.7.; The Daily Signal, 『How 'Equality Act' Would Impose Transgender Ideology on Everyone』, 24 February 2021.
654	일요신문, 『경쟁이냐 특혜냐…링 위의 트랜스젠더 '뜨거운 감자'』, 2020.2.21.; The Daily Signal, 『"Abuse of Women in Sports Under the Guise of Trans Rights Deserves a #MeToo Movement"』, 23 February 2021; The Heritage Foundation, 『How the Equality Act's Gender Ideology Would Harm Children』, 9 June 2021; 명재진 외 6인, "포괄적 차별금지법, 찬성할 것인가 반대할 것인가", 밝은생각, 2020.6., 193면; 뉴스앤조이, 『트랜스젠더가 화장실 가는 게 차별금지법 폐해?』, 2020.7.16.
655	PD저널, 『'퀴어=동성애?' 의미조차 축소하는 공영방송』, 2016.6.13.; 한국기자협회, 한국기자협회 인권보도준칙, https://www.journalist.or.kr/news/section4.html?p_num=7
656	권인숙 의원 대표발의, 평등 및 차별금지에 관한 법률안(의안번호: 12330, 발의: 2021.8.31.) 제26조; 박주민 의원 대표발의, 평등에 관한 법률안(의안번호: 11964, 발의: 2021.8.9.) 제26조; 이상민 의원 대표발의, 평등에 관한 법률안(의안번호: 10822, 발의: 2021.6.16.) 제27조; 장혜영 의원 대표발의, 차별금지법안(의안번호: 1116, 발의: 2020.6.29.) 제25조.
657	크리스천투데이, 『'젠더 이데올로기' 확산 배경, 네오마르크스주의의 계보』, 2020.4.14.
658	Catholic News Agency, 『How a new executive order would promote gender ideology and silence free speech at schools』, 11 March 2021.
659	크리스천투데이, 『'학생인권종합계획, 학생·교사에 무자비한 징계 우려"』, 2021.3.17.
660	데일리굿뉴스, 『英 3세 아이부터 동성 결혼과 성전환 교육…우려 한 목소리』, 2022.2.4.; 국민일보, 『'성적지향 차별 금지' 현실화되면… 동성애를 정상으로 만드는 법 동성결혼 합법화도 시간문제』, 2017.9.20.; 김영한 외 지음, "동성애, 21세기 문화충돌," 킹덤북스, 2016.6., 331-332면; Pink News, 『Parents lose legal bid to stop gender identity and sex education being taught in Welsh schools』, 2 September 2022.
661	권인숙 의원 대표발의, 평등 및 차별금지에 관한 법률안(의안번호: 12330, 발의: 2021.8.31.) 제28조; 박주민 의원 대표발의, 평등에 관한 법률안(의안번호: 11964, 발의: 2021.8.9.) 제28조; 이상민 의원 대표발의, 평등에 관한 법률안(의안번호: 10822, 발의: 2021.6.16.) 제29조; 장혜영 의원 대표발의, 차별금지법안(의안번호: 1116, 발의: 2020.6.29.) 제32조.
662	월간조선, 『여성의 58.3%가 "차별금지법이 다수를 역차별 할 경우 반대"』, 2020.7.23.; 데일리굿뉴스, 『英 3세 아이부터 동성 결혼과 성전환 교육…우려 한 목소리』, 2022.2.4.
663	Breitbart, 『SUNY Geneseo Suspends Education Student for Saying 'A Man Is A Man, A Woman Is A Woman'』, 27 February 2021; The College Fix, 『Public

university tells education student he can't say 'a woman is a woman' under state law』, 26 February 2021; Blaze Media, 『New York university reportedly suspends student for saying 'A man is a man, a woman is a woman'』, 26 February 2021; The Dailywire, 『Student Suspended From Education Program For Saying, 'A Man Is A Man, A Woman Is A Woman'』, 26 February 2021.

664 Lifesite, 『Student kicked out of class for saying there are only two genders is now expelled』, 5 July 2019; 주간동아, 『양날의 칼 된 PC-정치적 올바름』, 2021.4.22.

665 The College Fix, 『Sixth grader dragged out of class for saying gender-confused boy 'is a boy'』, 8 August 2019; NeonNettle, 『School Punishes Sixth-Grader for Saying Transgender Classmate 'is a Boy'』, 10 August 2019.

666 Mary Rice Hasson, Theresa Farnan, "Get Out Now: Why You Should Pull Your Child from Public School Before It's Too Late," Regnery Gateway, 2018.

667 헌법재판소 2009.11.26. 2008헌마385 결정, 판례집 21-2하, 647면.

668 백상현, "가짜 인권, 가짜 혐오, 가짜 소수자," 밝은생각, 2017, 320-321면.

669 KBS뉴스, 『봉사 온 초등학생에게 '동성애·이상성애' 성교육 영상…대법 "정서적 학대"』, 2020.8.6.; 대구MBC, 『부적절한 영상으로 성교육..대법, "정서적 학대"』, 2020.8.14.

670 뉴스앤조이, 『염안섭 '반동성애 영상' 보여 준 어린이집 보육교사·원장 자격 취소 처분 '적법'』, 2021.7.31.

671 대법원 2020.6.4. 선고 2020도3975 판결; 대구지방법원 2020.2.19. 선고 2019노2758 판결; 대구지방법원 서부지원 2019.6.28. 선고 2017고단2897 판결.

672 법률신문, 『초등학생에게 '동성애 위험' 유튜브 보게 했다면… 학대행위 해당』, 2020.8.6.

673 대구지방법원 2021.7.8. 선고 2020구합27005 판결.

674 대구MBC, 『"동성애 혐오 영상"보여준 보육교사"자격취소 적법"』, 2021.7.13.

675 뉴스민, 『초등생 '동성애 혐오 영상' 아동학대 피해 학부모 고통 호소…기독교단체, "영적 전쟁"』, 2017.7.20.

676 크리스천투데이, 『'대구 동성애 동영상' 사건, 본질 벗어나 비화 조짐』, 2021.7.20.

677 뉴스앤조이, 『성소수자 혐오 영상이 에이즈 예방 교육?』, 2017.7.4.; 국민일보, 『초등6학년 대상 동성애 실체 교육이 아동학대라고?』, 2017.6.30.; 크리스천투데이, 『<궁금한 이야기 y> 대구 어린이집 동영상 보여줘 논란, 사실은』, 2021.7.21.

678 투데이신문, 『초등생에 동성애 혐오 영상 틀어준 어린이집 교사…학부모들 "불법 성교육"』, 2017.7.24.; 크리스천투데이, 『"대구 MBC와 달서구청, 초등생 동성애교육 사건 왜곡 말라"』, 2021.7.1.

679 국민일보, 『초등6학년 대상 동성애 실체 교육이 아동학대라고?』, 2017.6.30.

680 김영한 외 지음, "동성애, 21세기 문화충돌," 킹덤북스, 2016.6., 331-332면; 데일리굿뉴스, 『英 3세 아이부터 동성 결혼과 성전환 교육…우려 한 목소리』, 2022.2.4.; 국민일보, 『'성적지향 차별 금지' 현실화되면… 동성애를 정상으로 만드는 법 동성결혼 합법화도 시간문제』, 2017.9.20.; Pink News, 『Parents lose legal bid to stop gender identity and sex education being taught in Welsh schools』, 2 September 2022.

681 경상매일신문, 『<윤정배 칼럼>동성애와 에이즈 II』, 2018.4.27.; 펜앤드마이크, 『[이명진 칼럼] 젠더권력의 꿀을 빨며 독(毒)을 주입하려는 자들』, 2021.6.18.; 한국경제, 『갤럽 "美 젊은층 16%가 성소수자…양성애자 최대"』, 2021.3.2.; 머니투데이, 『美 젊은이 6명

중 1명 "나는 성소수자"』, 2021.2.25.
682 국민일보, 『"3세兒까지 성교육… 조기 성애화 부추긴다"』, 2022.5.4.
683 Mercatornet, 『Gender ideology harms children』, 28 Mar 2016; Blazemedia, 『Transgenderism of Children is Child Abuse, American College of Pediatricians Rules』, 26 March 2016; https://www.flfamily.org/genderideologyharmschildren
684 Kathryn Macapagal, Ashley Kraus, David A Moskowitz, Jeremy Birnholtz, "Geosocial Networking Application Use, Characteristics of App-Met Sexual Partners, and Sexual Behavior Among Sexual and Gender Minority Adolescents Assigned Male at Birth," Journal of Sex Research, 57(8), October 2020, pp.1078-1087; The Times, 『I was 13 and on dating apps in seconds. Years of rape followed』, 10 February 2019; NBC News, 『Sex and drugs: Popular gay dating app allows users to find more than a date』, 1 August 2018.
685 의학신문, 『국내 청소년 70%, 에이즈 관련 배운 사실 '없다'』, 2020.11.24.; 프리미엄조선, 『HIV가 뭔지도 모른 채 숙식 위해 아저씨 상대로 '바텀알바'하는 가출소년들』, 2014.11.17.; 김지연, "덮으려는 자 펼치려는 자," 사람, 2019, 466-468면.
686 Pink News, 『Most Russians believe in a secret group which is destroying their values with 'gay propaganda'』, 22 August 2018.
687 뉴스앤조이, 『반동성애 진영 '혐오 표현', 왜 규제해야 하나』, 2020.8.11.
688 데일리굿뉴스, 『진평연, "이상민의원 평등법안 발의 반대한다"』, 2021.4.27.
689 서울경제, 『숙명여대 성전환 합격자 "등록 여부 고민…혐오 말고 이해해달라"』, 2020.2.5.; MBN뉴스, 『숙명여대 트랜스젠더 합격자 입학 포기…"무서워 여대 지원 못할 것 같다"』, 2020.2.7.
690 권인숙 의원 대표발의, 평등 및 차별금지에 관한 법률안(의안번호: 12330, 발의: 2021.8.31.) 제27조; 박주민 의원 대표발의, 평등에 관한 법률안(의안번호: 11964, 발의: 2021.8.9.) 제27조; 이상민 의원 대표발의, 평등에 관한 법률안(의안번호: 10822, 발의: 2021.6.16.) 제28조; 장혜영 의원 대표발의, 차별금지법안(의안번호: 1116, 발의: 2020.6.29.) 제31조.
691 Catholic News Agency, 『How a new executive order would promote gender ideology and silence free speech at schools』, 11 March 2021.
692 월간조선, 『포괄적 차별금지법의 법적 문제점, 남자가 女화장실 출입하고 女大 사라질 수도』, 2020.8.27.
693 장혜영 의원 대표발의, 차별금지법안(의안번호: 1116, 발의: 2020.6.29.) 제35조.
694 뉴스앤조이, 『[개신교와 차별금지①] '가짜뉴스'로 범벅된 보수 개신교의 차별금지법 반대 역사』, 2020.5.15.; 국민일보, 『'동성애 옹호' 인권조례 시행 지자체, 9곳 더 있었다』, 2016.7.18.; 국민일보, 『부산 학생인권조례는 '미니 차별금지법'』, 2016.6.21.; 데일리굿뉴스, 『'서울시 학생인권조례' 폐지 요구…이유는?』, 2023.2.21.
695 데일리굿뉴스, 『시민단체 "동성애 옹호하는 서울시학생인권조례 폐지해야"』, 2022.8.18.
696 국민일보, 『"3세兒까지 성교육… 조기 성애화 부추긴다"』, 2022.5.4.
697 투데이신문, 『차별금지법제정연대 이종걸·미루 "차별금지법은 피해자를 혼자 두지 않는 법"』, 2022.5.9.
698 김영한 외 지음, "동성애, 21세기 문화충돌," 킹덤북스, 2016.6., 379면; 국민일보, 『"대선

	후보들, 동성애 차별금지법 제정 않겠다고 약속하라"』, 2017.4.15.
699	한겨레21, 『차별금지법이 사람 차별하네』, 2007.11.8.
700	크리스천투데이, 『"조례만 만들어 놓는다고 '인권 국가' 되는 것인가?"』, 2017.6.8.
701	Catholic News Agency, 『Lawyers warn of global push for 'gender identity' language』, 9 April 2014.
702	김영길, "인권의 딜레마," 보담, 2021, 348면.
703	뉴스웍스, 『"인권위의 '제3의 성' 인정 시도는 결국 '여자'의 권익 침해할 것"』, 2019.11.19.; Catholic News Agency, 『How a new executive order would promote gender ideology and silence free speech at schools』, 11 March 2021.
704	국민일보, 『'동성애 옹호' 인권조례 시행 지자체, 9곳 더 있었다』, 2016.7.18.
705	김영길, "인권의 딜레마," 보담, 2021, 33면; 노컷뉴스, 『포항성시화운동본부 '포괄적 차별금지법 입법반대' 규탄집회 동참』, 2020.7.31.; 뉴스1, 『울산 학부모 단체 "이념 편향 교육 천창수 교육감 물러나야"』, 2023.5.18.
706	경향신문, 『더 이상의 침묵은 중립이 아니다』, 2021.5.3.; 김영길, "인권의 딜레마," 보담, 2021, 347면.
707	크리스천투데이, 『"학생인권조례, 학교를 갈등과 투쟁의 장소로 만들어"』, 2019.5.8.
708	헌법재판소 2013.12.26. 2009헌마747 결정, 판례집 25-2하, 745면; 헌법재판소 1992.2.25. 89헌가104 결정, 판례집 4, 64면.
709	The Law Society Gazette, 『Rights culture 'causing confusion and distress', says attorney general』, 11 August 2022.
710	MailOnline, 『Schools should not teach eight-year-old's 'key words' such as transgender, pansexual, gender fluid or gender dysphoria, says Attorney General Suella Braverman - as she claims four-year-olds should NOT be told people can change sex or gender』, 10 August 2022.
711	The Law Society Gazette, 『Rights culture 'causing confusion and distress', says attorney general』, 11 August 2022.
712	헌법재판소 2003.6.26. 2002헌가14 결정, 판례집 15-1, 624면; 헌법재판소 2000.1.27. 96헌바95등 판례집 12-1, 16, 36-37면.
713	권인숙 의원 대표발의, 평등 및 차별금지에 관한 법률안(의안번호: 12330, 발의: 2021.8.31.) 제9조; 박주민 의원 대표발의, 평등에 관한 법률안(의안번호: 11964, 발의: 2021.8.9.) 제9조; 이상민 의원 대표발의, 평등에 관한 법률안(의안번호: 10822, 발의: 2021.6.16.) 제9조; 장혜영 의원 대표발의, 차별금지법안(의안번호: 1116, 발의: 2020.6.29.) 제9조.
714	헌법재판소 2021.1.28. 2020헌마264 등 결정, 판례집 33-1, 72면.
715	김영길, "인권의 딜레마," 보담, 2021, 373면.
716	김영길, "인권의 딜레마," 보담, 2021, 372면.
717	펜앤드마이크, 『"민주당 이상민 의원의 '평등법안'은 전체주의 독재법이자 국민에 재갈물리는 노예법"』, 2021.6.23.; 김영길, "인권의 딜레마," 보담, 2021, 366면, 371면.
718	헌법재판소 1996.2.29. 94헌마213 결정, 판례집 8-1, 147면; 헌법재판소 2015.2.26. 2012헌바355 결정, 판례집 27-1상, 64면.
719	헌법재판소 2009.10.29. 2007헌바63 결정, 판례집 21-2하, 103면; 헌법재판소 1999.5.27. 98헌바70 결정, 판례집 11-1, 633, 644면; 헌법재판소 2009.2.26. 2008헌마370 결정, 공보

149, 514, 521-522면.

720　헌법재판소 1991.2.11. 90헌가27 결정, 판례집 3, 11면.
721　국민일보, 『"대선 후보들, 동성애 차별금지법 제정 않겠다고 약속하라"』, 2017.4.15.
722　김영길, "인권의 딜레마," 보담, 2021, 353면.
723　이데일리, 『학생인권계획 비판에 "동성애·편향사상 주입 아냐"…서울시교육청 '반박'』, 2021.1.15.; 가브리엘 쿠비, "글로벌 성혁명," 밝은생각, 2020, 344면; 김영한 외 지음, "동성애, 21세기 문화충돌," 킹덤북스, 2016.6., 671-672면.
724　뉴스웍스, 『"인권위의 '제3의 성' 인정 시도는 결국 '여자'의 권익 침해할 것"』, 2019.11.19.; Catholic News Agency, 『How a new executive order would promote gender ideology and silence free speech at schools』, 11 March 2021.
725　헌법재판소 2019.4.11. 2018헌마221 결정, 판례집 31-1, 547면.
726　김영길, "인권의 딜레마," 보담, 2021, 353면.
727　김진석, "진보는 차별을 없앨 수 있을까," 개마고원, 2020, 194면.
728　김영길, "인권의 딜레마," 보담, 2021, 372면.
729　헌법재판소 1991.2.11. 90헌가27 결정, 판례집 3, 11면.
730　백상현, "가짜 인권, 가짜 혐오, 가짜 소수자," 밝은생각, 2017, 5-6면.
731　김진석, "진보는 차별을 없앨 수 있을까," 개마고원, 2020, 194면.
732　헌법재판소 2014.4.24. 2011헌가17 등 결정, 판례집 26-1상, 628면.
733　헌법재판소 2010.12.28. 2008헌바157 등 결정, 판례집 22-2하, 684면; 헌법재판소 1998.4.30. 95헌가16 결정, 판례집 10-1, 327, 339-340면; 헌법재판소 2002.6.27. 99헌마480 결정, 판례집 14-1, 616, 631-632면.
734　헌법재판소 1990.4.2. 89헌가113 결정, 판례집 2, 49면.
735　헌법재판소 2010.12.28. 2008헌바157 결정, 2009헌바88(병합) 판례집 22-2하, 694면; 헌법재판소 2012.2.23. 2008헌마500 결정, 판례집 24-1상, 228면.
736　권인숙 의원 대표발의, 평등 및 차별금지에 관한 법률안(의안번호: 12330, 발의: 2021.8.31.) 제3조; 박주민 의원 대표발의, 평등에 관한 법률안(의안번호: 11964, 발의: 2021.8.9.) 제2조; 이상민 의원 대표발의, 평등에 관한 법률안(의안번호: 10822, 발의: 2021.6.16.) 제3조.
737　권인숙 의원 대표발의, 평등 및 차별금지에 관한 법률안(의안번호: 12330, 발의: 2021.8.31.) 제4조 제2항; 박주민 의원 대표발의, 평등에 관한 법률안(의안번호: 11964, 발의: 2021.8.9.) 제3조 제2항; 이상민 의원 대표발의, 평등에 관한 법률안(의안번호: 10822, 발의: 2021.6.16.) 제4조 제3항; 장혜영 의원 대표발의, 차별금지법안(의안번호: 1116, 발의: 2020.6.29.) 제3조 제1항.
738　국민일보, 『전국 317개 대학 교수 1857명 "차별금지법 강력 반대"』, 2020.8.20.
739　크리스천투데이, 『동반연 "서울서부법원, 차별금지법 실상 외면"』, 2020.2.26.
740　김영길, "인권의 딜레마," 보담, 2021, 374면.
741　백상현, "가짜 인권, 가짜 혐오, 가짜 소수자," 밝은생각, 2017, 5-6면.
742　김영길, "인권의 딜레마," 보담, 2021, 373면.
743　김영길, "인권의 딜레마," 보담, 2021, 372면.
744　헌법재판소 1992.4.28. 90헌바27등 결정, 판례집 4, 255, 268-269면; 헌법재판소 2012.2.23. 2008헌마500 결정, 판례집 24-1상, 228면.
745　헌법재판소 2012.2.23. 2008헌마500 결정, 판례집 24-1상, 228면.

746 김영길, "인권의 딜레마," 보담, 2021, 372면.
747 한국경제, 『[토요칼럼] 차별금지법, 악마는 디테일에 있다』, 2022.5.6.
748 법률저널, 『강신업 변호사의 법과정치(296)-포괄적 차별금지법』, 2023.1.20.
749 시사IN, 『차별금지법 제정, 이제 정치와 입법의 몫이다』, 2021.1.22.
750 홍원식, "성소수자 마오쩌둥, 비전브리지," 2020, 117면.
751 The Daily Signal, 『Promise to America's Children Warns of Destructive Equality Act LGBT Agenda』, 18 February 2018; Crisis Magazine, 『The Tyranny of Gender Ideology in Practice』, 2 March 2023.
752 권인숙 의원 대표발의, 평등 및 차별금지에 관한 법률안(의안번호: 12330, 발의: 2021.8.31.) 제9조; 박주민 의원 대표발의, 평등에 관한 법률안(의안번호: 11964, 발의: 2021.8.9.) 제9조; 이상민 의원 대표발의, 평등에 관한 법률안(의안번호: 10822, 발의: 2021.6.16.) 제9조; 장혜영 의원 대표발의, 차별금지법안(의안번호: 1116, 발의: 2020.6.29.) 제9조.
753 권인숙 의원 대표발의, 평등 및 차별금지에 관한 법률안(의안번호: 12330, 발의: 2021.8.31.) 제10조; 박주민 의원 대표발의, 평등에 관한 법률안(의안번호: 11964, 발의: 2021.8.9.) 제10조; 이상민 의원 대표발의, 평등에 관한 법률안(의안번호: 10822, 발의: 2021.6.16.) 제10조; 장혜영 의원 대표발의, 차별금지법안(의안번호: 1116, 발의: 2020.6.29.) 제6-7조.
754 권인숙 의원 대표발의, 평등 및 차별금지에 관한 법률안(의안번호: 12330, 발의: 2021.8.31.) 제11조; 박주민 의원 대표발의, 평등에 관한 법률안(의안번호: 11964, 발의: 2021.8.9.) 제10조; 이상민 의원 대표발의, 평등에 관한 법률안(의안번호: 10822, 발의: 2021.6.16.) 제11조; 장혜영 의원 대표발의, 차별금지법안(의안번호: 1116, 발의: 2020.6.29.) 제8조.
755 이상민 의원 대표발의, 평등에 관한 법률안(의안번호: 10822, 발의: 2021.6.16.) 제12조.
756 김영길, "인권의 딜레마," 보담, 2021, 366면, 371면.
757 대경일보, 『[기고] 포괄적 차별 금지법의 문제점(1)』, 2020.10.26.; 국민일보, 『20·30청년들, "인권위, 이념편향적" 규탄』, 2022.5.26.; 김영길, "인권의 딜레마," 보담, 2021, 372면; 월간조선, 『포괄적 차별금지법의 법적 문제점, 남자가 女화장실 출입하고 女大 사라질 수도』, 2020.8.27.
758 헌법재판소 2021.1.28. 2020헌마264 등 결정, 판례집 33-1, 72면.
759 월간조선, 『여성의 58.3%가 "차별금지법이 다수를 역차별 할 경우 반대"』, 2020.7.23.
760 명재진 외 6인, "포괄적 차별금지법, 찬성할 것인가 반대할 것인가," 밝은생각, 2020.6., 88면.
761 김영길, "인권의 딜레마," 보담, 2021, 366면, 371면.
762 국민일보, 『20·30청년들, "인권위, 이념편향적" 규탄』, 2022.5.26.
763 김영길, "인권의 딜레마," 보담, 2021, 373면.
764 김영길, "인권의 딜레마," 보담, 2021, 335면.
765 헌법재판소 2011.2.24. 2009헌바13 등 결정, 판례집 23-1상, 53면.
766 Catholic News Agency, 『Lawyers warn of global push for 'gender identity' language』, 9 April 2014.
767 이상민 의원 대표발의, 평등에 관한 법률안(의안번호: 10822, 발의: 2021.6.16.) 제12조.
768 명재진 외 6인, "포괄적 차별금지법, 찬성할 것인가 반대할 것인가," 밝은생각, 2020.6., 91면.
769 데일리굿뉴스, 『美 차별금지법 통과 이후 후속법안 잇따라 '위험'』, 2021.6.29.

770　데일리굿뉴스, 『美 사례로 바라본 심각한 평등법 제정의 부작용』, 2021.6.29.

771　헤럴드경제, 『운전면허증 성별 표시에 'X'?…美 뉴욕주 '젠더인정법' 면허증에 반영』, 2021.6.25.; 미주중앙일보, 『뉴욕주도 운전면허증에 '남녀' 아닌 'X 성별' 허용』, 2021.6.25.; 데일리굿뉴스, 『美 차별금지법 통과 이후 후속법안 잇따라 '위험'』, 2021.6.29.

772　오마이뉴스, 『대안학교 10대들의 젠더평등선언식, 한 번 보실래요?』, 2021.10.12.

773　매일경제, 『31개의 성별?…'트랜스젠더 법안' 논란』, 2018.10.23.

774　미디어펜, 『공산주의 악령, 죽기는커녕 지금 무한변신 중』, 2018.2.18.; 경기일보, 『[특별기고] '성평등'은 '양성평등'의 줄임말이 아니다』, 2017.6.20.

775　매일경제, 『31개의 성별?…'트랜스젠더 법안' 논란』, 2018.10.23.

776　CTV News, 『Prof attacks 'political correctness' in genderless pronouns, Bill C-16』, 5 October 2016; National Post, 『U of T professor attacks political correctness, says he refuses to use genderless pronouns』, 28 September 2016; Toronto Star, 『He says freedom, they say hate. The pronoun fight is back』, 15 January 2017.

777　National Review, 『Professor Sues after University Requires He Use Student's Preferred Pronoun』, 5 November 2018; The Catholic Register, 『Churches should 'tremble' at transgender agenda, professor says』, 23 November 2016; Breitbart, 『Sweden To Include "Gender Identity" In Hate Crime Legislation』, 24 June 2017.

778　Christian Post, 『Fined $55,000 for calling a male a male』, 4 April 2019.

779　OnFocus News, 『Opinion: The Future of Free Speech』, 16 July 2020; CBC, 『'I'm not a bigot' Meet the U of T prof who refuses to use genderless pronouns』, 30 September 2016; The Seattle Times, 『LGBTQ+ community members raise concerns about Jordan Peterson's Seattle event』, 21 April 2022; Canada's National Observer, 『OPINION: Bill C-16 is flawed in ways most Canadians have not considered』, 25 October 2016; Torontoist, 『Are Jordan Peterson's Claims About Bill C-16 Correct?』, 19 December 2016; Daily Hive, 『Transgender rights will now be protected under Canadian law』, 16 June 2017.

780　코람데오닷컴, 『차금법 옹호하는 '뉴조'기사에 대한 팩트체크(7)』, 2020.7.31.

781　경향신문, 『더 이상의 침묵은 중립이 아니다』, 2021.5.3.; 명재진 외 6인, "포괄적 차별금지법, 찬성할 것인가 반대할 것인가," 밝은생각, 2020.6., 80-85면, 91면.

782　The Guardian, 『Sheffield UKIP candidate sacked over Breivik comments』, 2 May 2012; Pink News, 『UKIP candidate who claimed link between homosexuality and child abuse loses local election bid』, 4 May 2012.

783　데일리굿뉴스, 『"초·중등학교서 동성애 위험성 못 가르칠 수도"』, 2021.11.17.

784　에듀프레스, 『[조영달 칼럼] 사라지는 학교교육, 인권을 침해하는 학생인권 조항』, 2021.11.15.

785　경기일보, 『[특별기고] '성평등'은 '양성평등'의 줄임말이 아니다』, 2017.6.20.; 국민일보, 『'남성·여성 외 제3의 성'… 양성평등 담은 헌법 정면으로 위배』, 2021.1.15.

786　김영길, "인권의 딜레마," 보담, 2021, 371면.

787　명재진 외 6인, "포괄적 차별금지법, 찬성할 것인가 반대할 것인가," 밝은생각, 2020.6., 88면.

788　김지혜, "선량한 차별주의자," 창비, 2019, 193면; 이상민 의원 대표발의, 평등에 관한 법률

	안(의안번호: 10822, 발의: 2021.6.16.) 제9조, 제11조, 제12조; 권인숙 의원 대표발의, 평등 및 차별금지에 관한 법률안(의안번호: 12330, 발의: 2021.8.31.) 제9조, 제11조; 박주민 의원 대표발의, 평등에 관한 법률안(의안번호: 11964, 발의: 2021.8.9.) 제9조, 제11조; 장혜영 의원 대표발의, 차별금지법안(의안번호: 1116, 발의: 2020.6.29.) 제8조, 제9조.
789	데일리굿뉴스, 『동성애 상담도 죄?…차별금지법 확산 우려』, 2021.10.29.
790	이상민 의원 대표발의, 평등에 관한 법률안(의안번호: 10822, 발의: 2021.6.16.) 제12조.
791	권인숙 의원 대표발의, 평등 및 차별금지에 관한 법률안(의안번호: 12330, 발의: 2021.8.31.) 제31조; 박주민 의원 대표발의, 평등에 관한 법률안(의안번호: 11964, 발의: 2021.8.9.) 제32조; 이상민 의원 대표발의, 평등에 관한 법률안(의안번호: 10822, 발의: 2021.6.16.) 제32조; 장혜영 의원 대표발의, 차별금지법안(의안번호: 1116, 발의: 2020.6.29.) 제38조.
792	펜앤드마이크, 『"민주당 이상민 의원의 '평등법안'은 전체주의 독재법이자 국민에 재갈 물리는 노예법"』, 2021.6.23.
793	론 폴 외 4명, "문화 막시즘," 이든북스, 2020, 31-33면, 49면; FEE Stories, 『Antonio Gramsci: the Godfather of Cultural Marxism』, 31 March 2019; 정일권, "문화막시즘의 황혼," CLC, 2022, 108면.
794	국가인권위원회, "성적지향·성별정체성에 따른 차별 실태조사," 2014, 316면.
795	헤럴드경제, 『[종합] 신임 대법원장 '깜짝 인사'…김명수 춘천법원장 지명』, 2017.8.21.
796	아시아경제, 『[시시비비] 법원·검찰 인사 정상화돼야』, 2022.2.9.; 서울경제, 『[김명수 대법원장 취임 5년] 사법불신 해소커녕 코드인사·거짓말 논란』, 2022.9.25.
797	세계일보, 『김명수 거짓말 논란·코드인사·재판 지연… 국민 불신 더 커졌다 [심층기획]』, 2022.9.24.; 더퍼블릭, 『검찰, 김명수 '거짓말 논란'…직권남용·허위공문서작성 수사 재개』, 2022.9.15.; 조선일보, 『"사랑하는 법원이 위기에…" 성창호 판사의 사의글 뒤늦게 화제』, 2023.3.7.
798	서울신문, 『'코드 인사' 입 닫은 김명수… 임기말 입지 더 좁아진다』, 2022.4.12.
799	이데일리, 『'거수기' 판사들조차 '반기' 들었지만…김명수는 여전히 불통』, 2022.4.12.; 법률신문, 『[사법부의 오늘] ④ 의심받는 공정성』, 2022.7.4.; 조선비즈, 『[사법제도 붕괴] ③ '우리법연구회' 출신들의 사법부 장악… 친정권 인사 '봐주기 재판' 포석』, 2022.4.25.
800	법률신문, 『[사법부의 오늘] ④ 의심받는 공정성』, 2022.7.4.
801	조선비즈, 『[사법제도 붕괴]③ '우리법연구회' 출신들의 사법부 장악… 친정권 인사 '봐주기 재판' 포석』, 2022.4.25.
802	이데일리, 『'거수기' 판사들조차 '반기' 들었지만…김명수는 여전히 불통』, 2022.4.12.
803	뉴스1, 『"대법원장님, 발뻗고 주무셨냐"…'김명수 비판' 도배된 판사게시판』, 2021.2.8.; 『'사면초가' 빠진 김명수…사태 돌파 묘수도 안 보인다』, 2021.2.7.; 뉴스1, 『'김명수 탄핵발언 파문' 판사들 갈라졌지만 겉으론 잠잠…왜』, 2021.2.9.
804	머니투데이, 『"'쏘리' 한 마디 하고 발뻗고 주무셨습니까"…김명수는 또 '침묵'』, 2021.2.8.
805	중앙일보, 『재산분할 '기각', 혼인신고 '반려'…'동성 커플' 소송 20년 보니』, 2023.2.22.
806	여성신문, 『"사랑이 이겼다" 국내 첫 동성부부 건강보험 자격 인정』, 2023.2.22.
807	채널A, 『법원 "동성부부도 건보 피부양자 자격 인정해야"』, 2023.2.21.
808	경향신문, 『인권위원장 "동성 커플 건보 피부양자 인정 환영"…제도 논의 멈춘 국회에는 "유감"』, 2023.2.22.; 이데일리, 『"소수자 차별은 평등 원칙 위배"…法, 동성부부 건보 피

부양자 자격 인정(종합)』, 2023.2.21.

809 크리스천투데이, 『"동성 커플 인정 판결? 법률과 헌법 뛰어넘어"』, 2023.2.21.; 크리스천투데이, 『동성 커플 건강보험 피부양자 자격 인정 서울고법 판결 문제점 6가지』, 2023.2.24.; 크리스천투데이, 『"동성커플 건보 자격 인정 정치 판결한 3인 규탄"』, 2023.2.24.; 뉴시스, 『한교총, '동성커플 피부양자 인정' 비판..."월권·편향적 판결"』, 2023.2.22.

810 문화일보, 『[포럼]사법 테두리 넘은 '동성 피부양' 판결』, 2023.2.23.

811 헤럴드경제, 『"합의된 동성 군인 성행위 처벌 안돼"…판례 바꾼 대법원』, 2022.4.23.; 아시아경제, 『인권위 "동성 군인 간 성관계 처벌금지 대법원 판결 환영"』, 2022.4.22.; MBC뉴스, 『대법 전원합의체 "군인 간 자발적 동성애는 무죄"』, 2022.4.21.; 한국일보, 『대법 "사적공간서 합의된 동성 군인 성관계, 처벌 대상 아냐"』, 2022.4.22.; 아주경제, 『[주요재판 톺아보기] "동성군인 간 성관계, 합의하면 처벌 부당"...대법, 판례 뒤집어』, 2022.4.23.

812 우먼타임스, 『[이슈 짚기] 대법원은 왜 군대 내 동성 간 성행위를 처벌하지 않았나』, 2022.4.23.

813 대법원 2020.6.4. 선고 2020도3975 판결; 법률신문, 『초등학생에게 '동성애 위험' 유튜브 보게 했다면… 학대행위 해당』, 2020.8.6.

814 The Guardian, 『Pressure to keep up: status imbalance a major factor in stress in gay men』, 29 February 2020; 한국성소수자연구회, "무지개는 더 많은 빛깔을 원한다," 창비, 2019, 19면; 명재진 외 6인, "포괄적 차별금지법, 찬성할 것인가 반대할 것인가," 밝은생각, 2020.6., 399면.

815 우먼타임스, 『[이슈 짚기] 성기 수술 안 해도 법적으로 여자가 될 수 있게 됐지만...』, 2020.3.17.; 국민일보, 『[기고] "성별을 남자와 여자로 한정하는 것에 반대한다"는 주장에 대해』, 2019.12.11.; 명재진 외 6인, "포괄적 차별금지법, 찬성할 것인가 반대할 것인가," 밝은생각, 2020.6., 195-197면.; 데일리굿뉴스, 『시민단체들, 대법원 '성별 정정 지침' 규탄』, 2020.3.6.

816 제프리스, "젠더는 해롭다," 열다북스, 2019, 331면.

817 권인숙 의원 대표발의, 평등 및 차별금지에 관한 법률안(의안번호: 12330, 발의: 2021.8.31.) 제39조.

818 펜앤드마이크, 『"민주당 이상민 의원의 '평등법안'은 전체주의 독재법이자 국민에 재갈물리는 노예법"』, 2021.6.23.

819 권인숙 의원 대표발의, 평등 및 차별금지에 관한 법률안(의안번호: 12330, 발의: 2021.8.31.) 제9조; 박주민 의원 대표발의, 평등에 관한 법률안(의안번호: 11964, 발의: 2021.8.9.) 제9조; 이상민 의원 대표발의, 평등에 관한 법률안(의안번호: 10822, 발의: 2021.6.16.) 제9조; 장혜영 의원 대표발의, 차별금지법안(의안번호: 1116, 발의: 2020.6.29.) 제9조.

820 펜앤드마이크, 『[단독] 구글은 인간이 만든게 아니다?...성별 선택지에 남성도 여성도 아닌 '제3의 성' 제시해 파문』, 2020.9.21.; 권인숙 의원 대표발의, 평등 및 차별금지에 관한 법률안(의안번호: 12330, 발의: 2021.8.31.) 제3조; 박주민 의원 대표발의, 평등에 관한 법률안(의안번호: 11964, 발의: 2021.8.9.) 제2조; 이상민 의원 대표발의, 평등에 관한 법률안(의안번호: 10822, 발의: 2021.6.16.) 제3조; 장혜영 의원 대표발의, 차별금지법안(의안번호: 1116, 발의: 2020.6.29.) 제2조.

821 명재진 외 6인, "포괄적 차별금지법, 찬성할 것인가 반대할 것인가," 밝은생각, 2020.6., 88면; 월간조선, 『여성의 58.3%가 "차별금지법이 다수를 역차별 할 경우 반대"』, 2020.7.23.

822 국가인권위원회, "성적지향·성별정체성에 따른 차별 실태조사," 2014, 316면.

823 크리스천투데이, 『일부 지식인과 언론들이 기독교를 집요하게 공격하는 이유』, 2020.4.9.

824 김영한 외 지음, "동성애, 21세기 문화충돌," 킹덤북스, 2016.6., 379면.

825 경향신문, 『"정치권 의지 부족에 차별금지법 계류 중"』, 2022.5.21.; 김영길, "인권의 딜레마," 보담, 2021, 347면.

826 권인숙 의원 대표발의, 평등 및 차별금지에 관한 법률안(의안번호: 12330, 발의: 2021.8.31.) 제11조; 박주민 의원 대표발의, 평등에 관한 법률안(의안번호: 11964, 발의: 2021.8.9.) 제10조; 이상민 의원 대표발의, 평등에 관한 법률안(의안번호: 10822, 발의: 2021.6.16.) 제11조; 장혜영 의원 대표발의, 차별금지법안(의안번호: 1116, 발의: 2020.6.29.) 제8조.

827 두산백과, https://terms.naver.com/entry.naver?docId=1065540&cid=40942&categoryId=31724;
한국민족문화대백과; https://terms.naver.com/list.naver?cid=44621&categoryId=44621

828 Mary Rice Hasson, Theresa Farnan, "Get Out Now: Why You Should Pull Your Child from Public School Before It's Too Late," Regnery Gateway, 2018; The Daily Signal, 『Yes, Schools Are Secretly Trying to 'Gender Transition' Kids, and It Must Be Stopped』, 22 March 2022.

829 The Telegraph, 『Minister orders inquiry into 4,000 per cent rise in children wanting to change sex』, 16 September 2018; The Guardian, 『Record 7.1% of Americans identify as LGBTQ+, Gallup poll finds』, 17 February 2022; The Times, 『One in four at high school in US are LGBTQ』, 28 April 2023; Metroweekly, 『1 in 4 High School Students Identify as LGBTQ』, 1 May 2023; CBS News, 『Nearly a third of teen girls say they have seriously considered suicide, CDC survey shows』, 13 February 2023; nate 뉴스, 『스페인, Z세대 이성애자 비율이 역대 최저 기록』, 2021.7.9.; 한국경제, 『갤럽 "美 젊은층 16%가 성소수자…양성애자 최대"』, 2021.3.2.; 머니투데이, 『美 젊은이 6명 중 1명 "나는 성소수자"』, 2021.2.25.

830 Jason Bedrick, Jay P. Greene, Matthew H. Lee, "Religious Liberty and Education: A Case Study of Yeshivas Vs. New York," Rowman & Littlefield Publishers, 2020.

831 The Guardian, 『Claim UK school failed inspection over marriage teaching 'factually inaccurate'』, 5 October 2017; MailOnline, 『Jewish school faces closure for refusing to teach its young girls transgender issues despite its religious ethos being praised four years ago』, 13 July 2017; The Telegraph, 『Private religious school fails third Ofsted inspection because it does not teach about LGBT issues』, 25 June 2017; Instinct, 『A Jewish Primary School Might Close For Not Giving LGBTQ Lessons』, 28 June 2017; Fox News, 『Orthodox Jewish grade school in UK fails inspection for refusal to teach about sexual orientation』, 4 July 2017; HAARETZ, 『Jewish Primary School at Odds With U.K. Education Office Over

832 노컷뉴스, 『포항성시화운동본부 '포괄적 차별금지법 입법반대' 규탄집회 동참』, 2020.7.31.

833 노컷뉴스, 『총신대, 성희롱 발언 이상원 교수 해임』, 2020.5.20.; 데일리굿뉴스, 『동성애 반대 이상원 교수 부당해임 철회 공동성명』, 2021.6.7.; 국민일보, 『"학교 정상화, 회복·혁신이 핵심"』, 2020.5.26.; 뉴스웍스, 『"인권위의 '제3의 성' 인정 시도는 결국 '여자'의 권익 침해할 것"』, 2019.11.19.

834 크리스천투데, 『"이상원 교수 회부, 대통령이 재판에 관여한 꼴"』, 2020.1.16., 크리스천투데이, 『"총신대 이상원 교수가 파렴치한 성희롱 가해자인가?"』, 2020.3.23.

835 미디어펜, 『이재훈 목사 "인권위 권고, 초법적 위상…공감대 결여"』, 2022.8.4.

836 노컷뉴스, 『총신대, 성희롱 발언 이상원 교수 해임』, 2020.5.20.; 데일리굿뉴스, 『동성애 반대 이상원 교수 부당해임 철회 공동성명』, 2021.6.7.; 국민일보, 『"학교 정상화, 회복·혁신이 핵심"』, 2020.5.26.

837 The Telegraph, , 『Jewish School refusing to teach pupils LGBT issues should not be expanded, says Ofsted』, 24 August 2021; Pink News, 『School refusing to teach kids about LGBT+ lives should not be allowed to expand, says Ofsted』, 25 August 2021; Pink News, 『A spike in children being homeschooled may be due to LGBT-inclusive education』, 23 September 2019; Pink News, 『Protests over LGBT-inclusive education to start again in Birmingham』, 12 September 2019; Pink News, 『Education secretary says all schools will be given support to teach LGBT-inclusive lessons amidst protests』, 2 September 2019; Pink News, 『Schools that refuse to teach children LGBT+ people exist will face strict consequences from OFSTED』, 18 September 2020.

838 연합뉴스, 『트럼프 '화장실 전쟁' 재점화하나…성전환 학생 보호지침 폐기』, 2017.2.13.; 한국일보, 『성전환 학생 화장실 선택권 다시 뺏겨』, 2017.2.23.; 헤럴드경제, 『'트랜스젠더 화장실 전쟁'… 美 11개 주, 연방정부 상대 소송』, 2016.5.26.; Catholic News Agency, 『Nearly half of US states have sued over transgender bathroom rule in schools』, 8 July 2016; 쉴라 제프리스, "젠더는 해롭다," 열다북스, 2019, 23면.

839 김영길, "인권의 딜레마," 보담, 2021, 24면, 371.

840 Equality Act 2010 section 109.

841 장혜영 의원 대표발의, 차별금지법안(의안번호: 1116, 발의: 2020.6.29.) 제51조 제5항.

842 권인숙 의원 대표발의, 평등 및 차별금지에 관한 법률안(의안번호: 12330, 발의: 2021.8.31.) 제42조 제2항; 박주민 의원 대표발의, 평등에 관한 법률안(의안번호: 11964, 발의: 2021.8.9.) 제42조 제2항; 이상민 의원 대표발의, 평등에 관한 법률안(의안번호: 10822, 발의: 2021.6.16.) 제37조 제2항; 장혜영 의원 대표발의, 차별금지법안(의안번호: 1116, 발의: 2020.6.29.) 제52조.

843 코람데오닷컴, 『차금법 옹호하는 '뉴조' 기사에 대한 팩트체크④』, 2020.7.26.

844 The Guardian, 『Sheffield UKIP candidate sacked over Breivik comments』, 2 May 2012; Pink News, 『UKIP candidate who claimed link between homosexuality and child abuse loses local election bid』, 4 May 2012.; 국민일보, 『[젠더이데올로기 실체를 말한다] '제3의 성'을 보편적 인권으로 보호… 비판하면 혐오·차별로 몰아』, 2020.1.7.

845	김영한 외 지음, "동성애, 21세기 문화충돌," 킹덤북스, 2016.6., 529면.
846	김영길, "인권의 딜레마," 보담, 2021, 374면.
847	상현, "가짜 인권, 가짜 혐오, 가짜 소수자," 밝은생각, 2017, 265면, 353-354면; 카톨릭뉴스, 『지금여기, 학생인권조례는 왜 필요할까』, 2020.7.17.
848	한국성소수자연구회, "무지개는 더 많은 빛깔을 원한다," 창비, 2019, 236면.
849	뉴데일리, 『"성 파괴, 정치동물 반항아 만들기" 학생 인권조례 폐기해야』, 2015.7.7.
850	경향신문, 『충남, 학생인권조례 제정…이번엔 의회 문턱 넘을까』, 2020.6.7.; 노컷뉴스, 『서울·경기·광주·전북 교육감 "경남학생인권조례 제정 지지"』, 2019.5.8.; 굿모닝충청, 『충남학생인권조례 탄생…전국에서 5번째』, 2020.6.27.; 제주의 소리, 『타시도 뿌리내린 학생인권조례…늦깎이 제주서 논란 왜?』, 2020.9.18.; 연합뉴스, 『제정 10주년 맞은 학생인권조례, 보수단체 반발로 확산 더뎌』, 2020.1.26.
851	여성신문, 『"페미니즘·동성애·학생인권조례 OUT" 서울시 교육감 후보들』, 2022.5.27.
852	제주의 소리, 『타시도 뿌리내린 학생인권조례…늦깎이 제주서 논란 왜?』, 2020.9.18.
853	서울경제, 『세살짜리 유치원생에게 동성애 교육? 서울교육청 학생인권종합계획 논란』, 2021.1.15.; 한국교육신문, 『'학생인권' 영향? 조희연·도성훈 지지도 최하위권』, 2021.2.9.; 머니투데이, 『"성소수자 보호"…보수·기독교 반발 샀던 학생인권종합계획 수립』, 2021.4.1.; 조선에듀, 『서울 학생인권종합계획 '이념 편향 교육' 논란 커지자… 해명 나선 교육청』, 2021.1.15.; 이데일리, 『학생인권계획 비판에 "동성애·편향사상 주입 아냐"…서울시교육청 '반박'』, 2021.1.15.; 이데일리, 『"동성애 옹호·편향사상 주입?"…서울시교육청 '학생인권계획' 논란』, 2021.1.21.; 경향신문, 『'서울 학생인권의 날' 앞두고…여전히 '성소수자 보호'가 '동성애 조장'이라는 이들』, 2021.1.25.
854	김영길, "인권의 딜레마," 보담, 2021, 33면, 361면.; 노컷뉴스, 『포항성시화운동본부 '포괄적 차별금지법 입법반대' 규탄집회 동참』, 2020.7.31.
855	정일권, "문화막시즘의 황혼," CLC, 2022, 109면, 113-114면; 펜앤드마이크, 『[기고/민성길 교수] "'성인권 교육'이 동성애를 조장한다는 주장은 '가짜뉴스'"인가?』, 2021.3.30.
856	The Heritage Foundation, 『Woke Gender』, 7 July 2021; 스카이데일리, 『유아·초중고 대상 좌경화 획책 차단해야』, 2023.3.17.
857	한국교육신문, 『<기고> 학생인권조례의 '진짜' 얼굴』, 2015.7.27.; 김영길, "인권의 딜레마," 보담, 2021, 354면, 358면.
858	뉴데일리, 『교권 추락해도 '학생인권'만 강조하는 서울교육청』, 2017.11.2.; 김영길, "인권의 딜레마," 보담, 2021, 359면.
859	국제뉴스, 『제주 학생인권조례 피해자 결국 "학생과 교사"』, 2020.9.21.
860	The Irish Times, 『Number of children sexually abusing other children rises in UK』, 9 October 2017.
861	BBC News, 『Reports of sex abuse between children double in two years』, 6 September 2021.
862	김영길, "인권의 딜레마," 보담, 2021, 355면; Belfast Telegraph, 『DUP's Donaldson to chair Westminster briefing with minister who branded LGBT education 'state-sponsored abuse'』, 26 February 2020.
863	데일리굿뉴스, 『차별금지법 제정 시도 중단하라!』, 2021.6.16.; Pink News, 『Half of trans and non-binary people want to abolish legal gender categories altogether, study finds』, 3 October 2020; Pink News, 『As non-binary people, do we really

want legal recognition, or should we be fighting to abolish gender categories entirely?』, 23 September 2020.

864 월간조선, 『여성의 58.3%가 "차별금지법이 다수를 역차별 할 경우 반대"』, 2020.7.23.
865 Lifesite, 『Man in threesome marriage: 'This should be the future of relationships'』, 22 May 2017.
866 가브리엘 쿠비, "글로벌 성혁명," 밝은생각, 2020, 24면.
867 Lifesite, 『Free from gag order, dad tells how judges forced transgender insanity on daughter』, 30 April 2020.
868 김영길, "인권의 딜레마," 보담, 2021, 371면.
869 The Guardian, 『Sheffield UKIP candidate sacked over Breivik comments』, 2 May 2012; Pink News, 『UKIP candidate who claimed link between homosexuality and child abuse loses local election bid』, 4 May 2012.; 국민일보, 『[젠더이데올로기 실체를 말한다] '제3의 성'을 보편적 인권으로 보호… 비판하면 혐오·차별로 몰아』, 2020.1.7.
870 경북매일, 『예산에 젠더 감수성을 더하다!』, 2019.7.11.
871 권인숙 의원 대표발의, 평등 및 차별금지에 관한 법률안(의안번호: 12330, 발의: 2021.8.31.) 제9조; 박주민 의원 대표발의, 평등에 관한 법률안(의안번호: 11964, 발의: 2021.8.9.) 제9조; 이상민 의원 대표발의, 평등에 관한 법률안(의안번호: 10822, 발의: 2021.6.16.) 제9조.
872 권인숙 의원 대표발의, 평등 및 차별금지에 관한 법률안(의안번호: 12330, 발의: 2021.8.31.) 제11조; 박주민 의원 대표발의, 평등에 관한 법률안(의안번호: 11964, 발의: 2021.8.9.) 제11조; 이상민 의원 대표발의, 평등에 관한 법률안(의안번호: 10822, 발의: 2021.6.16.) 제11조; 장혜영 의원 대표발의, 차별금지법안(의안번호: 1116, 발의: 2020.6.29.) 제8조.
873 국가재정법 제16조.
874 스카이데일리, 『평등 가면 쓴 위험한 혐오조장 세뇌에 부모 가슴 찢어진다』, 2021.7.5.
875 충청일보, 『젠더, 익숙하고도 낯선』, 2018.6.11.
876 경북매일, 『예산에 젠더 감수성을 더하다!』, 2019.7.11.; 이데일리, 『성인지예산 제도 실효성 제고 방안 모색』, 2021.9.15.
877 법률저널, 『최윤경의 행정학 특강 (32): 성인지 예산제도』, 2016.12.2.
878 아시아투데이, 『서삼석 국회의원, 성인지 예산제도 실효성 제고법안 발의』, 2019.6.7.; 더스쿠프, 『"건전하지 않거나 모르거나" 지도자 재정 인식 괜찮나』, 2022.3.14.; 아시아경제, 『전국 '성인지 사업' 예산 집행률 대비 목표 달성률 저조』, 2021.9.29.; 시사매거진, 『지자체 성인지 사업, 예산은 다 써도 목표달성은 저조』, 2021.9.29.; 여성신문, 『[김형준의 젠더 폴리틱스] 성인지예산 논의 없는 국회는 성평등의 적』, 2017.12.6.
879 에이블뉴스, 『인지예산 도입 없이 사회통합 실현 없다』, 2014.12.22.; 경북매일, 『성인지(性認知) 예산제도 정착시키려면』, 2012.10.3.; 시사상식사전, 성인지예산제도, https://terms.naver.com/entry.naver?docId=938427&cid=43667&categoryId=43667
880 마경희, "성 주류화(gender mainstreaming)에 대한 비판적 성찰," 한국여성학, 23(1), 2007.3., 39-67면; 충청일보, 『젠더, 익숙하고도 낯선』, 2018.6.11.
881 경향신문, 『"'성평등'은 동성애 옹호"…법무부 '양성평등교육' 예산 삭감한 국회』, 2018.11.13.
882 Katie Roche, "2+2=5: How The Transgender Craze is Redefining Reality," 2020.

883 우먼타임스, 『[대선&여성] 여성단체, "윤 후보는 성인지예산제도를 왜곡하지 마라"』, 2022.3.1.; 내일신문, 『남녀평등 성인지 정책 '후퇴'』, 2016.7.12.; 아시아경제, 『유승희 "성인지예산제도 도입 10년…기재부, 성평등 제고 역할해야"』, 2018.10.18.

884 머니투데이, 『탄소중립 '어벤져스' 뜬다…"탄소중립, 어떤 나라도 못 거슬러"』, 2021.7.30.

885 SBS뉴스, 『[취재파일] "성인잡지 아닙니다!"…내년 성인지예산 '0원'은 어디?』, 2018.11.21.; 광주일보, 『성인지 예산제에 대한 오해와 진실-안경주 전남여성가족재단 원장』, 2022.3.7.; 일간NTN, 『성 인지 예·결산제도, 국가재정에 제대로 반영토록 법 개정 추진』, 2017.5.26.

886 뉴스핌, 『경남도의회 성평등정책연구원, 내년 성인지예산 분석 토론』, 2019.11.29.

887 여성신문, 『'성인지', 한국사회 바꾸고 있다』, 2019.2.15.

888 뉴데일리, 『[현장] "성인지 정책에 혈세 35조, 국방예산 맞먹어… 이런 나라는 없다"』, 2021.7.1.; 데일리굿뉴스, 『초등 성교육·젠더교육의 실태 논란…문제는?』, 2021.6.15.; 국민일보, 『"여성가족부 동성애 성평등 정책 절대 반대"』, 2017.12.21.

889 머니투데이, 『[런치리포트]내 삶을 바꾸는 개헌,양성평등→성평등』, 2017.11.15.; 머니투데이, 『양성평등vs성평등…정부·법률서도 혼재돼서 사용되는 두 용어』, 2017.11.15.

890 국민일보, 『"여성가족부 동성애 성평등 정책 절대 반대"』, 2017.12.21.

891 국회예산정책처, "2022년도 성인지 예산서 분석," 2021.10., 4면; 중부일보, 『[지선 팩트체크] 여성가족부 1년 예산 31조, 인건비는 1조4천억?』, 2022.4.4.

892 데일리굿뉴스, 『정부 추진 '성인지 교육'…전 국민 사상주입 논란』, 2021.7.2.

893 MBC뉴스, 『[알고보니] 성인지예산 35조원 쓰는 여가부?』, 2021.7.23.; 뉴스톱, 『[주간팩트체크] 여성가족부 예산 확인해보니』, 2021.7.19.

894 인사이트, 『올해 성인지예산 35조원…국방예산 대비 67% 수준까지 늘어나』, 2021.1.30.; 에듀인뉴스, 『[김성진의 기찬발상] "평등 및 차별금지에 관한 법률안"에 관하여』, 2021.5.8.

895 김영길, "인권의 딜레마," 보담, 2021, 353면.

896 경남도민일보, 『'차별 없는 인권보장' 조례도 행정도 갈 길 멀어』, 2021.12.10.

897 이뉴스투데이, 『박상진 과천시의원"청소년 성범죄 예방에 동성애 사항 넣어 조례 부결시킨 민주당의원들 사죄해야"』, 2019.12.18.; 국회사무처, 제17차 헌법개정특별위원회 회의록, 2017.10.11., 3면; 국민일보, 『"동성애·동성혼 합법화 개헌 절대 반대"』, 2017.11.21.; 뉴스1, 『대전NGO·동성애 반대단체 "개헌논의 실질적 국민참여"』, 2017.9.12.; 국민일보, 『"동성애·동성혼 찬성 지방선거 후보자 낙선운동 펴겠다"』, 2018.3.9.; 데일리굿뉴스, 『초등 성교육·젠더교육의 실태 논란…문제는?』, 2021.6.15.

898 홍성수, "말이 칼이 될 때," 어크로스, 2018, 33면, 43면, 51면, 177면.

899 권인숙 의원 대표발의, 평등 및 차별금지에 관한 법률안(의안번호: 12330, 발의: 2021.8.31.) 제11조; 박주민 의원 대표발의, 평등에 관한 법률안(의안번호: 11964, 발의: 2021.8.9.) 제11조; 이상민 의원 대표발의, 평등에 관한 법률안(의안번호: 10822, 발의: 2021.6.16.) 제11조; 장혜영 의원 대표발의, 차별금지법안(의안번호: 1116, 발의: 2020.6.29.) 제8조.

900 뉴데일리, 『[현장] "성인지 정책에 혈세 35조, 국방예산 맞먹어… 이런 나라는 없다"』, 2021.7.1.

901 데일리굿뉴스, 『정부 추진 '성인지 교육'…전 국민 사상주입 논란』, 2021.7.2.

902 The Telegraph, 『Minister orders inquiry into 4,000 per cent rise in children wanting to change sex』, 16 September 2018; The Times, 『Inquiry into surge in gender treatment ordered by Penny Mordaunt』, 16 September 2018; 한국경제, 『갤럽 "美 젊은층 16%가 성소수자…양성애자 최대"』, 2021.3.2.; 머니투데이, 『美 젊은이 6명 중 1명 "나는 성소수자"』, 2021.2.25.; The Guardian, 『Record 7.1% of Americans identify as LGBTQ+, Gallup poll finds』, 17 February 2022; The Times, 『One in four at high school in US are LGBTQ』, 28 April 2023.

903 김영한 외 지음, "동성애, 21세기 문화충돌," 킹덤북스, 2016.6., 666면.

904 Centers for Disease Control and Prevention (CDC), "Men Living with Diagnosed HIV Who Have Sex with Men: Progress Along the Continuum of HIV Care - United States, 2010," Morbidity and Mortality Weekly Report, 63(38), 26 September 2014, pp.829-833; Pink News, 『CDC: Half of gay men with HIV not recieving treatment』, 26 September 2014; The Georgiavoice, 『CDC: half of gay, bisexual men with HIV don't receive treatment』, 25 September 2014; The Guardian, 『Only half of US HIV-diagnosed gay men got treatment in 2010, CDC says』, 25 September 2014; 경상매일신문, 『<윤정배 칼럼>동성애와 에이즈 III』, 2018.5.4.; 의학신문, 『HIV 감염률 걱정 된다』, 2016.12.1.; 김지연, "덮으려는 자 펼치려는 자," 사람, 2019, 492면; https://files.kff.org/attachment/fact-sheet-u-s-federal-funding-for-hivaids-the-presidents-fy-2016-budget-request

905 경상매일신문, 『<윤정배 칼럼>동성애와 에이즈 III』, 2018.5.4.

906 백상현, "가짜 인권, 가짜 혐오, 가짜 소수자," 밝은생각, 2017, 254-256면.

907 경상매일신문, 『노인빈곤율 OECD 중 최악, 정부는 대책마련을』, 2022.1.24.

908 서울경제, 『"은퇴이후 가난해지는 삶"...노인 빈곤율 OECD 1위』, 2020.9.28.

909 조선일보, 『노인 빈곤율 OECD 1위'라지만… 정부, 정확한 고령층 소득도 파악 못해』, 2022.4.11.; 영남일보, 『한국 노인빈곤율 40.4% 'OECD 중 최악'』, 2022.1.23.

910 MBC 뉴스, 『[신선한 경제] 나이 들어도 못 쉰다··노인소득 52% '근로소득'』, 2022.6.22.

911 뉴스워치, 『OECD 1위 노인빈곤율…안정대책 서둘러야』, 2021.2.19.

912 연합뉴스, 『일터 내몰리는 노인들…노인소득 절반 이상은 일해서 버는 소득』, 2022.6.21.

913 매일일보, 『한국, OECD 노인빈곤율 압도적 1위 오명』, 2022.6.21.

914 헤럴드경제, 『쉴 수 없는 노인들...노인소득 절반 이상은 '근로소득'』, 2022.6.21.; 디지털뉴스, 『행복하고 우아한 노년? 일터 내몰리는 노인들…죽을 때까지 일해야』, 2022.6.21.

915 경기일보, 『[사설] OECD 노인 빈곤율 1위, 새정부가 벗어던져야』, 2022.5.25.

916 서울경제, 『"은퇴이후 가난해지는 삶"...노인 빈곤율 OECD 1위』, 2020.9.28.

917 KBS 뉴스, 『노인 빈곤율 OECD 1위…8%만 노후 대비』, 2021.5.11.

918 경기일보, 『[사설] OECD 노인 빈곤율 1위, 새정부가 벗어던져야』, 2022.5.25.

919 권인숙 의원 대표발의, 평등 및 차별금지에 관한 법률안(의안번호: 12330, 발의: 2021.8.31.) 제5조; 박주민 의원 대표발의, 평등에 관한 법률안(의안번호: 11964, 발의: 2021.8.9.) 제4조; 이상민 의원 대표발의, 평등에 관한 법률안(의안번호: 10822, 발의: 2021.6.16.) 제5조; 장혜영 의원 대표발의, 차별금지법안(의안번호: 1116, 발의: 2020.6.29.) 제3조 제2항.

920　이데일리, 『[사설]노후가 고달픈 대한민국, 노인빈곤 해법 미루지 말길』, 2021.12.2.
921　뉴스워치, 『OECD 1위 노인빈곤율…안정대책 서둘러야』, 2021.2.19.; 이데일리, 『가진 건 깔고 앉은 집뿐인 노인들…절반은 빈곤층』, 2020.9.29.
922　이데일리, 『가진 건 깔고 앉은 집뿐인 노인들…절반은 빈곤층』, 2020.9.29.; 이데일리, 『[노인의 삶]3명 중 1명 일한다…빈곤율 OECD 1위』, 2020.9.28.
923　매일경제, 『90년대생부터는 국민연금 못 받는다고요?』, 2022.9.11.; 아시아경제, 『'2050년대 완전고갈' 위기의 국민연금…"모수개혁 또는 구조개혁에 직면"』, 2022.9.11.
924　서울이코노뉴스, 『부합리한 기초-개인연금, 연금저축, 실업급여…윤 대통령 알고 있나』, 2022.6.20.
925　The West Australian, 『Will the last South Korean turn out the light?』, 2 September 2014; The Korea Times, 『More deaths than births』, 28 January 2021; The DONG-A ILBO, 『Korea feared to disappear』, 4 December 2017; 한국경제, 『"한국, 지구상에서 가장 먼저 사라질 나라"…충격 전망』, 2021.12.14.; 프레시안, 『결국 출산율 0.7명대까지 추락했다』, 2023.2.22.
926　David Coleman, "Immigration and Ethnic Change in Low-Fertility Countries: A Third Demographic Transition," Population and Development Review, 32(3), 2006, pp.401-446.; David Coleman, "The Road to Low Fertility, Ageing Horizons," 7, 2007, pp.7-15; 이코리아, 『지방인구 급감·지역 소멸, 전문가들의 해법은?』, 2021.12.14.; 인사이트, 『'출산율 0.8명' 찍은 대한민국, 지구상에서 가장 먼저 사라지는 '소멸 국가' 된다』, 2021.3.12.
927　머니투데이, 『"내년부터 아기 낳으면 200만원"…정부 집중투자 나선 배경 있었네』, 2021.12.13.
928　투데이신문, 『지난해 출생아, 30년 만에 3분의1 수준…합계출산율 0.78명』, 2023.2.24.; 서울파이낸스, 『작년 출산율 0.78명 '역대 최저'…연간 출생아 25만명선 붕괴』, 2023.2.22.
929　중앙일보, 『한국 출산율 0.78…서울 0.59 더 쇼크』, 2023.2.23.; 뉴스1, 『텅빈 신생아실…작년 합계출산율 0.78명, OECD 유일 '0명대'』, 2023.2.22.
930　연합뉴스, 『작년 합계출산율 '역대 최저' 0.78명…OECD 평균의 절반 못 미쳐』, 2023.2.22.; 서울신문, 『합계출산율 또 추락 '0.78명' 역대 최저…OECD 중 "0명대 유일"』, 2023.2.22.; 신아일보, 『사라지는 '아기 울음소리'…한국 출산율, OECD 꼴찌』, 2023.2.22. 글로벌경제신문, 『지난해 합계출산율 '역대 최저' 0.78명… OECD 평균의 절반 수준도 못 미쳐』, 2023.2.22.
931　MS투데이, 『부부 200명이 78명 낳는다…합계출산율 '충격적 급락'』, 2023.2.23.
932　헤럴드경제, 『'서울 합계출산율 0.59명' 충격 오세훈 "이대로면 국가도 존속할 수 없어"』, 2023.2.24.; 여성경제신문, 『서울 여성 2명 중 1명은 출산 안 해…합계출산율 0.59 충격』, 2023.2.22.
933　국회방송, 『합계출산율 0명대…일자리·주택 고려한 '종합대책' 필요』, 2022.4.21.; KBS 뉴스, 『[뉴스해설] 심각한 저출산 문제 근본적 대책 필요』, 2022.2.28.; 매일일보, 『부영, 미래와 교육에 '아낌없는 투자'…'임대료 없는 어린이집' 눈길』, 2022.4.26.; 이코노미스트, 『출생아 수 20년 만에 반토막…지난해 합계출산율 0.7명대로 추락』, 2023.2.22.
934　한국경제, 『"인구재앙 현실화"…50년 후 한국은 '세계서 가장 늙은 나라' [강진규의 데이

935 뉴시스, 『380조 쏟았지만 출산율 세계 '꼴찌'…현실로 다가온 '인구재앙'』, 2022.9.6.; 이투데이, 『380조 쏟아붓고도 韓출산율 꼴찌..."저출산 정책기조 확 바꿔야"』, 2022.9.5.

936 아시아경제, 『어렵더라도 애 좀 낳으라고?…"캠페인에 반감"』, 2023.2.26.; 아주경제, 『[이성휘의 좌고우면]대한민국 소멸위기…尹이 끊어야할 진짜 적폐는 무엇인가』, 2023.2.6.; 머니투데이, 『"한국을 봐, 막다른 골목 몰렸다"…세계 최저 출산 콕짚은 日언론』, 2022.7.29.; 충청매일, 『[사설] 젊은층 가치변화 위한 저출산 대책 필요하다』, 2022.5.12.; 국제뉴스, 『'100분 토론' 어린이날 특집, 대한민국 저출산의 원인은?』, 2022.5.5.; 비즈엔터, 『오은영 박사 · 김윤태 · 정재훈 교수⋯저출생 문제와 앞으로의 대안은?(100분 토론)』, 2022.5.5.; 문화일보, 『'0.78명' OECD 평균 절반도 못 미치는 '압도적 꼴찌' 기록 중인 대한민국』, 2023.2.23.; 서울신문, 『[사설] 출산율 0.78명 역대 최저, 바닥 모를 인구절벽』, 2023.2.23.

937 아이뉴스24, 『출산율 어쩌나… 0.78명 '역대 최저', OECD 유일 '0명대'』, 2023.2.23.; 굿모닝경제, 『정우택 "유례없는 최악의 저출산 위기, 특단의 대책 필요"』, 2023.2.23.; 우먼타임스, 『작년 합계출산율 0.78명… OECD 평균 절반 못미쳐』, 2023.2.23.

938 이데일리, 『국민의힘 "예상 출산율 0.7 정말 충격적..文정부 책임"』, 2021.12.9.; 뉴스앤뉴스, 『국민의힘 "文대통령, 저출산고령화 회의 한번도 소집 안해"』, 2021.12.9.; 헤럴드경제, 『김병민 "文대통령, 임기 중 저출산위 한 번도 주재 않고 방치"』, 2021.12.9.; 조선일보, 『[사설] 인류 역사상 최악의 저출산국 된 한국, 국정 전체 재설계해야』, 2023.2.23.

939 아주경제, 『[이성휘의 좌고우면]대한민국 소멸위기…尹이 끊어야할 진짜 적폐는 무엇인가』, 2023.2.6.; 스카이데일리, 『출산율 0.78명… 대한민국이 사라져가고 있다』, 2023.2.24.; 세계일보, 『2022년 출산율 0.7명대 쇼크… 이대로면 '국가 소멸'』, 2023.2.22.

940 스카이데일리, 『"2050년에 대한민국 경제성장 완전히 멈춘다"』, 2022.11.16.

941 인사이트, 『"지구상에서 인구 소멸로 가장 먼저 사라지는 나라는 '대한민국'이다"』, 2019.10.3.

942 서울와이어, 『인구재앙 고속도로 탔는데… 출산율은 갈수록 '뚝뚝'』, 2023.2.23.

943 세계일보, 『합계출산율 0.59명 그친 서울… 오세훈 "이대로면 국가 존속 못해"』, 2023.2.24.

944 한국경제, 『출산율 0.78명 10년새 반토막…"세계사 유례 없는 인구소멸"』, 2023.2.22.

945 조선일보, 『서울대 조영태 교수 "나조차 연금못받을 처지, 공무원도 사양직업, 공무원 연금 보장 불가능"』, 2016.10.14.

946 매일경제, 『0.78명 출산율 0.8명도 깨져 역대 최저·세계 꼴찌』, 2023.2.22.

947 경인메일, 『[사설] 저출산 딜레마와 스태그플레이션의 도래, 보정(補正)해야 할 출산정책, 거꾸로 가는 한반도! "몬테비데오 협약"과 "헌법 제2조(국민)"의 의미!!』, 2021.12.13.

948 머니투데이, 『"서울도, 지방도 아이 못낳아"…380조 헛돈 쓴 저출산·고령화 정책』, 2022.6.19.; 머니투데이, 『한번의 돌잡이, 세번의 환갑잔치…2배로 부푸는 노년부양비』, 2022.6.20.; 쿠키뉴스, 『'한국의 심장' 서울 출산율 0.59명…오세훈 "모든걸 다 바꾸겠다"』, 2023.2.24.

949 머니투데이, 『돌잔치 1번에 환갑잔치 2.97번..'인구절벽' 대한민국의 현주소』, 2022.6.19.; YTN사이언스, 『지난해 출생아 25만 명 깨져...합계출산율 OECD 최저』,

950　뉴데일리, 『[포토] 트루스포럼 "차별금지법 강행시도 규탄한다"(전문)』, 2022.4.13.
951　머니투데이, 『호서대, 김형석 연세대 명예교수 초청 토크콘서트 성료』, 2022.6.17.; TV조선, 『102세 김형석 교수 "국론분열 이처럼 심한 적 없어…잘못 모르는 정부는 안 돼"』, 2021.11.22.; 쿠키뉴스, 『양구인문학박물관, '김형석 교수의 인문학 이야기'』, 2021.4.15.
952　크리스천투데이, 『"좋은 가정 회복돼야 저출산·고령화·동성애 문제 해결"』, 2021.9.11.
953　KBS News, 『[창+] 가치 있는 것? 한국은 '물질적 풍요' 다른 나라는 '가족'』, 2023.4.10.
954　명재진 외 6인, "포괄적 차별금지법, 찬성할 것인가 반대할 것인가," 밝은생각, 2020.6., 88면.
955　아시아경제, 『[톺아보기]지금 대한민국에서 아기를 낳으면 '무엇'?』, 2021.12.7.; 뉴스앤조이, 『"포괄적 차별금지법 관련 불명확한 사실 단정적 방송"…방심위, CTS 법정 제재 '경고' 상정』, 2020.10.22.
956　비마이너, 『'혹시나 했는데…' 충남도 인권조례 폐지안 본회의 통과』, 2018.2.2.; 기호일보, 『동성애의 그림자』, 2019.5.21.; 오마이뉴스, 『보육교사 처우개선 놓고 한마음대회서 여야 공방』, 2017.10.14.
957　Express, 『Investigation as number of girls seeking gender transition treatment rises 4,515 percent』, 16 September 2018; 데일리굿뉴스, 『美 청소년 성전환 수술 지원 논란…장애, 불임 등 우려』, 2022.4.4.; 국민일보, 『성전환 수술받은 트랜스젠더의 삶, 30년간 추적해보니…』, 2020.2.21.; The Telegraph, 『Transgender people can end up 'badly damaged' says Lord Robert Winston』, 1 November 2017.
958　한국일보, 『성병 감염률 2년 연속 증가세』, 2016.10.27.; 미주중앙일보, 『밀레니얼 세대 성병 감염 급증』, 2016.11.4.; 뉴시스, 『"美 성전염성질환 발병 급증"…CDC』, 2009.1.14.
959　크리스천투데이, 『동성결혼은 시작일 뿐, 성혁명의 결론은 '폴리 아모리' 될 것』, 2020.12.4.
960　미디어오늘, 『동성애반대집회 "동성결혼, 저출산 심화"』, 2018.7.14.; 뉴데일리, 『4년 연속 서울 한복판 점령하는 '퀴어축제'』, 2018.7.4.; 크리스천투데이, 『가족 해체하는 가족정책기본법?… 혼인·출산·가족해체예방 삭제』, 2020.9.23.
961　아주경제, 『합계출산율 0.8명도 무너졌는데…저출산 대책 공회전』, 2023.2.22.; 한국일보, 『저출산 대책 '공회전'에 더 가팔라진 출산율 추락』, 2023.2.23.; 이데일리, 『출산율 0.7명대 추락…소멸하는 대한민국』, 2023.2.22.
962　알티케이뉴스, 『기독교 단체 "가족과 사회 붕괴시키는 생활동반자법, 반대합니다"』, 2023.5.14.; 펜앤드마이크, 『동성혼 인정하는 '생활동반자법,' 보수여론 속이려는 '꼼수 법안'』, 2023.5.15.
963　경향신문, 『"꼭 결혼해야" 10명 중 2명뿐…이유 있는 '저출생의 덫'』, 2023.2.22.
964　한국경제, 『2030 여성 96% "결혼·출산 필수 아냐"…이유는?』, 2023.2.26.; 연합뉴스TV, 『젊은 여성 96% "결혼·출산 필수 아냐"』, 2023.2.26.
965　BBS 뉴스, 『합계출산율 0.78명 역대 최저...혼인건수도 가장 적어』, 2023.2.22.; 경향신문, 『"꼭 결혼해야" 10명 중 2명뿐…이유 있는 '저출생의 덫'』, 2023.2.22.
966　매일경제, 『[사설] 2월 출생아 또 역대 최저, 새정부 저출산대책 완전히 새로 짜라』, 2022.4.28.
967　YTN, 『국민 절반 "내가 낸 세금 부적절하게 쓰인다"』, 2021.10.8.

968 연합뉴스, 『청년 10명 중 8명 "정부, 재정 운영 잘못하고 있다"』, 2021.10.24.; 헤럴드경제, 『청년 10명 중 8명 "정부, 재정 운영 잘못하고 있다"』, 2021.10.24.
969 월간조선, 『건강가정기본법 개정되면 일부다처가족-동성(同性)결혼 합법화된다』, 2020.9.24.; 펜앤드마이크, 『[기고/정선미 변호사] 건강가정기본법 일부개정안의 문제점』, 2020.9.24.
970 헌법 제36조 제1항.
971 헌법재판소 2015.2.26. 2009헌바17 등 결정, 판례집 27-1상, 20면.
972 권인숙 의원 대표발의, 평등 및 차별금지에 관한 법률안(의안번호: 12330, 발의: 2021.8.31.) 제2조, 제4조; 박주민 의원 대표발의, 평등에 관한 법률안(의안번호: 11964, 발의: 2021.8.9.) 제3조; 이상민 의원 대표발의, 평등에 관한 법률안(의안번호: 10822, 발의: 2021.6.16.) 제2조, 제4조; 장혜영 의원 대표발의, 차별금지법안(의안번호: 1116, 발의: 2020.6.29.) 제3조.
973 국민일보, 『'성적지향 차별 금지' 현실화되면… 동성애를 정상으로 만드는 법 동성결혼 합법화도 시간문제』, 2017.9.20.
974 투데이신문, 『콜롬비아, 남성 동성애자 3명 다자간 결혼 첫 법적 인정』, 2017.6.14.
975 연합뉴스, 『콜롬비아 남성 동성애자 3명 '한지붕 한가족'…첫 법적 인정』, 2017.6.14.
976 The Guardian, 『Colombia legally recognises union between three men』, 3 July 2017; NBC News, 『Meet Colombia's First Legally Recognized 'Throuple'』, 22 July 2017; Mercatornet, 『And then there were three: a Colombian gay 'throuple' is recognised as a family』, 5 July 2017; 명재진 외 6인, "포괄적 차별금지법, 찬성할 것인가 반대할 것인가," 밝은생각, 2020.6., 98면.
977 조 달라스, "동성애를 말하다," 하늘물고기, 2017, 125면.
978 BBC News, 『Polyamorous marriage: Is there a future for three-way weddings?』, 21 July 2017; Psychology Today, 『Besides Religion, Immutable Nature Is Key to Civil Rights』, 23 July 2017.
979 Blazemedia, 『Slippery slope: New York City judge argues the 'time has arrived' to legally recognize polyamory relationships』, 3 October 2022.
980 Washington Examiner, 『Court that first legalized same-sex marriage now legalizing polygamy, too』, 3 October 2022.
981 CBN News, 『A Green Light for Polygamy: NY Judge Rules 'The Time Has Arrived'』, 5 October 2022.
982 National Review, 『Polyamorous Frolic and Detour』, 11 October 2022.
983 Fox News, 『NYC judge rules on polyamorous relationships: Perhaps 'time has arrived'』, 8 October 2022.
984 New York Post, 『NYC judge rules polyamorous unions entitled to same legal protections as 2-person relationships』, 8 October 2022.
985 Catholic News Agency, 『New York judge paves way for recognition of 'multi-person relationships'』, 10 October 2022.
986 West 49th St., LLC v O'Neill (2022 NY Slip Op 22296).
987 Decision Magizine, 『New York Judge Grants Protection to Polyamorous Relationships』, 13 October 2022.
988 Independent, 『'We're a throuple and we're all our baby's father - now we want it

989　New York Post, 『Gay 'throuple' hopes to be second in US to officially be parents』, 21 April 2023.

990　MailOnline, 『I'm in a throuple and we ALL want to be recognized as parents on our child's birth certificate - it's the same as fighting for gay marriage』, 20 April 2023.

991　Catholic News Agency, 『Despite the hype, non-monogamy is far from common, researcher says』, 6 November 2019.

992　서울신문, 『인권위, "기독 대학에서 성소수자 강연 불허는 인권 침해"』, 2019.1.18.; 이투데이, 『인권위 "기독 대학에서 성소수자 강연 불허는 인권 침해"』, 2019.1.9.; 천지일보, 『기독자유당, 성소수자 손들어준 인권위 형사고발』, 2019.2.20.

993　중도일보, 『한동대문제공동대응위, 인권위 강력 규탄』, 2018.4.11.; 대경일보, 『포항교계로 구성된 한동대문제공동대응위, 인권위 강력 규탄』, 2018.4.11.; 노컷뉴스, 『한동대문제공동대응위, 국가인권위원회 강력히 규탄해』, 2018.4.11.; 경상매일신문, 『"국가인권위, 교육현장까지 간섭한다"』, 2018.4.12.; 경북도민일보, 『"동성애 반대하는 한동대 지지한다"』, 2018.4.12.

994　국가인권위원회, "건학 이념을 이유로 대학 내 성소수자 강연회·대관 불허는 집회자유·평등권 침해" 보도자료, 2019.1.7.; 경향신문, 『한동대 교수 "사회적 폐해 동성애가 기본권? 억지 주장"』, 2019.1.14.; 펜앤드마이크, 『전국 대학교수 3207명 '국가인권위와의 전쟁' 선포..."인권위, 기독교 종립대학 자유 침해"』, 2019.2.12.

995　국민일보, 『국가인권위, 다자성애자도 '성소수자'에 포함』, 2019.1.10.; 국민일보, 『다자성애자도 '성소수자'라는 국가인권위』, 2019.1.9.

996　Klaus M. Beier, "Pedophilia, Hebephilia and Sexual Offending against Children," Springer Cham, 2021; 연합뉴스, 『獨 녹색당, 80년대 소아성애 합법화 지원 파문』, 2013.5.15.; 한겨레, 『40년 독일 녹색당, 기후행동 속 '녹색 총리'도 꿈꾼다』, 2021.1.14.; 연합뉴스, 『독일 녹색당 수뇌부 총선 참패에 사퇴』, 2013.9.24.; 펜앤드마이크, 『동성혼 인정하는 '생활동반자법', 보수여론 속이려는 '꼼수 법안'』, 2023.5.15.

997　연합뉴스, 『결혼 안 해도 가족으로 인정받을까…생활동반자법 주목』, 2023.5.6.; 국민일보, 『"동성혼 합법화 길 터주는 생활동반자법 철회하라"』, 2023.5.15.; 경향신문, 『드디어 입법 공간으로 나온 '생활동반자법'』, 2023.4.26.; 여성신문, 『용혜인, 동거인에 혼인 준하는 권리 부여하는 '생활동반자법' 최초 발의』, 2023.4.26.; 한겨레, 『용혜인, '생활동반자법' 최초 발의…"다양한 가족을 구성할 자유를"』, 2023.4.26.

998　KBS News, 『"혼인·혈연 아니어도, 같이 살면 가족" 가능할까? 생활동반자법 첫 발의』, 2023.5.4.; MBN 뉴스, 『"혼인·혈연 아니어도 함께 살면 가족"…용혜인, '생활동반자법' 발의』, 2023.4.27.

999　크리스천투데이, 『"용혜인 의원 발의 생활동반자법, 동성결혼 합법화 노린 것"』, 2023.5.4.; 크리스천투데이, 『아무나 가족 삼을 수 있다? 생활동반자법 공식 발의』, 2023.4.26.; 크리스천투데이, 『생활동반자법, 책임 회피한 채 권리만 누리려는 이기적 욕구』, 2023.5.1.

1000　The Guardian, 『US woman, 61, says being surrogate was 'gift' for her son and his husband』, 6 April 2019; BBC News, 『Nebraska grandmother acts as surrogate for gay son』, 2 December 2020; SBS News, 『Meet the 61-year-old who gave birth to her own granddaughter』, 21 October 2019; NBC Right Now, 『61-year-old grandmother gives birth to granddaughter』, 1 April 2019; NBC News, 『To help gay son, 61-year-old woman gives birth to own grandchild』, 2 April 2019; CBS News, 『61-year-old woman gives birth to her own granddaughter for her son and his husband』, 1 April 2019.

1001 BBC뉴스, 『LGBT: 동성애 아들 부부의 손녀를 직접 낳은 60대 여성』, 2019.4.3.; 연합뉴스, 『동성애 아들의 '손녀 대리모' 된 美 61세 여성』, 2019.4.2.; 동아일보, 『엄마가 아들 아이 출산? 어떻게 이런 일이…』, 2019.4.2.

1002 Pink News, 『Wife is furious her husband used to sleep with his gay friend, assumes he must be cheating and the biphobia is real』, 23 December 2019.

1003 국민일보, 『'성적지향 차별 금지' 현실화되면… 동성애를 정상으로 만드는 법 동성결혼 합법화도 시간문제』, 2017.9.20.; 국민일보, 『[기고] '동성애자를 차별하자는 말인가'라는 비판에 대해』, 2019.12.9.

1004 노컷뉴스, 『본인도 모르게 에이즈 감염…확산되는 피해』, 2009.2.17.; 김지연, "덮으려는 자 펼치려는 자," 사람, 2019, 454면, 460-462면.

1005 질병관리본부, "HIV/AIDS 예방 및 대응 국가전략 개발에 관한 연구," 2006, 12면, 20면; 경상매일신문, 『<윤정배 칼럼>동성애와 에이즈 V』, 2018.5.18.; 김지연, "덮으려는 자 펼치려는 자," 사람, 2019, 414-415면, 484-488면.

1006 대법원 2011. 9. 2.자 2009스117 전원합의체 결정; Lifesite, 『Man in threesome marriage: 'This should be the future of relationships'』, 22 May 2017.

1007 명재진 외 6인, "포괄적 차별금지법, 찬성할 것인가 반대할 것인가," 밝은생각, 2020.6., 88면.

1008 명재진 외 6인, "포괄적 차별금지법, 찬성할 것인가 반대할 것인가," 밝은생각, 2020.6., 91면.

1009 이상민 의원 대표발의, 평등에 관한 법률안(의안번호: 10822, 발의: 2021.6.16.) 제12조.

1010 연합뉴스, 『주한 대사들 "평등법, 인식 변화에 큰 영향…입법 필요"』, 2021.6.11.; 오마이뉴스, 『멀쩡한 영국 통계 끌어와 성소수자 때린 국힘 의원』, 2022.10.27.; 로이슈, 『박주민 의원, 주한영국대사관 초청 평등법 입법연구포럼 개최』, 2022.2.10.; 브레이크뉴스, 『박주민 의원, 영국 평등담당 차관 초청 '국회 평등법 제정 간담회' 개최』, 2021.11.12.

1011 오마이뉴스, 『당신이 모르는 '차별금지법'의 실체』, 2020.6.20.; 서울신문, 『차별금지법 설명에 메이 영국 전 총리 소환한 장혜영』, 2020.9.21.; 주간경향, 『[만화로 본 세상]하트 스토퍼-차별금지법 이후의 사랑』, 2022.5.25.; 브레이크 뉴스, 『[전문가 진단]'가정'은 없고 '가족'은 있다?』, 2021.5.7.; 카톨릭평화신문, 『차별 금지의 이름으로 '남녀 혼인'과 '생명'의 가치 간과하면 안 돼』, 2020.9.13.

1012 BBC News, 『Brighton Green councillor's gay-vote expulsion upheld』, 19 November 2012; The Telegraph, 『Green council accused of 'vilifying' Christian over gay marriage stance』, 27 July 2012; 복음법률가회, "정의당 차별금지법안의 반성경성과 위험성," 밝은생각, 2020, 89면.

1013 Pink News, 『Anti-gay groups upset at being called 'hateful'』, 25 November 2010.

1014 중부일보, 『[팩트인사이드] 김회재 "포괄적 차별금지법이 시행되는 선진국에서는 동성혼을 합법화했다"』, 2021.12.16.

1015 뉴스앤조이, 『복지 구멍 메우기 위한 '건강가정기본법' 개정안 두고, "동성혼 합법화" 억

지 주장 펴는 반동성애 진영』, 2021.2.19.; 오마이뉴스, 『"건강가정기본법 개정하면 동성혼 합법화" 주장은 '거짓'』, 2021.3.17.; 국민일보, 『[기고] 가족정책에 '건강가정' 프레임 부적절』, 2021.7.29.

1016   건강가정기본법 제21조 제4항.
1017   남인순 의원 대표발의, 건강가정기본법 일부개정법률안(의안번호: 2103381, 발의: 2020.9.1.).
1018   브레이크뉴스, 『건강가정기본법 개정을 통한 페미니스트들의 가부장제 해체 시도』, 2021.5.28.; 월간조선, 『건강가정기본법 개정되면 일부다처가족-동성(同性)결혼 합법화된다』, 2020.9.24.; 펜앤드마이크, 『[기고/정선미 변호사] 건강가정기본법 일부개정안의 문제점』, 2020.9.24.; 데일리굿뉴스, "『건가법 개정안은 동성혼 합법화 시도"』, 2021.4.29.; 국민일보, 『진평연 "여당이 발의한 건강가정기본법 개정안 가족의 정의 의도적으로 삭제해 혼란 부를 것"』, 2021.2.5.
1019   한국성소수자연구회, "무지개는 더 많은 빛깔을 원한다," 창비, 2019, 231면.
1020   국민일보, 『'다양한 가족'엔 동성혼도… 가정 해체 노린 문화 마르크시즘 반영』, 2021.8.10.
1021   펜앤드마이크, 『[이명진 칼럼] 가정을 파괴하는 자가 대한민국을 무너뜨리려는 자다』, 2023.5.20.
1022   가브리엘 쿠비, "글로벌 성혁명," 밝은생각, 2020, 243면; 국민일보, 『'성적지향 차별 금지' 현실화되면… 동성애를 정상으로 만드는 법 동성결혼 합법화도 시간문제』, 2017.9.20.; The New York Times, 『A Massachusetts City Decides to Recognize Polyamorous Relationships』, 1 July 2020; Dailycitizen, 『Massachusetts Town First in Nation to Legally Recognize Group "Marriages"』, 7 July 2020.
1023   Pink News, 『Half of trans and non-binary people want to abolish legal gender categories altogether, study finds』, 3 October 2020; Pink News, 『As non-binary people, do we really want legal recognition, or should we be fighting to abolish gender categories entirely?』, 23 September 2020.
1024   ABC News, 『Dutchman Emile Ratelband, 69, asks Netherlands court to change his age to 49』, 9 November 2018.
1025   BBC News, 『Emile Ratelband, 69, told he cannot legally change his age』, 3 December 2018; BBC News, 『Emile Ratelband asks court to declare him legally younger』, 12 November 2018; BBC News, 『Dutchman, 69, brings lawsuit to lower his age 20 years』, 8 November 2018; Insider, 『A 69-year-old man says he identifies as a 49-year-old and wants his age legally changed so he can meet more women on Tinder』, 8 November 2018; DutchNews.nl, 『Dutch showman makes global headlines with 'I'm 49 not 69' court case』, 8 November 2018; 서울경제, 『나이 스무살 낮추려던 60대…법원서 제동』, 2018.12.4.
1026   조선일보, 『"내 얼굴로 49세면 여자들 반응 뜨거워"…69세 남성, 법원에 "나이 줄여달라"』, 2018.11.9.; 한국일보, 『"69세 → 49세" 나이 변경 소송 낸 네덜란드 남성』, 2018.11.9.
1027   Pink News, 『A married parent-of-seven has come out as transgender… and now she identifies as a six year old girl』, 12 December 2015; 한국일보, 『'6세 소녀'로 살고 싶어 가족·직장 다 버린 52세 남성』, 2015.12.12.

1028　DailyNews, 『Transgender woman leaves wife and 7 kids to live as a 6-year-old girl』, 13 December 2015; Express, 『Trans dad leaves wife and kids to live as SIX-YEAR-OLD GIRL』, 13 December 2015; MailOnline, 『'I've gone back to being a child': Husband and father-of-seven, 52, leaves his wife and kids to live as a transgender SIX-YEAR-OLD girl named Stefonknee』, 11 December 2015; Mercatornet, 『The mechanic who transitioned to a 6-year-old girl』, 5 January 2016; Evening Standard, 『Transgender father Stefonknee Wolscht leaves family to live as a six-year-old girl』, 22 December 2015; Mirror, 『Transgender dad leaves wife and seven kids to live life as a SIX-YEAR-OLD GIRL』, 12 December 2015.

1029　Huffpost, 『Gary Matthews Wants To Live Life As 'Boomer The Dog'』, 23 October 2013.

1030　Express, 『Woman reveals the disturbing reason she deliberately blinded herself』, 6 July 2016; Fox6, 『Woman desperate to be blind had drain cleaner poured in eyes, now happier than ever』, 1 October 2015; MailOnline, 『Woman who dreamed about being blind had DRAIN CLEANER poured in her eyes by a sympathetic psychologist to fulfil her lifelong wish - and now she's never been happier』, 1 October 2015; Mirror, 『Woman who dreamed about being blind had DRAIN CLEANER poured in her eyes by a sympathetic psychologist to fulfil her lifelong wish - and now she's never been happier』, 1 October 2015.

1031　Molly Littlewood McKibbin, "Rethinking Rachel Dolezal and Transracial Theory," Palgrave Macmillan, 2021.

1032　국민일보, 『[젠더이데올로기 실체를 말한다] 성별 전환 인정했더니 "나이·인종도 바꿔달라"… 황당 주장 이어져』, 2019.12.24.

1033　ABC News, 『Pittsburgh Man Thinks He's a Dog, Goes By Name 'Boomer'』, 6 November 2013; MailOnline, 『Meet Boomer, the dog trapped in a human body: Unemployed IT technician, 47, roams Pittsburgh dressed as a canine and barking at passing cars』, 23 October 2013; Cosmopolitan, 『Man Who Lives as a Dog Is Looking for His "Puppy Girl"』, 23 October 2013.

1034　The Week, 『Rachel Dolezal: what does it mean to be 'transracial'?』, 16 June 2015.

1035　Insider, 『Rachel Dolezal, the white woman who went viral for living as a Black woman, launched a 'tasteful' OnlyFans for workout content and 'foot pics'』, 20 August 2021; Today, 『Laverne Cox on Rachel Dolezal's 'transracial identity'』, 24 June 2015.

1036　CNN, 『Rachel Dolezal: "Race is a social construct"』, 1 April 2017; The Washington Post, 『Rachel Dolezal says she is more stigmatized than transgender people』, 3 April 2017.

1037　BBC News, 『Rachel Dolezal: 'Transracial' woman's son resents her choices』, 8 March 2018.

1038　Essence, 『Is 'Transracial' Identity Real? 11 Opinions That Will Leave You Thinking』, 27 October 2020.

1039　Global News, 『Is Rachel Dolezal transracial? Can someone identify as a different race?』, 16 June 2015.

1040 The Guardian, 『Rachel Dolezal's definition of 'transracial' isn't just wrong, it's destructive』, 16 June 2015; NBC News, 『Rachel Dolezal on Why She Can't Just Be a White Ally』, 28 March 2017.

1041 The Washington Post, 『Rachel Dolezal says she is more stigmatized than transgender people』, 3 April 2017.

1042 Fox News, 『White person claims to be 'transracial,' identifies as Filipino』, 17 November 2017.

1043 USA Today, 『'Transracial' man, born white, says he feels Filipino』, 13 November 2017.

1044 The Sun, 『TRANSRACIAL? This white American bloke is convinced he's a Filipino man born in the WRONG BODY… so he changed his name to Ja Du and drives a tuk tuk』, 17 November 2017.

1045 New York Post, 『'Transracial' man was born white, identifies as Filipino』, 13 November 2017; Metro, 『Man claims he's Filipino because he likes their music and drives a Tuk Tuk』, 14 November 2017; Daily Caller, 『Here We Go: 'TRANSRACIAL' White Guy Says He's Filipino Now』, 13 November 2017.

1046 MEAWW, 『Transracial influencer Oli London wants 100% KOREAN penis reduction surgery』, 23 February 2022.

1047 Fox News, 『Influencer Oli London breaks down $300,000 cost of extensive surgeries to look like a Korean woman』, 18 October 2022; Newsweek, 『'Transracial' Influencer Oli London Reveals Plans for Penis Reduction Surgery』, 29 January 2022; Newsweek, 『Oli London Slams Bill Maher for 'Belittling' Him Over Penis Reduction Plan』, 10 February 2022.

1048 Newsweek, 『Trans-Korean Oli London's Husband Having Surgery To Look Like BTS' Jimin』, 1 August 2022.

1049 The Herald, 『Issue of the day: Identifying as another race』, 3 July 2021.

1050 The Daily Caller, 『What The Heck Does It Mean When Someone Is 'Transracial'?』, 2 July 2021; The Daily Caller, 『'Transracial' British Influencer Has 18 Surgeries, Now Identifies As Korean』, 28 June 2021.

1051 The Mirror, 『K-Pop fan's plastic surgery themed wedding after 'divorcing' cardboard cutout』, 28 July 2022; Wales Online, 『Plastic surgery fanatic and K-pop superfan ties the knot six months after 'divorcing' cardboard cutout』, 28 July 2022; Indiatimes, 『British Influencer Oli London Claims They Are 'Korean,' Says Being Transracial Is A Choice』, 5 May 2022.

1052 KATV, 『'Transracial' influencer defends Korean identity in clash with Black documentary host』, 12 May 2022.

1053 Yahoo News, 『'I'm Korean, people need to accept that': Oli London defends 'transracial' identity against Black woman』, 11 May 2022.

1054 Insider, 『A white influencer said they want penis reduction surgery to be '100% Korean,' sparking criticism from celebrities, experts, and academics』, 23 February 2022.

1055 Yahoo News, 『'Transracial' influencer Oli London says they plan to undergo penis reduction procedure to be '100 percent Korean'』, 2 February 2022; Newsweek, 『'Transracial' Influencer Oli London Reveals Plans for Penis Reduction Surgery』, 29 January 2022; Newsweek, 『Oli London Slams Bill Maher for 'Belittling' Him Over Penis Reduction Plan』, 10 February 2022.

1056 Best Star News, 『British influencer who identifies as 'transracial' slams 'woke' backlash over latest eye surgery to appear more Korean – but admits their family stopped speaking to them following 18 operations to look like a K-pop star』, 6 July 2021.

1057 서울신문, 『"한국인으로 인종 전환 수술"…영국男 "수천건 살해협박"』, 2021.7.2.

1058 MailOnline, 『British influencer who identifies as 'transracial' slams 'woke' backlash over latest eye surgery to appear more Korean - but admits their family stopped speaking to them following 18 operations to look like a K-pop star』, 6 July 2021.

1059 서울신문, 『"한국인으로 인종 전환 수술"…영국男 "수천건 살해협박"』, 2021.7.2.

1060 Newsweek, 『'Transracial' Influencer Oli London Reveals Plans for Penis Reduction Surgery』, 29 January 2022; Yahoo News, 『'Transracial' influencer Oli London says they plan to undergo penis reduction procedure to be '100 percent Korean'』, 2 February 2022; Newsweek, 『'Transracial' Influencer Oli London Reveals Plans for Penis Reduction Surgery』, 29 January 2022; Newsweek, 『Oli London Slams Bill Maher for 'Belittling' Him Over Penis Reduction Plan』, 10 February 2022.

1061 MailOnline, 『British influencer who identifies as 'transracial' slams 'woke' backlash over latest eye surgery to appear more Korean - but admits their family stopped speaking to them following 18 operations to look like a K-pop star』, 6 July 2021.

1062 MailOnline, 『British influencer Oli London who claims to be Korean and insists you 'have the right to choose race' clashes with Black woman who argues it's 'very harmful' to suggest you can 'switch' ethnicity』, 4 May 2022; The Sun, 『'TRANSRACIAL IS NOT A THING' White woman Rachel Dolezal who pretended to be black is mocked on Twitter after claiming 'race isn't biological' in Newsnight interview』, 27 March 2017; MailOnline, 『'I believe that race is a social construct': Race-faker Rachel Dolezal compares her 'trans-black' identity to Caitlyn Jenner』, 2 April 2017.

1063 Newshub, 『Rachel Dolezal speaks out in support of British born YouTuber who claims to be transracial Korean』, 5 July 2021.

1064 Business Insider, 『Rachel Dolezal, infamous for claiming she identifies as Black, defends TikTokker who 'transitioned' races』, 3 July 2021; Newshub, 『Rachel Dolezal speaks out in support of British born YouTuber who claims to be transracial Korean』, 5 July 2021.

1065 MailOnline, 『British influencer who identifies as 'transracial' slams 'woke' backlash over latest eye surgery to appear more Korean - but admits their family stopped speaking to them following 18 operations to look like a K-pop star』, 6 July 2021.

1066 The Week, 『Rachel Dolezal: what does it mean to be 'transracial'?』, 16 June 2015.

1067 Newshub, 『Rachel Dolezal speaks out in support of British born YouTuber who claims to be transracial Korean』, 5 July 2021; Business Insider, 『Rachel Dolezal, infamous for claiming she identifies as Black, defends TikTokker who 'transitioned' races』, 3 July 2021; MailOnline, 『British influencer who identifies as 'transracial' slams 'woke' backlash over latest eye surgery to appear more Korean - but admits their family stopped speaking to them following 18 operations to look like a K-pop star』, 6 July 2021.

1068 Thejournal.ie, 『The Irish state will now accept trans people's own declaration of their gender』, 3 June 2015; The Federalist, 『Trouble In Transtopia: Murmurs Of Sex Change Regret』, 11 November 2014; The Federalist, 『14 Years After Becoming Transgender, Teacher Says 'It Was A Mistake'』, 5 February 2019; Stream, 『Interview: The Pain of Transgender Regret』, 9 October 2015; Life Site, 『For some, transgender 'transitioning' brings unimaginable regret: I would know』, 26 October 2015; WND, 『Dozens of trans-regretters now 'out of the closet'』, 6 January 2019; The Federalist, 『30 Transgender Regretters Come Out Of The Closet』, 3 January 2019; 크리스천투데이, 『탈동성애 인권 '혐오'하는, 동성애 인권단체의 이중성』, 2016.1.28.; 국민일보, 『[칼럼] 동성애는 중독의 일종, 충분히 치유 가능하다』, 2021.4.6.; Christian Examiner, 『Caitlyn Jenner: Second thoughts on gender change?』, 25 May 2016.

1069 명재진 외 6인, "포괄적 차별금지법, 찬성할 것인가 반대할 것인가," 밝은생각, 2020.6., 269-270면.

1070 Catholic News Agency, 『Second Massachusetts city to recognize polyamorous relationships』, 20 March 2021; Bay Area Reporter, 『LGBTQ Agenda: Polyamory group asks Facebook for more relationship status choices』, 16 June 2022.

1071 김영한 외 지음, "동성애, 21세기 문화충돌," 킹덤북스, 2016.6., 582면; 크리스천투데이, 『[김영한 칼럼] 젠더 이데올로기 비판(III)』, 2017.11.2.

1072 신동아, 『장관까지 고발? 여가부 초등생 성평등 추천도서 '외설 논란' 일파만파』, 2020.9.23.; 김영한 외 지음, "동성애, 21세기 문화충돌," 킹덤북스, 2016.6., 333-334면.

1073 뉴데일리, 『[포토] 조국 후보자 지명철회 기자회견 갖는 '조국후보자임명반대전국네트워크'』, 2019.9.2.; 백상현, "가짜 인권, 가짜 혐오, 가짜 소수자," 밝은생각, 2017, 445면; 국민일보, 『'유엔 동성애자 인권조사관행' 잘못돼 따를 필요 없다』, 2017.1.7.

1074 국민일보, 『독일 68운동의 산물 녹색당도 '소아성애 과거사'에 대해 사과했다』, 2021.9.28.; 펜앤드마이크, 『[기고/민성길 교수] "'성인권 교육'이 동성애를 조장한다는 주장은 '가짜뉴스'"인가?』, 2021.3.30.; 크리스천투데이, 『[민성길 칼럼] 주디스 버틀러의 젠더이론 비판』, 2021.9.28.; 국민일보, 『소아·청소년 성혁명 주장한 성소수자 운동의 민낯, 소아성애』, 2021.10.26.

1075 국민일보, 『'다양한 가족'엔 동성혼도… 가정 해체 노린 문화 마르크시즘 반영』, 2021.8.10.

1076 여성소비자신문, 『동성애, 동성결혼, 성(性)정치』, 2018.6.22.; 한겨레, 『국가, 극복할 것인가 지켜낼 것인가』, 2008.7.25.; 정일권, "문화막시즘의 황혼," CLC, 2022, 129면; 조영길, "동성애 차별금지법에 대한 교회의 복음적 대응," 밝은생각, 2020, 99면.

1077 국민일보, 『독일 교육계선 '소아성애' 과거사 청산 중인데 우리 교육방송은 역행』,

2021.9.7.

1078 펜앤드마이크, 『[이명진 칼럼] 젠더권력의 꿀을 빨며 독(毒)을 주입하려는 자들』, 2021.6.18.; 국민일보, 『독일 교육계선 '소아성애' 과거사 청산 중인데 우리 교육방송은 역행』, 2021.9.7.

1079 파이낸셜뉴스, 『'性의 혁명' 킨제이 박사 일대기…EBS '킨제이 보고서' 2부 22일 방영』, 2005.5.19.

1080 국민일보, 『'다양한 가족'엔 동성혼도… 가정 해체 노린 문화 마르크시즘 반영』, 2021.8.10.

1081 Georgiana Preskar, "Seeds of Deception: Planting Destruction of America's Children," AuthorHouse, 2004; 미디어펜, 『동성애에 대한 다섯가지 오해와 진실, 그것이 알고 싶다』, 2015.10.9.; 국민일보, 『동성애자들 50년 넘는 공세에 무너진 美 건국정신… 우리는?』, 2020.4.14.; 김영한 외 지음, "동성애, 21세기 문화충돌," 킹덤북스, 2016, 578-579면; J A Reisman, E W Eichel, "Kinsey, Sex and Fraud: The Indoctrination of a People," Huntington House Publishers, 1990; 정일권, "문화막시즘의 황혼," CLC, 2022, 133면.

1082 The Epoch Times, 『The Sordid History and Deadly Consequences of 'Sex Ed' at School』, 6 April 2020.

1083 스카이데일리, 『추악한 性 이념에 멍든 백년지대계』, 2021.7.5.

1084 The Times, 『Berlin to compensate victims of paedophile foster scheme』, 4 March 2020; The Times, 『Twisted experiment saw Berlin boys fostered out to paedophiles』, 14 March 2020; The New Yorker, 『The German Experiment That Placed Foster Children with Pedophiles』, 26 July 2021; The Washinton Post, 『The perils of blindly trusting expert authority』, 28 July 2021; The Irish Times, 『Germany's secret paedophilia experiment』, 10 December 2016; Catholic News Agency, 『Parents detect disgraced sexologist's theories in German Church's abuse commission report』, 8 May 2021; Lifesite, 『State gov't. in Germany knowingly placed foster children with pedophiles』, 26 July 2021; The First News, 『Berlin placed children under the care of paedophiles for years - report』, 18 June 2020.

1085 국민일보, 『'아이의 사랑' 강조하는 버틀러에 EBS는 감수성 있게 응답해야』, 2021.9.14.

1086 펜앤드마이크, 『[기고/정일권] 주디스 버틀러의 소아성애와 근친상간 지지를 비판한다』, 2021.8.31.

1087 국민일보, 『'다양한 가족'엔 동성혼도… 가정 해체 노린 문화 마르크시즘 반영』, 2021.8.10.; 펜앤드마이크, 『[이명진 칼럼] 젠더권력의 꿀을 빨며 독(毒)을 주입하려는 자들』, 2021.6.18.

1088 연합뉴스, 『獨 녹색당, 80년대 소아성애 합법화 지원 파문』, 2013.5.15.; 한겨레, 『40년 독일 녹색당, 기후행동 속 '녹색 총리'도 꿈꾼다』, 2021.1.14.; 연합뉴스, 『독일 녹색당 수뇌부 총선 참패에 사퇴』, 2013.9.24.

1089 The Telegraph, 『German Green party admits to paedophile links』, 12 November 2014; The Guardian, 『Green party in Germany to investigate backing for paedophiles in 80s』, 14 May 2013; The New Repulic, 『A Major German Political Party Used to Support Pedophilia - And It's Coming Back to Haunt Them』, 24 November 2014; 국민일보, 『독일 68운동의 산물 녹색당도 '소아성애 과거사'에 대해 사

과했다』, 2021.9.28.
1090 Reuters, 『German Greens leader sorry for 1980s call to decriminalize sex with minors』, 17 September 2013.
1091 The Times of India, 『Paedophilia is a fate and not a choice, German doctor says』, 14 March 2017; The Independent, 『Paedophilia is 'fate, not a choice', leading scientist claims』, 14 March 2017; Vice News, 『The Men Who Call Themselves Non-Offending Pedophiles』, 27 August 2019; 조선일보, 『독일 성(性)의학자 "소아성애는 선택 아닌 본능"』, 2017.3.15.
1092 Klaus M. Beier, "Pedophilia, Hebephilia and Sexual Offending against Children," Springer Cham, 2021.
1093 The Epoch Times, 『The Totalitarian Agenda Behind LGBT Sex-Ed Revolution at School』, 27 July 2021.
1094 The Epoch Times, 『The Sordid History and Deadly Consequences of 'Sex Ed' at School』, 6 April 2020.
1095 국민일보, 『독일 68운동의 산물 녹색당도 '소아성애 과거사'에 대해 사과했다』, 2021.9.28.
1096 국민일보, 『性적인 죄악이 '권리'로 둔갑하는 세상… 다음세대가 흔들린다』, 2019.10.15.
1097 뉴시스, 『"동성애 논의 금지"…헝가리, 성 소수자 차별 법안 논란』, 2021.6.15.
1098 연합뉴스, 『헝가리, 동성애 다룬 아동도서 판매 제한 법령 발표』, 2021.8.8.; 데일리굿뉴스, 『헝가리, 동성애 다룬 아동도서 판매 제한 법령 발표』, 2021.8.9.
1099 뉴스앤조이, 『'나다움어린이책'이 공격당한 이유』, 2020.9.26.; 뉴스1, 『어린이재단 '나다움 어린이책'…'19금 논란'에 사업중단』, 2020.8.27.; 푸드경제신문, 『초록우산어린이재단, '나다움 어린이책 교육문화 사업' 중단』, 2020.8.27.; 뉴스1, 『초등 성교육 교재 노골적 표현 문제?…"부모시선이 불편한 것"』, 2020.8.29.; 뉴시스, 『나다움 어린이책 '선정성 논란'에…유은혜 "5개 초교에 기업이 기증"』, 2020.9.17.
1100 아시아경제, 『성별 고정 관념 벗어난 어린이책 '나다움책장' 첫 문 연다』, 2019.12.12.; 쿠키뉴스, 『여가부, 전국 10개 초등학교에 '나다움어린이책' 지원』, 2020.7.28.
1101 국민일보, 『[시온의 소리] '동성애 교육 반대 운동'이 필요하다』, 2020.9.3.
1102 오마이뉴스, 『"내 책이 외설적? 매우 종교적이거나, 섹스에 거부감 있거나"』, 2020.8.31.; 펜앤드마이크, 『[이명진 칼럼] 국가인권위원회 폐지론』, 2021.7.20.; 한국일보, 『양질의 성교육 책 '마녀사냥' 퇴출, 저질 도서만 애들 손에』, 2021.5.4.; 베이비뉴스, 『여성가족부, '나다움 어린이책' 일부 회수 결정』, 2020.8.27.; 아이뉴스24, 『'여가부 배포' 초등생 성교육책, 노골적 성관계 표현 등 논란에 회수 결정』, 2020.8.27.
1103 펜앤드마이크, 『[심층분석] 여성가족부가 해체되어야 하는 4가지 이유』, 2022.3.16.
1104 천지일보, 『어린이 성교육은 어린이에게 맞는 책으로 해야 한다<1>』, 2020.9.8.
1105 펜앤드마이크, 『[심층분석] 여성가족부가 해체되어야 하는 4가지 이유』, 2022.3.16.
1106 국민일보, 『독일 교육계선 '소아성애' 과거사 청산 중인데 우리 교육방송은 역행』, 2021.9.7.
1107 국민일보, 『'다양한 가족'엔 동성혼도… 가정 해체 노린 문화 마르크시즘 반영』, 2021.8.10.
1108 매일안전신문, 『초등학교 성교육 서적 논란 ... "고추를 질에 넣고 싶어져, 재미있거든", "

신나고 멋진 일이야"』, 2020.8.26.

1109 펜앤드마이크, 『[단독] 여가부 '외설 동화책', 펜앤보도후 초등학교서 회수나섰지만 서울교육청 공공도서관에는 그대로』, 2020.8.31.

1110 월간조선, 『[단독] 같은 성교육책인데 우리 번역판에만 'X추가 번쩍 솟아올라' 등 자극적 표현』, 2020.9.4.

1111 월간조선, 『"초등학교 성교육 교재 논란...편향정책 일삼는 여성가족부 해체해야"(바른 인권 여성연합)』, 2020.9.1.

1112 펜앤드마이크, 『[단독] 여가부 '외설 동화책', 펜앤보도후 초등학교서 회수나섰지만 서울교육청 공공도서관에는 그대로』, 2020.8.31.

1113 펜앤드마이크, 『[심층분석] 여성가족부가 해체되어야 하는 4가지 이유』, 2022.3.16.

1114 펜앤드마이크, 『여가부, 동성애 조장하고 성관계 외설적으로 묘사하는 동화책 대거 초등학교에 비치해 물의』, 2020.8.12.

1115 국민일보, 『[사설] 외설적 묘사, 동성애 미화… 초등 성교육 논란 빚은 여가부』, 2020.8.27.

1116 뉴스투데이, 『교육부·여가부, 초등생 상대 '동성애 미화·성관계 장려' 논란』, 2020.8.25.; 헤럴드경제, 『초등생 상대 '동성애 미화·성관계 장려' 논란...김병욱의원 문제 제기』, 2020.8.25.

1117 매일안전신문, 『초등학교 성교육 서적 논란 ... "고추를 질에 넣고 싶어져, 재미있거든", "신나고 멋진 일이야"』, 2020.8.26.; 크리스천투데이, 『"동성애·조기 성애화 담은 여가부 어린이 책, 정서적 학대"』, 2020.8.19.

1118 김영한 외 지음, "동성애, 21세기 문화충돌," 킹덤북스, 2016.6., 518-520면.

1119 펜앤드마이크, 『[기고/민성길 교수] "'성인권 교육'이 동성애를 조장한다는 주장은 '가짜뉴스'"인가?』, 2021.3.30.

1120 국민일보, 『""동성 간 성 접촉'이 에이즈 감염의 주된 경로"』, 2019.11.28.

1121 한국교육신문, 『'동성애 미화' '성관계 묘사' 논란… 성교육 책 회수』, 2020.8.27.; 머니투데이, 『"재밌거든" 초등 성교육책 논란, 김병욱 의원 "노골적"』, 2020.8.25.; 뉴시스, 『野 김병욱 "초등학교에 동성애 미화, 성교 묘사 책 배포돼"』, 2020.8.25.; 베이비뉴스, 『여성가족부, '나다움 어린이책' 일부 회수 결정』, 2020.8.27.; MBC 뉴스, 『[뉴스하이킥] 초등생에 성관계 권유하나" VS "동성애 마녀사냥에 말린 것"』, 2020.8.27.; 머니투데이, 『김병욱 "동성애 자연스러운 것 표현 성교육 도서 문제"』, 2020.8.25.; 머니투데이, 『"초등생에게 성관계 재미? 따라하라는 거냐"…여가부 성교육책 수거 청원』, 2020.8.26.

1122 시사IN, 『'나다움 어린이책 논란' 방황하는 한국의 성교육』, 2020.9.17.

1123 한겨레, 『262권의 나다움이 돌아왔다』, 2021.9.16.; 서울신문, 『"성평등 어린이책의 가치는 자기긍정·다양성·공존입니다"』, 2021.9.23.

1124 투데이신문, 『[김태규 기자의 젠더 프리즘] '나다움 어린이책' 논란 속 회수…시대착오적 비판에 굴복한 여가부』, 2020.8.28.

1125 데일리굿뉴스, 『초등 성교육·젠더교육의 실태 논란…문제는?』, 2021.6.15.; 데일리굿뉴스, 『생리대에 색칠까지?...과도한 초등 성교육 논란』, 2021.6.15.

1126 펜앤드마이크, 『[단독] 여가부 '외설 동화책', 펜앤보도후 초등학교서 회수나섰지만 서울교육청 공공도서관에는 그대로』, 2020.8.31.

1127 아시아투데이, 『'2022 교육과정 폐기·차별금지법 반대 국민대회' 개최…강추위 속 5

천여 학부모들 "다음세대 망치는 교육과정 규탄"』, 2022.12.18.; 펜앤드마이크, 『[펜앤현장]"문재인이 만든 걸레(2022 개정 교육과정), 빨아서 행주로 쓰겠다는 것인가"』, 2022.12.18.

1128 나우뉴스, 『3살 아이에게 '성소수자' 가르치는 英 유치원 수업 논란』, 2017.11.13.; 국민일보, 『[칼럼] 젠더 비순응 행동과 성정체성 장애』, 2021.9.28.; 데일리굿뉴스, 『美 대학서 2세 미만 아이 대상 동성애 교육 논란』, 2022.4.20.

1129 명재진 외 6인, "포괄적 차별금지법, 찬성할 것인가 반대할 것인가," 밝은생각, 2020.6., 90-91면; 뉴스윈코리아, 『영국의 차별금지법 적용 판례와 사례』, 2020.8.23.; 크리스찬타임스, 『차별금지 못하는 서구, 교과서 젠더교육 통해 성전환 일상화』, 2020.9.4.; 포괄적 차별금지법 바로알기 법조토론회 자료, 2020.10.20., 229면.

1130 CBN News, 『OUTRAGE: 6-Year-Old Students Told to Write Gay Marriage Proposal and Love Letter』, 4 October 2018; Dailywire, 『ENGLAND: Children Forced To Write 'Gay Love Letter' Because Diversity』, 4 October 2018.

1131 명재진 외 6인, "포괄적 차별금지법, 찬성할 것인가 반대할 것인가," 밝은생각, 2020.6., 307면, 369면.

1132 김영한 외 지음, "동성애, 21세기 문화충돌," 킹덤북스, 2016.6., 333면, 823면.

1133 미디어인권연구소 뭉클, "평등법 관련 미디어 모니터링," 국가인권위원회, 2020.12.18., 171-172면.

1134 Fox News, 『British charity defends promoting books about gender identity to two-year-olds』, 16 December 2022.

1135 Fox Bangor, 『British charity defends promoting books about gender identity to two-year-olds』, 16 December 2022.

1136 The Times, 『Scottish teachers told to use pupils' chosen gender』, 13 August 2021.

1137 Express, 『Fury as Scottish pupils allowed to change gender aged four without parental consent』, 13 August 2021.

1138 National Post, 『Canada's teen transgender treatment boom: Life-saving services or dangerous experimentation?』, 14 December 2020; Medscape Medical News, 『Transition Therapy for Transgender Teens Drives Divide』, 23 April 2021.

1139 Toronto Sun, 『Students in Scotland can change gender at four years old』, 13 August 2021.

1140 The Telegraph, 『Scottish four-year-olds can change gender at school without parents' consent』, 12 August 2021.

1141 The Daily Signal, 『Yes, Schools Are Secretly Trying to 'Gender Transition' Kids, and It Must Be Stopped』, 22 March 2022.

1142 뉴시스, 『스코틀랜드 "4세부터 부모 동의 없이 성(性)전환 가능" 논란』, 2021.8.13.

1143 Newsweek, 『Kids as Young as Four Can Now Change Gender in Scottish Schools Without Parental Consent』, 12 August 2021.

1144 Fox News, 『Detransitioner, experts issue warning over American Girl pushing gender transitions: 'Protect your daughters'』, 7 December 2022.

1145 CBN News, 『American Girl Doll Company Promotes Gender Transition, Puberty Blockers to Girls as Young as 3』, 8 December 2022.

1146　MailOnline, 『Scotland will let pupils change gender aged FOUR without their parents' consent - and tells teachers not to question a child's request to choose a new name or use a different toilet』, 12 August 2021.

1147　뉴시스, 『스코틀랜드 "4세부터 부모 동의 없이 성(性)전환 가능" 논란』, 2021.8.13.

1148　CBN, 『Scotland Decides 4-Year-Olds Can Choose New Gender at School Without Parental Consent』, 13 August 2021.

1149　BBC News, 『Children as young as six self-harming in Wales schools』, 17 September 2017.

1150　The Guardian, 『Self-harm among girls aged 13 to 16 rose by 68% in three years, UK study finds』, 18 October 2017.

1151　BBC News, 『Reports of sex abuse between children double in two years』, 6 September 2021.

1152　Pink News, 『Transgender school lesson for 5-year-olds sparks parent backlash』, 25 August 2017; Fox40, 『Transgender Kindergarten Lesson has Rocklin Parents Split』, 16 August 2017; 명재진 외 6인, "포괄적 차별금지법, 찬성할 것인가 반대할 것인가," 밝은생각, 2020.6., 208면.

1153　Blaze Media, 『Pediatrician drops a bomb on idea that transgenderism is real — completely destroys it with truth』, 15 October 2017; The Goldwater, 『One Big Happy (Sick) Tranny-Family? An Entire Arizona Family, Parents & Kids, Turn Transgender』, 15 December 2017; CBN News, 『TX Dad Faces Final Court Battle That Could Determine if His 7-Year-Old Son Becomes a Girl』, 2 October 2019; 크리스천투데이, 『"동성애·조기 성애화 담은 여가부 어린이 책, 정서적 학대"』, 2020.8.19.

1154　김영길, "인권의 딜레마," 보담, 2021, 361면.

1155　크리스천투데이, 『'젠더 이데올로기' 확산 배경, 네오마르크스주의의 계보』, 2020.4.14.

1156　월간조선, 『[단독] 같은 성교육책인데 우리 번역판에만 'X추가 번쩍 솟아올라' 등 자극적 표현』, 2020.9.4.; 매일안전신문, 『초등학교 성교육 서적 논란 … "고추를 질에 넣고 싶어져, 재미있거든", "신나고 멋진 일이야"』, 2020.8.26.

1157　Fox News, 『Detransitioner slams the entertainment industry for normalizing child gender transitions: 'How low can you go'』, 1 February 2023; 국민일보, 『"동성 간 성접촉'이 에이즈 감염의 주된 경로』, 2019.11.28.

1158　뉴스앤조이, 『반동성애 진영이 발목 잡는 '포괄적 성교육'의 실체』, 2020.9.29.; 김영한 외 지음, "동성애, 21세기 문화충돌," 킹덤북스, 2016.6., 518-520면.

1159　가브리엘 쿠비, "글로벌 성혁명," 밝은생각, 2020, 339-340면; 쿠키뉴스, 『조기 성애화·동성애 미화 논란 '나다움 어린이책'…어른이 기자들이 읽어봤다』, 2020.9.11.; 펜앤드마이크, 『[기고/민성길 교수] "'성인권 교육'이 동성애를 조장한다는 주장은 '가짜뉴스'"인가?』, 2021.3.30.

1160　김미선, 박성수, "청소년이 음란물접촉과 예방대책," 한국중독범죄학회보, 9(1), 2019, 4면.

1161　크리스천투데이, 『""퀴어행사 후원한 오비맥주 강력 규탄"』, 2019.6.4.

1162　가브리엘 쿠비, "글로벌 성혁명," 밝은생각, 2020, 123면.

1163　FEE Stories, 『Antonio Gramsci: the Godfather of Cultural Marxism』, 31 March 2019.

1164　크리스천투데이, 『[김영한 칼럼] 젠더 이데올로기 비판(I)』, 2017.9.29.

1165 펜앤드마이크, 『[기고/민성길 교수] "'성인권 교육'이 동성애를 조장한다는 주장은 '가짜 뉴스'"인가?』, 2021.3.30.
1166 국민일보, 『소아·청소년 성혁명 주장한 성소수자 운동의 민낯, 소아성애』, 2021.10.26.
1167 국민일보, 『독일 교육계선 '소아성애' 과거사 청산 중인데 우리 교육방송은 역행』, 2021.9.7.
1168 Georgiana Preskar, "Seeds of Deception: Planting Destruction of America's Children," AuthorHouse, 2004; 미디어펜, 『동성애에 대한 다섯가지 오해와 진실, 그것이 알고 싶다』, 2015.10.9.; 국민일보, 『동성애자들 50년 넘는 공세에 무너진 美 건국정신… 우리는?』, 2020.4.14.; 김영한 외 지음, "동성애, 21세기 문화충돌," 킹덤북스, 2016, 578-579면; J A Reisman, E W Eichel, "Kinsey, Sex and Fraud: The Indoctrination of a People," Huntington House Publishers, 1990; 정일권, "문화막시즘의 황혼," CLC, 2022, 133면.
1169 The Epoch Times, 『The Sordid History and Deadly Consequences of 'Sex Ed' at School』, 6 April 2020.
1170 The Epoch Times, 『The Totalitarian Agenda Behind LGBT Sex-Ed Revolution at School』, 7 July 2021.
1171 국민일보, 『'다양한 가족'엔 동성혼도… 가정 해체 노린 문화 마르크시즘 반영』, 2021.8.10.; 국민일보, 『[시온의 소리] '동성애 교육 반대 운동'이 필요하다』, 2020.9.3.
1172 김지연, "덮으려는 자 펼치려는 자," 사람, 2019, 466-468면; 의학신문, 『국내 청소년 70%, 에이즈 관련 배운 사실 '없다'』, 2020.11.24.; 프리미엄조선, 『HIV가 뭔지도 모른 채 숙식 위해 아저씨 상대로 '바텀알바'하는 가출소년들』, 2014.11.17.
1173 프레시안, 『성교육 책 회수 촌극…어린이에게도 알 권리가 있습니다』, 2020.9.30.
1174 Pink News, 『Anti-LGBT+ priest tells MPs that sex education leads to sex abuse and anal cancer, and no one stopped her』, 11 March 2020.
1175 매일일보, 『바른 인권 여성연합 "여가부의 나다움 성교육 도서, 성교육 폐기하라"』, 2020.9.1.; 월간조선, 『"초등학교 성교육 교재 논란…편향정책 일삼는 여성가족부 해체해야"(바른 인권 여성연합)』, 2020.9.1.; 펜앤드마이크, 『[심층분석] 여성가족부가 해체되어야 하는 4가지 이유』, 2022.3.16.
1176 G Remafedi 1, J A Farrow, R W Deisher, "Risk factors for attempted suicide in gay and bisexual youth," Pediatrics, 87(6), June 1991, pp.869-875.
1177 김지연, "덮으려는 자 펼치려는 자," 사람, 2019, 466-468면; 의학신문, 『국내 청소년 70%, 에이즈 관련 배운 사실 '없다'』, 2020.11.24.; 프리미엄조선, 『HIV가 뭔지도 모른 채 숙식 위해 아저씨 상대로 '바텀알바'하는 가출소년들』, 2014.11.17.
1178 의학신문, 『에이즈 감염 예방 위한 정책과 노력 시급하다』, 2016.12.7.
1179 PD저널, 『'퀴어=동성애?' 의미조차 축소하는 공영방송』, 2016.6.13.; 한국기자협회, 한국기자협회 인권보도준칙, https://www.journalist.or.kr/news/section4.html?p_num=7
1180 김영한 외 지음, "동성애, 21세기 문화충돌," 킹덤북스, 2016.6., 529면.
1181 명재진 외 6인, "포괄적 차별금지법, 찬성할 것인가 반대할 것인가," 밝은생각, 2020.6., 91면; The Heritage Foundation, 『How the Equality Act's Gender Ideology Would Harm Children』, 9 June 2021.
1182 뉴스윈코리아, 『동성애에 의해 '완전히' 점령당한 미국의 대학들』, 2017.6.8.

1183 Science, 『New paper ignites storm over whether teens experience 'rapid onset' of transgender identity』, 30 August 2018; The Federalist, 『Research Claiming Sex-Change Benefits Is Based On Junk Science』, 13 April 2017; World, 『Transfluence』, 7 September 2018; NBC News, 『Brown criticized for removing article on transgender study』, 6 September 2018.

1184 헌법재판소 2020.9.24. 2019헌마472 등 결정, 판례집 32-2, 348면; 헌법재판소 2003.9.25. 2001헌마814 등 결정, 판례집 15-2상, 443면.

1185 헌법재판소 2018.8.30. 2015헌가38 결정, 판례집 30-2, 206면.

1186 헌법재판소 2003.12.18. 2002헌바14 등 결정, 판례집 15-2하, 466면; 헌법재판소 2003.2.27. 2000헌바26 결정, 판례집 15-1, 176면.

1187 데일리굿뉴스, 『동성애 반대 이상원 교수 부당해임 철회 공동성명』, 2021.6.8.

1188 뉴스앤조이, 『[편집국에서] 총신 성희롱 사건은 '폭력'의 문제』, 2020.5.27.; 크리스천투데이, 『"총신대, 이상원 교수 탄압하려는가?"』, 2019.12.3.

1189 대한내과학회, "해리슨 내과학," MIP, 2010, 1388면; 국민일보, 『남성 동성애자들, 왜 이러나…10대 청소년까지』, 2016.10.4.; 김지연, "덮으려는 자 펼치려는 자," 사람, 2019, 375면; 국민일보, 『[긴급진단-퀴어문화축제 실체를 파헤친다 ⑨] 동성애단체 "에이즈에 무방비 노출" 자인』, 2015.6.10.

1190 헬스조선, 『국내 에이즈 감염 경로, 동성·양성 성접촉이 60%』, 2018.8.28.; 크리스천투데이, 『"10~20대 에이즈 감염 주된 경로는 동성 간 성접촉"』, 2019.11.28.; 크리스천투데이, 『HIV 감염 경로, 동성 간 성접촉이 과반… 이유는?』, 2020.7.14.

1191 헬스조선, 『프레디 머큐리도 울게 한 '에이즈'… 동성 간 잘 감염되는 이유』, 2018.12.6.

1192 프레시안, 『김순례 의원의 국정감사를 '팩트감사' 했습니다』, 2018.10.12.

1193 의학신문, 『국내 청소년 70%, 에이즈 관련 배운 사실 '없다'』, 2020.11.24.; 김지연, "덮으려는 자 펼치려는 자," 사람, 2019, 457면; 쿠키뉴스, 『늘어나는 10대 에이즈…"치료제론 한계, 예방 중요하다"』, 2021.11.23.; 질병관리청, 『2020 HIV/AIDS 신고 현황 연보』, 2021.8., 6면; 약업신문, 『서정숙 의원, '2020 세계 에이즈의 날' 기념세미나 개최』, 2020.11.24.

1194 뉴스원코리아, 『동성애에 의해 '완전히' 점령당한 미국의 대학들』, 2017.6.8.

1195 데일리굿뉴스, 『동성애 반대 이상원 교수 부당해임 철회 공동성명』, 2021.6.8.; 크리스천투데이, 『"이상원 교수 회부, 대통령이 재판에 관여한 꼴"』, 2020.1.16.

1196 뉴스앤조이, 『총신대, 수업 중 성희롱 혐의 이상원 교수 해임』, 2020.5.26.

1197 크리스천투데이, 『"이상원 교수 해임 철회" 총신 학생들 요청 쇄도』, 2020.5.22.

1198 크리스천투데이, 『"이상원 교수 해임은 관선이사가? 총장 역할은 무엇인가"』, 2020.5.28.

1199 크리스천투데이, 『"이상원 교수 해임, 동성애 특강 학습 권리 침해"』, 2020.5.27.

1200 크리스천투데이, 『"총신대 이상원 교수가 파렴치한 성희롱 가해자인가?"』, 2020.3.23.

1201 국민일보, 『"학교 정상화, 회복·혁신이 핵심"』, 2020.5.26.

1202 크리스천투데이, 『이상원 교수 "의학적 사실, 성희롱으로 곡해" 반박 대자보』, 2019.11.20.

1203 가브리엘 쿠비, "글로벌 성혁명," 밝은생각, 2020, 344면.

1204 크리스천투데이, 『유튜버 책읽는사자 "총신대 이상원 교수 해임, 상식 밖… 제2의 신사참배"』, 2020.5.21.

1205 명재진 외 6인, "포괄적 차별금지법, 찬성할 것인가 반대할 것인가," 밝은생각, 2020.6., 311-312면.
1206 김영한 외 지음, "동성애, 21세기 문화충돌", 킹덤북스, 2016, 507면; 미디어오늘, 『'성인권 교육'이 동성애를 조장한다는 주장은 '가짜뉴스'』, 2021.3.18.; 뉴스컬처, 『[사이컬처] 동성에, 선택인가? 유전인가?』, 2014.9.17.; 조선비즈, 『팀 쿡 커밍아웃…과학의 관점에서 본 동성애는?』, 2014.11.2.; 전자신문, 『[사이언스 인 컬쳐] 동성애』, 2010.10.23.; 서울신문, 『"게이는 선천적…DNA부터 다르다" 美연구팀 주장』, 2014.2.14.; 한국일보, 『동성애는 왜 존재하는가』, 2009.3.18.; 프레시안, 『'국가의 적' 동성애자는 어떻게 해방되었나』, 2014.1.10.
1207 국민일보, 『"동성애는 유전적으로 타고나는 것이 아니라 치료 가능한 질병"』, 2020.9.18.
1208 대법원 2020.6.4. 선고 2020도3975 판결; 대구지방법원 2020.2.19. 선고 2019노2758 판결; 대구지방법원 서부지원 2019.6.28. 선고 2017고단2897 판결; 대구지방법원 2021.7.8. 선고 2020구합27005 판결; 법률신문, 『초등학생에게 '동성애 위험' 유튜브 보게 했다면… 학대행위 해당』, 2020.8.6; 대구MBC, 『동성애 혐오 영상'보여준 보육교사"자격취소 적법"』, 2021.7.13.; KBS뉴스, 『봉사 온 초등학생에게 '동성애·이상성애' 성교육 영상…대법 "정서적 학대"』, 2020.8.6.; 대구MBC, 『부적절한 영상으로 성교육..대법, "정서적 학대"』, 2020.8.14.; 데일리굿뉴스, 『동성애 반대 이상원 교수 부당해임 철회 공동성명』, 2021.6.7.; 국민일보, 『"학교 정상화, 회복·혁신이 핵심"』, 2020.5.26.; 노컷뉴스, 『총신대, 성희롱 발언 이상원 교수 해임』, 2020.5.20.
1209 크리스천투데이, 『[이명진 칼럼] 이상원 교수의 해임 징계 정당하지 못하다』, 2020.5.22.
1210 쉴라 제프리스, "젠더는 해롭다", 열다북스, 2019, 143면.
1211 헌법재판소 2014.8.28. 2011헌바32 등 결정, 판례집 26-2상, 242면.
1212 헌법재판소 1992.11.12. 89헌마88 결정, 판례집 4, 739면.
1213 펜앤드마이크, 『[단독] 여가부 '외설 동화책', 펜앤보도후 초등학교서 회수나섰지만 서울교육청 공공도서관에는 그대로』, 2020.8.31.; 뉴스앤조이, 『[편집국에서] 총신 성희롱 사건은 '폭력'의 문제』, 2020.5.27.; 크리스천투데이, 『"총신대, 이상원 교수 탄압하려는가?"』, 2019.12.3.
1214 헌법 제20조 제2항.
1215 크리스천투데이, 『"총신대 이상원 교수가 파렴치한 성희롱 가해자인가?"』, 2020.3.23.
1216 국가인권위원회, "건학 이념을 이유로 대학 내 성소수자 강연회·대관 불허는 집회자유·평등권 침해" 보도자료, 2019.1.7.; 경향신문, 『한동대 교수 "사회적 폐해 동성애가 기본권? 억지 주장"』, 2019.1.14.; 서울신문, 『인권위, "기독 대학에서 성소수자 강연 불허는 인권 침해"』, 2019.1.18.; 이투데이, 『인권위 "기독 대학에서 성소수자 강연 불허는 인권 침해"』, 2019.1.9.; 아시아투데이, 『국회 포럼, "국가인권위, 기독교 탄압·종교자유 침해·월권행위"』, 2019.2.3.; 민중의 소리, 『[사설] 개신교 대학의 인권침해 막기 위해 차별금지법 제정해야』, 2019.1.16.
1217 국민일보, 『[미션 톡!] "다자연애가 무슨 문제냐"… 인권위의 도덕 불감증』, 2018.3.16.
1218 크리스천투데이, 『"인권위, 한동대 간섭말라… 건학이념 존중해야"』, 2018.3.19.
1219 아시아투데이, 『국회 포럼, "국가인권위, 기독교 탄압·종교자유 침해·월권행위"』, 2019.2.3.
1220 쿠키뉴스, 『늘어나는 10대 에이즈…"치료제론 한계, 예방 중요하다"』, 2021.11.23.; 의

학신문, 『국내 청소년 70%, 에이즈 관련 배운 사실 '없다'』, 2020.11.24.; 후생신문, 『청소년 70% 에이즈 교육 받은적 없다』, 2020.11.24.; 약업신문, 『서정숙 의원, '2020 세계 에이즈의 날' 기념세미나 개최』, 2020.11.24.; 헬스인뉴스, 『국민의힘 서정숙 의원, '2020 세계 에이즈의 날' 기념세미나 '디셈버퍼스트' 개최』, 2020.11.25.; 데일리굿뉴스, 『청소년 에이즈 감염 급증하는데…정작 실상에 대해선 몰라』, 2020.11.24.

1221 김지연, "덮으려는 자 펼치려는 자," 사람, 2019, 457면.
1222 헌법재판소 2020.9.24. 2018헌마444 결정, 판례집 32-2, 337면; 헌법재판소 2001.11.29. 2000헌마278결정, 판례집 13-2, 762면.
1223 헌법재판소 2003.3.27. 2002헌마573 결정, 판례집 15-1, 319면; 헌법재판소 2001.11.29. 2000헌마278 결정, 판례집 13-2, 762면.
1224 국민일보, 『"학교 정상화, 회복·혁신이 핵심"』, 2020.5.26.; 크리스천투데이, 『"총신대 이상원 교수가 파렴치한 성희롱 가해자인가?"』, 2020.3.23.
1225 뉴스웍스, 『"인권위의 '제3의 성' 인정 시도는 결국 '여자'의 권익 침해할 것"』, 2019.11.19.
1226 크리스천투데이, 『"이상원 교수 해임한 총신, 사회적 압력에 저항하라"』, 2020.5.22.
1227 헌법재판소 2022.5.26. 2021헌마527 결정, 공보 제308호, 1면; 헌법재판소 2022.3.31. 2021헌마1230 결정, 공보 제306호, 560면; 헌법재판소 2013.11.28. 2007헌마1189 등 결정, 판례집 25-2하, 398면.
1228 경향신문, 『3세 아동들의 '러브 라인', 이상하지 않나요?』, 2020.4.14.; 프레시안, 『성교육 책 회수 촉구…어린이에게도 알 권리가 있습니다』, 2020.9.30.
1229 펜앤드마이크, 『[이명진 칼럼] 국가인권위원회 폐지론』, 2021.7.20.
1230 미디어오늘, 『'성인권 교육'이 동성애를 조장한다는 주장은 '가짜뉴스'』, 2021.3.18.
1231 국민일보, 『[동성애자 입장만 강조한 중·고 교과서] 동성애-에이즈 연관성 명시한 교과서 한권도 없어』, 2015.9.2.
1232 아시아투데이, 『국회 '교육의 문제점 개선 토론회'…"중·고등학교 교과서 개선해야"』, 2018.12.13.
1233 한국교육신문, 『<현장의 눈> 학교에서 동성애를 가르치란 말인가』, 2014.12.1.
1234 국민일보, 『국내 기독교계, "동성애·동성결혼 합법화 개헌 저지"에 총력』, 2017.8.11.
1235 김영길, "인권의 딜레마," 보담, 2021, 335면; 조영길, "동성애 차별금지법에 대한 교회의 복음적 대응," 밝은생각, 2020, 106면.
1236 뉴스웍스, 『"인권위의 '제3의 성' 인정 시도는 결국 '여자'의 권익 침해할 것"』, 2019.11.19.; Catholic News Agency, 『How a new executive order would promote gender ideology and silence free speech at schools』, 11 March 2021.
1237 월간조선, 『[단독] 같은 성교육책인데 우리 번역판에만 'X추가 번쩍 솟아올라' 등 자극적 표현』, 2020.9.4.; 매일안전신문, 『초등학교 성교육 서적 논란 ... "고추를 질에 넣고 싶어져, 재미있거든", "신나고 멋진 일이야"』, 2020.8.26.
1238 조영길, "동성애 차별금지법에 대한 교회의 복음적 대응," 밝은생각, 2020, 105면.; 국민일보, 『[동성애자 입장만 강조한 중·고 교과서] 동성애-에이즈 연관성 명시한 교과서 한권도 없어』, 2015.9.2.; 국민일보, 『최영애 국가인권위원장 후보자 "동성애 단죄하는 軍형법 폐지해야"』, 2018.8.29.
1239 국민일보, 『[기고] 지난 18년간 국가인권위가 해온 동성애 옹호·조장 및 반대 억제 활동』, 2019.11.27.

1240 PD저널, 『'퀴어=동성애?' 의미조차 축소하는 공영방송』, 2016.6.13.; 한국기자협회, 한국기자협회 인권보도준칙, https://www.journalist.or.kr/news/section4.html?p_num=7

1241 한국교육신문, 『<현장의 눈> 학교에서 동성애를 가르치란 말인가』, 2014.12.1.; 김지연, "덮으려는 자 펼치려는 자," 사람, 2019, 454면.

1242 명재진 외 6인, "포괄적 차별금지법, 찬성할 것인가 반대할 것인가," 밝은생각, 2020.6., 280면; 김영한 외 지음, "동성애, 21세기 문화충돌," 킹덤북스, 2016.6., 527-528면

1243 국민일보, 『"남성 동성애자 성관계와 에이즈의 높은 상관성 공개하라"』, 2016.10.1.

1244 미디어펜, 『동성애? 성 이용 특정 목적 노린 거짓 세력 경계해야』, 2015.10.12.

1245 메디파타뉴스, 『에이즈 폭등 "질본, 감염원인 동성애 제대로 알려야"』, 2018.10.11.; 김지연, "덮으려는 자 펼치려는 자," 사람, 2019, 503면.

1246 김영한 외 지음, "동성애, 21세기 문화충돌," 킹덤북스, 2016.6., 382면; 국민일보, 『"청소년 에이즈 확산... 동성애 주된 이유 맞다"』, 2017.12.3.; 크리스천투데이, 『"10~20대 에이즈 감염 주된 경로는 동성 간 성접촉"』, 2019.11.28.; 크리스천투데이, 『"10·20대, 에이즈 위험에 노출… '성적지향' 삭제해야"』, 2019.11.26.

1247 국민일보, 『""에이즈와 동성애 긴밀한 상관성 밝히라" 학부모 단체, 질병관리본부 앞에서 시위"』, 2016.9.29.

1248 https://www.cdc.gov/hiv/group/gay-bisexual-men/index.html

1249 국민일보, 『청소년 HIV 감염자 92% 남성 간 성접촉… WHO '고위험군' 적시』, 2019.9.17.; 국민일보, 『"남성 동성애자 성관계와 에이즈의 높은 상관성 공개하라"』, 2016.10.1.; 크리스천투데이, 『"10~20대 에이즈 감염 주된 경로는 동성 간 성접촉"』, 2019.11.28.

1250 http://www.nih.go.jp/niid/ja/diseases/alphabet/aids.html

1251 https://www.ecdc.europa.eu/en/publications-data/hivaids-eu-and-eea

1252 국민일보, 『"남성 동성애자 성관계와 에이즈의 높은 상관성 공개하라"』, 2016.10.1.

1253 경상매일신문, 『<윤정배 칼럼>동성애와 에이즈 V』, 2018.5.18.

1254 의학신문, 『HIV 감염률 걱정 된다』, 2016.12.1.; 국민일보, 『복지부 "남성 동성애자 그룹은 1순위 에이즈 고위험군" 명시』, 2019.9.10.; 국민일보, 『"청소년 에이즈 확산... 동성애 주된 이유 맞다"』, 2017.12.3.; 김지연, "덮으려는 자 펼치려는 자," 사람, 2019, 422면; 경상매일신문, 『<윤정배 칼럼>동성애와 에이즈 II』, 2018.4.27.; 연합뉴스, 『[건강이 최고] 국내 에이즈 감염 60%는 '동성끼리'…10·20대 '위험수위'』, 2018.8.25.

1255 쿠키뉴스, 『늘어나는 10대 에이즈…"치료제론 한계, 예방 중요하다"』, 2021.11.23.; 의학신문, 『국내 청소년 70%, 에이즈 관련 배운 사실 '없다'』, 2020.11.24.; 후생신문, 『청소년 70% 에이즈 교육 받은적 없다』, 2020.11.24.; 약업신문, 『서정숙 의원, '2020 세계 에이즈의 날' 기념세미나 개최』, 2020.11.24.; 헬스인뉴스, 『국민의힘 서정숙 의원, '2020 세계 에이즈의 날' 기념세미나 '디셈버퍼스트' 개최』, 2020.11.25.; 데일리굿뉴스, 『청소년 에이즈 감염 급증하는데…정작 실상에 대해선 몰라』, 2020.11.24.

1256 의학신문, 『HIV 감염률 걱정 된다』, 2016.12.1.; 김지연, "덮으려는 자 펼치려는 자," 사람, 2019, 414면, 508면; 국민일보, 『"에이즈는 치명적 질병" 만성질환처럼 호도해선 안 돼"』, 2021.2.22.;
https://www.ohchr.org/EN/Issues/Health/Pages/HIVandAIDS.aspx

1257 김지연, "덮으려는 자 펼치려는 자," 사람, 2019, 472면.

1258 뉴스윈코리아, 『30대 동성애 에이즈 환자의 절규』, 2015.12.8.
1259 PD저널, 『'퀴어=동성애?' 의미조차 축소하는 공영방송』, 2016.6.13.; 한국기자협회, 한국기자협회 인권보도준칙, https://www.journalist.or.kr/news/section4.html?p_num=7
1260 김영한 외 지음, "동성애, 21세기 문화충돌," 킹덤북스, 2016.6., 518-520면.
1261 Gary Remafedi, Michael Resnick, Robert Blum, Linda Harris, "Demography of Sexual Orientation in Adolescents," Pediatrics, 89(4), April 1992, pp.714-721; Lisa M Diamond, "Sexual identity, attractions, and behavior among young sexual-minority women over a 2-year period," Developmental Psychology, 36(2), March 2000, pp.241-250; Lisa M Diamond, "Was it a phase? Young women's relinquishment of lesbian/bisexual identities over a 5-year period," Journal of Personality and Social Psychology, 84(2), February 2003, pp.352-364; 국민일보, 『"동성애 치료 연구결과 평균 79% 효과"… "선천적" 주장 뒤엎어』, 2019.12.20.; 펜앤드마이크, 『[기고/민성길 교수] "'성인권 교육'이 동성애를 조장한다는 주장은 '가짜뉴스'"인가?』, 2021.3.30.
1262 Ritch C Savin-Williams, Geoffrey L Ream, "Pubertal onset and sexual orientation in an adolescent national probability sample," Archives of Sexual Behavior, 35(3), June 2006, pp.279-286; Ritch C Savin-Williams, Geoffrey L Ream, "Prevalence and stability of sexual orientation components during adolescence and young adulthood," Archives of Sexual Behavior, 36(3), June 2007, pp.385-394.
1263 국민일보, 『"동성 간 성 접촉'이 에이즈 감염의 주된 경로"』, 2019.11.28.; 가브리엘 쿠비, "글로벌 성혁명", 밝은생각, 2020, 344면.
1264 김영한 외 지음, "동성애, 21세기 문화충돌," 킹덤북스, 2016.6., 528면.
1265 펜앤드마이크, 『[기고/민성길 교수] "'성인권 교육'이 동성애를 조장한다는 주장은 '가짜뉴스'"인가?』, 2021.3.30.
1266 백상현, "가짜 인권, 가짜 혐오, 가짜 소수자," 밝은생각, 2017, 206-208면.
1267 김선희, 김미숙, "청소년의 랜덤 채팅 중독으로 인한 성의식 변화와 성매매 대응방안," 한국중독범죄학회보, 7(3), 2017, 8-9면.
1268 질병관리본부 국립보건연구원 면역병리센터 에이즈·종양바이러스과, "우리나라 HIV 감염인의 최초 감염진단 이후 생존율 변화," 주간 건강과 질병, 2009, 1면.
1269 김지연, "덮으려는 자 펼치려는 자," 사람, 2019, 363면, 465-466면.
1270 김지연, "덮으려는 자 펼치려는 자," 사람, 2019, 518면.
1271 김선희, 김미숙, "청소년의 랜덤 채팅 중독으로 인한 성의식 변화와 성매매 대응방안," 한국중독범죄학회보, 7(3), 2017, 15면.
1272 김선희, 김미숙, "청소년의 랜덤 채팅 중독으로 인한 성의식 변화와 성매매 대응방안," 한국중독범죄학회보, 7(3), 2017, 1면, 12면.
1273 데일리굿뉴스, 『친목 위해 사용?…'동성애 데이팅 앱'의 민낯』, 2021.9.21.
1274 김선희, 김미숙, 청소년의 랜덤 채팅 중독으로 인한 성의식 변화와 성매매 대응방안, 한국중독범죄학회보, 7(3), 2017, 2면; CNN Business, 『China's top gay dating app stops accepting new users after claims it put minors at risk』, 7 January 2019; Pink News, 『Comment: The dark side of gay dating sites』, 20 February 2013.
1275 Jennifer Hecht, Maria Zlotorzynska, Travis H Sanchez, Dan Wohlfeiler, "Gay Dating App Users Support and Utilize Sexual Health Features on Apps," AIDS and

Behavior, 11 January 2022.; Kathryn Macapagal, Ashley Kraus, David A Moskowitz, Jeremy Birnholtz, "Geosocial Networking Application Use, Characteristics of App-Met Sexual Partners, and Sexual Behavior Among Sexual and Gender Minority Adolescents Assigned Male at Birth," Journal of Sex Research, 57(8), October 2020, pp.1078-1087; NBC News, 『Sex and drugs: Popular gay dating app allows users to find more than a date』, 1 August 2018.

1276 Carlos Hermosa-Bosano, Paula Hidalgo-Andrade, Clara Paz, "Geosocial Networking Apps Use Among Sexual Minority Men in Ecuador: An Exploratory Study," Archives of Sexual Behavior, 50(7), October 2021, pp.2995-3009.

1277 The Times, 『I was 13 and on dating apps in seconds. Years of rape followed』, 10 February 2019.

1278 Luca Flesia, Valentina Fietta, Carlo Foresta et al., "What Are You Looking For? Investigating the Association Between Dating App Use and Sexual Risk Behaviors," Sexual Medicine, 9(4), August 2021, 100405; Ian W Holloway 1, Craig A Pulsipher, Jeremy Gibbs et al., "Network Influences on the Sexual Risk Behaviors of Gay, Bisexual and Other Men Who Have Sex with Men Using Geosocial Networking Applications," AIDS and Behavior, 19 Suppl 2(Suppl 2), June 2015, pp.112-122; Artur Acelino Francisco Luz Nunes Queiroz, Alvaro Francisco Lopes de Sousa et al., "A Review of Risk Behaviors for HIV Infection by Men Who Have Sex With Men Through Geosocial Networking Phone Apps," The Journal of the Association of Nurses in AIDS Care, 28(5), September-October 2017, pp.807-818; Huachun Zou, Song Fan, "Characteristics of Men Who Have Sex With Men Who Use Smartphone Geosocial Networking Applications and Implications for HIV Interventions: A Systematic Review and Meta-Analysis," Archives of Sexual Behavior, 46(4), May 2017, pp.885-894; CBS News, 『Gay "hook-up" apps tied to higher STD infection rates, study finds』, 13 June 2014; The Boston Globe, 『Gay men who use dating apps at increased risk for STDs』, 16 June 2014; Pink News, 『Study finds dating app users are more likely to contract STIs』, 13 June 2014.

1279 백상현, "가짜 인권, 가짜 혐오, 가짜 소수자," 밝은생각, 2017, 206-208면.

1280 데일리굿뉴스, 『친목 위해 사용?…'동성애 데이팅 앱'의 민낯』, 2021.9.21.

1281 의학신문, 『'에이즈 감염 예방 위한 정책과 노력 시급하다'』, 2016.12.7.

1282 김지연, "덮으려는 자 펼치려는 자," 사람, 2019, 467-468면.

1283 프리미엄조선, 『HIV가 뭔지도 모른 채 숙식 위해 아저씨 상대로 '바텀알바'하는 가출소년들』, 2014.11.17.; 위키트리, 『'바텀알바'하는 가출 청소년들』, 2014.11.17.

1284 헌법재판소 2011.10.25. 2011헌가1 결정, 판례집 23-2상, 759면.

1285 송봉규, 이성대, "성매매알선 애플리케이션의 실태와 대책," 한국중독범죄학회보, 9(4), 2019, 54면.

1286 김선희, 김미숙, "청소년의 랜덤 채팅 중독으로 인한 성의식 변화와 성매매 대응방안," 한국중독범죄학회보, 7(3), 2017, 13면.

1287 연합뉴스, 『[건강이 최고] 국내 에이즈 감염 60%는 '동성끼리'…10·20대 '위험수위'』, 2018.8.25.

1288 United States, Congress, House, Committe, "Policy Implications of Lifting the ban on Homosexuals in the Military: Hearings Before the Committee on Armed Services, House of Representatives, One Hundred Third Congress First Session, Hearings Held May 4 and 5, 1993," Palala Press, September 2015, pp.116-117.

1289 Paul Cameron, "Homosexual Molestation of Children/Sexual Interaction of Teacher and Pupil. Psychological Reports," 57(3 Pt 2), December 1985, pp.1227-1236.; P Cameron, K Proctor, W Coburn Jr, N Forde, H Larson, K Cameron, "Child Molestation and Homosexuality," Psychological Reports, 58(1), February 1986, pp.327-337; Paul Cameron, "Child Molestation and Homosexuality," Institute for the Scientific Investigation of Sexuality, 1987.

1290 K Jay, A Young, "The Gay Report," Summit, 1979, p.275; Brad Hayton, "The Homosexual Agenda," Focus on the Family, 1990, p.15.

1291 의학신문, 『'에이즈 감염 예방 위한 정책과 노력 시급하다'』, 2016.12.7.

1292 Pink News, 『Grindr has revolutionised gay dating culture, according to a new PhD』, 13 October 2017.

1293 Huffpost, 『What Happens When Men Have Sex with Teenage Boys』, 20 February 2017.

1294 국민일보, 『"남성 동성애자 성관계와 에이즈의 높은 상관성 공개하라"』, 2016.10.1.

1295 국민일보, 『[기고] 진중권 교수의 발언에 대한 반론』, 2020.5.6.

1296 크리스천투데이, 『"차별금지법 제정되면 최대 피해자는 동성애자"』, 2017.7.13.

1297 파이낸셜뉴스, 『정은경 본부장에, 野의원 과거 '사퇴 요구' 재조명』, 2020.4.13.; 굿모닝충청, 『정은경 본부장…한국당에게 '강제사퇴' 당할 뻔한 사연 "끔찍"』, 2020.4.12.

1298 국민일보, 『"청소년들이 항문알바 하고 있다" 김순례 의원 발언 화제』, 2018.10.12.

1299 CNN Business, 『China's top gay dating app stops accepting new users after claims it put minors at risk』, 7 January 2019; Pink News, 『Comment: The dark side of gay dating sites』, 20 February 2013.

1300 뉴시스, 『울산 고교선 '동성애 교육'…시의회는 '학생민주시민조례' 폐지 추진』, 2023.5.17.; 경상일보, 『고교 동성애교육 논란 확산…학부모단체 대책 촉구』, 2023.5.19.; 울산신문, 『"고교 동성애 조장 강연은 교육중립성 위반"』, 2023.5.18.; 국제신문, 『울산 한 고교 성소수자 쓴 강의자료로 동성애 등 교육해 논란』, 2023.5.16.

1301 Fox News, 『Detransitioner slams the entertainment industry for normalizing child gender transitions: 'How low can you go'』, 1 February 2023.

1302 김미선, 박성수, "청소년이 음란물접촉과 예방대책," 한국중독범죄학회보, 9(1), 2019, 1-22면.

1303 국민일보, 『[동성애자 입장만 강조한 중·고 교과서] 동성애-에이즈 연관성 명시한 교과서 한권도 없어』, 2015.9.2.

1304 김영한 외 지음, "동성애, 21세기 문화충돌," 킹덤북스, 2016.6., 527-528면.

1305 경상매일신문, 『<윤정배 칼럼>동성애와 에이즈 II』, 2018.4.27.

1306 Reuters, 『Nearly half of gay, bi men in UK sexually assaulted, survey finds』, 23 July 2021; Pink News, 『Almost half of gay and bi men have been sexually assaulted, troubling research finds』, 22 July 2021; Them, 『Nearly Half of Queer Men Have Survived Sexual Violence, According to New Study』, 22 July 2021.

1307 국민일보, 『최영애 국가인권위원장 후보자 "동성애 단죄하는 軍刑法 폐지해야"』, 2018.8.29.; 홍성수, "말이 칼이 될 때," 어크로스, 2018, 33면, 43면, 51면, 177면.

1308 뷰스앤뉴스, 『김순례 "바텀알바 아느냐", 복지위 파행』, 2018.10.11.
1309 일요신문, 『10대 남학생 충격 고백 '바텀알바'를 아시나요』, 2013.3.20.
1310 펜앤드마이크, 『[이명진 칼럼] 국가인권위원회 폐지론』, 2021.7.20.; 김영한 외 지음, "동성애, 21세기 문화충돌," 킹덤북스, 2016.6., 527-528면.
1311 CNN Business, 『China's top gay dating app stops accepting new users after claims it put minors at risk』, 7 January 2019; Pink News, 『Comment: The dark side of gay dating sites』, 20 February 2013.
1312 김지연, "덮으려는 자 펼치려는 자," 사람, 2019, 518면.
1313 경상매일신문, 『<윤정배 칼럼>동성애와 에이즈 II』, 2018.4.27.
1314 Mercatornet, 『Gender ideology harms children』, 28 Mar 2016; Blazemedia, 『Transgenderism of Children is Child Abuse, American College of Pediatricians Rules』, 26 March 2016; https://www.flfamily.org/genderideologyharmschildren
1315 Cecilia Dhejne, Paul Lichtenstein, Marcus Boman, "Long-term follow-up of transsexual persons undergoing sex reassignment surgery: cohort study in Sweden," PLoS One, 6(2), February 2011, e16885; Business World, 『Sexual mutilations』, 3 March 2022.
1316 Jack Drescher, Jack Pula, "Ethical issues raised by the treatment of gender-variant prepubescent children," The Hastings Center Report, 17 September 2014; Michelle A. Cretella, Quentin Van Meter, Paul McHugh, "Gender Ideology Harms Children," American College of Pediatricians, 14 September 2017.
1317 The Telegraph, 『Minister orders inquiry into 4,000 per cent rise in children wanting to change sex』, 16 September 2018; 미디어인권연구소 뭉클, "평등법 관련 미디어 모니터링," 국가인권위원회, 2020.12.18., 177면; Thomas D Steensma, Roeline Biemond, Fijgje de Boer, Peggy T Cohen-Kettenis, "Desisting and persisting gender dysphoria after childhood: a qualitative follow-up study," Clinical Child Psychology Psychiatry, 16(4), October 2011, pp.499-516; Public Discourse, 『Public School LGBT Programs Don't Just Trample Parental Rights. They Also Put Kids at Risk』, 8 June 2015; The Daily Signal, 『Yes, Schools Are Secretly Trying to 'Gender Transition' Kids, and It Must Be Stopped』, 22 March 2022; Catholic News Agency, 『School district can't hide student gender identity 'transition' from parents, Wis. judge says』, 30 September 2020.
1318 Mary Rice Hasson, Theresa Farnan, "Get Out Now: Why You Should Pull Your Child from Public School Before It's Too Late," Regnery Gateway, 2018.
1319 펜앤드마이크, 『[이명진 칼럼] 국가인권위원회 폐지론』, 2021.7.20.
1320 헌법재판소 2002.10.31. 99헌바40 등 결정, 판례집 14-2, 390면.
1321 월간조선, 『[단독] 같은 성교육책인데 우리 번역판에만 'X추가 번쩍 솟아올라' 등 자극적 표현』, 2020.9.4.; 매일안전신문, 『초등학교 성교육 서적 논란 … "고추를 질에 넣고 싶어져, 재미있거든", "신나고 멋진 일이야"』, 2020.8.26.
1322 가브리엘 쿠비, "글로벌 성혁명," 밝은생각, 2020, 344면.
1323 국회여성가족위원회, "인터넷 성매매 실태 및 대책에 관한 연구," 국회여성가족위원회 정책연구, 2007; 송봉규, 이성대, "성매매알선 애플리케이션의 실태와 대책," 한국중독범죄학회보, 9(4), 2019, 54-55면.

1324 김지연, "덮으려는 자 펼치려는 자," 사람, 2019, 518면.
1325 Pink News, 『Massachusetts police officer accused of rape of 13-year-old boy he met on Grindr』, 27 February 2019; Pink News, 『13-year-old boy sexually abused 'by 21 men' on Grindr』, 11 February 2019; The Sunday Times, 『I was 13 and on dating apps in seconds. Years of rape followed』, 10 February 2019; Pink News, 『Drugs-binge doctor asked a '13-year-old boy' to have unprotected sex on Grindr』, 22 September 2017.
1326 명재진 외 6인, "포괄적 차별금지법, 찬성할 것인가 반대할 것인가," 밝은생각, 2020.6., 352면.
1327 미디어오늘, 『WHO, 동성애와 트랜스젠더는 정상적인 삶의 형태로 규정』, 2021.4.12.
1328 명재진 외 6인, "포괄적 차별금지법, 찬성할 것인가 반대할 것인가," 밝은생각, 2020.6., 267면.
1329 Naomi R. Wray, Stephan Ripke et al., "Genome-wide association analyses identify 44 risk variants and refine the genetic architecture of major depression," Nature Genetics, 50, 26 April 2018, pp.668-681; Medical News Today, 『Depression: Pioneering study pinpoints 44 genetic culprits』, 27 April 2018; Psychology Today, 『Massive Study Clarifies Genetic Risks of Major Depression』, 29 April 2018; Worldhealth.net, 『44 Genomic Variants Linked To Depression』, 2 May 2018; 메디게이트뉴스, 『세계 최대 규모의 연구에서 우울증의 위험 요인 관련 44개 유전자 변이를 확인했다』, 2018.4.30.; 메디컬투데이, 『우울증 발병 위험 높이는 유전자 변이 44종 규명』, 2018.4.27.
1330 MTN 뉴스, 『우울증 새 치료제 나오고 있지만…치료비 어쩌나』, 2021.9.20.
1331 국민일보, 『"동성애 치료 연구결과 평균 79% 효과"… "선천적" 주장 뒤엎어』, 2019.12.20.
1332 미디어펜, 『동성애에 대한 다섯가지 오해와 진실, 그것이 알고 싶다』, 2015.10.9.; 국민일보, 『"동성애는 유전적으로 타고나는 것이 아니라 치료 가능한 질병"』, 2020.9.18.; 국민일보, 『[칼럼] 동성애자의 낙원을 만들려고 하는 차별금지법』, 2021.5.25.
1333 Satoshi Kanazawa, "Possible evolutionary origins of human female sexual fluidity," Biological Reviews of the Cambridge Philosophical Society, 92(3), August 2017, pp.1251-1274; Pink News, 『Women's sexual orientations 'may not' be fixed, says study』, 21 May 2016; Lisa M Diamond, "Was it a phase? Young women's relinquishment of lesbian/bisexual identities over a 5-year period," Journal of Personality and Social Psychology, 84(2), February 2003, pp.352-364; Lisa M Diamond, "A New View of Lesbian Subtypes: Stable Versus Fluid Identity Trajectories over an 8-Year Period," Psychology of Women Quarterly, 29(2), June 2005, pp.119-128; Lisa M Diamond, "Sexual identity, attractions, and behavior among young sexual-minority women over a 2-year period," Developmental Psychology, 36(2), March 2000, pp.241-250; Lisa M Diamond, "Sexual Fluidity: Understanding Women's Love and Desire," Harvard University Press, 2009, p.52; Lisa M Diamond, "The desire disorder in research on sexual orientation in women: contributions of dynamical systems theory," Archives of Sexual Behavior, 41(1), February 2012, pp.73-83; R F Baumeister, "Gender differences in erotic plasticity:

the female sex drive as socially flexible and responsive," Psychological Bulletin, 126(3), May 2000, pp.347-374; Rodriguez Rust, Paula C, "Bisexuality: A contemporary paradox for women," Journal of Social Issues, 56(2), 2000, pp.205-221; Miles Q Ott, Heather L Corliss, David Wypij, Margaret Rosario, S Bryn Austin, "Stability and change in self-reported sexual orientation identity in young people: application of mobility metrics," Archives of Sexual Behavior, 40(3), June 2011, pp.519-532; Pink News, 『This new research says that sexual fluidity is more common than we thought』, 15 October 2017.; 펜앤드마이크, 『[기고/민성길 교수] "'성인권 교육'이 동성애를 조장한다는 주장은 '가짜뉴스'"인가?』, 2021.3.30.; 프레시안, 『특히 중년 이후, 성적 유동성이 커진다』, 2018.5.29.

1334 펜앤드마이크, 『[기고/민성길 교수] "'성인권 교육'이 동성애를 조장한다는 주장은 '가짜뉴스'"인가?』, 2021.3.30.
1335 크리스천투데이, 『"동성애·불륜·포르노 옹호 이론, 기독교 공격"』, 2020.1.19.
1336 The Washington Post, 『The U.S. is still divided on what causes homosexuality』, 10 March 2015; Newsday, 『Is sexual orientation determined at birth? No.』, 25 May 2019; Gallup, 『Americans' Views on Origins of Homosexuality Remain Split』, 28 May 2014; Pink News, 『US: Less than half of Americans think people are born gay』, 31 May 2014; 조 달라스, "동성애를 말하다," 하늘물고기, 2017, 71면; 크리스천투데이, 『"동성애·불륜·포르노 옹호 이론, 기독교 공격"』, 2020.1.19.; 미디어오늘, 『WHO, 동성애와 트랜스젠더는 정상적인 삶의 형태로 규정』, 2021.4.12.
1337 Beata Bothe, Reka Bartok, Istvan Toth-Kiraly, "Hypersexuality, Gender, and Sexual Orientation: A Large-Scale Psychometric Survey Study," Archives of Sexual Behavior, 47(8), November 2018, pp.2265-2276.
1338 Reuters, 『Tiger Woods case puts spotlight on "sex addiction"』, 20 February 2010.
1339 조 달라스, "동성애를 말하다," 하늘물고기, 2017, 97면.
1340 S D Cochran, "Emerging issues in research on lesbians' and gay men's mental health: does sexual orientation really matter?," The American Psychologist, 56(11), November 2001, pp.931-947.
1341 Dale O'Leary, Peter Sprigg, "Understanding and responding to the transgender movement," Family Research Council, June 2015, Issue Analysis IS15F01, p.12.
1342 데일리굿뉴스, 『동성애 상담도 죄?…차별금지법 확산 우려』, 2021.10.29.
1343 Robert L Spitzer, "Can some gay men and lesbians change their sexual orientation? 200 participants reporting a change from homosexual to heterosexual orientation," Archives of Sexual Behavior, 32(5), Oct 2003, pp.403-417.
1344 명재진 외 6인, "포괄적 차별금지법, 찬성할 것인가 반대할 것인가," 밝은생각, 2020.6., 267면.
1345 김영한 외 지음, "동성애, 21세기 문화충돌," 킹덤북스, 2016.6., 121면, 618-619면.
1346 Sean Lund Cathy Renna, "An Analysis of the Media Response to the Spitzer Study," Journal of Ga,y & Lesbian Psychotherapy, 7(3), 2003, pp.55-67.
1347 Robert L Spitzer, "Spitzer reassesses his 2003 study of reparative therapy of homosexuality," Archives of Sexual Behaviors, 41(4), August 2012, p.757.
1348 국민일보, 『"동성애 치료 연구결과 평균 79% 효과"… "선천적" 주장 뒤엎어』,

2019.12.20.

1349 Elan Y. Kartena, Jay C. Wadea, "Sexual Orientation Change Efforts in Men: A Client Perspective," The Journal of Men's Studies, 18(1), 1 January 2010, pp.84-102; James E Phelan, Neil Whitehead, Philip M Sutton, "What Research Shows: NARTH's Response to the APA Claims on Homosexuality A Report of the Scientific Advisory Committee of the National Association for Research and Therapy of Homosexuality," Journal of Human Sexuality, 1, 2009, pp.1-121; A Dean Byrd, Joseph Nicolosi, "A meta-analytic review of treatment of homosexuality," Psychological Reports, 90(3 Pt 2), June 2002, pp.1139-1152; J Nicolosi, A D Byrd, R W Potts, "Retrospective self-reports of changes in homosexual orientation: a consumer survey of conversion therapy clients," Psychological Reports, 86(3 Pt 2), June 2000, pp.1071-1088; Charles W. Socarides, "Homosexuality: A Freedom Too Far," Adam Margrave Books, 1995; Joseph Berger, "The psychotherapeutic treatment of male homosexuality," American Journal of Psychotherapy, 48(2), 1994, pp.251–261; Houston MacIntosh, "Attitudes and experiences of psychoanalysts in analyzing homosexual patients," Journal of American Psychoanalytic Association, 42(4), 1994, pp.1183-1207; Robert Kronemeyer, "Overcoming Homosexuality," Macmillan Pub Co, 1980; E M Pattison, M L Pattison, "Ex-gays: Religiously mediated change in homosexuals," American Journal of Psychiatry, 137(12), December 1980, pp.1553–1562; Irving Bieber, Toby B Bieber, "Male homosexuality," The Canadian Journal of Psychiatry, 24(5), August 1979, pp.409-421; William H Masters, "Homosexuality in Perspective," Little Brown & Co, 1979; Charles W Socarides, "The sexual deviations and the Diagnostic Manual," American Journal of Psychotherapy, 32(3), July 1978, pp.414-426; Charles W Socarides, "Homosexuality," Jason Aronson Inc., 1977; J Elizabeth, "Treatment of Homsexuality: A Reanalysis and Synthesis of Outcome Studies" (unpublished PhD dissertation), Brigham Young University, 1976; John A Clippinger, "Homosexuality can be cured," Corrective & Social Psychiatry & Journal of Behavior Technology, Methods & Therapy, 20(2), 1974, pp.15-28; J L Liss, A Welner, "Change in homosexual orientation," American Journal of Psychotherapy, 27(1), January 1973, pp.102-104; Lawrence J Hatterer, "Changing Homosexuality in the Male: treatment for men troubled by homosexuality," Delta/ Dell, 1970; Charles W Socarides, "Overt Homosexual," Grune & Stratton, 1968; Harvey E Kaye, Soll Berl, Jack Clare et al., "Homosexuality in women," Archives of General Psychiatry, 17(5), 1967, pp.626-634; Elizabeth E Mintz, "Overt male homosexuals in combined group and individual treatment," Journal of Consulting Psychology, 30(3), 1966, pp.193-198; Daniel Cappon, "toward an understanding of homosexuality," Prentice Hall, 1965; Irving Bieber, "Homosexuality: A Psychoanalytic Study," Jason Aronson Inc., 1962; J A Hadfield, "The cure of homosexuality," The British Medical Journal, 1(5083), 1958, pp.1323-1326; Edmund Bergler, "Homosexuality: Disease Or Way of Life?," Hill and Wang, 1956.

1350 가브리엘 쿠비, "글로벌 성혁명," 밝은생각, 2020, 230면.

1351 Joseph Nicolosi, "A Call for the American Psychological Association to Recognize

1352 펜앤드마이크, 『[기고/민성길 교수] "'성인권 교육'이 동성애를 조장한다는 주장은 '가짜 뉴스'"인가?』, 2021.3.30.

1353 Pink News, 『Texas 'ex-gay' activist: I know at least 500 people who have changed their sexuality』, 22 June 2014; 국민일보, 『[칼럼] 동성애 옹호자들이 '탈동성애'를 탄압하는 이유』, 2021.4.13.

1354 조선일보, 『동성애자들이 말해주지 않는 동성애에 대한 비밀』, 2010.11.10.; 조선일보, 『동성애자들이 말해주지 않는 '동성애에 대한 비밀' -동성애자의 양심고백-』, 2020.9.1.; 펜앤드마이크, 『한국가족보건협회 "폭증하는 청소년 에이즈…'동성간 성관계'가 주요 감염경로임을 가르쳐야"』, 2019.11.27.; 백상현, "가짜 인권, 가짜 혐오, 가짜 소수자," 밝은생각, 2017, 211면; 국민일보, 『경남지역 성도들 '퀴어행사' 저지 집회』, 2019.12.2.; 국민일보, 『"동성애가 유전이라고요? 이기적 욕망·중독일 뿐 다들 속고 있습니다"』, 2016.6.9.

1355 명재진 외 6인, "포괄적 차별금지법, 찬성할 것인가 반대할 것인가," 밝은생각, 2020.6., 268면; 민성길, '탈동성애자의 인권에 대한 국가의 역할'에 대한 토론문, 제2회 탈동성애 인권포럼(2015.3.19. 국가인권위원회 배움터) 자료집; 크리스천투데이, 『"인권위, 탈동성애자 위한 활동 전무… 엄연한 차별"』, 2015.3.20.

1356 크리스천투데이, 『美 청소년 LGBTQ의 40%, '자살' 심각하게 고려』, 2020.7.19.

1357 ABC News, 『Sexual Addiction May Be Real After All』, 11 July 2014.

1358 연합뉴스, 『우즈, 섹스중독 치료 중』, 2010.1.21.

1359 ABC News, 『Tiger Woods Effect: More Sex Addicts Seek Help』, 25 November 2010; Cosmopolitan, 『Celebrity sex addicts』, 25 September 2013; Huffpost, 『Sex Addiction: Why Sex Is A Problem For These 8 Celebrities』, 11 December 2013.

1360 이투데이, 『우즈, 결국 성중독 클리닉 行?』, 2010.1.13.

1361 코메디닷컴, 『우즈가 받는 섹스중독치료는 무엇?』, 2010.1.25.

1362 위드인뉴스, 『과연 성중독도 병일까』, 2021.3.4.

1363 코메디닷컴, 『우즈가 받는 섹스중독치료는 무엇?』, 2010.1.25.

1364 중앙SUNDAY, 『당신도 혹시 돈 주앙?』, 2012.6.30.

1365 MailOnline, 『Good news for Tiger Woods! Sex addiction IS a legitimate mental disorder, psychologists say』, 21 October 2012.

1366 주간동아, 『[SOCIETY] 혹, 나도 '섹스 중독증' 아닌가요?』, 2010.2.10.

1367 크리스천투데이, 『"자기결정권? 청소년에게 성관계 가르칠 필요 없어"』, 2019.11.20.

1368 Judith P Andersen, John Blosnich, "Disparities in adverse childhood experiences among sexual minority and heterosexual adults: results from a multi-state probability-based sample," PLoS One, 8(1), 2013, e54691.

1369 Andrea L Roberts, M Maria Glymour, Karestan C Koenen, "Does maltreatment in childhood affect sexual orientation in adulthood?," Archives of Sexual Behavior, 42(2), February 2013, pp.161-171.

1370 주간동아, 『[SOCIETY] 혹, 나도 '섹스 중독증' 아닌가요?』, 2010.2.10.

1371 위드인뉴스, 『과연 성중독도 병일까』, 2021.3.4.

1372 코메디닷컴, 『우즈가 받는 섹스중독치료는 무엇?』, 2010.1.25.

1373 연합뉴스, 『타이거 우즈 첫 인터뷰..무슨 말 했나?』, 2010.3.23.
1374 Ariel Kor, Yehuda Fogel, Rory C. Reid, Marc N. Potenza, "Should Hypersexual Disorder be Classified as an Addiction?," Sexual addiction & compulsivity, 20(1-2), 9 April 2013, 10.1080/10720162.2013.768132.
1375 Rory C Reid, Sheila Garos, Timothy Fong, "Psychometric development of the hypersexual behavior consequences scale," Journal of Behavioral Addictions, 1(3), September 2012, pp.115-122.
1376 Joshua N Hook, Jan P Hook, Don E Davis et al., "Measuring sexual addiction and compulsivity: A critical review of instruments," Journal of Sex & Marital Therapy, 36(3), 2010, pp.227-260; 박소영, 박경, "한국판 성 중독 척도(K-HBCS)의 타당화 연구," 청소년학연구, 27(12), 2020.12, 227면.
1377 Amanda L. Giordano, "A Clinical Guide to Treating Behavioral Addictions," Springer Publishing Company, 2021, pp.82-83.
1378 크리스천투데이, 『탈동성애 인권 '혐오'하는, 동성애 인권단체의 이중성』, 2016.1.28.
1379 Judith P Andersen, John Blosnich, "Disparities in adverse childhood experiences among sexual minority and heterosexual adults: results from a multi-state probability-based sample," PLoS One, 8(1), 2013, e54691; Andrea L Roberts, M Maria Glymour, Karestan C Koenen, "Does maltreatment in childhood affect sexual orientation in adulthood?," Archives of Sexual Behavior, 42(2), February 2013, pp.161-171; 가브리엘 쿠비, "글로벌 성혁명," 밝은생각, 2020, 228-229면; 펜앤드마이크, 『[기고/민성길 교수] "'성인권 교육'이 동성애를 조장한다는 주장은 '가짜뉴스'"인가?』, 2021.3.30.
1380 Katie A McLaughlin, Mark L Hatzenbuehler, Ziming Xuan, Kerith J Conron, "Disproportionate exposure to early-life adversity and sexual orientation disparities in psychiatric morbidity," Child Abuse and Neglect, 36(9), September 2012, pp.645-655; Abigail W Batchelder, Calvin Fitch, Brian A Feinstein et al., "Psychiatric, Substance Use, and Structural Disparities Between Gay and Bisexual Men with Histories of Childhood Sexual Abuse and Recent Sexual Risk Behavior," Archives of Sexual Behavior, 50(7), October 2021, pp.2861-2873.
1381 미디어펜, 『동성애에 대한 다섯가지 오해와 진실, 그것이 알고 싶다』, 2015.10.9.
1382 Timothy F Murphy, "Redirecting sexual orientation: Techniques and justifications," The Journal of Sex Research, 29(4), 1992, pp.501-523.
1383 코메디닷컴, 『우즈가 받는 섹스중독치료는 무엇?』, 2010.1.25.
1384 Michael J Lambert, "Psychotherapy research and its achievements," History of psychotherapy: Continuity and change, 1 January 2011, pp. 299-332.
1385 J Nicolosi, A D Byrd, R W Potts, "Retrospective self-reports of changes in homosexual orientation: a consumer survey of conversion therapy clients," Psychological Reports, 86(3 Pt 2), June 2000, pp.1071-1088; 가브리엘 쿠비, "글로벌 성혁명," 밝은생각, 2020, 231면.
1386 Elan Y. Karten, Jay C. Wade, "Sexual Orientation Change Efforts in Men: A Client Perspective," The Journal of Men's Studies, 18(1), 1 January 2010, pp.84-102; Robert L Spitzer, "Can some gay men and lesbians change their sexual orientation?

200 participants reporting a change from homosexual to heterosexual orientation," Archives of Sexual Behavior, 32(5), Oct 2003, pp.403-417; J Nicolosi, A D Byrd, R W Potts, "Retrospective self-reports of changes in homosexual orientation: a consumer survey of conversion therapy clients," Psychological Reports, 86(3 Pt 2), June 2000, pp.1071-1088.

1387 Lifesite, 『Shouldn't same-sex oriented teens be given a chance to change?』, 17 February 2014.
1388 Mercatornet, 『Shouldn't same-sex oriented teens be given a chance to change?』, 14 February 2014.
1389 Catholic News Agency, 『'No science' behind transgender therapy for kids, doctors warn』, 15 October 2017.
1390 미디어오늘, 『WHO, 동성애와 트랜스젠더는 정상적인 삶의 형태로 규정』, 2021.4.12.
1391 Public Discourse, 『Correction: Transgender Surgery Provides No Mental Health Benefit』, 13 September 2020.
1392 펜앤드마이크, 『[기고/민성길 교수] "'성인권 교육'이 동성애를 조장한다는 주장은 '가짜뉴스'"인가?』, 2021.3.30.
1393 T G Sandfort, R de Graaf, R V Bijl, P Schnabel, "Same-sex sexual behavior and psychiatric disorders: findings from the Netherlands Mental Health Survey and Incidence Study (NEMESIS)," Archives of General Psychiatry, 58(1), January 2001, pp.85-91; Ron de Graaf, Theo G M Sandfort, Margreet ten Have, "Suicidality and sexual orientation: differences between men and women in a general population-based sample from the Netherlands," Archives of Sexual Behavior, 35(3), June 2006, pp.253-262.
1394 의학신문, 『법이 의학을 위협하면 안 된다---차별금지법이 의학에 미치는 영향』, 2020.8.21.
1395 국민일보, 『[젠더이데올로기 실체를 말한다] '제3의 성'을 보편적 인권으로 보호… 비판하면 혐오·차별로 몰아』, 2020.1.7.
1396 https://yogyakartaprinciples.org/principle-18/
1397 데일리굿뉴스, 『'포괄적 차별금지법, 평등법·젠더법 비판과 대응' 인권윤리포럼』, 2020.7.29.
1398 국민일보, 『'동성애 유전자는 없다' 선천적으로 타고난다는 건 거짓』, 2020.12.11.
1399 펜앤드마이크, 『[기고/민성길 교수] "'성인권 교육'이 동성애를 조장한다는 주장은 '가짜뉴스'"인가?』, 2021.3.30.; 국민일보, 『"동성애는 유전적으로 타고나는 것이 아니라 치료 가능한 질병"』, 2020.9.18.
1400 S D Cochran, "Emerging issues in research on lesbians' and gay men's mental health: does sexual orientation really matter?," The American Psychologist, 56(11), November 2001, pp.931-947.
1401 The Daily Signal, 『How 'Equality Act' Would Impose Transgender Ideology on Everyone』, 24 February 2021.
1402 Pink News, 『Gay cure therapy ban could be blocked because it limits 'free speech'』, 1 February 2019.
1403 뉴스앤넷, 『美 의학교수, 동성애 위험 경고하다 병원서 쫓겨나』, 2015.10.1.; 데일리굿뉴

스, 『美 사례로 바라본 심각한 평등법 제정의 부작용』, 2019.12.5.
1404 Fox News, 『Prominent doc says LGBT opposition got him excised from hospital staff』, 6 January 2016.
1405 CharismaNews, 『Doctor Expelled From Hospital for Exposing Truth About Homosexuality』, 25 September 2015.
1406 Jonas E Alexis, "Kevin MacDonald's Metaphysical Failure: A Philosophical, Historical, and Moral Critique of Evolutionary Psychology, Sociobiology, and Identity Politics," AuthorHouse, 2022.
1407 CTS, 『성적지향을 인정하는 차별금지법이 통과되면? 미국의 현실은?』, 2020.10.19.
1408 MassResistance, 『Dr. Paul Church now expelled from four Boston area hospitals – over comments to colleagues at one hospital about its promotion of unhealthy, high-risk LGBT lifestyle』, 7 August 2017; https://www.massresistance.org/docs/gen3/17c/Dr-Church-expelled/index.html
1409 Lifesite, 『Leading U.S. hospital fires doctor for raising concerns about health risks of gay sex』, 25 June 2015.
1410 데일리굿뉴스, 『"동성애 반대, 말만 꺼내도"…역차별 우려』, 2019.12.5.
1411 경향신문, 『동성애 '전환치료' 시도한 상담사 첫 퇴출』, 2019.2.8.; 경향신문, 『2019년 2월8일자』, 2019.2.22.; 명재진 외 6인, "포괄적 차별금지법, 찬성할 것인가 반대할 것인가," 밝은생각, 2020.6., 146면.
1412 국민일보, 『법원 "'동성애 치유 가능' 주장한 심리사 자격 박탈 무효"』, 2021.12.15.
1413 국민일보, 『"동성애 비판 심리상담사 영구 제명은 마녀사냥"』, 2019.5.3.
1414 P H DeLeon, "Proceedings of the American Psychological Association for 1997," American Psychologist, 53, 1998, pp.882-939.
1415 펜앤드마이크, 『"민주당 이상민 의원의 '평등법안'은 전체주의 독재법이자 국민에 재갈물리는 노예법"』, 2021.6.23.
1416 Fox News, 『Attorney for teen suspended after opposing trans ideology says religious freedom 'essentially dead' in Canada』, 20 February 2023.
1417 뉴시스, 『美 동성애자 전환치료 금지 잇따라…'유해·신빙성 無'』, 2019.5.30.; 대경일보, 『[기고] 포괄적 차별 금지법의 문제점(2)』, 2020.10.28.; MBC뉴스, 『뉴질랜드, 성정체성 전환치료 금지 법제화…위반땐 징역형』, 2022.2.15.
1418 명재진 외 6인, "포괄적 차별금지법, 찬성할 것인가 반대할 것인가," 밝은생각, 2020.6., 143-145면, 354면; 아시아투데이, 『독일, 동성애 '전환치료' 금지법 추진..'치료대상 아냐'』, 2019.11.6.
1419 National Post, 『Canada's teen transgender treatment boom: Life-saving services or dangerous experimentation?』, 14 December 2020; 데일리굿뉴스, 『동성애 상담도 죄?…차별금지법 확산 우려』, 2021.10.29.
1420 연합뉴스, 『뉴질랜드, 성정체성 전환치료 금지 법제화…위반땐 징역형』, 2022.2.15.; 한국경제TV, 『뉴질랜드, `성정체성 전환치료` 법적으로 금지한다』, 2022.2.15.
1421 연합뉴스, 『[이슈 컷] 의사만 못살게 구는 악법일까…의료법 개정안 들여다보니』, 2021.3.2.; 치과신문, 『[법률칼럼] '금고형 면허취소' 의료법 개정안의 법적·현실적 문제점』, 2021.3.12.; 메디파나뉴스, 『의사면허 취소 '의료법 개정안' 돌연 상정됐으나…법사위 계류』, 2021.6.30.; 문화일보, 『[팩트체크]의사협회 "금고형 면허취소 과잉" 주장…변

호사·회계사 등 모두 면허박탈 처분』, 2021.2.26.; 쿠키뉴스, 『'금고형 이상 범죄' 의사 면허취소… 의료계 "절대 불복"』, 2021.2.23.; 대구신문, 『'의사 면허 취소법'의 또 다른 이름 '말 안 듣는 의사 길들이기법'』, 2021.4.18.

1422　Reuters, 『Under Pressure, Google Removes Gay Conversion Therapy App』, 30 March 2019; Pink News, 『Google removes 'conversion therapy' app after sustained pressure』, 29 March 2019; Pink News, 『Google and Amazon under pressure to ban 'ex-gay app' like Apple』, 24 December 2018; NBC News, 『Apple pulls religious app accused of portraying homosexuality as 'sickness' and a 'sin'』, 24 December 2018; BBC News, 『Google and Amazon urged to follow Apple's 'anti-gay app ban'』, 24 December 2018; The Dallas Morning News, 『There's not an app for that: Apple removes Arlington ministry's app after anti-conversion-therapy group complaint』, 21 December 2018.

1423　펜앤드마이크, 『"민주당 이상민 의원의 '평등법안'은 전체주의 독재법이자 국민에 재갈물리는 노예법"』, 2021.6.23.

1424　The Daily Signal, 『Inconvenient Truth: No One Actually Changes Gender, Only Persona』, 16 July 2021.

1425　국민일보, 『동성애 단체들, '탈동성애 포럼' 발끈. 교계 성명 "치유 가능"』, 2015.3.22.; 국민일보, 『"동성애자, 동성애 탈출 돕는 것이 진짜 인권"… 교계단체 탈동성애 인권포럼』, 2015.3.23.

1426　크리스천투데이, 『"인권위, 탈동성애자 위한 활동 전무… 엄연한 차별"』, 2015.3.20.

1427　S D Cochran, "Emerging issues in research on lesbians' and gay men's mental health: does sexual orientation really matter?," The American Psychologist, 56(11), November 2001, pp.931-947.

1428　한겨레, 『미 캘리포니아, 동성애 청소년 '이성애자 전환 치료' 불법화』, 2012.10.2.

1429　국민일보, 『"동성애 비판 심리상담사 영구 제명은 마녀사냥"』, 2019.5.3.; 크리스천투데이, 『탈동성애 상담은 금지되어야 하는가?』, 2019.5.2.; 크리스천투데이, 『"인권위, 탈동성애자 위한 활동 전무… 엄연한 차별"』, 2015.3.20.

1430　크리스천투데이, 『탈동성애 상담은 금지되어야 하는가?』, 2019.5.2.

1431　American Psychiatric Association, "Diagnostic and Statistical Manual of Mental Disorders," 5th edition, p.455; Lifesite, 『Sweden recommends against puberty blockers for children in setback to trans movement』, 25 February 2022.

1432　Lawrence S Mayer, Paul R McHugh, "Sexuality and Gender: Findings from the Biological, Psychological, and Social Sciences," The New Atlantis, 50, Special Report: Sexuality and Gender (Fall 2016), pp.10-143.; Madeleine S C Wallien, Peggy T Cohen-Kettenis, "Psychosexual outcome of gender-dysphoric children," Journal of the American Academy of Child and Adolescent Psychiatry, 47(12), December 2008, pp.1413-1423; Antony Latham, "Puberty Blockers for Children: Can They Consent?," The New Bioethics, 28(3), September 2022, pp.268-291; The Washington Times, 『Kindergarten transgender lessons have parents changing schools』, 3 September 2017; The Spectator, 『Don't tell the parents』, 6 October 2018.

1433　The Heritage Foundation, 『Woke Gender』, 7 July 2021.

1434　Fox News, 『More About Sexual Reassignment Surgery』, 27 November 2015;

The Baltimore Sun, 『Johns Hopkins psychiatrist sees hospital come full circle on transgender issues』, 6 April 2017; The Mercury News, 『Big gaps in transgender research: A team at UCSF is working to change that』, 3 March 2019.

1435 Public Discourse, 『Transgenderism: A Pathogenic Meme』, 10 June 2015.

1436 Lebanon Daily News, 『'Transgenderism' v. biology, philosophy and computer math』, 13 May 2019; The Spectator, 『It's dangerous and wrong to tell all children they're 'gender fluid' | 23 July 2017』, 23 July 2017; Fox News, 『More About Sexual Reassignment Surgery』, 27 November 2015; CBN News, 『'Reckless and Irresponsible': Johns Hopkins Prof. Issues Dire Warning on Transgender Treatment for Kids』, 19 September 2019; The Heritage Foundation, 『The Sex-Change Revolution Is Based on Ideology, Not Science』, 22 January 2018; Lebanon Daily News, 『'Transgenderism' v. biology, philosophy and computer math』, 13 May 2019; Tulsa World, 『Guerin Emig mailbag: I have never received feedback on a column like last week's on transgender athletes』, 7 April 2022; The Federalist, 『Drop The T From LGBT』, 21 April 2016.

1437 https://nam.edu/the-rhoda-and-bernard-sarnat-international-prize-in-mental-health/

1438 World, 『Medicaid recipients sue for sex change surgery』, 4 May 2018.

1439 CBN News, 『'Mom, I'm Transgender': Parents Grapple as Trans Phenomenon Explodes』, 18 November 2019; ABC News, 『Buying Time for Gender-Confused Kids』, 12 March 2013.

1440 The Federalist, 『Drop The T From LGBT』, 21 April 2016.

1441 Washington Examiner, 『Allowing a three-year-old to be transgender is insane』, 22 June 2017.

1442 Breitbart, 『U.S. Taxpayers Give 'Magnolia Thunderpussy' a Sex Change』, 13 December 2015.

1443 The Baltimore Sun, 『Johns Hopkins psychiatrist sees hospital come full circle on transgender issues』, 6 April 2017; CNS News, 『From Social Media to Suicide: Psychological Risks to Transgender Kids』, 26 August 2021.

1444 CBN News, 『'Mom, I'm Transgender': Parents Grapple as Trans Phenomenon Explodes』, 18 November 2019.

1445 CBN News, 『TX Dad Faces Final Court Battle That Could Determine if His 7-Year-Old Son Becomes a Girl』, 2 October 2019.

1446 The College Fix, 『Johns Hopkins professor on child transgender trend: 'Many will regret this'』, 17 September 2019.

1447 Fox News, 『Controversial Therapy for Pre-Teen Transgender Patient Raises Questions』, 12 January 2017.

1448 Breitbart, 『Mother Can't Stop Doctor From Mutilating Autistic Daughter Who Wants To Be a Transgender Boy』, 29 June 2016.

1449 Fox News, 『Controversial Therapy for Pre-Teen Transgender Patient Raises Questions』, 12 January 2017.

1450 The College Fix, 『Johns Hopkins professor on child transgender trend: 'Many will regret this'』, 17 September 2019.

1451 The Spectator, 『It's dangerous and wrong to tell all children they're 'gender fluid' | 23 July 2017』, 23 July 2017.

1452 CBN News, 『'Reckless and Irresponsible': Johns Hopkins Prof. Issues Dire Warning on Transgender Treatment for Kids』, 19 September 2019; The College Fix, 『Johns Hopkins professor on child transgender trend: 'Many will regret this'』, 17 September 2019.

1453 The College Fix, 『Johns Hopkins professor on child transgender trend: 'Many will regret this'』, 17 September 2019.

1454 CBN News, 『'Mom, I'm Transgender': Parents Grapple as Trans Phenomenon Explodes』, 18 November 2019.

1455 Melanie Bechard, Doug P VanderLaan, Hayley Wood et al., "Psychosocial and Psychological Vulnerability in Adolescents with Gender Dysphoria: A "Proof of Principle" Study," Journal of Sex & Marital Therapy, 43(7), 3 October 2017, pp.678-688; Lawrence S Mayer, Paul R McHugh, "Sexuality and Gender: Findings from the Biological, Psychological, and Social Sciences," The New Atlantis, 50, Special Report: Sexuality and Gender (Fall 2016), pp.10-143; Brian C Thoma, Taylor L Rezeppa et al., "Disparities in Childhood Abuse Between Transgender and Cisgender Adolescents, Pediatrics," 148(2), August 2021, e2020016907; Kenneth J Zucker, Susan J Bradley, "Gender Identity Disorder and Psychosexual Problems in Children and Adolescents," The Guilford Press, 1995; Dale O'Leary, Peter Sprigg, "Understanding and responding to the transgender movement," Family Research Council, June 2015, Issue Analysis IS15F01, p.3, p.14; The Irish Times, 『Gender distress treatment in young people: a highly charged debate』, 26 June 2021; Rita George, Mark A Stokes, "Gender identity and sexual orientation in autism spectrum disorder," Autism, 22(8), November 2018, pp.970-982; Aimilia Kallitsounaki, David M Williams, Sophie E Lind, "Links Between Autistic Traits, Feelings of Gender Dysphoria, and Mentalising Ability: Replication and Extension of Previous Findings from the General Population," Journal of Autism and Developmental Disorder, 51(5), May 2021, pp.1458-1465; Aimilia Kallitsounaki, David Williams, "Mentalising Moderates the Link between Autism Traits and Current Gender Dysphoric Features in Primarily Non-autistic, Cisgender Individuals," Journal of Autism and Developmental Disorder, 50(11), November 2020, pp.4148-4157.

1456 Robert Withers, "Transgender medicalization and the attempt to evade psychological distress," The Journal of Analytical Psychology, 65(5), November 2020, pp.865-889; Breitbart, 『Dr. Quentin Van Meter: How Faulty Research by a 1950s 'Sexual Revolutionist' Guided the Modern Transgender Movement』, 24 October 2018.

1457 Antony Latham, "Puberty Blockers for Children: Can They Consent?," The New Bioethics, 28(3), September 2022, pp.268-291.

1458 P T Cohen-Kettenis, "Gender identity disorder in the DSM?," Journal of the American Academy of Child and Adolescent Psychiatry, 40(4), April 2001, p.391;

Roberto D'Angelo, Ema Syrulnik et al., "One Size Does Not Fit All: In Support of Psychotherapy for Gender Dysphoria," Archives of Sexual Behavior, 50(1), January 2021, pp.7-16; Masaru Tateno, Hiroshi Ikeda, Toshikazu Saito, "[Gender dysphoria in pervasive developmental disorders]," Seishin Shinkeigaku Zasshi, 113(12), 2011, pp.1173-1183; Breitbart, 『Dr. Quentin Van Meter: How Faulty Research by a 1950s 'Sexual Revolutionist' Guided the Modern Transgender Movement』, 24 October 2018.

1459 Medscape Medical News, 『Transition Therapy for Transgender Teens Drives Divide』, 23 April 2021; Medscape Medical News, 『Transgender Teens: Is the Tide Starting to Turn?』, 26 April 2021.

1460 The Wall Street Journal, 『Transgender Surgery Isn't the Solution』, 12 June 2014; Breitbart, 『Dr. Quentin Van Meter: How Faulty Research by a 1950s 'Sexual Revolutionist' Guided the Modern Transgender Movement』, 24 October 2018.

1461 Naina Levitan, Claus Barkmann et al., "Risk factors for psychological functioning in German adolescents with gender dysphoria: poor peer relations and general family functioning," European Child & Adolescent Psychiatry, 28(11), November 2019, pp.1487-1498; Cat Munroe, Elise M Clerkin, Katherine A Kuvalanka, "The Impact of Peer and Family Functioning on Transgender and Gender-Diverse Children's Mental Health," Journal of Child and Family Studies, 29(7), July 2020, pp.2080-2089.

1462 Richard P. Fitzgibbons, "Transsexual attractions and sexual reassignment surgery: Risks and potential risks," Linacre Quarterly, 82(4), November 2015, pp.337-350.

1463 The Independent, 『What the critics say about treatment for transgender children』, 26 October 2016; Mercatornet, 『Help! My daughter wants to become a man』, 7 August 2017.

1464 Breitbart, 『Dr. Quentin Van Meter: How Faulty Research by a 1950s 'Sexual Revolutionist' Guided the Modern Transgender Movement』, 24 October 2018.

1465 Mercatornet, 『Help! My daughter wants to become a man』, 7 August 2017.

1466 National Post, 『Canada's teen transgender treatment boom: Life-saving services or dangerous experimentation?』, 14 December 2020.

1467 The Irish Times, 『Gender distress treatment in young people: a highly charged debate』, 26 June 2021; National Review, 『Dr. Zucker Defied Trans Orthodoxy. Now He's Vindicated』, 25 October 2018.

1468 The Federalist, 『14 Years After Becoming Transgender, Teacher Says 'It Was A Mistake'』, 5 February 2019; Public Discourse, 『New Data Show "Gender-Affirming" Surgery Doesn't Really Improve Mental Health. So Why Are the Study's Authors Saying It Does?』, 13 November 2019.

1469 Christel Jm de Blok, Chantal M Wiepjes, Daan M van Velzen et al., "Mortality trends over five decades in adult transgender people receiving hormone treatment: a report from the Amsterdam cohort of gender dysphoria," The Lancet Diabetes and Endocrinology, 9(10), October 2021, pp.663-670; Forbes, 『Transgender People Twice As Likely To Die As Cisgender People, Study Finds』, 2 September 2021; Yahoo News, 『Trans adults twice as likely to die as cis adults, eye-opening study

finds』, 3 September 2021.
1470 The Guardian, 『Sex changes are not effective, say researchers』, 30 July 2004; The Federalist, 『Research Claiming Sex-Change Benefits Is Based On Junk Science』, 13 April 2017; Forerunners of America, 『Is Sex-Change Surgery The Solution?』, 14 June 2016.
1471 The Daily Signal, 『Sex Reassignment Doesn't Work. Here's the Evidence』, 9 March 2018; Pink News, 『Half of trans male teens have attempted suicide』, 12 September 2018; Pink News, 『Lesbian, gay and bisexual students more likely to self-harm』, 25 November 2018; Herald Malaysia Online, 『Researchers reverse: Gender surgery offers 'no advantage' to mental health』, 4 August 2020; Catholic News Agency, 『Researchers reverse: Gender surgery offers 'no advantage' to mental health』, 4 August 2020; OCPA, 『As OU touts 'gender-affirming' care, ex-transgenders warn against it』, 19 July 2021; CNS News, 『From Social Media to Suicide: Psychological Risks to Transgender Kids』, 26 August 2021.
1472 Cecilia Dhejne, Paul Lichtenstein et al., "Long-term follow-up of transsexual persons undergoing sex reassignment surgery: cohort study in Sweden," PLoS One, 6(2), 22 February 2011, e16885; Lawrence S Mayer, Paul R McHugh, "Sexuality and Gender: Findings from the Biological," Psychological, and Social Sciences, The New Atlantis, 50, Special Report: Sexuality and Gender (Fall 2016), pp. 10-143; Public Discourse, 『Transition as Treatment: The Best Studies Show the Worst Outcomes』, 16 February 2020; Mercatornet, 『Interrogating the transgender agenda』, 1 January 2020.
1473 Andre Van Mol, Michael K Laidlaw, Miriam Grossman, Paul R. McHugh, "Gender-Affirmation Surgery Conclusion Lacks Evidence," The American Journal of Psychiatry, 177(8), 1 August 2020, pp.756-766.
1474 The Daily Signal, 『My 'Sex Change' Was a Myth. Why Trying to Change One's Sex Will Always Fail』, 23 August 2017; The Wall Street Journal, 『Transgender Surgery Isn't the Solution』, 12 June 2014; Dale O'Leary, Peter Sprigg, "Understanding and responding to the transgender movement," Family Research Council, June 2015, Issue Analysis IS15F01, p.20.
1475 Michael A Marsman, "Transgenderism and transformation: an attempt at a Jungian understanding," The Journal of Analytical Psychology, 62(5), November 2017, pp.678-687.
1476 Robert Withers, "Transgender medicalization and the attempt to evade psychological distress," The Journal of Analytical Psychology, 65(5), November 2020, pp.865-889.
1477 Stephen B Levine, "Reflections on the Clinician's Role with Individuals Who Self-identify as Transgender," Archives of Sexual Behavior, 50(8), November 2021, pp.3527-3536; The Guardian, 『Gender identity clinic accused of fast-tracking young adults』, 3 November 2018.
1478 Melissa Moschella, "Trapped in the Wrong Body? Transgender Identity Claims, Body-Self Dualism, and the False Promise of Gender Reassignment Therapy,"

The Journal of Medicine and Philosophy, 46(6), 2 December 2021, pp.782-804; Dale O'Leary, Peter Sprigg, "Understanding and responding to the transgender movement," Family Research Council, June 2015, Issue Analysis IS15F01, p.12-14, p.20; New Statesman, 『What is gender, anyway?』, 16 May 2016.

1479　The Guardian, 『Gender identity clinic accused of fast-tracking young adults』, 3 November 2018.

1480　Crisis Magazine, 『The Tyranny of Gender Ideology in Practice』, 2 March 2023.

1481　Mercatornet, 『Interrogating the transgender agenda』, 1 January 2020; Catholic News Agency, 『School district can't hide student gender identity 'transition' from parents, Wis. judge says』, 30 September 2020.

1482　National Review, 『What Is 'Conversion Therapy'?』, 11 March 2020.

1483　The Daily Signal, 『Sex Reassignment Doesn't Work. Here's the Evidence』, 9 March 2018; Pink News, 『Half of trans male teens have attempted suicide』, 12 September 2018; Pink News, 『Lesbian, gay and bisexual students more likely to self-harm』, 25 November 2018; Herald Malaysia Online, 『Researchers reverse: Gender surgery offers 'no advantage' to mental health』, 4 August 2020; Catholic News Agency, 『Researchers reverse: Gender surgery offers 'no advantage' to mental health』, 4 August 2020; OCPA, 『As OU touts 'gender-affirming' care, ex-transgenders warn against it』, 19 July 2021; CNS News, 『From Social Media to Suicide: Psychological Risks to Transgender Kids』, 26 August 2021.

1484　The Lancet Child Adolescent Health, "A flawed agenda for trans youth," The Lancet Child & Adolescent Health, 5, 2021, p.385.

1485　Ayelet R Barkai, "Troubling Gender or Engendering Trouble? The Problem With Gender Dysphoria in Psychoanalysis," Psychoanalytic Review, 104(1), February 2017, pp.1-32.

1486　Helen Lazaratou, Dimitrios Dikeos et al., "Gender dysphoria in adolescence: When scientific ambiguity in conceptualization becomes a political issue," The International Journal of Social Psychiatry, 64(5), August 2018, pp.511-512.

1487　Roberto D'Angelo, "The complexity of childhood gender dysphoria," Australasian Psychiatry, 28(5), October 2020, pp.530-532; Roberto D'Angelo, "Psychiatry's ethical involvement in gender-affirming care," Australasian Psychiatry,26(5), October 2018, pp.460-463; RealClear Politics, Tucker Carlson: 『Why Is No One In Jail For "Gender-Affirming Care" That Is Genital Mutilation?』, 19 August 2022.

1488　Kenneth J Zucker, Susan J Bradley, "Gender Identity Disorder and Psychosexual Problems in Children and Adolescents," The Guilford Press, 1995, p.267; Fox News, 『Controversial Therapy for Pre-Teen Transgender Patient Raises Questions』, 17 October 2011; Dale O'Leary, Peter Sprigg, "Understanding and responding to the transgender movement," Family Research Council, June 2015, Issue Analysis IS15F01, p.3, p.16; Business World, 『Sexual mutilations』, 3 March 2022; The Daily Signal, 『The Ugly Truth About Sex Reassignment the Transgender Lobby Doesn't Want You to Know』, 30 October 2017; Lifesite, 『Sweden recommends against puberty blockers for children in setback to trans movement』, 25 February 2022.

1489 Juan Carlos d'Abrera, Roberto D'Angelo, George Halasz et al., "Informed consent and childhood gender dysphoria: emerging complexities in diagnosis and treatment," Australasian Psychiatry, 28(5), October 2020, pp.536-538; 국민일보, 『"의학 위협하는 차별금지법 반대" 의사들도 나섰다』, 2021.6.3.

1490 크리스천투데이, 『이명진 원장 "의사들이 차별금지법에 침묵 못 하는 이유"』, 2021.5.24.

1491 메디칼타임즈, 『'포괄적 차별금지법' 의학적 파장 우려…임상의들 반대 목소리』, 2021.6.2.

1492 Mario Pazos Guerra, Marcelino Gomez Balaguer et al., "Transsexuality: Transitions, detransitions, and regrets in Spain," Endocrinologia Diabetes y Nutricion (Engl Ed), 67(9), November 2020, pp.562-567; National Review, 『Dr. Zucker Defied Trans Orthodoxy. Now He's Vindicated』, 25 October 2018.

1493 Kirsty Entwistle, "Debate: Reality check - Detransitioner's testimonies require us to rethink gender dysphoria," Child and Adolescent Mental Health, 26(1), February 2021, pp.15-16; CNS News, 『Transgender Treatment Is Medical Malpractice for Many Teens』, 15 December 2020.

1494 Richard P. Fitzgibbons, "Transsexual attractions and sexual reassignment surgery: Risks and potential risks," Linacre Quarterly, 82(4), November 2015, pp.337-350; CNS News, 『Transgender Treatment Is Medical Malpractice for Many Teens』, 15 December 2020.

1495 Antony Latham, "Puberty Blockers for Children: Can They Consent?," The New Bioethics, 28(3), September 2022, pp.268-291.

1496 Stephen B Levine, "Ethical Concerns About Emerging Treatment Paradigms for Gender Dysphoria," Journal of Sex & Marital Therapy, 44(1), 2 January 2018, pp.29-44; Public Discourse, 『The Impossibility of Informed Consent for Transgender Interventions: The Risks』, 27 April 2020.

1497 The Heritage Foundation, 『The Sex-Change Revolution Is Based on Ideology, Not Science』, 22 January 2018; Breitbart, 『Dr. Quentin Van Meter: How Faulty Research by a 1950s 'Sexual Revolutionist' Guided the Modern Transgender Movement』, 24 October 2018; The Federalist, 『Report Debunks 'Born That Way' Narrative And 'Transgender' Label For Kids』, 23 August 2016.

1498 The Federalist, 『The Studies Cited To Support Gender-Bending Kids Are Largely Junk Science』, 10 March 2022.

1499 Mercatornet, 『Interrogating the transgender agenda』, 1 January 2020.

1500 Kirsty Entwistle, "Debate: Reality check - Detransitioner's testimonies require us to rethink gender dysphoria," Child and Adolescent Mental Health, 26(1), February 2021, pp.15-16.

1501 Lisa Marchiano, "Gender detransition: a case study," The Journal of Analytical Psychology, 66(4), September 2021, pp.813-832; The Guardian, 『Trans by Helen Joyce; Material Girls by Kathleen Stock – reviews』, 18 July 2021; The Federalist, 『Va. Public School Indoctrinates 5-Year-Olds About Transgenderism Without Telling Parents』, 18 March 2019.

1502 World, 『Sex change regret silenced』, 6 October 2017.
1503 Miroslav L Djordjevic, Marta R Bizic, Dragana Duisin, Mark-Bram Bouman, Marlon Buncamper, "Reversal Surgery in Regretful Male-to-Female Transsexuals After Sex Reassignment Surgery," The Journal of Sexual Medicine, 13(6), June 2016, pp.1000-1007.
1504 The Dailywire, 『More Transgenders Are Regretting Surgery, But No One Wants To Talk About It』, 3 October 2017.
1505 MailOnline, 『The rise of transgender reversals: Surgeon in sex-change hub of Serbia reports a surge in the rate of patients changing their mind』, 2 October 2017; The Law Society Gazette, 『Gender Recognition Act 'could criminalise innocent staff'』, 24 October 2018.
1506 News Punch, 『World's Top Surgeon: Majority Of Transgender Patients Seek Reversal Surgery』, 17 October 2017.
1507 Independent, 『Academic blocked from researching people who reversed their gender assignment surgery speaks out』, 25 September 2017.
1508 News Punch, 『World's Top Surgeon: Majority Of Transgender Patients Seek Reversal Surgery』, 17 October 2017; The Daily Signal, 『The Ugly Truth About Sex Reassignment the Transgender Lobby Doesn't Want You to Know』, 30 October 2017.
1509 The Guardian, 『University 'turned down politically incorrect transgender research'』, 25 September 2017.
1510 Metro, 『University blocks 'politically incorrect' study into gender reassignment reversals』, 25 September 2017.
1511 BBC News, 『Bath Spa University 'blocks transgender research'』, 25 September 2017.
1512 Mail & Guardian, 『Trans people have regrets too』, 23 February 2018.
1513 News Punch, 『World's Top Surgeon: Majority Of Transgender Patients Seek Reversal Surgery』, 17 October 2017.
1514 The Dailywire, 『More Transgenders Are Regretting Surgery, But No One Wants To Talk About It』, 3 October 2017; World, 『Sex change regret silenced』, 6 October 2017.
1515 Lawrence S Mayer, Paul R McHugh, "Sexuality and Gender: Findings from the Biological, Psychological, and Social Sciences," The New Atlantis, 50, Special Report: Sexuality and Gender (Fall 2016), pp. 10-143; Antony Latham, "Puberty Blockers for Children: Can They Consent?," The New Bioethics, 28(3), September 2022, pp.268-291; Mikael Landen, "Ökningen av könsdysfori hos unga tarvar eftertanke - Mer än 2300 procent fler under den senaste 10-årsperioden – kulturbunden psykologisk smitta kan vara en förklaring [Dramatic increase in adolescent gender dysphoria requires careful consideration]," Lakartidningen, 116, 11 October 2019, FSMH.
1516 Stanton L. Jones, Mark A. Yarhouse, "Homosexuality: The Use of Scientific Research in the Church's Moral Debate," IVP Academics, 2009, pp.72-79; 국민일보, 『[기고] 동

성애는 유전이 아니다』, 2017.9.20.
1517 The Federalist, 『The Studies Cited To Support Gender-Bending Kids Are Largely Junk Science』, 10 March 2022.
1518 Alison Clayton, William J Malone et al., "Commentary: The Signal and the Noise-questioning the benefits of puberty blockers for youth with gender dysphoria-a commentary on Rew et al. (2021)," Child and Adolescent Mental Health, 27(3), September 2022, pp.259-262.
1519 Ulrike Ruppin, Friedemann Pfafflin, "Long-Term Follow-Up of Adults with Gender Identity Disorder," Archives of Sexual Behavior, 44, 18 February 2015, pp.1321–1329.
1520 Public Discourse, 『Transition as Treatment: The Best Studies Show the Worst Outcomes』, 16 February 2020.
1521 Mercatornet, 『Interrogating the transgender agenda』, 1 January 2020.
1522 Andre Van Mol, Michael K Laidlaw et al., "Gender-Affirmation Surgery Conclusion Lacks Evidence," The American Journal of Psychiatry, 177(8), 1 August 2020, pp.765-766; William Malone, Roberto D'Angelo, Stephen Beck et al., "Puberty blockers for gender dysphoria: the science is far from settled," The Lancet Child & Adolescent Health, 5(9), September 2021,e33-e34; Henrik Anckarsater, Christopher Gillberg, "Methodological Shortcomings Undercut Statement in Support of Gender-Affirming Surgery," The American Journal of Psychiatry, 177(8), 1 August 2020, pp.764-765; Mikael Landen, "The Effect of Gender-Affirming Treatment on Psychiatric Morbidity Is Still Undecided," The American Journal of Psychiatry, 177(8), 1 August 2020, pp.767-768; Agnes Wold, "Gender-Corrective Surgery Promoting Mental Health in Persons With Gender Dysphoria Not Supported by Data Presented in Article," The American Journal of Psychiatry, 177(8), 1 August 2020, p.768; David Curtis, "Study of Transgender Patients: Conclusions Are Not Supported by Findings," The American Journal of Psychiatry, 177(8), 1 August 2020, p.766.
1523 BBC News, 『Puberty blockers: Under-16s 'unlikely to be able to give informed consent'』, 1 December 2020; National Post, 『Canada's teen transgender treatment boom: Life-saving services or dangerous experimentation?』, 14 December 2020; National Catholic Register, 『Gender Reassignment for Children: Cautionary Perspectives From Science』, 16 June 2022; The Daily Signal, 『Yes, Schools Are Secretly Trying to 'Gender Transition' Kids, and It Must Be Stopped』, 22 March 2022; The Irish Times, 『Gender distress treatment in young people: a highly charged debate』, 26 June 2021; Undark Magazine, 『Of Politics, Science, and Gender Identity』, 17 July 2017.
1524 Dale O'Leary, Peter Sprigg, "Understanding and responding to the transgender movement," Family Research Council, June 2015, Issue Analysis IS15F01, pp.25-26; Richards Renee, "The Liaison Legacy," Tennis Magazine, March 1999; Public Discourse, 『"Sex Change" Surgery: What Bruce Jenner, Diane Sawyer, and You Should Know』, 27 April 2015; Richard P. Fitzgibbons, "Transsexual attractions and sexual reassignment surgery: Risks and potential risks," Linacre Quarterly, 82(4), November 2015, pp.337-350; Marcus Evans, "Freedom to think: the need

for thorough assessment and treatment of gender dysphoric children," BJPsych Bulletin, 45(5), October 2021, pp.315-316; Spiked, 『It's not transphobic to question transgenderism』, 20 January 2017; The Federalist, 『Va. Public School Indoctrinates 5-Year-Olds About Transgenderism Without Telling Parents』, 18 March 2019.

1525 Mario Pazos Guerra, Marcelino Gomez Balaguer et al., "Transsexuality: Transitions, detransitions, and regrets in Spain," Endocrinologia Diabetes y Nutricion (Engl Ed), 67(9), November 2020, pp.562-567; Kirsty Entwistle, "Debate: Reality check - Detransitioner's testimonies require us to rethink gender dysphoria," Child and Adolescent Mental Health, 26(1), February 2021, pp.15-16.

1526 Catherine Butler, Anna Hutchinson, "Debate: The pressing need for research and services for gender desisters/detransitioners," Child and Adolescent Mental Health, 25(1), February 2020, pp.45-47.

1527 Sky News, 『'Hundreds' of young trans people seeking help to return to original sex』, 5 October 2019; BBC News, 『'How do I go back to the Debbie I was?'』, 26 November 2019; The Telegraph, 『Meet the 'detransitioners': the women who became men - and now want to go back』, 16 November 2019; News Medical, 『Hundreds of trans people regret changing their gender, says trans activist』, 7 October 2019; Lifesite, 『Ex-transgender starts 'detransitioning' advocacy group: 'I felt I had to do something'』, 7 October 2019; The Dailywire, 『WATCH: 'Hundreds' Of Young People Regret Gender Transition, Seek Reversal』, 8 October 2019; MailOnline, 『Hundreds of transgender youths who had gender reassignment surgery wish they hadn't and want to transition back, says trans rights champion』, 5 October 2019.

1528 Kirsty Entwistle, "Debate: Reality check - Detransitioner's testimonies require us to rethink gender dysphoria," Child and Adolescent Mental Health, 26(1), February 2021, pp.15-16.

1529 Elie Vandenbussche, "Detransition-Related Needs and Support: A Cross-Sectional Online Survey," Journal of Homosexuality, 69(9), 29 July 2022, pp.1602-1620; The Law Society Gazette, 『Gender Recognition Act 'could criminalise innocent staff'』, 24 October 2018.

1530 Lisa Littman, "Individuals Treated for Gender Dysphoria with Medical and/or Surgical Transition Who Subsequently Detransitioned: A Survey of 100 Detransitioners," Archives of Sexual Behavior, 50(8), November 2021, pp.3353-3369.

1531 MailOnline, "A live experiment on children: Mail on Sunday publishes the shocking physicians' testimony that led a High Court judge to ban NHS's Tavistock clinic from giving puberty blocking drugs to youngsters as young as 10 who want to change sex," 9 January 2021.

1532 The Telegraph, 『Sex change regret: Gender reversal surgery is on the rise, so why aren't we talking about it?』, 1 October 2017.

1533 The Federalist, 『Trouble In Transtopia: Murmurs Of Sex Change Regret』, 11 November 2014.

1534 경상매일신문, 『<윤정배 칼럼>동성애와 에이즈Ⅵ』, 2018.5.29.
1535 의협신문, 『학문과 양심의 자유를 위협하는 정보통신망법 개정안에 반대한다』, 2021.7.5.
1536 기독일보, 『'정치적 올바름'(PC)의 한계를 극복하는 진실의 문』, 2021.3.2.
1537 Ryan T. Anderson, "When Harry Became Sally: Responding to the Transgender Moment," Encounter Books, 2018; Katie Roche, "2+2=5: How The Transgender Craze is Redefining Reality," 2020.
1538 The Lion, 『Former trans woman Oli London responds to LGBT advocate who denied existence of 'detransitioners' like him』, 28 December 2022.
1539 CBN News, 『Ex-Trans Influencer Oli London Denounces LGBT Activist's Claim That 'Detransitioning' Not Real』, 22 December 2022.
1540 Fox News, 『Influencer Oli London breaks down $300,000 cost of extensive surgeries to look like a Korean woman』, 18 October 2022; Catholic News Agency, 『De-transitioner Oli London shares conversion to Christianity』, 4 November 2022; UNILAD, 『Man who spent nearly $300,000 to look like a Korean woman has now reverted back to original gender』, 26 February 2023; Times Now, 『Man spends Rs 2 crores to look Korean, transitions back to a British man after admitting 'it was a mistake'』, 27 February 2023.
1541 Fox News, 『Detransitioning TikToker was 'horrified' after LGBT activist claimed 'detransitioning' is not 'a real thing'』, 20 December 2022.
1542 CBN News, 『Ex-Trans Influencer Oli London Denounces LGBT Activist's Claim That 'Detransitioning' Not Real』, 22 December 2022.
1543 Fox News, 『Detransitioning TikToker was 'horrified' after LGBT activist claimed 'detransitioning' is not 'a real thing'』, 20 December 2022.
1544 Rebel News, 『Detransitioning social media star Oli London warns parents about gender ideology's effect on children』, 13 November 2022.
1545 MailOnline, 『I'm de-transitioning after realising I'm happier as a man - and blame 'woke' culture for influencing impressionable teens into switching gender』, 30 January 2023; Times Now, 『Influencer who underwent 18 cosmetic surgeries to look 'Korean' is now transitioning back to British man』, 13 November 2022.
1546 MailOnline, 『Influencer Oli London, 32, reveals he is transitioning back from a Korean woman to a British man - and slams schools for 'normalizing changing genders' and teaching kids 'to idolize weak men like Harry Styles'』, 12 November 2022.
1547 Binary, 『Oli London detransitions』, 15 November 2022.
1548 Lifesite, 『British man who identified as Korean girl detransitions after multiple surgeries, finds Christ』, 14 November 2022.
1549 MEAWW, 『Oli London slams schools for pushing gender surgery as he transitions back to man from KOREAN WOMAN』, 12 November 2022.
1550 The Lion, 『Former trans woman Oli London responds to LGBT advocate who denied existence of 'detransitioners' like him』, 28 December 2022.
1551 CBN News, 『Detransitioner Oli London Credits Jesus, Church With Stopping Trans

Surgeries: 'I Was…Very Lost'』, 23 April 2023.
1552 Fox News, 『Former transgender influencer Oli London says Chinese TikTok meddles in US politics, censors conservatives』, 21 December 2022.
1553 News 18, 『UK Influencer, Who Spent A Fortune To Look Like Korean Transwoman, Reverts To Man』, 27 February 2023.
1554 데일리굿뉴스, 『英 트랜스젠더 인플루언서 "하나님이 지으신대로 돌아갈 것"』, 2022.11.8.
1555 CBN News, 『Influencer Oli London Detransitions After Finding Faith in Christ, Pushes Back Against Trans Ideology』, 1 November 2022.
1556 MailOnline, 『I spent £250,000 to look like a Korean woman… but I've gone back to being a MAN: 'De-transitioner's journey to the opposite gender and back again』, 26 February 2023.
1557 Rebel 『News, 『Non-binary CBC News writer sends sadistic death message threatening detransition activist Oli London』, 11 April 2023.
1558 Andre Van Mol, Michael K Laidlaw, Miriam Grossman, Paul R. McHugh, "Gender-Affirmation Surgery Conclusion Lacks Evidence," The American Journal of Psychiatry, 177(8), 1 August 2020, pp.756-766.
1559 Isabel Esteva de Antonio, Nuria Asenjo Araque et al., "Position statement: Gender dysphoria in childhood and adolescence. Working Group on Gender Identity and Sexual Development of the Spanish Society of Endocrinology and Nutrition (GIDSEEN)," Endocrinologia y Nutricion, 62(8), October 2015, pp.380-383.
1560 Dale O'Leary, Peter Sprigg, "Understanding and responding to the transgender movement," Family Research Council, June 2015, Issue Analysis IS15F01, p.3.
1561 Miriam Hadj-Moussa, Dana A Ohl, "William M Kuzon Jr, Evaluation and Treatment of Gender Dysphoria to Prepare for Gender Confirmation Surgery," Sexual Medicine Reviews, 6(4), October 2018, pp.607-617.
1562 National Review, 『Dr. Zucker Defied Trans Orthodoxy. Now He's Vindicated』, 25 October 2018.
1563 Radio Canada International, 『Parents sue school board for teaching their daughter 'girls are not real'』, 5 November 2019; CBC News, 『CAMH reaches settlement with former head of gender identity clinic』, 7 October 2018; National Post, 『CAMH to pay more than half a million settlement to head of gender identity clinic after releasing fallacious report』, 7 October 2018; The Guardian, 『BBC film on child transgender issues worries activists』, 11 January 2017; The Varsity, 『Controversial CAMH gender identity clinic winds down』, 11 January 2016; Anderson Valley Advertiser, 『Mendocino County Today: Saturday, June 11, 2022』, 11 June 2022; National Review, 『What Is 'Conversion Therapy'?』, 11 March 2020; The Daily Signal, 『Yes, Schools Are Secretly Trying to 'Gender Transition' Kids, and It Must Be Stopped』, 22 March 2022.
1564 National Review, 『'Rapid Onset Gender Dysphoria' Should Be Investigated, Not Smeared』, 18 January 2019; S J Bradley, R Blanchard, S Coates, R Green, S B Levine, H F Meyer-Bahlburg, I B Pauly, K J Zucker, "Interim report of the DSM-IV

Subcommittee on Gender Identity Disorders," Archives of Sexual Behavior, 20(4), August 1991, pp.333-343; Kenneth J Zucker, "Reports from the DSM-V Work Group on sexual and gender identity disorders," Archives of Sexual Behavior, 39(2), April 2010, pp.217-220; Kenneth J Zucker, "DSM-5: Call for Commentaries on Gender Dysphoria, Sexual Dysfunctions, and Paraphilic Disorders," Archives of Sexual Behavior, 42, 2013, pp.669–674.

1565 Mercatornet, 『Interrogating the transgender agenda』, 1 January 2020; The Cut, 『How the Fight Over Transgender Kids Got a Leading Sex Researcher Fired』, 7 February 2016.

1566 CBC News, 『CAMH reaches settlement with former head of gender identity clinic』, 7 October 2018; National Post, 『CAMH to pay more than half a million settlement to head of gender identity clinic after releasing fallacious report』, 7 October 2018; The Guardian, 『BBC film on child transgender issues worries activists』, 11 January 2017; The Varsity, 『Controversial CAMH gender identity clinic winds down』, 11 January 2016; Anderson Valley Advertiser, 『Mendocino County Today: Saturday, June 11, 2022』, 11 June 2022; National Review, 『What Is 'Conversion Therapy'?』, 11 March 2020; The Daily Signal, 『Yes, Schools Are Secretly Trying to 'Gender Transition' Kids, and It Must Be Stopped』, 22 March 2022; Mercatornet, 『The increasingly convincing link between autism and gender dysphoric kids』, 20 January 2017.

1567 The Independent, 『What the critics say about treatment for transgender children』, 26 October 2016; Marcus Evans, "Freedom to think: the need for thorough assessment and treatment of gender dysphoric children," BJPsych Bulletin, 45(5), October 2021, pp.315-316; Breitbart, 『Dr. Quentin Van Meter: How Faulty Research by a 1950s 'Sexual Revolutionist' Guided the Modern Transgender Movement』, 24 October 2018.

1568 The Federalist, 『The Studies Cited To Support Gender-Bending Kids Are Largely Junk Science』, 10 March 2022; The New York Times, 『Supporting Boys or Girls When the Line Isn't Clear』, 2 December 2006; CNN News, 『Transgender kids: Painful quest to be who they are』, 27 September 2021; The Spectator, 『Don't tell the parents』, 6 October 2018; Susan J Bradley, Kenneth J Zucker, "Gender identity disorder and psychosexual problems in children and adolescents," Guilford Publications, pp.281-282; Richard P. Fitzgibbons, "Transsexual attractions and sexual reassignment surgery: Risks and potential risks," Linacre Quarterly, 82(4), November 2015, pp.337-350.

1569 National Review, 『Over 1,000 Parents Protest Pediatrics Group's Treatment Guidelines for Transgender Youths』, 29 October 2018; Anderson Valley Advertiser, 『Mendocino County Today: Saturday, June 11, 2022』, 11 June 2022; Kenneth J Zucker, Hayley Wood, Devita Singh, Susan J Bradley, "A developmental, biopsychosocial model for the treatment of children with gender identity disorder," Journal of Homosexuality, 59(3), 2012, pp.369-397.

1570 Kelley D Drummond, Susan J Bradley, Michele Peterson-Badali, Kenneth J

Zucker, "A follow-up study of girls with gender identity disorder," Developmental Psychology, 44(1), January 2008, pp.34-45; The Independent, 『What the critics say about treatment for transgender children』, 26 October 2016; CNN News, 『Transgender kids: Painful quest to be who they are』, 27 September 2021; The Federalist, 『3 Reasons Parents Are Absolutely Right To Demand Informed Consent To What Schools Do To Their Kids』, 10 March 2022; National Review, 『Dr. Zucker Defied Trans Orthodoxy. Now He's Vindicated』, 25 October 2018; National Post, 『Are autistic children more likely to believe they're transgender? Controversial Toronto expert backs link』, 12 January 2017; The Daily Signal, 『Yes, Schools Are Secretly Trying to 'Gender Transition' Kids, and It Must Be Stopped』, 22 March 2022; National Post, 『Why CBC cancelled a BBC documentary that activists claimed was 'transphobic'』, 13 December 2017; The New York Times, 『Supporting Boys or Girls When the Line Isn't Clear』, 2 December 2006; Breitbart, 『Dr. Quentin Van Meter: How Faulty Research by a 1950s 'Sexual Revolutionist' Guided the Modern Transgender Movement』, 24 October 2018; Mercatornet, 『Interrogating the transgender agenda』, 1 January 2020; The Washington Times, 『Kindergarten transgender lessons have parents changing schools』, 3 September 2017.

1571 American Psychiatric Association, "Diagnostic and Statistical Manual of Mental Disorders," 5th edition, p.455; Lifesite, 『Sweden recommends against puberty blockers for children in setback to trans movement』, 25 February 2022.

1572 The Daily Signal, 『Yes, Schools Are Secretly Trying to 'Gender Transition' Kids, and It Must Be Stopped』, 22 March 2022; Catholic News Agency, 『School district can't hide student gender identity 'transition' from parents, Wis. judge says』, 30 September 2020.

1573 Fort Worth Star-Telegram, 『Custody battle over 7-year-old Texan James Younger takes transgender activism too far』, 24 October 2019; The Cut, 『How the Fight Over Transgender Kids Got a Leading Sex Researcher Fired』, 7 February 2016.

1574 The Law Society Gazette, 『Gender Recognition Act 'could criminalise innocent staff'』, 24 October 2018; The Federalist, 『Threatening Violence, Trans Activists Expel Un-PC Research At Medical Conference』, 27 February 2017.

1575 Pink News, 『Canadian broadcaster pulls controversial BBC transgender 'cure' documentary』, 14 December 2017.

1576 National Post, 『Why CBC cancelled a BBC documentary that activists claimed was 'transphobic'』, 13 December 2017.

1577 The Globe and Mail, 『Doctor fired from gender identity clinic says he feels 'vindicated' after CAMH apology, settlement』, 7 October 2018; The Varsity, 『Controversial CAMH gender identity clinic winds down』, 11 January 2016.

1578 Marcus Evans, "Freedom to think: the need for thorough assessment and treatment of gender dysphoric children," BJPsych Bulletin, 45(5), October 2021, pp.315-316.

1579 Mercatornet, 『Help! My daughter wants to become a man』, 7 August 2017.

1580 National Post, 『CAMH to pay more than half a million settlement to head of

gender identity clinic after releasing fallacious report 7』, October 2018.
1581　Spiked, 『It's not transphobic to question transgenderism』, 20 January 2017.
1582　The Varsity, 『CAMH settles with U of T professor Kenneth Zucker over 2015 report』, 14 October 2018.
1583　CBC News, 『CAMH reaches settlement with former head of gender identity clinic』, 7 October 2018; CTV News Toronto, 『CAMH apologizes, reaches settlement with former head of youth gender identity clinic』, 8 October 2018.
1584　National Review, 『Dr. Zucker Defied Trans Orthodoxy. Now He's Vindicated』, 25 October 2018; Anderson Valley Advertiser, 『Mendocino County Today: Saturday, June 11, 2022』, 11 June 2022.
1585　The Law Society Gazette, 『Gender Recognition Act 'could criminalise innocent staff'』, 24 October 2018.
1586　National Review, 『What Is 'Conversion Therapy'?』, 11 March 2020.
1587　Pink News, 『Canadian broadcaster pulls controversial BBC transgender 'cure' documentary』, 14 December 2017.
1588　The Guardian, 『BBC film on child transgender issues worries activists』, 11 January 2017.
1589　National Post, 『Are autistic children more likely to believe they're transgender? Controversial Toronto expert backs link』, 12 January 2017.
1590　The Varsity, 『CAMH settles with U of T professor Kenneth Zucker over 2015 report』, 14 October 2018.
1591　National Review, 『Why Did Brown University Bow to Trans Activists?』, 6 September 2018.
1592　The Cut, 『How the Fight Over Transgender Kids Got a Leading Sex Researcher Fired』, 7 February 2016.
1593　Kelley D Drummond, Susan J Bradley, Michele Peterson-Badali, Kenneth J Zucker, "A follow-up study of girls with gender identity disorder," Developmental Psychology, 44(1), January 2008; Richard P. Fitzgibbons, "Transsexual attractions and sexual reassignment surgery: Risks and potential risks," Linacre Quarterly, 82(4), November 2015, pp.337-350; Susan J Bradley, Kenneth J Zucker, "Gender identity disorder and psychosexual problems in children and adolescents," Guilford Publications, pp.281-282; Mercatornet, 『Interrogating the transgender agenda』, 1 January 2020.
1594　The Federalist, 『Report Debunks 'Born That Way' Narrative And 'Transgender' Label For Kids』, 23 August 2016; The Federalist, 『30 Transgender Regretters Come Out Of The Closet』, 3 January 2019.
1595　Catholic News Agency, 『Could it soon be illegal for doctors to believe in male and female?』, 3 February 2016; WND, 『Dozens of trans-regretters now 'out of the closet'』, 6 January 2019; The Heritage Foundation, 『Woke Gender』, 7 July 2021; The Globe and Mail, 『Don't treat all cases of gender dysphoria the same way』, 24 January 2018.
1596　The Heritage Foundation, 『How the Equality Act's Gender Ideology Would Harm

Children』, 9 June 2021; National Post, 『Canada's teen transgender treatment boom: Life-saving services or dangerous experimentation?』, 14 December 2020.

1597   MailOnline, 『The man who's had TWO sex changes: Incredible story of Walt, who became Laura, then REVERSED the operation because he believes surgeons in US and Europe are too quick to operate』, 14 February 2017; The Federalist, 『30 Transgender Regretters Come Out Of The Closet』, 3 January 2019; Crisis Magazine, 『The Tyranny of Gender Ideology in Practice』, 2 March 2023.

1598   The Federalist, 『30 Transgender Regretters Come Out Of The Closet』, 3 January 2019.

1599   의학신문, 『의학에는 젠더차별이 없다』, 2022.3.7.; The Times, 『Irreversible Damage by Abigail Shrier review — resisting the 'transgender craze'』, 30 December 2020; WND, 『Dozens of trans-regretters now 'out of the closet'』, 6 January 2019; The Federalist, 『30 Transgender Regretters Come Out Of The Closet』, 3 January 2019; Mercatornet, 『The Pain of Transgender Regret』, 9 October 2015; Life Site, 『For some, transgender 'transitioning' brings unimaginable regret: I would know』, 26 October 2015; World, 『Gender agenda A Texas father is fighting his ex-wife's claim that their son is a transgender girl』, 30 November 2018; The Times, 『Staff at trans clinic fear damage to children as activists pile on pressure』, 16 February 2019.

1600   Marcus Evans, "Freedom to think: the need for thorough assessment and treatment of gender dysphoric children," BJPsych Bulletin, 45(5), October 2021, pp.315-316.

1601   The Guardian, 『Governor of Tavistock Foundation quits over damning report into gender identity clinic』, 23 February 2019; BBC News, 『Transgender treatment: Puberty blockers study under investigation』, 22 July 2019.

1602   The Heritage Foundation, 『How the Equality Act's Gender Ideology Would Harm Children』, 9 June 2021.

1603   Sinead Helyar, Laura Jackson, et al., "Gender Dysphoria in children and young people: The implications for clinical staff of the Bell V's Tavistock Judicial Review and Appeal Ruling," Journal of Clinical Nursing, 31(9-10), May 2022, e11-e13; Marcus Evans, "Freedom to think: the need for thorough assessment and treatment of gender dysphoric children," BJPsych Bulletin, 45(5), October 2021, pp.315-316.

1604   The Guardian, 『Tavistock trust whistleblower David Bell: 'I believed I was doing the right thing'』, 2 May 2021.

1605   The Guardian, 『Gender identity clinic accused of fast-tracking young adults』, 3 November 2018.

1606   The Daily Signal, 『I'm a Pediatrician. How Transgender Ideology Has Infiltrated My Field and Produced Large-Scale Child Abuse』, 3 July 2017.

1607   BBC News, 『Transgender treatment: Puberty blockers study under investigation』, 22 July 2019; Annelou L C de Vries, "Challenges in Timing Puberty Suppression for Gender-Nonconforming Adolescents," Pediatrics, 146(4), October 2020, e2020010611.

1608   The Telegraph, 『Transgender people can end up 'badly damaged' says Lord Robert Winston』, 1 November 2017; Catholic News Agency, 『'Gender transition' regret deserves a voice, says former patient』, 29 June 2021.

1609 The Irish Times, 『Gender distress treatment in young people: a highly charged debate』, 26 June 2021; BBC News, 『Puberty blockers: Under-16s 'unlikely to be able to give informed consent'』, 1 December 2020; The Guardian, 『Puberty blockers: under-16s 'unlikely to be able to give informed consent'』, 1 December 2020; BBC News, 『NHS gender clinic 'should have challenged me more' over transition』, March 2020; The Guardian, 『Trans by Helen Joyce; Material Girls by Kathleen Stock – reviewss』, 18 July 2021.

1610 MailOnline, 『In 20 years we'll look back on the rush to change our children's sex as one of the darkest chapters in medicine, says psychotherapist BOB WITHERS』, 18 November 2018; MailOnline, 『School has SEVENTEEN children changing gender as teacher says vulnerable pupils are being 'tricked' into believing they are the wrong sex』, 17 November 2018.

1611 The Independent, 『What the critics say about treatment for transgender children』, 26 October 2016.

1612 The Christian Post, 『Testosterone being given to 8-y-o girls, age lowered from 13: doctors』, 2 April 2019.

1613 The Daily Signal, 『My Daughter Identified as Transgender. I Was Powerless to Stop Doctors From Harming Her』, 31 March 2019.

1614 The Christian Post, 『Testosterone being given to 8-y-o girls, age lowered from 13: doctors』, 2 April 2019.

1615 The Dailywire, 『Doctors Are Now Giving 8-Year-Old Girls Testosterone, Claiming They're 'Transgender'』, 5 April 2019.

1616 Lifesite, 『Doctors are destroying my transgender-identifying daughter with 'affirmative care'』, 2 April 2019.

1617 The Daily Signal, 『'We Are Manufacturing Transgender Kids,' Says Man Who Once Identified as Woman』, 2 April 2019.

1618 The Daily Signal, 『My Daughter Identified as Transgender. I Was Powerless to Stop Doctors From Harming Her』, 31 March 2019.

1619 Crisis Magazine, 『The Tyranny of Gender Ideology in Practice』, 2 March 2023.

1620 Washington Examiner, 『Mother of trans teenager: Los Angeles County killed my daughter』, 22 March 2022; MailOnline, 『Florida's parental rights bill is NOT a 'Don't Say Gay' bill. It is a full-throated defense of moms and dads against the state-sponsored progressive brainwashing of their kids, writes editor of children's book publisher BETHANY MANDEL』, 10 March 2022.

1621 Washington Examiner, 『Mother of trans teenager: Los Angeles County killed my daughter』, 22 March 2022.

1622 The Daily Signal, 『EXCLUSIVE VIDEO: 'Pain Never Goes Away,' Says Mother of Daughter Who Took Her Life After 'Transitioning' to a Boy』, 23 March 2022.

1623 The Daily Signal, 『Yes, Schools Are Secretly Trying to 'Gender Transition' Kids, and It Must Be Stopped』, 22 March 2022.

1624 Breakpoint, 『How the Church (and the State) Failed Abigail Martinez』, 1

1625 MailOnline, 『Florida's parental rights bill is NOT a 'Don't Say Gay' bill. It is a full-throated defense of moms and dads against the state-sponsored progressive brainwashing of their kids, writes editor of children's book publisher BETHANY MANDEL』, 10 March 2022.

1626 Washington Examiner, 『Mother of trans teenager: Los Angeles County killed my daughter』, 22 March 2022.

1627 MailOnline, 『Florida's parental rights bill is NOT a 'Don't Say Gay' bill. It is a full-throated defense of moms and dads against the state-sponsored progressive brainwashing of their kids, writes editor of children's book publisher BETHANY MANDEL』, 10 March 2022.

1628 The Epoch Times, 『Remembering Yaeli』, 6 September 2022; The Daily Signal, 『Yes, Schools Are Secretly Trying to 'Gender Transition' Kids, and It Must Be Stopped』, 22 March 2022.

1629 The Daily Signal, 『This Mom Says Transgender Movement Took Her Daughter's Life』, 21 March 2022.

1630 MailOnline, 『Florida's parental rights bill is NOT a 'Don't Say Gay' bill. It is a full-throated defense of moms and dads against the state-sponsored progressive brainwashing of their kids, writes editor of children's book publisher BETHANY MANDEL』, 10 March 2022.

1631 Breakpoint, 『How the Church (and the State) Failed Abigail Martinez』, 1 September 2022.

1632 The Daily Signal, 『This Mom Says Transgender Movement Took Her Daughter's Life』, 21 March 2022.

1633 Breakpoint, 『How the Church (and the State) Failed Abigail Martinez』, 1 September 2022.

1634 The Epoch Times, 『Remembering Yaeli』, 6 September 2022.

1635 National Review, 『The Cruelty and Recklessness of LGBT Ideologues』, 10 March 2022.

1636 The Daily Signal, 『Yes, Schools Are Secretly Trying to 'Gender Transition' Kids, and It Must Be Stopped』, 22 March 2022.

1637 CBN News, 『CA Mom Says State Pushed Teen Daughter into Transgender Treatments, Leading Her to Commit Suicide』, 15 March 2022.

1638 The Daily Signal, 『Yes, Schools Are Secretly Trying to 'Gender Transition' Kids, and It Must Be Stopped』, 22 March 2022.

1639 The Daily Signal, 『Mom Explains Tragic Reality of Gender Ideology That Ended Her Daughter's Life』, 19 April 2022.

1640 The Daily Signal, 『This Mom Says Transgender Movement Took Her Daughter's Life』, 21 March 2022.

1641 Breakpoint, 『How the Church (and the State Failed Abigail Martinez』, 1 September 2022.

1642 The Epoch Times, 『Remembering Yaeli』, 6 September 2022.

1643　MailOnline,『Florida's parental rights bill is NOT a 'Don't Say Gay' bill. It is a full-throated defense of moms and dads against the state-sponsored progressive brainwashing of their kids, writes editor of children's book publisher BETHANY MANDEL』, 10 March 2022.

1644　The Epoch Times,『Remembering Yaeli』, 6 September 2022.

1645　Washington Examiner,『Mother of trans teenager: Los Angeles County killed my daughter』, 22 March 2022.

1646　The Daily Signal,『Mom Explains Tragic Reality of Gender Ideology That Ended Her Daughter's Life』, 19 April 2022; Washington Examiner,『Mother of trans teenager: Los Angeles County killed my daughter』, 22 March 2022.

1647　Breakpoint,『How the Church (and the State) Failed Abigail Martinez』, 1 September 2022.

1648　CBN News,『CA Mom Says State Pushed Teen Daughter into Transgender Treatments, Leading Her to Commit Suicide』, 15 March 2022.

1649　The Daily Signal,『This Mom Says Transgender Movement Took Her Daughter's Life』, 21 March 2022.

1650　Washington Examiner,『Mother of trans teenager: Los Angeles County killed my daughter』, 22 March 2022.

1651　CBN News,『CA Mom Says State Pushed Teen Daughter into Transgender Treatments, Leading Her to Commit Suicide』, 15 March 2022.

1652　Washington Examiner,『Mother of trans teenager: Los Angeles County killed my daughter』, 22 March 2022.

1653　CBN News,『CA Mom Says State Pushed Teen Daughter into Transgender Treatments, Leading Her to Commit Suicide』, 15 March 2022.

1654　The Daily Signal,『Yes, Schools Are Secretly Trying to 'Gender Transition' Kids, and It Must Be Stopped』, 22 March 2022; CBN News,『CA Mom Says State Pushed Teen Daughter into Transgender Treatments, Leading Her to Commit Suicide』, 15 March 2022.

1655　The Daily Signal,『This Mom Says Transgender Movement Took Her Daughter's Life』, 21 March 2022.

1656　Washington Examiner,『California pushes to be sanctuary state for transgender children』, 29 June 2022.

1657　National Review,『The Cruelty and Recklessness of LGBT Ideologues』, 10 March 2022.

1658　MailOnline,『Florida's parental rights bill is NOT a 'Don't Say Gay' bill. It is a full-throated defense of moms and dads against the state-sponsored progressive brainwashing of their kids, writes editor of children's book publisher BETHANY MANDEL』, 10 March 2022.

1659　CBN News,『CA Mom Says State Pushed Teen Daughter into Transgender Treatments, Leading Her to Commit Suicide』, 15 March 2022.

1660　National Review,『The Cruelty and Recklessness of LGBT Ideologues』, 10 March 2022.

1661 Breakpoint, 『How the Church (and the State) Failed Abigail Martinez』, 1 September 2022.
1662 The Epoch Times, 『Remembering Yaeli』, 6 September 2022.
1663 The Daily Signal, 『Mom Explains Tragic Reality of Gender Ideology That Ended Her Daughter's Life』, 19 April 2022.
1664 The Daily Signal, 『This Mom Says Transgender Movement Took Her Daughter's Life』, 21 March 2022.
1665 The Daily Signal, 『This Mom Says Transgender Movement Took Her Daughter's Life』, 21 March 2022.
1666 MailOnline, 『Florida's parental rights bill is NOT a 'Don't Say Gay' bill. It is a full-throated defense of moms and dads against the state-sponsored progressive brainwashing of their kids, writes editor of children's book publisher BETHANY MANDEL』, 10 March 2022.
1667 뉴시스, 『광주 학부모 단체 "차별금지법은 동성애 교육 옹호 수단"』, 2022.4.26.
1668 The Epoch Times, 『The Totalitarian Agenda Behind LGBT Sex-Ed Revolution at School』, 27 July 2021.
1669 The Daily Signal, 『Yes, Schools Are Secretly Trying to 'Gender Transition' Kids, and It Must Be Stopped』, 22 March 2022.
1670 National Review, 『Dr. Zucker Defied Trans Orthodoxy. Now He's Vindicated』, 25 October 2018; National Post, 『Are autistic children more likely to believe they're transgender? Controversial Toronto expert backs link』, 12 January 2017; National Post, 『Why CBC cancelled a BBC documentary that activists claimed was 'transphobic'』, 13 December 2017; The New York Times, 『Supporting Boys or Girls When the Line Isn't Clear』, 2 December 2006; Breitbart, 『Dr. Quentin Van Meter: How Faulty Research by a 1950s 'Sexual Revolutionist' Guided the Modern Transgender Movement』, 24 October 2018; Mercatornet, 『Interrogating the transgender agenda』, 1 January 2020; The Washington Times, 『Kindergarten transgender lessons have parents changing schools』, 3 September 2017; The Independent, 『What the critics say about treatment for transgender children』, 26 October 2016.
1671 American Psychiatric Association, "Diagnostic and Statistical Manual of Mental Disorders," 5th edition, p.455; Lifesite, 『Sweden recommends against puberty blockers for children in setback to trans movement』, 25 February 2022.
1672 Andre Van Mol, Michael K Laidlaw, Miriam Grossman, Paul R. McHugh, "Gender-Affirmation Surgery Conclusion Lacks Evidence," The American Journal of Psychiatry, 177(8), 1 August 2020, pp.756-766; CBN News, 『CA Mom Says State Pushed Teen Daughter into Transgender Treatments, Leading Her to Commit Suicide』, 15 March 2022; The Daily Signal, 『Yes, Schools Are Secretly Trying to 'Gender Transition' Kids, and It Must Be Stopped』, 22 March 2022.
1673 Breakpoint, 『How the Church (and the State) Failed Abigail Martinez』, 1 September 2022; The Heritage Foundation, 『How the Equality Act's Gender Ideology Would Harm Children』, 9 June 2021; The Heritage Foundation, 『Pelosi's

Equality Act Could Lead to More Parents Losing Custody of Kids Who Want "Gender Transition"』, 15 January 2019.
1674 The Daily Signal, 『Yes, Schools Are Secretly Trying to 'Gender Transition' Kids, and It Must Be Stopped』, 22 March 2022; Washington Examiner, 『Mother of trans teenager: Los Angeles County killed my daughter』, 22 March 2022; MailOnline, 『Florida's parental rights bill is NOT a 'Don't Say Gay' bill. It is a full-throated defense of moms and dads against the state-sponsored progressive brainwashing of their kids, writes editor of children's book publisher BETHANY MANDEL』, 10 March 2022.
1675 Breakpoint, 『How the Church (and the State) Failed Abigail Martinez』, 1 September 2022.
1676 세계인권선언 제26조 제3항(Article 26 of the Universal Declaration of Human Rights); 한겨레21, 『[인권 OTL] 세계인권선언 읽기』, 제718호, 2008.7.11.; 국가인권위원회, "인권교육 10개년 행동계획안 관련 연구," 2011, 97면.
1677 헌법재판소 2000.4.27. 98헌가16 등 결정, 판례집 12-1, 427면.
1678 헌법재판소 1992.11.12. 89헌마88 결정, 판례집 4, 739면; 헌법재판소 2000.4.27. 98헌가16 등 결정, 판례집 12-1, 427면.
1679 헌법재판소 2000.4.27. 98헌가16 등 결정, 판례집 12-1, 427면.
1680 헌법재판소 1999.3.25. 97헌마130 결정, 판례집 11-1, 233면; 헌법재판소 1995.2.23. 91헌마204 결정, 판례집 7-1, 274면.
1681 The Heritage Foundation, 『How the Equality Act's Gender Ideology Would Harm Children』, 9 June 2021.
1682 홍원식, "성소수자 마오쩌둥, 비전브리지," 2020, 117면; 김영길, "인권의 딜레마," 보담, 2021, 366면, 371면.
1683 명재진 외 6인, "포괄적 차별금지법, 찬성할 것인가 반대할 것인가," 밝은생각, 2020.6., 91면.
1684 이상민 의원 대표발의, 평등에 관한 법률안(의안번호: 10822, 발의: 2021.6.16.) 제9조, 제11조, 제12조; 권인숙 의원 대표발의, 평등 및 차별금지에 관한 법률안(의안번호: 12330, 발의: 2021.8.31.) 제9조, 제11조; 박주민 의원 대표발의, 평등에 관한 법률안(의안번호: 11964, 발의: 2021.8.9.) 제9조, 제11조; 장혜영 의원 대표발의, 차별금지법안(의안번호: 1116, 발의: 2020.6.29.) 제8조, 제9조.
1685 Mary Rice Hasson, Theresa Farnan, "Get Out Now: Why You Should Pull Your Child from Public School Before It's Too Late," Regnery Gateway, 2018; The Daily Signal, 『Yes, Schools Are Secretly Trying to 'Gender Transition' Kids, and It Must Be Stopped』, 22 March 2022.
1686 Jason Bedrick, Jay P. Greene, Matthew H. Lee, "Religious Liberty and Education: A Case Study of Yeshivas Vs. New York," Rowman & Littlefield Publishers, 2020; The Guardian, 『Claim UK school failed inspection over marriage teaching 'factually inaccurate'』, 5 October 2017; MailOnline, 『Jewish school faces closure for refusing to teach its young girls transgender issues despite its religious ethos being praised four years ago』, 13 July 2017; The Telegraph, 『Private religious school fails third Ofsted inspection because it does not teach about LGBT issues』, 25

June 2017; Instinct, 『A Jewish Primary School Might Close For Not Giving LGBTQ Lessons』, 28 June 2017; Fox News, 『Orthodox Jewish grade school in UK fails inspection for refusal to teach about sexual orientation』, 4 July 2017; HAARETZ, 『Jewish Primary School at Odds With U.K. Education Office Over Refusal to Teach LGBT Issues』, 27 June 2017; Catholic News Agency, 『Refusal to teach LGBT issues could fail a Jewish school in Britain』, 27 June 2017.

1687 The Telegraph, 『Jewish School refusing to teach pupils LGBT issues should not be expanded, says Ofsted』, 24 August 2021; Pink News, 『School refusing to teach kids about LGBT+ lives should not be allowed to expand, says Ofsted』, 25 August 2021; Pink News, 『A spike in children being homeschooled may be due to LGBT-inclusive education』, 23 September 2019; Pink News, 『Protests over LGBT-inclusive education to start again in Birmingham』, 12 September 2019; Pink News, 『Education secretary says all schools will be given support to teach LGBT-inclusive lessons amidst protests』, 2 September 2019; Pink News, 『Schools that refuse to teach children LGBT+ people exist will face strict consequences from OFSTED』, 18 September 2020; 연합뉴스, 『트럼프 '화장실 전쟁' 재점화하나…성전환 학생 보호지침 폐기』, 2017.2.13.; 한국일보, 『성전환 학생 화장실 선택권 다시 뺏겨』, 2017.2.23.; 헤럴드경제, 『'트랜스젠더 화장실 전쟁'… 美 11개 주, 연방정부 상대 소송』, 2016.5.26.; Catholic News Agency, 『Nearly half of US states have sued over transgender bathroom rule in schools』, 8 July 2016; 쉴라 제프리스, "젠더는 해롭다," 열다북스, 2019, 23면.

1688 대법원 2020.6.4. 선고 2020도3975 판결; 대구지방법원 2020.2.19. 선고 2019노2758 판결; 대구지방법원 서부지원 2019.6.28. 선고 2017고단2897 판결; 대구지방법원 2021.7.8. 선고 2020구합27005 판결; 법률신문, 『초등학생에게 '동성애 위험' 유튜브 보게 했다면… 학대행위 해당』, 2020.8.6; 대구MBC, 『"동성애 혐오 영상'보여준 보육교사"자격취소 적법"』, 2021.7.13.; KBS뉴스, 『봉사 온 초등생에게 '동성애·이상성애' 성교육 영상… 대법 "정서적 학대"』, 2020.8.6.; 대구MBC, 『부적절한 영상으로 성교육..대법, "정서적 학대"』, 2020.8.14.

1689 The Washington Times, 『Kindergarten transgender lessons have parents changing schools』, 3 September 2017; Washington Examiner, 『Title IX's anti-parent secret agenda』, 24 June 2022; The Federalist, 『3 Reasons Parents Are Absolutely Right To Demand Informed Consent To What Schools Do To Their Kids』, 10 March 2022; The Daily Signal, 『Yes, Schools Are Secretly Trying to 'Gender Transition' Kids, and It Must Be Stopped』, 22 March 2022; Anderson Valley Advertiser, 『Mendocino County Today: Saturday, June 11, 2022』, 11 June 2022; The Spectator, 『Don't tell the parents』, 6 October 2018; Newsweek, 『Schools Must Stop Keeping Trans-Secrets From Parents | Opinion』, 23 March 2022; Medscape Medical News, 『Transition Therapy for Transgender Teens Drives Divide』, 23 April 2021.

1690 헌법재판소 2014.4.24. 2011헌마659 등 결정, 판례집 26-1하, 176면.

1691 세계인권선언 제26조 제3항(Article 26 of the Universal Declaration of Human Rights); 한겨레21, 『[인권 OTL] 세계인권선언 읽기』, 제718호, 2008.7.11.; 국가인권위원회, "인권교육 10개년 행동계획안 관련 연구," 2011, 97면.

1692 헌법재판소 2000.4.27. 98헌가16 등 결정, 판례집 12-1, 427면.
1693 Catholic News Agency, 『Peruvian marches against gender ideology attract 1.5 million』, 7 March 2017.
1694 Sparta Independent, 『School board member urges, 'Make your home a judgment-free zone'』, 1 July 2021; The Christian Post, 『New Jersey's Transgender School Guidance Usurps Parents' Rights, Ex-Gay Activist Warns』, 29 September 2018.
1695 Reuters, 『Canadian mother blocking trans teen's surgery fuels age debate』, 15 November 2020; Openly News, 『Canadian mother blocking trans teen's surgery fuels age debate』, 13 November 2020.
1696 MailOnline, 『Florida's parental rights bill is NOT a 'Don't Say Gay' bill. It is a full-throated defense of moms and dads against the state-sponsored progressive brainwashing of their kids, writes editor of children's book publisher BETHANY MANDEL』, 10 March 2022; Medscape Medical News, 『Transition Therapy for Transgender Teens Drives Divide』, 23 April 2021.
1697 The Spectator, 『Don't tell the parents』, 6 October 2018; The Washington Times, 『Kindergarten transgender lessons have parents changing schools』, 3 September 2017; Washington Examiner, 『Title IX's anti-parent secret agenda』, 24 June 2022; The Federalist, 『3 Reasons Parents Are Absolutely Right To Demand Informed Consent To What Schools Do To Their Kids』, 10 March 2022; The Federalist, 『The Studies Cited To Support Gender-Bending Kids Are Largely Junk Science』, 10 March 2022; The Daily Signal, 『Yes, Schools Are Secretly Trying to 'Gender Transition' Kids, and It Must Be Stopped』, 22 March 2022; Anderson Valley Advertiser, 『Mendocino County Today: Saturday, June 11, 2022』, 11 June 2022; Newsweek, 『Schools Must Stop Keeping Trans-Secrets From Parents | Opinion』, 23 March 2022.
1698 헌법재판소 1999.3.25. 97헌마130 결정, 판례집 11-1, 233면; 헌법재판소 1995.2.23. 91헌마204 결정, 판례집 7-1, 274면.
1699 The Epoch Times, 『Remembering Yaeli』, 6 September 2022; Breakpoint, 『How the Church (and the State) Failed Abigail Martinez』, 1 September 2022.
1700 Lifesite, 『Free from gag order, dad tells how judges forced transgender insanity on daughter』, 30 April 2020.
1701 Reuters, 『Most Britons accept LGBT+ people, but concern over education persists』, 10 September 2020.
1702 Pink News, 『Almost half of Britons don't want their children to learn it's OK to be gay, disturbing study finds』, 12 September.
1703 Lisa Littman, "Parent reports of adolescents and young adults perceived to show signs of a rapid onset of gender dysphoria," PLoS One, 13(8), 2018, e0202330; World, 『Trans-fluence』, 7 September 2018.
1704 쉴라 제프리스, "젠더는 해롭다", 열다북스, 2019, 228면.
1705 국민일보, 『"왜곡된 인권으로 성문란, 교권 붕괴 초래하는 학생인권조례 폐지해야"』, 2023.3.10.
1706 복음법률가회, "정의당 차별금지법안의 반성경성과 위험성," 밝은생각, 2020, 114-115면.

1707 헌법재판소 2000.4.27. 98헌가16 등 결정, 판례집 12-1, 427면.
1708 The Daily Signal, 『Wake Up, America: Cultural Marxism Is 'Identifying' as Transgenderism』, 5 January 2022.
1709 The Epoch Times, 『The Totalitarian Agenda Behind LGBT Sex-Ed Revolution at School』, 27 July 2021.
1710 크리스천투데이, 『"학생인권조례, 학교를 갈등과 투쟁의 장소로 만들어"』, 2019.5.8.
1711 Lisa L Littman, "Rapid Onset of Gender Dysphoria in Adolescents and Young Adults: a Descriptive Study," Journal of Adolescent Health, 60(2), Supplement 1, 1 February 2017, pp.95-96.
1712 Lisa Littman, "Parent reports of adolescents and young adults perceived to show signs of a rapid onset of gender dysphoria," PLoS One, 13(8), 2018, e0202330.
1713 뉴데일리, 『조희연 인권조례 옹호에… 시민단체 "학생이 선생 고발하게 만들어"』, 2022.6.8.; MS투데이, 『강원 학부모 "동성애·젠더 갈등 부추기는 인권조례 중단"』, 2022.11.9.; 서울경제, 『수업 중 잠 깨웠다고 아동학대 신고…교사들 "참는게 유일한 방법" [무너진 교권 다시 세우자]』, 2022.9.12.; 데일리안, 『"학생인권조례는 학생선동조례, 교사-학생 갈등만"』, 2010.7.7.
1714 The Heritage Foundation, 『How the Equality Act's Gender Ideology Would Harm Children』, 9 June 2021.
1715 홍성수, "말이 칼이 될 때," 어크로스, 2018, 139면.
1716 Pink News, 『Eight-year-old drag queen says if your parents won't let you do drag, 'you need new parents'』, 13 June 2017.
1717 국민일보, 『"왜곡된 인권으로 성문란, 교권 붕괴 초래하는 학생인권조례 폐지해야"』, 2023.3.10.; 크리스천투데이, 『"서울시교육청 제2기 학생인권종합계획, 전면 수정하라"』, 2021.4.2.
1718 The Irish Times, 『Gender distress treatment in young people: a highly charged debate』, 26 June 2021; National Review, 『Dr. Zucker Defied Trans Orthodoxy. Now He's Vindicated』, 25 October 2018; Marcus Evans, "Freedom to think: the need for thorough assessment and treatment of gender dysphoric children," BJPsych Bulletin, 45(5), October 2021, pp.315-316.
1719 Robert Withers, "Transgender medicalization and the attempt to evade psychological distress," The Journal of Analytical Psychology, 65(5), November 2020, pp.865-889; Breitbart, 『Dr. Quentin Van Meter: How Faulty Research by a 1950s 'Sexual Revolutionist' Guided the Modern Transgender Movement』, 24 October 2018; BBC News, 『'How do I go back to the Debbie I was?'』, 26 November 2019; Lesbian and Gay News, 『What's driving the huge rise in gender dysphoria referrals for children and teenagers?』, 26 February 2021.
1720 Antony Latham, "Puberty Blockers for Children: Can They Consent?," The New Bioethics, 28(3), September 2022, pp.268-291.
1721 P T Cohen-Kettenis, "Gender identity disorder in the DSM?," Journal of the American Academy of Child and Adolescent Psychiatry, 40(4), April 2001, p.391; Roberto D'Angelo, Ema Syrulnik et al., "One Size Does Not Fit All: In Support of Psychotherapy for Gender Dysphoria," Archives of Sexual Behavior, 50(1), January

2021, pp.7-16; Masaru Tateno, Hiroshi Ikeda, Toshikazu Saito, "[Gender dysphoria in pervasive developmental disorders]," Seishin Shinkeigaku Zasshi, 113(12), 2011, pp.1173-1183; Breitbart, 『Dr. Quentin Van Meter: How Faulty Research by a 1950s 'Sexual Revolutionist' Guided the Modern Transgender Movement』, 24 October 2018.

1722 The Independent, 『What the critics say about treatment for transgender children』, 26 October 2016; Mercatornet, 『Help! My daughter wants to become a man』, 7 August 2017.

1723 Breitbart, 『Dr. Quentin Van Meter: How Faulty Research by a 1950s 'Sexual Revolutionist' Guided the Modern Transgender Movement』, 24 October 2018.

1724 The Heritage Foundation, 『How the Equality Act's Gender Ideology Would Harm Children』, 9 June 2021.

1725 Catholic News Agency, 『School district can't hide student gender identity 'transition' from parents, Wis. judge says』, 30 September 2020.

1726 NeonNettle, 『Parents Refuse Sex Change for Autistic Son, Authorities Threaten Foster Care』, 21 March 2019.

1727 MailOnline, 『Social services threaten to take autistic boy into care after his parents refuse to let doctors give him powerful sex-change drugs』, 16 March 2019; The Christian Post, 『Parents of autistic child threatened with removal of custody after rejecting puberty blockers』, 19 March 2019; Christianheadlines, 『School Threatens to Seize Child with Autism from Parents over Transgender Dispute』, 20 March 2019.

1728 Breakpoint, 『How the Church (and the State) Failed Abigail Martinez』, 1 September 2022.

1729 Andre Van Mol, Michael K Laidlaw, Miriam Grossman, Paul R. McHugh, "Gender-Affirmation Surgery Conclusion Lacks Evidence," The American Journal of Psychiatry, 177(8), 1 August 2020, pp.756-766.

1730 National Post, 『Canada's teen transgender treatment boom: Life-saving services or dangerous experimentation?』, 14 December 2020.

1731 The Guardian, 『Gender identity clinic accused of fast-tracking young adults』, 3 November 2018.

1732 의학신문, 『국내 청소년 70%, 에이즈 관련 배운 사실 '없다'』, 2020.11.24.; 질병관리청, "2020 HIV/AIDS 신고 현황 연보," 2021.8., 6면; 약업신문, 『서정숙 의원, '2020 세계 에이즈의 날' 기념세미나 개최』, 2020.11.24.; http://www.cdc.gov/hiv/group/age/youth/index.html

1733 이상민 의원 대표발의, 평등에 관한 법률안(의안번호: 10822, 발의: 2021.6.16.) 제9조, 제11조, 제12조; 권인숙 의원 대표발의, 평등 및 차별금지에 관한 법률안(의안번호: 12330, 발의: 2021.8.31.) 제9조, 제11조; 박주민 의원 대표발의, 평등에 관한 법률안(의안번호: 11964, 발의: 2021.8.9.) 제9조, 제11조; 장혜영 의원 대표발의, 차별금지법안(의안번호: 1116, 발의: 2020.6.29.) 제8조, 제9조.

1734 National Review, 『Dr. Zucker Defied Trans Orthodoxy. Now He's Vindicated』, 25 October 2018; Anderson Valley Advertiser, 『Mendocino County Today: Saturday,

June 11, 2022』, 11 June 2022; Fort Worth Star-Telegram, 『Custody battle over 7-year-old Texan James Younger takes transgender activism too far』, 24 October 2019; The Cut, 『How the Fight Over Transgender Kids Got a Leading Sex Researcher Fired』, 7 February 2016; Spiked, 『It's not transphobic to question transgenderism』, 20 January 2017.

1735 김영길, "인권의 딜레마," 보담, 2021, 373면; 권인숙 의원 대표발의, 평등 및 차별금지에 관한 법률안(의안번호: 12330, 발의: 2021.8.31.) 제42조 제2항; 박주민 의원 대표발의, 평등에 관한 법률안(의안번호: 11964, 발의: 2021.8.9.) 제42조 제2항; 이상민 의원 대표발의, 평등에 관한 법률안(의안번호: 10822, 발의: 2021.6.16.) 제37조 제2항; 장혜영 의원 대표발의, 차별금지법안(의안번호: 1116, 발의: 2020.6.29.) 제52조; 크리스천투데이, 『"포괄적 차별금지법의 가장 큰 문제, 입증 책임 전환"』, 2023.4.18.

1736 이상민 의원 대표발의, 평등에 관한 법률안(의안번호: 10822, 발의: 2021.6.16.) 제12조; The Guardian, 『Pressure to keep up: status imbalance a major factor in stress in gay men』, 29 February 2020; 한국성소수자연구회, "무지개는 더 많은 빛깔을 원한다," 창비, 2019, 19면; 명재진 외 6인, "포괄적 차별금지법, 찬성할 것인가 반대할 것인가," 밝은 생각, 2020.6., 399면.

1737 Pink News, 『A spike in children being homeschooled may be due to LGBT-inclusive education』, 23 September 2019.

1738 Pink News, 『Education secretary says all schools will be given support to teach LGBT-inclusive lessons amidst protests』, 2 September 2019.

1739 Pink News, 『Birmingham protests over LGBT lessons to be halted over council injunction』, 31 May 2019; Express, 『Muslims parents lead protest outside school 'promoting LGBT rights'』, 15 February 2019.

1740 BirminghamLive, 『Live updates after Birmingham City Council wins injunction to STOP protests at Anderton Park School gates』, 31 May 2019; Express & Star, 『Anti-LGBT teaching protesters get permanent school gates ban』, 26 November 2019; Pink News, 『A High Court judge just permanently banned anti-LGBT education protests outside Birmingham school』, 26 November 2019.

1741 The Times, 『Trans row father is willing to go to jail』, 3 February 2020.

1742 Pink News, 『Dad would rather go to jail than have his son taught 'it's OK to be gay'』, 3 February 2020; The Times, 『Trans row father is willing to go to jail』, 3 February 2020.

1743 BirminghamLive, 『Protest parents return to Parkfield School gates and say 'it's not ok to be gay'』, 9 July 2019; MidLands Zone, 『Equality lessons row: Protesters threatening to drive Andrew Moffat out of Parkfield school』, 11 July 2019.

1744 Metro, 『Dad who refuses to send son to school over LGBT lessons is facing jail』, 3 February 2020.

1745 MailOnline, 『Muslim father who refused to send son, 9, to school for months after claiming gender equality lessons were a safeguarding risk is 'facing jail'』, 3 February 2020.

1746 Breitbart, 『UK: Muslim Father Faces Jail for Pulling 9-Year-Old Son Out of LGBT Lessons』, 6 February 2020.

1747 Pink News, 『Dad would rather go to jail than have his son taught 'it's OK to be gay'』, 3 February 2020.

1748 MailOnline, 『Muslim father who refused to send son, 9, to school for months after claiming gender equality lessons were a safeguarding risk is 'facing jail'』, 3 February 2020.

1749 Fox News, 『Influencer Oli London explains why he detransitioned back to male, blasts 'hypocritical' haters』, 17 October 2022; CBN News, 『Influencer Oli London Detransitions After Finding Faith in Christ, Pushes Back Against Trans Ideology』, 1 November 2022.

1750 가브리엘 쿠비, "글로벌 성혁명," 밝은생각, 2020, 307면; 김영한 외 지음, "동성애, 21세기 문화충돌," 킹덤북스, 2016.6, 331면.

1751 헌법재판소 2019.2.28. 2017헌마460 결정, 판례집 31-1, 236면.

1752 The Telegraph, , 『Jewish School refusing to teach pupils LGBT issues should not be expanded, says Ofsted』, 24 August 2021; Pink News, 『School refusing to teach kids about LGBT+ lives should not be allowed to expand, says Ofsted』, 25 August 2021; Pink News, 『A spike in children being homeschooled may be due to LGBT-inclusive education』, 23 September 2019; Pink News, 『Protests over LGBT-inclusive education to start again in Birmingham』, 12 September 2019; Pink News, 『Education secretary says all schools will be given support to teach LGBT-inclusive lessons amidst protests』, 2 September 2019; Pink News, 『Schools that refuse to teach children LGBT+ people exist will face strict consequences from OFSTED』, 18 September 2020; 연합뉴스, 『트럼프 '화장실 전쟁' 재점화하나…성전환 학생 보호지침 폐기』, 2017.2.13.; 한국일보, 『성전환 학생 화장실 선택권 다시 뺏겨』, 2017.2.23.; 헤럴드경제, 『'트랜스젠더 화장실 전쟁'… 美 11개 주, 연방정부 상대 소송』, 2016.5.26.; Catholic News Agency, 『Nearly half of US states have sued over transgender bathroom rule in schools』, 8 July 2016; 쉴라 제프리스, "젠더는 해롭다," 열다북스, 2019, 23면.

1753 Jason Bedrick, Jay P. Greene, Matthew H. Lee, "Religious Liberty and Education: A Case Study of Yeshivas Vs. New York," Rowman & Littlefield Publishers, 2020; The Guardian, 『Claim UK school failed inspection over marriage teaching 'factually inaccurate'』, 5 October 2017; MailOnline, 『Jewish school faces closure for refusing to teach its young girls transgender issues despite its religious ethos being praised four years ago』, 13 July 2017; The Telegraph, 『Private religious school fails third Ofsted inspection because it does not teach about LGBT issues』, 25 June 2017; Instinct, 『A Jewish Primary School Might Close For Not Giving LGBTQ Lessons』, 28 June 2017; Fox News, 『Orthodox Jewish grade school in UK fails inspection for refusal to teach about sexual orientation』, 4 July 2017; HAARETZ, 『Jewish Primary School at Odds With U.K. Education Office Over Refusal to Teach LGBT Issues』, 27 June 2017; Catholic News Agency, 『Refusal to teach LGBT issues could fail a Jewish school in Britain』, 27 June 2017.

1754 The Heritage Foundation, 『How the Equality Act's Gender Ideology Would Harm Children』, 9 June 2021.

1755 The Christian Post, 『Teacher fired for protesting pro-transgender lessons at son's UK Christian school』, 16 April 2019.
1756 펜앤파이크, 『[펜앤현장]"이상민 의원의 '평등법'은 한국교회에 대한 선전포고...끝까지 막아내야"』, 2021.6.21.
1757 Yahoo News, 『What Is 'Conversion Therapy'?』, 12 March 2020
1758 이상민 의원 대표발의, 평등에 관한 법률안(의안번호: 10822, 발의: 2021.6.16.) 제9조, 제11조, 제12조; 권인숙 의원 대표발의, 평등 및 차별금지에 관한 법률안(의안번호: 12330, 발의: 2021.8.31.) 제9조, 제11조; 박주민 의원 대표발의, 평등에 관한 법률안(의안번호: 11964, 발의: 2021.8.9.) 제9조, 제11조; 장혜영 의원 대표발의, 차별금지법안(의안번호: 1116, 발의: 2020.6.29.) 제8조, 제9조.
1759 The Heritage Foundation, 『Pelosi's Equality Act Could Lead to More Parents Losing Custody of Kids Who Want "Gender Transition"』, 15 January 2019.
1760 Post Millennial, 『BREAKING: Jailed father fighting to block gender transition of his child denied bail』, 20 March 2021.
1761 World, 『A prisoner of conscience over transgender ideology』, 23 April 2021.
1762 The Federalist, 『Heartbroken Dad Of Trans Teen Breaks Gag To Beg For End Of 'State-Sponsored Child Abuse'』, 21 February 2020; Post Millennial, 『Father jailed after referring to biological female child as his daughter』, 16 March 2021.
1763 The Guardian, 『Court backs trans teen who feared being 'stranded' by father's bid to stop transition』, 6 September 2019; The Federalist, 『Canadian Appeals Court Rules Father Can't Stop Teen Daughter From Taking Male Hormones』, 14 January 2020; Vancouver Sun, 『Judge orders father of transgender B.C. teen not to give further interviews'』, 13 February 2020; Lifesite, 『Free from gag order, dad tells how judges forced transgender insanity on daughter』, 30 April 2020.
1764 Washington Examiner, 『Man arrested for contempt after publicly referring to his biological daughter as 'she' during her gender transition』, 19 March 2021; Dailycitizen, 『Canadian Dad Sentenced for Trying to Protect Daughter from Transgender Medical Procedures』, 20 April 2021; The Federalist, 『Canadian Father Jailed For Talking About Court-Ordered Transgendering Of His Teenage Daughter』, 26 March 2021; National Post, 『B.C. father arrested, held in jail for repeatedly violating court orders over child's gender transition therapy』, 17 March 2021.
1765 The Christian Post, 『Canadian father who objected to daughter taking testosterone for sex change denied release from jail』, 23 March 2021.
1766 The Velvet Chronicle, 『Father Jailed for Refusing to Affirm Daughter as Male』, 18 April 2021.
1767 Rairfoundation, 『WATCH: Father Risks Jail To Fight Canadian Government Sanctioned Trans Child Mutilation』, 17 February 2020; Dailycitizen, 『Canadian Dad Sentenced for Trying to Protect Daughter from Transgender Medical Procedures』, 20 April 2021.
1768 The Federalist, 『Doctors Insist Canadian 14-Year-Old Needs No Parent Consent For Trans Hormone Injections』, 26 February 2019.

1769　Lifesite,『Canadian judge rules dad can't stop 14-year-old daughter from transitioning into 'boy'』, 1 March 2019.

1770　The Irish Times,『Gender distress treatment in young people: a highly charged debate』, 26 June 2021.

1771　Post Millennial,『Father jailed after referring to biological female child as his daughter』, 16 March 2021.

1772　The Federalist,『Canadian Appeals Court Rules Father Can't Stop Teen Daughter From Taking Male Hormones』, 14 January 2020.

1773　TFIGlobal,『Canadian kids are now choosing their genders and going under the blade and their protesting parents are being jailed』, 15 March 2021.

1774　The Velvet Chronicle, 『Father Jailed for Refusing to Affirm Daughter as Male』, 18 April 2021.

1775　Healthy Family News,『Canadian man jailed for calling his biologically female child as 'daughter'』, 18 March 2021.

1776　The BL,『Canadian father faces arrest and jail trying to stop his daughter's transition to male』, 15 March 2021.

1777　Opindia,『Canadian man jailed for calling his biologically female child as 'daughter'』, 18 March 2021.

1778　Latin Times,『Canadian Father Jailed For Opposing Child's Gender Transition Therapy』, 19 March 2021.

1779　The Velvet Chronicle, 『Father Jailed for Refusing to Affirm Daughter as Male』, 18 April 2021; Dailycitizen,『Canadian Dad Sentenced for Trying to Protect Daughter from Transgender Medical Procedures』, 20 April 2021.

1780　Dailywire,『Father Arrested, Jailed For Contempt After Referring To His Daughter As 'She,' Voicing Dissent In Interviews』, 19 March 2021; WND,『Father facing jail for calling daughter 'she'』, 19 March 2021; National Post,『Who gets to decide when a 14-year-old wants to change gender? The child, the hospital, the battling parents?』, 18 January 2019.

1781　World,『A prisoner of conscience over transgender ideology』, 23 April 2021.

1782　Lifesite,『Canadian judge rules dad can't stop 14-year-old daughter from transitioning into 'boy'』, 1 March 2019.

1783　Dailycitizen,『Canadian Dad Sentenced for Trying to Protect Daughter from Transgender Medical Procedures』, 20 April 2021.

1784　Reuters,『Canadian mother blocking trans teen's surgery fuels age debate』, 15 November 2020.

1785　The Federalist,『Doctors Insist Canadian 14-Year-Old Needs No Parent Consent For Trans Hormone Injections』, 26 February 2019.

1786　Decision Magazine,『Canadian Father Released on Bail After Arrest for Speaking Out About Daughter's Transgender Treatments』, 4 May 2021.

1787　The Federalist,『Canadian Father Jailed For Talking About Court-Ordered Transgendering Of His Teenage Daughter』, 26 March 2021; National Post,『Who gets to decide when a 14-year-old wants to change gender? The child, the hospital, the battling parents?』, 18 January 2019; The Federalist, 『Canadian Court Rules Parents Can't Stop 14-Year-Old From Taking Trans Hormones』, 1 March 2019.

1788 National Post, 『B.C. father arrested, held in jail for repeatedly violating court orders over child's gender transition therapy』, 17 March 2021; Dailywire, 『Father Arrested, Jailed For Contempt After Referring To His Daughter As 'She,' Voicing Dissent In Interviews』, 19 March 2021; Decision Magazine, 『Canadian Father Released on Bail After Arrest for Speaking Out About Daughter's Transgender Treatments』, 4 May 2021; Rairfoundation, 『WATCH: Father Risks Jail To Fight Canadian Government Sanctioned Trans Child Mutilation』, 17 February 2020.

1789 The Federalist, 『Father Gagged, Found Guilty Of 'Family Violence' For Calling His Trans Daughter A 'She'』, 24 April 2019.

1790 https://vimeo.com/326339802

1791 The Federalist, 『Canadian Father Jailed For Talking About Court-Ordered Transgendering Of His Teenage Daughter』, 26 March 2021.

1792 The Velvet Chronicle, 『Father Jailed for Refusing to Affirm Daughter as Male』, 18 April 2021.

1793 Rairfoundation, 『WATCH: Father Risks Jail To Fight Canadian Government Sanctioned Trans Child Mutilation』, 17 February 2020.

1794 The Federalist, 『'Doctor' Advises Threatening Suicide To Get Transgender Treatments For Kids』, 1 April 2019.

1795 The Federalist, 『Authorities To Arrest Canadian Father If He Refers To Trans Child As Her Real Sex』, 29 April 2019.

1796 The Federalist, 『'Doctor' Advises Threatening Suicide To Get Transgender Treatments For Kids』, 1 April 2019.

1797 National Post, 『Who gets to decide when a 14-year-old wants to change gender? The child, the hospital, the battling parents?』, 18 January 2019.

1798 Dailycitizen, 『Canadian Dad Sentenced for Trying to Protect Daughter from Transgender Medical Procedures』, 20 April 2021; Rairfoundation, 『WATCH: Father Risks Jail To Fight Canadian Government Sanctioned Trans Child Mutilation』, 17 February 2020.

1799 Bell v Tavistock [2020] EWHC 3274 (Admin); BBC News, 『Tavistock puberty blocker study published after nine years』, 11 December 2020; The Guardian, 『Tavistock trust whistleblower David Bell: 'I believed I was doing the right thing'』, 2 May 2021; BBC News, 『Puberty blockers: Under-16s 'unlikely to be able to give informed consent'』, 1 December 2020; Medscape Medical News, 『Transition Therapy for Transgender Teens Drives Divide』, 23 April 2021; National Post, 『Canada's teen transgender treatment boom: Life-saving services or dangerous experimentation?』, 14 December 2020.

1800 Dailywire, 『Father Arrested, Jailed For Contempt After Referring To His Daughter As 'She,' Voicing Dissent In Interviews』, 19 March 2021; Decision Magazine, 『Canadian Father Released on Bail After Arrest for Speaking Out About Daughter's Transgender Treatments』, 4 May 2021.

1801 Lifesite, 『Free from gag order, dad tells how judges forced transgender insanity on daughter』, 30 April 2020.

1802 The Guardian, 『Court backs trans teen who feared being 'stranded' by father's bid to stop transition』, 6 September 2019; The Federalist, 『Canadian Appeals Court Rules Father Can't Stop Teen Daughter From Taking Male Hormones』, 14 January 2020; Vancouver Sun, 『Judge orders father of transgender B.C. teen not to give further interviews'』, 13 February 2020.

1803 The Federalist, 『Canadian Father Jailed For Talking About Court-Ordered Transgendering Of His Teenage Daughter』, 26 March 2021.

1804 Healthy Family News, 『Canadian man jailed for calling his biologically female child as 'daughter'』, 18 March 2021; Post Millennial, 『Father jailed after referring to biological female child as his daughter』, 16 March 2021.

1805 Post Millennial, 『BREAKING: Jailed father fighting to block gender transition of his child denied bail』, 20 March 2021; Lifesite, 『Canadian father facing prison for not cooperating with teenage daughter's 'gender transition'』, 16 March 2021.

1806 Rairfoundation, 『WATCH: Father Risks Jail To Fight Canadian Government Sanctioned Trans Child Mutilation』, 17 February 2020.

1807 Washington Examiner, 『Man arrested for contempt after publicly referring to his biological daughter as 'she' during her gender transition』, 19 March 2021; Dailycitizen, 『Canadian Dad Sentenced for Trying to Protect Daughter from Transgender Medical Procedures』, 20 April 2021; The Federalist, 『Canadian Father Jailed For Talking About Court-Ordered Transgendering Of His Teenage Daughter』, 26 March 2021; National Post, 『B.C. father arrested, held in jail for repeatedly violating court orders over child's gender transition therapy』, 17 March 2021.

1808 Toronto Star, 『Transgender teen's father hit with 'denunciatory' six-month jail term for flouting court orders, publication bans』, 16 April 2021.

1809 Post Millennial, 『Father jailed after referring to biological female child as his daughter』, 16 March 2021.

1810 World, 『A prisoner of conscience over transgender ideology』, 23 April 2021; New York Post, 『Father arrested for discussing child's gender transition in defiance of court order』, 18 March 2021; RT, 『Father of trans teen to be kept in jail after speaking to press about resisting hormone injections for his child』, 21 March 2021.

1811 The Christian Post, 『Canadian father who objected to daughter taking testosterone for sex change denied release from jail』, 23 March 2021.

1812 New York Post, 『Father arrested for discussing child's gender transition in defiance of court order』, 18 March 2021.

1813 Dailywire, 『Father Arrested, Jailed For Contempt After Referring To His Daughter As 'She,' Voicing Dissent In Interviews』, 19 March 2021.

1814 The Federalist, 『Doctors Insist Canadian 14-Year-Old Needs No Parent Consent For Trans Hormone Injections』, 26 February 2019.

1815 The Federalist, 『Canadian Court Rules Parents Can't Stop 14-Year-Old From Taking Trans Hormones』, 1 March 2019.

1816 The Federalist, 『Canadian Appeals Court Rules Father Can't Stop Teen Daughter From Taking Male Hormones』, 14 January 2020.

1817 National Post, 『Who gets to decide when a 14-year-old wants to change gender? The child, the hospital, the battling parents?』, 18 January 2019.

1818 The Federalist, 『The Studies Cited To Support Gender-Bending Kids Are Largely Junk Science』, 10 March 2022; The New York Times, 『Supporting Boys or Girls When the Line Isn't Clear』, 2 December 2006; CNN News, 『Transgender kids: Painful quest to be who they are』, 27 September 2021; The Spectator, 『Don't tell the parents』, 6 October 2018; Susan J Bradley, Kenneth J Zucker, "Gender identity disorder and psychosexual problems in children and adolescents," Guilford Publications, pp.281-282; Richard P. Fitzgibbons, "Transsexual attractions and sexual reassignment surgery: Risks and potential risks," Linacre Quarterly, 82(4), November 2015, pp.337-350.

1819 BBC News, 『Puberty blockers: Under-16s 'unlikely to be able to give informed consent'』, 1 December 2020; National Post, 『Canada's teen transgender treatment boom: Life-saving services or dangerous experimentation?』, 14 December 2020; National Catholic Register, 『Gender Reassignment for Children: Cautionary Perspectives From Science』, 16 June 2022; The Daily Signal, 『Yes, Schools Are Secretly Trying to 'Gender Transition' Kids, and It Must Be Stopped』, 22 March 2022; The Irish Times, 『Gender distress treatment in young people: a highly charged debate』, 26 June 2021; Undark Magazine, 『Of Politics, Science, and Gender Identity』, 17 July 2017.

1820 Dailycitizen, 『Canadian Dad Sentenced for Trying to Protect Daughter from Transgender Medical Procedures』, 20 April 2021; Rairfoundation, 『WATCH: Father Risks Jail To Fight Canadian Government Sanctioned Trans Child Mutilation』, 17 February 2020.

1821 The Epoch Times, 『The Totalitarian Agenda Behind LGBT Sex-Ed Revolution at School』, 27 July 2021.

1822 경남도민신문, 『진주성-차별금지법의 모순(矛盾)』, 2022.5.18.

1823 WND, 『Father facing jail for calling daughter 'she'』, 19 March 2021.

1824 Dailywire, 『Father Arrested, Jailed For Contempt After Referring To His Daughter As 'She,' Voicing Dissent In Interviews』, 19 March 2021; The Federalist, 『Canadian Court Rules Parents Can't Stop 14-Year-Old From Taking Trans Hormones』, 1 March 2019.

1825 Rairfoundation, 『WATCH: Father Risks Jail To Fight Canadian Government Sanctioned Trans Child Mutilation』, 17 February 2020.

1826 New York Post, 『Father arrested for discussing child's gender transition in defiance of court order』, 18 March 2021.

1827 Post Millennial, 『Father jailed after referring to biological female child as his daughter』, 16 March 2021.

1828　The BL, 『Canadian father faces arrest and jail trying to stop his daughter's transition to male』, 15 March 2021.
1829　New York Post, 『Father arrested for discussing child's gender transition in defiance of court order』, 18 March 2021.
1830　Dailywire, 『Father Arrested, Jailed For Contempt After Referring To His Daughter As 'She,' Voicing Dissent In Interviews』, 19 March 2021.
1831　The Federalist, 『Heartbroken Dad Of Trans Teen Breaks Gag To Beg For End Of 'State-Sponsored Child Abuse'』, 21 February 2020.
1832　Lifesite, 『Free from gag order, dad tells how judges forced transgender insanity on daughter』, 30 April 2020.
1833　Healthy Family News, 『Canadian man jailed for calling his biologically female child as 'daughter'』, 18 March 2021.
1834　The Christian Post, 『Dad sentenced to 6 months for breaking gag order, objecting to daughter taking testosterone』, 19 April 2021.
1835　Decision Magazine, 『Canadian Father Released on Bail After Arrest for Speaking Out About Daughter's Transgender Treatments』, 4 May 2021.
1836　The Federalist, 『Authorities To Arrest Canadian Father If He Refers To Trans Child As Her Real Sex』, 29 April 2019.
1837　The Federalist, 『'Doctor' Advises Threatening Suicide To Get Transgender Treatments For Kids』, 1 April 2019.
1838　CNS News, 『'She Can Never Go Back.' Terrifying Testimony for Alabama Transgender Law』, 3 March 2020.
1839　The Federalist, 『Heartbroken Dad Of Trans Teen Breaks Gag To Beg For End Of 'State-Sponsored Child Abuse'』, 21 February 2020.
1840　The Christian Post, 『Canadian father jailed after publicly objecting to minor daughter taking testosterone』, 18 March 2021; The Federalist, 『Heartbroken Dad Of Trans Teen Breaks Gag To Beg For End Of 'State-Sponsored Child Abuse'』, 21 February 2020.
1841　Lifesite, 『Free from gag order, dad tells how judges forced transgender insanity on daughter』, 30 April 2020.
1842　Rairfoundation, 『WATCH: Father Risks Jail To Fight Canadian Government Sanctioned Trans Child Mutilation』, 17 February 2020.
1843　Decision Magazine, 『Canadian Father Released on Bail After Arrest for Speaking Out About Daughter's Transgender Treatments』, 4 May 2021.
1844　Post Millennial, 『Father jailed after referring to biological female child as his daughter』, 16 March 2021.
1845　Decision Magazine, 『Canadian Father Released on Bail After Arrest for Speaking Out About Daughter's Transgender Treatments』, 4 May 2021.
1846　The Federalist, 『Canadian Father Jailed For Talking About Court-Ordered Transgendering Of His Teenage Daughter』, 26 March 2021.
1847　CNS News, 『'She Can Never Go Back.' Terrifying Testimony for Alabama Transgender Law』, 3 March 2020; The Federalist, 『Heartbroken Dad Of Trans

Teen Breaks Gag To Beg For End Of 'State-Sponsored Child Abuse'』, 21 February 2020.

1848 The BL, 『Canadian father faces arrest and jail trying to stop his daughter's transition to male』, 15 March 2021.

1849 WND, 『Father facing jail for calling daughter 'she'』, 19 March 2021.

1850 MailOnline, 『In 20 years we'll look back on the rush to change our children's sex as one of the darkest chapters in medicine, says psychotherapist BOB WITHERS』, 18 November 2018.

1851 Lifesite, 『Free from gag order, dad tells how judges forced transgender insanity on daughter』, 30 April 2020.

1852 Dailycitizen, 『Canadian Dad Sentenced for Trying to Protect Daughter from Transgender Medical Procedures』, 20 April 2021.

1853 Post Millennial, 『Father jailed after referring to biological female child as his daughter』, 16 March 2021.

1854 The Heritage Foundation, 『Pelosi's Equality Act Could Lead to More Parents Losing Custody of Kids Who Want "Gender Transition"』, 15 January 2019.

1855 BBC News, 『Puberty blockers: Under-16s 'unlikely to be able to give informed consent'』, 1 December 2020; National Post, 『Canada's teen transgender treatment boom: Life-saving services or dangerous experimentation?』, 14 December 2020; National Catholic Register, 『Gender Reassignment for Children: Cautionary Perspectives From Science』, 16 June 2022; The Daily Signal, 『Yes, Schools Are Secretly Trying to 'Gender Transition' Kids, and It Must Be Stopped』, 22 March 2022; The Irish Times, 『Gender distress treatment in young people: a highly charged debate』, 26 June 2021; Undark Magazine, 『Of Politics, Science, and Gender Identity』, 17 July 2017.

1856 The Velvet Chronicle, 『Father Jailed for Refusing to Affirm Daughter as Male』, 18 April 2021.

1857 Lifesite, 『Canadian father facing prison for not cooperating with teenage daughter's 'gender transition'』, 16 March 2021.

1858 Post Millennial, 『Father jailed after referring to biological female child as his daughter』, 16 March 2021.

1859 The Federalist, 『Authorities To Arrest Canadian Father If He Refers To Trans Child As Her Real Sex』, 29 April 2019.

1860 Dailycitizen, 『Canadian Dad Sentenced for Trying to Protect Daughter from Transgender Medical Procedures』, 20 April 2021.

1861 CNE News, 『Stop the denial of biological reality: Your Sex Matters』, 30 May 2022.

1862 The Velvet Chronicle, 『Father Jailed for Refusing to Affirm Daughter as Male』, 18 April 2021.

1863 CNE News, 『Stop the denial of biological reality: Your Sex Matters』, 30 May 2022; CCI, 『Elise van Hoek: "Stop the denial of biological reality: Your Sex Matters"』, 17 May 2022.

1864 명재진 외 6인, "포괄적 차별금지법, 찬성할 것인가 반대할 것인가," 밝은생각, 2020.6.,

206-207면, 285면; MailOnline, 『Father who turned to family court to stop his son, 7, from transitioning to a girl and claims his ex-wife constantly puts the child in dresses and tells him that 'monsters only eat boys' LOSES his case against her』, 23 October 2019; Washington Examiner, 『Texas father blocked from stopping gender transition of son James, 7, to girl called Luna』, 21 October 2019; The Federalist, 『Mom Dresses Six-Year-Old Son As Girl, Threatens Dad With Losing His Son For Disagreeing』, 26 November 2018; The Texan, 『Court Strips James Younger's Father of Custody But Says Permission Needed for Puberty Blockers, Gender Surgeries』, 5 August 2021; NeonNettle, 『Dad Faces Losing Custody of 6-Year-Old Son for Disagreeing That He's Transgender』, 27 November 2018; World, 『Gender agenda A Texas father is fighting his ex-wife's claim that their son is a transgender girl』, 30 November 2018.

1865　The Washington Times, 『Religious parents lose custody of transgender teen for refusing hormone treatment』, 20 February 2018; Fox News, 『Judge orders transgender teen placed in grandparents' custody after parents refuse hormone treatments』, 21 February 2018; CNN Health, 『Judge gives grandparents custody of Ohio transgender teen』, 16 February 2018.

1866　Breakpoint, 『BreakPoint: Trans Children and Parental Rights』, 8 May 2019.

1867　The Daily Signal, 『This New Law in Canada Could Remove Kids From Parents Who Reject Transgender Ideology』, 27 June 2017; ARPA Canada, 『Five Bills in Five Years: Gender Ideology in Ontario』, 21 March 2017.

1868　뉴스앤조이, 『차별금지법으로 가정 파괴? 맘카페에 퍼지는 가짜 뉴스』, 2020.7.15.

1869　Supporting Children, Youth and Families Act, 2017, section 74(3)(c)(iii), section 109(2)(b); CBN News, 『Ontario Says LGBT Rights Overrule Rights of Christian Parents』, 8 June 2017; Lifesite, 『Conservatives to oppose bill allowing gov't to take kids from parents who reject transgenderism: source』, 31 May 2017.

1870　Blazemedia, 『New law allows government to take children away if parents don't accept kids' 'gender identity』, 5 June 2017.

1871　Gay Star News, 『This new Canadian law considers denying a child's gender identity a form of abuse』, 10 June 2017; Lifesite, 『Ontario passes 'totalitarian' bill allowing gov't to take kids from Christian homes』, 1 June 2017.

1872　Breitbart, 『Sweden To Include "Gender Identity" In Hate Crime Legislation』, 24 June 2017.

1873　Dailycitizen, 『Canadian Dad Sentenced for Trying to Protect Daughter from Transgender Medical Procedures』, 20 April 2021; The Federalist, 『Doctors Insist Canadian 14-Year-Old Needs No Parent Consent For Trans Hormone Injections』, 26 February 2019.

1874　FPIW News, 『How the Easter Bunny and Gender are impacting Foster Parents』, 6 June 2017; 크리스천투데이, 『'커밍아웃'한 자녀 반대하면 정부가 양육권 박탈?』, 2017.6.8.

1875　National Post, 『B.C. father arrested, held in jail for repeatedly violating court orders over child's gender transition therapy』, 17 March 2021; Dailywire, 『Father

Arrested, Jailed For Contempt After Referring To His Daughter As 'She,' Voicing Dissent In Interviews』, 19 March 2021; Decision Magazine, 『Canadian Father Released on Bail After Arrest for Speaking Out About Daughter's Transgender Treatments』, 4 May 2021; Rairfoundation, 『WATCH: Father Risks Jail To Fight Canadian Government Sanctioned Trans Child Mutilation』, 17 February 2020.

1876 The Federalist, 『'Doctor' Advises Threatening Suicide To Get Transgender Treatments For Kids』, 1 April 2019.

1877 The Federalist, 『'Doctor' Advises Threatening Suicide To Get Transgender Treatments For Kids』, 1 April 2019; Rairfoundation, 『WATCH: Father Risks Jail To Fight Canadian Government Sanctioned Trans Child Mutilation』, 17 February 2020.

1878 National Post, 『Canada's teen transgender treatment boom: Life-saving services or dangerous experimentation?』, 14 December 2020.

1879 복음법률가회, "정의당 차별금지법안의 반성경성과 위험성," 밝은생각, 2020, 116-118면.

1880 Lifesite, 『Ontario passes 'totalitarian' bill allowing gov't to take kids from Christian homes』, 1 June 2017.

1881 CBN News, 『Ontario Says LGBT Rights Overrule Rights of Christian Parents』, 8 June 2017.

1882 The Heritage Foundation, 『How the Equality Act's Gender Ideology Would Harm Children』, 9 June 2021; 뉴시스, 『광주 학부모 단체 "차별금지법은 동성애 교육 옹호 수단"』, 2022.4.26.

1883 Public Discourse, 『Public School LGBT Programs Don't Just Trample Parental Rights. They Also Put Kids at Risk』, 8 June 2015.

1884 The Irish Times, 『Gender distress treatment in young people: a highly charged debate』, 26 June 2021; National Review, 『Dr. Zucker Defied Trans Orthodoxy. Now He's Vindicated』, 25 October 2018; Marcus Evans, "Freedom to think: the need for thorough assessment and treatment of gender dysphoric children," BJPsych Bulletin, 45(5), October 2021, pp.315-316; Fox News, 『Former trans influencer blames TikTok stars for rise in gender ideology: 'A trend that destroys lives'』, 6 April 2023; CBN News, 『Detransitioner Oli London Credits Jesus, Church With Stopping Trans Surgeries: 'I Was…Very Lost'』, 23 April 2023.

1885 The Epoch Times, 『The Totalitarian Agenda Behind LGBT Sex-Ed Revolution at School』, 27 July 2021; Public Discourse, 『Public School LGBT Programs Don't Just Trample Parental Rights. They Also Put Kids at Risk』, 8 June 2015.

1886 명재진 외 6인, "포괄적 차별금지법, 찬성할 것인가 반대할 것인가," 밝은생각, 2020.6., 404면.

1887 Dailycitizen, 『Canadian Dad Sentenced for Trying to Protect Daughter from Transgender Medical Procedures』, 20 April 2021; The Federalist, 『Doctors Insist Canadian 14-Year-Old Needs No Parent Consent For Trans Hormone Injections』, 26 February 2019.

1888 The Heritage Foundation, 『How the Equality Act's Gender Ideology Would Harm Children』, 9 June 2021.

1889 Lifesite, 『Conservatives to oppose bill allowing gov't to take kids from parents who reject transgenderism: source』, 31 May 2017.
1890 The Daily Signal, 『This New Law in Canada Could Remove Kids From Parents Who Reject Transgender Ideology』, 27 June 2017; ARPA Canada, 『Five Bills in Five Years: Gender Ideology in Ontario』, 21 March 2017.
1891 펜앤드파이크, 『전국 317개 대학 1857명 교수들 "동성애 독재법인 '포괄적 차별금지법' 제정 반대"』, 2020.8.20.; 국민일보, 『전국 317개 대학 교수 1857명 "차별금지법 강력 반대"』, 2020.8.20.
1892 국민일보, 『""보호자의 종교 강요는 아동학대" 논란… 학부모 "말도 안 되는 소리… 종교의 자유 침해"』, 2015.4.17.; 국민일보, 『""건전한 종교 권장이 아동학대라니…" 교육부 황당한 공문에 교계·시민단체 비판 잇따라』, 2015.4.20.; 국민일보, 『교회언론회, "종교교육과 종교강요는 구별해야"』, 2015.4.19.
1893 한겨레, 『""서울광장에 휘날릴 무지개 깃발, 지킬 만한 가치가 있죠"』, 2022.6.10.
1894 The Washington Times, 『Norwegian government seizes children, citing parents' Christian 'indoctrination'』, 11 May 2016.
1895 The Federalist, 『Under International Pressure, Norway Reunites Seized Children With Family』, 6 June 2016.
1896 Christian Concern, 『A family's four-year European legal challenge ends』, 17 December 2020; Christian News, 『Court of Human Rights to Hear Case of Norwegian Family Whose Children Were Seized Over Christian Upbringing』, 5 July 2019; 기독일보, 『노르웨이, "기독교 세뇌" 이유로 양육권 박탈 논란』, 2015.12.27.
1897 The Christian Post, 『Norway Targeted Family for Christian Faith Before Seizing 5 Children, Lawyer Says』, 23 February 2016.
1898 The Washington Times, 『Norwegian government seizes children, citing parents' Christian 'indoctrination'』, 11 May 2016; WND, 『Kids seized over family's 'Christian indoctrination'』, 3 December 2015.
1899 Church Militant, 『Norwegian Gov't. Seizes 5 Children From Parents for Alleged 'Christian Indoctrination'』, 5 December 2015.
1900 BBC News, 『Norway's Barnevernet: They took our four children… then the baby』, 14 April 2016.
1901 Lifesite, 『Five children seized by Norwegian gov't to be adopted out, as protests grow』, 6 January 2016; Christian Concern, 『A family's four-year European legal challenge ends』, 17 December 2020.
1902 Christianity Daily, 『Thousands Protested Against Barnevernet Seizure of Children from Christian Family』, 9 January 2016.
1903 Christian Today, 『Norway: Judge rules in favour of Christian couple, baby Ezekiel to be returned』, 6 April 2016.
1904 크리스천투데이, 『노르웨이, "기독교 세뇌" 이유로 양육권 박탈 논란』, 2015.12.29.
1905 Christian Today, 『Bodnariu family's Christian faith led to removal of children, says lawyer』, 24 February 2016.
1906 The Washington Times, 『Norway caves to international pressure, returns children to Christian family』, 7 June 2016; Christian Concern, 『A family's four-year

1906 European legal challenge ends』, 17 December 2020.
1907 WND, 『Kids seized over family's 'Christian indoctrination'』, 3 December 2015.
1908 The Federalist, 『Under International Pressure, Norway Reunites Seized Children With Family』, 6 June 2016.
1909 Christian Today, 『Bodnariu family's Christian faith led to removal of children, says lawyer』, 24 February 2016.
1910 The Christian Post, 『Norway Targeted Family for Christian Faith Before Seizing 5 Children, Lawyer Says』, 23 February 2016.
1911 Christian News, 『Court of Human Rights to Hear Case of Norwegian Family Whose Children Were Seized Over Christian Upbringing』, 5 July 2019.
1912 Christian Today, 『Christian couple Marius and Ruth Bodnariu pray and fast for return of 5 children』, 18 March 2016.
1913 Christian News, 『Norwegian Government to Return Children Seized Over Concerns About Family's Faith』, 6 June 2016.
1914 The Christian Post, 『Norway Targeted Family for Christian Faith Before Seizing 5 Children, Lawyer Says』, 23 February 2016.
1915 The Federalist, 『Under International Pressure, Norway Reunites Seized Children With Family』, 6 June 2016.
1916 The Christian Post, 『Norway Begins Adoption Process for 5 Children Seized From Christian Parents』, 31 December 2015.
1917 크리스천투데이, 『노르웨이 정부, "하나님께서 죄 벌하신다" 교육 이유로 자녀 양육권 박탈하고 입양 추진』, 2016.1.2.
1918 The Christian Post, 『Norway Begins Adoption Process for 5 Children Seized From Christian Parents』, 31 December 2015.
1919 Church Militant, 『Norwegian Gov't. Seizes 5 Children From Parents for Alleged 'Christian Indoctrination'』, 5 December 2015.
1920 The Christian Post, 『Norway Begins Adoption Process for 5 Children Seized From Christian Parents』, 31 December 2015.
1921 기독일보, 『충격! "기독교 세뇌 시킨다"며 부모에게 아이들 뺏은 노르웨이 정부』, 2015.12.28.
1922 CBN News, 『'Our Hearts Are Shattered': Norway Takes Permanent Custody of 3 American Children from Christian Parents』, 30 September 2019.
1923 CBN News, 『Norwegian Nightmare: 'Barnevernet' Preys On Children and Parents』, 18 July 2019.
1924 국민일보, 『교회언론회, "종교교육과 종교강요는 구별해야"』, 2015.4.19.
1925 뉴스앤조이, 『신앙 강요하면 아동 학대라고? 개신교 보수 단체 반발』, 2015.5.1.
1926 국민일보, 『"건전한 종교 권장이 아동학대라니…" 교육부 황당한 공문에 교계·시민단체 비판 잇따라』, 2015.4.20.
1927 국민일보, 『"보호자의 종교 강요는 아동학대" 논란… 학부모 "말도 안 되는 소리… 종교의 자유 침해"』, 2015.4.17.
1928 강훈식 의원 대표발의, 아동기본법안(의안번호: 21756, 발의: 2023.5.2.) 제20조 제2항.
1929 양금희 의원 대표발의, 아동기본법안(의안번호: 21733, 발의: 2023.4.28.) 제33조; 강훈식

의원 대표발의, 아동기본법안(의안번호: 21756, 발의: 2023.5.2.) 제20조.
1930 크리스천투데이, 『"아동기본법안, 부모·교사 잠재적 범죄자 간주"』, 2023.5.24.
1931 WHO(세계보건기구) 홈페이지, Hepatitis A outbreaks mostly affecting men who have sex with men – European Region and the Americas, 7 June 2017; https://www.who.int/news/item/07-06-2017-hepatitis-a-outbreaks-mostly-affecting-men-who-have-sex-with-men-european-region-and-the-americas
1932 Lawrence Corey, King K Holmes, "Sexual transmission of hepatitis A in homosexual men: incidence and mechanism," The New England Journal of Medicine, 302(8), 21 February 1980, pp.435-438.
1933 경상매일신문, 『<윤정배 칼럼> 퀴어축제와 예방주사』, 2018.6.8.; 경상매일신문, 『<윤정배 칼럼>퀴어 축제와 경제 활성화는 정반대』, 2018.6.15.
1934 국민일보, 『세계 보건당국, 퀴어행사와 A형 간염 연결고리 보고』, 2019,7.2.
1935 김지연, "덮으려는 자 펼치려는 자, 사람," 2019, 252-253면.
1936 국민일보, 『세계 보건당국, 퀴어행사와 A형 간염 연결고리 보고』, 2019,7.2.; 경상매일신문, 『<윤정배 칼럼>퀴어 축제와 경제 활성화는 정반대』, 2018.6.15.
1937 펜앤드마이크, 『[이명진 칼럼] 국가인권위원회 폐지론』, 2021.7.20.
1938 PD저널, 『'퀴어=동성애?' 의미조차 축소하는 공영방송』, 2016.6.13.; 한국기자협회, 한국기자협회 인권보도준칙, https://www.journalist.or.kr/news/section4.html?p_num=7
1939 한국성소수자연구회, "무지개는 더 많은 빛깔을 원한다," 창비, 2019, 261면.
1940 뉴데일리, 『4년 연속 서울 한복판 점령하는 '퀴어축제'』, 2018.7.4.; 펜앤드마이크, 『서울시민 82.9% "서울광장 동성애 퀴어행사 '부적절'"』, 2018.7.10.
1941 쿠키뉴스, 『"공익 저해한다" 서울시 퀴어축제조직위 비영리법인 설립 불허』, 2021.8.26.; MBN 뉴스, 『"성기 모양 쿠키 판매는 법 위반"…퀴어단체, 서울시 지적에 '반발'』, 2021.9.23.; 뉴스1, 『여성성기 모양 쿠키가 법위반?…서울시 지적에 퀴어축제조직위 반발』, 2021.9.22.; 뉴스토마토, 『"성기 모양 쿠키 판매 법 위반" vs "쿠키 판매, 법인 설립 관계 없어"』, 2021.9.23.; 파이낸셜뉴스, 『여성 성기모양 쿠키 판매 법위반? 서울시 지적에 퀴어단체 반발』, 2021.9.23.; 이투데이, 『성기모양 쿠키 판매 논란…"법 위반" vs "벌떡주도 금지해야"』, 2021.9.23.
1942 국민일보, 『"동성애 축제 알몸 행진은 불법"… 검찰 "공공장소서 타인에 불쾌감 안된다" 경범죄 인정』, 2016.3.10.
1943 국민일보, 『[기고] 동성애 등 사회문제 당당히 목소리내야』, 2016.3.10.; 국민일보, 『"동성애 축제 알몸 행진은 불법"… 검찰 "공공장소서 타인에 불쾌감 안된다" 경범죄 인정』, 2016.3.10.
1944 매일경제, 『"저항적" vs "외설적"…퀴어축제 노출, 어디까지가 합법?』, 2018.7.10.
1945 헤럴드경제, 『퀴어축제 법정공방 "음란행동VS축제일뿐"』, 2016.6.1.
1946 국민일보, 『4명 중 3명 "퀴어행사, 가족과 참여할 행사 아니다"』, 2023.5.10.
1947 미디어오늘, 『동성애반대집회 "동성결혼, 저출산 심화"』, 2018.7.14.
1948 뉴데일리, 『서울시민 10명 중 8명, "동성애 축제 서울광장 개최는 부적절"』, 2018.7.12.
1949 펜앤드마이크, 『서울시민 82.9% "서울광장 동성애 퀴어행사 '부적절'"』, 2018.7.10.
1950 김일수, "성소수자의 권리 논쟁," 세창출판사, 2019, 128-129면.
1951 헤럴드경제, 『서울광장 '성소수자 축제'…이번엔 서울시 공무원까지 가세』, 2019.5.13.;

데일리굿뉴스, 『서울시 공무원들 "서울광장 퀴어축제 반대"』, 2019.5.8.; 크리스천투게이, 『빛과 소금? 대가 치러도 행동해야… 대한문 광장으로 모이자!』, 2019.5.31.; 국민일보, 『서울시 공무원들 "서울광장 퀴어행사 반대"』, 2019.5.8.

1952 투데이신문, 『인권위 '안철수 '퀴어축제 거부할 권리' 발언은 혐오 표현" 의견표명』, 2021.9.1.

1953 여성신문, 『"서울시장 선거에 퀴어축제를 정치적 제물로 삼지 말라"』, 2021.2.23.; 주간조선, 『보수와 중도 사이... 안철수 '퀴어축제' 발언의 딜레마』, 2021.2.23., 여성신문, 『[4·7 보궐선거] 김진애, 안철수 '퀴어축제' 논란에 "반인권적 발언 사과해야"』, 2021.2.23., 머니투데이, 『'센철수'로…"퀴어·백신" 발언수위 높이는 안철수』, 2021.2.23.

1954 오마이뉴스, 『'퀴어퍼레이드 거부' 안철수와 국힘, 헌법도 모르고 정치하나』, 2021.2.22.

1955 고발뉴스, 『안철수 "퀴어축제 도심 밖에서" 발언 일파만파.. 팩트체크 '쐐도'』, 2021.2.20.

1956 아시아경제, 『"우리가 죄인인가" vs "공공장소인데 불쾌" 퀴어축제 논란, 어떻게 생각하십니까』, 2021.2.23.

1957 아시아경제, 『"文 대통령도 성소수자 혐오발언" 안철수에…배복주 "무슨 차이, 둘 다 동일"』, 2021.2.25.

1958 서울신문, 『안철수 "차별은 반대, 단 퀴어축제는 도심 밖이 적절"』, 2021.2.19.

1959 머니S, 『안철수 "퀴어축제 도심 밖에서" vs 금태섭 "혐오"… 공방 계속』, 2021.2.20.; 뉴시스, 『안철수 "퀴어축제, 노출 문제로 도심 밖에서 하자는 뜻"』, 2021.2.19.; 공감신문, 『안철수 "퀴어축제 발언 오해...일부 수위 높아 도심 외 적절"』, 2021.2.19.; 머니투데이, 『안철수 "소수자 차별은 반대…퀴어축제는 도심 밖으로"』, 2021.2.19.; 아시아경제, 『[종합] 안철수 '퀴어 축제' 발언 후폭풍…"성수소자 혐오·분열 조장" 정치권 비판』, 2021.2.19.; KBS 뉴스, 『'퀴어축제 거부권' 논란에 安 "노출 우려 때문"…정의 "개탄스러워"』, 2021.2.19.; 일요신문, 『[주간 팩트체크] 때아닌 '퀴어 축제' 논란…왜?』, 2021.2.27.; 세계일보, 『안철수-금태섭, '퀴어 축제' 놓고 재격돌』, 2021.2.20.; 이투데이, 『[여의도 말말말] 안철수 "퀴어축제, 도심 밖에서" vs 금태섭 "안 볼 권리는 혐오·차별" 外』, 2021.2.22.; 머니투데이, 『안철수 '성소수자' 차별 논란…금태섭 '맹공', 우상호·박영선 '침묵'』, 2021.2.20.; 경향신문, 『성소수자 축제 "거부할 권리" 안철수 발언에, 정의당 "혐오정치 조장 정치인도 거부"』, 2021.2.19.

1960 경향신문, 『'퀴어 앙금' 남긴 안철수·금태섭 토론회』, 2021.2.19.

1961 매일일보, 『안철수, 퀴어축제 논란에 文 소환 "가장 심한 혐오 발언"』, 2021.2.24.; 뉴스웍스, 『안철수 "문 대통령, 후보시절 '동성애 좋아하지 않는다' 말해…심한 혐오발언"』, 2021.2.24.; MBN 뉴스, 『안철수, '퀴어 논란'에 "文, 아직 동성애 싫은지부터 물어야"』, 2021.2.24.; 시사저널, 『안철수 "동성애 혐오? 文대통령에게 물어야"』, 2021.2.24.; 파이낸셜뉴스, 『안철수 "文대통령 '동성애 싫다'..가장 심한 혐오 발언"』, 2021.2.24.

1962 TV조선 뉴스, 『안철수 '퀴어축제 거부 권리'·SBS 동성 키스 삭제…인권위 "성소수자 혐오 표현 중단해야"』, 2021.9.1.

1963 이데일리, 『인권위 "안철수 '퀴어축제 거부할 권리' 발언…혐오 표현으로 부적절"』, 2021.9.1.; MBN 뉴스, 『인권위 "안철수 '퀴어축제 거부권' 발언은 혐오 표현"』, 2021.9.1.; 세계일보, 『인권위 "안철수 '퀴어축제 거부할 권리' 발언은 '혐오 표현'"』, 2021.9.1.; 그린데일리, 『'성소수자에 대한 편견 야기하는 혐오 표현 중단해야'』,

2021.9.2.; 아시아경제, 『인권위 "안철수 '퀴어축제 거부권리' 발언은 성소수자 혐오 표현"』, 2021.9.1.; 서울경제, 『인권위 "성 소수자 편견 야기하는 혐오 표현 중단돼야"』, 2021.9.1.; 파이낸셜뉴스, 『인권위 "성소수자에 대한 혐오 표현 중단돼야"』, 2021.9.1.; 아시아경제, 『인권위 "성소수자에 대한 편견 야기하는 혐오 표현 중단돼야" 의견 표명』, 2021.9.1.; 매일경제, 『인권위 "안철수 '거부할 권리'는 성소수자 차별"』, 2021.9.1.; 조선일보, 『인권위 "'보헤미안 랩소디' 동성 키스 편집, 성소수자 편견 조장"』, 2021.9.1.; 뉴시스, 『'보헤미안 랩소디' 동성키스신 편집…인권위 "편견 조장"(종합)』, 2021.9.1.

1964 미디어오늘, 『안철수 발언·SBS 키스신 삭제에 인권위 "문제 있다"』, 2021.9.2.; 서울신문, 『인권위 "안철수 '퀴어 축제 거부할 권리' 발언은 성소수자 차별"』, 2021.9.1.

1965 동아일보, 『'퀴어 퍼레이드'가 촉발한 여야 후보들의 성소수자 논쟁[정치의 속살]』, 2021.2.21., 한스경제, 『이언주, 안철수 '퀴어 논란' 두둔 "거부할 권리도 존중받아야"』, 2021.2.21., 매일일보, 『이언주 "동성애 반대도 존중해야"』, 2021.2.21.

1966 서울경제, 『이언주와 통한 '안철수'…"성소수자 거부할 권리도 존중" 정치권 파장』, 2021.2.21.; 한국경제, 『이언주도 안철수 '소신'에 지원사격…"동성애 반대 존중돼야"』, 2021.2.21.; 뉴시스, 『이언주, '안철수 퀴어' 논란에 "반대도 못하면 파시즘"』, 2021.2.20.; 일요신문, 『안철수에 동조한 이언주 "퀴어, 반대도 못하면 파시즘"』, 2021.2.21.

1967 오마이뉴스, 『안철수에 동조한 이언주 "동성애 반대할 자유도 존중해야"』, 2021.2.20.

1968 민중의소리, 『'퀴어축제 거부' 안철수에 맞장구친 이언주 "동성애 강요하는 집회 인정해야 하나"』, 2021.2.21.; 뉴데일리, 『이언주, 안철수 지원사격 나서 "동성애 반대도 못하면 파시즘…존중받아야"』, 2021.2.21.; 데일리안, 『계속되는 안철수의 '확장 행보'…퀴어 축제 거부 이어 인명진 만나』, 2021.2.21.

1969 데일리굿뉴스, 『"동성애 반대 '혐오 발언' 규정…표현의 자유 말살"』, 2021.10.7.

1970 미디어오늘, 『안철수 발언·SBS 키스신 삭제에 인권위 "문제 있다"』, 2021.9.2.

1971 이상민 의원 대표발의, 평등에 관한 법률안(의안번호: 10822, 발의: 2021.6.16.) 제9조, 제11조, 제12조; 권인숙 의원 대표발의, 평등 및 차별금지에 관한 법률안(의안번호: 12330, 발의: 2021.8.31.) 제9조, 제11조; 박주민 의원 대표발의, 평등에 관한 법률안(의안번호: 11964, 발의: 2021.8.9.) 제9조, 제11조; 장혜영 의원 대표발의, 차별금지법안(의안번호: 1116, 발의: 2020.6.29.) 제8조, 제9조.

1972 Fox News, 『Christian mom sues after 4-year-old was allegedly forced to participate in LGBT pride march: 'Just horrific'』, 1 February 2023; CBN News, 『Court Rules 4-Year-Old Can Be Forced to Join LGBTQ Pride Parade』, 4 May 2023; The Times, 『Devout Christian mother loses Pride parade case』, 26 April 2023; Mirror, 『Christian mum sues son's school claiming boy, 4, was forced to take part in LGBT parade』, 2 February 2023; Metro, 『Devout Christian sues school 'for making son, four, take part in LGBT parade'』, 2 February 2023; Express, 『Christian mum sues four-year-old son's school claiming he had to take part in LGBT parade』, 1 February 2023; MailOnline, 『Devout born-again Christian mother sues her four-year-old son's school in first case of its kind in UK for 'making him take part in LGBT parade'』, 1 February 2023.

1973 MailOnline, 『'Why be homophobic when you could just be quiet?' Devout Christian mother who complained about gay parade at her five-year-old son's

school is confronted by staff member wearing THIS t-shirt』, 24 November 2018.
1974 MailOnline, 『Devout Christian mother sues her son's school for forcing him to take part in a Gay Pride parade then barring parents who complained from school grounds』, 24 March 2019.
1975 Lifesite, 『Christian mom sues UK primary school for forcing LGBT Pride celebrations on kids』, 25 March 2019.
1976 MailOnline, 『Devout Christian mother sues her son's school for forcing him to take part in a Gay Pride parade then barring parents who complained from school grounds』, 24 March 2019.
1977 CBN News, 『'It Was Like Being Bullied': Mom Sues Primary School for Victimizing Her Son with LGBTQ Views』, 26 March 2019.
1978 The Guardian, 『Christian parent threatens legal action over school's 'gay pride parade'』, 20 November 2018.
1979 MailOnline, 『'Why be homophobic when you could just be quiet?' Devout Christian mother who complained about gay parade at her five-year-old son's school is confronted by staff member wearing THIS t-shirt』, 24 November 2018.
1980 The Sunday Times, 『Mother sues Croydon primary school over 'pride parade'』, 24 March 2019; LifeSite, 『Christian mom sues UK primary school for forcing LGBT Pride celebrations on kids』, 25 March 2019.
1981 MailOnline, 『'Why be homophobic when you could just be quiet?' Devout Christian mother who complained about gay parade at her five-year-old son's school is confronted by staff member wearing THIS t-shirt』, 24 November 2018.
1982 American Psychiatric Association, "Diagnostic and Statistical Manual of Mental Disorders," 5th edition, p.455; Lifesite, 『Sweden recommends against puberty blockers for children in setback to trans movement』, 25 February 2022.
1983 Jack Drescher, Jack Pula, "Ethical issues raised by the treatment of gender-variant prepubescent children," The Hastings Center Report, 17 September 2014; Michelle A. Cretella, Quentin Van Meter, Paul McHugh, "Gender Ideology Harms Children," American College of Pediatricians, 14 September 2017; Kelley D Drummond, Susan J Bradley, Michele Peterson-Badali, Kenneth J Zucker, "A follow-up study of girls with gender identity disorder," Developmental Psychology, 44(1), January 2008, pp.34-45; The Independent, 『What the critics say about treatment for transgender children』, 26 October 2016; CNN News, 『Transgender kids: Painful quest to be who they are』, 27 September 2021; The Federalist, 『3 Reasons Parents Are Absolutely Right To Demand Informed Consent To What Schools Do To Their Kids』, 10 March 2022; National Post, 『Are autistic children more likely to believe they're transgender? Controversial Toronto expert backs link』, 12 January 2017; The Daily Signal, 『Yes, Schools Are Secretly Trying to 'Gender Transition' Kids, and It Must Be Stopped』, 22 March 2022; National Post, 『Why CBC cancelled a BBC documentary that activists claimed was 'transphobic'』, 13 December 2017; The New York Times, 『Supporting Boys or Girls When the Line Isn't Clear』, 2 December 2006; Breitbart, 『Dr. Quentin Van Meter: How Faulty Research by a

1950s 'Sexual Revolutionist' Guided the Modern Transgender Movement』, 24 October 2018; Mercatornet, 『Interrogating the transgender agenda』, 1 January 2020; The Washington Times, 『Kindergarten transgender lessons have parents changing schools』, 3 September 2017.

1984 Mercatornet, 『Interrogating the transgender agenda』, 1 January 2020; Catholic News Agency, 『School district can't hide student gender identity 'transition' from parents, Wis. judge says』, 30 September 2020; The Telegraph, 『Minister orders inquiry into 4,000 per cent rise in children wanting to change sex』, 16 September 2018; 미디어인권연구소 뭉클, "평등법 관련 미디어 모니터링," 국가인권위원회, 2020.12.18., 177면; 데일리굿뉴스, 『트랜스젠더는 정신적 문제…의학적으로 바꿀 수 없어』, 2021.4.1.; The Daily Signal, 『Yes, Schools Are Secretly Trying to 'Gender Transition' Kids, and It Must Be Stopped』, 22 March 2022; The Epoch Times, 『The Totalitarian Agenda Behind LGBT Sex-Ed Revolution at School』, 27 July 2021; The Times, 『Scottish teachers told to use pupils' chosen gender』, 13 August 2021; Express, 『Fury as Scottish pupils allowed to change gender aged four without parental consent』, 13 August 2021; Toronto Sun, 『Students in Scotland can change gender at four years old』, 13 August 2021; The Telegraph, 『Scottish four-year-olds can change gender at school without parents' consent』, 12 August 2021; 데일리굿뉴스, 『美 사례로 바라본 심각한 평등법 제정의 부작용』, 2021.6.29.

1985 연합뉴스, 『주한 대사들 "평등법, 인식 변화에 큰 영향…입법 필요"』, 2021.6.11.; 오마이뉴스, 『멀쩡한 영국 통계 끌어와 성소수자 때린 국힘 의원』, 2022.10.27.; 로이슈, 『박주민 의원, 주한영국대사관 초청 평등법 입법연구포럼 개최』, 2022.2.10.; 브레이크뉴스, 『박주민 의원, 영국 평등담당 차관 초청 '국회 평등법 제정 간담회' 개최』, 2021.11.12.

1986 Marcus Evans, "Freedom to think: the need for thorough assessment and treatment of gender dysphoric children," BJPsych Bulletin, 45(5), October 2021, pp.315-316.

1987 Medscape, 『Transgender Teens: Is the Tide Starting to Turn?』, 26 April 2021; Medscape Medical News, 『Transition Therapy for Transgender Teens Drives Divide』, 23 April 2021.

1988 The Irish Times, 『Gender distress treatment in young people: a highly charged debate』, 26 June 2021; The Guardian, 『Tavistock trust whistleblower David Bell: 'I believed I was doing the right thing'』, 2 May 2021.

1989 Catholic News Agency, 『New study suggests link between autism and gender dysphoria』, 18 July 2019.

1990 Madison Aitken, Thomas D Steensma et al., "Evidence for an altered sex ratio in clinic-referred adolescents with gender dysphoria," The Journal of Sexual Medicine, 12(3), March 2015, pp.756-763.

1991 Catholic News Agency, 『New study suggests link between autism and gender dysphoria』, 18 July 2019.

1992 Mirror, 『'Some are confused, others are trapped in the wrong body': Astonishing 50 kids a week referred to sex change clinics』, 22 October 2022; MailOnline, 『Transgender activists are 'too quick to stifle debate' says ex-children's minister worried over growing number of teenagers seeking to change sex』, 28 August

2018; MailOnline, 『Record-breaking rise in child gender realignment cases sees 50 youngsters a week being referred to sex change clinics including some aged just FOUR』, 23 October 2017.
1993 Antony Latham, "Puberty Blockers for Children: Can They Consent?," The New Bioethics, 28(3), September 2022, pp.268-291; Sinead Helyar, Laura Jackson, et al., "Gender Dysphoria in children and young people: The implications for clinical staff of the Bell V's Tavistock Judicial Review and Appeal Ruling," Journal of Clinical Nursing, 31(9-10), May 2022, e11-e13; The Independent, 『What the critics say about treatment for transgender children』, 26 October 2016.
1994 미디어인권연구소 뭉클, "평등법 관련 미디어 모니터링," 국가인권위원회, 2020.12.18., 192면; The Washington Times, 『Kindergarten transgender lessons have parents changing schools』, 3 September 2017; Washington Examiner, 『Title IX's anti-parent secret agenda』, 24 June 2022; The Federalist, 『3 Reasons Parents Are Absolutely Right To Demand Informed Consent To What Schools Do To Their Kids』, 10 March 2022; The Federalist, 『The Studies Cited To Support Gender-Bending Kids Are Largely Junk Science』, 10 March 2022; The Daily Signal, 『Yes, Schools Are Secretly Trying to 'Gender Transition' Kids, and It Must Be Stopped』, 22 March 2022; Anderson Valley Advertiser, 『Mendocino County Today: Saturday, June 11, 2022』, 11 June 2022; Newsweek, 『Schools Must Stop Keeping Trans-Secrets From Parents | Opinion』, 23 March 2022; The Heritage Foundation, 『Woke Gender』, 7 July 2021.
1995 Mary Rice Hasson, Theresa Farnan, "Get Out Now: Why You Should Pull Your Child from Public School Before It's Too Late," Regnery Gateway, 2018; Thomas D Steensma, Roeline Biemond, Fijgje de Boer, Peggy T Cohen-Kettenis, "Desisting and persisting gender dysphoria after childhood: a qualitative follow-up study," Clinical Child Psychology Psychiatry, 16(4), October 2011, pp.499-516; Marcus Evans, "Freedom to think: the need for thorough assessment and treatment of gender dysphoric children," BJPsych Bulletin, 45(5), October 2021, pp.315-316; The Times, 『Staff at trans clinic fear damage to children as activists pile on pressure』, 16 February 2019.
1996 Antony Latham, "Puberty Blockers for Children: Can They Consent?," The New Bioethics, 28(3), September 2022, pp.268-291; Maria Fernandez, Patricia Guerra et al., "Atencion sanitaria a adolescentes con disforia de genero [Health care for adolescents with gender dysphoria]," Revista Espanola Salud Publica, 92, 28 February 2018, e201802003.
1997 American Psychiatric Association, "Diagnostic and Statistical Manual of Mental Disorders," 5th edition, p.455; Lifesite, 『Sweden recommends against puberty blockers for children in setback to trans movement』, 25 February 2022.
1998 National Review, 『What Is 'Conversion Therapy'?』, 11 March 2020; The Daily Signal, 『Sex Reassignment Doesn't Work. Here's the Evidence』, 9 March 2018; Pink News, 『Half of trans male teens have attempted suicide』, 12 September 2018; Pink News, 『Lesbian, gay and bisexual students more likely to self-harm』,

25 November 2018; Herald Malaysia Online, 『Researchers reverse: Gender surgery offers 'no advantage' to mental health』, 4 August 2020; Catholic News Agency, 『Researchers reverse: Gender surgery offers 'no advantage' to mental health』, 4 August 2020; OCPA, 『As OU touts 'gender-affirming' care, ex-transgenders warn against it』, 19 July 2021; CNS News, 『From Social Media to Suicide: Psychological Risks to Transgender Kids』, 26 August 2021.

1999　Andre Van Mol, Michael K Laidlaw, Miriam Grossman, Paul R. McHugh, "Gender-Affirmation Surgery Conclusion Lacks Evidence," The American Journal of Psychiatry, 177(8), 1 August 2020, pp.756-766; CBN News, 『CA Mom Says State Pushed Teen Daughter into Transgender Treatments, Leading Her to Commit Suicide』, 15 March 2022; The Daily Signal, 『Yes, Schools Are Secretly Trying to 'Gender Transition' Kids, and It Must Be Stopped』, 22 March 2022.

2000　The Christian Institute, 『Women's Minister 'cautious' over 'life-changing' trans treatments』, 27 August 2018.

2001　The Guardian, 『LGBT activists criticise minister for women over trans comments』, 27 August 2018.

2002　The Telegraph, 『'We are in a much better place than we were': What the Tories are doing to move Britain forward』, 27 August 2018.

2003　The Spectator, 『Don't tell the parents』, 6 October 2018.

2004　Pink News, 『Minister for Women slammed after urging 'caution' over transgender youth』, 27 August 2018.

2005　The Telegraph, 『Women's minister 'cautious' over the number of teenagers undergoing gender reassignment treatment』, 26 August 2018.

2006　Pink News, 『Tory MP Jacob Rees-Mogg hits out at LGBT+ campaigners for 'shutting down debate' on trans issues』, 28 August 2018.

2007　Helen Lazaratou, Dimitrios Dikeos et al., "Gender dysphoria in adolescence: When scientific ambiguity in conceptualization becomes a political issue," The International Journal of Social Psychiatry, 64(5), August 2018, pp.511-512; The Lancet Child Adolescent Health, "A flawed agenda for trans youth," The Lancet Child & Adolescent Health, 5, 2021, p.385; Lawrence S Mayer, Paul R McHugh, "Sexuality and Gender: Findings from the Biological," Psychological, and Social Sciences, The New Atlantis, 50, Special Report: Sexuality and Gender (Fall 2016), pp. 10-143.

2008　Antony Latham, "Puberty Blockers for Children: Can They Consent?," The New Bioethics, 28(3), September 2022, pp.268-291; Medscape Medical News, 『Transition Therapy for Transgender Teens Drives Divide』, 23 April 2021; Medscape Medical News, 『Transgender Teens: Is the Tide Starting to Turn?』, 26 April 2021.

2009　Melissa Moschella, "Trapped in the Wrong Body? Transgender Identity Claims, Body-Self Dualism, and the False Promise of Gender Reassignment Therapy," The Journal of Medicine and Philosophy, 46(6), 2 December 2021, pp.782-804; Dale O'Leary, Peter Sprigg, "Understanding and responding to the transgender movement," Family Research Council, June 2015, Issue Analysis IS15F01, p.12-14, p.20; New Statesman, 『What is gender, anyway?』, 16 May 2016; OCPA, 『As OU touts 'gender-affirming' care, ex-transgenders warn against it』, 19 July 2021; Mercatornet, 『The Pain of Transgender Regret』, 9 October 2015; Life Site, 『For some, transgender 'transitioning' brings unimaginable regret: I would know』, 26 October 2015.

2010 OCPA, 『As OU touts 'gender-affirming' care, ex-transgenders warn against it』, 19 July 2021; Mercatornet, 『The Pain of Transgender Regret』, 9 October 2015; Life Site, 『For some, transgender 'transitioning' brings unimaginable regret: I would know』, 26 October 2015; Dale O'Leary, Peter Sprigg, "Understanding and responding to the transgender movement," Family Research Council, June 2015, Issue Analysis IS15F01, p.12-14, p.20; Washington Examiner, 『Allowing a three-year-old to be transgender is insane』, 22 June 2017; CBN News, 『'Reckless and Irresponsible': Johns Hopkins Prof. Issues Dire Warning on Transgender Treatment for Kids』, 19 September 2019; New Statesman, 『What is gender, anyway?』, 16 May 2016; 뉴스원코리아, 『서울교육사랑학부모연합, 동성애·성전환 옹호정책 서울시 교육청에 중단 촉구』, 2021.3.10.; Melissa Moschella, "Trapped in the Wrong Body? Transgender Identity Claims, Body-Self Dualism, and the False Promise of Gender Reassignment Therapy," The Journal of Medicine and Philosophy, 46(6), 2 December 2021, pp.782-804.

2011 Robert Withers, "Transgender medicalization and the attempt to evade psychological distress," The Journal of Analytical Psychology, 65(5), November 2020, pp.865-889; Breitbart, 『Dr. Quentin Van Meter: How Faulty Research by a 1950s 'Sexual Revolutionist' Guided the Modern Transgender Movement』, 24 October 2018; BBC News, 『'How do I go back to the Debbie I was?'』, 26 November 2019; Lesbian and Gay News, 『What's driving the huge rise in gender dysphoria referrals for children and teenagers?』, 26 February 2021; Stuff, 『The in-betweeners: Life as a non-binary trans person』, 2 August 2015; Public Discourse, 『Public School LGBT Programs Don't Just Trample Parental Rights. They Also Put Kids at Risk』, 8 June 2015; MailOnline, 『The man who's had TWO sex changes: Incredible story of Walt, who became Laura, then REVERSED the operation because he believes surgeons in US and Europe are too quick to operate』, 14 February 2017; World, 『Gender agenda A Texas father is fighting his ex-wife's claim that their son is a transgender girl』, 30 November 2018; Public Discourse, 『Transition as Treatment: The Best Studies Show the Worst Outcomes』, 16 February 2020.

2012 김미선, 박성수, "청소년의 음란물접촉과 예방대책," 한국중독범죄학회보, 9(1), 2019, 4면; The Federalist, 『14 Years After Becoming Transgender, Teacher Says 'It Was A Mistake'』, 5 February 2019; Public Discourse, 『New Data Show "Gender-Affirming" Surgery Doesn't Really Improve Mental Health. So Why Are the Study's Authors Saying It Does?』, 13 November 2019; The Daily Signal, 『Sex Reassignment Doesn't Work. Here's the Evidence』, 9 March 2018; Pink News, 『Half of trans male teens have attempted suicide』, 12 September 2018; Pink

News,『Lesbian, gay and bisexual students more likely to self-harm』, 25 November 2018; Herald Malaysia Online,『Researchers reverse: Gender surgery offers 'no advantage' to mental health』, 4 August 2020; Catholic News Agency,『Researchers reverse: Gender surgery offers 'no advantage' to mental health』, 4 August 2020; OCPA,『As OU touts 'gender-affirming' care, ex-transgenders warn against it』, 19 July 2021; CNS News,『From Social Media to Suicide: Psychological Risks to Transgender Kids』, 26 August 2021; The Federalist,『Drop The T From LGBT』, 21 April 2016; Spiked,『It's not transphobic to question transgenderism』, 20 January 2017; Breitbart,『U.S. Taxpayers Give 'Magnolia Thunderpussy' a Sex Change』, 13 December 2015.

2013 Christel Jm de Blok, Chantal M Wiepjes, Daan M van Velzen et al., "Mortality trends over five decades in adult transgender people receiving hormone treatment: a report from the Amsterdam cohort of gender dysphoria," The Lancet Diabetes and Endocrinology, 9(10), October 2021, pp.663-670; Forbes,『Transgender People Twice As Likely To Die As Cisgender People, Study Finds』, 2 September 2021; Yahoo News,『Trans adults twice as likely to die as cis adults, eye-opening study finds』, 3 September 2021.

2014 Ulrike Ruppin, Friedemann Pfafflin, "Long-Term Follow-Up of Adults with Gender Identity Disorder," Archives of Sexual Behavior, 44, 18 February 2015, pp.1321–1329; Alison Clayton, William J Malone et al., "Commentary: The Signal and the Noise-questioning the benefits of puberty blockers for youth with gender dysphoria-a commentary on Rew et al. (2021)," Child and Adolescent Mental Health, 27(3), September 2022, pp.259-262; Mercatornet,『Interrogating the transgender agenda』, 1 January 2020; Public Discourse,『Transition as Treatment: The Best Studies Show the Worst Outcomes』, 16 February 2020.

2015 Lawrence S Mayer, Paul R McHugh, "Sexuality and Gender: Findings from the Biological, Psychological, and Social Sciences," The New Atlantis, 50, Special Report: Sexuality and Gender (Fall 2016), pp. 10-143; Antony Latham, "Puberty Blockers for Children: Can They Consent?," The New Bioethics, 28(3), September 2022, pp.268-291; Mikael Landen, "Ökningen av könsdysfori hos unga tarvar eftertanke - Mer än 2300 procent fler under den senaste 10-årsperioden – kulturbunden psykologisk smitta kan vara en förklaring [Dramatic increase in adolescent gender dysphoria requires careful consideration]," Lakartidningen, 116, 11 October 2019, FSMH.

2016 Magdalena Dobrolińska, Karin van der Tuuk et al., Bone Mineral Density in Transgender Individuals After Gonadectomy and Long-Term Gender-Affirming Hormonal Treatment, The Journal of Sexual Medicine, 16(9), September 2019, pp.1469-1477; Iris E Stoffers, Martine C de Vries, Sabine E Hannema, "Physical changes, laboratory parameters, and bone mineral density during testosterone treatment in adolescents with gender dysphoria," The Journal of Sexual Medicine, 16(9), Septeember 2019, pp.1459-1468; Mariska C Vlot, Daniel T Klink et al., "Effect of pubertal suppression and cross-sex hormone therapy on bone turnover markers and bone mineral apparent density (BMAD) in transgender adolescents," Bone, 95, February 2017, pp.11-19; Behdad Navabi, Ken Tang et al., "Pubertal Suppression, Bone Mass, and Body Composition in Youth With Gender Dysphoria," Pediatrics, 148(4), October 2021, e2020039339; Janet Y Lee, Courtney Finlayson et al., "Low Bone Mineral Density in Early Pubertal Transgender/Gender Diverse Youth: Findings From the Trans Youth Care Study," Journal of the Endocrine Society, 4(9), 2 July 2020, bvaa065; Daniel Klink, Martine Caris et al., "Bone mass in young adulthood following gonadotropin-releasing hormone analog treatment and cross-sex hormone treatment in adolescents with gender dysphoria," The Journal of Clinical Endocrinology and Metabolism, 100(2), February 2015, E270-5.

2017 Shira Baram, Samantha A Myers et al., "Fertility preservation for transgender adolescents and young adults: a systematic review," Human Reproduction Update, 25(6), 5 November 2019, pp.694-716; Eva Feigerlová, Véronique Pascal et al., "Fertility desires and reproductive needs of transgender people: Challenges and considerations for clinical practice," Clinical Endocrinology (Oxf), 91(1), July 2019, pp.10-21; Catholic News Agency, 『Swedish hospital praised for halting gender-transitioning for children under 16』, 6 May 2021; Mercatornet, 『Interrogating the transgender agenda』, 1 January 2020; The Daily Signal, 『I'm a Pediatrician. How Transgender Ideology Has Infiltrated My Field and Produced Large-Scale Child Abuse』, 3 July 2017; National Review, 『Over 1,000 Parents Protest Pediatrics Group's Treatment Guidelines for Transgender Youths』, 29 October 2018; Richard P. Fitzgibbons, "Transsexual attractions and sexual reassignment surgery: Risks and potential risks," Linacre Quarterly, 82(4), November 2015, pp.337-350; The Wall Street Journal, 『Transgender Surgery Isn't the Solution』, 12 June 2014; Scoop, 『Calls Build For Ban On Puberty Blockers For Teens』, 11 May 2021; The Telegraph, 『Transgender people can end up 'badly damaged' says Lord Robert Winston』, 1 November 2017.

2018 Andre Van Mol, Michael K Laidlaw et al., "Gender-Affirmation Surgery Conclusion Lacks Evidence," The American Journal of Psychiatry, 177(8), 1 August 2020, pp.765-766; William Malone, Roberto D'Angelo, Stephen Beck et al., "Puberty blockers for gender dysphoria: the science is far from settled," The Lancet Child & Adolescent Health, 5(9), September 2021,e33-e34; Henrik Anckarsäter, Christopher Gillberg, "Methodological Shortcomings Undercut Statement in Support of Gender-Affirming Surgery," The American Journal of Psychiatry, 177(8), 1 August 2020, pp.764-765; Mikael Landén, "The Effect of Gender-Affirming Treatment on Psychiatric Morbidity Is Still Undecided," The American Journal of Psychiatry, 177(8), 1 August 2020, pp.767-768; Agnes Wold, "Gender-Corrective Surgery Promoting Mental Health in Persons With Gender Dysphoria Not Supported by Data Presented in Article," The American Journal of Psychiatry, 177(8), 1 August 2020, p.768; David Curtis, "Study of Transgender Patients: Conclusions Are Not Supported by Findings," The American Journal of Psychiatry, 177(8), 1 August 2020, p.766; Mikael Landen, "Ökningen av könsdysfori hos unga tarvar eftertanke - Mer än 2300 procent fler under den senaste 10-årsperioden – kulturbunden psykologisk smitta kan vara en förklaring [Dramatic increase in adolescent gender dysphoria requires careful consideration]," Lakartidningen, 116, 11 October 2019, FSMH; Lawrence S Mayer, Paul R McHugh, "Sexuality and Gender: Findings from the Biological, Psychological, and Social Sciences," The New Atlantis, 50, Special Report: Sexuality and Gender (Fall 2016), pp.10-143.; Antony Latham, "Puberty Blockers for Children: Can They Consent?," The New Bioethics, 28(3), September 2022, pp.268-291; National Catholic Register, 『Gender Reassignment for Children: Cautionary Perspectives From Science』, 16 June 2022; BBC News, 『Transgender treatment: Puberty blockers study under investigation』, 22 July 2019; The Texan, 『Hearing in Custody Battle Over Alleged Transgender Seven-Year-Old Will Resume Next Week』, 18 October 2019; The Daily Signal, 『'We Are Manufacturing Transgender Kids,' Says Man Who Once Identified as Woman』, 2 April 2019.

- **2019** BBC News, 『Puberty blockers: Under-16s 'unlikely to be able to give informed consent'』, 1 December 2020; National Post, 『Canada's teen transgender treatment boom: Life-saving services or dangerous experimentation?』, 14 December 2020; National Catholic Register, 『Gender Reassignment for Children: Cautionary Perspectives From Science』, 16 June 2022; The Daily Signal, 『Yes, Schools Are Secretly Trying to 'Gender Transition' Kids, and It Must Be Stopped』, 22 March 2022; The Irish Times, 『Gender distress treatment in young people: a highly charged debate』, 26 June 2021; Undark Magazine, 『Of Politics, Science, and Gender Identity』, 17 July 2017; The Federalist, 『Threatening Violence, Trans Activists Expel Un-PC Research At Medical Conference』, 27 February 2017; CBN News, 『TX Dad Faces Final Court Battle That Could Determine if His 7-Year-Old Son Becomes a Girl』, 2 October 2019.
- **2020** Dailycitizen, 『Canadian Dad Sentenced for Trying to Protect Daughter from Transgender Medical Procedures』, 20 April 2021; Rairfoundation, 『WATCH: Father Risks Jail To Fight Canadian Government Sanctioned Trans Child Mutilation』, 17 February 2020.
- **2021** Lifesite, 『Fr. James Martin appears to defend transgender puberty blockers for children』, 23 February 2022; Lifesite, 『Sweden recommends against puberty blockers for children in setback to trans movement』, 25 February 2022.
- **2022** Bell v Tavistock [2020] EWHC 3274 (Admin); Richard P. Fitzgibbons, "Transsexual attractions and sexual reassignment surgery: Risks and potential risks," Linacre Quarterly, 82(4), November 2015, pp.337-350; Antony Latham, "Puberty Blockers for Children: Can They Consent?," The New Bioethics, 28(3), September 2022, pp.268-291; Sinead Helyar, Laura Jackson, et al., "Gender Dysphoria in children and young people: The implications for clinical staff of the Bell V's Tavistock Judicial Review and Appeal Ruling," Journal of Clinical Nursing, 31(9-10), May 2022, e11-e13; The Independent, 『What the critics say about treatment for transgender children』, 26 October 2016; Medscape Medical News, 『Transition Therapy for Transgender Teens Drives Divide』, 23 April 2021; Kirsty Entwistle, "Debate: Reality

check - Detransitioner's testimonies require us to rethink gender dysphoria," Child and Adolescent Mental Health, 26(1), February 2021, pp.15-16; CNS News, 『Transgender Treatment Is Medical Malpractice for Many Teens』, 15 December 2020.

2023 National Review, 『Major Transgender Org to Recommend Lowering Age for Hormone Treatment, Surgeries』, 15 June 2022; Binary, 『Trans activists want to lower the age of consent for children』, 16 August 2022; Los Angeles Times, 『Trans kids' treatment can start younger, new guidelines say』, 16 June 2022.

2024 The Dailywire, 『Doctors Are Now Giving 8-Year-Old Girls Testosterone, Claiming They're 'Transgender'』, 5 April 2019; The Christian Post, 『Testosterone being given to 8-y-o girls, age lowered from 13: doctors』, 2 April 2019; The Daily Signal, 『Promise to America's Children Warns of Destructive Equality Act LGBT Agenda』, 18 February 2018.

2025 Pink News, 『Researchers behind 'controversial' puberty blockers study slammed by BBC's Newsnight cleared of any wrongdoing』, 16 October 2019; Pink News, 『Puberty blockers challenger Keira Bell wants doctors to 'help' trans kids 'reconcile with their sex'』, 10 December 2019.

2026 The Guardian, 『Gender identity clinic accused of fast-tracking young adults』, 3 November 2018.

2027 뉴시스, 『광주 학부모 단체 "차별금지법은 동성애 교육 옹호 수단"』, 2022.4.26.

2028 The Irish Times, 『Gender distress treatment in young people: a highly charged debate』, 26 June 2021; National Review, 『Dr. Zucker Defied Trans Orthodoxy. Now He's Vindicated』, 25 October 2018; Marcus Evans, "Freedom to think: the need for thorough assessment and treatment of gender dysphoric children," BJPsych Bulletin, 45(5), October 2021, pp.315-316.

2029 Antony Latham, "Puberty Blockers for Children: Can They Consent?," The New Bioethics, 28(3), September 2022, pp.268-291.

2030 Lisa Littman, "Parent reports of adolescents and young adults perceived to show signs of a rapid onset of gender dysphoria," PLoS One, 13(8), 2018, e0202330; World, 『Trans-fluence University caves to pressure to suppress research on transgender teens』, 7 September 2018; The Heritage Foundation, 『Woke Gender』, 7 July 2021.

2031 Post Millennial, 『BREAKING: Jailed father fighting to block gender transition of his child denied bail』, 20 March 2021; Breakpoint, 『How the Church (and the State) Failed Abigail Martinez』, 1 September 2022.

2032 WND, 『Father facing jail for calling daughter 'she'』, 19 March 2021.

2033 The Guardian, 『Gender identity clinic accused of fast-tracking young adults』, 3 November 2018.

2034 The Guardian, 『Tavistock trust whistleblower David Bell: 'I believed I was doing the right thing'』, 2 May 2021; The Guardian, 『Governor of Tavistock Foundation quits over damning report into gender identity clinic』, 23 February 2019.

2035 MailOnline, 『Should Dexter, 9, REALLY be on the transgender fast track? Child who was born a girl has been waiting three years for an autism diagnosis. Yet it took just months for UK's leading gender clinic to agree to set him on road to transitioning』, 14 July 2020; The Irish Times, 『Gender distress treatment in young people: a highly charged debate』, 26 June 2021.

2036 National Review, 『"Rapid Onset Gender Dysphoria' Should Be Investigated, Not Smeared』, 18 January 2019; S J Bradley, R Blanchard, S Coates, R Green, S B Levine, H F Meyer-Bahlburg, I B Pauly, K J Zucker, "Interim report of the DSM-IV Subcommittee on Gender Identity Disorders," Archives of Sexual Behavior, 20(4), August 1991, pp.333-343; Kenneth J Zucker, "Reports from the DSM-V Work Group on sexual and gender identity disorders," Archives of Sexual Behavior, 39(2), April 2010, pp.217-220; Kenneth J Zucker, "DSM-5: Call for Commentaries on Gender Dysphoria, Sexual Dysfunctions, and Paraphilic Disorders," Archives of Sexual Behavior, 42, 2013, pp.669–674; Mercatornet, 『Interrogating the transgender agenda』, 1 January 2020; The Cut, 『How the Fight Over Transgender Kids Got a Leading Sex Researcher Fired』, 7 February 2016.

2037 Fort Worth Star-Telegram, 『Custody battle over 7-year-old Texan James Younger takes transgender activism too far』, 24 October 2019; The Cut, 『How the Fight Over Transgender Kids Got a Leading Sex Researcher Fired』, 7 February 2016; Spiked, 『It's not transphobic to question transgenderism』, 20 January 2017.

2038 National Review, 『What Is 'Conversion Therapy'?』, 11 March 2020.

2039 The Guardian, 『BBC film on child transgender issues worries activists』, 11 January 2017.

2040 Pink News, 『Canadian broadcaster pulls controversial BBC transgender 'cure' documentary』, 14 December 2017.

2041 The Varsity, 『CAMH settles with U of T professor Kenneth Zucker over 2015 report』, 14 October 2018.

2042 The Federalist, 『30 Transgender Regretters Come Out Of The Closet』, 3 January 2019; The Federalist, 『Report Debunks 'Born That Way' Narrative And 'Transgender' Label For Kids』, 23 August 2016.

2043 Sinead Helyar, Laura Jackson, et al., "Gender Dysphoria in children and young people: The implications for clinical staff of the Bell V's Tavistock Judicial Review and Appeal Ruling," Journal of Clinical Nursing, 31(9-10), May 2022, e11-e13.

2044 Medscape Medical News, 『Transition Therapy for Transgender Teens Drives Divide』, 23 April 2021; Medscape Medical News, 『Transgender Teens: Is the Tide Starting to Turn?』, 26 April 2021.

2045 The Law Society Gazette, 『Gender Recognition Act 'could criminalise innocent staff'』, 24 October 2018; National Review, 『The Origins of the Transgender Movement』, 14 October 2019; The Federalist, 『30 Transgender Regretters Come Out Of The Closet』, 3 January 2019; WND, 『Dozens of trans-regretters now 'out of the closet'』, 6 January 2019; The Heritage Foundation, 『Woke Gender』, 7 July 2021; The Globe and Mail, 『Don't treat all cases of gender dysphoria the same way』, 24 January 2018; Stream, 『Interview: The Pain of Transgender

Regret』, 9 October 2015; Life Site, 『For some, transgender 'transitioning' brings unimaginable regret: I would know』, 26 October 2015; Public Discourse, 『"Sex Change" Surgery: What Bruce Jenner, Diane Sawyer, and You Should Know』, 27 April 2015; The Federalist, 『Why A Compromise On Transgender Politics Would Be Capitulation』, 16 May 2018; The Federalist, 『The Studies Cited To Support Gender-Bending Kids Are Largely Junk Science』, 10 March 2022.

2046 Ayelet R Barkai, "Troubling Gender or Engendering Trouble? The Problem With Gender Dysphoria in Psychoanalysis," Psychoanalytic Review, 104(1), February 2017, pp.1-32.

2047 The Telegraph, 『Transgender activists accused of attempting to shut down debate』, 27 August 2018.

2048 The Christian Institute, 『Women's Minister 'cautious' over 'life-changing' trans treatments』, 27 August 2018; The Telegraph, 『Transgender activists accused of attempting to shut down debate』, 27 August 2018.

2049 MailOnline, 『Transgender activists are 'too quick to stifle debate' says ex-children's minister worried over growing number of teenagers seeking to change sex』, 28 August 2018; Pink News, 『Tory MP Jacob Rees-Mogg hits out at LGBT+ campaigners for 'shutting down debate' on trans issues』, 28 August 2018.

2050 The Telegraph, 『Transgender activists accused of attempting to shut down debate』, 27 August 2018.

2051 The Christian Institute, 『Women's Minister 'cautious' over 'life-changing' trans treatments』, 27 August 2018.

2052 The Telegraph, 『Transgender activists accused of attempting to shut down debate』, 27 August 2018.

2053 The Christian Institute, 『Women's Minister 'cautious' over 'life-changing' trans treatments』, 27 August 2018.

2054 서울경제, 『세살짜리 유치원생에게 동성애 교육? 서울교육청 학생인권종합계획 논란』, 2021.1.15.; 한국교육신문, 『'학생인권' 영향? 조희연·도성훈 지지도 최하위권』, 2021.2.9.; 머니투데이, 『"성소수자 보호"…보수·기독교 반발 샀던 학생인권종합계획 수립』, 2021.4.1.; 조선에듀, 『서울 학생인권종합계획 '이념 편향 교육' 논란 커지자… 해명 나선 교육청』, 2021.1.15.; 이데일리, 『학생인권계획 비판에 "동성애·편향사상 주입 아냐"…서울시교육청 '반박'』, 2021.1.15.; 이데일리, 『"동성애 옹호·편향사상 주입?"…서울시교육청 '학생인권계획' 논란』, 2021.1.21.; 경향신문, 『'서울 학생인권의 날' 앞두고…여전히 '성소수자 보호'가 '동성애 조장'이라는 이들』, 2021.1.25.

2055 Belfast Telegraph, 『DUP's Donaldson to chair Westminster briefing with minister who branded LGBT education 'state-sponsored abuse'』, 26 February 2020; Catholic News Agency, 『How a new executive order would promote gender ideology and silence free speech at schools』, 11 March 2021; 김영길, "인권의 딜레마," 보담, 2021, 33면; 노컷뉴스, 『포항성시화운동본부 '포괄적 차별금지법 입법반대' 규탄집회 동참』, 2020.7.31.

2056 Prospect Magazine, 『Why do so many teenage girls want to change gender?』, 3 March 2020.

2057 투데이신문, 『인권위 "안철수 '퀴어축제 거부할 권리' 발언은 혐오 표현" 의견표명』, 2021.9.1.

2058 조던 피터슨, "12가지 인생의 법칙," 메이븐, 2018; Politico Magazine, 『The Canadian Psychologist Beating American Pundits at Their Own Game』, 8 April 2018.

2059 The New York Times, 『Opinion | The Jordan Peterson Moment』, 25 January 2018.

2060 The New York Times, 『Opinion | Meet the Renegades of the Intellectual Dark Web』, 8 May 2018.

2061 펜엔드마이크, 『[PenN수첩/홍준표] '보수'는 버려야 할 가치인가』, 2018.7.3.; Pacific Standard, 『How Anti-Leftism Has Made Jordan Peterson a Mark for Fascist Propaganda』, 2 March 2018; The Guardian, 『How dangerous is Jordan B Peterson, the rightwing professor who 'hit a hornets' nest'?』, 7 February 2018; Daniel Burston, "Psychoanalysis, Politics and the Postmodern University (Critical Political Theory and Radical Practice)," Palgrave Macmillan, 2020.

2062 https://www.youtube.com/watch?v=fvPgjg201w0 (2023.3.8. 방문, 조던 피터슨의 유튜브 동영상)

2063 The Varsity, 『Controversial professor Jordan Peterson retires from tenured position at U of T』, 23 January 2022; The Wall Street Journal, 『Jordan Peterson and Conservatism's Rebirth』, 15 June 2018; Toronto Star, 『He says freedom, they say hate. The pronoun fight is back』, 15 January 2017; The Globe and Mail, 『Jordan Peterson and the trolls in the ivory tower』, 2 June 2017.; Toronto Star, 『New words trigger an abstract clash on campus: DiManno』, 19 November 2016.

2064 Vox, 『Jordan Peterson, the obscure Canadian psychologist turned right-wing celebrity, explained』, 21 May 2018.

2065 Toronto Life, 『The Pronoun Warrior』, 25 January 2017; The College Fix, 『Transgender activists attack free speech rally defending professor who won't say 'ze'』, 17 October 2016.

2066 The McGill International Review, 『Decoding Bill C-16: Does it Threaten Canadians' Freedoms?』, 12 December 2016.

2067 RealClearPolicy, 『Title IX, Pronouns, and Campus Freedom』, 12 August 2022.

2068 김지연, "나의 어여쁜 자야," 두란노, 2020.

2069 The Federalist, 『Professor Ignites Protests By Refusing To Use Transgender Pronouns』, 17 October 2016.

2070 The Varsity, 『U of T community responds to Jordan Peterson on gender identities』, 3 October 2016.

2071 Toronto Star, 『Protesters decry U of T professor's comments on gender identity』, 5 October 2016; The College Fix, 『Transgender activists attack free speech rally defending professor who won't say 'ze'』, 17 October 2016.

2072 The Guardian, 『If someone wants to be called 'they' and not 'he' or 'she', why say no?』, 4 June 2018; Vox, 『The past, present, and future of the singular "they"』, 13 December 2019; Varsity, 『Challenging the only 'partly political' Jordan Peterson』, 7 November 2018; Toronto Star, 『Freedom of speech and the great pronouns

2072 debate: Salutin』, 7 October 2016; Toronto Star, 『Jordan Peterson documentary 'Shut Him Down' an insightful take on controversial prof.』, 31 October 2018.
2073 Maclean's, 『Inside Lindsay Shepherd's heroic, insulting, brave, destructive, possibly naive fight for free speech』, 11 December 2017.
2074 The Stranger, 『Jordan Peterson Documentary Faces Cancelation and Threats』, 14 October 2019.
2075 The Globe and Mail, 『University of Toronto professor defends right to use gender-specific pronouns』, 19 November 2016; National Post, 『U of T professor attacks political correctness, says he refuses to use genderless pronouns』, 28 September 2016.
2076 The College Fix, 『Transgender activists attack free speech rally defending professor who won't say 'ze'』, 17 October 2016.
2077 National Post, 『Jordan Peterson: The right to be politically incorrect』, 8 November 2016.
2078 Toronto Life, 『The Pronoun Warrior』, 25 January 2017.
2079 Toronto Star, 『He says freedom, they say hate. The pronoun fight is back』, 15 January 2017.
2080 Toronto Star, 『Protesters decry U of T professor's comments on gender identity』, 5 October 2016.
2081 김지연, "나의 어여쁜 자야," 두란노, 2020.
2082 Esquire, 『The Passion of Jordan Peterson』, 1 May 2018; Radio Canada International, 『The English language, gender rights, free speech laws, a professor under siege』, 24 November 2016.
2083 https://www.youtube.com/watch?v=kasiov0ytEc&t=19s (2023.3.8. 방문, 캐나다 공영방송 TVO Today)
2084 Robby Soave, "Panic Attack: Young Radicals in the Age of Trump," All Points Books, 2019.
2085 The Christian Post, 『To Understand Leftist Totalitarianism, Watch This』, 27 December 2016.
2086 Wayne Martino, Wendy Cumming-Potvin, "Investigating Transgender and Gender Expansive Education Research, Policy and Practice," Routledge, 2019; The New Yorker, 『Jordan Peterson's Gospel of Masculinity』, 26 February 2018.
2087 TVO Today, Transcript: Genders, Rights and Freedom of Speech | Oct 26, 2016; https://www.tvo.org/transcript/2396103/genders-rights-and-freedom-of-speech
2088 The Federalist, 『Why You Shouldn't Use Transgender Pronouns』, 18 October 2016.
2089 Marcus Evans, "Freedom to think: the need for thorough assessment and treatment of gender dysphoric children," BJPsych Bulletin, 45(5), October 2021, pp.315-316; The Daily Signal, 『Defend Free Speech, Urges Author Who Faced Repercussions for Teaching College Students About Pronouns』, 17 May 2021; 김지연, "나의 어여쁜 자야," 두란노, 2020.
2090 The Heritage Foundation, 『Woke Gender』, 7 July 2021.

2091 Rebel News, 『New Brunswick Tories defend parent concerns on gender ideology in schools』, 20 May 2023.

2092 Global News, 『New Brunswick MLAs say child safety should be overriding factor in LQBTQ2 policy review』, 17 May 2023.

2093 Toronto Star, 『N.B. youth advocate denounces province's decision to review LGBTQ school policy』, 16 May 2023; CTV News, 『N.B. youth advocate denounces province's decision to review LGBTQ school policy』, 16 May 2023.

2094 Global News, 『N.B. youth advocate denounces province's decision to review LGBTQ school policy』, 16 May 2023.

2095 CBC News, 『Child and youth advocate, N.B. premier clash over need to review LGBTQ school policy』, 16 May 2023.

2096 The Catholic Register, 『Lindsay Shepherd carries on fight for free speech』, 16 May 2021; RealClearPolicy, 『Title IX, Pronouns, and Campus Freedom』, 12 August 2022.

2097 The Epoch Times, 『Barbara Kay: Canada Needs an Academic Freedom Act to Protect Viewpoint Diversity in Universities』, 27 September 2022.

2098 빅데이터뉴스, 『[토요 산책] 코로나19로 인한 대학의 전면 온라인화, 호주는 어떨까』, 2020.4.20.; 헤럴드경제, 『[인터뷰] 서울교대 홍선호 교수 '토론을 논하다'』, 2019.5.30.

2099 Maclean's, 『Inside Lindsay Shepherd's heroic, insulting, brave, destructive, possibly naive fight for free speech』, 11 December 2017.

2100 The Record, 『WLU censures grad student for lesson that used TVO clip』, 14 November 2017.

2101 The Cord, 『Controversy erupts after Laurier TA shows Jordan Peterson clip in lesson plan』, 15 November 2017.

2102 National Post, 『Lindsay Shepherd sues Wilfrid Laurier, claiming 'attacks' have 'rendered her unemployable in academia'』, 12 June 2018; The Mcgill Tribune, 『The lesson of Lindsay Shepherd』, 28 November 2017; The Federalist, 『How Telling The Truth On Campus Gets You Persecuted』, 28 May 2021; Vancouver Sun, 『Douglas Todd: The many things Lindsay Shepherd is not』, 10 January 2019.

2103 Toronto Star, 『Laurier university starts independent probe after teaching assistant plays clip of gender debate』, 16 November 2017; Toronto Star, 『Laurier apologizes to teaching assistant who aired clip of gender-pronoun debate』, 21 November 2017; Maclean's, 『Jordan Peterson and the big mistake of university censors』, 17 November 2017.

2104 National Review, 『On a Campus in Canada, Speech Isn't Free』, 8 December 2017.

2105 The Daily Signal, 『Defend Free Speech, Urges Author Who Faced Repercussions for Teaching College Students About Pronouns』, 17 May 2021.

2106 Maclean's, 『Inside Lindsay Shepherd's heroic, insulting, brave, destructive, possibly naive fight for free speech』, 11 December 2017.

2107 The Daily Signal, 『Defend Free Speech, Urges Author Who Faced Repercussions for Teaching College Students About Pronouns』, 17 May 2021.

2108 Maclean's, 『Inside Lindsay Shepherd's heroic, insulting, brave, destructive, possibly naive fight for free speech』, 11 December 2017; TVO Today, Transcript: Genders, Rights and Freedom of Speech | Oct 26, 2016; https://www.tvo.org/transcript/2396103/genders-rights-and-freedom-of-speech

2109 Radio Canada International, 『Canadian university embroiled in free speech controversy』, 17 November 2017.

2110 The Epoch Times, 『'Diversity and Exclusion': Lindsay Shepherd Pens Book About Free Speech Controversy at Laurier University』, 30 March 2021.

2111 Maclean's, 『Inside Lindsay Shepherd's heroic, insulting, brave, destructive, possibly naive fight for free speech』, 11 December 2017.

2112 The Federalist, 『Here's What Happened To That Canadian Academic Defenestrated For Defending Speech』, 6 December 2019; The Cord, 『UPDATED: Controversy on campus: a comprehensive timeline』, 29 November 2017.

2113 Vancouver Sun, 『Douglas Todd: The many things Lindsay Shepherd is not』, 10 January 2019.

2114 Dave Rubin, "Don't Burn This Book: Thinking for Yourself in an Age of Unreason," Sentinel, 2020; CBC News, 『Lindsay Shepherd says she had to record meeting that spurred Peterson lawsuit』, 1 March 2019.

2115 CBC News, 『Lindsay Shepherd launches $3.6M lawsuit against Laurier over alleged 'inquisition'』, 14 June 2018.

2116 Lindsay Shepherd, "Diversity and Exclusion: Confronting the Campus Free Speech Crisis," Magna Carta, 2021.

2117 The Epoch Times, 『'Diversity and Exclusion': Lindsay Shepherd Pens Book About Free Speech Controversy at Laurier University』, 30 March 2021; The Mcgill Tribune, 『The lesson of Lindsay Shepherd』, 28 November 2017; Church Militant, 『Canadian Students Protest Gender-Neutral Bathrooms』, 22 November 2017.

2118 City Journal, 『Free-Speech Rock Stars: Two Canadian academics emerge as celebrities on the right』, 6 August 2018; News.com.au, 『Is it too late to save our universities?』, 20 August 2018; The Record, 『He's controversial, but Jordan Peterson has a message for a lost generation』, 1 August 2018.

2119 Michael Filimowicz, Veronika Tzankova, "Reimagining Communication: Action," Routledge, 2020; The Catholic Register, 『Lindsay Shepherd carries on fight for free speech』, 16 May 2021; Toronto Star, 『Teaching assistant Lindsay Shepherd suing Laurier in case that raised academic freedom questions』, 13 June 2018; National Post, 『Lindsay Shepherd sues Wilfrid Laurier, claiming 'attacks' have 'rendered her unemployable in academia'』, 12 June 2018; Maclean's, 『Jordan Peterson and the big mistake of university censors』, 17 November 2017; National Post, 『Lindsay Shepherd sues Wilfrid Laurier, claiming 'attacks' have 'rendered her unemployable in academia'』, 12 June 2018; The Record, 『WLU censures grad student for lesson that used TVO clip』, 14 November 2017.

2120 Dominik Finkelde, "In Need of a Master: Politics, Theology, and Radical Democracy," De Gruyter, 2021; The Record, 『WLU censures grad student for lesson that used TVO clip』, 14 November 2017; The Cord, 『Controversy erupts after Laurier TA shows Jordan Peterson clip in lesson plan』, 15 November 2017.

2121　CTV News, 『Outspoken professor stokes free-speech debate at Acadia University』, 15 January 2018.

2122　National Post, 『Lindsay Shepherd sues Wilfrid Laurier, claiming 'attacks' have 'rendered her unemployable in academia'』, 12 June 2018; Lifesite, 『Student sues university after it targeted her for showing Jordan Peterson clip』, 20 June 2018; The Cord, 『Lindsay Shepherd files $3.6M law suit against Laurier over alleged abusive treatment』, 15 June 2018; CBC News, 『Lindsay Shepherd launches $3.6M lawsuit against Laurier over alleged 'inquisition'』, 14 June 2018.

2123　CBC News, 『Lindsay Shepherd launches $3.6M lawsuit against Laurier over alleged 'inquisition'』, 14 June 2018; The Record, 『WLU censures grad student for lesson that used TVO clip』, 14 November 2017.

2124　Toronto Star, 『Laurier apologizes to teaching assistant who aired clip of gender-pronoun debate』, 21 November 2017.

2125　Victoria News, 『Freedom of Speech group criticizes UBC for charging Jenn Smith』, 13 July 2019.

2126　The Record, 『WLU censures grad student for lesson that used TVO clip』, 14 November 2017.

2127　National Review, 『On a Campus in Canada, Speech Isn't Free』, 8 December 2017; Maclean's, 『Inside Lindsay Shepherd's heroic, insulting, brave, destructive, possibly naive fight for free speech』, 11 December 2017.

2128　The Daily Signal, 『Defend Free Speech, Urges Author Who Faced Repercussions for Teaching College Students About Pronouns』, 17 May 2021.

2129　Maclean's, 『Inside Lindsay Shepherd's heroic, insulting, brave, destructive, possibly naive fight for free speech』, 11 December 2017.

2130　Toronto Star, 『Laurier apologizes to teaching assistant who aired clip of gender-pronoun debate』, 21 November 2017; Radio Canada International, 『Canadian university embroiled in free speech controversy』, 17 November 2017; CTV News, 『Controversial professor sues university over alleged remarks during TA's meeting』, 21 June 2018.

2131　Toronto Star, 『Laurier apologizes to teaching assistant who aired clip of gender-pronoun debate』, 21 November 2017.

2132　The Federalist, 『Here's What Happened To That Canadian Academic Defenestrated For Defending Speech』, 6 December 2019.

2133　The Catholic Register, 『Lindsay Shepherd carries on fight for free speech』, 16 May 2021.

2134　The Record, 『WLU censures grad student for lesson that used TVO clip』, 14 November 2017.

2135　Toronto Star, 『Laurier university starts independent probe after teaching assistant plays clip of gender debate』, 16 November 2017.

2136　Toronto Sun, 『EDITORIAL: Wilfrid Laurier University insults our liberty』, 15

November 2017; National Post, 『Lindsay Shepherd sues Wilfrid Laurier, claiming 'attacks' have 'rendered her unemployable in academia'』, 12 June 2018; The College Fix, 『From Jordan Peterson to a 'giant vulva' activist: Inside Lindsay Shepherd's $3.6 million lawsuit』, 15 June 2018; Radio Canada International, 『Canadian university embroiled in free speech controversy』, 17 November 2017; Maclean's, 『Jordan Peterson and the big mistake of university censors』, 17 November 2017.

2137 The Epoch Times, 『"Diversity and Exclusion": Lindsay Shepherd Pens Book About Free Speech Controversy at Laurier University』, 30 March 2021.

2138 National Post, 『Christie Blatchford: Thought police strike again as Wilfrid Laurier grad student is chastised for showing Jordan Peterson video』, 10 November 2017; Maclean's, 『Inside Lindsay Shepherd's heroic, insulting, brave, destructive, possibly naive fight for free speech』, 11 December 2017.

2139 City Journal, 『Free-Speech Rock Stars: Two Canadian academics emerge as celebrities on the right』, 6 August 2018.

2140 Vice, 『Wilfrid Laurier Exonerates Lindsay Shepherd, We Can All Move On Now』, 20 December 2017.

2141 National Post, 『Lindsay Shepherd sues Wilfrid Laurier, claiming 'attacks' have 'rendered her unemployable in academia'』, 12 June 2018.

2142 Vancouver Sun, 『Douglas Todd: The many things Lindsay Shepherd is not』, 10 January 2019.

2143 Ilana Redstone, "Unassailable Ideas: How Unwritten Rules and Social Media Shape Discourse in American Higher Education," Oxford University Press, 2020; Toronto Star, 『Laurier apologizes to teaching assistant who aired clip of gender-pronoun debate』, 21 November 2017.

2144 Toronto Star, 『Teaching assistant Lindsay Shepherd suing Laurier in case that raised academic freedom questions』, 13 June 2018; University Affairs, 『Academic freedom: can history be our guide?』, 24 January 2018.

2145 Toronto Star, 『Laurier apologizes to teaching assistant who aired clip of gender-pronoun debate』, 21 November 2017.

2146 The Record, 『An opinionated summary of the decade』, 26 December 2019; The College Fix, 『From Jordan Peterson to a 'giant vulva' activist: Inside Lindsay Shepherd's $3.6 million lawsuit』, 15 June 2018; The Federalist, 『Here's What Happened To That Canadian Academic Defenestrated For Defending Speech』, 6 December 2019; CBC News, 『Lindsay Shepherd launches $3.6M lawsuit against Laurier over alleged 'inquisition'』, 14 June 2018.

2147 The Epoch Times, 『"Diversity and Exclusion": Lindsay Shepherd Pens Book About Free Speech Controversy at Laurier University』, 30 March 2021.

2148 The College Fix, 『From Jordan Peterson to a 'giant vulva' activist: Inside Lindsay Shepherd's $3.6 million lawsuit』, 15 June 2018; CBC News, 『Lindsay Shepherd launches $3.6M lawsuit against Laurier over alleged 'inquisition'』, 14 June 2018.

2149 Toronto Star, 『Two Laurier professors sue former TA Lindsay Shepherd over recording of disciplinary meeting』, 28 December 2018; Vancouver Sun, 『Douglas Todd: The many things Lindsay Shepherd is not』, 10 January 2019.

2150　Maclean's, 『Inside Lindsay Shepherd's heroic, insulting, brave, destructive, possibly naive fight for free speech』, 11 December 2017.

2151　The Catholic Register, 『Lindsay Shepherd carries on fight for free speech』, 16 May 2021.

2152　The Cord, 『Controversy erupts after Laurier TA shows Jordan Peterson clip in lesson plan』, 15 November 2017.

2153　Toronto Star, 『Laurier university starts independent probe after teaching assistant plays clip of gender debate』, 16 November 2017.

2154　News.com.au, 『Is it too late to save our universities?』, 20 August 2018.

2155　Toronto Star, 『Laurier university starts independent probe after teaching assistant plays clip of gender debate』, 16 November 2017.

2156　Toronto Star, 『Laurier apologizes to teaching assistant who aired clip of gender-pronoun debate』, 21 November 2017.

2157　The Cord, 『Controversy erupts after Laurier TA shows Jordan Peterson clip in lesson plan』, 15 November 2017.

2158　The Daily Signal, 『Defend Free Speech, Urges Author Who Faced Repercussions for Teaching College Students About Pronouns』, 17 May 2021.

2159　The Catholic Register, 『Lindsay Shepherd carries on fight for free speech』, 16 May 2021.

2160　The Daily Signal, 『Defend Free Speech, Urges Author Who Faced Repercussions for Teaching College Students About Pronouns』, 17 May 2021.

2161　The Epoch Times, 『'Diversity and Exclusion': Lindsay Shepherd Pens Book About Free Speech Controversy at Laurier University』, 30 March 2021.

2162　The Daily Signal, 『Defend Free Speech, Urges Author Who Faced Repercussions for Teaching College Students About Pronouns』, 17 May 2021.

2163　Toronto Star, 『Laurier apologizes to teaching assistant who aired clip of gender-pronoun debate』, 21 November 2017.

2164　The Record, 『WLU censures grad student for lesson that used TVO clip』, 14 November 2017.

2165　Maclean's, 『Jordan Peterson and the big mistake of university censors』, 17 November 2017; Radio Canada International, 『Canadian university embroiled in free speech controversy』, 17 November 2017.

2166　The Federalist, 『How Telling The Truth On Campus Gets You Persecuted』, 28 May 2021.

2167　Maclean's, 『Inside Lindsay Shepherd's heroic, insulting, brave, destructive, possibly naive fight for free speech』, 11 December 2017.

2168　City Journal, 『Free-Speech Rock Stars: Two Canadian academics emerge as celebrities on the right』, 6 August 2018.

2169　Radio Canada International, 『Canadian university embroiled in free speech controversy』, 17 November 2017.

2170 Maclean's, 『Inside Lindsay Shepherd's heroic, insulting, brave, destructive, possibly naive fight for free speech』, 11 December 2017.

2171 The Record, 『WLU censures grad student for lesson that used TVO clip』, 14 November 2017.

2172 Toronto Sun, 『WALLACE: Lindsay Shepherd's Free Speech Battle with Laurier』, 2 December 2017; Maclean's, 『Inside Lindsay Shepherd's heroic, insulting, brave, destructive, possibly naive fight for free speech』, 11 December 2017.

2173 헬스조선, 『국내 에이즈 감염 경로, 동성·양성 성접촉이 60%』, 2018.8.28.; 헬스조선, 『프레디 머큐리도 울게 한 '에이즈'… 동성 간 잘 감염되는 이유』, 2018.12.6.; 프레시안, 『김순례 의원의 국정감사를 '팩트감사' 했습니다』, 2018.10.12.

2174 The New York Times, 『University of Chicago Strikes Back Against Campus Political Correctness』, 26 August 2016; Merion West, 『Why Cancel Culture Won't Last』, 3 August 2020; Fox News, 『Universities embrace academia's woke insanity to crush free speech』, 4 August 2022.

2175 Daily News, 『Just because speech is legal doesn't mean it belongs on campus』, 13 October 2022; The Daily Princetonian, 『The missing piece to the free speech puzzle』, 19 September 2022; The Economist, 『Free speech at American universities is under threat』, 12 October 2017.

2176 The Washington Post, 『Restoring free speech on campus』, 25 September 2015; Heartland Institute, 『More Colleges Are Adopting Free-Speech 'Chicago Principles'』, 13 September 2019; Fox News, 『Lawmakers, alumni groups call for free speech on campuses: 'There has to be some legal action'』; 1 November 2021.

2177 Psychology Today, 『The Rise of a Culture of Censorship』, 17 March 2021; The Micigan Review, 『New U-M President Is a Mixed Bag on Free Speech』, 15 July 2022; The New York Times, 『Studies in the First Amendment, Playing Out on Campus』, 22 June 2016.

2178 Forbes, 『Yale Vs. Princeton: The Battle For Free Speech On Campus』, 13 November 2015; Princeton University, 『Faculty adopts statement affirming commitment to freedom of expression at Princeton』, 7 April 2015; Daily Nous, 『Linguistic Society of America Considers Free Speech Resolution』, 28 April 2022; The Washington Post, 『Did Betsy DeVos just diss President Trump?』, 17 September 2018.

2179 The Heritage Foundation, 『Woke Gender』, 7 July 2021.

2180 Lifesite, 『Spanish MP temporarily banned from Twitter for saying men can't get pregnant』, 19 May 2021.

2181 Uganda Christian News, 『Twitter suspends Christian politician's account for saying 'men cannot get pregnant'』, 22 May 2021.

2182 Fox News, 『Spanish politician temporarily suspended by Twitter after saying 'a man cannot get pregnant'』, 16 May 2021.

2183 Christianity Daily, 『Twitter Suspends Politician's Account For Tweeting That Men 'Cannot Get Pregnant'』, 18 May 2021.

2184 Opindia, 『Twitter flags 'men cannot get pregnant' as 'hate speech', suspends

2185 The Daily Signal, 『OK, Groomer: Phrase Calling Out Predators Banned on Twitter』, 26 July 2022.
2186 Spiked, 『I was banned for trans heresy』, 23 July 2019.
2187 The Post Millennial, 『There are only losers in the sad saga of Jessica Yaniv』, 18 July 2019.
2188 The Daily Signal, 『OK, Groomer: Phrase Calling Out Predators Banned on Twitter』, 26 July 2022.
2189 The Post Millennial, 『Twitter permanently silences Canadian free speech activist Lindsay Shepherd』, 15 July 2019.
2190 CBN News, 『Woman Forced to Close Business After Refusing to Wax Genitals of Trans Person - Others Could be Next』, 23 July 2019.
2191 Spiked, 『I was banned for trans heresy』, 23 July 2019.
2192 The Post Millennial, 『Christian rapper Zuby suspended from Twitter for saying 'ok dude'』, 27 February 2020.
2193 Marca, 『Twitter suspends Jordan Peterson's account after comments about Elliot Page』, 30 June 2022; DailyCitizen, 『Jordan Peterson Says He Would 'Rather Die' Than Delete Tweet About 'Trans' Actress Ellen Page』, 5 July 2022; The Epoch Times, 『Jordan Peterson Suspended by Twitter Over Post Referring to Transgender Actor』, 30 June 2022; The Dailywire, 『Twitter Suspends Jordan Peterson After He Tweets 'Ellen Page Just Had Her Breasts Removed'』, 30 June 2022.
2194 The Daily Signal, 『13 People, Outlets Censored by Twitter for Questioning Gender Ideology』, 5 July 2022.
2195 The Daily Signal, 『OK, Groomer: Phrase Calling Out Predators Banned on Twitter』, 26 July 2022.
2196 The Daily Signal, 『Twitter Suspends Jordan Peterson for 'Misgendering' Transgender Actor』, 1 July 2022.
2197 Newsweek, 『Twitter Suspends Dave Rubin for Sharing Jordan Peterson's Elliot Page Tweet』, 5 July 2022.
2198 The New York Times, 『Two Weeks of Chaos: Inside Elon Musk's Takeover of Twitter』, 11 November 2022; BBC News, 『Elon Musk takes control of Twitter in $44bn deal』, 28 October 2022; CBS News, 『Biden says Elon Musk's foreign investors in Twitter are "worth being looked at"』, 9 November 2022; 디지털투데이, 『트위터 매각 급반전…"엘론 머스크, 원래 조건에 인수하겠다"』, 2022.10.5.
2199 The Mercury News, 『Elon Musk defends right-wing author who deadnamed Elliot Page, insulted trans identity』, 6 July 2022; The Sun, 『CONTROVERSIAL DOCTOR Who is Dr Jordan Peterson and why was he banned from Twitter?』, 9 July 2022.
2200 Church Militant, 『Canadian Transgender Seeking Brazilian Wax Hammered by Leftists』, 25 July 2019.
2201 National Post, 『Free speech activist Lindsay Shepherd on her Twitter ban: 'Your instincts should not be to celebrate'』, 16 July 2019.

2202 Spiked, 『I was banned for trans heresy』, 23 July 2019.
2203 서울경제, 『[만파식적] 캔슬 컬처』, 2022.3.7.
2204 세계일보, 『트랜스젠더 운동가들에 살해 협박 당했다고 밝힌 해리포터 작가』, 2021.7.20.; 머니투데이, 『해리포터 작가 "트랜스젠더 운동가들에 살해 협박 당했다"』, 2021.7.20.; 서울신문, 『해리포터 20주년 다큐에 왜 JK 롤링은 자료화면으로만 나올까』, 2021.12.30.; The Daily Signal, 『The Troubling Mob Response to J.K. Rowling's Asserting Women Have Periods』, 10 June 2020.
2205 조선일보, 『조앤 롤링 "트랜스젠더 운동가들이 집 주소 유출…살해 협박받아"』, 2021.11.23.
2206 BBC News, 『JK Rowling house name dropped by Essex school over trans comments』, 5 January 2022; The Daily Wire, 『What JK Rowling Can Teach Us About Surviving Cancel Culture』, 12 January 2022; The Telegraph, 『Ralph Fiennes: Verbal abuse directed at JK Rowling is disgusting and appalling』, 24 October 2022; Bristol Live, 『Reaction as JK Rowling missed from Queen's Platinum Jubilee author list』, 18 April 2022.
2207 Scottish Daily Express, 『Trans activist trolls target Robbie Coltrane hours after death announcement for supporting JK Rowling』, 14 October 2022.
2208 Fox News, 『'Harry Potter' actor Ralph Fiennes defends author J.K. Rowling, blasts 'disgusting' verbal abuse』, 25 October 2022; NZ Herald, 『Why JK Rowling has been snubbed from the Harry Potter reunion』, 31 December 2021; Metro, 『JK Rowling hails MSP 'a heroine' for quitting Scottish Government over transgender row』, 1 November 2022; New York Post, 『JK Rowling slams Scottish leader as destroying 'women's rights' with gender bill』, 6 October, 2022; Daily Express, 『Harry Potter's Ralph Fiennes fires back at JK Rowling 'appalling' critics 'Not a fascist!'』, 25 October 2022.
2209 OSEN, 『'해리포터' 작가, 트랜스젠더 혐오 의혹에 "강간·살해협박 받아"』, 2021.7.21.
2210 위키트리, 『'해리포터' 작가가 현재 처한 심각한 상황… 엠마 왓슨마저 손절할 정도』, 2021.7.21.
2211 인사이트, 『트랜스젠더에게 여자 화장실 들어오지 말라고 했다가 '살해 협박' 받고 있는 '해리포터 작가' J.K 롤링』, 2021.7.20.
2212 세계일보, 『해리포터 작가의 소신… "진실 말하는 건 혐오 아냐"』, 2020.6.8.
2213 Kathleen Stock, "Material Girls: Why Reality Matters for Feminism," Fleet, 2021; The Times, 『Unisex changing rooms put women in danger』, 2 September 2018.
2214 New York Post, 『J.K. Rowling's new book murders character canceled for being 'transphobic'』, 31 August 2022; The Telegraph, 『Richard Bacon: 'Cancel culture is public shaming under a new guise'』, 2 December 2021.
2215 인사이트, 『트랜스젠더에게 여자 화장실 들어오지 말라고 했다가 '살해 협박' 받고 있는 '해리포터 작가' J.K 롤링』, 2021.7.20.
2216 데일리안, 『'해리포터' 작가 "트랜스젠더 운동가들에게 강간·살해 협박 당했다" 폭로』, 2021.7.21.
2217 OSEN, 『'해리포터' 작가, 트랜스젠더 혐오 의혹에 "강간·살해 협박 받아"』, 2021.7.21.
2218 The Daily Signal, 『The Persecution of J.K. Rowling at Hands of 'Oppressed'』, 29

November 2021.

2219　NBC News, 『Trans activists will not be charged for sharing J.K. Rowling's address on Twitter』, 13 November 2018; MailOnline, 『JK Rowling hits out at Scotland's new gender law that will 'harm most vulnerable women' by axing need for psychiatric reports before transitioning』, 6 March 2022; Sky News, 『JK Rowling: 'No criminality' in trans activists' tweet, police say, that revealed Harry Potter author's home address』, 17 January 2022.

2220　New Statesman, 『The doxxing of JK Rowling harms everyone』, 2 December 2021.

2221　Bounding Into Comics, 『J.K. Rowling Reveals Her Address Was Doxxed, Says It Will Not Stop Her From "Speaking Up For Women's Sex-Based Rights"』, 22 November 2021; NBC News, 『Trans activists will not be charged for sharing J.K. Rowling's address on Twitter』, 13 November 2018; The Christian Institute, 『JK Rowling: 'I could paper the house with death threats'』, 2 December 2021.

2222　뉴시스, 『조앤 롤링 "성전환 운동가들 우리집 주소 공개…엄청난 살해 위협 받아"』, 2021.11.23.; 톱스타뉴스, 『'해리포터' 조앤롤링, "트랜스젠더 운동가들이 집 주소 유출…살해협박 받아"』, 2021.11.23.; 엑스포츠뉴스, 『조앤 롤링 "트랜스젠더 운동가들이 집 주소 공개…살해 위협 받아" [엑's 해외이슈]』, 2021.11.23.

2223　The Telegraph, 『I've had enough death threats to paper my home, says JK Rowling, after trans activists reveal her address』, 22 November 2021; Sky News, 『JK Rowling working with police over death threat after voicing support for Salman Rushdie』, 15 August 2022; Fox News, 『JK Rowling blasts masked trans activists for attacking feminist protester』, 16 May 2022; The Daily Signal, 『Wake Up, America: Cultural Marxism Is 'Identifying' as Transgenderism』, 5 January 2022; MailOnline, 『There's nothing 'kind' about the tyranny of woke indoctrinating our children, writes LAURA PERRINS, co-founder of The Conservative Woman』, 23 November 2021.

2224　The Daily Signal, 『The Persecution of J.K. Rowling at Hands of 'Oppressed'』, 29 November 2021; The Scotsman, 『Threatening tweet aimed at JK Rowling blasted as 'dangerous' and appalling'』, 2 July 2022.

2225　Mercatornet, 『'Harry Potter' author explains why trans demands are bogus』, 13 June 2020; CBS News, 『J.K. Rowling defends herself after accusations of making "anti-trans" comments on Twitter』, 11 June 2020.

2226　The Times, 『All I want is empathy: JK Rowling in her own words』, 11 June 2020; Washington Examiner, 『Hagrid actor defends JK Rowling: Transgender activists 'wait around to be offended'』, 15 September 2020; The Daily Wire, 『'Harry Potter' Actor Robbie Coltrane, Who Played Hagrid, Defends J.K. Rowling』, 16 September 2020; Yahoo News, 『Transgender activists threaten to 'beat, rape, assassinate and bomb' J.K. Rowling for women's bathroom comments』, 20 July 2020.

2227　Mint, 『J.K. Rowling's lonely struggle to uphold gender realities』, 9 January 2022.

2228　Daily Record, 『JK Rowling shames vile troll who encouraged Twitter users to send bomb to her home』, 2 July 2022.

2229 South Florida Gay News, 『Transphobic Interaction Between J.K. Rowling and Matt Walsh Enrages Twitter Users』, 14 July 2022; Newsweek, 『J.K. Rowling Slams Men 'Policing' Women's Trans Comments』, 11 July 2022.

2230 The Times, 『All I want is empathy: JK Rowling in her own words』, 11 June 2020; CNN, 『J.K. Rowling explains her gender identity views in essay amid backlash』, 10 June 2020; The Post Millennial, 『Margaret Atwood tries to defend 'women' and is pilloried by trans activists』, 8 November 2021; Marie Claire UK, 『Here's everything you need to know about the J.K. Rowling 'transphobia' Twitter storm』, 15 June 2020; MailOnline, 『JK Rowling joins Margaret Atwood, Salman Rushdie, Noam Chomsky and Martin Amis among 150 authors and academics in call to defend free speech - after Harry Potter creator suffered barrage of abuse for voicing views on trans issues』, 8 July 2020.

2231 Sky News, 『JK Rowling's address tweeted by 'activist actors' after author 'spoke up for women's sex-based rights'』, 22 November 2021.

2232 France 24, 『J.K. Rowling reveals death threats over transgender row』, 22 November 2021; News 18, 『JK Rowling Tricked into Chat with 'Zelenskyy' by Russian Pranksters, Asked about Dumbledore』, 25 June 2022.

2233 Insider, 『J.K. Rowling accused 'activist actors' of publicizing her family's home address online』, 23 November 2021; Edinburgh News, 『JK Rowling receives 'death threats' after activists pose outside her Edinburgh home』, 22 November 2021; The Christian Institute, 『JK Rowling: 'I could paper the house with death threats'』, 2 December 2021.

2234 The Guardian, 『JK Rowling deals cunning blow in Twitter war against Piers Morgan』, 15 February 2017; MailOnline, 『'How can people want a book cancelled when they haven't read it?' Piers Morgan defends JK Rowling as author is slammed for writing a cross-dressing killer into her new novel』, 16 September 2020; Vox, 『What the J.K Rowling vs. Piers Morgan Twitter feud says about celebrity power dynamics』, 23 February 2017.

2235 Independent, 『Piers Morgan calls JK Rowling 'one of the most woke people you could meet' in latest defence of author』, 12 October 2020.

2236 Mirror, 『Piers Morgan defends JK Rowling over 'transphobic' remarks despite long-running feud』, 25 March 2022.

2237 Irish Mirror, 『Piers Morgan defends JK Rowling over 'transphobic' remarks despite long-running feud』, 25 March 2022.

2238 The Sun, 『'ABSOLUTE DISGRACE' There's a special place in hell for the women hounding JK Rowling in the woke war over women's rights, says Piers Morgan』, 25 March 2022.

2239 Express, 『Piers Morgan defends JK Rowling from 'woke brigade' despite previous 'foul-mouthed' row』, 23 November 2021.

2240 The Telegraph, 『Trans activists aim to make women fearful of speaking openly about gender. And they're succeeding』, 23 November 2021; The Christian Institute, 『JK Rowling: 'I could paper the house with death threats'』, 2 December

2021.

2241 The Herald, 『JK Rowling: 'I will not be intimidated' after trans-rights activists publish her home address on the internet』, 22 November 2021; Guernsey Press, 『Downing Street criticises targeting of JK Rowling by trans activists』, 23 November 2021.

2242 MailOnline, 『MP Jackie Doyle-Price accuses transgender lobby groups of turning gender stereotyping into a 'science' by encouraging girls as young as 10 to believe they're 'not female' and to take puberty-blocking drugs』, 14 July 2020.

2243 일다, 『"성평등'을 반대하는 사람들』, 2017.12.8.; 엘르, 『[엘르 보이스] 소설 혹은 영화로! '멸종'하기 전 우리가 기억해야할 것들』, 2022.10.5.

2244 Washington Examiner, 『Courage and cowardice in the face of radical transgenderism』, 20 October 2021; The Christian Institute, 『Margaret Atwood accused of 'transphobia' over the word 'woman'』, 28 October 2021; Fox News, 『'Gutfeld' on US supply chain crisis』, 22 October 2021.

2245 Pipe Dream, 『Margaret Atwood should not amplify transphobic rhetoric』, 25 April 2022; blogTO, 『Margaret Atwood surprises fans with her opinion on using the word woman』, 19 October 2021.

2246 Toronto Star, 『Why can't we say 'woman' anymore?』, 15 October 2021.

2247 The Post Millennial, 『Margaret Atwood tries to defend 'women' and is pilloried by trans activists』, 8 November 2021.

2248 Education Next, 『Randi Weingarten's Finest Hour』, 8 July 2020.

2249 The New York Times, 『A Debate About Open Debate』, 16 July 2020.

2250 Georgia Straight, 『Harper's Magazine: A Letter on Justice and Open Debate』, 8 July 2020.

2251 The Times, 『Tax expert Maya Forstater fired for saying trans women aren't women』, 5 May 2019; The Guardian, 『Judge rules against researcher who lost job over transgender tweets』, 18 December 2019; The Christian Post, 『Woman 'not worthy of respect' for saying 'men cannot be women,' UK judge rules』, 19 December 2019; The Christian Post, 『Video game company fires employee amid backlash to following 'transphobic' Twitter accounts』, 10 January 2023; MailOnline, 『New York literary agent who 'stands with J K Rowling' is fired for retweeting comment that read, 'being vulnerable to male violence does not make you a woman' on her personal Twitter account』, 25 August 2020.

2252 펜앤드마이크, 『[펜앤현장] 학생인권조례 폐지 촉구 시민대회…"사상 주입 막기 위해 반드시 폐지되어야"』, 2023.3.10.

2253 The Times, 『Tax expert Maya Forstater fired for saying trans women aren't women』, 5 May 2019; The Guardian, 『Judge rules against researcher who lost job over transgender tweets』, 18 December 2019; The Christian Post, 『Woman 'not worthy of respect' for saying 'men cannot be women,' UK judge rules』, 19 December 2019; The Christian Post, 『Video game company fires employee amid backlash to following 'transphobic' Twitter accounts』, 10 January 2023; MailOnline, 『New York literary agent who 'stands with J K Rowling' is fired for retweeting comment that read, 'being vulnerable to male violence does not make you a woman' on her personal Twitter account』, 25 August 2020.

2254 백상현, "가짜 인권, 가짜 혐오, 가짜 소수자," 밝은생각, 2017, 464-465면.

2255 ABC News, 『Perth Lord Mayor Basil Zempilas apologises for comments on trans people as backlash grows』, 29 October 2020.

2256 The Guardian, 『'Forgot I was mayor': Basil Zempilas apologises for transgender comments saying he forgot his position』, 30 October 2020; ABC News, 『Equality groups criticise Perth Lord Mayor Basil Zempilas over comments on transgender people』, 28 October 2020.

2257 국민일보, 『자연법칙을 거부하고 욕망만 채우려는 인간, 경계선을 넘고 있다』, 2021.5.25.

2258 투데이신문, 『인권위 "안철수 '퀴어축제 거부할 권리' 발언은 혐오 표현" 의견표명』, 2021.9.1.; 데일리굿뉴스, 『"동성애 반대 '혐오 발언' 규정…표현의 자유 말살"』, 2021.10.7.; 여성신문, 『"서울시장 선거에 퀴어축제를 정치적 제물로 삼지 말라"』, 2021.2.23.; 주간조선, 『보수와 중도 사이… 안철수 '퀴어축제' 발언의 딜레마』, 2021.2.23., 여성신문, 『[4·7 보궐선거] 김진애, 안철수 '퀴어축제' 논란에 "반인권적 발언 사과해야"』, 2021.2.23., 머니투데이, 『'센철수'로…"퀴어·백신" 발언수위 높이는 안철수』, 2021.2.23.; 오마이뉴스, 『'퀴어퍼레이드 거부' 안철수와 국힘, 헌법도 모르고 정치하나』, 2021.2.22.; 고발뉴스, 『안철수 "퀴어축제 도심 밖에서" 발언 일파만파.. 팩트체크 '쇄도'』, 2021.2.20.

2259 국민일보, 『""에이즈 남성 청소년층 급증 … 실상 적극 알려야"』, 2018.12.3.

2260 국민일보, 『[칼럼] 인간의 가치를 부정하는 '동성애 약자 프레임'』, 2021.4.20.

2261 국민일본, 『[칼럼] 동성애 옹호자들이 '탈동성애'를 탄압하는 이유』, 2021.4.13.

2262 CTV News, 『Outspoken professor stokes free-speech debate at Acadia University』, 15 January 2018; National Post, 『Lindsay Shepherd sues Wilfrid Laurier, claiming 'attacks' have 'rendered her unemployable in academia'』, 12 June 2018; Lifesite, 『Student sues university after it targeted her for showing Jordan Peterson clip』, 20 June 2018; The Cord, 『Lindsay Shepherd files $3.6M law suit against Laurier over alleged abusive treatment』, 15 June 2018; CBC News, 『Lindsay Shepherd launches $3.6M lawsuit against Laurier over alleged 'inquisition'』, 14 June 2018.

2263 Vancouver Sun, 『Douglas Todd: The many things Lindsay Shepherd is not』, 10 January 2019; National Post, 『Christie Blatchford: Thought police strike again as Wilfrid Laurier grad student is chastised for showing Jordan Peterson video』, 10 November 2017; Maclean's, 『Inside Lindsay Shepherd's heroic, insulting, brave, destructive, possibly naive fight for free speech』, 11 December 2017.

2264 대법원 2020.6.4. 선고 2020도3975 판결; 법률신문, 『초등학생에게 '동성애 위험' 유튜브 보게 했다면… 학대행위 해당』, 2020.8.6.; 국민일보, 『"학교 정상화, 회복·혁신이 핵심"』, 2020.5.26.; 크리스천투데이, 『"총신대 이상원 교수가 파렴치한 성희롱 가해자인가?"』, 2020.3.23.; 데일리굿뉴스, 『동성애 반대 이상원 교수 부당해임 철회 공동성명』, 2021.6.8.

2265 The College Fix, 『Public university tells education student he can't say 'a woman is a woman' under state law』, 26 February 2021.

2266 The Dailywire, 『Student Suspended From Education Program For Saying, 'A Man Is A Man, A Woman Is A Woman'』, 26 February 2021; Blaze Media, 『New York university reportedly suspends student for saying 'A man is a man, a woman is a woman'』, 26 February 2021.

2267 Breitbart, 『SUNY Geneseo Suspends Education Student for Saying 'A Man Is A Man, A Woman Is A Woman'』, 27 February 2021; The College Fix, 『Student suspended for saying 'a man is a man, a woman is a woman' reinstated by university』, 26 March 2021.

2268 Michael L Brown, "The Silencing of the Lambs: The Ominous Rise of Cancel Culture and How We Can Overcome It," Frontline, 2022, p.25.

2269 Livingston County News, 『SUNY Geneseo student weighing legal action after suspension, reinstatement』, 8 April 2021.

2270 MEAWW, 『Who is Owen Stevens? NY pro-Trumper suspended from edu program for saying 'a man is a man, a woman is a woman'』, 26 February 2021.

2271 The Christian Post, 『NY university suspends conservative student who criticized transgender ideology』, 1 March 2021.

2272 Blaze Media, 『University reinstates student who proclaimed 'a man is a man, a woman is a woman' after immediate suspension: 'I win'』, 29 March 2021.

2273 MailOnline, 『Teenager is ARRESTED for attending class at his Ontario Catholic high school after he was suspended for challenging transgender ideas: Boy, 16, says he's just 'expressing religious beliefs'』, 8 February 2023; Catholic News Agency, 『Canadian Catholic school student who was suspended for protesting transgender bathroom policy speaks out』, 21 February 2023; The Epoch Times, 『Gender Beliefs Get Ontario Catholic Student Shut Out of School for the Year』, 1 February 2023.

2274 National Post, 『Catholic Student Arrest for Vocing Catholic Views』, 8 February 2023.

2275 Toronto Sun, 『LILLEY: High school student suspended, arrested for saying only 2 genders』, 8 February 2023.

2276 Vancouver Sun, 『Michael Higgins: Catholic school has student arrested for expressing Catholic beliefs』, 8 February 2023.

2277 Canada.Com, 『LILLEY: High school student suspended, arrested for saying only 2 genders』, 10 February 2023.

2278 The Epoch Times, 『Gender Beliefs Get Ontario Catholic Student Shut Out of School for the Year』, 1 February 2023.

2279 Catholic News Agency, 『Canadian Catholic school student who was suspended for protesting transgender bathroom policy speaks out』, 21 February 2023.

2280 Western Standard, 『HANNAFORD: Defending the faith against the faith』, 14 February 2023; North Bay Nugget, 『Ontario high school student asserts there are only "two genders"』, 9 February 2023.

2281 The Epoch Times, 『Gender Beliefs Get Ontario Catholic Student Shut Out of School for the Year』, 1 February 2023.

2282 Catholic News Agency, 『Canadian Catholic school student who was suspended for protesting transgender bathroom policy speaks out』, 21 February 2023.
2283 Toronto Sun, 『WARMINGTON: Catholic school cancelling teen for religious views not the answer』, 10 February 2023.
2284 North Bay Nugget, 『Catholic school cancelling teen for religious views not the answer』, 10 February 2023.
2285 The Epoch Times, 『Ontario Student Suspended Amid Objections to Transgender Students in Girls' Washroom』, 19 December 2022.
2286 Western Standard, 『IN HIS OWN WORDS: Josh Alexander suspended from school and arrested for speech, protest and faith』, 18 February 2023.
2287 Catholic News Agency, 『Canadian Catholic school student who was suspended for protesting transgender bathroom policy speaks out』, 21 February 2023.
2288 Daily Caller, 『Catholic HS Student Allegedly Suspended For Opposing Transgenderism Gets Arrested After Attempting To Attend Class: REPORT』, 7 February 2023.
2289 New York Post, 『Teenager arrested trying to attend high school while on suspension for trans views』, 7 February 2023.
2290 MailOnline, 『Teenager is ARRESTED for attending class at his Ontario Catholic high school after he was suspended for challenging transgender ideas: Boy, 16, says he's just 'expressing religious beliefs'』, 8 February 2023.
2291 Catholic News Agency, 『Canadian Catholic school student who was suspended for protesting transgender bathroom policy speaks out』, 21 February 2023.
2292 Western Standard, 『IN HIS OWN WORDS: Josh Alexander suspended from school and arrested for speech, protest and faith』, 18 February 2023.
2293 Western Standard, 『IN HIS OWN WORDS: Josh Alexander suspended from school and arrested for speech, protest and faith』, 18 February 2023.
2294 CBN News, 『Canadian Student Kicked Out of State-Funded Catholic School for Expressing Biblical Beliefs on Gender』, 22 February 2023.
2295 Vancouver Sun, 『Michael Higgins: Catholic school has student arrested for expressing Catholic beliefs』, 8 February 2023.
2296 Fox News, 『Attorney for teen suspended after opposing trans ideology says religious freedom 'essentially dead' in Canada』, 20 February 2023.
2297 Canada.Com, 『LILLEY: High school student suspended, arrested for saying only 2 genders』, 10 February 2023.
2298 Fox News, 『Attorney for teen suspended after opposing trans ideology says religious freedom 'essentially dead' in Canada』, 20 February 2023.
2299 Vancouver Sun, 『Michael Higgins: Catholic school has student arrested for expressing Catholic beliefs』, 8 February 2023.
2300 Canada.Com, 『LILLEY: High school student suspended, arrested for saying only 2 genders』, 10 February 2023.
2301 Lifesite, 『Student kicked out of class for saying there are only two genders is now expelled』, 5 July 2019; 주간동아, 『양날의 칼 된 PC-정치적 올바름』, 2021.4.22.

2302　The College Fix, 『Sixth grader dragged out of class for saying gender-confused boy 'is a boy'』, 8 August 2019.

2303　NeonNettle, 『School Punishes Sixth-Grader for Saying Transgender Classmate 'is a Boy'』, 10 August 2019.

2304　MailOnline, 『Schools should not teach eight-year-old's 'key words' such as transgender, pansexual, gender fluid or gender dysphoria, says Attorney General Suella Braverman - as she claims four-year-olds should NOT be told people can change sex or gender』, 10 August 2022; Unherd, 『Suella Braverman: transitioning is not a neutral act』, 11 August 2022.

2305　GOV.UK, Equalities and rights: Conflict and the need for clarity, 10 August 2022; https://www.gov.uk/government/speeches/equalities-and-rights-conflict-and-the-need-for-clarity

2306　Susan J Bradley, Kenneth J Zucker, "Gender identity disorder and psychosexual problems in children and adolescents," Guilford Publications, pp.281-282; Richard P. Fitzgibbons, "Transsexual attractions and sexual reassignment surgery: Risks and potential risks," Linacre Quarterly, 82(4), November 2015, pp.337-350; The Independent, 『What the critics say about treatment for transgender children』, 26 October 2016; Marcus Evans, "Freedom to think: the need for thorough assessment and treatment of gender dysphoric children," BJPsych Bulletin, 45(5), October 2021, pp.315-316; The Federalist, 『The Studies Cited To Support Gender-Bending Kids Are Largely Junk Science』, 10 March 2022; The New York Times, 『Supporting Boys or Girls When the Line Isn't Clear』, 2 December 2006; CNN News, 『Transgender kids: Painful quest to be who they are』, 27 September 2021; The Spectator, 『Don't tell the parents』, 6 October 2018.

2307　Pink News, 『Canadian broadcaster pulls controversial BBC transgender 'cure' documentary』, 14 December 2017; Fort Worth Star-Telegram, 『Custody battle over 7-year-old Texan James Younger takes transgender activism too far』, 24 October 2019; The Cut, 『How the Fight Over Transgender Kids Got a Leading Sex Researcher Fired』, 7 February 2016; Spiked, 『It's not transphobic to question transgenderism』, 20 January 2017.

2308　Spiked, 『It's not transphobic to question transgenderism』, 20 January 2017.

2309　The Guardian, 『BBC film on child transgender issues worries activists』, 11 January 2017.

2310　The Varsity, 『CAMH settles with U of T professor Kenneth Zucker over 2015 report』, 14 October 2018.

2311　The Law Society Gazette, 『Gender Recognition Act 'could criminalise innocent staff'』, 24 October 2018; National Review, 『The Origins of the Transgender Movement』, 14 October 2019; The Federalist, 『30 Transgender Regretters Come Out Of The Closet』, 3 January 2019; WND, 『Dozens of trans-regretters now 'out of the closet'』, 6 January 2019; The Heritage Foundation, 『Woke Gender』, 7 July 2021; The Globe and Mail, 『Don't treat all cases of gender dysphoria the same way』, 24 January 2018; Stream, 『Interview: The Pain of Transgender

Regret』, 9 October 2015; Life Site, 『For some, transgender 'transitioning' brings unimaginable regret: I would know』, 26 October 2015; Public Discourse, 『"Sex Change" Surgery: What Bruce Jenner, Diane Sawyer, and You Should Know』, 27 April 2015; The Federalist, 『Why A Compromise On Transgender Politics Would Be Capitulation』, 16 May 2018; The Federalist, 『The Studies Cited To Support Gender-Bending Kids Are Largely Junk Science』, 10 March 2022.

2312 Sinead Helyar, Laura Jackson, et al., "Gender Dysphoria in children and young people: The implications for clinical staff of the Bell V's Tavistock Judicial Review and Appeal Ruling," Journal of Clinical Nursing, 31(9-10), May 2022, e11-e13.

2313 NBC News, 『Conversion therapy or 'identity workshop'? Church program causes uproar』, 26 February 2018.

2314 Detroit Free Press, 『Church accused of planning a conversion therapy workshop for LGBTQ girls』, 6 February 2018; The Christian Post, 『People Want Pastor's Family Dead, Church Burned Down for Inviting Teen Girls to Discuss Gay Thoughts』, 7 February 2018.

2315 Pink News, 『Michigan church slammed for 'counselling' sessions for LGBTQ teenage girls』, 8 February 2018.

2316 NBC News, 『Conversion therapy or 'identity workshop'? Church program causes uproar』, 26 February 2018.

2317 The Christian Post, 『People Want Pastor's Family Dead, Church Burned Down for Inviting Teen Girls to Discuss Gay Thoughts』, 7 February 2018.

2318 Pink News, 『Michigan church slammed for 'counselling' sessions for LGBTQ teenage girls』, 8 February 2018.

2319 Lifesite, 『LGBT advocates threaten to kill pastor over Bible workshop for sexually confused girls』, 28 February 2018.

2320 The Christian Post, 『People Want Pastor's Family Dead, Church Burned Down for Inviting Teen Girls to Discuss Gay Thoughts』, 7 February 2018.

2321 Detroit Free Press, 『Church accused of planning a conversion therapy workshop for LGBTQ girls』, 6 February 2018.

2322 CBN News, 『Michigan Pastor Facing Death Threats for Offering Workshops to Teens Struggling with Homosexuality』, 12 February 2018.

2323 NBC News, 『Conversion therapy or 'identity workshop'? Church program causes uproar』, 26 February 2018.

2324 스타뉴스, 『유튜브 레리 운영자, '가짜뉴스 피해 호소' 홍석천에 공개서한 반론 [전문]』, 2019.9.17.; 국민일보, 『[기고] 진중권 교수의 발언에 대한 반론』, 2020.5.6.

2325 월간조선, 『'동성애 전문가' 염안섭 수동연세요양병원장 인터뷰』, 2020.5.10.; 조선펍, 『"나라 지키는 의병의 마음으로 동성애·에이즈 확산 막겠다"』, 2016.9.9.

2326 한국기독일보, 『김지연 대표, 공황장애 입원 치료 중』, 2022.10.6.

2327 국민일보, 『"동성애 관련 보건학적 팩트 말했더니… '밤길 조심해라' 협박"』, 2019.8.6.

2328 Core Issues Trust v. Transport for London [2013] EWHC 651 (Admin) (22 March 2013).

2329 국민일보, 『[칼럼] 동성애는 중독의 일종, 충분히 치유 가능하다』, 2021.4.6.; Christian

Examiner, 『Caitlyn Jenner: Second thoughts on gender change?』, 25 May 2016.

2330　크리스천투데이, 『탈동성애 인권 '혐오'하는, 동성애 인권단체의 이중성』, 2016.1.28.

2331　Thejournal.ie, 『The Irish state will now accept trans people's own declaration of their gender』, 3 June 2015; The Federalist, 『Trouble In Transtopia: Murmurs Of Sex Change Regret』, 11 November 2014; The Federalist, 『14 Years After Becoming Transgender, Teacher Says 'It Was A Mistake'』, 5 February 2019; Stream, 『Interview: The Pain of Transgender Regret』, 9 October 2015; Life Site, 『For some, transgender 'transitioning' brings unimaginable regret: I would know』, 26 October 2015.

2332　WND, 『Dozens of trans-regretters now 'out of the closet'』, 6 January 2019; The Federalist, 『30 Transgender Regretters Come Out Of The Closet』, 3 January 2019.

2333　The Epoch Times, 『The Totalitarian Agenda Behind LGBT Sex-Ed Revolution at School』, 27 July 2021; The Times, 『Scottish teachers told to use pupils' chosen gender』, 13 August 2021; Express, 『Fury as Scottish pupils allowed to change gender aged four without parental consent』, 13 August 2021; Toronto Sun, 『Students in Scotland can change gender at four years old』, 13 August 2021; The Telegraph, 『Scottish four-year-olds can change gender at school without parents' consent』, 12 August 2021; 데일리굿뉴스, 『美 사례로 바라본 심각한 평등법 제정의 부작용』, 2021.6.29.; Christianity Daily, 『Outrageous: The Left Is Teaching Young Kids LGBT Terms Using 'GayBC' Book』, 16 May 2023.

2334　이데일리, 『학생인권계획 비판에 "동성애·편향사상 주입 아냐"…서울시교육청 '반박'』, 2021.1.15.; 가브리엘 쿠비, "글로벌 성혁명," 밝은생각, 2020, 344면.

2335　National Review, 『Mandatory Gender-Neutral Pronoun Rules Are a Threat to Campus Free Speech』, 9 August 2018; Catholic News Agency, 『Hate-speech laws a 'tool of totalitarianism,' lawyer warns』, 9 July 2014.

2336　권인숙 의원 대표발의, 평등 및 차별금지에 관한 법률안(의안번호: 12330, 발의: 2021.8.31.) 제3조; 박주민 의원 대표발의, 평등에 관한 법률안(의안번호: 11964, 발의: 2021.8.9.) 제2조; 이상민 의원 대표발의, 평등에 관한 법률안(의안번호: 10822, 발의: 2021.6.16.) 제3조.

2337　권인숙 의원 대표발의, 평등 및 차별금지에 관한 법률안(의안번호: 12330, 발의: 2021.8.31.) 제4조 제2항; 박주민 의원 대표발의, 평등에 관한 법률안(의안번호: 11964, 발의: 2021.8.9.) 제3조 제2항; 이상민 의원 대표발의, 평등에 관한 법률안(의안번호: 10822, 발의: 2021.6.16.) 제4조 제3항; 장혜영 의원 대표발의, 차별금지법안(의안번호: 1116, 발의: 2020.6.29.) 제3조 제1항.

2338　이상민 의원 대표발의, 평등에 관한 법률안(의안번호: 10822, 발의: 2021.6.16.) 제9조, 제11조, 제12조; 권인숙 의원 대표발의, 평등 및 차별금지에 관한 법률안(의안번호: 12330, 발의: 2021.8.31.) 제9조, 제11조; 박주민 의원 대표발의, 평등에 관한 법률안(의안번호: 11964, 발의: 2021.8.9.) 제9조, 제11조; 장혜영 의원 대표발의, 차별금지법안(의안번호: 1116, 발의: 2020.6.29.) 제8조, 제9조.

2339　한국성소수자연구회, "무지개는 더 많은 빛깔을 원한다," 창비, 2019, 246면.

2340　조여울, "국가인권정책기본계획 수립을 위한 성적소수자 인권 기초현황조사," [NHRC] 국가인권위원회 발간자료, 2005.1.; 데일리굿뉴스, 『복음법률가회 "국가인권위원회법 개정

안 즉각 철회해야』, 2022.2.17.; 오마이뉴스, 『노회찬은 "붉은 삼반"이다』, 2021.6.4.

2341 The Guardian, 『Judge rules against researcher who lost job over transgender tweets』, 18 December 2019; The Christian Post, 『Woman 'not worthy of respect' for saying 'men cannot be women,' UK judge rules』, 19 December 2019; The Times, 『Tax expert Maya Forstater fired for saying trans women aren't women』, 5 May 2019; MailOnline, 『New York literary agent who 'stands with J K Rowling' is fired for retweeting comment that read, 'being vulnerable to male violence does not make you a woman' on her personal Twitter account』, 25 August 2020.

2342 Pink News, 『Anti-gay groups upset at being called 'hateful'』, 25 November 2010; Catholic News Agency, 『Organizations again labeled 'hate groups' over beliefs on marriage』, 1 February 2021.

2343 Breitbart, 『Christian Preacher Reported to UK Terror Police After Calling 'Transwoman' a 'Man in Woman's Clothing'』, 8 March 2023; Fox News, 『First UK street preacher reported as terrorist for 'misgendering' wins appeal: 'Orwellian and really alarming'』, 9 March 2023; MailOnline, 『You are a danger to children, Church of England tells school chaplain who said pupils could disagree with woke dogma: A sinister twist in Rev Bernard Randall's fight for his career after he was reported to an anti-terror unit by his bosses』, 4 September 2022.

2344 MailOnline, 『Revealed: Christian street preacher who harassed a transwoman by repeatedly calling her a 'man in woman's clothing' was reported to counter-terror police for 'illegally espousing an extreme point of view'』, 7 March 2023; The Epoch Times, 『Judge Overturns 'Misgendering' Conviction for Street Preacher Reported to Terror Watchdog』, 10 March 2023; Fox News, 『UK school chaplain sues after being fired, reported as terrorist for sermon questioning LGBTQ activists』, 7 September 2022; Breitbart, 『Christian Chaplain Reported to Anti-Terrorism Programme for Sermon on LGBT Ideology』, 10 May 2021; Lifesite, 『UK school chaplain: I was accused of being a terrorist and fired for giving a homily on LGBT ideology』, 19 May 2021.

2345 국민일보, 『[젠더이데올로기 실체를 말한다] 국가인권위서 규정한 동성애 혐오 표현, 반헌법적 성격 강해』, 2020.3.10.

2346 김영한 외 지음, "동성애, 21세기 문화충돌," 킹덤북스, 2016.6., 666면; 경향신문, 『FDA, 에이즈 예방약 첫 승인』, 2012.7.17.; 연합뉴스, 『<의학> 美 에이즈 환자 평균생존기간 24년』, 2006.11.13.; 쿠키뉴스, 『에이즈 환자, 평균 24년 생존… 치료비용 60만달러』, 2006.11.13.

2347 경상매일신문, 『<윤정배 칼럼>동성애와 에이즈 III』, 2018.5.4.; 경향신문, 『FDA, 에이즈 예방약 첫 승인』, 2012.7.17.; 연합뉴스, 『<의학> 美 에이즈 환자 평균생존기간 24년』, 2006.11.13.; 쿠키뉴스, 『에이즈 환자, 평균 24년 생존… 치료비용 60만달러』, 2006.11.13.

2348 홍원식, "성소수자 마오쩌둥," 비전브리지, 2020, 64면, 67면; 백상현, "가짜 인권, 가짜 혐오, 가짜 소수자," 밝은생각, 2017, 434면; 김지연, "덮으려는 자 펼치려는 자," 사람, 2019, 488면.

2349 월간조선, 『포괄적 차별금지법의 법적 문제점, 남자가 女화장실 출입하고 女大 사라질 수

도』, 2020.8.27.

2350 The Telegraph, 『'Right to be offended' does not exist, judge says as court hears police record hate incidents even if there is no evidence』, 20 November 2019; MailOnline, 『Right to be offended does not exist says judge as High Court hears police are recording 'hate incidents' even if there is no evidence for them』, 21 November 2019.

2351 명재진 외 6인, "포괄적 차별금지법, 찬성할 것인가 반대할 것인가," 밝은생각, 2020.6., 348면; 홍원식, "성소수자 마오쩌둥," 비전브리지, 2020, 155면; 백상현, "가짜 인권, 가짜 혐오, 가짜 소수자," 밝은생각, 2017, 326면.

2352 헌법재판소 2007. 10. 25. 2005헌바96 결정, 판례집 19-2, 467면.

2353 헌법재판소 2015. 6. 25. 2014헌바269 결정, 판례집 27-1하, 484면; 김영한 외 지음, "동성애, 21세기 문화충돌," 킹덤북스, 2016.6., 117면.

2354 권인숙 의원 대표발의, 평등 및 차별금지에 관한 법률안(의안번호: 12330, 발의: 2021.8.31.) 제42조 제2항; 박주민 의원 대표발의, 평등에 관한 법률안(의안번호: 11964, 발의: 2021.8.9.) 제42조 제2항; 이상민 의원 대표발의, 평등에 관한 법률안(의안번호: 10822, 발의: 2021.6.16.) 제37조 제2항; 장혜영 의원 대표발의, 차별금지법안(의안번호: 1116, 발의: 2020.6.29.) 제52조.

2355 한국경제, 『가해자로 지목되면…차별 안했다고 입증 못할 땐 손해배상 책임』, 2021.6.21.; 데일리굿뉴스, 『잇단 차별금지법…"평등 가장한 역차별" 우려』, 2021.8.14.

2356 한국경제, 『[사설] 너무 나간 차별금지법, 차별과 차이도 구분 못하나』, 2021.6.22.; 국민일보, 『차별에 포함된 '괴롭힘'… 피해자 주장에 치우칠 우려』, 2022.5.18.

2357 국민일보, 『동성애 폐해 알리는 연구소 설립 지원한다』, 2020.9.28.

2358 법률신문, 『"차별금지법안 '증명책임 전환'은 불공정"』, 2020.10.29.

2359 TV조선 뉴스, 『'부스터 샷' 이틀 뒤 사무실서 돌연사…업무 도중 순식간에 쓰러져』, 2021.12.16.

2360 National Review, 『Dr. Zucker Defied Trans Orthodoxy. Now He's Vindicated』, 25 October 2018; Anderson Valley Advertiser, 『Mendocino County Today: Saturday, June 11, 2022』, 11 June 2022; Fort Worth Star-Telegram, 『Custody battle over 7-year-old Texan James Younger takes transgender activism too far』, 24 October 2019; The Cut, 『How the Fight Over Transgender Kids Got a Leading Sex Researcher Fired』, 7 February 2016; Spiked, 『It's not transphobic to question transgenderism』, 20 January 2017.

2361 김영길, "인권의 딜레마," 보담, 2021, 372면; 법률신문, 『"차별금지법안 '증명책임 전환'은 불공정"』, 2020.10.29.; 크리스천투데이, 『"포괄적 차별금지법의 가장 큰 문제, 입증책임 전환"』, 2023.4.18.

2362 뉴시스, 『광주 학부모 단체 "차별금지법은 동성애 교육 옹호 수단"』, 2022.4.26.

2363 오마이뉴스, 『""성소수자도 시민" 기습시위 청년, 이젠 대변인으로 묻는다』, 2021.9.1.; 오마이뉴스, 『반대 많았던 제주 '첫' 퀴어문화축제, 이렇게 열렸다』, 2017.11.6.

2364 홍성수, "말이 칼이 될 때," 어크로스, 2018, 30면.

2365 투데이신문, 『인권위 "안철수 '퀴어축제 거부할 권리' 발언은 혐오 표현" 의견표명』, 2021.9.1.

2366 크리스천투데이, 『샬롬나비 "동성애, 인권 차별문제로 환원 안 돼"』, 2014.11.20.

2367 크리스천투데이, 『미화되고 왜곡된 동성애의 실제적 진실』, 2019.3.12.
2368 경상매일신문, 『<윤정배 칼럼>동성애와 에이즈 IV』, 2018.5.11.
2369 크리스천투데이, 『샬롬나비 "동성애, 인권 차별문제로 환원 안 돼"』, 2014.11.20.; 김영한 외 지음, "동성애, 21세기 문화충돌", 킹덤북스, 2016.6., 337-338면, 981면; 국민일보, 『[동성애 침투 이대로 괜찮은가-오해와 진실] 동성애는 타고난다?』, 2015.6.26.; 크리스천투데이, 『"에이즈 대처, 인권 가면 벗고 정직해야"』, 2015.11.30.
2370 프란시스 S 맥너트, "동성애 치유될 수 있는가?," 순전한 나드, 2006; Paul Cameron, Thomas Landess, Kirk Cameron, "Homosexual sex as harmful as drug abuse, prostitution, or smoking, Psychological Reports," 96(3 Pt 2), June 2005, pp.915-961; P Cameron, K Cameron, W L Playfair, "Does homosexual activity shorten life?," Psychological Reports, 1 December 1998, 83(3 Pt 1), pp.847-866; Lifesite News, 『Expert Research Finds Homosexuality More Dangerous Than Smoking』, 3 April 2007.
2371 Christianity Daily, 『Outrageous: The Left Is Teaching Young Kids LGBT Terms Using 'GayBC' Book』, 16 May 2023.
2372 크리스천투데이, 『'젠더 이데올로기' 확산 배경, 네오마르크스주의의 계보』, 2020.4.14.
2373 The Spectator, 『Don't tell the parents』, 6 October 2018; The Christian Institute, 『Women's Minister 'cautious' over 'life-changing' trans treatments』, 27 August 2018; The Telegraph, 『Transgender activists accused of attempting to shut down debate』, 27 August 2018.
2374 Naomi R. Wray, Stephan Ripke et al., "Genome-wide association analyses identify 44 risk variants and refine the genetic architecture of major depression," Nature Genetics, 50, 26 April 2018, pp.668–681; Medical News Today, 『Depression: Pioneering study pinpoints 44 genetic culprits』, 27 April 2018; Psychology Today, 『Massive Study Clarifies Genetic Risks of Major Depression』, 29 April 2018; Worldhealth.net, 『44 Genomic Variants Linked To Depression』, 2 May 2018; 메디게이트뉴스, 『세계 최대 규모의 연구에서 우울증의 위험 요인 관련 44개 유전자 변이를 확인했다』, 2018.4.30.; 메디컬투데이, 『우울증 발병 위험 높이는 유전자 변이 44종 규명』, 2018.4.27.
2375 Hang Zhou, Julia M. Sealock, Joel Gelernter et al., "Genome-wide meta-analysis of problematic alcohol use in 435,563 individuals yields insights into biology and relationships with other traits," Nature Neuroscience, 23, 25 May 2020, pp.809–818; 연합뉴스, 『"알코올 중독 유전적 연관성, 더 확실해졌다"』, 2020.5.26.
2376 펜앤드마이크, 『[기고/민성길 교수] "'성인권 교육'이 동성애를 조장한다는 주장은 '가짜뉴스'"인가?』, 2021.3.30.; 국민일보, 『"동성애는 유전적으로 타고나는 것이 아니라 치료 가능한 질병"』, 2020.9.18.
2377 Stanton L. Jones, Mark A. Yarhouse, "Homosexuality: The Use of Scientific Research in the Church's Moral Debate," IVP Academics, 2009, pp.72-79; 국민일보, 『[기고] 동성애는 유전이 아니다』, 2017.9.20.; 명재진 외 6인, "포괄적 차별금지법, 찬성할 것인가 반대할 것인가," 밝은생각, 2020.6., 311-312면; 국민일보, 『[칼럼] 인간의 가치를 부정하는 '동성애 약자 프레임'』, 2021.4.20.
2378 Newsday, 『Is sexual orientation determined at birth? No.』, 25 May 2019; Gallup,

『Americans' Views on Origins of Homosexuality Remain Split』, 28 May 2014; The Washington Post, 『The U.S. is still divided on what causes homosexuality』, 10 March 2015; Pink News, 『US: Less than half of Americans think people are born gay』, 31 May 2014; 조 달라스, "동성애를 말하다," 하늘물고기, 2017, 71면; 크리스천투데이, 『"동성애·불륜·포르노 옹호 이론, 기독교 공격"』, 2020.1.19.

2379 Breitbart, 『Mother Can't Stop Doctor From Mutilating Autistic Daughter Who Wants To Be a Transgender Boy』, 29 June 2016.

2380 홍성수, "말이 칼이 될 때," 어크로스, 2018, 173-174면.

2381 헌법재판소 2014.8.28. 2011헌바32 등 결정, 판례집 26-2상, 242면; 헌법재판소 2014.8.28. 2011헌바50 결정, 판례집 26-2상, 274면; 헌법재판소 2019.6.28. 2018헌바128 결정, 판례집 31-1, 665면; 헌법재판소 2014.4.24. 2011헌바17 등 결정, 판례집 26-1상, 628면; 헌법재판소 2012.6.27. 2011헌마288 결정, 판례집 24-1하, 773면.

2382 헌법재판소 2010.12.28. 2008헌바157 등 결정, 판례집 22-2하, 684면.

2383 The Guardian, 『Record 7.1% of Americans identify as LGBTQ+, Gallup poll finds』, 17 February 2022; The Times, 『One in four at high school in US are LGBTQ』, 28 April 2023; Metroweekly, 『1 in 4 High School Students Identify as LGBTQ』, 1 May 2023; CBS News, 『Nearly a third of teen girls say they have seriously considered suicide, CDC survey shows』, 13 February 2023; nate 뉴스, 『스페인, Z세대 이성애자 비율이 역대 최저 기록』, 2021.7.9.; 한국경제, 『갤럽 "美 젊은층 16%가 성소수자… 양성애자 최대"』, 2021.3.2.; 머니투데이, 『美 젊은이 6명 중 1명 "나는 성소수자"』, 2021.2.25.; The Telegraph, 『Minister orders inquiry into 4,000 per cent rise in children wanting to change sex』, 16 September 2018.

2384 Newsday, 『Is sexual orientation determined at birth? No.』, 25 May 2019; Gallup, 『Americans' Views on Origins of Homosexuality Remain Split』, 28 May 2014; The Washington Post, 『The U.S. is still divided on what causes homosexuality』, 10 March 2015; Pink News, 『US: Less than half of Americans think people are born gay』, 31 May 2014; 조 달라스, "동성애를 말하다," 하늘물고기, 2017, 71면; 크리스천투데이, 『"동성애·불륜·포르노 옹호 이론, 기독교 공격"』, 2020.1.19.

2385 James E. Phelan LSW, "Addiction and Recovery in Homosexuality," Journal of Ministry in Addiction & Recovery, 5(1), 1998, pp.65-71; 국민일보, 『"사랑 어쩌고 저쩌고해도 결국에는 단순 엔조이… 동성애자 성적 쾌락 추구는 성 중독에 가까워"』, 2017.9.20.; 크리스천투데이, 『[영상] "동성애는 '유전' 아닌 '중독'"』, 2021.12.11.; 크리스천투데이, 『HIV 감염자 "동성애와 에이즈의 위험성 알려야"』, 2019.11.28.; 경상매일신문, 『<윤정배 칼럼> 퀴어축제와 예방주사』, 2018.6.8.; 가브리엘 쿠비, "글로벌 성혁명," 밝은생각, 2020, 343면; 조선일보, 『동성애자들이 말해주지 않는 동성애에 대한 비밀』, 2010.11.10.; 조선일보, 『동성애자들이 말해주지 않는 '동성애에 대한 비밀' -동성애자의 양심고백-』, 2020.9.1.; 펜앤드마이크, 『한국가족보건협회 "폭증하는 청소년 에이즈…'동성간 성관계'가 주요 감염경로임을 가르쳐야"』, 2019.11.27.; 백상현, "가짜 인권, 가짜 혐오, 가짜 소수자," 밝은생각, 2017, 211면; 국민일보, 『경남지역 성도들 '퀴어행사' 저지 집회』, 2019.12.2.; 국민일보, 『"동성애가 유전이라고요? 이기적 욕망·중독일 뿐 다들 속이고 있습니다"』, 2016.6.9.

2386 BBC News, 『Puberty blockers: Under-16s 'unlikely to be able to give informed consent』, 1 December 2020; National Post, 『Canada's teen transgender treatment boom: Life-saving services or dangerous experimentation?』, 14 December 2020; National Catholic Register, 『Gender Reassignment for Children: Cautionary Perspectives From Science』, 16 June 2022; The Daily Signal, 『Yes, Schools Are Secretly Trying to 'Gender Transition' Kids, and It Must Be Stopped』, 22 March 2022; The Irish Times, 『Gender distress treatment in young people: a highly charged debate』, 26 June 2021; Undark Magazine, 『Of Politics, Science, and Gender Identity』, 17 July 2017; BBC News, 『Transgender treatment: Puberty blockers study under investigation』, 22 July 2019.

2387 Dailycitizen, 『Canadian Dad Sentenced for Trying to Protect Daughter from Transgender Medical Procedures』, 20 April 2021; Rairfoundation, 『WATCH: Father Risks Jail To Fight Canadian Government Sanctioned Trans Child Mutilation』, 17 February 2020.

2388 American Psychiatric Association, "Diagnostic and Statistical Manual of Mental Disorders," 5th edition, p.455; Lifesite, 『Sweden recommends against puberty blockers for children in setback to trans movement』, 25 February 2022.

2389 Susan J Bradley, Kenneth J Zucker, "Gender identity disorder and psychosexual problems in children and adolescents," Guilford Publications, pp.281-282; Richard P. Fitzgibbons, "Transsexual attractions and sexual reassignment surgery: Risks and potential risks," Linacre Quarterly, 82(4), November 2015, pp.337-350; The Independent, 『What the critics say about treatment for transgender children』, 26 October 2016; Marcus Evans, "Freedom to think: the need for thorough assessment and treatment of gender dysphoric children," BJPsych Bulletin, 45(5), October 2021, pp.315-316; The Federalist, 『The Studies Cited To Support Gender-Bending Kids Are Largely Junk Science』, 10 March 2022; The New York Times, 『Supporting Boys or Girls When the Line Isn't Clear』, 2 December 2006; CNN News, 『Transgender kids: Painful quest to be who they are』, 27 September 2021; The Spectator, 『Don't tell the parents』, 6 October 2018; Mercatornet, 『Interrogating the transgender agenda』, 1 January 2020; Catholic News Agency, 『School district can't hide student gender identity 'transition' from parents, Wis. judge says』, 30 September 2020.

2390 The Spectator, 『Don't tell the parents』, 6 October 2018; The Washington Times, 『Kindergarten transgender lessons have parents changing schools』, 3 September 2017; Washington Examiner, 『Title IX's anti-parent secret agenda』, 24 June 2022; The Federalist, 『3 Reasons Parents Are Absolutely Right To Demand Informed Consent To What Schools Do To Their Kids』, 10 March 2022; The Federalist, 『The Studies Cited To Support Gender-Bending Kids Are Largely Junk Science』, 10 March 2022; The Daily Signal, 『Yes, Schools Are Secretly Trying to 'Gender Transition' Kids, and It Must Be Stopped』, 22 March 2022; Anderson Valley Advertiser, 『Mendocino County Today: Saturday, June 11, 2022』, 11 June 2022; Newsweek, 『Schools Must Stop Keeping Trans-Secrets From Parents | Opinion』, 23 March 2022.

2391 The Telegraph, 『Minister orders inquiry into 4,000 per cent rise in children wanting to change sex』, 16 September 2018; 미디어인권연구소 뭉클, "평등법 관련 미디어 모니터링," 국가인권위원회, 2020.12.18., 177면; 데일리굿뉴스, 『트랜스젠더는 정신적 문제…의학적으로 바꿀 수 없어』, 2021.4.1.; The Daily Signal, 『Yes, Schools Are Secretly Trying to 'Gender Transition' Kids, and It Must Be Stopped』, 22 March 2022; The Epoch Times, 『The Totalitarian Agenda Behind LGBT Sex-Ed Revolution at School』, 27 July 2021; The Times, 『Scottish teachers told to use pupils' chosen gender』, 13 August 2021; Express, 『Fury as Scottish pupils allowed to change gender aged four without parental consent』, 13 August 2021; Toronto Sun, 『Students in Scotland can change gender at four years old』, 13 August 2021; The Telegraph, 『Scottish four-year-olds can change gender at school without parents' consent』, 12 August 2021; 데일리굿뉴스, 『美 사례로 바라본 심각한 평등법 제정의 부작용』, 2021.6.29.

2392 헌법재판소 2010. 12. 28. 2008헌바157 등 결정, 판례집 22-2하, 684면.

2393 홍성수, "말이 칼이 될 때," 어크로스, 2018, 173-174면.

2394 국인일보, 『[기고] 국가인권위법 '성적지향' 문구로 발생할 '반대자 탄압'』, 2019.11.26.

2395 Newsweek, 『Philadelphia Statement on Civil Discourse and Strengthening of Liberal Democracy | Opinion,』, 11 August 2020; The Daily Signal, 『'Philadelphia Statement' Defends Free Speech From Cancel Culture』, 11 August 2020; Catholic News Agency, 『'Hate speech' label does damage to civil dialogue, Philadelphia Statement warns』, 12 August 2020.

2396 Toronto Star, 『Laurier apologizes to teaching assistant who aired clip of gender-pronoun debate』, 21 November 2017; Radio Canada International, 『Canadian university embroiled in free speech controversy』, 17 November 2017; CTV News, 『Controversial professor sues university over alleged remarks during TA's meeting』, 21 June 2018; News.com.au, 『Is it too late to save our universities?』, 20 August 2018; The Christian Post, 『To Understand Leftist Totalitarianism, Watch This』, 27 December 2016; TVO Today, Transcript: Genders, Rights and Freedom of Speech | Oct 26, 2016;
https://www.tvo.org/transcript/2396103/genders-rights-and-freedom-of-speech

2397 CTV News, 『Outspoken professor stokes free-speech debate at Acadia University』, 15 January 2018; National Post, 『Lindsay Shepherd sues Wilfrid Laurier, claiming 'attacks' have 'rendered her unemployable in academia'』, 12 June 2018; Lifesite, 『Student sues university after it targeted her for showing Jordan Peterson clip』, 20 June 2018; The Cord, 『Lindsay Shepherd files $3.6M law suit against Laurier over alleged abusive treatment』, 15 June 2018; CBC News, 『Lindsay Shepherd launches $3.6M lawsuit against Laurier over alleged 'inquisition'』, 14 June 2018; The Epoch Times, 『'Diversity and Exclusion': Lindsay Shepherd Pens Book About Free Speech Controversy at Laurier University』, 30 March 2021.

2398 국민일보, 『"차별금지 슬로건 이면엔 '자유' 제한할 우려 있다"』, 2021.10.7.

2399 크리스천투데이, 『김회재 의원 "차별금지법, 안수집사인 의원도 내용 잘 몰라"』, 2021.10.6.

2400 The Daily Signal, 『Defend Free Speech, Urges Author Who Faced Repercussions for Teaching College Students About Pronouns』, 17 May 2021; Pink News, 『Trans competition is discriminatory, say teens backed by anti-abortion lawyers』, 20 June 2019; National Review, 『Professor Sues after University Requires He Use Student's Preferred Pronoun』, 5 November 2018; The Catholic Register, 『Churches should 'tremble' at transgender agenda, professor says』, 23 November 2016; Breitbart, 『Sweden To Include "Gender Identity" In Hate Crime Legislation』, 24 June 2017.

2401 The McGill International Review, 『Decoding Bill C-16: Does it Threaten Canadians' Freedoms?』, 12 December 2016; The Christian Post, 『To Understand Leftist Totalitarianism, Watch This』, 27 December 2016; RealClearPolicy, 『Title IX, Pronouns, and Campus Freedom』, 12 August 2022; CTV News, 『Prof attacks 'political correctness' in genderless pronouns, Bill C-16』, 5 October 2016; National Post, 『U of T professor attacks political correctness, says he refuses to use genderless pronouns』, 28 September 2016; Toronto Star, 『He says freedom, they say hate. The pronoun fight is back』, 15 January 2017; Breitbart, 『Transgender Male Athletes Fear 'Ridicule' For Seeking Slots in Olympic Women's Races』, 7 July 2016.

2402 National Post, 『Canada's teen transgender treatment boom: Life-saving services or dangerous experimentation?』, 14 December 2020; Medscape Medical News, 『Transition Therapy for Transgender Teens Drives Divide』, 23 April 2021.

2403 Richmond Times Dispatch, 『Virginia high school teacher fired for refusing to use transgender student's new pronouns』, 6 December 2018; OnFocus News, 『Opinion: The Future of Free Speech』, 16 July 2020; CBC, 『'I'm not a bigot' Meet the U of T prof who refuses to use genderless pronouns』, 30 September 2016; The Seattle Times, 『LGBTQ+ community members raise concerns about Jordan Peterson's Seattle event』, 21 April 2022; Canada's National Observer, 『OPINION: Bill C-16 is flawed in ways most Canadians have not considered』, 25 October 2016; Torontoist, 『Are Jordan Peterson's Claims About Bill C-16 Correct?』, 19 December 2016; Daily Hive, 『Transgender rights will now be protected under Canadian law』, 16 June 2017.

2404 National Post, 『Bruce Pardy: Meet the new 'human rights' — where you are forced by law to use 'reasonable' pronouns』, 19 June 2017.

2405 Mercatornet, 『Canada's new human rights law: use trans pronouns or else』, 22 June 2017.

2406 조 달라스, "동성애를 말하다," 하늘물고기, 2017, 16면; Detroit Free Press, 『Farmer's market lawsuit: East Lansing wrong to ban me | Opinion』, 13 September 2017.

2407 Catholic News Agency, 『Wedding cake, controversy and faith: Colorado baker's book recounts years-long legal fight』, 10 June 2021; Angelus, 『Wedding cake, controversy and faith: Colorado baker's book recounts years-long legal fight』, 10 June 2021.

2408 Pink News, 『Christian baker couldn't make a trans woman's birthday cake because 'cake is an expression of his soul', court hears』, 23 March 2021.

2409 Courthouse News Service, 『Piece of Cake? Masterpiece Cakeshop Back in Court for Discrimination Trial』, 22 March 2021.
2410 Pink News, 『Christian bakers who refused to make lesbians' wedding cake lose appeal against $135,000 fine』, 29 December 2017; Pink News, 『Christian baker says that Jesus wouldn't bake a cake for gay people』, 5 July 2017; Pink News, 『US Supreme Court will hear homophobic baker case in December』, 9 October 2017.
2411 명재진 외 6인, "포괄적 차별금지법, 찬성할 것인가 반대할 것인가," 밝은 생각, 2020. 6., 112면; Jack Phillips, "The Cost of My Faith: How a Decision in My Cake Shop Took Me to the Supreme Court," Salem Books, 2021; 크리스천투데이, 『동성혼 케이크 거부 제빵사, '내 믿음의 대가' 출간』, 2021.5.27.
2412 Angelus, 『Wedding cake, controversy and faith: Colorado baker's book recounts years-long legal fight』, 10 June 2021.
2413 Catholic News Agency, 『Wedding cake, controversy and faith: Colorado baker's book recounts years-long legal fight』, 10 June 2021.
2414 The Jerusalem Post, 『Q&A with Jack Phillips: 'Every American's freedoms were at stake'』, 7 April 2022.
2415 Catholic News Agency, 『Wedding cake, controversy and faith: Colorado baker's book recounts years-long legal fight』, 10 June 2021.
2416 WRAL News, 『Colorado, Once Called the 'Hate State,' Grapples With Cake Baker Decision』, 6 June 2018.
2417 The New York Times, 『Colorado, Once Called the 'Hate State,' Grapples With Cake Baker Decision』, 5 June 2018.
2418 Catholic News Agency, 『After Supreme Court victory, Colorado baker in court for declining gender transition cake』, 24 March 2021.
2419 Courthouse News Service, 『Piece of Cake? Masterpiece Cakeshop Back in Court for Discrimination Trial』, 22 March 2021.
2420 명재진 외 6인, "포괄적 차별금지법, 찬성할 것인가 반대할 것인가," 밝은 생각, 2020.6., 114면; Courthouse News Service, 『Christian Baker Asks Judge to Toss Suit Over Unbaked Transgender Birthday Cake』, 9 April 2020; Pink News, 『Christian baker asks judge to toss out lawsuit over his refusal to bake a trans lawyer's birthday cake』, 10 April 2020; Courthouse News Service, 『Trans Woman Serves Up Lawsuit to Colorado Baker』, 7 June 2019; Courthouse News Service, 『Gay Couple Loses Supreme Court Battle on Wedding Cake』, 4 June 2018; AP News, 『Colorado baker fighting ruling over gender transition cake』, 6 October 2022.
2421 Masterpiece Cakeshop, et al. v. Colorado Civil Rights Commission, et al., 138 S. Ct. 1719 (2018).
2422 The Detroit News, 『Opinion: Colorado still trying to destroy Jack Phillips』, 26 December 2018; New York Post, 『Colorado can't stop trying to shut Jack Phillips down for gay marriage views』, 23 December 2018.
2423 WND, 『Christian baker fights back after state orders him to violate faith』, 3 August 2021.
2424 Empire State Tribune, 『Presidential Lecture Series: Navigating Major Policies with

Guest Speaker Tim Goeglein』 , 13 October 2022; OSV News, 『With justices under fire, a new Supreme Court term begins』 , 15 September 2022.

2425 The Daily Signal, 『Colorado Is Still Trying to Destroy Jack Phillips』 , 21 December 2018; The Detroit News, 『Opinion: Colorado still trying to destroy Jack Phillips』 , 26 December 2018; New York Post, 『Colorado can't stop trying to shut Jack Phillips down for gay marriage views』 , 23 December 2018; Eater, 『Masterpiece Cakeshop Baker Claims He's Being Persecuted for His Beliefs Again』 , 15 August 2018; WND, 『Christian baker fights back after state orders him to violate faith』 , 3 August 2021.

2426 Newsweek, 『Colorado Baker's Protagonist Allegedly Requested Satanic Cakes That Other Bakeries Wouldn't Create』 , 17 August 2018; The Post Millennial, 『Colorado Christian baker back in court, refuses to bake a gender-transition cake』 , 25 March 2021.

2427 Andrew Koppelman, "Gay Rights vs. Religious Liberty?: The Unnecessary Conflict," Oxford University Press, 2020, p.137; New York Post, 『Truce in sight on same-sex-marriage and dissent』 , 22 November 2022.

2428 Pink News, 『Christian baker couldn't make a trans woman's birthday cake because 'cake is an expression of his soul', court hears』 , 23 March 2021; Courthouse News Service, 『Christian Baker Asks Judge to Toss Suit Over Unbaked Transgender Birthday Cake』 , 9 April 2020.

2429 Courthouse News Service, 『Trans Woman Serves Up Lawsuit to Colorado Baker』 , 7 June 2019.

2430 Fox News, 『Is 'toxic masculinity' a threat to America?』 , 8 January 2019; Media Matters for Amerca, 『On Fox, Alliance Defending Freedom attorney Kristen Waggoner repeatedly misgenders trans woman』 , 9 January 2019.

2431 Catholic News Agency, 『Wedding cake, controversy and faith: Colorado baker's book recounts years-long legal fight』 , 10 June 2021; Angelus, 『Wedding cake, controversy and faith: Colorado baker's book recounts years-long legal fight』 , 10 June 2021.

2432 The Washington Times, 『Jack Phillips, Colorado baker, asks court to dismiss transgender birthday cake lawsuit』 , 22 July 2019; Pink News, 『Christian baker who refused to bake a trans woman's cake to face discrimination suit in court』 , 8 March 2021; Courthouse News Service, 『Denver Judge Keeps Birthday Cake Lawsuit in the Oven』 , 30 April 2020.

2433 USA Today, 『State tramples our First Amendment rights as Christian artists. We're fighting back』 , 5 October 2022; WND, 『Colorado baker challenges demand he produce 'gender transition' cake』 , 7 October 2022.

2434 The Christian Post, 『Jack Phillips reveals abuse, vandalism and death threats after he refused to make gay wedding cake』 , 9 June 2021.

2435 The Stream, 『'Horrific': Christian Baker Jack Phillips Reveals Abuse, Vandalism, Death Threats After He Refused to Make a Cake for a Same-Sex Wedding』 , 12 June 2021; The Detroit News, 『Opinion: Colorado still trying to destroy Jack

2436   명재진 외 6인, "포괄적 차별금지법, 찬성할 것인가 반대할 것인가," 밝은 생각, 2020. 6., 112면.

2437   Pink News, 『Christian baker says he's being targeted for his faith in trans cake lawsuit』, 23 July 2019.

2438   Andrew Koppelman, "Gay Rights vs. Religious Liberty?: The Unnecessary Conflict," Oxford University Press, 2020, p.136.

2439   The Daily Signal, 『Colorado Is Still Trying to Destroy Jack Phillips』, 21 December 2018; The Detroit News, 『Opinion: Colorado still trying to destroy Jack Phillips』, 26 December 2018; New York Post, 『Colorado can't stop trying to shut Jack Phillips down for gay marriage views』, 23 December 2018.

2440   조 달라스, "동성애를 말하다," 하늘물고기, 2017, 16면; New York Post, 『Truce in sight on same-sex-marriage and dissent』, 22 November 2022.

2441   New York Post, 『Colorado can't stop trying to shut Jack Phillips down for gay marriage views』, 23 December 2018.

2442   The Detroit News, 『Opinion: Colorado still trying to destroy Jack Phillips』, 26 December 2018.

2443   National Review, 『Colorado Defies the Supreme Court, Renews Persecution of a Christian Baker』, 15 August 2018; The Dailywire, 『GOTTRY: What The Persecution Of Jack Phillips Teaches Us About 'Tolerance'』, 21 August 2018; Washington Examiner, 『A New Battle for Masterpiece Cakeshop』, 16 August 2018.

2444   The Daily Signal, 『EXCLUSIVE: Colorado Baker Asked to Make 'Birthday Cake' for Satan』, 13 October 2017; The Dailywire, 『Christian Baker Sued For Refusing To Make Gay Wedding Cake Taunted With Requests For Satan-Themed Cakes』, 19 October 2017; CBN News, 『Christian Baker Under Fire on a New Front with Satanic Request』, 20 October 2017.

2445   Fox News, 『Colorado baker who won Supreme Court battle calls gender transition cake case 'a trap'』, 24 March 2021; Lifesite, 『Satanists ask Christian baker to make 'birthday cake' for Lucifer』, 17 October 2017; The Washington Times, 『Masterpiece Cakeshop's Jack Phillips appeals ruling over gender-transition cake』, 3 August 2021; Dailycitizen, 『Jack Phillips Appeals Bad Decision in Transgender Cake Case』, 4 August 2021; Decision Magazine, 『Washington Florist's Religious Liberty Case Not Over Yet, Lawyers Contend』, 5 August 2021.

2446   Newsweek, 『Colorado Baker's Protagonist Allegedly Requested Satanic Cakes That Other Bakeries Wouldn't Create』, 17 August 2018.

2447   The Babylon Bee, 『Colorado Baker Faces Long Line Of People Outside Waiting To Be Oppressed』, 24 March 2022.

2448   Dailycitizen, 『Jack Phillips of Masterpiece Cakeshop Supports Lesbian Baker's Rights of Conscience』, 21 August 2020.

2449   Newsweek, 『I'm the Colorado Cake Artist, and I Believe in Artistic Freedom for All | Opinion』, 19 August 2020.

2450 Christianity Post, 『Colorado cake artist, Jack Philips wishes to see Artistic Freedom』, 27 August 2020.
2451 The Dailywire, 『Colorado Baker Discusses New Case, Says It Was 'A Trap'』, 26 March 2021.
2452 The Post Millennial, 『Colorado Christian baker back in court, refuses to bake a gender-transition cake』, 25 March 2021.
2453 Fox News, 『Colorado baker who won Supreme Court battle calls gender transition cake case 'a trap'』, 24 March 2021.
2454 The Christian Post, 『Jack Phillips reveals abuse, vandalism and death threats after he refused to make gay wedding cake』, 9 June 2021; Christian Headlines, 『Jack Phillips Details the Difficulties, Threats He Faced after Declining to Bake a Same-Sex Wedding Cake』, 10 June 2021.
2455 The New York Times, 『Cake Is His 'Art.' So Can He Deny One to a Gay Couple?』, 16 September 2017.
2456 CNN News, 『Masterpiece Cakeshop owner sues Colorado governor, claiming religious 'persecution'』, 15 August 2018; Abajournal, 『Masterpiece Cakeshop baker refuses to make cake celebrating gender transition, spurring new suit』, 15 August 2018; ABC News, 『US man who refused to bake for gay wedding faces fresh lawsuit over transgender cake』, 19 December 2018.
2457 The Washington Post, 『Baker claims religious persecution again — this time after denying cake for transgender woman』, 15 August 2018; Daily News, 『Colorado baker who refused to make wedding cake for gay couple is fighting new discrimination allegation』, 20 December 2018.
2458 Fox News, 『Colorado baker who won Supreme Court battle calls gender transition cake case 'a trap'』, 24 March 2021.
2459 Angelus, 『After Supreme Court victory, Colorado baker in court for declining gender transition cake』, 24 March 2021.
2460 The Washington Times, 『Masterpiece Cakeshop's Jack Phillips appeals ruling over gender-transition cake』, 3 August 2021; Dailycitizen, 『Jack Phillips Appeals Bad Decision in Transgender Cake Case』, 4 August 2021; Decision Magazine, 『Washington Florist's Religious Liberty Case Not Over Yet, Lawyers Contend』, 5 August 2021; 이상민 의원 대표발의, 평등에 관한 법률안(의안번호: 10822, 발의: 2021.6.16.) 제9조, 제11조, 제12조; 권인숙 의원 대표발의, 평등 및 차별금지에 관한 법률안(의안번호: 12330, 발의: 2021.8.31.) 제9조, 제11조; 박주민 의원 대표발의, 평등에 관한 법률안(의안번호: 11964, 발의: 2021.8.9.) 제9조, 제11조; 장혜영 의원 대표발의, 차별금지법안(의안번호: 1116, 발의: 2020.6.29.) 제8조, 제9조.
2461 Catholic News Agency, 『After Supreme Court victory, Colorado baker in court for declining gender transition cake』, 24 March 2021.
2462 Eater, 『Masterpiece Cakeshop Baker Claims He's Being Persecuted for His Beliefs Again』, 15 August 2018.
2463 Newsweek, 『Colorado Baker's Protagonist Allegedly Requested Satanic Cakes That Other Bakeries Wouldn't Create』, 17 August 2018.

2464 The Daily Signal, 『EXCLUSIVE: Colorado Baker Asked to Make 'Birthday Cake' for Satan』, 13 October 2017; Lifesite, 『Satanists ask Christian baker to make 'birthday cake' for Lucifer』, 17 October 2017; 김영길, "인권의 딜레마," 보담, 2021, 373면.

2465 권인숙 의원 대표발의, 평등 및 차별금지에 관한 법률안(의안번호: 12330, 발의: 2021.8.31.) 제33조 제1항; 박주민 의원 대표발의, 평등에 관한 법률안(의안번호: 11964, 발의: 2021.8.9.) 제34조 제1항; 장혜영 의원 대표발의, 차별금지법안(의안번호: 1116, 발의: 2020.6.29.) 제42조 제1항.

2466 권인숙 의원 대표발의, 평등 및 차별금지에 관한 법률안(의안번호: 12330, 발의: 2021.8.31.) 제33조 제2항; 박주민 의원 대표발의, 평등에 관한 법률안(의안번호: 11964, 발의: 2021.8.9.) 제34조 제2항; 장혜영 의원 대표발의, 차별금지법안(의안번호: 1116, 발의: 2020.6.29.) 제42조 제2항.

2467 권인숙 의원 대표발의, 평등 및 차별금지에 관한 법률안(의안번호: 12330, 발의: 2021.8.31.) 제35조; 박주민 의원 대표발의, 평등에 관한 법률안(의안번호: 11964, 발의: 2021.8.9.) 제36조; 장혜영 의원 대표발의, 차별금지법안(의안번호: 1116, 발의: 2020.6.29.) 제44조.

2468 홍원식, "성소수자 마오쩌둥," 비전브리지, 2020, 145-146면; 국민일보, 『차별에 포함된 '괴롭힘'… 피해자 주장에 치우칠 우려』, 2022.5.18.

2469 헌법재판소 2004. 2. 26. 2001헌바80 등 결정, 판례집 16-1, 202면.

2470 김영길, "인권의 딜레마," 보담, 2021, 335면, 373면.

2471 데일리굿뉴스, 『잇단 차별금지법…"평등 가장한 역차별" 우려』, 2021.8.14.

2472 명재진 외 6인, "포괄적 차별금지법, 찬성할 것인가 반대할 것인가," 밝은 생각, 2020. 6., 116면, 253면; Reuters, 『Oregon appeals court upholds damages in gay wedding cake case』, 28 December 2017; Pink News, 『Anti-gay bakery refuses to pay damages despite getting $400,000 in donations』, 1 October 2015; Pink News, 『Christian bakers who refused to make lesbians' wedding cake lose appeal against $135,000 fine』, 29 December 2017.

2473 국민일보, 『美 당국, 동성결혼 반대 글 올렸다고 행정 제재… 크리스천포스트 분석 보도』, 2017.7.4.

2474 이상민 의원 대표발의, 평등에 관한 법률안(의안번호: 10822, 발의: 2021.6.16.) 제9조; 권인숙 의원 대표발의, 평등 및 차별금지에 관한 법률안(의안번호: 12330, 발의: 2021.8.31.) 제9조; 박주민 의원 대표발의, 평등에 관한 법률안(의안번호: 11964, 발의: 2021.8.9.) 제9조; 장혜영 의원 대표발의, 차별금지법안(의안번호: 1116, 발의: 2020.6.29.) 제9조.

2475 Fox News, 『Family farm banned from city farmers market over refusal to host gay weddings awaits ruling in legal battle』, 31 July 2021; NBC News, 『Fight brews with farmer who bars gay weddings at orchard』, 2 June 2018.

2476 The Daily Signal, 『Farmers Banned From Farmers Market Over Religious Beliefs Get Their Day in Court』, 13 September 2017.

2477 국민일보, 『美 당국, 동성결혼 반대 글 올렸다고 행정 제재… 크리스천포스트 분석 보도』, 2017.7.4.; Detroit Free Press, 『Senator blasts Trump's Michigan judge nominee, says he compared Catholics to KKK』, 22 May 2019.

2478 Pride Source, 『A Court Ruling Is Expected Soon on East Lansing Wedding Vendor Who Refused to Hold Same-Sex Ceremonies』, 4 August 2021; Lansing

State Journal, 『Country Mill Farms trial against the city of East Lansing to begin Tuesday』, 26 July 2021.
2479 National Review, 『Cider and Religious Freedom』, 18 September 2017; 국민일보, 『美 당국, 동성결혼 반대 글 올렸다고 행정 제재… 크리스천포스트 분석 보도』, 2017.7.4.
2480 The Detroit News, 『Court battle rages on in Country Mill vs. East Lansing』, 22 January 2020.
2481 Lansing State Journal, 『Lawsuit: East Lansing violated farmer's religious freedom』, 31 May 2017.
2482 Detroit Free Press, 『Farmer's market lawsuit: East Lansing wrong to ban me | Opinion』, 13 September 2017.
2483 City Pulse, 『Neither side yielding in Country Mill case』, 13 June 2019.
2484 Pink News, 『Anti-gay groups upset at being called 'hateful'』, 25 November 2010; Catholic News Agency, 『Organizations again labeled 'hate groups' over beliefs on marriage』, 1 February 2021.
2485 Lifesite, 『Free from gag order, dad tells how judges forced transgender insanity on daughter』, 30 April 2020.
2486 이상민 의원 대표발의, 평등에 관한 법률안(의안번호: 10822, 발의: 2021.6.16.) 제9조, 제11조, 제12조; 권인숙 의원 대표발의, 평등 및 차별금지에 관한 법률안(의안번호: 12330, 발의: 2021.8.31.) 제9조, 제11조; 박주민 의원 대표발의, 평등에 관한 법률안(의안번호: 11964, 발의: 2021.8.9.) 제9조, 제11조; 장혜영 의원 대표발의, 차별금지법안(의안번호: 1116, 발의: 2020.6.29.) 제8조, 제9조.
2487 The Scottish Sun, 『Christian school assistant, 43, is sacked after protesting against transgender issues being taught in son's primary』, 16 April 2019; MailOnline, 『Christian school secretary sacked after saying teachers are 'brainwashing our children' with 'totalitarian' LGBT lessons must wait for judgement』, 24 September 2020; Pink News, 『School worker fired for foul anti-LGBT+ comments wants to prove she was discriminated against』, 16 July 2021.
2488 Gloucestershire Live, 『Gloucestershire school sacks assistant over Facebook posts claiming children are being 'brainwashed' over transgender issues』, 16 April 2019.
2489 Wilts and Gloucestershire Standard, 『Kristie Higgs to appeal sacking from Farmor's School』, 28 February 2022.
2490 Pink News, 『School worker sacked after claiming LGBT+ 'indoctrination' is 'brainwashing our children'. Now, she's suing for discrimination』, 21 September 2020; MailOnline, 『Devoutly Christian secondary school assistant, 43, is sacked after posting petition against transgender issues being taught at her son's CofE primary』, 15 April 2019.
2491 Gloucestershire Live, 『Gloucestershire school sacks assistant over Facebook posts claiming children are being 'brainwashed' over transgender issues』, 16 April 2019; MailOnline, 『Christian school secretary sacked after saying teachers are 'brainwashing our children' with 'totalitarian' LGBT lessons must wait for judgement』, 24 September 2020; Gloucestershire Live, 『Christian school worker

plans to appeal after losing sacking claim in LGBT teaching Row』, 7 October 2020.

2492　The Scottish Sun, 『Christian school assistant, 43, is sacked after protesting against transgender issues being taught in son's primary』, 16 April 2019.

2493　MailOnline, 『Trans rights activist is named on judging panel that will hear case of a Christian teaching assistant sacked for speaking out against gender identity lessons at primary schools』, 19 June 2022.

2494　CBN News, 『UK Teacher Fired for Posting Her Concern About LGBT Indoctrination in Christian School』, 17 April 2019.

2495　Gloucestershire Live, 『Christian school worker plans to appeal after losing sacking claim in LGBT teaching Row』, 7 October 2020.

2496　The Telegraph, 『School employee sacked after sharing petition about LGBT lessons says it was 'morally necessary' to speak out』, 21 September 2020; The Times, 『School sacked me for opposing sex education, claims Christian』, 21 September 2020; The Epoch Times, 『Christian Allegedly Sacked for Opposing Modern Sex Education Sues Former School Employer』, 22 September 2020; Metro Voice, 『Fired teacher who questioned gender studies sues Christian school』, 2 October 2020.

2497　The Guardian, 『School assistant loses job over petition against LGBT teaching』, 16 April 2019.

2498　BBC News, 『Fairford school worker 'sacked for view on LGBT teaching'』, 16 April 2019.

2499　MailOnline, 『How I was compared to a Nazi - then sacked: Christian teacher fired for posting a petition against transgender issues being taught at her son's CofE school reveals the abuse she received for standing up for her beliefs』, 20 April 2019.

2500　The Scottish Sun, 『Christian school assistant, 43, is sacked after protesting against transgender issues being taught in son's primary』, 16 April 2019.

2501　MailOnline, 『Devoutly Christian secondary school assistant, 43, is sacked after posting petition against transgender issues being taught at her son's CofE primary』, 15 April 2019.

2502　Lifesite, 『UK teacher sacked after posting petition opposing LGBT curriculum』, 25 April 2019.

2503　BBC News, 『Fairford school worker 'sacked for view on LGBT teaching'』, 16 April 2019.

2504　Gloucestershire Live, 『Gloucestershire school sacks assistant over Facebook posts claiming children are being 'brainwashed' over transgender issues』, 16 April 2019.

2505　MailOnline, 『Devoutly Christian secondary school assistant, 43, is sacked after posting petition against transgender issues being taught at her son's CofE primary』, 15 April 2019.

2506　MailOnline, 『How I was compared to a Nazi - then sacked: Christian teacher fired for posting a petition against transgender issues being taught at her son's CofE school reveals the abuse she received for standing up for her beliefs』, 20 April

2019.

2507 Gloucestershire Live, 『Gloucestershire school sacks assistant over Facebook posts claiming children are being 'brainwashed' over transgender issues』, 16 April 2019.

2508 Wilts and Gloucestershire Standard, 『Kristie Higgs to appeal sacking from Farmor's School』, 28 February 2022.

2509 BBC News, 『Fairford school worker 'sacked for view on LGBT teaching'』, 16 April 2019.

2510 Affinity, THE BULLETIN, 42, November 2019, p.51;
https://www.affinity.org.uk/app/uploads/2022/08/bulletin-42-final.pdf

2511 The Christian Post, 『Christian beliefs are 'pro-Nazi'? Teacher fired for opposing pro-transgender lessons recalls ordeal』, 23 April 2019.

2512 MailOnline, 『Trans rights activist is named on judging panel that will hear case of a Christian teaching assistant sacked for speaking out against gender identity lessons at primary schools』, 19 June 2022; Pink News, 『School worker who attacked LGBT+ 'indoctrination' wasn't sacked for being Christian, tribunal rules. She was fired for homophobia』, 8 October 2020.

2513 MailOnline, 『How I was compared to a Nazi - then sacked: Christian teacher fired for posting a petition against transgender issues being taught at her son's CofE school reveals the abuse she received for standing up for her beliefs』, 20 April 2019.

2514 Wilts and Gloucestershire Standard, 『Kristie Higgs to appeal sacking from Farmor's School』, 28 February 2022.

2515 MailOnline, 『How I was compared to a Nazi - then sacked: Christian teacher fired for posting a petition against transgender issues being taught at her son's CofE school reveals the abuse she received for standing up for her beliefs』, 20 April 2019.

2516 Pink News, 『School employee fired for claim LGBT education is 'brainwashing' children』, 16 April 2019.

2517 Gloucestershire Live, 『Christian school worker plans to appeal after losing sacking claim in LGBT teaching Row』, 7 October 2020.

2518 Christian Today, 『Christian school worker fired over sex ed and transgenderism Facebook posts can appeal』, 15 July 2021.

2519 Gloucestershire Live, 『Christian school worker plans to appeal after losing sacking claim in LGBT teaching Row』, 7 October 2020.

2520 Pink News, 『School worker who attacked LGBT+ 'indoctrination' wasn't sacked for being Christian, tribunal rules. She was fired for homophobia』, 8 October 2020.

2521 Mailonline, 『Christian school secretary, 44, reveals shock at being sacked for opposing plans to teach LGBT relationships to primary pupils and says it is 'morally necessary to defend the Bible truth against harmful doctrines'』, 21 September 2020.

2522 MailOnline, 『How I was compared to a Nazi - then sacked: Christian teacher fired for posting a petition against transgender issues being taught at her son's CofE school reveals the abuse she received for standing up for her beliefs』, 20 April 2019.

2523　MailOnline,『Trans rights activist is named on judging panel that will hear case of a Christian teaching assistant sacked for speaking out against gender identity lessons at primary schools』, 19 June 2022.

2524　MailOnline,『How I was compared to a Nazi - then sacked: Christian teacher fired for posting a petition against transgender issues being taught at her son's CofE school reveals the abuse she received for standing up for her beliefs』, 20 April 2019.

2525　BBC News,『Christian school worker to appeal sacking over 'anti-LGBT' Facebook posts』, 25 February 2022.

2526　Wilts and Gloucestershire Standard,『Kristie Higgs to appeal sacking from Farmor's School』, 28 February 2022.

2527　The Christian Post,『Christian beliefs are 'pro-Nazi'? Teacher fired for opposing pro-transgender lessons recalls ordeal』, 23 April 2019.

2528　Gloucestershire Live,『Christian school worker plans to appeal after losing sacking claim in LGBT teaching Row』, 7 October 2020.

2529　MailOnline,『How I was compared to a Nazi - then sacked: Christian teacher fired for posting a petition against transgender issues being taught at her son's CofE school reveals the abuse she received for standing up for her beliefs』, 20 April 2019.

2530　Gloucestershire Live,『Christian school worker plans to appeal after losing sacking claim in LGBT teaching Row』, 7 October 2020.

2531　MailOnline,『How I was compared to a Nazi - then sacked: Christian teacher fired for posting a petition against transgender issues being taught at her son's CofE school reveals the abuse she received for standing up for her beliefs』, 20 April 2019.

2532　Mailonline,『Christian school secretary, 44, reveals shock at being sacked for opposing plans to teach LGBT relationships to primary pupils and says it is 'morally necessary to defend the Bible truth against harmful doctrines'』, 21 September 2020.

2533　MailOnline,『Christian school secretary sacked after saying teachers are 'brainwashing our children' with 'totalitarian' LGBT lessons must wait for judgement』, 24 September 2020.

2534　Gloucestershire Live,『Christian school worker plans to appeal after losing sacking claim in LGBT teaching Row』, 7 October 2020.

2535　MailOnline,『Devoutly Christian secondary school assistant, 43, is sacked after posting petition against transgender issues being taught at her son's CofE primary』, 15 April 2019.

2536　BirminghamLive,『Live updates after Birmingham City Council wins injunction to STOP protests at Anderton Park School gates』, 31 May 2019; Express & Star,『Anti-LGBT teaching protesters get permanent school gates ban』, 26 November

2019; Pink News, 『A High Court judge just permanently banned anti-LGBT education protests outside Birmingham school』, 26 November 2019.

2537　The Christian Post, 『Christian beliefs are 'pro-Nazi'? Teacher fired for opposing pro-transgender lessons recalls ordeal』, 23 April 2019.

2538　Gay Times, 『West Midlands mayor Andy Street urges end to "homophobic" Birmingham protests』, 19 July 2020; Gay Times, 『Sandi Toksvig speaks out against anti-LGBTQ protests: "It assumes being gay would be a terrible thing"』, 22 July 2020; The Guardian, 『Birmingham school stops LGBT lessons after parents protest』, 4 March 2019.

2539　Pink News, 『A spike in children being homeschooled may be due to LGBT-inclusive education』, 23 September 2019.

2540　CBN News, 『UK Teacher Fired for Posting Her Concern About LGBT Indoctrination in Christian School』, 17 April 2019.

2541　Pink News, 『School worker fired for foul anti-LGBT+ comments wants to prove she was discriminated against』, 16 July 2021.

2542　Pink News, 『Dad would rather go to jail than have his son taught 'it's OK to be gay'』, 3 February 2020; The Times, 『Trans row father is willing to go to jail』, 3 February 2020.

2543　Lifesite, 『Free from gag order, dad tells how judges forced transgender insanity on daughter』, 30 April 2020.

2544　The Law Society Gazette, 『Gender Recognition Act 'could criminalise innocent staff'』, 24 October 2018.

2545　Irish Mirror, 『JK Rowling under fire as she throws support behind Maya Forstater』, 19 December 2019; MailOnline, 『Exeter University economics lecturer is branded transphobic by LGBT and feminist students after tweeting 'only females menstruate' in response to user who claimed otherwise』, 6 March 2020; The Times, 『We will not bow to trans activist bullies on campus』, 17 October 2021; The Telegraph, 『Letters: Genetic male or female sexual identity remains with everyone for life』, 21 December 2019; The Guardian, 『Judge rules against researcher who lost job over transgender tweets』, 18 December 2019; The Guardian, 『Researcher defends tweets on trans rights at employment tribunal』, 15 November 2019.

2546　The Guardian, 『Maya Forstater's case was about protected beliefs, not trans rights』, 22 December 2019.

2547　The Mirror, 『JK Rowling under fire as she throws support behind Maya Forstater』, 19 December 2019; Fox News, 『HuffPost writer defends JK Rowling after finding no evidence of transphobic quotes: 'Burning the wrong witch'』, 23 November 2022; BBC News, 『Maya Forstater: Woman loses tribunal over transgender tweets』, 19 December 2019; The Telegraph, 『JK Rowling should be a national treasure - so why have so many spent a year destroying her?』, 5 January 2022.

2548　Chron, 『Craig James' lawsuit against Fox Sports settled』, 6 June 2016.

2549　Bleacher Report, 『Craig James Sues Fox Sports, Claiming Religious

2550 SBNation, 『Craig James claims Fox Sports fired him due to 'religious discrimination'』, 24 September 2013.
2551 뉴스앤조이, 『[팩트체크] 차별금지법 제정되면 '성경적 가치관' 가진 판사가 해임될 수 있다?』, 2021.4.12.
2552 MailOnline, 『'I've quit the Anglican Church because of its refusal to stand up to political correctness': The Queen's former chaplain GAVIN ASHENDEN speaks out about his conversion to Catholicism』, 21 December 2019.
2553 MailOnline, 『Suspended and sent for 'equality training' - Christian magistrate who said: 'Adopted child needs mum and dad - not gay parents'』, 17 January 2015.
2554 The Guardian, 『Magistrate sacked for opposing same-sex adoption is suspended by NHS』, 27 March 2016; The Guardian, 『Magistrate sacked over religious opposition to same-sex couples adopting』, 10 March 2016; Pink News, 『Family Court magistrate suspended after objecting to gay parents』, 18 January 2015.
2555 BBC News, 『Brighton Green councillor's gay-vote expulsion upheld』, 19 November 2012; The Telegraph, 『Green council accused of 'vilifying' Christian over gay marriage stance』, 27 July 2012; 복음법률가회, "정의당 차별금지법안의 반성경성과 위험성," 밝은생각, 2020, 89면.
2556 Washington Blade, 『Va. school board sued over transgender student policies』, 9 June 2022; CNN, 『Public school teacher's firing wasn't just about a pronoun, but about intolerance for different beliefs』, 1 November 2019; The Washington Post, 『A Virginia teacher was fired for refusing to use a trans student's pronouns. Now, he's suing his school district』, 1 October 2019; DailyPress, 『Clashing with Gavin Grimm decision, Virginia's new transgender school policies trouble civil rights groups』, 21 September 2022; CBN News, 『VA Supreme Court Hears Case of Teacher Fired for Refusing to Call Transgender Student by Preferred Pronoun』, 15 February 2022; NBC12, 『West Point High teacher fired following transgender controversy』, 9 December 2018; Forbes, 『Teacher Sues After Getting Fired For Refusing To Refer To Transgender Student With Male Pronouns』, 3 October 2019; Inside Edition, 『Virginia Teacher Fired for Not Using Transgender Student's Chosen Pronoun Because of Religious Beliefs』, 7 December 2018; The Guam Daily Post, 『Americans shouldn't fear the pronoun police』, 16 December 2018.
2557 뉴스앤넷, 『美 의학교수, 동성애 위험 경고하다 병원서 쫓겨나』, 2015.10.1.; 데일리굿뉴스, 『美 사례로 바라본 심각한 평등법 제정의 부작용』, 2019.12.5.
2558 The Globe and Mail, 『Doctor fired from gender identity clinic says he feels 'vindicated' after CAMH apology, settlement』, 7 October 2018; The Varsity, 『Controversial CAMH gender identity clinic winds down』, 11 January 2016.
2559 National Post, 『CAMH to pay more than half a million settlement to head of gender identity clinic after releasing fallacious report 7』, October 2018; Spiked, 『It's not transphobic to question transgenderism』, 20 January 2017.
2560 The Law Society Gazette, 『Gender Recognition Act 'could criminalise innocent staff'』, 24 October 2018.

2561 이상민 의원 대표발의, 평등에 관한 법률안(의안번호: 10822, 발의: 2021.6.16.) 제9조, 제11조, 제12조; 권인숙 의원 대표발의, 평등 및 차별금지에 관한 법률안(의안번호: 12330, 발의: 2021.8.31.) 제9조, 제11조; 박주민 의원 대표발의, 평등에 관한 법률안(의안번호: 11964, 발의: 2021.8.9.) 제9조, 제11조; 장혜영 의원 대표발의, 차별금지법안(의안번호: 1116, 발의: 2020.6.29.) 제8조, 제9조.

2562 The Telegraph, , 『Jewish School refusing to teach pupils LGBT issues should not be expanded, says Ofsted』, 24 August 2021; Pink News, 『School refusing to teach kids about LGBT+ lives should not be allowed to expand, says Ofsted』, 25 August 2021; Pink News, 『A spike in children being homeschooled may be due to LGBT-inclusive education』, 23 September 2019; Pink News, 『Protests over LGBT-inclusive education to start again in Birmingham』, 12 September 2019; Pink News, 『Education secretary says all schools will be given support to teach LGBT-inclusive lessons amidst protests』, 2 September 2019; Pink News, 『Schools that refuse to teach children LGBT+ people exist will face strict consequences from OFSTED』, 18 September 2020; 연합뉴스, 『트럼프 '화장실 전쟁' 재점화하나…성전환 학생 보호지침 폐기』, 2017.2.13.; 한국일보, 『성전환 학생 화장실 선택권 다시 뺏겨』, 2017.2.23.; 헤럴드경제, 『'트랜스젠더 화장실 전쟁'… 美 11개 주, 연방정부 상대 소송』, 2016.5.26.; Catholic News Agency, 『Nearly half of US states have sued over transgender bathroom rule in schools』, 8 July 2016; 쉴라 제프리스, "젠더는 해롭다," 열다북스, 2019, 23면.

2563 Equality Act 2010 section 109; 장혜영 의원 대표발의, 차별금지법안(의안번호: 1116, 발의: 2020.6.29.) 제51조 제5항.

2564 코람데오닷컴, 『차금법 옹호하는 '뉴조' 기사에 대한 팩트체크④』, 2020.7.26.

2565 데일리굿뉴스, 『차별금지법 제정 시도 중단하라!』, 2021.6.16.; Pink News, 『Half of trans and non-binary people want to abolish legal gender categories altogether, study finds』, 3 October 2020; Pink News, 『As non-binary people, do we really want legal recognition, or should we be fighting to abolish gender categories entirely?』, 23 September 2020.

2566 의학신문, 『성누가회, "낙태죄 개정과 우리의 자세" 의료인 세미나 진행』, 2021.3.19.; 뉴데일리, 『"차별금지법 추진하는 국가인권위는 악법 제조의 원형" 2030 기자회견』, 2022.5.26.; 펜앤드마이크, 『"민주당 이상민 의원의 '평등법안'은 전체주의 독재법이자 국민에 재갈물리는 노예법"』, 2021.6.23.; 크리스천투데이, 『"유엔의 젠더 이데올로기 지지와 확산운동에 깊은 우려"』, 2017.12.11.; 경남매일, 『박종훈 교육감 주민소환 추진』, 2018.9.13.; 국민일보, 『"차별금지법 제정 시도 즉각 중단하라"』, 2020.5.12.; 펜앤드마이크, 『[이명진 칼럼] 대통령님은 알고는 있는지(위험한 독을 담은 2022 교육과정 시안)』, 2022.11.16.; 국민일보, 『"젠더 이데올로기에 기반한 차별금지법, 동성혼 합법화하고 인간성까지 말살"』, 2019.9.24.; 국민일보, 『비뚤어진 젠더 이데올로기 양산… "결혼·가족 가치관 해체" 외쳐』, 2020.6.23.

2567 크리스천투데이, 『"낙태죄 폐지하면 연 100만명까지 낙태 예상"』, 2020.11.27.

2568 헌법재판소 2019.4.11. 2017헌바127 결정, 판례집 31-1, 404면.

2569 카톨릭 신문, 『[특별 기고] "태아를 살리자!"』, 2020.12.13.

2570 MailOnline, 『'He shouldn't be here. But he is': Mother's joy as her 'Christmas miracle' son, born at 23 weeks, SEVEN DAYS before the abortion time-limit, defies the odds to survive』, 14 December 2017; MailOnline, 『What is the abortion time limit in th UK?』, 19 October 2022.

2571 카톨릭 신문, 『[특별 기고] "태아를 살리자!"』, 2020.12.13.

2572 헌법재판소 2012.8.23. 2010헌바402 결정, 판례집 24-2상, 471면.

2573 News Letter, 『Letter: We commemorate the tragedy of 10 million lives lost since 1967 Abortion Act came into force 55 years ago』, 28 April 2023.

2574 Christian Concern, 『MPs vote to impose 'buffer zones' around abortion clinics』, 20 October 2022.

2575 Christian Concern, 『Pro-life group launches legal action over abortion facility censorship zone』, 5 November 2022.

2576 Premier Christian News, 『55 years of abortion: 10,135,618 lives lost since 1967』, 27 April 2023.

2577 Lifesite, 『Over 10 million UK babies have been lost to abortion since legalization in 1968』, 27 April 2023.

2578 BBC News, 『Reproductive coercion: 'I wasn't allowed to take my pill'』, 14 March 2022; Lifesite, 『UK Parliament passes buffer zone bill prohibiting silent prayer outside abortion facilities』, 9 March 2023; Anglican Ink, 『British Parliament introduces first "thought-crime" into UK law,』, 7 March 2023.

2579 SPUC, 『15% of UK women coerced into abortions, "devastating" survey shows』, 15 March 2022; https://www.spuc.org.uk/Article/385208/15-of-UK-women-coerced-into-abortions-devastating-survey-shows

2580 Affinity, "Social Issues Bulletin," 50, July 2022, pp.10-11; Affinity, 『'Buffer Zones' and freedom of speech』, 13 July 2022.

2581 TFN, 『Scottish anti-abortion group denies links to religious extremists』, 25 May 2022; Compassion Scotland, 『Campaign led by women launched to oppose nationwide censorship zones』, 13 May 2022.

2582 Christian Today, 『Single mother takes legal challenge against abortion clinic censorship zones to Europe's top court』, 25 November 2020.

2583 Catholic News Agency, 『UK Supreme Court rules in favor of banning prayer, protests at abortion clinics』, 7 December 2022.

2584 The Critic, 『Don't impose buffer zones』, 12 October 2022.

2585 Catholic News Agency, 『UK Supreme Court to rule on 'censorship zone' outside abortion facilities』, 6 December 2022.

2586 The Guardian, 『Record number of abortions in England and Wales amid financial insecurity』, 21 June 2022; The Times, 『Abortions at record high after pandemic』, 21 June 2022; Catholic Herald, 『Abortion rate reaches record high in England and Wales』, 22 June 2022; Lifesite, 『Abortion killed more than 214,000 babies in England and Wales in 2021』, 21 June 2022; 데일리굿뉴스, 『英 낙태법 시행 이후 55년간 태아 1천만 명 넘게 사망』, 2023.4.29.; https://www.gov.uk/government/statistics/abortion-statistics-for-england-and-wales-2021/abortion-statistics-england-and-wales-2021

2587 The Telegraph, 『Critics of abortion deserve free speech』, 10 February 2023.
2588 Affinity, "Social Issues Bulletin," 50, July 2022, pp.10-11; Affinity, 『'Buffer Zones' and freedom of speech』, 13 July 2022; Compassion Scotland, 『Campaign led by women launched to oppose nationwide censorship zones』, 13 May 2022.
2589 The Times, 『Buffer zones at abortion clinics deny women choice』, 11 May 2022.
2590 The Christian Post, 『Members of Congress warn of UK 'threat' putting Christians under attack』, 20 March 2023; Baptist Press, 『Eight U.S. lawmakers decry lack of religious freedom in UK』, 17 March 2023; The Christian Institute, 『Congress members alert US Govt to 'harassment' of UK Christians』, 27 March 2023.
2591 Fox News, 『Congress members blast UK for 'harassment' of Christians in rare rebuke of close US ally』, 15 March 2023.
2592 ADF UK, 『WATCH: NEW footage of police arresting woman for silently praying』, 22 December 2022; Catholic Herald, 『CPS rejects charges against Catholic arrested for 'thought crime' prayers』, 3 February 2023.
2593 The Christian Post, 『Pro-life activist, priest cleared of charges for silently praying outside abortion clinic』, 16 February 2023; Catholic News Agency, 『Charges dropped, for now, against woman arrested for praying silently outside UK abortion clinic』, 3 February 2023.
2594 National Review, 『Charges Dropped against British Woman Arrested for Praying outside Abortion Clinic』, 3 February 2023; Catholic News Agency, 『Charges dropped, for now, against woman arrested for praying silently outside UK abortion clinic』, 3 February 2023; Catholic News Agency, 『Woman arrested while praying silently outside abortion clinic charged with 'intimidation'』, 30 December 2022.
2595 The Spectator, 『Should it be a crime to pray outside an abortion clinic?』, 22 December 2022; The European Conservative, 『Thoughtcrime Britain』, 24 March 2023.
2596 Catholic Herald, 『Video: Charitable volunteer arrested again for praying silently near abortion facility』, 7 March 2023; Christian Concern, 『MPs vote to impose 'buffer zones' around abortion clinics』, 20 October 2022.
2597 The Critic, 『What is at stake in the buffer zone debate?』, 11 November 2022; Christian Concern, 『Pro-life group launches legal action over abortion facility censorship zone』, 5 November 2022.
2598 The Times, 『Human rights laws hinder abortion buffer zones, says Nicola Sturgeon』, 5 May 2022.
2599 Breitbart, 『WATCH: Pro-Life Activist Arrested for Thought Crime of Silently Praying Outside UK Abortion Clinic』, 23 December 2022; Catholic News Agency, 『Charges dropped, for now, against woman arrested for praying silently outside UK abortion clinic』, 3 February 2023; Catholic News Agency, 『UK Parliament makes it illegal to pray near abortion facilities』, 7 March 2023.
2600 Newsweek, 『UK 'Buffer Zone' Law Destroys Right to Free Expression』, 10 March 2023; CBN News, 『UK 'Thought Police' Arrest Pro-Life Advocate for Silently

Praying Near Abortion Clinic』, 22 December 2022; National World, 『CPS drops prosecution of Catholic priest for 'silent prayer' in buffer zone outside Birmingham abortion clinic』, 16 February 2023; Christianity Today, 『Under Municipal Regulations, UK Abortion Clinics 'Safe' From Silent Prayer』, 27 January 2023.

2601　Rebel News, 『Pro-life activist arrested for praying outside abortion clinic in Birmingham for second time』, 7 March 2023.

2602　International Family News, 『Isabel Vaughan-Spruce arrested again for silent prayer in front of an abortion clinic』, 10 March 2023.

2603　Fox News, 『UK woman arrested for praying near abortion center warns more arrests may come』, 24 December 2022.

2604　헌법재판소 2014.12.19. 2013헌다1 결정, 판례집 26-2하, 1면.

2605　헌법재판소 1997.3.27. 95헌바50 결정, 판례집 9-1, 290면.

2606　헌법재판소 2011. 12. 29. 2009헌마527 결정, 판례집 23-2하, 840면; 헌법재판소 2022. 12. 22. 2021헌마271 결정, 공보 315, 132면.

2607　헌법재판소 2016.6.30. 2015헌바46 결정, 판례집 28-1하, 571면

2608　헌법재판소 1997.3.27. 95헌바50 결정, 판례집 9-1, 290면.

2609　헌법재판소 1997.11.27. 92헌바28 결정, 판례집 9-2, 548면.

2610　The Washington Times, 『British pro-life advocate again arrested for 'thoughtcrime' of silent prayer near abortion clinic』, 6 March 2023; Birmingham Live, 『Woman arrested after 'silently praying outside abortion clinic in Kings Norton'』, 24 December 2022.

2611　Bringham Live, 『Isabel Vaughan-Spruce, 45, charged with breaching exclusion zone near abortion clinic』, 20 December 2022; Daily Express, 『Row erupts after claim 'woman arrested for silently praying' – here's what really happened』, 25 December 2022.

2612　The Washington Times, 『Isabel Vaughan-Spruce, arrested for standing silently near U.K. abortion clinic, sees charges stall』, 3 February 2023; ADF UK, 『Charity volunteer arrested for praying seeks clear verdict in court after prosecution drop charges, but suggest further proceedings』, 3 February 2023; Catholic Herald, 『'Thought crimes' court victory a great day for freedom – and a warning of threats to come』, 20 February 2023.

2613　Daily Citizen, 『British Woman Arrested for Thinking Wrong Thoughts on Public Street in Abortion 'Sacred Space'』, 29 December 2022.

2614　National Review, 『British Woman Arrested for Praying Silently outside Abortion Clinic』, 22 December 2022.

2615　Daily Citizen, 『Charges Dropped – For Now – For Praying Outside UK Abortion Clinic』, 6 February 2023.

2616　Birmingham Live, 『Anti-abortion campaigner arrested again after another stand-off outside city clinic』, 7 March 2023; Belfast News Letter, 『Isabel Vaughan-Spruce arrest in Birmingham: DUP leader Jeffrey Donaldson challenges Rishi Sunak on abortion clinic exclusion zones』, 25 January 2023; https://www.youtube.com/watch?v=k6E105a58p8 (2023.4.20. 방문, 이사벨 본 스프루스 체포 영상)

2617 New York Post, 『UK woman arrested for silently praying across from abortion clinic: 'Terrifying'』, 22 December 2022.
2618 Catholic Herald, 『Woman arrested and charged for silent prayer near abortion clinic』, 20 December 2022.
2619 The Daily Signal, 『'Are You Praying?' Authorities Arrest Woman for Silently Praying Outside an Abortion Clinic』, 22 December 2022.
2620 ADF UK, 『Charity volunteer arrested, charged for silent prayer "thoughtcrime" near abortion facility』, 20 December 2022.
2621 The Washington Stand, 『UK Woman Arrested for Praying Silently Outside Abortion Facility』, 5 January 2023.
2622 Newsweek, 『UK 'Buffer Zone' Law Destroys Right to Free Expression』, 10 March 2023.
2623 New York Post, 『Europe's 'anti-hate' laws and arrests a warning for free speech in US』, 26 December 2022; National Review, 『British Woman Arrested for Praying Silently outside Abortion Clinic』, 22 December 2022.
2624 MailOnline, 『Arrest of Catholic woman protester for silently PRAYING outside abortion clinic sparks debate between her supporters who condemn 'thought crime' and critics who accuse her of harassing women patients in 'buffer zone'』, 24 December 2022.
2625 Catholic News Agency, 『Woman arrested by English police for silent prayer near abortion facility』, 21 December 2022.
2626 ADF UK, 『BREAKING: Parliament introduces first "thought-crime" into UK law』, 7 March 2023.
2627 The Times, 『Isabel Vaughan-Spruce: Backlash over arrest of abortion protester』, 7 March 2023; CBN News, 『'People's Thoughts Are on Trial': UK Court Rules on Charity Worker, Priest Who Prayed Silently in Abortion Zone』, 17 February 2023; The Christian Post, 『Prosecutors drop charges against woman arrested for praying outside abortion clinic』, 3 February 2023;
https://citizengo.org/en-gb/rf/209729-prayer-not-thought-crime
2628 Worcester News, 『Charges against Malvern woman who 'prayed' by abortion clinic dropped』, 16 February 2023.
2629 National Review, 『Charges Dropped against British Woman Arrested for Praying outside Abortion Clinic』, 3 February 2023.
2630 CBN News, 『Charges Dropped Against Christian Woman Arrested After Praying in Her Head Near Clinic - Battle Isn't Over』, 6 February 2023.
2631 Newsweek, 『Policing Thought Crime Should Have No Place in the U.K.』, 24 January 2023.
2632 Catholic Herald, 『Judge dismisses 'thought crime' case against duo who prayed outside abortion clinic』, 16 February 2023.
2633 Catholic Herald, 『Woman arrested and charged for silent prayer near abortion clinic』, 20 December 2022.
2634 The Dailywire, 『Praying Woman Arrested For Breaking Public Space Order Outside

U.K. Abortion Clinic』, 24 December 2022.

2635　WNG,『Pro-lifers navigate bubble zone debate』, 3 January 2023.

2636　Birmingham World,『Woman arrested after praying silently near a Birmingham abortion clinic subject to a PSPO』, 23 December 2022.

2637　Catholic Herald,『Woman arrested and charged for silent prayer near abortion clinic』, 20 December 2022.

2638　Daily Citizen,『British Woman Arrested for Thinking Wrong Thoughts on Public Street in Abortion 'Sacred Space'』, 29 December 2022.

2639　MailOnline,『Catholic woman prosecuted for silently praying outside abortion clinic is CLEARED after arrest by police sparked fury among supporters who condemned 'thoughtcrime'』, 16 February 2023; CBN News,『'People's Thoughts Are on Trial': UK Court Rules on Charity Worker, Priest Who Prayed Silently in Abortion Zone』, 17 February 2023.

2640　National Review,『British Woman, Priest Acquitted of Charges for Praying Outside Abortion Clinic』, 16 February 2023.

2641　Catholic Herald,『Judge dismisses 'thought crime' case against duo who prayed outside abortion clinic』, 16 February 2023.

2642　MailOnline,『Catholic woman prosecuted for silently praying outside abortion clinic is CLEARED after arrest by police sparked fury among supporters who condemned 'thoughtcrime'』, 16 February 2023.

2643　Catholic Herald,『Judge dismisses 'thought crime' case against duo who prayed outside abortion clinic』, 16 February 2023.

2644　CBN News,『UK Pro-Lifer Arrested AGAIN for Silent Prayer 'Thoughtcrime'』, 7 March 2023.

2645　MailOnline,『Police tell Catholic woman 'praying is an offence' as she is arrested for second time for silently praying in 'exclusion zone' outside abortion clinic』, 7 March 2023.

2646　Catholic News Agency,『Charges dropped, for now, against woman arrested for praying silently outside UK abortion clinic』, 3 February 2023; International Family News,『Isabel Vaughan-Spruce arrested again for silent prayer in front of an abortion clinic』, 10 March 2023; Catholic News Agency,『Priest charged for praying for free speech in U.K. abortion clinic 'buffer zone'』, 10 February 2023.

2647　Fox News,『UK woman arrested for praying near abortion center warns more arrests may come』, 24 December 2022.

2648　The Christian Institute,『Police arrest pro-life supporter for 'silent prayer crime' near closed abortion centre』, 22 December 2022.

2649　Lifesite,『UK police drop charges against woman for praying silently by abortion center. Now she wants to clear her name』, 3 February 2023; Breitbart,『Catholic Priest, Pro-Life Activist Cleared After Arrest for Silently Praying Outside Abortion Clinic』, 17 February 2023.

2650　The Washington Times,『U.K. prosecutors 'discontinue' charges against woman in silent prayer near abortion clinic』, 3 February 2023; CBN News,『Charges

Dropped Against Christian Woman Arrested After Praying in Her Head Near Clinic - Battle Isn't Over』, 6 February 2023; National Review, 『Charges Dropped against British Woman Arrested for Praying outside Abortion Clinic』, 3 February 2023.

2651 Breitbart, 『'Engaging in Prayer Is The Offence' — Pro-Life Activist Arrested for Silently Praying Outside Abortion Facility』, 7 March 2023.

2652 ADF UK, 『"Terrifying": World responds to viral video of woman arrested for silent prayer』, 23 December 2022.

2653 Catholic Herald, 『Video: The moment when Catholic woman praying silently is arrested by three police officers』, 23 December 2022.

2654 Fox News, 『Twitter erupts over clip of UK woman arrested for silently praying across from abortion clinic: 'Terrifying'』, 22 December 2022.

2655 Catholic News Agency, 『UK Parliament makes it illegal to pray near abortion facilities』, 7 March 2023.

2656 Daily Express, 『Attempts to ban silent thought or prayer are an assault on free speech, says ANDREW LEWER』, 5 March 2023.

2657 Lifesite, 『UK Parliament passes buffer zone bill prohibiting silent prayer outside abortion facilities』, 9 March 2023.

2658 ADF UK, 『BREAKING: Parliament introduces first "thought-crime" into UK law』, 7 March 2023.

2659 UK Daily News, 『British woman arrested for 'crime' for second time for silently praying outside abortion clinic: 'It's not 1984'』, 9 March 2023.

2660 Fox News, 『UK woman arrested a second time for 'offense' of silently praying outside abortion clinic: 'This isn't 1984'』, 7 March 2023.

2661 Daily Express, 『Attempts to ban silent thought or prayer are an assault on free speech, says ANDREW LEWER』, 5 March 2023.

2662 Catholic News Agency, 『UK Parliament makes it illegal to pray near abortion facilities』, 7 March 2023.

2663 Daily Express, 『Attempts to ban silent thought or prayer are an assault on free speech, says ANDREW LEWER』, 5 March 2023.

2664 MailOnline, 『MPs reject attempts to allow silent prayer outside abortion clinics in move branded 'thoughtcrime' - after police arrested Catholic woman for praying in an 'exclusion zone'』, 8 March 2023.

2665 Daily Express, 『Attempts to ban silent thought or prayer are an assault on free speech, says ANDREW LEWER』, 5 March 2023.

2666 Catholic News Agency, 『UK Parliament makes it illegal to pray near abortion facilities』, 7 March 2023.

2667 Worthy News, 『UK: House of Lords approves criminalizing prayer outside abortion clinics, pro-life groups outraged』, 3 February 2023.

2668 Catholic News Agency, 『Charges dropped, for now, against woman arrested for praying silently outside UK abortion clinic』, 3 February 2023.

2669 Christian Today, 『'Sad day' as MPs back abortion clinic buffer zones nationwide with protections for silent prayer』, 8 March 2023; Catholic News Agency, 『UK

Parliament makes it illegal to pray near abortion facilities』, 7 March 2023.

2670 Catholic News Agency, 『Woman arrested while praying silently outside abortion clinic charged with 'intimidation'』, 30 December 2022.

2671 ADF UK, 『NEW: Details of charges against silently praying charity volunteer now public – prayer deemed "intimidating"』, 30 December 2022.

2672 The Christian Post, 『Prosecutors drop charges against woman arrested for praying outside abortion clinic』, 3 February 2023.

2673 Catholic Herald, 『CPS rejects charges against Catholic arrested for 'thought crime' prayers』, 3 February 2023.

2674 ADF UK, 『Charity volunteer arrested for praying seeks clear verdict in court after prosecution drop charges, but suggest further proceedings』, 3 February 2023.

2675 Catholic News Agency, 『Charges dropped, for now, against woman arrested for praying silently outside UK abortion clinic』, 3 February 2023.

2676 Byline Times, 『The Global Network Behind Arrested Anti-Abortion Protestor』, 16 February 2023.

2677 Christian Today, 『Pro-life volunteer arrested after praying 'silently' near abortion clinic』, 21 December 2022.

2678 MailOnline, 『Arrest of Catholic woman protester for silently PRAYING outside abortion clinic sparks debate between her supporters who condemn 'thought crime' and critics who accuse her of harassing women patients in 'buffer zone'』, 24 December 2022.

2679 CBN News, 『UK 'Thought Police' Arrest Pro-Life Advocate for Silently Praying Near Abortion Clinic』, 22 December 2022.

2680 Fox News, 『Pro-life activist arrested for praying silently near an abortion facility』, 20 December 2022.

2681 Catholic Herald, 『Video: Charitable volunteer arrested again for praying silently near abortion facility』, 7 March 2023.

2682 Independent, 『Priest accuses Government of censoring 'silent prayers' near abortion clinic』, 16 February 2023; Lifesite, 『UK pro-lifers arrested for praying outside empty abortion center are acquitted of all charges』, 16 February 2023.

2683 CBN News, 『'People's Thoughts Are on Trial': UK Court Rules on Charity Worker, Priest Who Prayed Silently in Abortion Zone』, 17 February 2023.

2684 Christian Today, 『Pro-life volunteer arrested again for silent prayer near abortion clinic』, 7 March 2023.

2685 ADF UK, 『BREAKING: "Not guilty!" verdict for silent prayer thoughtcrime』, 1 March 2023.

2686 Decision Magazine, 『Court Acquits Two Who Prayed Near Abortion Clinic』, 17 February 2023.

2687 ADF UK, 『BREAKING: Parliament introduces first "thought-crime" into UK law』, 7 March 2023.

2688 Fox News, 『UK woman arrested a second time for 'offense' of silently praying outside abortion clinic: 'This isn't 1984'』, 7 March 2023.

2689 ADF International, 『Fr. Sean Gough, Isabel Vaughan-Spruce receive "Not guilty!" verdict for silent prayer thoughtcrime』, 16 February 2022.
2690 ADF International, 『Priest faces legal battle for "praying for free speech" – and pro-life bumper sticker』, 9 February 2023; Christian Today, 『Priest and pro-life volunteer cleared over silent prayers outside abortion clinic』, 16 February 2023.
2691 The Critic, 『I was on trial for praying for free speech』, 17 February 2023.
2692 The Telegraph, 『Catholic priest accuses MPs of 'censoring silent prayer' outside abortion clinic』, 16 February 2023; Evening Standard, 『Priest accuses Government of censoring 'silent prayers' near abortion clinic』, 16 February 2023.
2693 Fox News, 『Priest charged after praying outside abortion clinic decries criminalization of thoughts』, 16 February 2023; The American Conservative, 『'No Praying, Ya Filthy Priest, We're British!'』, 9 February 2023.
2694 Wales Online, 『Priest and woman arrested as they 'silently prayed' cleared of 'thoughtcrime'』, 16 February 2023.
2695 Catholic News Agency, 『Two UK Catholics acquitted after being charged for praying in front of abortion clinic』, 16 February 2023.
2696 National World, 『CPS drops prosecution of Catholic priest for 'silent prayer' in buffer zone outside Birmingham abortion clinic』, 16 February 2023.
2697 Birmingham Live, 『Priest who 'silently prayed' at Birmingham abortion clinic walks free from court as charges dropped』, 16 February 2023.
2698 UCA News, 『UK priest, volunteer acquitted of 'praying' outside abortion clinic』, 17 February 2023.
2699 BBC News, 『Abortion clinic charges dropped against Wolverhampton priest』, 16 February 2023; Express & Star, 『Priest accuses Government of censoring 'silent prayers' near Birmingham abortion clinic』, 16 February 2023.
2700 International Family News, 『UK censorship zones: Catholic priest charged with praying outside abortion clinic』, 17 February 2023.
2701 The Daily Signal, 『ANOTHER ONE: Authorities Punish Catholic Priest for Silently Praying Outside Abortion Clinic』, 9 February 2023.
2702 Catholic Herald, 『Priest charged over free speech protest outside abortion clinic』, 9 February 2023.
2703 Christian Today, 『Priest charged after praying silently in abortion clinic buffer zone』, 10 February 2023.
2704 Fox News, 『UK report claims priest charged for holding 'praying for free speech' sign, having pro-life bumper sticker』, 10 February 2023.
2705 The Christian Post, 『Priest faces legal uncertainty after praying outside closed abortion clinic』, 10 February 2023.
2706 The Christian Institute, 『'Silent prayer' charges dropped against Roman Catholic priest』, 14 February 2023.
2707 Catholic News Agency, 『Priest charged for praying for free speech in U.K. abortion clinic 'buffer zone'』, 10 February 2023; National Catholic Register, 『Father Gough: 'I Was Conceived in the Context of Violence, and My Mother Chose Life for Me'』, 26

February 2023.
2708　Fox News, 『UK report claims priest charged for holding 'praying for free speech' sign, having pro-life bumper sticker』, 10 February 2023.
2709　MailOnline, 『Moment Army veteran claims he was confronted for 'silently praying' outside abortion clinic for his 'dead son' as he fights £100 council fine for breaching exclusion zone in latest free speech row』, 19 January 2023; Catholic News Agency, 『Second bystander ensnared by English ban on prayer outside abortion clinics』, 22 January 2023; Sottish Legal News, 『England: Man fined for silent prayer outside abortion facility in Bournemouth』, 19 January 2023.
2710　Daily Citizen, 『British Cops: 'What is the Nature of Your Prayer?' Man Fined for Praying for Aborted Son』, 20 January 2023.
2711　Decision Magazine, 『UK Man Fined for Silent Prayer Near Abortion Clinic』, 24 January 2023.
2712　Bournemouth Echo, 『Man breached PSPO outside Bournemouth abortion clinic 'to pray'』, 22 January 2023.
2713　Fox News, 『UK man fined for silently praying outside abortion clinic: report』, 20 January 2023.
2714　ADF UK, 『ARMY VETERAN FINED FOR SILENT PRAYER: Penalty for "praying for my son, who is deceased"』, 19 January 2023.
2715　International Family News, 『Thought police in the UK: British man fined for silently praying for his deceased son』, 25 January 2023.
2716　Fox News, 『UK man fined for silently praying outside abortion clinic: report』, 20 January 2023.
2717　The Daily Signal, 『UK Army Veteran Fined for Silent Prayer Near Abortion Facility: 'What Is the Nature of Your Prayer Today?' Cops Ask』, 19 January 2023.
2718　Christianity Today, 『Under Municipal Regulations, UK Abortion Clinics 'Safe' From Silent Prayer』, 27 January 2023.
2719　The Christian Post, 『When thinking a prayer became a crime』, 31 December 2022.
2720　Catholic News Agency, 『UK woman praying in public asked to 'move on' by local authorities』, 25 November 2022.
2721　CBN News, 『'The Explicit Targeting of Prayer': Pro-Life Activist Takes Legal Action as City Criminalizes Prayer』, 6 December 2022.
2722　데일리굿뉴스, 『낙태 근절 위한 기도마저 제지…英 종교 자유 악화 '우려'』, 2022.11.29.
2723　ADF UK, 『Council "community safety" officers confront women praying in Bournemouth, even outside of abortion "censorship zone"』, 24 November 2022.
2724　CBN News, 『'The Explicit Targeting of Prayer': Pro-Life Activist Takes Legal Action as City Criminalizes Prayer』, 6 December 2022.
2725　Christian Concern, 『Legal action launched over Bournemouth abortion clinic buffer zone that criminalises prayer and counselling』, 2 December 2022,
2726　National Catholic Register, 『English Town Outlaws Sign of the Cross and Praying in Public in Abortion 'Safe Zone'』, 3 November 2022.

2727 ADF UK, 『Council "community safety" officers confront women praying in Bournemouth, even outside of abortion "censorship zone"』, 24 November 2022.

2728 Catholic News Agency, 『UK woman praying in public asked to 'move on' by local authorities』, 25 November 2022.

2729 Christian Today, 『Woman moved on for praying near abortion clinic』, 26 November 2022.

2730 Catholic Herald, 『Lords back abortion buffer zone amendment to turn prayer into 'thought crime'』, 31 January 2023.

2731 Lifesite, 『'Fundamentally wrong': UK lawmakers condemn proposed bill to censor speech around abortion facilities』, 1 February 2023; Daily Compass, 『United Kingdom: silent prayer becomes thought crime』, 9 March 2023; The Christian Institute, 『'Silent prayer' charges dropped against Roman Catholic priest』, 14 February 2023.

2732 ADF UK, 『Charity volunteer arrested, charged for silent prayer "thoughtcrime" near abortion facility』, 20 December 2022.

2733 Breitbart, 『WATCH: Pro-Life Activist Arrested for Thought Crime of Silently Praying Outside UK Abortion Clinic』, 23 December 2022; Christian Concern, 『Lords oppose censorship zones around abortion clinics』, 3 November 2022.

2734 Catholic Herald, 『Lords back abortion buffer zone amendment to turn prayer into 'thought crime'』, 31 January 2023.

2735 ADF UK, 『Council "community safety" officers confront women praying in Bournemouth, even outside of abortion "censorship zone"』, 24 November 2022.

2736 Christian Concern, 『Lords agree to censorship zones around abortion facilities』, 31 January 2023.

2737 Lifesite, 『'Fundamentally wrong': UK lawmakers condemn proposed bill to censor speech around abortion facilities』, 1 February 2023; Catholic Herald, 『Lords back abortion buffer zone amendment to turn prayer into 'thought crime'』, 31 January 2023.

2738 Christian Concern, 『Lords oppose censorship zones around abortion clinics』, 3 November 2022.

2739 CBN News, 『UK's Highest Court Upholds Ban on Pro-Life Prayers and Gatherings Near Abortion Clinics』, 9 December 2022; Catholic Herald, 『Woman arrested and charged for silent prayer near abortion clinic』, 20 December 2022.

2740 Catholic Herald, 『UK crosses 'thought crimes' Rubicon after MPs outlaw prayer at abortion clinics』, 8 March 2023.

2741 Daily Compass, 『United Kingdom: silent prayer becomes thought crime』, 9 March 2023.

2742 Lifesite, 『UK Parliament passes buffer zone bill prohibiting silent prayer outside abortion facilities』, 9 March 2023; ADF UK, 『BREAKING: Parliament introduces first "thought-crime" into UK law』, 7 March 2023.

2743 The Epoch Times, 『UK Passes 'Buffer Zone' Law Making Silent Prayer Illegal Near Abortion Clinics』, 8 March 2023.

2744　Independent, 『MPs reject calls to allow 'silent prayer' in abortion clinic buffer zones』, 7 March 2023.
2745　The Irish News, 『MPs reject calls to allow 'silent prayer' in abortion clinic buffer zones』, 7 March 2023; MailOnline, 『MPs reject attempts to allow silent prayer outside abortion clinics in move branded 'thoughtcrime' - after police arrested Catholic woman for praying in an 'exclusion zone'』, 8 March 2023.
2746　ADF UK, 『BREAKING: Parliament introduces first "thought-crime" into UK law』, 7 March 2023.
2747　Lifesite, 『UK Parliament passes buffer zone bill prohibiting silent prayer outside abortion facilities』, 9 March 2023.
2748　MailOnline, 『Harassment 'buffer zones' will protect women attending abortion clinics: Protesters face being jailed for up to six months if they breach new rules』, 19 October 2022.
2749　ADF UK, 『BREAKING: Parliament introduces first "thought-crime" into UK law』, 7 March 2023.
2750　Lifesite, 『UK Parliament passes buffer zone bill prohibiting silent prayer outside abortion facilities』, 9 March 2023.
2751　The Christian Institute, 『'Silent prayer' charges dropped against Roman Catholic priest』, 14 February 2023.
2752　The Telegraph, 『Critics of abortion deserve free speech』, 10 February 2023.
2753　CBN News, 『UK Bans Prayers Near Abortion Clinics, Even Silent Ones: 'When Did It Become Against the Law to Pray?'』, 2 November 2022; Christian Today, 『'Black day for democracy' as MPs approve abortion clinic 'buffer zones'』, 19 October 2022.
2754　Amen News, 『英, 낙태 클리닉 근처 기도 금지』, 2022.11.3.
2755　The Spectator, 『Should it be a crime to pray outside an abortion clinic?』, 22 December 2022.
2756　The Washington Times, 『U.K. prosecutors 'discontinue' charges against woman in silent prayer near abortion clinic』, 3 February 2023; News Letter, 『Isabel Vaughan-Spruce arrest in Birmingham: DUP leader Jeffrey Donaldson challenges Rishi Sunak on abortion clinic exclusion zones』, 25 January 2023.
2757　Catholic Herald, 『UK crosses 'thought crimes' Rubicon after MPs outlaw prayer at abortion clinics』, 8 March 2023; Lifesite, 『UK Parliament passes buffer zone bill prohibiting silent prayer outside abortion facilities』, 9 March 2023.
2758　The Washington Stand, 『UK Punishes 'Thought Crime' of Praying Silently at Abortion Facilities』, 9 March 2023; The Epoch Times, 『UK Passes 'Buffer Zone' Law Making Silent Prayer Illegal Near Abortion Clinics』, 8 March 2023; ADF UK, 『BREAKING: Parliament introduces first "thought-crime" into UK law』, 7 March 2023.
2759　Catholic Herald, 『Lords back abortion buffer zone amendment to turn prayer into 'thought crime'』, 31 January 2023; Christianity Today, 『Under Municipal Regulations, UK Abortion Clinics 'Safe' From Silent Prayer』, 27 January 2023.

2760 Catholic Herald, 『The 'buffer zone amendment' is a shameful attack on authentic freedoms: The Lords must throw it out』, 31 October 2022; ADF UK, 『"Terrifying": World responds to viral video of woman arrested for silent prayer』, 23 December 2022.

2761 The Times, 『Human rights laws hinder abortion buffer zones, says Nicola Sturgeon』, 5 May 2022.

2762 News Letter, 『Isabel Vaughan-Spruce arrest in Birmingham: DUP leader Jeffrey Donaldson challenges Rishi Sunak on abortion clinic exclusion zones』, 25 January 2023.

2763 New York Post, 『Europe's 'anti-hate' laws and arrests a warning for free speech in US』, 26 December 2022.

2764 Daily Citizen, 『British Woman Arrested for Thinking Wrong Thoughts on Public Street in Abortion 'Sacred Space'』, 29 December 2022.

2765 헌법재판소 2015. 4. 30. 2012헌바95등 결정, 판례집 27-1상, 453면.

2766 Daily Citizen, 『British Woman Arrested for Thinking Wrong Thoughts on Public Street in Abortion 'Sacred Space'』, 29 December 2022.

2767 National Catholic Register, 『English Town Outlaws Sign of the Cross and Praying in Public in Abortion 'Safe Zone'』, 3 November 2022.

2768 Fox News, 『Congress members blast UK for 'harassment' of Christians in rare rebuke of close US ally』, 15 March 2023.

2769 The Daily Signal, 『'Are You Praying?' Authorities Arrest Woman for Silently Praying Outside an Abortion Clinic』, 22 December 2022.

2770 The Dailywire, 『Praying Woman Arrested For Breaking Public Space Order Outside U.K. Abortion Clinic』, 24 December 2022.

2771 Daily Express, 『Attempts to ban silent thought or prayer are an assault on free speech, says ANDREW LEWER』, 5 March 2023.

2772 Independent Catholic News, 『Bishops' statement on buffer zones』, 29 January 2023; Christian Today, 『Pro-life volunteer arrested again for silent prayer near abortion clinic』, 7 March 2023.

2773 MailOnline, 『Harassment 'buffer zones' will protect women attending abortion clinics: Protesters face being jailed for up to six months if they breach new rules』, 19 October 2022; The Spectator, 『Should it be a crime to pray outside an abortion clinic?』, 22 December 2022.

2774 CBN News, 『UK 'Thought Police' Arrest Pro-Life Advocate for Silently Praying Near Abortion Clinic』, 22 December 2022.

2775 Christian Concern, 『Legal action launched over Bournemouth abortion clinic buffer zone that criminalises prayer and counselling』, 2 December 2022: ADF UK, 『BREAKING: Parliament introduces first "thought-crime" into UK law』, 7 March 2023; 뉴스웍스, 『"인권위의 '제3의 성' 인정 시도는 결국 '여자'의 권익 침해할 것"』, 2019.11.19.; Catholic News Agency, 『How a new executive order would promote gender ideology and silence free speech at schools』, 11 March 2021.

2776 The Daily Signal, 『How 'Equality Act' Would Impose Transgender Ideology on

2777 가브리엘 쿠비, "글로벌 성혁명," 밝은생각, 2020, 344면; Pink News, 『Parents lose legal bid to stop gender identity and sex education being taught in Welsh schools』, 2 September 2022; 데일리굿뉴스, 『英 3세 아이부터 동성 결혼과 성전환 교육…우려 한 목소리』, 2022.2.4.

2778 BBC News, 『Reproductive coercion: 'I wasn't allowed to take my pill'』, 14 March 2022.

2779 The Telegraph, 『Critics of abortion deserve free speech』, 10 February 2023; The Christian Institute, 『'Silent prayer' charges dropped against Roman Catholic priest』, 14 February 2023; Catholic Herald, 『Video: Charitable volunteer arrested again for praying silently near abortion facility』, 7 March 2023; Christian Concern, 『MPs vote to impose 'buffer zones' around abortion clinics』, 20 October 2022.

2780 Daily Citizen, 『British Cops: 'What is the Nature of Your Prayer?' Man Fined for Praying for Aborted Son』, 20 January 2023.

2781 Elie Vandenbussche, "Detransition-Related Needs and Support: A Cross-Sectional Online Survey," Journal of Homosexuality, 69(9), 29 July 2022, pp.1602-1620; The Law Society Gazette, 『Gender Recognition Act 'could criminalise innocent staff'』, 24 October 2018; Sky News, 『'Hundreds' of young trans people seeking help to return to original sex』, 5 October 2019; BBC News, 『How do I go back to the Debbie I was?'』, 26 November 2019; The Telegraph, 『Meet the 'detransitioners': the women who became men - and now want to go back』, 16 November 2019; News Medical, 『Hundreds of trans people regret changing their gender, says trans activist』, 7 October 2019; 크리스천투데이, 『탈동성애 인권 '혐오'하는, 동성애 인권단체의 이중성』, 2016.1.28.

2782 Daily Citizen, 『British Woman Arrested for Thinking Wrong Thoughts on Public Street in Abortion 'Sacred Space'』, 29 December 2022.

2783 National Review, 『Charges Dropped against British Woman Arrested for Praying outside Abortion Clinic』, 3 February 2023; Catholic News Agency, 『Charges dropped, for now, against woman arrested for praying silently outside UK abortion clinic』, 3 February 2023; Catholic News Agency, 『Woman arrested while praying silently outside abortion clinic charged with 'intimidation'』, 30 December 2022.

2784 Daily Express, 『Attempts to ban silent thought or prayer are an assault on free speech, says ANDREW LEWER』, 5 March 2023.

2785 CBN News, 『'The Explicit Targeting of Prayer': Pro-Life Activist Takes Legal Action as City Criminalizes Prayer』, 6 December 2022.

2786 Catholic Herald, 『'Thought crimes' court victory a great day for freedom – and a warning of threats to come』, 20 February 2023.

2787 The Critic, 『The media won't protect your freedom』, 2 January 2023.

2788 BBC News, 『Reproductive coercion: 'I wasn't allowed to take my pill'』, 14 March 2022; Politifact, 『Scant evidence that 15% of abortions are the result of coercion』, 24 June 2022.

2789 Breitbart, 『WATCH: Pro-Life Activist Arrested for Thought Crime of Silently Praying

Outside UK Abortion Clinic』, 23 December 2022; Christian Concern, 『Lords oppose censorship zones around abortion clinics』, 3 November 2022.

2790 Daily Express, 『Attempts to ban silent thought or prayer are an assault on free speech, says ANDREW LEWER』, 5 March 2023; Christian Today, 『Woman moved on for praying near abortion clinic』, 26 November 2022.

2791 연합뉴스, 『헝가리, 동성애 다룬 아동도서 판매 제한 법령 발표』, 2021.8.8.; 데일리굿뉴스, 『헝가리, 동성애 다룬 아동도서 판매 제한 법령 발표』, 2021.8.9.; 뉴시스, 『"동성애 논의 금지"…헝가리, 성 소수자 차별 법안 논란』, 2021.6.15.

2792 국민일보, 『독일 교육계선 '소아성애' 과거사 청산 중인데 우리 교육방송은 역행』, 2021.9.7.; Georgiana Preskar, "Seeds of Deception: Planting Destruction of America's Children," AuthorHouse, 2004; 미디어펜, 『동성애에 대한 다섯가지 오해와 진실, 그것이 알고 싶다』, 2015.10.9.; 국민일보, 『동성애자들 50년 넘는 공세에 무너진 美 건국정신… 우리는?』, 2020.4.14.; 김영한 외 지음, 『동성애, 21세기 문화충돌』, 킹덤북스, 2016, 578-579면; J A Reisman, E W Eichel, "Kinsey, Sex and Fraud: The Indoctrination of a People," Huntington House Publishers, 1990; 정일권, "문화막시즘의 황혼," CLC, 2022, 133면.

2793 펜앤드마이크, 『[심층분석] 여성가족부가 해체되어야 하는 4가지 이유』, 2022.3.16.; 오마이뉴스, 『"내 책이 외설적? 매우 종교적이거나, 섹스에 거부감 있거나"』, 2020.8.31.; 펜앤드마이크, 『[이명진 칼럼] 국가인권위원회 폐지론』, 2021.7.20.; 한국일보, 『양질의 성교육 책 '마녀사냥' 퇴출, 저질 도서만 애들 손에』, 2021.5.4.; 베이비뉴스, 『여성가족부, '나다움 어린이책' 일부 회수 결정』, 2020.8.27.; 아이뉴스24, 『'여가부 배포' 초등생 성교육책, 노골적 성관계 표현 등 논란에 회수 결정』, 2020.8.27.

2794 프레시안, 『성교육 책 회수 촉구…어린이에게도 알 권리가 있습니다』, 2020.9.30.

2795 김지연, "덮으려는 자 펼치려는 자," 사람, 2019, 466-468면; 의학신문, 『국내 청소년 70%, 에이즈 관련 배운 사실 '없다'』, 2020.11.24.; 프리미엄조선, 『HIV가 뭔지도 모른 채 숙식 위해 아저씨 상대로 '바텀알바'하는 가출소년들』, 2014.11.17.

2796 The Times of India, 『Paedophilia is a fate and not a choice, German doctor says』, 14 March 2017; The Independent, 『Paedophilia is 'fate, not a choice', leading scientist claims』, 14 March 2017; Vice News, 『The Men Who Call Themselves Non-Offending Pedophiles』, 27 August 2019; 조선일보, 『독일 성(性)의학자 "소아성애는 선택 아닌 본능"』, 2017.3.15.; 국민일보, 『독일 68운동의 산물 녹색당도 '소아성애 과거사'에 대해 사과했다』, 2021.9.28.; 국민일보, 『性적인 죄악이 '권리'로 둔갑하는 세상… 다음세대가 흔들린다』, 2019.10.15.

2797 CBS News, 『"Florida is where woke goes to die," Gov. Ron DeSantis says after reelection victory』, 9 November 2022; The New York Times, 『Opponents Call It the 'Don't Say Gay' Bill. Here's What It Says.』, 18 March 2022; Forbes, 『14 States Claim Florida's 'Don't Say Gay' Law 'Does Not Discriminate' And Want It To Be Upheld』, 12 December 2022; https://www.flsenate.gov/Session/Bill/2022/1557; https://www.flsenate.gov/Session/Bill/2022/1834

2798 Fox News, 『DeSantis accuses reporter of peddling 'false narrative' on education bill in heated press conference clash』, 7 March 2022; CNBC, 『A national 'Don't Say Gay' law? Republicans introduce bill to restrict LGBTQ-related programs』, 20

October 2022; ABC News, 『"Don't Say Gay' bill passes Florida Senate』, 9 March 2022.

2799 NPR, 『Florida's governor signs controversial law opponents dubbed 'Don't Say Gay'』, 28 March 2022.

2800 Fox News, 『White House slams Florida's parental rights bill as it takes effect: 'This is discrimination'』, 1 July 2022.

2801 Fox News, 『Florida Gov. DeSantis repeatedly targeted by false viral claims amid 2024 speculation』, 24 August 2022.

2802 Fox News, 『Democrats claim Florida is pushing 'Don't Say Gay' bill. Here's what the legislation actually says』, 8 March 2022; Newsmax, 『Fla.'s 'Don't Say Gay' Bill Speaks Volumes: Children Will Be Protected』, 11 March 2022.

2803 CNN, 『Florida legislature passes bill prohibiting some classroom instruction about sexual orientation and gender identity』, 8 March 2022; The Week, 『Florida's 'Don't Say Gay' bill, explained』, 13 March 2022.

2804 Ebony Magazine, 『Florida Governor Signs Controversial 'Don't Say Gay' Bill Into Law』, 29 March 2022; NBC News, 『As Florida's 'Don't Say Gay' law takes effect, schools roll out LGBTQ restrictions』, 1 July 2022.

2805 Toledo City Paper, 『House Bill No. 616: Ohio legislators introduce own version of the "Don't Say Gay" bill』, 13 June 2022.

2806 Fox News, 『Democrats claim Florida is pushing 'Don't Say Gay' bill. Here's what the legislation actually says』, 8 March 2022; NPR, 『Florida's governor signs controversial law opponents dubbed 'Don't Say Gay'』, 28 March 2022; Time, 『Florida Just Passed the "Don't Say Gay" Bill. Here's What It Means for Kids』, 8 March 2022.

2807 ABC News, 『Florida governor signs controversial 'Don't Say Gay' bill into law』, 29 March 2022.

2808 Orange Observer, 『Florida House Bill 1557: What it says, and what it doesn't』, 7 March 2022; Newsmax, 『Fla.'s 'Don't Say Gay' Bill Speaks Volumes: Children Will Be Protected』, 11 March 2022.

2809 Time, 『LGBTQ Teachers Struggle to Navigate Florida's So-Called 'Don't Say Gay' Law』, 25 August 2022; Pew Researcher Center, 『How Americans view policy proposals on transgender and gender identity issues, and where such policies exist』, 15 September 2022.

2810 NBC News, 『Florida's not alone — 19 other states eye LGBTQ school bills』, 11 April 2022; NBC News, 『In 'unprecedented' move, Louisiana lawmakers revive anti-LGBTQ school bill』, 13 May 2022; Forbes, 『Not Just Florida. How "Don't Say Gay" Legislation Compares In Other States』, 14 April 2022; CNN, 『Florida 'Don't Say Gay' law inspires proposed legislation in Ohio』, 5 April 2022; NPR, 『Not just Florida. More than a dozen states propose so-called 'Don't Say Gay' bills』, 10 April 2022; The Washington Post, 『Florida's law limiting LGBTQ discussion in schools, explained』, 22 April 2022.

2811 NBC News, 『As Florida's 'Don't Say Gay' law takes effect, schools roll out LGBTQ

restrictions』, 1 July 2022.
2812 NBC News, 『Here's what Florida's 'Don't Say Gay' bill would do and what it wouldn't do』, 16 March 2022; Politico, 『The Presidential Race Is Entering a New Phase. Here's Who's Best Positioned.』, 29 December 2022; MailOnline, 『Record one in FOUR high school students say they are gay, bisexual or 'questioning' their sexuality, official CDC data shows — double the amount in 2015』, 27 April 2023.
2813 NBC News, 『Florida Gov. Ron DeSantis signs bill limiting LGBTQ classroom instruction』, 29 March 2022.
2814 NBC News, 『Conservative school board candidates ride DeSantis endorsements to victory』, 11 November 2022.
2815 Daily Citizen, 『Florida Lawmakers Introduce 'Parental Rights in Education' Bill』, 14 February 2022; Independent, 『What is Florida's 'Don't Say Gay' bill?』, 9 May 2022.
2816 Independent, 『What is Florida's 'Don't Say Gay' bill?』, 9 May 2022.
2817 Florida Phoenix, 『Tension, condemnation rises in LGBTQ community as "Don't say Gay" bill nears vote in GOP-led Senate』, 7 March 2022.
2818 Fox News, 『DeSantis accuses reporter of peddling 'false narrative' on education bill in heated press conference clash』, 7 March 2022.
2819 WPTV, 『Florida's governor praises passage of controversial education bills』, 14 March 2022.
2820 Independent, 『Ron DeSantis signs 'Don't Say Gay' bill into law during staged ceremony surrounded by children』, 28 March 2022.
2821 Florida Politics, 『Gov. DeSantis signs bill to restrict topics of 'sexual orientation and gender identity' in elementary schools』, 28 March 2022.
2822 Metro UK, 『Florida governor signs 'Don't Say Gay' bill banning classroom discussion about sexuality and gender into law』, 28 March 2022.
2823 ABC News, 『Florida governor signs controversial 'Don't Say Gay' bill into law』, 29 March 2022.
2824 CBS News, 『Florida advances "Don't Say Gay" bill that would bar LGBTQ discussions in schools』, 18 February 2022; NPR, 『Florida House passes controversial measure dubbed the 'Don't Say Gay' bill by critics』, 24 February 2022.
2825 MailOnline, 『Ron DeSantis accuses liberal media of 'false narrative' after Florida passed so-called 'Don't Say Gay' Bill that bans teaching of gender identity and sexual orientation in grades K-3』, 8 March 2022; MailOnline, 『Bill Maher criticizes recent liberal outcry over Florida's 'Don't Say Gay' bill on-air on 'Real Time': Says 'maybe kids that young shouldn't be thinking about sex at all'』, 12 March 2022.
2826 WPTV, 『New law allows Florida parents to contest school library books, reading lists』, 25 March 2022.
2827 National Review, 『'Where Woke Goes to Die': How DeSantis Led the Way in the Culture War』, 13 November 2022; Florida Phoenix, 『Crist pummels DeSantis' 'culture war' policies during governor's race debate』, 24 October 2022.

2828 Toledo City Paper, 『House Bill No. 616: Ohio legislators introduce own version of the "Don't Say Gay" bill』, 13 June 2022.
2829 Fox News, 『Florida First Lady Casey DeSantis reveals Mamas for DeSantis: 'Largest movement of parents in Florida history'』, 21 June 2022.
2830 Fox News, 『Florida's DeSantis signs Parental Rights in Education bill, hits back at Hollywood critics』, 28 March 2022.
2831 Florida Phoenix, 『Crist pummels DeSantis' 'culture war' policies during governor's race debate』, 24 October 2022.
2832 National Review, 『'Where Woke Goes to Die': How DeSantis Led the Way in the Culture War』, 13 November 2022.
2833 NBC News, 『As Florida's 'Don't Say Gay' law takes effect, schools roll out LGBTQ restrictions』, 1 July 2022.
2834 The Hill, 『Ron DeSantis is winning the culture wars』, 27 March 2022.
2835 Reuters, 『Florida lawmakers pass bill limiting LGBTQ discussion in school』, 9 March 2022.
2836 The Daily Signal, 『'Florida Is Where the Woke Goes to Die,' Gov. Ron DeSantis Proclaims After Landslide Reelection』, 9 November 2022; The Guardian, 『'Positively dystopian': judge blocks key parts of Florida's 'Stop-Woke' law』, 18 November 2022.
2837 국민일보, 『국가인권위원회법 개정을 위한 긴급좌담회…8일 국회서』, 2016.9.2.
2838 국민일보, 『"인권위법 성적지향 삭제하라"』, 2019.11.27.
2839 국민일보, 『동성애 옹호 논란, 인권위서 '성적지향' 삭제되나』, 2019.11.18.
2840 매일경제, 『인권위 남성 여성 이분법 인권위법 개정안 반대』, 2020.3.8.
2841 크리스천투데이, 『"국가인권법 '성적지향' 삭제 개정안 적극 환영"』, 2019.11.17.
2842 명재진 외 6인, "포괄적 차별금지법, 찬성할 것인가 반대할 것인가," 밝은 생각, 2020.6., 338-339면; 가브리엘 쿠비, "글로벌 성혁명," 밝은생각, 2020, 6면.
2843 투데이신문, 『차별금지법제정연대 이종걸·미류 "차별금지법은 피해자를 혼자 두지 않는 법"』, 2022.5.9.; 김영한 외 지음, "동성애, 21세기 문화충돌," 킹덤북스, 2016.6., 379면; 국민일보, 『"대선 후보들, 동성애 차별금지법 제정 않겠다고 약속하라"』, 2017.4.15.; 뉴데일리, 『안희정의 '동성애' 고민…인권조례 진퇴양난』, 2018.2.9.; 국민일보, 『[기고] 지난 18년간 국가인권위가 해온 동성애 옹호·조장 및 반대 억제 활동』, 2019.11.27.
2844 국민일보, 『"대선 후보들, 동성애 차별금지법 제정 않겠다고 약속하라"』, 2017.4.15.
2845 홍성수, "말이 칼이 될 때," 어크로스, 2018, 177면; 크리스천투데이, 『차별금지법에 화난 청년들 "진짜 몸통은 '국가인권위'"』, 2022.5.26.
2846 김영길, "인권의 딜레마," 보담, 2021, 35면, 335-338면.
2847 김영길, "인권의 딜레마," 보담, 2021, 374면; 펜앤드마이크, 『[이명진 칼럼] 국가인권위원회 폐지론』, 2021.7.20.; PD저널, 『'퀴어=동성애?' 의미조차 축소하는 공영방송』, 2016.6.13.; 한국기자협회, 한국기자협회 인권보도준칙, https://www.journalist.or.kr/news/section4.html?p_num=7
2848 의학신문, 『HIV 감염률 걱정 된다』, 2016.12.1.; 김지연, "덮으려는 자 펼치려는 자," 사람, 2019, 414면, 508면; 보건복지부, "제4차 국민건강증진종합계획(2016-2020)," 2015.12., 328면; 국민일보, 『"에이즈는 치명적 질병… 만성질환처럼 호도해선 안돼"』,

2021.2.22.;
https://www.ohchr.org/EN/Issues/Health/Pages/HIVandAIDS.aspx

2849 대법원 2022.4.21 선고 2019도3047 전원합의체 판결; 우먼타임스, 『[이슈 짚기] 대법원은 왜 군대 내 동성 간 성행위를 처벌하지 않았나』, 2022.4.23.; 머니투데이, 『"'쏘리' 한 마디 하고 발뻗고 주무셨습니까"…김명수는 또 '침묵'』, 2021.2.8.; 크리스천투데이, 『"군 내 동성애자 권익 보호가 성행위 보장은 아냐"』, 2017.10.12.

2850 JTBC뉴스, 『인권위 "동성 군인 간 합의 성관계 처벌금지한 대법 판결 환영"』, 2022.4.22.; 조선일보, 『동성 군인의 합의된 성관계 인정… 인권위 "대법원 판결 환영한다"』, 2022.4.23.; 연합뉴스, 『인권위 "동성 군인간 합의 성관계 처벌금지 대법원 판결 환영"』, 2022.4.22.; 서울경제, 『"동성 군인간 합의 성관계 처벌금지 대법원 판결 환영"… 인권위 성명』, 2022.4.22.; 아주경제, 『[주요재판 톺아보기] "동성군인 간 성관계, 합의하면 처벌 부당"...대법, 판례 뒤집어』, 2022.4.23.; 헤럴드경제, 『인권위 "동성 군인 간 합의 성관계 처벌금지한 대법 판결 환영"』, 2022.4.22.

2851 국가인권위원회, '군대 내 성폭력 현황 실태조사' 결과발표 및 토론회 개최 보도자료, 2004.4.8.; 데일리굿뉴스, 『"군(軍) 동성애 실태 심각…군형법 강화해야"』, 2016.2.12.; 크리스챤연합신문, 『"군 동성애 합법화는 단기속성 망국 프로젝트"』, 2016.2.16.

2852 국민일보, 『교계 "軍 동성 간 성행위 허용은 동성애 합법화 수순" 반발』, 2022.4.22.

2853 국민일보, 『20·30청년들, "인권위, 이념편향적" 규탄』, 2022.5.26.

2854 CTS TV, 『국가인권위원회법 제2조 제3항 '성적지향' 삭제, 성별을 '남녀성별' 규정 법안 발의』, 2019.11.26.

2855 론 폴 외 4명, "문화 막시즘," 이든북스, 2020, 31-33면, 49면; FEE Stories, 『Antonio Gramsci: the Godfather of Cultural Marxism』, 31 March 2019; 정일권, "문화막시즘의 황혼," CLC, 2022, 108면.

2856 YTN, 『국민 절반 "내가 낸 세금 부적절하게 쓰인다"』, 2021.10.8.; KBS 뉴스, 『청년 10명 중 8명 "정부, 재정 운영 잘못하고 있고 국가 채무 증가 속도 빨라"』, 2021.10.24.; 연합뉴스, 『청년 10명 중 8명 "정부, 재정 운영 잘못하고 있다"』, 2021.10.24.; 헤럴드경제, 『청년 10명 중 8명 "정부, 재정 운영 잘못하고 있다"』, 2021.10.24.

2857 크리스천투데이, 『3천여 교수들 "인권보도준칙 폐지하라"』, 2023.4.4.

2858 경향신문, 『국민의힘 '성평등 → 양성평등' 일괄 변경 추진…총선용 '젠더 이슈화'』, 2023.5.5.

2859 미디어스, 『성평등 표현 밀어내겠다는 법사위원장』, 2023.5.9.

2860 경향신문, 『국민의힘, 각종 법률서 '성평등→양성평등' 법안 발의』, 2023.5.5.

2861 경향신문, 『방송계에 대한 성평등 교육 요구가 '방송 장악'?...김도읍 발언 논란』, 2018.10.11.

2862 미디어스, 『성평등 표현 밀어내겠다는 법사위원장』, 2023.5.9.

2863 국민일보, 『김준명 연세대 의대 교수 "청년·청소년 에이즈 감염 빠르게 증가"』, 2016.8.25.

2864 국민일보, 『"동성애 등 性소수자 차별금지 규정은 위헌"… 바른성문화를위한국민연합, '바른 성문화…' 간담회』, 2014.3.31.

2865 백상현, "가짜 인권, 가짜 혐오, 가짜 소수자," 밝은생각, 2017, 265면, 353-354면; 카톨릭뉴스, 『지금여기, 학생인권조례는 왜 필요할까』, 2020.7.17.

2866 한국성소수자연구회, "무지개는 더 많은 빛깔을 원한다," 창비, 2019, 236면.

2867 크리스천투데이, 『"조례만 만들어 놓는다고 '인권 국가' 되는 것인가?"』, 2017.6.8.
2868 뉴데일리, 『[포토] 서울시교육청 모인 학부모들 "학생 인권조례 폐지하라"(전문)』, 2021.12.28.; 펜앤드마이크, 『[펜앤현장] "서울시민 약 6만 4천명, 학생인권조례 폐지 찬성…심각한 교권추락, 학력저하 부작용"』, 2023.2.22.
2869 The Daily Signal, 『Yes, Schools Are Secretly Trying to 'Gender Transition' Kids, and It Must Be Stopped』, 22 March 2022.
2870 국민일보, 『[기고] 지난 18년간 국가인권위가 해온 동성애 옹호·조장 및 반대 억제 활동』, 2019.11.27.; 크리스천투데이, 『서울 목회자들 '서울 학생인권종합계획안' 반대 성명』, 2021.3.11.
2871 이데일리, 『학생인권계획 비판에 "동성애·편향사상 주입 아냐"…서울시교육청 '반박'』, 2021.1.15.; 가브리엘 쿠비, "글로벌 성혁명," 밝은생각, 2020, 344면; 김영한 외 지음, "동성애, 21세기 문화충돌," 킹덤북스, 2016.6., 671-672면; 뉴스웍스, 『"인권위의 '제3의 성' 인정 시도는 결국 '여자'의 권익 침해할 것"』, 2019.11.19.; Catholic News Agency, 『How a new executive order would promote gender ideology and silence free speech at schools』, 11 March 2021.
2872 국민일보, 『[젠더이데올로기 실체를 말한다] '성평등=양성평등'이라던 경기도의원들 "제3의 성도 포함" 실토』, 2019.11.12.; 김영길, "인권의 딜레마," 보담, 2021, 353면; 크리스천투데이, 『"학생인권조례, 학교를 갈등과 투쟁의 장소로 만들어"』, 2019.5.8.; 크리스천투데이, 『충남 인권조례에 따라 설치된 '인권센터', 중단되나?』, 2018.4.3.; 뉴시스, 『울산 고교선 '동성애 교육'…시의회는 '학생민주시민조례' 폐지 추진』, 2023.5.17.; 경상일보, 『고교 동성애교육 논란 확산…학부모단체 대책 촉구』, 2023.5.19.; 울산신문, 『"고교 동성애 조장 강연은 교육중립성 위반"』, 2023.5.18.; 국제신문, 『울산 한 고교 성소수자 쓴 강의자료로 동성애 등 교육해 논란』, 2023.5.16.
2873 이뉴스투데이, 『박상진 과천시의원"청소년 성범죄 예방에 동성애 사항 넣어 조례 부결시킨 민주당의원들 사죄해야"』, 2019.12.18.; 데일리굿뉴스, 『17만 7천 경기도민 "성평등 기본조례 개정 청구 묵살 말라"』, 2021.12.29.; 국민일보, 『경기도 성평등 기본조례' 개정 촉구』, 2021.12.29.; 고신뉴스, 『"동성애 옹호 법무부 국가인권정책 기본계획 반대한다"』, 2018.6.21.
2874 UPI뉴스, 『작년 출산율 0.78명 '역대 최저'…연간 출생아 25만명선 붕괴』, 2023.2.22.
2875 한국NGO신문, 『"학생인권 때문에 성 문란 초래" 학생인권조례 폐지 시민대회』, 2023.3.10.; 경인메일, 『[사설] 저출산 딜레마와 스태그플레이션의 도래, 보정(補正)해야 할 출산정책, 거꾸로 가는 한반도! "몬테비데오 협약"과 "헌법 제2조(국민)"의 의미!!』, 2021.12.13.
2876 조영길, "동성애 차별금지법에 대한 교회의 복음적 대응," 밝은생각, 2020, 106면; 크리스천투데이, 『일부 지식인과 언론들이 기독교를 집요하게 공격하는 이유』, 2020.4.9.; 프레시안, 『'인권조례 폐지'하는 尹 정부, 세계적 흐름에 역행하고 있다』, 2023.4.13.
2877 경향신문, 『충남, 학생인권조례 제정…이번엔 의회 문턱 넘을까』, 2020.6.7.; 노컷뉴스, 『서울·경기·광주·전북 교육감 "경남학생인권조례 제정 지지"』, 2019.5.8.; 굿모닝충청, 『충남학생인권조례 탄생…전국에서 5번째』, 2020.6.27.; 제주의 소리, 『타시도 뿌리내린 학생인권조례…늦깎이 제주서 논란 왜?』, 2020.9.18.; 연합뉴스, 『제정 10주년 맞은 학생인권조례, 보수단체 반발로 확산 더뎌』, 2020.1.26.; 경향신문, 『더 이상의 침묵은 중립이 아니다』, 2021.5.3.; 김영길, "인권의 딜레마," 보담, 2021, 347면.

2878 프레시안, 『한국당 의원들이 궤변으로 점철된 '차별조장법'을 냈다』, 2019.11.15.; KBS 뉴스, 『동성애는 차별 가능?…'차별조장법' 발의한 국회의원들』, 2019.11.15.; 김영한 외 지음, "동성애, 21세기 문화충돌," 킹덤북스, 2016.6., 379면; 국민일보, 『"대선 후보들, 동성애 차별금지법 제정 않겠다고 약속하라"』, 2017.4.15.

2879 Fox News, 『DeSantis accuses reporter of peddling 'false narrative' on education bill in heated press conference clash』, 7 March 2022; CNBC, 『A national 'Don't Say Gay' law? Republicans introduce bill to restrict LGBTQ-related programs』, 20 October 2022; ABC News, 『'Don't Say Gay' bill passes Florida Senate』, 9 March 2022.

2880 국민일보, 『김준명 연세대 의대 교수 "청년·청소년 에이즈 감염 빠르게 증가"』, 2016.8.25.

2881 뉴스웍스, 『"인권위의 '제3의 성' 인정 시도는 결국 '여자'의 권익 침해할 것"』, 2019.11.19.; Catholic News Agency, 『How a new executive order would promote gender ideology and silence free speech at schools』, 11 March 2021.

2882 노컷뉴스, 『바닥으로 향하는 합계출산율, 저출산 극복 '첩첩산중'』, 2023.2.22.; 아주경제, 『[이성휘의 좌고우면]대한민국 소멸위기…尹이 끊어야 할 진짜 적폐는 무엇인가』, 2023.2.6.; 스카이데일리, 『출산율 0.78명… 대한민국이 사라져가고 있다』, 2023.2.24.; 세계일보, 『2022년 출산율 0.7명대 쇼크… 이대로면 '국가 소멸'』, 2023.2.22.

2883 명재진 외 6인, "포괄적 차별금지법, 찬성할 것인가 반대할 것인가," 밝은 생각, 2020.6., 16면; 펜앤드파이크, 『전국 317개 대학 1857명 교수들 "동성애 독재법인 '포괄적 차별금지법' 제정 반대"』, 2020.8.20.; 국민일보, 『전국 317개 대학 교수 1857명 "차별금지법 강력 반대"』, 2020.8.20.; 법률저널, 『강신업 변호사의 법과정치(296)-포괄적 차별금지법』, 2023.1.20.

2884 Lifesite, 『Free from gag order, dad tells how judges forced transgender insanity on daughter』, 30 April 2020.

2885 김진석, "진보는 차별을 없앨 수 있을까," 개마고원, 2020, 194면.

2886 투데이신문, 『인권위 "안철수 '퀴어축제 거부할 권리' 발언은 혐오 표현" 의견표명』, 2021.9.1.

2887 헤럴드경제, 『서울광장 '성소수자 축제'…이번엔 서울시 공무원까지 가세』, 2019.5.13.; 데일리굿뉴스, 『서울시 공무원들 "서울광장 퀴어축제 반대"』, 2019.5.8.; 투데이신문, 『인권위 "안철수 '퀴어축제 거부할 권리' 발언은 혐오 표현" 의견표명』, 2021.9.1.; 크리스천투게이, 『빛과 소금? 대가 치러도 행동해야… 대한문 광장으로 모이자!』, 2019.5.31.; 국민일보, 『서울시 공무원들 "서울광장 퀴어행사 반대"』, 2019.5.8.; 국민일보, 『20·30청년들, "인권위, 이념편향적" 규탄』, 2022.5.26.

2888 국민일보, 『"학교 정상화, 회복·혁신이 핵심"』, 2020.5.26.; 크리스천투데이, 『"총신대 이상원 교수가 파렴치한 성희롱 가해자인가?"』, 2020.3.23.; 데일리굿뉴스, 『동성애 반대 이상원 교수 부당해임 철회 공동성명』, 2021.6.8.

2889 대한내과학회, "해리슨 내과학," MIP, 2010, 1388면; 국민일보, 『남성 동성애자들, 왜 이러나…10대 청소년들까지』, 2016.10.4.; 김지연, "덮으려는 자 펼치려는 자," 사람, 2019, 375면; 국민일보, 『[긴급진단-퀴어문화축제 실체를 파헤친다 ⑨] 동성애단체 "에이즈에 무방비 노출" 자인』, 2015.6.10.

2890 크리스천투데이, 『총신대 이상원 교수 2차 징계 철회 위한 탄원서 서명운동』,

2891 한겨레21, 『차별금지법이 사람 차별하네』, 2007.11.8.
2892 이상민 의원 대표발의, 평등에 관한 법률안(의안번호: 10822, 발의: 2021.6.16.) 제9조, 제11조, 제12조; 권인숙 의원 대표발의, 평등 및 차별금지에 관한 법률안(의안번호: 12330, 발의: 2021.8.31.) 제9조, 제11조; 박주민 의원 대표발의, 평등에 관한 법률안(의안번호: 11964, 발의: 2021.8.9.) 제9조, 제11조; 장혜영 의원 대표발의, 차별금지법안(의안번호: 1116, 발의: 2020.6.29.) 제8조, 제9조; The Guardian, 『Pressure to keep up: status imbalance a major factor in stress in gay men』, 29 February 2020; 한국성소수자연구회, "무지개는 더 많은 빛깔을 원한다," 창비, 2019, 19면; 명재진 외 6인, "포괄적 차별금지법, 찬성할 것인가 반대할 것인가," 밝은생각, 2020.6., 399면.
2893 김영길, "인권의 딜레마," 보담, 2021, 372면; 법률신문, 『"차별금지법안 '증명책임 전환'은 불공정"』, 2020.10.29.
2894 WND, 『Father facing jail for calling daughter 'she'』, 19 March 2021.
2895 오마이뉴스, 『표현의 자유에 '혐오'는 포함되지 않는다』, 2018.4.23.; 홍성수, "말이 칼이 될 때," 어크로스, 2018, 33면, 43면, 51면, 77면.
2896 홍성수, "말이 칼이 될 때," 어크로스, 2018, 110면; 김진석, "진보는 차별을 없앨 수 있을까," 개마고원, 2020, 111면.
2897 명재진 외 6인, "포괄적 차별금지법, 찬성할 것인가 반대할 것인가," 밝은생각, 2020.6., 42면; 홍성수, "말이 칼이 될 때," 어크로스, 2018, 225면.
2898 김지연, "덮으려는 자 펼치려는 자," 사람, 2019, 478면, 480면; 명재진 외 6인, "포괄적 차별금지법, 찬성할 것인가 반대할 것인가," 밝은생각, 2020.6., 363면; 뉴시스, 『에이즈환자 치료비 해마다 늘어…지난해에만 1000억 투입』, 2017.10.13.; 메디파타뉴스, 『에이즈 폭등 "질본, 감염원인 동성애 제대로 알려야"』, 2018.10.11.
2899 백상현, "가짜 인권, 가짜 혐오, 가짜 소수자," 밝은생각, 2017, 186-187면.
2900 명재진 외 6인, "포괄적 차별금지법, 찬성할 것인가 반대할 것인가," 밝은생각, 2020.6., 26면, 264-265면; 데일리굿뉴스, 『인권법 개정 시민단체연합, '성적지향' 삭제 개정안 발의 적극 지지』, 2019.11.19.
2901 김영길, "인권의 딜레마," 보담, 2021, 379면.
2902 강병철, 하경희, "청소년 동성애자의 동성애 관련 특성이 자살 위험성에 미치는 영향," 청소년학연구 12(3), 2005.9., 267-289면; 나영정 외 7인, "한국 LGBTI 커뮤니티 사회적 욕구조사 최종보고서," 한국게이인권운동단체 친구사이, 2014, 36면; 강병철, 김지혜, "청소년 성소수자의 생활실태 조사," 한국청소년개발원, 2006, 79-80면; 한국성소수자연구회, "무지개는 더 많은 빛깔을 원한다," 창비, 2019, 51면, 139-140면; 인하대학교 의과대학, HIV감염인 및 AIDS 환자 인권상황 실태조사, 국가인권위원회 발간자료, 2005년, 31면.
2903 크리스천투데이, 『"평등법, 건강가정기본법 이어… 정보통신망법 개정도 문제"』, 2021.6.30.
2904 김진석, "진보는 차별을 없앨 수 있을까," 개마고원, 2020, 111-112면.
2905 The Heritage Foundation, 『Woke Gender』, 7 July 2021; 백상현, "가짜 인권, 가짜 혐오, 가짜 소수자," 밝은생각, 2017, 211면.
2906 머니투데이, 『"성소수자 보호"…보수·기독교 반발 샀던 학생인권종합계획 수립』, 2021.4.1.
2907 코람데오닷컴, 『조용한 혁명, 어디까지 왔나』, 2019.11.16.; 뉴스앤조이, 『인터콥 최

바울, 자유한국당 행사에서 동성애 특강 "신좌파, 동성애 합법화로 기독교 해체 노려"』, 2019.11.14.; 펜앤드마이크, 『[이명진 칼럼] 젠더권력의 꿀을 빨며 독(毒)을 주입하려는 자들』, 2021.6.18.; 펜앤드마이크, 『젠더주의 기독교대책협의회 출범…"사탄적 퀴어신학 막아낼 방파제 역할 할 것"』, 2020.9.25.; 크리스천투데이, 『"차별금지법(평등법), 문화 마르크시즘의 오랜 전략과 기획"』, 2021.4.25.; 뉴스앤조이, 『차별금지법 제정되면 '동성애 독재' 시대 온다?』, 2019.2.12.; 김영하 외 지음, "동성애, 21세기 문화충돌," 킹덤북스, 2016.6., 846면.

2908 성경 창세기 1장 27절; USA Today, 『When asked their sex, some are going with option 'X'』, 21 June 2017; 경향신문, 『"동성애 혐오" 발언으로 얼룩진 민주당의 차별금지법 토론회』, 2021.11.25.; 노컷뉴스, 『'포괄적 차별금지법 무엇이 문제인가?' 포항인권윤리포럼 열려』, 2020.11.25.; 경북매일, 『포괄적 차별금지법안 '문제투성이'』, 2020.11.24.; 뉴스프리존, 『충청권 기독교인·초교파 평신도 "포괄적 차별금지법·동성애 반대"』, 2022.5.6.; 우먼타임스, 『[이슈 짚기] '차별금지법' 물 건너 가나…발의한 지 14년』, 2021.11.26.; 오마이뉴스, 『"성소수자혐오 발언 공론화 시킨 민주당… 혐오 조장한 것"』, 2021.11.30.; 크리스천투데이, 『"포괄적 차별금지법 궁극적 목표, 성경 금서로 만드는 것"』, 2020.11.25.; 경상매일신문, 『포항인권윤리포럼서 포괄적 차별금지법안 '문제투성이' 지적』, 2020.11.24.

2909 론 폴 외 4명, "문화 막시즘," 이든북스, 2020, 31-33면, 49면; FEE Stories, 『Antonio Gramsci: the Godfather of Cultural Marxism』, 31 March 2019.

2910 뉴데일리, 『[현장] "성인지 정책에 혈세 35조, 국방예산 맞먹어… 이런 나라는 없다"』, 2021.7.1.; 데일리굿뉴스, 『초등 성교육·젠더교육의 실태 논란…문제는?』, 2021.6.15.

2911 데일리굿뉴스, 『정부 추진 '성인지 교육'…전 국민 사상주입 논란』, 2021.7.2.

2912 Belfast Telegraph, 『DUP's Donaldson to chair Westminster briefing with minister who branded LGBT education 'state-sponsored abuse'』, 26 February 2020; Catholic News Agency, 『How a new executive order would promote gender ideology and silence free speech at schools』, 11 March 2021; 김영길, "인권의 딜레마," 보담, 2021, 33면; 노컷뉴스, 『포항성시화운동본부 '포괄적 차별금지법 입법반대' 규탄집회 동참』, 2020.7.31.

2913 The Guardian, 『Sheffield UKIP candidate sacked over Breivik comments』, 2 May 2012; Pink News, 『UKIP candidate who claimed link between homosexuality and child abuse loses local election bid』, 4 May 2012.; 국민일보, 『[젠더이데올로기 실체를 말한다] '제3의 성'을 보편적 인권으로 보호… 비판하면 혐오·차별로 몰아』, 2020.1.7.; 크리스천투데이, 『'젠더 이데올로기' 확산 배경, 네오마르크스주의의 계보』, 2020.4.14.

2914 김영길, "인권의 딜레마," 보담, 2021, 348면.

2915 The Guardian, 『Record 7.1% of Americans identify as LGBTQ+, Gallup poll finds』, 17 February 2022; Gallup, LGBT Identification in U.S. Ticks Up to 7.1%, 17 February 2022; https://news.gallup.com/poll/389792/lgbt-identification-ticks-up.aspx

2916 The Heritage Foundation, 『How the Equality Act's Gender Ideology Would Harm Children』, 9 June 2021; Helen Joyce, "Trans: When Ideology Meets Reality, Simon & Schuster," 2021; Sheila Jeffreys, "Gender Hurts: A Feminist Analysis of the Politics of Transgenderism," Routledge, 2014.

2917 Catholic News Agency, 『Peruvian marches against gender ideology attract 1.5

million』, 7 March 2017.
- **2918** Catholic News Agency, 『Peru to withdraw controversial "gender ideology" curriculum』, 1 December 2017; Catholic News Agency, 『Peruvian marches against gender ideology attract 1.5 million』, 7 March 2017.
- **2919** Catholic News Agency, 『Colombian bishops welcome government backing down from gender ideology』, 15 August 2016; Catholic News Agency, 『March against gender ideology in schools held in Puerto Rico』, 16 August 2021; 펜앤드마이크, 『[이명진 칼럼] 젠더권력의 꿀을 빨며 독(毒)을 주입하려는 자들』, 2021.6.18.
- **2920** The Epoch Times, 『The Totalitarian Agenda Behind LGBT Sex-Ed Revolution at School』, 7 July 2021.

Question & Answer

1. 펜앤드마이크, 『[이명진 칼럼] 젠더권력의 꿀을 빨며 독(毒)을 주입하려는 자들』, 2021.6.18.; 펜앤드마이크, 『젠더주의 기독교대책협의회 출범…"사탄적 퀴어신학 막아낼 방파제 역할 할 것"』, 2020.9.25.; 크리스천투데이, 『"차별금지법(평등법), 문화 마르크시즘의 오랜 전략과 기획"』, 2021.4.25.; 뉴스앤조이, 『차별금지법 제정되면 '동성애 독재' 시대 온다?』, 2019.2.12.
2. 론 폴 외 4명, "문화 막시즘," 이든북스, 2020, 32, 47-48면; 뉴스앤조이, 『한국교회의 네오마르크스주의 비판, 이대로 괜찮나』, 2019.3.9.; 뉴스앤조이, 『인터콥 최바울, 자유한국당 행사에서 동성애 특강 "신좌파, 동성애 합법화로 기독교 해체 노려"』, 2019.11.14.
3. 코람데오닷컴, 『조용한 혁명, 어디까지 왔나』, 2019.11.16.; 뉴스앤조이, 『인터콥 최바울, 자유한국당 행사에서 동성애 특강 "신좌파, 동성애 합법화로 기독교 해체 노려"』, 2019.11.14.; 펜앤드마이크, 『[이명진 칼럼] 젠더권력의 꿀을 빨며 독(毒)을 주입하려는 자들』, 2021.6.18.; 펜앤드마이크, 『젠더주의 기독교대책협의회 출범…"사탄적 퀴어신학 막아낼 방파제 역할 할 것"』, 2020.9.25.; 크리스천투데이, 『"차별금지법(평등법), 문화 마르크시즘의 오랜 전략과 기획"』, 2021.4.25.; 뉴스앤조이, 『차별금지법 제정되면 '동성애 독재' 시대 온다?』, 2019.2.12.; 김영한 외 지음, "동성애, 21세기 문화충돌," 킹덤북스, 2016.6., 846면.
4. 펜앤드마이크, 『[펜앤현장] 학생인권조례 폐지 촉구 시민대회…"사상 주입 막기 위해 반드시 폐지되어야"』, 2023.3.10.
5. 노컷뉴스, 『'포괄적 차별금지법 무엇이 문제인가?' 포항인권윤리포럼 열려』, 2020.11.25.
6. 이뉴스투데이, 『박상진 과천시의원 "청소년 성범죄 예방에 동성애 사항 넣어 조례 부결시킨 민주당의원들 사죄해야"』, 2019.12.18.; 국민일보, 『젠더이데올로기 실체를 말한다] '성평등=양성평등'이라던 경기도의원들 "제3의 성도 포함" 실토』, 2019.11.12.
7. 뉴데일리, 『[포토] 트루스포럼 "차별금지법 강행시도 규탄한다"(전문)』, 2022.4.13.
8. 정일권, "문화막시즘의 황혼," CLC, 2022, 130면, 245면.
9. 성경 창세기 1장 27절; USA Today, 『When asked their sex, some are going with option 'X'』, 21 June 2017; 경향신문, 『"동성애 혐오" 발언으로 얼룩진 민주당의 차별금지법 토론회』, 2021.11.25.; 노컷뉴스, 『'포괄적 차별금지법 무엇이 문제인가?' 포항인권윤리포럼 열려』, 2020.11.25.; 경북매일, 『포괄적 차별금지법안 '문제투성이'』, 2020.11.24.; 뉴스프리존, 『충청권 기독교인·초교파 평신도 "포괄적 차별금지법·동성애 반대"』, 2022.5.6.; 우먼타임스, 『[이슈 짚기] '차별금지법' 물 건너 가나…발의한 지 14년』, 2021.11.26.; 오마이뉴스, 『"성소수자혐오 발언 공론화 시킨 민주당… 혐오 조장한 것"』, 2021.11.30.; 크리스천투데이, 『"포괄적 차별금지법 궁극적 목표, 성경 금서로 만드는 것"』, 2020.11.25.; 경상매일신문, 『포항인권윤리포럼서 포괄적 차별금지법안 '문제투성이' 지적』, 2020.11.24.
10. Breitbart, 『Christian Teacher Fired for Saying 'Homosexuality is Invading the Church' - Report』, 20 March 2023.
11. The Telegraph, 『Christian lecturer sacked over 'homosexuality is invading the church' tweet』, 18 March 2023; Christian Headlines, 『Christian College Fires Teacher for Tweet Calling Homosexuality a Sin』, 21 March 2023.
12. Fox News, 『Bible college fires theologian for tweet against homosexuality, threatens to report as terrorist: lawyers』, 19 March 2023.

13	The Telegraph, 『Christian lecturer sacked over 'homosexuality is invading the church' tweet』, 18 March 2023.
14	국민일보, 『"동성애는 죄" 글 올린 영국 교수 해고당해』, 2023.3.30.
15	데일리굿뉴스, 『英 기독대학, '성경적 성가치관' 공유한 강사 해고 '논란'』, 2023.3.21.
16	UK Daily News, 『Christian theology lecturer fired and 'threatened with counter-terrorism referral' after tweeting that homosexuality 'leaking into the church'』, 13 May 2023; The Christian Post, 『Methodist college fires lecturer for tweet lamenting homosexuality's 'invasion of the church'』, 20 March 2023.
17	Fox News, 『Bible college fires theologian for tweet against homosexuality, threatens to report as terrorist: lawyers』, 19 March 2023.
18	Christian Concern, 『Christian theologian sacked for tweet on human sexuality threatened with Counter-Terrorism referral』, 18 March 2023.
19	크리스천투데이, 『英 신학교수, 트위터서 '성경적 성' 견해 표현했다가 해고당해』, 2023.3.23.; Christian Concern, 『Christian theologian sacked for tweet on human sexuality threatened with Counter-Terrorism referral』, 18 March 2023.
20	The Telegraph, 『Christian lecturer sacked over 'homosexuality is invading the church' tweet』, 18 March 2023.
21	Christian Today, 『Christian theology lecturer sacked by Bible college over tweet on human sexuality』, 20 March 2023.
22	CBN News, 『Bible College Fires Professor Who Tweeted About Biblical Sexuality』, 21 March 2023.
23	The College Fix, 『Theologian fired, called 'terrorist' by Bible college for tweet against homosexuality』, 29 March 2023.
24	Christian Today, 『Methodist College principal denies Prevent threat against sacked theology lecturer』, 21 March 2023.
25	데일리굿뉴스, 『英 기독대학, '성경적 성가치관' 공유한 강사 해고 '논란'』, 2023.3.21.
26	Christian Today, 『Christian theology lecturer sacked by Bible college over tweet on human sexuality』, 20 March 2023.
27	MailOnline, 『Christian theology lecturer is sacked and 'threatened with counter-terrorism referral' after tweeting that homosexuality is 'invading the church'』, 19 March 2023.
28	Fox News, 『UK school chaplain sues after being fired, reported as terrorist for sermon questioning LGBTQ activists』, 7 September 2022; The Times, 『Chaplain in LGBT row sues school over sacking』, 8 September 2022.
29	Pink News, 『Reverend sues after being sacked over anti-LGBTQ+ view that marriage is between a man and a woman』, 5 September 2022; Pink News, 『School chaplain told kids as young as 11 that they don't have to accept 'LGBT stuff'』, 11 September 2022; The Telegraph, 『Chaplain sacked for defending students' right to question school LGBT policies』, 4 September 2022.
30	MailOnline, 『You are a danger to children, Church of England tells school chaplain who said pupils could disagree with woke dogma: A sinister twist in Rev Bernard Randall's fight for his career after he was reported to an anti-terror unit by

	his bosses』, 4 September 2022.
31	The Telegraph, 『Chaplain sacked for defending students' right to question school LGBT policies』, 4 September 2022; 크리스천투데이, 『'성경적 성윤리 설교' 후 해고당한 英 교목 "전체주의가 서구 장악"』, 2022.7.6.
32	Christianity Daily, 『Christian Chaplain In UK Fired, Branded A 'Terrorist' For Preaching To Students About Their Religious Rights』, 18 May 2023.
33	MailOnline, 『You are a danger to children, Church of England tells school chaplain who said pupils could disagree with woke dogma: A sinister twist in Rev Bernard Randall's fight for his career after he was reported to an anti-terror unit by his bosses』, 4 September 2022.
34	Christianity Daily, 『Chaplain Fired For 'Sermon' Questioning School's LGBT Policies Fights Back』, 7 June 2021; The Christian Post, 『'My world fell apart': School chaplain accused of terrorism over LGBT sermon says he won't be silenced』, 5 June 2021.
35	MailOnline, 『'The hall was full of teachers chanting "Smash heteronormativity" (the view that attraction to the opposite sex is the norm). I felt uncomfortable': Ex-Cambridge college chaplain on how his new job to guide young people became an Orwellian nightmare』, 8 May 2021.
36	Christianity Daily, 『Christian Chaplain In UK Fired, Branded A 'Terrorist' For Preaching To Students About Their Religious Rights』, 11 May 2021.
37	Fox News, 『UK school chaplain sues after being fired, reported as terrorist for sermon questioning LGBTQ activists』, 7 September 2022.
38	MailOnline, 『'You should no more be told you have to accept LGBT ideology than be told you must be in favour of Brexit': The sermon that cost a school chaplain his livelihood』, 8 May 2021.
39	The Christian Institute, 『School chaplain reported to anti-terrorism unit after sermon challenging LGBT ideology』, 10 May 2021.
40	크리스천투데이, 『'성경적 성윤리 설교' 후 해고당한 英 교목 "전체주의가 서구 장악"』, 2022.7.6.
41	BBC News, 『School chaplain told pupils 'you don't have to accept LGBT stuff'』, 10 September 2022.
42	Pink News, 『School chaplain told kids as young as 11 that they don't have to accept 'LGBT stuff'』, 11 September 2022; CBN News, 『Church of England School Reported Own Chaplain as a Terrorist for His Biblical Stand on LGBT Agenda』, 13 September 2022.
43	MailOnline, 『You are a danger to children, Church of England tells school chaplain who said pupils could disagree with woke dogma: A sinister twist in Rev Bernard Randall's fight for his career after he was reported to an anti-terror unit by his bosses』, 4 September 2022.
44	BBC News, 『School chaplain loses unfair dismissal case over LGBT sermon』, 27 February 2023.
45	Breitbart, 『Christian Chaplain Reported to Anti-Terrorism Programme for Sermon

46	MailOnline, 『Christian chaplain was dismissed from fee-paying boarding school after he refused to chant 'smash heteronormativity' when invited to by LGBT+ charity, tribunal hears』, 8 September 2022.
47	Christian Concern, 『School chaplain reported to terrorist watchdog for sermon on 'identity politics'』, 10 May 2021.
48	Lifesite, 『UK school chaplain reported to terrorist watchdog and forced out of job for sermon on identity politics』, 10 May 2021.
49	WND, 『Preacher fired and reported as TERRORIST for sermon on religious rights』, 10 May 2021.
50	The Christian Post, 『School chaplain reported as terror threat for opposing LGBT curriculum challenges firing』, 11 May 2021.
51	Lifesite, 『UK school chaplain reported to terrorist watchdog and forced out of job for sermon on identity politics』, 10 May 2021.
52	Christian Today, 『School chaplain challenges dismissal over LGBT views』, 9 May 2021.
53	MailOnline, 『'The hall was full of teachers chanting "Smash heteronormativity" (the view that attraction to the opposite sex is the norm). I felt uncomfortable': Ex-Cambridge college chaplain on how his new job to guide young people became an Orwellian nightmare』, 8 May 2021.
54	Newsweek, 『UK Chaplain Sues College For Discrimination After His Dismissal For a Sermon Questioning LGBT Policy』, 11 May 2021.
55	Lifesite, 『UK school chaplain reported to terrorist watchdog and forced out of job for sermon on identity politics』, 10 May 2021.
56	CBN News, 『School Chaplain Fired for Preaching Biblical Beliefs on Gender at UK Christian School』, 17 May 2021.
57	Pink News, 『School chaplain preaches to kids that same-sex marriage and gay sex is 'morally problematic'』, 11 May 2021; The Christian Institute, 『School chaplain reported to anti-terrorism unit after sermon challenging LGBT ideology』, 10 May 2021.
58	Christianity Daily, 『Chaplain Fired For 'Sermon' Questioning School's LGBT Policies Fights Back』, 7 June 2021.
59	Fox News, 『UK school chaplain sues after being fired, reported as terrorist for sermon questioning LGBTQ activists』, 7 September 2022.
60	Lifesite, 『UK school chaplain: I was accused of being a terrorist and fired for giving a homily on LGBT ideology』, 19 May 2021.
61	Christianity Daily, 『Christian Chaplain In UK Fired, Branded A 'Terrorist' For Preaching To Students About Their Religious Rights』, 11 May 2021.
62	Church Times, 『Former school chaplain loses appeal for unfair dismissal from C of E college』, 1 March 2023; CBN News, 『Church of England School Reported Own Chaplain as a Terrorist for His Biblical Stand on LGBT Agenda』, 13 September 2022.

63   BBC News, 『Chaplain 'unfairly dismissed' over LGBT concerns, tribunal hears』, 7 September 2022.

64   MailOnline, 『Christian chaplain was dismissed from fee-paying boarding school after he refused to chant 'smash heteronormativity' when invited to by LGBT+ charity, tribunal hears』, 8 September 2022.

65   Fox News, 『UK school chaplain sues after being fired, reported as terrorist for sermon questioning LGBTQ activists』, 7 September 2022.

66   Christianity Daily, 『Christian Chaplain In UK Fired, Branded A 'Terrorist' For Preaching To Students About Their Religious Rights』, 11 May 2021.

67   Christian Concern, 『Chaplain sacked for identity politics sermon to appeal ruling』, 27 February 2023.

68   Lifesite, 『UK chaplain fired for sermon criticizing LGBT ideology to appeal court ruling in school's favor』, 2 March 2023; CBN News, 『Muzzled, Fired, and Reported as a Terrorist: UK Chaplain Loses Case in LGBTQ Dispute』, 9 March 2023.

69   Christianity Daily, 『Chaplain Fired For 'Sermon' Questioning School's LGBT Policies Fights Back』, 7 June 2021.

70   크리스천투데이, 『英 교육부 "남·여학교, 트랜스젠더 학생 거부 허용"』, 2023.4.20.

71   MailOnline, 『Fee-paying boarding school reports its chaplain to anti-terror unit Prevent for telling pupils in a sermon that they're allowed to disagree with LGBT teaching』, 8 May 2021.

72   데일리굿뉴스, 『동성애 반대 이상원 교수 부당해임 철회 공동성명』, 2021.6.8.; 크리스천투데이, 『총신대 이상원 교수 2차 징계 철회 위한 탄원서 서명운동』, 2022.9.23.

73   대한내과학회, "해리슨 내과학," MIP, 2010, 1388면; 국민일보, 『남성 동성애자들, 왜 이러나…10대 청소년들까지』, 2016.10.4.; 김지연, "덮으려는 자 펼치려는 자," 사람, 2019, 375면; 국민일보, 『[긴급진단-퀴어문화축제 실체를 파헤친다 ⑨] 동성애단체 "에이즈에 무방비 노출" 자인』, 2015.6.10.

74   뉴스앤조이, 『총신대, 수업 중 성희롱 혐의 이상원 교수 해임』, 2020.5.26.; 국민일보, 『"학교 정상화, 회복·혁신이 핵심"』, 2020.5.26.

75   크리스천투데이, 『"이상원 교수 해임, 동성애 특강 학습 권리 침해"』, 2020.5.27.

76   크리스천투데이, 『"총신대 이상원 교수가 파렴치한 성희롱 가해자인가?"』, 2020.3.23.; 국민일보, 『"학교 정상화, 회복·혁신이 핵심"』, 2020.5.26.

77   크리스천투데이, 『"이상원 교수 해임한 총신, 사회적 압력에 저항하라"』, 2020.5.22.

78   국가인권위원회, "건학 이념을 이유로 대학 내 성소수자 강연회·대관 불허는 집회자유·평등권 침해" 보도자료, 2019.1.7.; 경향신문, 『한동대 교수 "사회적 폐해 동성애가 기본권? 억지 주장"』, 2019.1.14.; 서울신문, 『인권위, "기독 대학에서 성소수자 강연 불허는 인권 침해"』, 2019.1.18.; 이투데이, 『인권위 "기독 대학에서 성소수자 강연 불허는 인권 침해"』, 2019.1.9.; 아시아투데이, 『국회 포럼, "국가인권위, 기독교 탄압·종교자유 침해·월권행위"』, 2019.2.3.; 민중의 소리, 『[사설] 개신교 대학의 인권침해 막기 위해 차별금지법 제정해야』, 2019.1.16.

79   국민일보, 『[미션 톡!] "다자연애가 무슨 문제냐"… 인권위의 도덕 불감증』, 2018.3.16.

80   Telegraph & Argus, 『Christian preacher is sentenced for harassing a transgender woman』, 5 September 2022; The Irish News, 『Preacher found guilty of harassing transgender woman sees conviction quashed』, 9 March 2023.
81   Breitbart, 『Christian Preacher Reported to UK Terror Police After Calling 'Transwoman' a 'Man in Woman's Clothing'』, 8 March 2023.
82   Yorkshire Evening Post, 『Leeds street preacher who referred to transgender woman as a man during Briggate sermon has conviction quashed』, 9 March 2023; Independent, 『Christian street preacher found guilty of harassing transgender woman has conviction quashed』, 9 March 2023.
83   BBC News, 『Leeds preacher's sentence for trans woman's harassment quashed』, 9 March 2023; The Times, 『Preacher who misgendered trans woman did not break law』, 10 March 2023.
84   MailOnline, 『Christian preacher, 42, who was convicted of public order offence after calling a trans woman a 'gentleman' has harassment conviction quashed as judge hails importance of free speech』, 10 March 2023.
85   Christian Concern, 『'Misgendering' is not a crime: support preacher convicted for 'misgendering'』, 7 March 2023.
86   Christian Concern, 『Win for street preacher as 'misgendering' conviction overturned』, 9 March 2023.
87   The Epoch Times, 『Judge Overturns 'Misgendering' Conviction for Street Preacher Reported to Terror Watchdog』, 10 March 2023.
88   Christian Concern, 『Street preacher appeals conviction for 'misgendering'』, 7 March 2023.
89   Pink News, 『Street preacher who waged 'distressing attack' on trans woman found guilty of harassment』, 6 September 2022.
90   CBN News, 『UK Preacher Reported as Terrorist After 'Disturbing' 'Misgendering' Arrest Wins BIG After Legal Nightmare』, 26 March 2023.
91   Pink News, 『Christian preacher guilty of harassing trans woman has conviction quashed citing 'free speech'』, 13 March 2023.
92   Christian Concern, 『Win for street preacher as 'misgendering' conviction overturned』, 9 March 2023.
93   The Epoch Times, 『Judge Overturns 'Misgendering' Conviction for Street Preacher Reported to Terror Watchdog』, 10 March 2023.
94   MailOnline, 『Revealed: Christian street preacher who harassed a transwoman by repeatedly calling her a 'man in woman's clothing' was reported to counter-terror police for 'illegally espousing an extreme point of view'』, 7 March 2023.
95   CBN News, 『UK Preacher Reported as Terrorist After 'Disturbing' 'Misgendering' Arrest Wins BIG After Legal Nightmare』, 26 March 2023.
96   Breitbart, 『Vindicated: Christian Street Preacher's 'Misgendering' Conviction Overturned』, 11 March 2023.
97   The Epoch Times, 『Judge Overturns 'Misgendering' Conviction for Street Preacher Reported to Terror Watchdog』, 10 March 2023.

98　　The Christian Post, 『'Orwellian': Street preacher appeals conviction for 'misgendering' man who identifies as a woman』, 8 March 2023.

99　　Christian Concern, 『Street preacher appeals conviction for 'misgendering'』, 7 March 2023.

100　Fox News, 『First UK street preacher reported as terrorist for 'misgendering' wins appeal: 'Orwellian and really alarming'』, 9 March 2023.

101　MailOnline, 『Revealed: Christian street preacher who harassed a transwoman by repeatedly calling her a 'man in woman's clothing' was reported to counter-terror police for 'illegally espousing an extreme point of view'』, 7 March 2023.

102　Christian Concern, 『Win for street preacher as 'misgendering' conviction overturned』, 9 March 2023.

103　Christian Concern, 『Street preacher appeals conviction for 'misgendering'』, 7 March 2023.

104　Christian Today, 『Christian street preacher prosecuted for 'misgendering' to appeal conviction』, 9 March 2023.

105　The Christian Post, 『'Orwellian': Street preacher appeals conviction for 'misgendering' man who identifies as a woman』, 8 March 2023; The Christian Post, 『Judge overturns conviction of street preacher arrested for 'misgendering' man in a dress』, 10 March 2023.

106　Premier Christian News, 『Crown Prosecution Service claims some of Bible is 'no longer appropriate to modern society' in homophobia lawsuit』, 22 November 2022.

107　The Times, 『Street preacher was charged with hate crime for quoting Bible at lesbians』, 2 December 2022; The Dailywire, 『Charges Dropped Against British Street Preacher Accused Of 'Hate Speech'』, 26 November 2022.

108　Public Order Act 1986 제5조.

109　Christian Concern, 『Preacher wins after claim parts of Bible 'no longer acceptable'』, 22 November 2022.

110　The Christian Post, 『UK gov't admits it was wrong for prosecutors to say parts of the Bible are 'no longer appropriate'』, 18 December 2022.

111　News Letter, 『Fears raised about freedom of expression as prosecutors say it is 'no longer appropriate' to quote parts of the Bible in public』, 25 November 2022.

112　Christian Today, 『Parts of the Bible are 'no longer appropriate in modern society', says Crown Prosecution Service』, 23 November 2022.

113　Fox News, 『Case tossed out against Christian street preacher arrested for alleged homophobia』, 22 November 2022; CBN News, 『UK Christian Evangelist Allowed to Keep Preaching After Hate Speech Case』, 28 November 2022; The Daily Signal, 『'War on Christian Culture': UK Prosecutor Called Bible Passage 'No Longer Appropriate in Modern Society'』, 30 November 2022.

114　MailOnline, 『Teenager is ARRESTED for attending class at his Ontario Catholic high school after he was suspended for challenging transgender ideas: Boy, 16, says he's just 'expressing religious beliefs'』, 8 February 2023; Catholic News

Agency, 『Canadian Catholic school student who was suspended for protesting transgender bathroom policy speaks out』, 21 February 2023; The Epoch Times, 『Gender Beliefs Get Ontario Catholic Student Shut Out of School for the Year』, 1 February 2023.

115　National Post, 『Catholic Student Arrest for Vocing Catholic Views』, 8 February 2023.

116　Toronto Sun, 『LILLEY: High school student suspended, arrested for saying only 2 genders』, 8 February 2023.

117　Vancouver Sun, 『Michael Higgins: Catholic school has student arrested for expressing Catholic beliefs』, 8 February 2023.

118　Canada.Com, 『LILLEY: High school student suspended, arrested for saying only 2 genders』, 10 February 2023.

119　The Epoch Times, 『Gender Beliefs Get Ontario Catholic Student Shut Out of School for the Year』, 1 February 2023.

120　Catholic News Agency, 『Canadian Catholic school student who was suspended for protesting transgender bathroom policy speaks out』, 21 February 2023.

121　Western Standard, 『HANNAFORD: Defending the faith against the faith』, 14 February 2023; North Bay Nugget, 『Ontario high school student asserts there are only "two genders"』, 9 February 2023.

122　CBN News, 『Canadian Student Kicked Out of State-Funded Catholic School for Expressing Biblical Beliefs on Gender』, 22 February 2023.

123　Vancouver Sun, 『Michael Higgins: Catholic school has student arrested for expressing Catholic beliefs』, 8 February 2023.

124　Fox News, 『Attorney for teen suspended after opposing trans ideology says religious freedom 'essentially dead' in Canada』, 20 February 2023.

125　Fox News, 『Christian mom sues after 4-year-old was allegedly forced to participate in LGBT pride march: 'Just horrific'』, 1 February 2023; CBN News, 『Court Rules 4-Year-Old Can Be Forced to Join LGBTQ Pride Parade』, 4 May 2023; The Times, 『Devout Christian mother loses Pride parade case』, 26 April 2023; Mirror, 『Christian mum sues son's school claiming boy, 4, was forced to take part in LGBT parade』, 2 February 2023; Metro, 『Devout Christian sues school 'for making son, four, take part in LGBT parade'』, 2 February 2023; Express, 『Christian mum sues four-year-old son's school claiming he had to take part in LGBT parade』, 1 February 2023; MailOnline, 『Devout born-again Christian mother sues her four-year-old son's school in first case of its kind in UK for 'making him take part in LGBT parade'』, 1 February 2023.

126　MailOnline, 『'Why be homophobic when you could just be quiet?' Devout Christian mother who complained about gay parade at her five-year-old son's school is confronted by staff member wearing THIS t-shirt』, 24 November 2018.

127　Lifesite, 『Christian mom sues UK primary school for forcing LGBT Pride celebrations on kids』, 25 March 2019.

128　Pink News, 『School worker sacked after claiming LGBT+ 'indoctrination' is 'brainwashing our children'. Now, she's suing for discrimination』, 21 September 2020; Gloucestershire Live, 『Gloucestershire school sacks assistant over Facebook posts claiming children are being 'brainwashed' over transgender issues』, 16 April 2019; MailOnline, 『Christian school secretary sacked after saying teachers are 'brainwashing our children' with 'totalitarian' LGBT lessons must wait for judgement』, 24 September 2020; Gloucestershire Live, 『Christian school worker plans to appeal after losing sacking claim in LGBT teaching Row』, 7 October 2020.

129 MailOnline, 『Devoutly Christian secondary school assistant, 43, is sacked after posting petition against transgender issues being taught at her son's CofE primary』, 15 April 2019; BBC News, 『Fairford school worker 'sacked for view on LGBT teaching'』, 16 April 2019.

130 Gloucestershire Live, 『Gloucestershire school sacks assistant over Facebook posts claiming children are being 'brainwashed' over transgender issues』, 16 April 2019.

131 BBC News, 『Fairford school worker 'sacked for view on LGBT teaching'』, 16 April 2019; MailOnline, 『Trans rights activist is named on judging panel that will hear case of a Christian teaching assistant sacked for speaking out against gender identity lessons at primary schools』, 19 June 2022; Pink News, 『School worker who attacked LGBT+ 'indoctrination' wasn't sacked for being Christian, tribunal rules. She was fired for homophobia』, 8 October 2020.

132 Mailonline, 『Christian school secretary, 44, reveals shock at being sacked for opposing plans to teach LGBT relationships to primary pupils and says it is 'morally necessary to defend the Bible truth against harmful doctrines'』, 21 September 2020.

133 MailOnline, 『Christian school secretary sacked after saying teachers are 'brainwashing our children' with 'totalitarian' LGBT lessons must wait for judgement』, 24 September 2020.

134 Gloucestershire Live, 『Christian school worker plans to appeal after losing sacking claim in LGBT teaching Row』, 7 October 2020.

135 The Washington Times, 『Norwegian government seizes children, citing parents' Christian 'indoctrination'』, 11 May 2016.

136 The Federalist, 『Under International Pressure, Norway Reunites Seized Children With Family』, 6 June 2016.

137 Christian Concern, 『A family's four-year European legal challenge ends』, 17 December 2020; Christian News, 『Court of Human Rights to Hear Case of Norwegian Family Whose Children Were Seized Over Christian Upbringing』, 5 July 2019; 기독일보, 『노르웨이, "기독교 세뇌" 이유로 양육권 박탈 논란』, 2015.12.27.

138 The Christian Post, 『Norway Targeted Family for Christian Faith Before Seizing 5 Children, Lawyer Says』, 23 February 2016.

139 Christian Today, 『Norway: Judge rules in favour of Christian couple, baby Ezekiel to be returned』, 6 April 2016.

140 크리스천투데이, 『노르웨이, "기독교 세뇌" 이유로 양육권 박탈 논란』, 2015.12.29.

141　The Washington Times, 『Norway caves to international pressure, returns children to Christian family』, 7 June 2016; Christian Concern, 『A family's four-year European legal challenge ends』, 17 December 2020.
142　WND, 『Kids seized over family's 'Christian indoctrination'』, 3 December 2015.
143　기독일보, 『충격! "기독교 세뇌 시킨다"며 부모에게 아이들 뺏은 노르웨이 정부』, 2015.12.28.
144　국민일보, 『"교회언론회, "종교교육과 종교강요는 구별해야"』, 2015.4.19.
145　뉴스앤조이, 『신앙 강요하면 아동 학대라고? 개신교 보수 단체 반발』, 2015.5.1.
146　국민일보, 『""건전한 종교 권장이 아동학대라니…" 교육부 황당한 공문에 교계·시민단체 비판 잇따라』, 2015.4.20.
147　국민일보, 『"보호자의 종교 강요는 아동학대" 논란… 학부모 "말도 안 되는 소리… 종교의 자유 침해"』, 2015.4.17.
148　양금희 의원 대표발의, 아동기본법안(의안번호: 21733, 발의: 2023.4.28.) 제33조; 강훈식 의원 대표발의, 아동기본법안(의안번호: 21756, 발의: 2023.5.2.) 제20조.
149　크리스천투데이, 『"아동기본법안, 부모·교사 잠재적 범죄자 간주"』, 2023.5.24.
150　Fox News, 『Family farm banned from city farmers market over refusal to host gay weddings awaits ruling in legal battle』, 31 July 2021; NBC News, 『Fight brews with farmer who bars gay weddings at orchard』, 2 June 2018.
151　The Daily Signal, 『Farmers Banned From Farmers Market Over Religious Beliefs Get Their Day in Court』, 13 September 2017.
152　국민일보, 『美 당국, 동성결혼 반대 글 올렸다고 행정 제재… 크리스천포스트 분석 보도』, 2017.7.4.; Detroit Free Press, 『Senator blasts Trump's Michigan judge nominee, says he compared Catholics to KKK』, 22 May 2019.
153　Pride Source, 『A Court Ruling Is Expected Soon on East Lansing Wedding Vendor Who Refused to Hold Same-Sex Ceremonies』, 4 August 2021; Lansing State Journal, 『Country Mill Farms trial against the city of East Lansing to begin Tuesday』, 26 July 2021.
154　National Review, 『Cider and Religious Freedom』, 18 September 2017; 국민일보, 『美 당국, 동성결혼 반대 글 올렸다고 행정 제재… 크리스천포스트 분석 보도』, 2017.7.4.
155　Lansing State Journal, 『Lawsuit: East Lansing violated farmer's religious freedom』, 31 May 2017.
156　Detroit Free Press, 『Farmer's market lawsuit: East Lansing wrong to ban me | Opinion』, 13 September 2017; City Pulse, 『Neither side yielding in Country Mill case』, 13 June 2019.
157　Catholic News Agency, 『Wedding cake, controversy and faith: Colorado baker's book recounts years-long legal fight』, 10 June 2021; Angelus, 『Wedding cake, controversy and faith: Colorado baker's book recounts years-long legal fight』, 10 June 2021.
158　Pink News, 『Christian bakers who refused to make lesbians' wedding cake lose appeal against $135,000 fine』, 29 December 2017; Pink News, 『Christian baker says that Jesus wouldn't bake a cake for gay people』, 5 July 2017; Pink News,

	『US Supreme Court will hear homophobic baker case in December』, 9 October 2017.
159	명재진 외 6인, "포괄적 차별금지법, 찬성할 것인가 반대할 것인가," 밝은 생각, 2020.6., 112면; Jack Phillips, "The Cost of My Faith: How a Decision in My Cake Shop Took Me to the Supreme Court," Salem Books, 2021; 크리스천투데이, 『동성혼 케이크 거부 제빵사, '내 믿음의 대가' 출간』, 2021.5.27.
160	Angelus, 『Wedding cake, controversy and faith: Colorado baker's book recounts years-long legal fight』, 10 June 2021.
161	The Jerusalem Post, 『Q&A with Jack Phillips: 'Every American's freedoms were at stake'』, 7 April 2022.
162	Catholic News Agency, 『Wedding cake, controversy and faith: Colorado baker's book recounts years-long legal fight』, 10 June 2021.
163	Catholic News Agency, 『After Supreme Court victory, Colorado baker in court for declining gender transition cake』, 24 March 2021.
164	Courthouse News Service, 『Piece of Cake? Masterpiece Cakeshop Back in Court for Discrimination Trial』, 22 March 2021.
165	명재진 외 6인, "포괄적 차별금지법, 찬성할 것인가 반대할 것인가," 밝은 생각, 2020.6., 114면; Courthouse News Service, 『Christian Baker Asks Judge to Toss Suit Over Unbaked Transgender Birthday Cake』, 9 April 2020; Pink News, 『Christian baker asks judge to toss out lawsuit over his refusal to bake a trans lawyer's birthday cake』, 10 April 2020; Courthouse News Service, 『Trans Woman Serves Up Lawsuit to Colorado Baker』, 7 June 2019; Courthouse News Service, 『Gay Couple Loses Supreme Court Battle on Wedding Cake』, 4 June 2018; AP News, 『Colorado baker fighting ruling over gender transition cake』, 6 October 2022.
166	The Daily Signal, 『Colorado Is Still Trying to Destroy Jack Phillips』, 21 December 2018; The Detroit News, 『Opinion: Colorado still trying to destroy Jack Phillips』, 26 December 2018; New York Post, 『Colorado can't stop trying to shut Jack Phillips down for gay marriage views』, 23 December 2018; Eater, 『Masterpiece Cakeshop Baker Claims He's Being Persecuted for His Beliefs Again』, 15 August 2018; WND, 『Christian baker fights back after state orders him to violate faith』, 3 August 2021.
167	Newsweek, 『Colorado Baker's Protagonist Allegedly Requested Satanic Cakes That Other Bakeries Wouldn't Create』, 17 August 2018; The Post Millennial, 『Colorado Christian baker back in court, refuses to bake a gender-transition cake』, 25 March 2021.
168	Andrew Koppelman, "Gay Rights vs. Religious Liberty?: The Unnecessary Conflict," Oxford University Press, 2020, p.137; New York Post, 『Truce in sight on same-sex-marriage and dissent』, 22 November 2022.
169	USA Today, 『State tramples our First Amendment rights as Christian artists. We're fighting back』, 5 October 2022; WND, 『Colorado baker challenges demand he produce 'gender transition' cake』, 7 October 2022.
170	명재진 외 6인, "포괄적 차별금지법, 찬성할 것인가 반대할 것인가," 밝은 생각, 2020.6.,

112면.

171 Pink News, 『Christian baker says he's being targeted for his faith in trans cake lawsuit』, 23 July 2019.

172 Andrew Koppelman, "Gay Rights vs. Religious Liberty?: The Unnecessary Conflict," Oxford University Press, 2020, p.136.

173 조 달라스, "동성애를 말하다," 하늘물고기, 2017, 16면; New York Post, 『Truce in sight on same-sex-marriage and dissent』, 22 November 2022.

174 National Review, 『Colorado Defies the Supreme Court, Renews Persecution of a Christian Baker』, 15 August 2018; The Dailywire, 『GOTTRY: What The Persecution Of Jack Phillips Teaches Us About 'Tolerance'』, 21 August 2018; Washington Examiner, 『A New Battle for Masterpiece Cakeshop』, 16 August 2018.

175 The Daily Signal, 『EXCLUSIVE: Colorado Baker Asked to Make 'Birthday Cake' for Satan』, 13 October 2017; The Dailywire, 『Christian Baker Sued For Refusing To Make Gay Wedding Cake Taunted With Requests For Satan-Themed Cakes』, 19 October 2017; CBN News, 『Christian Baker Under Fire on a New Front with Satanic Request』, 20 October 2017.

176 Fox News, 『Colorado baker who won Supreme Court battle calls gender transition cake case 'a trap'』, 24 March 2021; Lifesite, 『Satanists ask Christian baker to make 'birthday cake' for Lucifer』, 17 October 2017; The Washington Times, 『Masterpiece Cakeshop's Jack Phillips appeals ruling over gender-transition cake』, 3 August 2021; Dailycitizen, 『Jack Phillips Appeals Bad Decision in Transgender Cake Case』, 4 August 2021; Decision Magazine, 『Washington Florist's Religious Liberty Case Not Over Yet, Lawyers Contend』, 5 August 2021.

177 Newsweek, 『Colorado Baker's Protagonist Allegedly Requested Satanic Cakes That Other Bakeries Wouldn't Create』, 17 August 2018.

178 Christianity Post, 『Colorado cake artist, Jack Philips wishes to see Artistic Freedom』, 27 August 2020.

179 The Dailywire, 『Colorado Baker Discusses New Case, Says It Was 'A Trap'』, 26 March 2021.

180 The Post Millennial, 『Colorado Christian baker back in court, refuses to bake a gender-transition cake』, 25 March 2021.

181 Fox News, 『Colorado baker who won Supreme Court battle calls gender transition cake case 'a trap'』, 24 March 2021.

182 The Christian Post, 『Jack Phillips reveals abuse, vandalism and death threats after he refused to make gay wedding cake』, 9 June 2021; Christian Headlines, 『Jack Phillips Details the Difficulties, Threats He Faced after Declining to Bake a Same-Sex Wedding Cake』, 10 June 2021.

183 The New York Times, 『Cake Is His 'Art.' So Can He Deny One to a Gay Couple?』, 16 September 2017.

184 The Times, 『Tax expert Maya Forstater fired for saying trans women aren't women』, 5 May 2019; The Guardian, 『Judge rules against researcher who lost job over transgender tweets』, 18 December 2019; The Christian Post, 『Woman

'not worthy of respect' for saying 'men cannot be women,' UK judge rules』, 19 December 2019; The Christian Post, 『Video game company fires employee amid backlash to following 'transphobic' Twitter accounts』, 10 January 2023; MailOnline, 『New York literary agent who 'stands with J K Rowling' is fired for retweeting comment that read, 'being vulnerable to male violence does not make you a woman' on her personal Twitter account』, 25 August 2020.

185 NBC News, 『Conversion therapy or 'identity workshop'? Church program causes uproar』, 26 February 2018.
186 Detroit Free Press, 『Church accused of planning a conversion therapy workshop for LGBTQ girls』, 6 February 2018; The Christian Post, 『People Want Pastor's Family Dead, Church Burned Down for Inviting Teen Girls to Discuss Gay Thoughts』, 7 February 2018.
187 Pink News, 『Michigan church slammed for 'counselling' sessions for LGBTQ teenage girls』, 8 February 2018.
188 The Christian Post, 『People Want Pastor's Family Dead, Church Burned Down for Inviting Teen Girls to Discuss Gay Thoughts』, 7 February 2018.
189 Pink News, 『Michigan church slammed for 'counselling' sessions for LGBTQ teenage girls』, 8 February 2018.
190 Lifesite, 『LGBT advocates threaten to kill pastor over Bible workshop for sexually confused girls』, 28 February 2018.
191 CBN News, 『Michigan Pastor Facing Death Threats for Offering Workshops to Teens Struggling with Homosexuality』, 12 February 2018.
192 NBC News, 『Conversion therapy or 'identity workshop'? Church program causes uproar』, 26 February 2018.
193 펜앤드마이크, 『[이명진 칼럼] 양보할 수 없는 국민의 권리, 청산해야 할 그들만의 특권』, 2023.6.16.
194 크리스천투데이, 『"온갖 혐오는 금하며 종교 비판 자유는 무제한 허용?"』, 2023.5.12.
195 뉴데일리, 『네이버·카카오, '성소수자(LGBTQ) 혐오' 표현 제재 나서』, 2023.6.2.
196 서울이코노뉴스, 『네이버, 금지 혐오표현 구체화…"인종·장애·성별 등 차별 삭제"』, 2023.6.1.; IT조선, 『네이버, 12일부터 금지 혐오 표현 구체화해 적용』, 2023.6.1.; 노컷뉴스, 『네이버, '쓰면 안 되는' 표현 구체화…인종·성별 등 차별·혐오 제재』, 2023.6.1.; 서울신문, 『"인종·성별·성적지향 '혐오 표현' 쓰면 삭제됩니다"』, 2023.6.1.
197 국민일보, 『[단독] 반동성애 의견 표현·종교의 자유에 재갈… 계정 영구 정지도 "혐오 표현 가이드라인, 온라인판 차금법"』, 2023.6.15.
198 크리스천투데이, 『"온갖 혐오는 금하며 종교 비판 자유는 무제한 허용?"』, 2023.5.12.
199 에너지경제, 『'혐오표현·악성댓글' 칼 빼든 네카오…서비스 개편 박차』, 2023.6.12.
200 국민일보, 『[단독] 반동성애 의견 표현·종교의 자유에 재갈… 계정 영구 정지도 "혐오 표현 가이드라인, 온라인판 차금법"』, 2023.6.15.
201 크리스천투데이, 『"KISO, 네이버 등 '혐오 표현' 검열… 온라인 전체주의"』, 2023.6.8.
202 국민일보, 『[단독] 반동성애 의견 표현·종교의 자유에 재갈… 계정 영구 정지도 "혐오 표현 가이드라인, 온라인판 차금법"』, 2023.6.15.
203 의학신문, 『성누가회, "낙태죄 개정과 우리의 자세" 의료인 세미나 진행』, 2021.3.19.;

뉴데일리, 『"차별금지법 추진하는 국가인권위는 악법 제조의 원형" 2030 기자회견』, 2022.5.26.; 펜앤드마이크, 『"민주당 이상민 의원의 '평등법안'은 전체주의 독재법이자 국민에 재갈물리는 노예법"』, 2021.6.23.; 크리스천투데이, 『"유엔의 젠더 이데올로기 지지와 확산운동에 깊은 우려"』, 2017.12.11.; 경남매일, 『박종훈 교육감 주민소환 추진』, 2018.9.13.; 국민일보, 『"차별금지법 제정 시도 즉각 중단하라"』, 2020.5.12.; 펜앤드마이크, 『[이명진 칼럼] 대통령님은 알고는 있는지(위험한 독을 담은 2022 교육과정 시안)』, 2022.11.16.; 국민일보, 『"젠더 이데올로기에 기반한 차별금지법, 동성혼 합법화하고 인간성까지 말살"』, 2019.9.24.; 국민일보, 『비뚤어진 젠더 이데올로기 양산… "결혼·가족 가치관 해체" 외쳐』, 2020.6.23.

204 BBC News, 『Reproductive coercion: 'I wasn't allowed to take my pill'』, 14 March 2022; Lifesite, 『UK Parliament passes buffer zone bill prohibiting silent prayer outside abortion facilities』, 9 March 2023; Anglican Ink, 『British Parliament introduces first "thought-crime" into UK law』, 7 March 2023.

205 The Spectator, 『Should it be a crime to pray outside an abortion clinic?』, 22 December 2022; The European Conservative, 『Thoughtcrime Britain』, 24 March 2023.

206 Catholic Herald, 『Video: Charitable volunteer arrested again for praying silently near abortion facility』, 7 March 2023; Christian Concern, 『MPs vote to impose 'buffer zones' around abortion clinics』, 20 October 2022.

207 The Christian Post, 『Members of Congress warn of UK 'threat' putting Christians under attack』, 20 March 2023; Baptist Press, 『Eight U.S. lawmakers decry lack of religious freedom in UK』, 17 March 2023; The Christian Institute, 『Congress members alert US Govt to 'harassment' of UK Christians』, 27 March 2023.

208 Fox News, 『Congress members blast UK for 'harassment' of Christians in rare rebuke of close US ally』, 15 March 2023.

209 Catholic Herald, 『Woman arrested and charged for silent prayer near abortion clinic』, 20 December 2022.

210 The Dailywire, 『Praying Woman Arrested For Breaking Public Space Order Outside U.K. Abortion Clinic』, 24 December 2022.

211 WNG, 『Pro-lifers navigate bubble zone debate』, 3 January 2023.

212 Birmingham World, 『Woman arrested after praying silently near a Birmingham abortion clinic subject to a PSPO』, 23 December 2022.

213 Catholic Herald, 『Judge dismisses 'thought crime' case against duo who prayed outside abortion clinic』, 16 February 2023.

214 Wales Online, 『Priest and woman arrested as they 'silently prayed' cleared of 'thoughtcrime'』, 16 February 2023.

215 Catholic News Agency, 『Two UK Catholics acquitted after being charged for praying in front of abortion clinic』, 16 February 2023.

216 National World, 『CPS drops prosecution of Catholic priest for 'silent prayer' in buffer zone outside Birmingham abortion clinic』, 16 February 2023.

217 BBC News, 『Abortion clinic charges dropped against Wolverhampton priest』, 16 February 2023; Express & Star, 『Priest accuses Government of censoring 'silent

218 Fox News, 『UK man fined for silently praying outside abortion clinic: report』, 20 January 2023.

219 ADF UK, 『ARMY VETERAN FINED FOR SILENT PRAYER: Penalty for "praying for my son, who is deceased"』, 19 January 2023.

220 Fox News, 『UK man fined for silently praying outside abortion clinic: report』, 20 January 2023.

221 The Daily Signal, 『UK Army Veteran Fined for Silent Prayer Near Abortion Facility: 'What Is the Nature of Your Prayer Today?' Cops Ask』, 19 January 2023.

222 Christianity Today, 『Under Municipal Regulations, UK Abortion Clinics 'Safe' From Silent Prayer』, 27 January 2023.

223 Catholic News Agency, 『UK Parliament makes it illegal to pray near abortion facilities』, 7 March 2023.

224 Daily Express, 『Attempts to ban silent thought or prayer are an assault on free speech, says ANDREW LEWER』, 5 March 2023.

225 Catholic Herald, 『Lords back abortion buffer zone amendment to turn prayer into 'thought crime'』, 31 January 2023.

226 The Epoch Times, 『UK Passes 'Buffer Zone' Law Making Silent Prayer Illegal Near Abortion Clinics』, 8 March 2023.

227 Independent, 『MPs reject calls to allow 'silent prayer' in abortion clinic buffer zones』, 7 March 2023.

228 The Irish News, 『MPs reject calls to allow 'silent prayer' in abortion clinic buffer zones』, 7 March 2023; MailOnline, 『MPs reject attempts to allow silent prayer outside abortion clinics in move branded 'thoughtcrime' - after police arrested Catholic woman for praying in an 'exclusion zone'』, 8 March 2023.

229 Catholic Herald, 『UK crosses 'thought crimes' Rubicon after MPs outlaw prayer at abortion clinics』, 8 March 2023; Lifesite, 『UK Parliament passes buffer zone bill prohibiting silent prayer outside abortion facilities』, 9 March 2023.

230 The Washington Stand, 『UK Punishes 'Thought Crime' of Praying Silently at Abortion Facilities』, 9 March 2023; The Epoch Times, 『UK Passes 'Buffer Zone' Law Making Silent Prayer Illegal Near Abortion Clinics』, 8 March 2023; ADF UK, 『BREAKING: Parliament introduces first "thought-crime" into UK law』, 7 March 2023.

231 Catholic Herald, 『Lords back abortion buffer zone amendment to turn prayer into 'thought crime'』, 31 January 2023; Christianity Today, 『Under Municipal Regulations, UK Abortion Clinics 'Safe' From Silent Prayer』, 27 January 2023.

232 Catholic Herald, 『The 'buffer zone amendment' is a shameful attack on authentic freedoms: The Lords must throw it out』, 31 October 2022; ADF UK, 『"Terrifying": World responds to viral video of woman arrested for silent prayer』, 23 December 2022.

233 The Daily Signal, 『"Are You Praying?" Authorities Arrest Woman for Silently Praying Outside an Abortion Clinic』, 22 December 20.

234 The Dailywire, 『Praying Woman Arrested For Breaking Public Space Order Outside U.K. Abortion Clinic』, 24 December 2022.
235 Michael L. Brown, "Christian Antisemitism: Confronting the Lies in Today's Church," Charisma House, 2021; Christianity Daily, 『Dr. Michael Brown Talks About Antisemitism In The Church, Explains Reason For The Universal Hatred Against Jews』, 30 June 2021.
236 The Christian Post, 『When thinking a prayer became a crime』, 31 December 2022.
237 크리스천투데이, 『[김영한 칼럼] 젠더 이데올로기 비판(I)』, 2017.9.29.
238 펜앤드마이크, 『[기고/민성길 교수] "'성인권 교육'이 동성애를 조장한다는 주장은 '가짜 뉴스'"인가?』, 2021.3.30.
239 국민일보, 『소아·청소년 성혁명 주장한 성소수자 운동의 민낯, 소아성애』, 2021.10.26.
240 국민일보, 『독일 교육계선 '소아성애' 과거사 청산 중인데 우리 교육방송은 역행』, 2021.9.7.; Georgiana Preskar, "Seeds of Deception: Planting Destruction of America's Children," AuthorHouse, 2004; 미디어펜, 『동성애에 대한 다섯가지 오해와 진실, 그것이 알고 싶다』, 2015.10.9.; 국민일보, 『동성애자들 50년 넘는 공세에 무너진 美 건국정신… 우리는?』, 2020.4.14.; 김영한 외 지음, "동성애, 21세기 문화충돌," 킹덤북스, 2016, 578-579면; J A Reisman, E W Eichel, "Kinsey, Sex and Fraud: The Indoctrination of a People," Huntington House Publishers, 1990; 정일권, "문화막시즘의 황혼," CLC, 2022, 133면.
241 국민일보, 『독일 교육계선 '소아성애' 과거사 청산 중인데 우리 교육방송은 역행』, 2021.9.7.
242 Georgiana Preskar, "Seeds of Deception: Planting Destruction of America's Children," AuthorHouse, 2004; 미디어펜, 『동성애에 대한 다섯가지 오해와 진실, 그것이 알고 싶다』, 2015.10.9.; 국민일보, 『동성애자들 50년 넘는 공세에 무너진 美 건국정신… 우리는?』, 2020.4.14.; 김영한 외 지음, "동성애, 21세기 문화충돌," 킹덤북스, 2016, 578-579면; J A Reisman, E W Eichel, "Kinsey, Sex and Fraud: The Indoctrination of a People," Huntington House Publishers, 1990; 정일권, "문화막시즘의 황혼," CLC, 2022, 133면.
243 The Epoch Times, 『The Sordid History and Deadly Consequences of 'Sex Ed' at School』, 6 April 2020.
244 The Epoch Times, 『The Totalitarian Agenda Behind LGBT Sex-Ed Revolution at School』, 7 July 2021.
245 국민일보, 『'다양한 가족'엔 동성혼도… 가정 해체 노린 문화 마르크시즘 반영』, 2021.8.10.; 국민일보, 『[시온의 소리] '동성애 교육 반대 운동'이 필요하다』, 2020.9.3.
246 김지연, "덮으려는 자 펼치려는 자," 사람, 2019, 466-468면; 의학신문, 『국내 청소년 70%, 에이즈 관련 배운 사실 '없다'』, 2020.11.24.; 프리미엄조선, 『HIV가 뭔지도 모른 채 숙식 위해 아저씨 상대로 '바텀알바'하는 가출소녀들』, 2014.11.17.
247 프레시안, 『성교육 책 회수 촌극…어린이에게도 알 권리가 있습니다』, 2020.9.30.
248 Pink News, 『Anti-LGBT+ priest tells MPs that sex education leads to sex abuse and anal cancer, and no one stopped her』, 11 March 2020.
249 서울경제, 『세살짜리 유치원생에게 동성애 교육? 서울교육청 학생인권종합계획 논

란』, 2021.1.15.; 한국교육신문, 『학생인권' 영향? 조희연·도성훈 지지도 최하위권』, 2021.2.9.; 머니투데이, 『"성소수자 보호"…보수·기독교 반발 샀던 학생인권종합계획 수립』, 2021.4.1.; 조선에듀, 『서울 학생인권종합계획 '이념 편향 교육' 논란 커지자… 해명 나선 교육청』, 2021.1.15.; 이데일리, 『학생인권계획 비판에 "동성애·편향사상 주입 아냐"…서울시교육청 '반박'』, 2021.1.15.; 이데일리, 『"동성애 옹호·편향사상 주입?"…서울시교육청 '학생인권계획' 논란』, 2021.1.21.; 경향신문, 『'서울 학생인권의 날' 앞두고…여전히 '성소수자 보호'가 '동성애 조장'이라는 이들』, 2021.1.25.

250 The Times of India, 『Paedophilia is a fate and not a choice, German doctor says』, 14 March 2017; The Independent, 『Paedophilia is 'fate, not a choice', leading scientist claims』, 14 March 2017; Vice News, 『The Men Who Call Themselves Non-Offending Pedophiles』, 27 August 2019; 조선일보, 『독일 성(性)의학자 "소아성애는 선택 아닌 본능"』, 2017.3.15.; 국민일보, 『독일 68운동의 산물 녹색당도 '소아성애 과거사'에 대해 사과했다』, 2021.9.28.; 국민일보, 『性적인 죄악이 '권리'로 둔갑하는 세상… 다음세대가 흔들린다』, 2019.10.15.

251 Decision Magazine, 『New York Judge Grants Protection to Polyamorous Relationships』, 13 October 2022.

252 이뉴스투데이, 『박상진 과천시의원 "청소년 성범죄 예방에 동성애 사항 넣어 조례 부결시킨 민주당의원들 사죄해야"』, 2019.12.18.; 국회사무처, 제17차 헌법개정특별위원회 회의록, 2017.10.11., 3면; 국민일보, 『"동성애·동성혼 합법화 개헌 절대 반대"』, 2017.11.21.; 뉴스1, 『대전NGO·동성애 반대단체 "개헌논의 실질적 국민참여"』, 2017.9.12.; 국민일보, 『"동성애·동성혼 찬성 지방선거 후보자 낙선운동 펴겠다"』, 2018.3.9.; 데일리굿뉴스, 『초등 성교육·젠더교육의 실태 논란…문제는?』, 2021.6.15.; 국민일보, 『'다양한 가족'엔 동성혼도… 가정 해체 노린 문화 마르크시즘 반영』, 2021.8.10.; 펜앤드마이크, 『[이명진 칼럼] 젠더권력의 꿀을 빨며 독(毒)을 주입하려는 자들』, 2021.6.18.; BBC News, 『Polyamorous marriage: Is there a future for three-way weddings?』, 21 July 2017; Psychology Today, 『Besides Religion, Immutable Nature Is Key to Civil Rights』, 23 July 2017.

253 국민일보, 『독일 교육계선 '소아성애' 과거사 청산 중인데 우리 교육방송은 역행』, 2021.9.7.; The Christian Post, 『The trend toward normalizing pedophilia must be halted』, 11 December 2021.

254 연합뉴스, 『獨 녹색당, 80년대 소아성애 합법화 지원 파문』, 2013.5.15.; 한겨레, 『40년 독일 녹색당, 기후행동 속 '녹색 총리'도 꿈꾼다』, 2021.1.14.; 연합뉴스, 『독일 녹색당 수뇌부 총선 참패에 사퇴』, 2013.9.24.

255 The Telegraph, 『German Green party admits to paedophile links』, 12 November 2014; The Guardian, 『Green party in Germany to investigate backing for paedophiles in 80s』, 14 May 2013; The New Repulic, 『A Major German Political Party Used to Support Pedophilia—And It's Coming Back to Haunt Them』, 24 November 2014; 국민일보, 『독일 68운동의 산물 녹색당도 '소아성애 과거사'에 대해 사과했다』, 2021.9.28.

256 Reuters, 『German Greens leader sorry for 1980s call to decriminalize sex with minors』, 17 September 2013.

257 The New Republic, 『A Major German Political Party Used to Support Pedophilia—

And It's Coming Back to Haunt Them』, 24 November 2014.

258　The Sun, 『RAISED BY PAEDOS Horrifying Berlin foster experiments saw kids DELIBERATELY given to paedos to see if sex abuse was 'good for them'』, 4 March 2020.

259　The Times, 『Berlin to compensate victims of paedophile foster scheme』, 4 March 2020; The Times, 『Twisted experiment saw Berlin boys fostered out to paedophiles』, 14 March 2020; The New Yorker, 『The German Experiment That Placed Foster Children with Pedophiles』, 26 July 2021; The Washinton Post, 『The perils of blindly trusting expert authority』, 28 July 2021; The Irish Times, 『Germany's secret paedophilia experiment』, 10 December 2016; Catholic News Agency, 『Parents detect disgraced sexologist's theories in German Church's abuse commission report』, 8 May 2021; Lifesite, 『State gov't. in Germany knowingly placed foster children with pedophiles』, 26 July 2021; The First News, 『Berlin placed children under the care of paedophiles for years - report』, 18 June 2020.

260　Lifesite, 『German documentary exposes state-funded network allowing pedophiles to 'take care' of boys』, 28 October 2022.

261　The Sun, 『RAISED BY PAEDOS Horrifying Berlin foster experiments saw kids DELIBERATELY given to paedos to see if sex abuse was 'good for them'』, 4 March 2020.

262　국민일보, 『'아이의 사랑' 강조하는 버틀러에 EBS는 감수성 있게 응답해야』, 2021.9.14.

263　펜앤드마이크, 『[기고/정일권] 주디스 버틀러의 소아성애와 근친상간 지지를 비판한다』, 2021.8.31.

264　The New Yorker, 『The German Experiment That Placed Foster Children with Pedophiles』, 26 July 2021; The Irish Times, 『Germany's secret paedophilia experiment』, 10 December 2016; The Washington Post, 『Opinion The perils of blindly trusting expert authority』, 28 July 2021.

265　국민일보, 『'다양한 가족'엔 동성혼도… 가정 해체 노린 문화 마르크시즘 반영』, 2021.8.10.; 펜앤드마이크, 『[이명진 칼럼] 젠더권력의 꿀을 빨며 독(毒)을 주입하려는 자들』, 2021.6.18.; The New York Times, 『Can the Left Regulate Sex?』, 24 July 2021.

266　Meike S. Baader, Carolin Oppermann, Julia Schroder, Wolfgang Schroer, "Independent investigation into Helmut Kentler's activities in the Berlin child and youth welfare services," Universitatsverlag Hildesheim, 20 July 2020.

267　The First News, 『Berlin placed children under the care of paedophiles for years - report』, 18 June 2020; The Sun, 『RAISED BY PAEDOS Horrifying Berlin foster experiments saw kids DELIBERATELY given to paedos to see if sex abuse was 'good for them'』, 4 March 2020; Evie, 『Deja Vu? How Sexual Reform Destroyed Germany In The 1900s』, 29 June 2022.

268　Independent, 『Berlin authorities placed children with paedophile foster parent for 30 years』, 18 June 2020; The Times, 『Berlin to compensate victims of paedophile foster scheme』, 4 March 2020.

269　The Sun, 『RAISED BY PAEDOS Horrifying Berlin foster experiments saw kids

270　Lifesite, 『German documentary exposes state-funded network allowing pedophiles to 'take care' of boys』, 28 October 2022.
271　The Dailywire, 『Berlin Authorities Intentionally Placed Children With Pedophiles For 30 Years As Part Of 'Experiment', German Media Says』, 22 June 2020; Rebel News, 『Children intentionally placed with pedophiles in Germany』, 17 June 2020.
272　Catholic News Agency, 『Parents detect disgraced sexologist's theories in German Church's abuse commission report』, 18 May 2021; The Spectator, 『When child abuse was avant-garde』, 1 August 2021; The Christian Post, 『The trend toward normalizing pedophilia must be halted』, 11 December 2021.
273　Daily Compass, 『Paedophilia is rampant in Europe, yet investigations are blocked』, 30 June 2020.
274　Klaus M. Beier, "Pedophilia, Hebephilia and Sexual Offending against Children," Springer Cham, 2021.
275　The Times of India, 『Paedophilia is a fate and not a choice, German doctor says』, 14 March 2017; The Independent, 『Paedophilia is 'fate, not a choice', leading scientist claims』, 14 March 2017; Vice News, 『The Men Who Call Themselves Non-Offending Pedophiles』, 27 August 2019; 조선일보, 『독일 성(性)의학자 "소아성애는 선택 아닌 본능"』, 2017.3.15.
276　United States, Congress, House, Committe, "Policy Implications of Lifting the ban on Homosexuals in the Military: Hearings Before the Committee on Armed Services, House of Representatives, One Hundred Third Congress First Session, Hearings Held May 4 and 5, 1993," Palala Press, September 2015, p.117.
277　Judith A Reisman, Edward W Eichel, J. Gordon Muir, J H Court, Kinsey, "Sex and Fraud: The Indoctrination of a People," Vital Issues Pr, 1990.
278　P Cameron, K Proctor, W Coburn Jr, N Forde, H Larson, K Cameron, "Child Molestation and Homosexuality," Psychological Reports, 58(1), February 1986, pp.327-337.
279　Brad Hayton, "The Homosexual Agenda," Focus on the Family, 1990, p.15.
280　Klaus M. Beier, "Pedophilia, Hebephilia and Sexual Offending against Children," Springer Cham, 2021; 연합뉴스, 『獨 녹색당, 80년대 소아성애 합법화 지원 파문』, 2013.5.15.; 한겨레, 『40년 독일 녹색당, 기후행동 속 '녹색 총리'도 꿈꾼다』, 2021.1.14.; 연합뉴스, 『독일 녹색당 수뇌부 총선 참패에 사퇴』, 2013.9.24.; 펜앤드마이크, 『동성혼 인정하는 '생활동반자법', 보수여론 속이려는 '꼼수 법안'』, 2023.5.15.
281　크리스천투데이, 『네오 맑시즘, 젠더 이데올로기와 동성애 인권 내세우는 이유』, 2021.1.14.; 크리스천투데이, 『[김영한 칼럼] 문화 마르크스주의: 비판적 성찰 (I)』, 2020.3.19.
282　용혜인 의원 대표발의, 생활동반자관계에 관한 법률안(의안번호: 2121647, 발의: 2023.4.26.); 연합뉴스, 『결혼 안 해도 가족으로 인정받을까…생활동반자법 주목』, 2023.5.6.; 국민일보, 『"동성혼 합법화 길 터주는 생활동반자법 철회하라"』, 2023.5.15.;

경향신문, 『드디어 입법 공간으로 나온 '생활동반자법'』, 2023.4.26.; 여성신문, 『용혜인, 동거인에 혼인 준하는 권리 부여하는 '생활동반자법' 최초 발의』, 2023.4.26.; 한겨례, 『용혜인, '생활동반자법' 최초 발의…"다양한 가족을 구성할 자유를"』, 2023.4.26.

283 KBS News, 『"혼인·혈연 아니어도, 같이 살면 가족" 가능할까? 생활동반자법 첫 발의』, 2023.5.4.; MBN 뉴스, 『"혼인·혈연 아니어도 함께 살면 가족"…용혜인, '생활동반자법' 발의』, 2023.4.27.

284 크리스천투데이, 『"용혜인 의원 발의 생활동반자법, 동성결혼 합법화 노린 것"』, 2023.5.4.; 크리스천투데이, 『아무나 가족 삼을 수 있다? 생활동반자법 공식 발의』, 2023.4.26.; 크리스천투데이, 『생활동반자법, 책임 회피한 채 권리만 누리려는 이기적 욕구』, 2023.5.1.

285 장혜영 의원 대표발의, 민법 일부개정법률안(의안번호: 2122396, 발의: 2023.5.31.)

286 장혜영 의원 대표발의, 모자보건법 일부개정법률안(의안번호: 2122394, 발의: 2023.5.31.)

287 장혜영 의원 대표발의, 생활동반자관계에 관한 법률안(의안번호: 2122404, 발의: 2023.5.31.)

288 여성신문, 『헌정사상 첫 '동성혼 인정' 법안 발의 "다양한 가족도 권리 보장받아야"』, 2023.6.5.; 중앙일보, 『정의 장혜영, '동성혼 명시·비혼출산 지원' 가족구성권 3법 대표발의』, 2023.5.31.; 크리스천투데이, 『가족 제도 자체 없애겠다는, 정의·민주당 '가족구성권 3법'』, 2023.6.6.; 크리스천투데이, 『이번엔 동성결혼 합법화 등 '가족구성권 3법' 발의 '충격'』, 2023.5.31.; 뉴시스, 『"혈연 아니어도 함께 살면 가족"…정의당, 가족구성원 3법 발의』, 2023.5.31.

289 프레시안, 『국내 최초로 '동성혼 법제화' … 가족구성권 3법 발의됐다』, 2023.5.31.; 한겨례, 『장혜영, '동성혼 법제화' 국회 첫 발의…국힘 김예지 의원도 가세』, 2023.5.31.

290 뉴시스, 『"동성애 논의 금지292) 연합뉴스, 『헝가리, 동성애 다룬 아동도서 판매 제한 법령 발표』, 2021.8.8.; 데일리굿뉴스, 『헝가리, 동성애 다룬 아동도서 판매 제한 법령 발표』, 2021.8.9. "…헝가리, 성 소수자 차별 법안 논란』, 2021.6.15.

291 연합뉴스, 『헝가리, 동성애 다룬 아동도서 판매 제한 법령 발표』, 2021.8.8.; 데일리굿뉴스, 『헝가리, 동성애 다룬 아동도서 판매 제한 법령 발표』, 2021.8.9.

292 국민일보, 『"사랑 어쩌고저쩌고해도 결국에는 단순 엔조이… 동성애자 성적 쾌락 추구는 성 중독에 가까워"』, 2017.9.20.

293 김영한 외 지음, "동성애, 21세기 문화충돌", 킹덤북스, 2016, 507면; 미디어오늘, 『'성인권 교육'이 동성애를 조장한다는 주장은 '가짜뉴스'』, 2021.3.18.; 뉴스컬처, 『[사이컬처] 동성애, 선택인가? 유전인가?』, 2014.9.17.; 조선비즈, 『팀 쿡 커밍아웃…과학의 관점에서 본 동성애는?』, 2014.11.2.; 전자신문, 『[사이언스 인 컬쳐] 동성애』, 2010.10.23.; 서울신문, 『"게이는 선천적…DNA부터 다르다" 美연구팀 주장』, 2014.2.14.; 한국일보, 『동성애는 왜 존재하는가』, 2009.3.18.; 프레시안, 『'국가의 적' 동성애자는 어떻게 해방되었나』, 2014.1.10.

294 Stanton L. Jones, Mark A. Yarhouse, "Homosexuality: The Use of Scientific Research in the Church's Moral Debate," IVP Academics, 2009, pp.72-79; 국민일보, 『[기고] 동성애는 유전이 아니다』, 2017.9.20.; 명재진 외 6인, "포괄적 차별금지법, 찬성할 것인가 반대할 것인가," 밝은생각, 2020.6., 311-312면; 국민일보, 『[칼럼] 인간의 가치를 부정하는 '동성애 약자 프레임'』, 2021.4.20.

295 한국경제, 『갤럽 "美 젊은층 16%가 성소수자…양성애자 최대"』, 2021.3.2.; 머니투데이, 『美 젊은이 6명 중 1명 "나는 성소수자"』, 2021.2.25.

296 오마이뉴스, 『차별금지법 생기면, 동성애 늘어난다고? 천만에』, 2021.1.9.; 크리스천투데이, 『"동성애·불륜·포르노 옹호 이론, 기독교 공격"』, 2020.1.19.; 한겨레21, 『[팩트체크] 동성애는 치료하면 바뀔 수 있다?』, 2020.10.31.

297 조선일보, 『동성애자들이 말해주지 않는 '동성애에 대한 비밀' -동성애자의 양심고백-』, 2020.9.1.; 펜앤드마이크, 『한국가족보건협회 "폭증하는 청소년 에이즈…'동성간 성관계'가 주요 감염경로임을 가르쳐야"』, 2019.11.27.; 백상현, "가짜 인권, 가짜 혐오, 가짜 소수자," 밝은생각, 2017, 211면; 국민일보, 『경남지역 성도들 '퀴어행사' 저지 집회』, 2019.12.2.; 국민일보, 『"동성애가 유전이라고요? 이기적 욕망·중독일 뿐 다들 속고 있습니다"』, 2016.6.9.

298 조선일보, 『'동성애자들이 말해주지 않는 동성애에 대한 비밀』, 2010.11.10.

299 James E. Phelan LSW, "Addiction and Recovery in Homosexuality," Journal of Ministry in Addiction & Recovery, 5(1), 1998, pp.65-71; 국민일보, 『"사랑 어쩌고 저쩌고해도 결국에는 단순 엔조이… 동성애자 성적 쾌락 추구는 성 중독에 가까워"』, 2017.9.20.; 크리스천투데이, 『[영상] "동성애는 '유전' 아닌 '중독'"』, 2021.12.11.; 크리스천투데이, 『HIV 감염자 "동성애와 에이즈의 위험성 알려야"』, 2019.11.28.; 경상매일신문, 『<윤정배 칼럼> 퀴어축제와 예방주사』, 2018.6.8.; 가브리엘 쿠비, "글로벌 성혁명," 밝은생각, 2020, 343면.

300 Beáta Bothe, Réka Bartók, István Tóth-Király, "Hypersexuality, Gender, and Sexual Orientation: A Large-Scale Psychometric Survey Study," Archives of Sexual Behavior, 47(8), November 2018, pp.2265-2276.

301 펜앤드마이크, 『[기고/민성길 교수] "'성인권 교육'이 동성애를 조장한다는 주장은 '가짜뉴스'"인가?』, 2021.3.30.

302 스카이데일리, 『개인·사회 비참한 최후 부르는 동성애의 목적 '변태적 쾌락'』, 2020.9.28.

303 시사포커스, 『성중독은 '정신질환'인가?』, 2014.10.30.

304 디지털타임스, 『여성 성기 언급한 총신대 교수, "동성간 성관계 경종 울리는 일 계속할 것"』, 2019.11.24.; 연합뉴스, 『여성 성기 언급한 총신대 교수 '성희롱' 논란에 반박 대자보』, 2019.11.24.; 세계일보, 『'성희롱' 논란 총신대 교수 "의학적 사실 제시했을 뿐" 반박』, 2019.11.24.; 스카이데일리, 『개인·사회 비참한 최후 부르는 동성애의 목적 '변태적 쾌락'』, 2020.9.28.

305 https://namu.wiki/w/게이/오해

306 백상현, "가짜 인권, 가짜 혐오, 가짜 소수자," 밝은생각, 2017, 391면; 경상매일신문, 『<윤정배 칼럼> 퀴어축제와 예방주사』, 2018.6.8.

307 United States, Congress, House, Committe, "Policy Implications of Lifting the ban on Homosexuals in the Military: Hearings Before the Committee on Armed Services, House of Representatives, One Hundred Third Congress First Session, Hearings Held May 4 and 5, 1993," Palala Press, September 2015, p.114.

308 M E Guinan, P A Thomas, P F Pinsky et al., "Heterosexual and homosexual patients with the acquired immunodeficiency syndrome. A comparison of surveillance, interview, and laboratory data," Annals of Internal Medicine, 100(2), February

1984, pp.213-218; J W Gold, C S Weikel, J Godbold et al., "Unexplained persistent lymphadenopathy in homosexual men and the acquired immune deficiency syndrome," Medicine (Baltimore), 64(3), May 1985, pp.203-213.

309 한겨레21, 『[팩트체크] 동성애는 치료하면 바뀔 수 있다?』, 2020.10.31.; 오마이뉴스, 『차별금지법 생기면, 동성애 늘어난다고? 천만에』, 2021.1.9.

310 경남도민일보, 『높은 자살률·범죄와 연관…청소년 도박 '폭발직전'』, 2016.2.15.

311 Lester Pincu, "Sexual compulsivity in gay men: controversy and treatment," Journal of Counselling and Development, 68(1), 1989, pp.63-66.

312 김영한 외 지음, "동성애, 21세기 문화충돌," 킹덤북스, 2016.6., 518-520면.

313 가브리엘 쿠비, "글로벌 성혁명," 밝은생각, 2020, 123면.

314 국민일보, 『"동성애, 선천적 아니며 벗어날 수 있다"』, 2016.12.15.

315 국민일보, 『동성애는 유전적인가?(길원평 부산대 교수)』, 2010.11.28.; 국민일보, 『[칼럼] 동성애자의 낙원을 만들려고 하는 차별금지법』, 2021.5.25.

316 박소영, 박경, "한국판 성 중독 척도(K-HBCS)의 타당화 연구," 청소년학연구, 27(12), 2020.12, 217-218면.

317 D W Black, L L Kehrberg, D L Flumerfelt, S S Schlosser, "Characteristics of 36 subjects reporting compulsive sexual behavior," The American Journal of Psychiatry, 154(2), February 1997, pp.243-249; Martin P Kafka, John Hennen, "A DSM-IV Axis I comorbidity study of males (n = 120) with paraphilias and paraphilia-related disorders," Sexual Abuse: a journal of research and treatment, 14(4), October 2002, pp.349-366; Michael J Maranda, Chenglong Han, Gregory A Rainone, "Crack cocaine and sex," Journal of Psychoactive Drugs, 36(3), September 2004, pp.315-322; Nancy C Raymond, Eli Coleman, Michael H Miner, "Psychiatric comorbidity and compulsive/impulsive traits in compulsive sexual behavior," Comprehensive Psychiatry, 44(5), September-October 2003, pp.370-380; R F Valois, J E Oeltmann, J Waller, J R Hussey, "Relationship between number of sexual intercourse partners and selected health risk behaviors among public high school adolescents," The Journal of Adolescent Health, 25(5), November 1999, pp.328-335; D Wines, "Exploring the applicability of criteria for substance dependence to sexual addiction," Sexual Addiction & Compulsivity, 4,1997, pp.195–220. Frederico Duarte Garcia, Florence Thibaut, "Sexual addictions," The American Journal of Drug and Alcohol Abuse, 36(5), September 2010, pp.254-260; Jon E Grant, Marc N Potenza, Aviv Weinstein, David A Gorelick, "Introduction to behavioral addictions," The American Journal of Drug and Alcohol Abuse, 36(5), September 2010, pp.233-241; Forbes, 『Does Sex Addiction Function Like Drug Addiction In The Brain?』, 12 July 2014; Aviel Goodman, "What's in a Name? Terminology for Designating a Syndrome of Driven Sexual Behavior," Sexual Addiction & Compulsivity, 8(3-4), 7 January 2011, pp.191-213; Patrick J. Carnes, Marie Wilson, "The Sexual Addiction Assessment Process," Routledge, 2002; 박소영, 박경, "한국판 성 중독 척도(K-HBCS)의 타당화 연구," 청소년학연구, 27(12), 2020.12, 222-224면.

318 Elan Y. Karten, Jay C. Wade, "Sexual Orientation Change Efforts in Men: A Client Perspective," The Journal of Men's Studies, 18(1), 1 January 2010, pp.84-102.

319　UPI, 『This is what a sex addict's brain looks like』, 11 July 2014; Ariel Kor, Yehuda Fogel, Rory C. Reid, Marc N. Potenza, "Should Hypersexual Disorder be Classified as an Addiction?," Sexual addiction & compulsivity, 20(1-2), 9 April 2013, 10.1080/10720162.2013.768132; 박소영, "박경, 한국판 성 중독 척도(K-HBCS)의 타당화 연구," 청소년학연구, 27(12), 2020.12., 217-247면.

320　Miriam Raviv, "Personality characteristics of sexual addicts and pathological gamblers. Journal of Gambling Studies," 9(1), 1993, pp.17–30; Liana R N Schreiber, Brian L Odlaug, Jon E Grant, "Compulsive Sexual Behavior: Phenomenology and Epidemiology," Oxford University Press, 2012, pp.165–175; D W Black, L L Kehrberg, D L Flumerfelt, S S Schlosser, "Characteristics of 36 subjects reporting compulsive sexual behavior," The American Journal of Psychiatry, 154(2), February 1997, pp.243-249; J Gerevich, T Treuer, Z Danics, J Herr, "Diagnostic and psychodynamic aspects of sexual addiction appearing as a non-paraphilic form of compulsive sexual behavior," Journal of Substance Use, 10, 2005, pp.253–259; J Bancroft, "Sexual behavior that is out of control: A theoretical conceptual approach," Psychiatric Clinics of North America, 31, 2008, pp.593–601; 스카이데일리, 『개인·사회 비참한 최후 부르는 동성애의 목적 '변태적 쾌락'』, 2020.9.28.

321　BBC News, 『Scientists probe 'sex addict' brains』, 12 July 2014; The Guardian, 『Is compulsive sexual behaviour comparable to drug addiction?』, 14 July 2014; WebMD, 『Brains of Sex Addicts』, 11 July 2014; HealthDay, 『Brains of Sex Addicts May Be Wired Like Those of Drug Addicts, Study Finds』, 11 July 2014; The Telegraph, 『Love is the drug, scientists find』, 11 July 2014; VOA, 『Sex, Drug Addicts Have Similar Brain Responses』, 11 July 2014.

322　Valerie Voon ,Thomas B. Mole, Paula Banca et al., "Neural Correlates of Sexual Cue Reactivity in Individuals with and without Compulsive Sexual Behaviours," PLoS One, 9(7), 11 July 2014, e102419; 브릿지경제, 『[카드뉴스] 성중독은 중독일까 장애일까』, 2016.10.22.; Reuters, 『In the brain, sex addiction looks the same as drug addiction』, 16 July 2014.

323　Nancy C Raymond 1, Eli Coleman, Michael H Miner, "Psychiatric comorbidity and compulsive/impulsive traits in compulsive sexual behavior," Comprehensive Psychiatry, 44(5), September-October 2003, pp.370-380; Ariel Kor, Yehuda Fogel, Rory C. Reid, Marc N. Potenza, "Should Hypersexual Disorder be Classified as an Addiction?," Sexual addiction & compulsivity, 20(1-2), 9 April 2013, 10.1080/10720162.2013.768132; ABC News, 『Sexual Addiction May Be Real After All』, 11 July 2014.

324　Liana R N Schreiber, Brian L Odlaug, Jon E Grant, "Compulsive Sexual Behavior: Phenomenology and Epidemiology," Oxford University Press, 2012, pp.165–175; Jason Winters, Kalina Christoff, Boris B Gorzalka, "Dysregulated sexuality and high sexual desire: distinct constructs?," Archives of Sexual Behavior, 39(5), October 2010, pp.1029-1043.

325　Rory C Reid, "How should severity be determined for the DSM-5 proposed classification of Hypersexual Disorder?," Journal of Behavioral Addictions, 4(4),

December 2015, pp.221-225; 경상일보, 『[안준호의 세상읽기(14)] 인간의 성 행동, 어디까지 정상일까?』, 2018.3.15.; I Toussaint, W Pitchot, "Le désordre hypersexuel ne figurera pas dans le DSM V : analyse contextuelle [Hypersexual disorder will not be included in the DSM V : a contextual analysis]," Revue Medicale Liege, 68(5-6), May-Jun 2013, pp.348-353; Uwe H Hartmann, "Re: Report of findings in a DSM-5 field trial for hypersexual disorder," European Urology, October 2013, 64(4), pp.685-686; Beáta Bothe, Réka Bartók, István Tóth-Király, "Hypersexuality, Gender, and Sexual Orientation: A Large-Scale Psychometric Survey Study," Archives of Sexual Behavior, 47(8), November 2018, pp.2265-2276.

326 채규만, "성중독 치료," 목회와 상담, 2, 2002, 228-229면.

327 Pink News, 『What is Grindr? Everything you need to know』, 30 April 2018.

328 Frederico Duarte Garcia, Florence Thibaut, "Sexual addictions," The American Journal of Drug and Alcohol Abuse, 36(5), September 2010, pp.254-260; A Goodman, "Sexual addiction: designation and treatment," Journal of Sex & Marital Therapy, 18(4), 1992 Winter, pp.303-314; Martin P Kafka, "Hypersexual disorder: a proposed diagnosis for DSM-V," Archives of Sexual Behavior, 39(2), April 2010, pp.377-400; 박소영, 박경, "한국판 성 중독 척도(K-HBCS)의 타당화 연구," 청소년학연구, 27(12), 2020.12, 225면.

329 Beáta Bothe, Réka Bartók, István Tóth-Király, "Hypersexuality, Gender, and Sexual Orientation: A Large-Scale Psychometric Survey Study," Archives of Sexual Behavior, 47(8), November 2018, pp.2265-2276.

330 Harry W. Haverkos, Robert Edelman, "The Epidemiology of Acquired Immunodeficiency Syndrome Among Heterosexuals," JAMA, 260(13), 1988, pp.1922-1929; Lawrence Corey, King K Holmes, "Sexual transmission of hepatitis A in homosexual men: incidence and mechanism," The New England Journal of Medicine, 302(8), 21 February 1980, pp.435-438; 김영한 외 지음, "동성애, 21세기 문화충돌," 킹덤북스, 2016.6., 610면; 데일리코리아, 『동성애,.. 과연 선천적인가?』, 2015.10.8.; 시사전북닷컴, 『LGBT의 차별과 분별』, 2018.1.24.; Rory C Reid, Bruce N Carpenter, Joshua N Hook et al., "Report of findings in a DSM-5 field trial for hypersexual disorder," The Journal of Sexual Medicine, 9(11), November 2012, pp.2868-2877.

331 Rory C Reid, Bruce N Carpenter, Joshua N Hook et al., "Report of findings in a DSM-5 field trial for hypersexual disorder," The Journal of Sexual Medicine, 9(11), November 2012, pp.2868-2877.

332 Harry W. Haverkos, Robert Edelman, "The Epidemiology of Acquired Immunodeficiency Syndrome Among Heterosexuals," JAMA, 260(13), 1988, pp.1922-1929; Lawrence Corey, King K Holmes, "Sexual transmission of hepatitis A in homosexual men: incidence and mechanism," The New England Journal of Medicine, 302(8), 21 February 1980, pp.435-438; 김영한 외 지음, "동성애, 21세기 문화충돌," 킹덤북스, 2016.6., 610면; 데일리코리아, 『동성애,.. 과연 선천적인가?』, 2015.10.8.; 시사전북닷컴, 『LGBT의 차별과 분별』, 2018.1.24.

333 Beata Bothe, Reka Bartok, Istvan Toth-Kiraly, "Hypersexuality, Gender, and

	Sexual Orientation: A Large-Scale Psychometric Survey Study," Archives of Sexual Behavior, 47(8), November 2018, pp.2265-2276.
334	Belfast Telegraph, 『DUP's Donaldson to chair Westminster briefing with minister who branded LGBT education 'state-sponsored abuse'』, 26 February 2020.
335	뉴스앤조이, 『반동성애 진영 길원평 교수와의 소송, 1심에 이어 항소심에서도 이겼습니다』, 2021.7.5.
336	코람데오닷컴, 『차금법 옹호하는 '뉴조'기사에 대한 팩트체크(1)』, 2020.7.22.; 코람데오닷컴, 『차금법 옹호하는 '뉴조'기사에 대한 팩트체크(3)』, 2020.7.24.; 크리스천투데이, 『동반연 "서울서부법원, 차별금지법 실상 외면"』, 2020.2.26.; 크리스천투데이, 『"반대와 혐오는 다르다, 거짓 프레임에 가두지 말라"』, 2018.10.4.; 크리스천투데이, 『길원평 교수 "차별금지법, 분열 없길 바라며 팩트체크 정리"』, 2020.7.29.; 미디어스, 『극동방송, 차별금지법 허위정보로 법정제재 경고』, 2020.10.28.
337	The Daily Signal, 『How 'Equality Act' Would Impose Transgender Ideology on Everyone』, 24 February 2021; 데일리굿뉴스, 『동성애 반대 이상원 교수 부당해임 철회 공동성명』, 2021.6.7.; 국민일보, 『"학교 정상화, 회복·혁신이 핵심"』, 2020.5.26.; 노컷뉴스, 『총신대, 성희롱 발언 이상원 교수 해임』, 2020.5.20.; 대법원 2020.6.4. 선고 2020도3975 판결; 대구지방법원 2020.2.19. 선고 2019노2758 판결; 대구지방법원 서부지원 2019.6.28. 선고 2017고단2897 판결; 대구지방법원 2021.7.8. 선고 2020구합27005 판결; 법률신문, 『초등학생에게 '동성애 위험' 유튜브 보게 했다면… 학대행위 해당』, 2020.8.6.; 대구MBC, 『"동성애 혐오 영상'보여준 보육교사"자격취소 적법"』, 2021.7.13.; KBS뉴스, 『봉사 온 초등생에게 '동성애·이상성애' 성교육 영상…대법 "정서적 학대"』, 2020.8.6.; 대구MBC, 『부적절한 영상으로 성교육..대법, "정서적 학대"』, 2020.8.14.; 뉴스앤넷, 『美 의학교수, 동성애 위험 경고하다 병원서 쫓겨나』, 2015.10.2.
338	질병관리본부, "국가 에이즈관리사업 평가 및 전략개발," 청원군: 질병관리본부, 2014, 8면; 보건복지부, "제4차 국민건강증진종합계획(2016-2020)," 2015.12., 323면.
339	후생신문, 『청소년 70% 에이즈 교육 받은적 없다』, 2020.11.24.; 김준명, 최준용, 정우용, 성 혜, 김신우, 김우주, 최희정, 김민자, 우준희, 김윤정, 최보율, 최윤수, 기미경, 김기순, "국내 Human Immunodeficiency Virus 감염의 감염 경로: 한국 HIV/AIDS 코호트 연구," 대한내과학회지, 93(4), 2018, 379-389면; 김지연, "덮으려는 자 펼치려는 자," 사람, 2019, 417-418면; 메디컬투데이, 『국내 에이즈 감염 경로 중 60% '동성 및 양성 간 성접촉'』, 2018.8.27.
340	보건복지부, "제4차 국민건강증진종합계획(2016-2020)," 2015.12., 328면.
341	보건복지부, "제4차 국민건강증진종합계획(2016-2020)," 2015.12., 331면.
342	질병관리본부 국립보건연구원 면역병리센터 에이즈·종양바이러스과, "우리나라 HIV 감염인의 최초 감염진단 이후 생존율 변화," 주간 건강과 질병, 2009, 1면; 김지연, "덮으려는 자 펼치려는 자," 사람, 2019, 363면, 466면.
343	김영한 외 지음, "동성애, 21세기 문화충돌," 킹덤북스, 2016.6., 567-569면.
344	Centers for Disease Control and Prevention (CDC), "Prevalence and awareness of HIV infection among men who have sex with men --- 21 cities, United States," 2008, Morbidity and Mortality Weekly Report, 59(37), 24 September 2010, pp.1201-1207.
345	보건복지부, "제4차 국민건강증진종합계획(2016-2020)," 2015.12., 328면.

346 인사이트코리아, 『'에이즈 잠복기' 초기 증상을 느끼지 못하고 무증상이나 경미한』, 2019.11.7.; 시사매거진, 『'에이즈 감염확률' 바이러스인 인체면역결핍바이러스 HIV의 초기증상 잠복기는 약』, 2019.9.24.

347 경상일보, 『에이즈 증상은? 무증상 잠복기 10년 지속..."감염 모를 수도 있다?"』, 2017.10.11.; 한국경제, 『에이즈, 무증상 잠복기 10년…초기엔 감기몸살과 비슷』, 2017.10.19.; 헬스조선, 『성병 에이즈, 초기 증상은 '감기몸살'?』, 2021.3.10.; 헬스조선, 『'HIV 감염 증상 감기몸살과 비슷…환자인 줄 모르고 방치도'』, 2019.7.30.; 보건복지부, "제4차 국민건강증진종합계획(2016-2020)," 2015.12., 331면.

348 질병관리청, "2020 HIV/AIDS 신고 현황 연보," 2021.8., 6면; 약업신문, 『서정숙 의원, '2020 세계 에이즈의 날' 기념세미나 개최』, 2020.11.24.

349 질병관리본부 국립보건연구원 면역병리센터 에이즈·종양바이러스과, "우리나라 HIV 감염인의 최초 감염진단 이후 생존율 변화," 주간 건강과 질병, 2009, 1면; 김지연, "덮으려는 자 펼치려는 자," 사람, 2019, 363면, 466면.

350 의학신문, 『국내 청소년 70%, 에이즈 관련 배운 사실 '없다'』, 2020.11.24.

351 프리미엄조선, 『HIV가 뭔지도 모른 채 숙식위해 아저씨 상대로 '바텀 알바'하는 가출소년들』, 2014.11.17.; 김지연, "덮으려는 자 펼치려는 자," 사람, 2019, 466-467면.

352 Kathryn Macapagal, Ashley Kraus, David A Moskowitz, Jeremy Birnholtz, "Geosocial Networking Application Use, Characteristics of App-Met Sexual Partners, and Sexual Behavior Among Sexual and Gender Minority Adolescents Assigned Male at Birth," Journal of Sex Research, 57(8), October 2020, pp.1078-1087; NBC News, 『Sex and drugs: Popular gay dating app allows users to find more than a date』, 1 August 2018.

353 프리미엄조선, 『HIV가 뭔지도 모른 채 숙식 위해 아저씨 상대로 '바텀알바'하는 가출소년들』, 2014.11.17.; 위키트리, 『'바텀알바'하는 가출 청소년들』, 2014.11.17.

354 의학신문, 『'에이즈 감염 예방 위한 정책과 노력 시급하다'』, 2016.12.7.; 김영한 외 지음, "동성애, 21세기 문화충돌," 킹덤북스, 2016.6., 527-528면, 657면.

355 국민일보, 『[동성애자 입장만 강조한 중·고 교과서] 동성애-에이즈 연관성 명시한 교과서 한권도 없어』, 2015.9.2.

356 김미선, 박성수, "청소년이 음란물접촉과 예방대책," 한국중독범죄학회보, 9(1), 2019, 1-22면.

357 김지연, "덮으려는 자 펼치려는 자," 사람, 2019, 466-468면; 의학신문, 『국내 청소년 70%, 에이즈 관련 배운 사실 '없다'』, 2020.11.24.; 프리미엄조선, 『HIV가 뭔지도 모른 채 숙식 위해 아저씨 상대로 '바텀알바'하는 가출소년들』, 2014.11.17.

358 가브리엘 쿠비, "글로벌 성혁명," 밝은생각, 2020, 123면; 명재진 외 6인, "포괄적 차별금지법, 찬성할 것인가 반대할 것인가," 밝은생각, 2020.6., 352면; The Daily Signal, 『How 'Equality Act' Would Impose Transgender Ideology on Everyone』, 24 February 2021; Stream, 『Interview: The Pain of Transgender Regret』, 9 October 2015; Life Site, 『For some, transgender 'transitioning' brings unimaginable regret: I would know』, 26 October 2015; Mercatornet, 『The pain of transgender regret』, 9 October 2015; 국민일보, 『[칼럼] 동성애 옹호자들이 '탈동성애'를 탄압하는 이유』, 2021.4.23.; 펜앤드마이크, 『"민주당 이상민 의원의 '평등안'은 전체주의 독재법이자 국민에 재갈물리는 노예법"』, 2021.6.23.

359	김영한 외 지음, "동성애, 21세기 문화충돌," 킹덤북스, 2016.6., 527-528면.
360	경상매일신문, 『<윤정배 칼럼>동성애와 에이즈 II』, 2018.4.27.
361	PD저널, 『'퀴어=동성애?' 의미조차 축소하는 공영방송』, 2016.6.13.; 한국기자협회, 한국기자협회 인권보도준칙, https://www.journalist.or.kr/news/section4.html?p_num=7; 김영길, "인권의 딜레마," 보담, 2021, 374면.
362	Time, Sick Again? Psychiatrists vote on gays, Feb 20, 1978, Vol. 111 Issue 8, p.102.; 김영한 외 지음, "동성애, 21세기 문화충돌," 킹덤북스, 2016, 581면.
363	National Association for Research & Therapy of Homosexuality, Gay Men Differ From Heterosexuals In Suicidality: Netherlands Study, 17 October 2006; 김영한 외 지음, "동성애, 21세기 문화충돌," 킹덤북스, 2016, 669면; Remafedi, Gary, Farrow, James A., and Deister, RW., "Risk Factors in Attempted Suicide in Gay and Bisexual Youth," Pediatrics, 87(6), June 1991, pp.869-875.
364	NBC News, 『40 percent of LGBTQ youth 'seriously considered' suicide in past year, survey finds』, 16 July 2020; Washington Blade, 『British youth face 'mental health crisis'』, 15 January 2014; Pink News, 『More than 80% of LGBT students in China report depression』, 10 May 2019; Jeanne Nagle, "Are You LGBTQ?," Enslow Publishing, 2015, p.101; Lifesite News, 『Study: gay teens five times more likely to attempt suicide』, 29 April 2011; Pink News, 『CDC study finds gay teens are nearly five times as likely to attempt suicide』, 12 August 2016; NBC News, 『40 percent of LGBTQ youth 'seriously considered' suicide in past year, survey finds』, 16 July 2020.
365	T G Sandfort, R de Graaf, R V Bijl, P Schnabel, "Same-sex sexual behavior and psychiatric disorders: findings from the Netherlands Mental Health Survey and Incidence Study (NEMESIS)," Archives of General Psychiatry, 58(1), January 2001, pp.85-91; Ron de Graaf, Theo G M Sandfort, Margreet ten Have, "Suicidality and sexual orientation: differences between men and women in a general population-based sample from the Netherlands," Archives of Sexual Behavior, 35(3), June 2006, pp.253-262.
366	Sanjay Aggarwal, Rene Gerrets, "Exploring a Dutch paradox: an ethnographic investigation of gay men's mental health," Culture, Health & Sexuality, 16(2), 2014, pp.105-119; 김영한 외 지음, "동성애, 21세기 문화충돌, 킹덤북스," 2016, 117-118면.
367	Neil E. Whitehead, "Gay male partnerships no defence against suicide," New Zealand, January 2011; 김영한 외 지음, "동성애, 21세기 문화충돌," 킹덤북스, 2016, 669면; Neil E. Whitehead, "Homosexuality and Co-Morbidities: Research and Therapeutic Implications," Journal of Human Sexuality, Vol.2, 2010, pp.124-175.
368	J M Bailey, "Homosexuality and mental illness," Archives of General Psychiatry, 56(10), October 1999, pp.883-884; 가브리엘 쿠비, "글로벌 성혁명," 밝은생각, 2020, 224-225면.
369	Charles L Burton, Kirsty A Clark, John E Pachankis, "Risk From Within: Intraminority Gay Community Stress and Sexual Risk-Taking Among Sexual Minority Men," Annals of Behavioral Medicine, 54(9), 1 September 2020, pp.703-712; Pink News, 『Do Grindr and other dating apps affect mental health?』, 18 April 2018; Pink

News, 『What is Grindr? Everything you need to know』, 30 April 2018.

370 Carlos Hermosa-Bosano, Paula Hidalgo-Andrade, Clara Paz, "Geosocial Networking Apps Use Among Sexual Minority Men in Ecuador: An Exploratory Study," Archives of Sexual Behavior, 50(7), October 2021, pp.2995-3009; Jeffrey T. Parsons, Brian C. Kelly, David S. Bimbi et al., "Explanations for the Origins of Sexual Compulsivity Among Gay and Bisexual Men," Archives of Sexual Behavior, 37(5), October 2007, pp.817-826; Phillip L Hammack, Brock Grecco, Bianca D M Wilson, Ilan H Meyer, "White, Tall, Top, Masculine, Muscular: Narratives of Intracommunity Stigma in Young Sexual Minority Men's Experience on Mobile Apps," Archives of Sexual Behavior, 24 November 2021; Kuyper L. and T. Fokkema, "Loneliness Among Older Lesbian, Gay, and Bisexual Adults: The Role of Minority Stress," Archives of Sexual Behavior 39, 2010, p.1171.

371 Pink News, 『Depression and low self-esteem rising among gay men』, 6 August 2015.

372 The Guardian, 『Pressure to keep up: status imbalance a major factor in stress in gay men』, 29 February 2020.

373 The Guardian, 『Pressure to keep up: status imbalance a major factor in stress in gay men』, 29 February 2020.

374 Pink News, 『What is Grindr? Everything you need to know』, 30 April 2018.

375 Pink News, 『Do Grindr and other dating apps affect mental health?』, 18 April 2018; Pink News, 『Why are so many gay millennials alone?』, 16 April 2018.; Pink News, 『What is Grindr? Everything you need to know』, 30 April 2018.

376 Carlos Hermosa-Bosano, Paula Hidalgo-Andrade, Clara Paz, "Geosocial Networking Apps Use Among Sexual Minority Men in Ecuador: An Exploratory Study," Archives of Sexual Behavior, 50(7), October 2021, pp.2995-3009.; Pink News, 『Comment: The dark side of gay dating sites』, 20 February 2013.

377 Jennifer Hecht, Maria Zlotorzynska, Travis H Sanchez, Dan Wohlfeiler, "Gay Dating App Users Support and Utilize Sexual Health Features on Apps," AIDS and Behavior, 11 January 2022.; Kathryn Macapagal, Ashley Kraus, David A Moskowitz, Jeremy Birnholtz, "Geosocial Networking Application Use, Characteristics of App-Met Sexual Partners, and Sexual Behavior Among Sexual and Gender Minority Adolescents Assigned Male at Birth," Journal of Sex Research, 57(8), October 2020, pp.1078-1087; NBC News, 『Sex and drugs: Popular gay dating app allows users to find more than a date』, 1 August 2018.

378 Pink News, 『What is Grindr? Everything you need to know』, 30 April 2018; Pink News, 『Grindr is making users sad, a study has revealed』, 16 January 2018.

379 문화일보, 『<메디컬 프런티어> "평생 행복 당겨쓰는 게 마약중독… 나머지 인생은 포기"』, 2012.6.1.; 내일신문, 『4대 중독(알코올 도박 마약 인터넷) 사회적비용 109조, 대책마련 시급』, 2017.4.28.

380 내일신문, 『[한국은 마약오염국 | ② 재범률부터 줄이자] "마약류 중독, 40·50대 조폭에서 20·30대 청년·여성으로"』, 2021.4.28.; 내일신문, 『경찰 검거 마약 사범 80%가 '초범'』, 2021.9.6.; 채규만, "성중독 치료," 목회와 상담, 2, 2002, 228-229면.

381　문화일보, 『<메디컬 프런티어> "평생 행복 당겨쓰는 게 마약중독… 나머지 인생은 포기"』, 2012.6.1.

382　Martin E. P. Seligman, "Helplessness: On Depression, Development, and Death," W H Freeman & Co, 1992; 내일신문, 『[한국은 마약오염국 | ② 재범률부터 줄이자] "마약류 중독, 40·50대 조폭에서 20·30대 청년·여성으로"』, 2021.4.28.; 내일신문, 『경찰 검거 마약 사범 80%가 '초범'』, 2021.9.6.

383　UPI, 『This is what a sex addict's brain looks like』, 11 July 2014.

384　Elan Y. Karten, Jay C. Wade, "Sexual Orientation Change Efforts in Men: A Client Perspective," The Journal of Men's Studies, 18(1), 1 January 2010, pp.84-102.

385　Sara Croxford, Aileen Kitching, Sarika Desai et al., "Mortality and causes of death in people diagnosed with HIV in the era of highly active antiretroviral therapy compared with the general population: an analysis of a national observational cohort," Lancet Public Health, 2(1), January 2017, e35-e46; Sara Croxford et al., Suicide among people diagnosed with HIV in England and Wales compared to the general population, British HIV Association conference, abstract O16, Liverpool, April 2017; Aidsmap, 『Suicide accounts for 2% of deaths in people with HIV, twice the rate of the general population』, 6 April 2017; Pink News, 『Men with HIV are twice as likely to die by suicide』, 7 April 2017.

386　머니투데이, 『"대변 찔끔찔끔" 고통 호소…"이것 절대 하지 마" 의사들 경고 이유』, 2023.6.14.

387　독서신문, 『동성애 합법화, 이석태·이은애 '찬성' vs 이영진 '반대'… 헌재도 좌경화?』, 2018.9.13.; 조선일보, 『동성애자들이 말해주지 않는 '동성애에 대한 비밀' -동성애자의 양심고백-』, 2020.9.1.; 월간조선, 『'동성애 전문가' 염안섭 수동연세요양병원장 인터뷰』, 2020.5.10.; 조선펍, 『"나라 지키는 의병의 마음으로 동성애·에이즈 확산 막겠다"』, 2016.9.9.

388　조선일보, 『동성애자들이 말해주지 않는 동성애에 대한 비밀』, 2010.11.10.; 조선일보, 『동성애자들이 말해주지 않는 '동성애에 대한 비밀' -동성애자의 양심고백-』, 2020.9.1.; 월간조선, 『코로나19 확진자 발생한 '찜방'의 정체는? 10년 전 <월간조선> 내용 보니』, 2020.5.10.

389　국민일보, 『""한국 에이즈 감염인 중 다수는 남성 동성애자" 동성애자인권연대 보고서』, 2015.7.16.; 국민일보, 『'에이즈 감염자 다수는 男 동성애자'… 동성애자 인권단체도 보고서에서 인정』, 2015.7.17.

390　Kuyper L. and T. Fokkema, "Loneliness Among Older Lesbian, Gay, and Bisexual Adults: The Role of Minority Stress," Archives of Sexual Behavior 39, 2010, p.1171.

391　독서신문, 『동성애 합법화, 이석태·이은애 '찬성' vs 이영진 '반대'… 헌재도 좌경화?』, 2018.9.13.

392　백상현, "가짜 인권, 가짜 혐오, 가짜 소수자," 밝은생각, 2017, 186-187면.

393　명재진 외 6인, "포괄적 차별금지법, 찬성할 것인가 반대할 것인가," 밝은생각, 2020.6., 26면, 264-265면; 데일리굿뉴스, 『인권법 개정 시민단체연합, '성적지향' 삭제 개정안 발의 적극 지지』, 2019.11.19.

394　김영길, "인권의 딜레마," 보담, 2021, 379면.

395　P Cameron, T Landess, K Cameron, "Homosexual sex as harmful as drug abuse,

	prostitution, or smoking," Psychological Reports, 96(3 Pt 2), June 2005, pp.915-961.
396	가브리엘 쿠비, "글로벌 성혁명," 밝은생각, 2020, 344면.
397	조영길, "동성애 차별금지법에 대한 교회의 복음적 대응," 밝은생각, 2020, 109면.; 경상매일신문, 『<윤정배 칼럼>동성애와 에이즈 II』, 2018.4.27.
398	Pink News, 『Most Russians believe in a secret group which is destroying their values with 'gay propaganda'』, 22 August 2018; 국민일보, 『[칼럼] 트랜스젠더와 건강문제』, 2021.10.5.; 경향신문, 『인권위 떠나는 최영애 위원장 "박원순 '성희롱' 판단은 옳았다"』, 2021.8.31.
399	Helen Lazaratou, Dimitrios Dikeos et al., "Gender dysphoria in adolescence: When scientific ambiguity in conceptualization becomes a political issue," The International Journal of Social Psychiatry, 64(5), August 2018, pp.511-512; The Lancet Child Adolescent Health, "A flawed agenda for trans youth," The Lancet Child & Adolescent Health, 5, 2021, p.385.
400	Sari L Reisner, Ralph Vetters, M Leclerc et al., "Mental health of transgender youth in care at an adolescent urban community health center: a matched retrospective cohort study," The Journal of Adolescent Health, 56(3), March 2015, pp.274-249; Brian C Thoma, Taylor L Rezeppa, Sophia Choukas-Bradley et al., "Disparities in Childhood Abuse Between Transgender and Cisgender Adolescents," Pediatrics, 148(2), August 2021, e2020016907; Andrea L Roberts, Margaret Rosario, Heather L Corliss et al., "Childhood gender nonconformity: a risk indicator for childhood abuse and posttraumatic stress in youth," Pediatrics, 129(3), March 2012, pp.410-417; Andrea L Roberts, Margaret Rosario, Heather L Corliss, "Elevated risk of posttraumatic stress in sexual minority youths: mediation by childhood abuse and gender nonconformity," American Journal of Public Health, 102(8), August 2012, pp.1587-1593; The Independent, 『What the critics say about treatment for transgender children』, 26 October 2016; Mercatornet, 『Help! My daughter wants to become a man』, 7 August 2017.
401	Antony Latham, "Puberty Blockers for Children: Can They Consent?," The New Bioethics, 28(3), September 2022, pp.268-291; Medscape Medical News, 『Transition Therapy for Transgender Teens Drives Divide』, 23 April 2021; Medscape Medical News, 『Transgender Teens: Is the Tide Starting to Turn?』, 26 April 2021.
402	The Heritage Foundation, 『Sexual Ideology Indoctrination: The Equality Act's Impact on School Curriculum and Parental Rights』, 15 May 2019; The Irish Times, 『Gender distress treatment in young people: a highly charged debate』, 26 June 2021.
403	Robert Withers, "Transgender medicalization and the attempt to evade psychological distress," The Journal of Analytical Psychology, 65(5), November 2020, pp.865-889; Breitbart, 『Dr. Quentin Van Meter: How Faulty Research by a 1950s 'Sexual Revolutionist' Guided the Modern Transgender Movement』, 24 October 2018; BBC News, 『'How do I go back to the Debbie I was?'』, 26 November 2019; Lesbian and Gay News, 『What's driving the huge rise in gender

404   dysphoria referrals for children and teenagers?』, 26 February 2021.

404   National Post, 『Are autistic children more likely to believe they're transgender? Controversial Toronto expert backs link』, 12 January 2017; The Guardian, 『BBC film on child transgender issues worries activists』, 11 January 2017; Mercatornet, 『The increasingly convincing link between autism and gender dysphoric kids』, 20 January 2017; National Post, 『Why CBC cancelled a BBC documentary that activists claimed was 'transphobic'』, 13 December 2017.

405   A D Fisher, J Ristori, G Castellini et al., "Psychological characteristics of Italian gender dysphoric adolescents: a case-control study," Journal of Endocrinological Investigation, 40(9), September 2017, pp.953-965; Kenneth J Zucker, Susan J Bradley, "Gender Identity Disorder and Psychosexual Problems in Children and Adolescents," The Guilford Press, 1995; Dale O'Leary, Peter Sprigg, "Understanding and responding to the transgender movement," Family Research Council, June 2015, Issue Analysis IS15F01, p.3, p.14; The Irish Times, 『Gender distress treatment in young people: a highly charged debate』, 26 June 2021; Melanie Bechard, Doug P VanderLaan, Hayley Wood et al., "Psychosocial and Psychological Vulnerability in Adolescents with Gender Dysphoria: A "Proof of Principle" Study," Journal of Sex & Marital Therapy, 43(7), 3 October 2017, pp.678-688; Lawrence S Mayer, Paul R McHugh, "Sexuality and Gender: Findings from the Biological, Psychological, and Social Sciences," The New Atlantis, 50, Special Report: Sexuality and Gender (Fall 2016), pp.10-143; Brian C Thoma, Taylor L Rezeppa et al., "Disparities in Childhood Abuse Between Transgender and Cisgender Adolescents, Pediatrics," 148(2), August 2021, e2020016907; Rita George, Mark A Stokes, "Gender identity and sexual orientation in autism spectrum disorder," Autism, 22(8), November 2018, pp.970-982; Aimilia Kallitsounaki, David M Williams, Sophie E Lind, "Links Between Autistic Traits, Feelings of Gender Dysphoria, and Mentalising Ability: Replication and Extension of Previous Findings from the General Population," Journal of Autism and Developmental Disorder, 51(5), May 2021, pp.1458-1465; Aimilia Kallitsounaki, David Williams, "Mentalising Moderates the Link between Autism Traits and Current Gender Dysphoric Features in Primarily Non-autistic, Cisgender Individuals," Journal of Autism and Developmental Disorder, 50(11), November 2020, pp.4148-4157.

406   John F Strang, Lauren Kenworthy et al., "Increased gender variance in autism spectrum disorders and attention deficit hyperactivity disorder," Archives of Sexual Behavior, 43(8), November 2014, pp.1525-1533; Mercatornet, 『The increasingly convincing link between autism and gender dysphoric kids』, 20 January 2017; Lesbian and Gay News, 『What's driving the huge rise in gender dysphoria referrals for children and teenagers?』, 26 February 2021.

407   Mario Pazos Guerra, Marcelino Gomez Balaguer et al., "Transsexuality: Transitions, detransitions, and regrets in Spain," Endocrinologia Diabetes y Nutricion (Engl Ed), 67(9), November 2020, pp.562-567; Stephen B Levine, "Reflections on the Clinician's Role with Individuals Who Self-identify as Transgender," Archives of

Sexual Behavior, 50(8), November 2021, pp.3527-3536; The Guardian, 『Gender identity clinic accused of fast-tracking young adults』, 3 November 2018; Kirsty Entwistle, "Debate: Reality check - Detransitioner's testimonies require us to rethink gender dysphoria," Child and Adolescent Mental Health, 26(1), February 2021, pp.15-16; New Statesman, 『What is gender, anyway?』, 16 May 2016; National Post, 『Canada's teen transgender treatment boom: Life-saving services or dangerous experimentation?』, 14 December 2020; Stream, 『Interview: The Pain of Transgender Regret』, 9 October 2015; Life Site, 『For some, transgender 'transitioning' brings unimaginable regret: I would know』, 26 October 2015; Mercatornet, 『The pain of transgender regret』, 9 October 2015; The Heritage Foundation, 『How the Equality Act's Gender Ideology Would Harm Children』, 9 June 2021.

408 Melissa Moschella, "Trapped in the Wrong Body? Transgender Identity Claims, Body-Self Dualism, and the False Promise of Gender Reassignment Therapy," The Journal of Medicine and Philosophy, 46(6), 2 December 2021, pp.782-804; Dale O'Leary, Peter Sprigg, "Understanding and responding to the transgender movement," Family Research Council, June 2015, Issue Analysis IS15F01, p.12-14, p.20; New Statesman, 『What is gender, anyway?』, 16 May 2016; OCPA, 『As OU touts 'gender-affirming' care, ex-transgenders warn against it』, 19 July 2021; Mercatornet, 『The Pain of Transgender Regret』, 9 October 2015; Life Site, 『For some, transgender 'transitioning' brings unimaginable regret: I would know』, 26 October 2015.

409 OCPA, 『As OU touts 'gender-affirming' care, ex-transgenders warn against it』, 19 July 2021; Mercatornet, 『The Pain of Transgender Regret』, 9 October 2015; Life Site, 『For some, transgender 'transitioning' brings unimaginable regret: I would know』, 26 October 2015.

410 김미선, 박성수, "청소년기 음란물접촉과 예방대책", 한국중독범죄학회보, 9(1), 2019, 4면.

411 Stuff, 『The in-betweeners: Life as a non-binary trans person』, 2 August 2015; Public Discourse, 『Public School LGBT Programs Don't Just Trample Parental Rights. They Also Put Kids at Risk』, 8 June 2015; MailOnline, 『The man who's had TWO sex changes: Incredible story of Walt, who became Laura, then REVERSED the operation because he believes surgeons in US and Europe are too quick to operate』, 14 February 2017; World, 『Gender agenda A Texas father is fighting his ex-wife's claim that their son is a transgender girl』, 30 November 2018.

412 Public Discourse, 『Transition as Treatment: The Best Studies Show the Worst Outcomes』, 16 February 2020.

413 Dale O'Leary, Peter Sprigg, "Understanding and responding to the transgender movement," Family Research Council, June 2015, Issue Analysis IS15F01, p.12-14, p.20; Washington Examiner, 『Allowing a three-year-old to be transgender is insane』, 22 June 2017; CBN News, 『'Reckless and Irresponsible': Johns Hopkins

Prof. Issues Dire Warning on Transgender Treatment for Kids』, 19 September 2019; New Statesman, 『What is gender, anyway?』, 16 May 2016; 뉴스윈코리아, 『서울교육사랑부모연합, 동성애·성전환 옹호정책 서울시 교육청에 중단 촉구』, 2021.3.10.; Melissa Moschella, "Trapped in the Wrong Body? Transgender Identity Claims, Body-Self Dualism, and the False Promise of Gender Reassignment Therapy," The Journal of Medicine and Philosophy, 46(6), 2 December 2021, pp.782-804.

414 The Federalist, 『I Became Transgender In The Military. That's How I Know People Shouldn't』, 12 April 2018; Roberto D'Angelo, "The man I am trying to be is not me," The International Journal of Psycho-analysis, 101(5), October 2020 Oct, pp.951-970; Public Discourse, 『The Impossibility of Informed Consent for Transgender Interventions: The Risks』, 27 April 2020.

415 Robert Withers, "Transgender medicalization and the attempt to evade psychological distress," The Journal of Analytical Psychology, 65(5), November 2020, pp.865-889; Mary Rice Hasson, Theresa Farnan, "Get Out Now: Why You Should Pull Your Child from Public School Before It's Too Late," Regnery Gateway, 2018; Breitbart, 『Dr. Quentin Van Meter: How Faulty Research by a 1950s 'Sexual Revolutionist' Guided the Modern Transgender Movement』, 24 October 2018.

416 BBC News, 『Puberty blockers: Under-16s 'unlikely to be able to give informed consent'』, 1 December 2020; The Guardian, 『Puberty blockers: under-16s 'unlikely to be able to give informed consent'』, 1 December 2020; BBC News, 『NHS gender clinic 'should have challenged me more' over transition』, March 2020; The Daily Signal, 『Inconvenient Truth: No One Actually Changes Gender, Only Persona』, 16 July 2021; Public Discourse, 『"Sex Change" Surgery: What Bruce Jenner, Diane Sawyer, and You Should Know』, 27 April 2015; Public Discourse, 『Public School LGBT Programs Don't Just Trample Parental Rights. They Also Put Kids at Risk』, 8 June 2015; Public Discourse, 『Regret Isn't Rare: The Dangerous Lie of Sex Change Surgery's Success』, 17 June 2016.

417 The Federalist, 『14 Years After Becoming Transgender, Teacher Says 'It Was A Mistake'』, 5 February 2019; Public Discourse, 『New Data Show "Gender-Affirming" Surgery Doesn't Really Improve Mental Health. So Why Are the Study's Authors Saying It Does?』, 13 November 2019; The Daily Signal, 『Sex Reassignment Doesn't Work. Here's the Evidence』, 9 March 2018; Pink News, 『Half of trans male teens have attempted suicide』, 12 September 2018; Pink News, 『Lesbian, gay and bisexual students more likely to self-harm』, 25 November 2018; Herald Malaysia Online, 『Researchers reverse: Gender surgery offers 'no advantage' to mental health』, 4 August 2020; Catholic News Agency, 『Researchers reverse: Gender surgery offers 'no advantage' to mental health』, 4 August 2020; OCPA, 『As OU touts 'gender-affirming' care, ex-transgenders warn against it』, 19 July 2021; CNS News, 『From Social Media to Suicide: Psychological Risks to Transgender Kids』, 26 August 2021; The Federalist, 『Drop The T From LGBT』, 21 April 2016; Spiked, 『It's not transphobic to question transgenderism』, 20 January 2017; Breitbart, 『U.S. Taxpayers Give 'Magnolia Thunderpussy' a Sex

Change』, 13 December 2015.

418 Christel Jm de Blok, Chantal M Wiepjes, Daan M van Velzen et al., "Mortality trends over five decades in adult transgender people receiving hormone treatment: a report from the Amsterdam cohort of gender dysphoria," The Lancet Diabetes and Endocrinology, 9(10), October 2021, pp.663-670; Forbes, 『Transgender People Twice As Likely To Die As Cisgender People, Study Finds』, 2 September 2021; Yahoo News, 『Trans adults twice as likely to die as cis adults, eye-opening study finds』, 3 September 2021.

419 Lawrence S Mayer, Paul R McHugh, "Sexuality and Gender: Findings from the Biological," Psychological, and Social Sciences, The New Atlantis, 50, Special Report: Sexuality and Gender (Fall 2016), pp. 10-143.

420 The Guardian, 『Sex changes are not effective, say researchers』, 30 July 2004; The Federalist, 『Research Claiming Sex-Change Benefits Is Based On Junk Science』, 13 April 2017; Forerunners of America, 『Is Sex-Change Surgery The Solution?』, 14 June 2016; The Federalist, 『Drop The T From LGBT』, 21 April 2016.

421 Dale O'Leary, Peter Sprigg, "Understanding and responding to the transgender movement," Family Research Council, June 2015, Issue Analysis IS15F01, p.20; Radio Canada International, 『Parents sue school board for teaching their daughter 'girls are not real'』, 5 November 2019; The Daily Signal, 『My 'Sex Change' Was a Myth. Why Trying to Change One's Sex Will Always Fail』, 23 August 2017; The Wall Street Journal, 『Transgender Surgery Isn't the Solution』, 12 June 2014; The Daily Signal, 『'I Perfectly Understand Why This Kills People': Former Transgender Jamie Shupe Details How Process Affected Him』, 15 March 2019.

422 Kenneth J Zucker, Susan J Bradley, "Gender Identity Disorder and Psychosexual Problems in Children and Adolescents," The Guilford Press, 1995, p.267; Fox News, 『Controversial Therapy for Pre-Teen Transgender Patient Raises Questions』, 17 October 2011; Dale O'Leary, Peter Sprigg, "Understanding and responding to the transgender movement," Family Research Council, June 2015, Issue Analysis IS15F01, p.3, p.16; Business World, 『Sexual mutilations』, 3 March 2022; The Daily Signal, 『The Ugly Truth About Sex Reassignment the Transgender Lobby Doesn't Want You to Know』, 30 October 2017; Lifesite, 『Sweden recommends against puberty blockers for children in setback to trans movement』, 25 February 2022.

423 CNS News, 『From Social Media to Suicide: Psychological Risks to Transgender Kids』, 26 August 2021.

424 The Daily Signal, 『'I Perfectly Understand Why This Kills People': Former Transgender Jamie Shupe Details How Process Affected Him』, 15 March 2019.

425 The Christian Post, 『First man recognized as 'nonbinary' in US regrets taking hormones, warns against trans 'sham'』, 14 March 2019.

426 Rairfoundation, 『WATCH: Father Risks Jail To Fight Canadian Government Sanctioned Trans Child Mutilation』, 17 February 2020.

427 The Federalist, 『Canadian Father Jailed For Talking About Court-Ordered

Transgendering Of His Teenage Daughter』, 26 March 2021; The Velvet Chronicle, 『Father Jailed for Refusing to Affirm Daughter as Male』, 18 April 2021.

428　Kelley D Drummond, Susan J Bradley, Michele Peterson-Badali, Kenneth J Zucker, "A follow-up study of girls with gender identity disorder," Developmental Psychology, 44(1), January 2008; Richard P. Fitzgibbons, "Transsexual attractions and sexual reassignment surgery: Risks and potential risks," Linacre Quarterly, 82(4), November 2015, pp.337-350; Susan J Bradley, Kenneth J Zucker, "Gender identity disorder and psychosexual problems in children and adolescents," Guilford Publications, pp.281-282; Mercatornet, 『Interrogating the transgender agenda』, 1 January 2020.

429　National Review, 『'Rapid Onset Gender Dysphoria' Should Be Investigated, Not Smeared』, 18 January 2019; S J Bradley, R Blanchard, S Coates, R Green, S B Levine, H F Meyer-Bahlburg, I B Pauly, K J Zucker, "Interim report of the DSM-IV Subcommittee on Gender Identity Disorders," Archives of Sexual Behavior, 20(4), August 1991, pp.333-343; Kenneth J Zucker, "Reports from the DSM-V Work Group on sexual and gender identity disorders," Archives of Sexual Behavior, 39(2), April 2010, pp.217-220; Kenneth J Zucker, "DSM-5: Call for Commentaries on Gender Dysphoria, Sexual Dysfunctions, and Paraphilic Disorders," Archives of Sexual Behavior, 42, 2013, pp.669–674; Mercatornet, 『Interrogating the transgender agenda』, 1 January 2020; The Cut, 『How the Fight Over Transgender Kids Got a Leading Sex Researcher Fired』, 7 February 2016.

430　Susan J Bradley, Kenneth J Zucker, "Gender identity disorder and psychosexual problems in children and adolescents," Guilford Publications, pp.281-282; Richard P. Fitzgibbons, "Transsexual attractions and sexual reassignment surgery: Risks and potential risks," Linacre Quarterly, 82(4), November 2015, pp.337-350; The Independent, 『What the critics say about treatment for transgender children』, 26 October 2016; Marcus Evans, "Freedom to think: the need for thorough assessment and treatment of gender dysphoric children," BJPsych Bulletin, 45(5), October 2021, pp.315-316; The Federalist, 『The Studies Cited To Support Gender-Bending Kids Are Largely Junk Science』, 10 March 2022; The New York Times, 『Supporting Boys or Girls When the Line Isn't Clear』, 2 December 2006; CNN News, 『Transgender kids: Painful quest to be who they are』, 27 September 2021; The Spectator, 『Don't tell the parents』, 6 October 2018.

431　American Psychiatric Association, "Diagnostic and Statistical Manual of Mental Disorders," 5th edition, p.455; Lifesite, 『Sweden recommends against puberty blockers for children in setback to trans movement』, 25 February 2022.

432　Fort Worth Star-Telegram, 『Custody battle over 7-year-old Texan James Younger takes transgender activism too far』, 24 October 2019; The Cut, 『How the Fight Over Transgender Kids Got a Leading Sex Researcher Fired』, 7 February 2016; Spiked, 『It's not transphobic to question transgenderism』, 20 January 2017.

433　Spiked, 『It's not transphobic to question transgenderism』, 20 January 2017.

434　National Review, 『What Is 'Conversion Therapy'?』, 11 March 2020.

435 The Guardian, 『BBC film on child transgender issues worries activists』, 11 January 2017.
436 Pink News, 『Canadian broadcaster pulls controversial BBC transgender 'cure' documentary』, 14 December 2017.
437 The Varsity, 『CAMH settles with U of T professor Kenneth Zucker over 2015 report』, 14 October 2018.
438 The Federalist, 『30 Transgender Regretters Come Out Of The Closet』, 3 January 2019; The Federalist, 『Report Debunks 'Born That Way' Narrative And 'Transgender' Label For Kids』, 23 August 2016.
439 The Law Society Gazette, 『Gender Recognition Act 'could criminalise innocent staff'』, 24 October 2018; National Review, 『The Origins of the Transgender Movement』, 14 October 2019; The Federalist, 『30 Transgender Regretters Come Out Of The Closet』, 3 January 2019; WND, 『Dozens of trans-regretters now 'out of the closet'』, 6 January 2019; The Heritage Foundation, 『Woke Gender』, 7 July 2021; The Globe and Mail, 『Don't treat all cases of gender dysphoria the same way』, 24 January 2018; Stream, 『Interview: The Pain of Transgender Regret』, 9 October 2015; Life Site, 『For some, transgender 'transitioning' brings unimaginable regret: I would know』, 26 October 2015; Public Discourse, 『"Sex Change" Surgery: What Bruce Jenner, Diane Sawyer, and You Should Know』, 27 April 2015; The Federalist, 『Why A Compromise On Transgender Politics Would Be Capitulation』, 16 May 2018; The Federalist, 『The Studies Cited To Support Gender-Bending Kids Are Largely Junk Science』, 10 March 2022.
440 Sinead Helyar, Laura Jackson, et al., "Gender Dysphoria in children and young people: The implications for clinical staff of the Bell V's Tavistock Judicial Review and Appeal Ruling," Journal of Clinical Nursing, 31(9-10), May 2022, e11-e13.
441 The Federalist, 『Report Debunks 'Born That Way' Narrative And 'Transgender' Label For Kids』, 23 August 2016.
442 The Federalist, 『30 Transgender Regretters Come Out Of The Closet』, 3 January 2019; WND, 『Dozens of trans-regretters now 'out of the closet'』, 6 January 2019; The Heritage Foundation, 『Woke Gender』, 7 July 2021; The Globe and Mail, 『Don't treat all cases of gender dysphoria the same way』, 24 January 2018.
443 The Heritage Foundation, 『How the Equality Act's Gender Ideology Would Harm Children』, 9 June 2021; The Federalist, 『30 Transgender Regretters Come Out Of The Closet』, 3 January 2019; National Post, 『Canada's teen transgender treatment boom: Life-saving services or dangerous experimentation?』, 14 December 2020.
444 MailOnline, 『The man who's had TWO sex changes: Incredible story of Walt, who became Laura, then REVERSED the operation because he believes surgeons in US and Europe are too quick to operate』, 14 February 2017; The Federalist, 『30 Transgender Regretters Come Out Of The Closet』, 3 January 2019.
445 Catholic News Agency, 『The danger of forcing doctors to perform gender transitions』, 14 October 2016.

446　Catholic News Agency, 『Could it soon be illegal for doctors to believe in male and female?』, 3 February 2016.

447　The Federalist, 『30 Transgender Regretters Come Out Of The Closet』, 3 January 2019.

448　National Review, 『The Origins of the Transgender Movement』, 14 October 2019; The Heritage Foundation, 『Woke Gender』, 7 July 2021.

449　Public Discourse, 『Regret Isn't Rare: The Dangerous Lie of Sex Change Surgery's Success』, 17 June 2016.

450　의학신문, 『의학에는 젠더차별이 없다』, 2022.3.7.; The Times, 『Irreversible Damage by Abigail Shrier review — resisting the 'transgender craze'』, 30 December 2020.

451　The Federalist, 『30 Transgender Regretters Come Out Of The Closet』, 3 January 2019.

452　Crisis Magazine, 『The Tyranny of Gender Ideology in Practice』, 2 March 2023.

453　WND, 『Dozens of trans-regretters now 'out of the closet'』, 6 January 2019; The Federalist, 『30 Transgender Regretters Come Out Of The Closet』, 3 January 2019; Mercatornet, 『The Pain of Transgender Regret』, 9 October 2015; Life Site, 『For some, transgender 'transitioning' brings unimaginable regret: I would know』, 26 October 2015; World, 『Gender agenda A Texas father is fighting his ex-wife's claim that their son is a transgender girl』, 30 November 2018; The Times, 『Staff at trans clinic fear damage to children as activists pile on pressure』, 16 February 2019.

454　American Psychiatric Association, "Diagnostic and Statistical Manual of Mental Disorders," 5th edition, p.455; Lifesite, 『Sweden recommends against puberty blockers for children in setback to trans movement』, 25 February 2022.

455　Jack Drescher, Jack Pula, "Ethical issues raised by the treatment of gender-variant prepubescent children," The Hastings Center Report, 17 September 2014; Michelle A. Cretella, Quentin Van Meter, Paul McHugh, "Gender Ideology Harms Children," American College of Pediatricians, 14 September 2017; Kelley D Drummond, Susan J Bradley, Michele Peterson-Badali, Kenneth J Zucker, "A follow-up study of girls with gender identity disorder," Developmental Psychology, 44(1), January 2008, pp.34-45; The Independent, 『What the critics say about treatment for transgender children』, 26 October 2016; CNN News, 『Transgender kids: Painful quest to be who they are』, 27 September 2021; The Federalist, 『3 Reasons Parents Are Absolutely Right To Demand Informed Consent To What Schools Do To Their Kids』, 10 March 2022; National Post, 『Are autistic children more likely to believe they're transgender? Controversial Toronto expert backs link』, 12 January 2017; The Daily Signal, 『Yes, Schools Are Secretly Trying to 'Gender Transition' Kids, and It Must Be Stopped』, 22 March 2022; National Post, 『Why CBC cancelled a BBC documentary that activists claimed was 'transphobic'』, 13 December 2017; The New York Times, 『Supporting Boys or Girls When the Line Isn't Clear』, 2 December 2006; Breitbart, 『Dr. Quentin Van Meter: How Faulty Research by a 1950s 'Sexual Revolutionist' Guided the Modern Transgender Movement』, 24

October 2018; Mercatornet, 『Interrogating the transgender agenda』, 1 January 2020; The Washington Times, 『Kindergarten transgender lessons have parents changing schools』, 3 September 2017.

456 Mercatornet, 『Interrogating the transgender agenda』, 1 January 2020; Catholic News Agency, 『School district can't hide student gender identity 'transition' from parents, Wis. judge says』, 30 September 2020.

457 Susan J Bradley, Kenneth J Zucker, "Gender identity disorder and psychosexual problems in children and adolescents," Guilford Publications, pp.281-282; Richard P. Fitzgibbons, "Transsexual attractions and sexual reassignment surgery: Risks and potential risks," Linacre Quarterly, 82(4), November 2015, pp.337-350; The Independent, 『What the critics say about treatment for transgender children』, 26 October 2016; Marcus Evans, "Freedom to think: the need for thorough assessment and treatment of gender dysphoric children," BJPsych Bulletin, 45(5), October 2021, pp.315-316; The Federalist, 『The Studies Cited To Support Gender-Bending Kids Are Largely Junk Science』, 10 March 2022; The New York Times, 『Supporting Boys or Girls When the Line Isn't Clear』, 2 December 2006; CNN News, 『Transgender kids: Painful quest to be who they are』, 27 September 2021; The Spectator, 『Don't tell the parents』, 6 October 2018.

458 National Review, 『What Is 'Conversion Therapy'?』, 11 March 2020; The Guardian, 『BBC film on child transgender issues worries activists』, 11 January 2017.

459 The Irish Times, 『Gender distress treatment in young people: a highly charged debate』, 26 June 2021; The Guardian, 『Tavistock trust whistleblower David Bell: 'I believed I was doing the right thing'』, 2 May 2021.

460 Annelou L C de Vries, "Challenges in Timing Puberty Suppression for Gender-Nonconforming Adolescents," Pediatrics, 146(4), October 2020, e2020010611; The Telegraph, 『Minister orders inquiry into 4,000 per cent rise in children wanting to change sex』, 16 September 2018; The Times, 『Inquiry into surge in gender treatment ordered by Penny Mordaunt』, 16 September 2018.

461 Mirror, 『'Some are confused, others are trapped in the wrong body': Astonishing 50 kids a week referred to sex change clinics』, 22 October 2022.

462 The Telegraph, 『Minister orders inquiry into 4,000 per cent rise in children wanting to change sex』, 16 September 2018; 미디어인권연구소 뭉클, "평등법 관련 미디어 모니터링," 국가인권위원회, 2020.12.18., 177면; 데일리굿뉴스, 『트랜스젠더는 정신적 문제…의학적으로 바꿀 수 없어』, 2021.4.1.; The Daily Signal, 『Yes, Schools Are Secretly Trying to 'Gender Transition' Kids, and It Must Be Stopped』, 22 March 2022; The Epoch Times, 『The Totalitarian Agenda Behind LGBT Sex-Ed Revolution at School』, 27 July 2021; The Times, 『Scottish teachers told to use pupils' chosen gender』, 13 August 2021; Express, 『Fury as Scottish pupils allowed to change gender aged four without parental consent』, 13 August 2021; Toronto Sun, 『Students in Scotland can change gender at four years old』, 13 August 2021; The Telegraph, 『Scottish four-year-olds can change gender at school without parents' consent』, 12 August 2021; 데일리굿뉴스, 『美 사례로 바라본 심각

	한 평등법 제정의 부작용』, 2021.6.29.
463	The Daily Signal, 『Yes, Schools Are Secretly Trying to 'Gender Transition' Kids, and It Must Be Stopped』, 22 March 2022.
464	City Journal, 『The School-to-Clinic Pipeline』, Autumn 2022.
465	The Heritage Foundation, 『Sexual Ideology Indoctrination: The Equality Act's Impact on School Curriculum and Parental Rights』, 15 May 2019; 뉴시스, 『광주 학부모 단체 "차별금지법은 동성애 교육 옹호 수단"』, 2022.4.26.
466	City Journal, 『The School-to-Clinic Pipeline』, Autumn 2022.
467	New York Civil Liberties Union, "Dignity for all? Discrimination Against Transgender and Gender Nonconforming Students in New York," June 2015; Public Discourse, 『Regret Isn't Rare: The Dangerous Lie of Sex Change Surgery's Success』, 17 June 2016; Pink News, 『Study finds 40% of transgender people have attempted suicide』, 11 December 2016; Pink News, 『Study finds 40% of transgender people have attempted suicide』, 11 December 2016; Pink News, 『There are four times more transgender teenagers than we thought』, 7 February 2018; Jody L. Herman, Taylor N.T. Brown, Ann P. Haas, "Suicide Thoughts and Attempts Among Transgender Adults in the US," The Williams Institute, September 2019.
468	Fox News, 『Biden's gender transition proposal cements school-to-clinic pipeline』, 1 December 2022.
469	Fox News, 『Biden's gender transition proposal cements school-to-clinic pipeline』, 1 December 2022.
470	American Psychiatric Association, "Diagnostic and Statistical Manual of Mental Disorders," 5th edition, p.455; Lifesite, 『Sweden recommends against puberty blockers for children in setback to trans movement』, 25 February 2022.
471	Mary Rice Hasson, Theresa Farnan, "Get Out Now: Why You Should Pull Your Child from Public School Before It's Too Late," Regnery Gateway, 2018; Thomas D Steensma, Roeline Biemond, Fijgje de Boer, Peggy T Cohen-Kettenis, "Desisting and persisting gender dysphoria after childhood: a qualitative follow-up study," Clinical Child Psychology Psychiatry, 16(4), October 2011, pp.499-516; Marcus Evans, "Freedom to think: the need for thorough assessment and treatment of gender dysphoric children," BJPsych Bulletin, 45(5), October 2021, pp.315-316; The Times, 『Staff at trans clinic fear damage to children as activists pile on pressure』, 16 February 2019.
472	뉴시스, 『광주 학부모 단체 "차별금지법은 동성애 교육 옹호 수단"』, 2022.4.26.
473	The Epoch Times, 『The Totalitarian Agenda Behind LGBT Sex-Ed Revolution at School』, 27 July 2021; The Times, 『Scottish teachers told to use pupils' chosen gender』, 13 August 2021; Express, 『Fury as Scottish pupils allowed to change gender aged four without parental consent』, 13 August 2021; Toronto Sun, 『Students in Scotland can change gender at four years old』, 13 August 2021; The Telegraph, 『Scottish four-year-olds can change gender at school without parents' consent』, 12 August 2021; 데일리굿뉴스, 『美 사례로 바라본 심각한 평등법 제정의 부작용』, 2021.6.29.; Pink News, 『LGBT-inclusive relationship and

sex education taught from 2020』, 25 February 2019; Lifesite, 『California school district says parents can't pull kids from new LGBT sex ed』, 19 April 2018; Pink News, 『Religious school risks losing Ofsted recognition for refusing to teach pupils about the existence of LGBT people』, 1 October 2019; 데일리굿뉴스, 『英 3세 아이부터 동성 결혼과 성전환 교육…우려 한 목소리』, 2022.2.4.; The Daily Signal, 『Promise to America's Children Warns of Destructive Equality Act LGBT Agenda』, 18 February 2018; 뉴데일리, 『[포토] 트루스포럼 "차별금지법 강행시도 규탄한다"(전문)』, 2022.4.13.

474 MailOnline, 『Leading £26,000-a-year St Paul's Girls' School asks 'diversity' researchers at Princeton University to speak to pupils about changing their sex - sparking outrage from parents』, 6 June 2021; The Times, 『St Paul's lets sixth-form girls be boys』, 19 February 2017; Independent, 『Top London girls school allows pupils to identify as male or gender neutral』, 20 February 2017; 아시아경제, 『성별 고정 관념 벗어난 어린이책 '나다움책장' 첫 문 연다』, 2019.12.12.; 쿠키뉴스, 『여가부, 전국 10개 초등학교에 '나다움어린이책' 지원』, 2020.7.28.

475 월간조선, 『여성의 58.3%가 "차별금지법이 다수를 역차별 할 경우 반대"』, 2020.7.23.; 데일리굿뉴스, 『英 3세 아이부터 동성 결혼과 성전환 교육…우려 한 목소리』, 2022.2.4.

476 가브리엘 쿠비, "글로벌 성혁명," 밝은생각, 2020, 339-340면; 쿠키뉴스, 『조기 성애화·동성애 미화 논란 '나다움 어린이책'…어른이 기자들이 읽어봤다』, 2020.9.11.; 펜앤드마이크, 『[기고/민성길 교수] "'성인권 교육'이 동성애를 조장한다는 주장은 '가짜뉴스'"인가?』, 2021.3.30.

477 Public Discourse, 『Public School LGBT Programs Don't Just Trample Parental Rights. They Also Put Kids at Risk』, 8 June 2015; The Heritage Foundation, 『How the Equality Act's Gender Ideology Would Harm Children』, 9 June 2021.

478 The Heritage Foundation, 『Woke Gender』, 7 July 2021; The Daily Signal, 『Yes, Schools Are Secretly Trying to 'Gender Transition' Kids, and It Must Be Stopped』, 22 March 2022.

479 The Heritage Foundation, 『Woke Gender』, 7 July 2021.

480 Pink News, 『School refusing to teach kids about LGBT+ lives should not be allowed to expand, says Ofsted』, 25 August 2021; The Telegraph, , 『Jewish School refusing to teach pupils LGBT issues should not be expanded, says Ofsted』, 24 August 2021; Pink News, 『A spike in children being homeschooled may be due to LGBT-inclusive education』, 23 September 2019; Pink News, 『Protests over LGBT-inclusive education to start again in Birmingham』, 12 September 2019; Pink News, 『Education secretary says all schools will be given support to teach LGBT-inclusive lessons amidst protests』, 2 September 2019; Pink News, 『Schools that refuse to teach children LGBT+ people exist will face strict consequences from OFSTED』, 18 September 2020.

481 Pink News, 『LGBT-inclusive relationship and sex education taught from 2020』, 25 February 2019; Lifesite, 『California school district says parents can't pull kids from new LGBT sex ed』, 19 April 2018; Pink News, 『Religious school risks losing Ofsted recognition for refusing to teach pupils about the existence of LGBT

482 Breitbart, 『SUNY Geneseo Suspends Education Student for Saying 'A Man Is A Man, A Woman Is A Woman'』, 27 February 2021; The College Fix, 『Public university tells education student he can't say 'a woman is a woman' under state law』, 26 February 2021; Blaze Media, 『New York university reportedly suspends student for saying 'A man is a man, a woman is a woman'』, 26 February 2021; The Dailywire, 『Student Suspended From Education Program For Saying, 'A Man Is A Man, A Woman Is A Woman'』, 26 February 2021.

483 Lifesite, 『Student kicked out of class for saying there are only two genders is now expelled』, 5 July 2019; 주간동아, 『양날의 칼 된 PC-정치적 올바름』, 2021.4.22.

484 The College Fix, 『Sixth grader dragged out of class for saying gender-confused boy 'is a boy'』, 8 August 2019; NeonNettle, 『School Punishes Sixth-Grader for Saying Transgender Classmate 'is a Boy'』, 10 August 2019.

485 Catholic News Agency, 『Lawyers warn of global push for 'gender identity' language』, 9 April 2014.

486 Cecilia Dhejne, Paul Lichtenstein et al., "Long-term follow-up of transsexual persons undergoing sex reassignment surgery: cohort study in Sweden," PLoS One, 6(2), 22 February 2011, e16885; Public Discourse, 『Transition as Treatment: The Best Studies Show the Worst Outcomes』, 16 February 2020; The Heritage Foundation, 『Pelosi's Equality Act Could Lead to More Parents Losing Custody of Kids Who Want "Gender Transition"』, 15 January 2019; The Heritage Foundation, 『Sex Reassignment Doesn't Work. Here Is the Evidence』, 9 March 2018; Business World, 『Sexual mutilations』, 3 March 2022; 의학신문, 『국내 청소년 70%, 에이즈 관련 배운 사실 '없다'』, 2020.11.24.; 질병관리청, "2020 HIV/AIDS 신고 현황 연보," 2021.8., 6면; 약업신문, 『서정숙 의원, '2020 세계 에이즈의 날' 기념세미나 개최』, 2020.11.24.; http://www.cdc.gov/hiv/group/age/youth/index.html

487 Antony Latham, "Puberty Blockers for Children: Can They Consent?," The New Bioethics, 28(3), September 2022, pp.268-291; Sinead Helyar, Laura Jackson, et al., "Gender Dysphoria in children and young people: The implications for clinical staff of the Bell V's Tavistock Judicial Review and Appeal Ruling," Journal of Clinical Nursing, 31(9-10), May 2022, e11-e13; The Independent, 『What the critics say about treatment for transgender children』, 26 October 2016.

488 크리스천투데이, 『"퀴어행사 후원한 오비맥주 강력 규탄"』, 2019.6.4.

489 가브리엘 쿠비, "글로벌 성혁명," 밝은생각, 2020, 123면; The Heritage Foundation, 『How the Equality Act's Gender Ideology Would Harm Children』, 9 June 2021; National Post, 『Canada's teen transgender treatment boom: Life-saving services or dangerous experimentation?』, 14 December 2020.

490 Johanna Olson, Sheree M Schrager et al., "Baseline Physiologic and Psychosocial Characteristics of Transgender Youth Seeking Care for Gender Dysphoria," The Journal of Adolescent Health, 57(4), October 2015, pp.374-380.

491 Christel Jm de Blok, Chantal M Wiepjes, Daan M van Velzen et al., "Mortality trends over five decades in adult transgender people receiving hormone treatment: a

report from the Amsterdam cohort of gender dysphoria," The Lancet Diabetes and Endocrinology, 9(10), October 2021, pp.663-670; Forbes, 『Transgender People Twice As Likely To Die As Cisgender People, Study Finds』, 2 September 2021; Yahoo News, 『Trans adults twice as likely to die as cis adults, eye-opening study finds』, 3 September 2021.

492 Cecilia Dhejne, Paul Lichtenstein et al., "Long-term follow-up of transsexual persons undergoing sex reassignment surgery: cohort study in Sweden," PLoS One, 6(2), 22 February 2011, e16885; Public Discourse, 『Transition as Treatment: The Best Studies Show the Worst Outcomes』, 16 February 2020; The Heritage Foundation, 『Pelosi's Equality Act Could Lead to More Parents Losing Custody of Kids Who Want "Gender Transition"』, 15 January 2019; The Heritage Foundation, 『Sex Reassignment Doesn't Work. Here Is the Evidence』, 9 March 2018; Business World, 『Sexual mutilations』, 3 March 2022.

493 한겨레, 『"서울광장에 휘날릴 무지개 깃발, 지킬 만한 가치가 있죠"』, 2022.6.10.

494 Business World, 『Sexual mutilations』, 3 March 2022; Thejournal.ie, 『The Irish state will now accept trans people's own declaration of their gender』, 3 June 2015; The Federalist, 『Trouble In Transtopia: Murmurs Of Sex Change Regret』, 11 November 2014.

495 The Heritage Foundation, 『Pelosi's Equality Act Could Lead to More Parents Losing Custody of Kids Who Want "Gender Transition"』, 15 January 2019; The Heritage Foundation, 『Sex Reassignment Doesn't Work. Here Is the Evidence』, 9 March 2018.

496 The Daily Signal, 『Sex Reassignment Doesn't Work. Here's the Evidence』, 9 March 2018; Pink News, 『Half of trans male teens have attempted suicide』, 12 September 2018; Pink News, 『Lesbian, gay and bisexual students more likely to self-harm』, 25 November 2018; T G Sandfort, R de Graaf, R V Bijl, P Schnabel, "Same-sex sexual behavior and psychiatric disorders: findings from the Netherlands Mental Health Survey and Incidence Study (NEMESIS)," Archives of General Psychiatry, 58(1), January 2001, pp.85-91; Ron de Graaf, Theo G M Sandfort, Margreet ten Have, "Suicidality and sexual orientation: differences between men and women in a general population-based sample from the Netherlands," Archives of Sexual Behavior, 35(3), June 2006, pp.253-262; Sanjay Aggarwal, Rene Gerrets, "Exploring a Dutch paradox: an ethnographic investigation of gay men's mental health," Culture, Health & Sexuality, 16(2), 2014, pp.105-119; 김영한 외 지음, "동성애, 21세기 문화충돌, 킹덤북스," 2016, 117-118면.

497 경상매일신문, 『<윤정배 칼럼>동성애와 에이즈 II』, 2018.4.27.

498 The Daily Signal, 『How 'Equality Act' Would Impose Transgender Ideology on Everyone』, 24 February 2021.

499 보건복지부, "제4차 국민건강증진종합계획(2016-2020)," 2015.12., 323면.

500 국민일보, 『복지부 "남성 동성애자 그룹은 1순위 에이즈 고위험군" 명시』, 2019.9.10.

501 김준명, 최준용, 정우용, 성 혜, 김신우, 김우주, 최희정, 김민자, 우준희, 김윤정, 최보율, 최윤수, 기미경, 김기순, "국내 Human Immunodeficiency Virus 감염의 감염 경로: 한국

HIV/AIDS 코호트 연구," 대한내과학회지, 93(4), 2018, 379-389면; 김지연, "덮으려는 자 펼치려는 자," 사람, 2019, 417-418면; 후생신문, 『청소년 70% 에이즈 교육 받은적 없다』, 2020.11.24.; 메디컬투데이, 『국내 에이즈 감염 경로 중 60% '동성 및 양성 간 성접촉'』, 2018.8.27.

502 쿠키뉴스, 『늘어나는 10대 에이즈…"치료제론 한계, 예방 중요하다"』, 2021.11.23.; 의학신문, 『국내 청소년 70%, 에이즈 관련 배운 사실 '없다'』, 2020.11.24.; 후생신문, 『청소년 70% 에이즈 교육 받은적 없다』, 2020.11.24.; 약업신문, 『서정숙 의원, '2020 세계 에이즈의 날' 기념세미나 개최』, 2020.11.24.; 헬스인뉴스, 『국민의힘 서정숙 의원, '2020 세계 에이즈의 날' 기념세미나 '디셈버퍼스트' 개최』, 2020.11.25.; 데일리굿뉴스, 『청소년 에이즈 감염 급증하는데…정작 실상에 대해선 몰라』, 2020.11.24.

503 의학신문, 『국내 청소년 70%, 에이즈 관련 배운 사실 '없다'』, 2020.11.24.; 질병관리청, "2020 HIV/AIDS 신고 현황 연보," 2021.8., 6면; 약업신문, 『서정숙 의원, '2020 세계 에이즈의 날' 기념세미나 개최』, 2020.11.24.; http://www.cdc.gov/hiv/group/age/youth/index.html

504 질병관리청, "2020 HIV/AIDS 신고 현황 연보," 2021.8., 6면; 약업신문, 『서정숙 의원, '2020 세계 에이즈의 날' 기념세미나 개최』, 2020.11.24.; 쿠키뉴스, 『늘어나는 10대 에이즈…"치료제론 한계, 예방 중요하다"』, 2021.11.23.; 크리스천투데이, 『"에이즈 사망률 8~29%… 위험성 제대로 알려야"』, 2021.2.23.; 크리스천투데이, 『[소중한 성 거룩한 성] HIV 전파에 대한 올바른 이해 및 차단을 위한 노력』, 2021.2.23.

505 질병관리본부 국립보건연구원 면역병리센터 에이즈·종양바이러스과, "우리나라 HIV 감염인의 최초 감염진단 이후 생존율 변화," 주간 건강과 질병, 2009, 1면; 김지연, "덮으려는 자 펼치려는 자," 사람, 2019, 363면, 466면.

506 김영한 외 지음, "동성애, 21세기 문화충돌," 킹덤북스, 2016.6., 981면; 국민일보, 『[동성애 침투 이대로 괜찮은가-오해와 진실] 동성애는 타고난다?』, 2015.6.26.

507 크리스천투데이, 『"에이즈 대처, 인권 가면 벗고 정직해야"』, 2015.11.30.

508 크리스천투데이, 『샬롬나비 "동성애, 인권 차별문제로 환원 안 돼"』, 2014.11.20.; 김영한 외 지음, "동성애, 21세기 문화충돌," 킹덤북스, 2016.6., 337-338면, 981면; 국민일보, 『[동성애 침투 이대로 괜찮은가-오해와 진실] 동성애는 타고난다?』, 2015.6.26.; 크리스천투데이, 『"에이즈 대처, 인권 가면 벗고 정직해야"』, 2015.11.30.

509 헌법재판소 2009.11.26. 2008헌마385 결정, 판례집 21-2하, 647면.

510 한국경제, 『갤럽 "美 젊은층 16%가 성소수자…양성애자 최대"』, 2021.3.2.; 머니투데이, 『美 젊은이 6명 중 1명 "나는 성소수자"』, 2021.2.25.

511 국민일보, 『"'동성 간 성 접촉'이 에이즈 감염의 주된 경로"』, 2019.11.28.

512 한국경제, 『갤럽 "美 젊은층 16%가 성소수자…양성애자 최대"』, 2021.3.2.; 머니투데이, 『美 젊은이 6명 중 1명 "나는 성소수자"』, 2021.2.25.

513 The Telegraph, 『Minister orders inquiry into 4,000 per cent rise in children wanting to change sex』, 16 September 2018; The Times, 『Inquiry into surge in gender treatment ordered by Penny Mordaunt』, 16 September 2018; The Irish Times, 『Gender distress treatment in young people: a highly charged debate』, 26 June 2021; The Guardian, 『Tavistock trust whistleblower David Bell: 'I believed I was doing the right thing'』, 2 May 2021.

514 nate 뉴스, 『스페인, Z세대 이성애자 비율이 역대 최저 기록』, 2021.7.9.

515　The Guardian, 『Record 7.1% of Americans identify as LGBTQ+, Gallup poll finds』, 17 February 2022; Gallup, LGBT Identification in U.S. Ticks Up to 7.1%, 17 February 2022; https://news.gallup.com/poll/389792/lgbt-identification-ticks-up.aspx

516　The Times, 『One in four at high school in US are LGBTQ』, 28 April 2023; Metroweekly, 『1 in 4 High School Students Identify as LGBTQ』, 1 May 2023; CBS News, 『Nearly a third of teen girls say they have seriously considered suicide, CDC survey shows』, 13 February 2023; The Christian Post, 『Number of teens who identify as LGBT skyrockets: CDC』, 2 May 2023; Spiked, 『The making of an identity crisis』, 7 May 2023; The Hill, 『1 in 4 high school students identifies as LGBTQ』, 27 April 2023; New York Post, 『Fewer teens than ever identify as heterosexual: CDC report』, 27 April 2023.

517　MailOnline, 『Record one in FOUR high school students say they are gay, bisexual or 'questioning' their sexuality, official CDC data shows — double the amount in 2015』, 27 April 2023.

518　Mary Rice Hasson, Theresa Farnan, "Get Out Now: Why You Should Pull Your Child from Public School Before It's Too Late," Regnery Gateway, 2018.

519　Jeanne Nagle, "Are You LGBTQ?," Enslow Publishing, 2015, p.101; Lifesite News, 『Study: gay teens five times more likely to attempt suicide』, 29 April 2011; Pink News, 『CDC study finds gay teens are nearly five times as likely to attempt suicide』, 12 August 2016; NBC News, 『40 percent of LGBTQ youth 'seriously considered' suicide in past year, survey finds』, 16 July 2020.

520　Cecilia Dhejne, Paul Lichtenstein et al., "Long-term follow-up of transsexual persons undergoing sex reassignment surgery: cohort study in Sweden," PLoS One, 6(2), 22 February 2011, e16885; Public Discourse, 『Transition as Treatment: The Best Studies Show the Worst Outcomes』, 16 February 2020; The Heritage Foundation, 『Pelosi's Equality Act Could Lead to More Parents Losing Custody of Kids Who Want "Gender Transition"』, 15 January 2019; The Heritage Foundation, 『Sex Reassignment Doesn't Work. Here Is the Evidence』, 9 March 2018; Business World, 『Sexual mutilations』, 3 March 2022.

521　Lawrence S Mayer, Paul R McHugh, "Sexuality and Gender: Findings from the Biological, Psychological, and Social Sciences," The New Atlantis, 50, Special Report: Sexuality and Gender (Fall 2016), pp.10-143; New York Civil Liberties Union, "Dignity for all? Discrimination Against Transgender and Gender Nonconforming Students in New York," June 2015; Public Discourse, 『Regret Isn't Rare: The Dangerous Lie of Sex Change Surgery's Success』, 17 June 2016; Pink News, 『Study finds 40% of transgender people have attempted suicide』, 11 December 2016; Pink News, 『Study finds 40% of transgender people have attempted suicide』, 11 December 2016; Pink News, 『There are four times more transgender teenagers than we thought』, 7 February 2018; Jody L. Herman, Taylor N.T. Brown, Ann P. Haas, "Suicide Thoughts and Attempts Among Transgender Adults in the US," The Williams Institute, September 2019.

522　NBC News, 『40 percent of LGBTQ youth 'seriously considered' suicide in past year, survey finds』, 16 July 2020; Washington Blade, 『British youth face 'mental health crisis'』, 15 January 2014; Pink News, 『More than 80% of LGBT students in China report depression』, 10 May 2019; Jeanne Nagle, "Are You LGBTQ?," Enslow Publishing, 2015, p.101; Lifesite News, 『Study: gay teens five times more likely to attempt suicide』, 29 April 2011; Pink News, 『CDC study finds gay teens are nearly five times as likely to attempt suicide』, 12 August 2016; NBC News, 『40 percent of LGBTQ youth 'seriously considered' suicide in past year, survey finds』, 16 July 2020.

523 Christel Jm de Blok, Chantal M Wiepjes, Daan M van Velzen et al., "Mortality trends over five decades in adult transgender people receiving hormone treatment: a report from the Amsterdam cohort of gender dysphoria," The Lancet Diabetes and Endocrinology, 9(10), October 2021, pp.663-670; Forbes, 『Transgender People Twice As Likely To Die As Cisgender People, Study Finds』, 2 September 2021; Yahoo News, 『Trans adults twice as likely to die as cis adults, eye-opening study finds』, 3 September 2021.

524 T G Sandfort, R de Graaf, R V Bijl, P Schnabel, "Same-sex sexual behavior and psychiatric disorders: findings from the Netherlands Mental Health Survey and Incidence Study (NEMESIS)," Archives of General Psychiatry, 58(1), January 2001, pp.85-91; Ron de Graaf, Theo G M Sandfort, Margreet ten Have, "Suicidality and sexual orientation: differences between men and women in a general population-based sample from the Netherlands," Archives of Sexual Behavior, 35(3), June 2006, pp.253-262.

525 Sanjay Aggarwal, Rene Gerrets, "Exploring a Dutch paradox: an ethnographic investigation of gay men's mental health," Culture, Health & Sexuality, 16(2), 2014, pp.105-119; 김영한 외 지음, "동성애, 21세기 문화충돌, 킹덤북스," 2016, 117-118면.

526 Neil E. Whitehead, "Gay male partnerships no defence against suicide," New Zealand, January 2011; 김영한 외 지음, "동성애, 21세기 문화충돌," 킹덤북스, 2016, 669면; Neil E. Whitehead, "Homosexuality and Co-Morbidities: Research and Therapeutic Implications," Journal of Human Sexuality, Vol.2, 2010, pp.124-175.

527 J M Bailey, "Homosexuality and mental illness," Archives of General Psychiatry, 56(10), October 1999, pp.883-884; 가브리엘 쿠비, "글로벌 성혁명," 밝은생각, 2020, 224-225면.

528 Kenneth J Zucker, "Adolescents with Gender Dysphoria: Reflections on Some Contemporary Clinical and Research Issues," Archives of Sexual Behavior, 48(7), October 2019, pp.1983-1992; Washington Examiner, 『Allowing a three-year-old to be transgender is insane』, 22 June 2017.

529 Judith P Andersen, John Blosnich, "Disparities in adverse childhood experiences among sexual minority and heterosexual adults: results from a multi-state probability-based sample," PLoS One, 8(1), 2013, e54691; Andrea L Roberts, M Maria Glymour, Karestan C Koenen, "Does maltreatment in childhood affect sexual orientation in adulthood?," Archives of Sexual Behavior, 42(2), February 2013, pp.161-171; 가브리엘 쿠비, "글로벌 성혁명," 밝은생각, 2020, 228-229면.

530 Katie A McLaughlin, Mark L Hatzenbuehler, Ziming Xuan, Kerith J Conron, "Disproportionate exposure to early-life adversity and sexual orientation disparities in psychiatric morbidity," Child Abuse and Neglect, 36(9), September 2012, pp.645-655; Abigail W Batchelder, Calvin Fitch, Brian A Feinstein et al., "Psychiatric, Substance Use, and Structural Disparities Between Gay and Bisexual Men with Histories of Childhood Sexual Abuse and Recent Sexual Risk Behavior," Archives of Sexual Behavior, 50(7), October 2021, pp.2861-2873.

531 BBC News, 『Puberty blockers: Under-16s 'unlikely to be able to give informed consent'』, 1 December 2020; National Post, 『Canada's teen transgender treatment boom: Life-saving services or dangerous experimentation?』, 14 December 2020; National Catholic Register, 『Gender Reassignment for Children: Cautionary Perspectives From Science』, 16 June 2022; The Daily Signal, 『Yes, Schools Are Secretly Trying to 'Gender Transition' Kids, and It Must Be Stopped』, 22 March 2022; The Irish Times, 『Gender distress treatment in young people: a highly charged debate』, 26 June 2021; Undark Magazine, 『Of Politics, Science, and Gender Identity』, 17 July 2017.

532 G Remafedi 1, J A Farrow, R W Deisher, "Risk factors for attempted suicide in gay and bisexual youth," Pediatrics, 87(6), June 1991, pp.869-875.

533 Belfast Telegraph, 『DUP's Donaldson to chair Westminster briefing with minister who branded LGBT education 'state-sponsored abuse'』, 26 February 2020; The Times, 『Pastor who links sex education to abuse invited to speak in parliament』, 26 February 2020; Blaze Media, 『Pediatrician drops a bomb on idea that transgenderism is real — completely destroys it with truth』, 15 October 2017; The Goldwater, 『One Big Happy (Sick) Tranny-Family? An Entire Arizona Family, Parents & Kids, Turn Transgender』, 15 December 2017; CBN News, 『TX Dad Faces Final Court Battle That Could Determine if His 7-Year-Old Son Becomes a Girl』, 2 October 2019.

534 의학신문, 『국내 청소년 70%, 에이즈 관련 배운 사실 '없다'』, 2020.11.24.; 질병관리청, "2020 HIV/AIDS 신고 현황 연보", 2021.8., 6면; 약업신문, 『서정숙 의원, '2020 세계 에이즈의 날' 기념세미나 개최』, 2020.11.24.; http://www.cdc.gov/hiv/group/age/youth/index.html

535 쿠키뉴스, 『늘어나는 10대 에이즈…"치료제론 한계, 예방 중요하다"』, 2021.11.23.; 의학신문, 『국내 청소년 70%, 에이즈 관련 배운 사실 '없다'』, 2020.11.24.; 후생신문, 『청소년 70% 에이즈 교육 받은적 없다』, 2020.11.24.; 약업신문, 『서정숙 의원, '2020 세계 에이즈의 날' 기념세미나 개최』, 2020.11.24.; 헬스인뉴스, 『국민의힘 서정숙 의원, '2020 세계 에이즈의 날' 기념세미나 '디셈버퍼스트' 개최』, 2020.11.25.; 데일리굿뉴스, 『청소년 에이즈 감염 급증하는데…정작 실상에 대해선 몰라』, 2020.11.24.

536 뉴스웍스, 『"인권위의 '제3의 성' 인정 시도는 결국 '여자'의 권익 침해할 것"』, 2019.11.19.; Catholic News Agency, 『How a new executive order would promote gender ideology and silence free speech at schools』, 11 March 2021.

537 PD저널, 『'퀴어=동성애?' 의미조차 축소하는 공영방송』, 2016.6.13.; 한국기자협회, 한국기자협회 인권보도준칙, https://www.journalist.or.kr/news/section4.html?p_

num=7

538 의학신문, 『HIV 감염률 걱정 된다』, 2016.12.1.; 김지연, "덮으려는 자 펼치려는 자," 사람, 2019, 414면; 국민일보, 『"에이즈는 치명적 질병… 만성질환처럼 호도해선 안돼"』, 2021.2.22.; https://www.ohchr.org/EN/Issues/Health/Pages/HIVandAIDS.aspx

539 김지연, "덮으려는 자 펼치려는 자," 사람, 2019, 457면.

540 경상매일신문, 『<윤정배 칼럼>동성애와 에이즈 IV』, 2018.5.11.

541 크리스천투데이, 『샬롬나비 "동성애, 인권 차별문제로 환원 안 돼"』, 2014.11.20.

542 김영한 외 지음, "동성애, 21세기 문화충돌," 킹덤북스, 2016.6., 337-338면, 981면; 국민일보, 『[동성애 침투 이대로 괜찮은가-오해와 진실] 동성애는 타고난다?』, 2015.6.26.; 크리스천투데이, 『"에이즈 대처, 인권 가면 벗고 정직해야"』, 2015.11.30.

543 Gilbert R. Lavoie, John F. Fisher, "Receptive Anal Intercourse and HIV Infection," World Journal of AIDS, 7(4), December 2017, pp.269-278; Miriam Grossman, "You're Teaching My Child What?: A Physician Exposes the Lies of Sex Ed and How They Harm Your Child," Regnery Publishing, 2009, P.87; Mercatornet, 『Shouldn't same-sex oriented teens be given a chance to change?』, 14 February 2014; 연합뉴스, 『"男동성애자 에이즈 예방노력 효과없어"』, 2012.7.20.; 오마이뉴스, 『동성애 두려운 가족들, '혐오'는 시민권을 요구했다』, 2016.6.22.

544 Patricia Gabriela Zambrano Sanchez, Felipe Mosquera Moyano, "A case of monkeypox coinfection with syphilis in an Ecuadorian HIV positive young male," Travel Medicine and Infectious Diseases, 52, March-April 2023, 102516; 조선일보, 『동성애자들이 말해주지 않는 동성애에 대한 비밀』, 2010.11.10.; 조선일보, 『동성애자들이 말해주지 않는 '동성애에 대한 비밀' -동성애자의 양심고백-』, 2020.9.1.

545 대한내과학회, "해리슨 내과학," MIP, 2010, 1388면; 국민일보, 『남성 동성애자들, 왜 이러나…10대 청소년들까지』, 2016.10.4.; 김지연, "덮으려는 자 펼치려는 자," 사람, 2019, 375면; 국민일보, 『[긴급진단-퀴어문화축제 실체를 파헤친다 ⑨] 동성애단체 "에이즈에 무방비 노출" 자인』, 2015.6.10.; 헬스조선, 『국내 에이즈 감염 경로, 동성·양성 성접촉이 60%』, 2018.8.28.; 헬스조선, 『프레디 머큐리도 울게 한 '에이즈'… 동성 간 잘 감염되는 이유』, 2018.12.6.; 프레시안, 『김순례 의원의 국정감사를 '팩트감사' 했습니다』, 2018.10.12.

546 Neil Whitehead, Briar Whitehead, "My Genes Made Me Do It!," Huntington House Pub, 1999.

547 김영한 외 지음, "동성애, 21세기 문화충돌," 킹덤북스, 2016.6., 610면; 데일리코리아, 『동성애,.. 과연 선천적인가?』, 2015.10.8.; 시사전북닷컴, 『LGBT의 차별과 분별』, 2018.1.24.

548 M E Guinan, P A Thomas, P F Pinsky et al., "Heterosexual and homosexual patients with the acquired immunodeficiency syndrome. A comparison of surveillance, interview, and laboratory data," Annals of Internal Medicine, 100(2), February 1984, pp.213-218; J W Gold, C S Weikel, J Godbold et al., "Unexplained persistent lymphadenopathy in homosexual men and the acquired immune deficiency syndrome," Medicine (Baltimore), 64(3), May 1985, pp.203-213.

549 John Bancroft, Erick Janssen, David Strong, Zoran Vukadinovic, "The relation between mood and sexuality in gay men," Archives of Sexual Behavior, 32(3), June

550 채규만, "성중독 치료," 목회와 상담, 2, 2002, 228-229면.
551 Gabriela Paz-Bailey, Maria C.B. Mendoza, Teresa Finlayson et al., "Trends in condom use among MSM in the United States: the role of antiretroviral therapy and seroadaptive strategies," AIDS, 30(12), 31 July 2016, pp.1985–1990; Pink News, 『A new survey has revealed the number of men having unprotected sex has jumped in the last decade』, 31 May 2016; Plus, 『Over 40 Percent of Gay & Bi Men Are Having Condomless Sex』, 27 May 2016; Aidsmap, 『American gay men's use of condoms has been falling for a decade, regardless of serosorting or PrEP』, 24 May 2016.
552 Dawn K Smith, Jeffrey H Herbst, Xinjiang Zhang et al., "Condom Effectiveness for HIV Prevention by Consistency of Use Among Men Who Have Sex With Men in the United States," JAIDS Journal of Acquired Immune Deficiency Syndromes, 68(3), 1 March 2015, pp.337-344; Prevention, 『How well do condoms protect gay men from HIV?』, 17 October 2016; https://www.sfaf.org/collections/beta/how-well-do-condoms-protect-gay-men-from-hiv/
553 보건복지부, "제4차 국민건강증진종합계획(2016-2020)," 2015.12., 331면.
554 의학신문, 『'에이즈 감염 예방 위한 정책과 노력 시급하다'』, 2016.12.7.
555 국민일보, 『퀴어행사 맞서 '동성애 STOP 레알러브시민행진'』, 2019.9.23.
556 Jenny E. Ostergren, B.R. Simon Rosser, Keith J. Horvath, "Reasons for non-use of condoms among men who have sex with men: a comparison of receptive and insertive role in sex and online and offline meeting venue," Culture, health & sexuality, 13(2), February 2011, pp.123–140; Pink News, 『Exclusive: 70% of gay men believe that sex without condoms is more pleasurable』, 19 February 2014; The Gaily Grind, 『Study Finds 80% Of Young Gay Londoners Have Had Bareback Sex & More Likely To Bareback With "Good Looking Guy"』, 24 February 2014.
557 Xiaoyou Su, A. Ning Zhou, Jianjun Li et al., Depression, "Loneliness, and Sexual Risk-Taking Among HIV-Negative/Unknown Men Who Have Sex with Men in China," Archives of Sexual Behavior, 47, October 2018, pp.1959–1968; Pink News, 『Gay men who feel lonely are 67 percent more likely to have unprotected anal sex, study shows』, 28 August 2018; Pink News, 『Men with mental health issues more at risk of HIV』, 15 January 2015.
558 John Bancroft, Erick Janssen, David Strong, Zoran Vukadinovic, "The relation between mood and sexuality in gay men," Archives of Sexual Behavior, 32(3), June 2003, pp.231-242.
559 Pink News, 『Depression and low self-esteem rising among gay men』, 6 August 2015.
560 G Rogers, M Curry, J Oddy et al., "Depressive disorders and unprotected casual anal sex among Australian homosexually active men in primary care," HIV Medicine, 4(3), July 2003, pp.271-275; Ada R. Miltz,corresponding author Alison J. Rodger, Janey Sewell et al., "Clinically significant depressive symptoms and

sexual behaviour among men who have sex with men," BJPsych open, 3(3), 8 May 2017, pp.127–137; L M Camacho, B S Brown, D D Simpson, "Psychological dysfunction and HIV/AIDS risk behavior," Journal of Acquired Immune Deficiency Syndromes Human Retrovirology, 11(2), 1 February 1996, pp.198-202; M P Carey, K B Carey, S C Kalichman, "Risk for human immunodeficiency virus (HIV) infection among persons with severe mental illnesses," Clinical Psychology Review, 17(3), 1997, pp.271-291; Loic Desquilbet, Christiane Deveau et al., "Increase in at-risk sexual behaviour among HIV-1-infected patients followed in the French PRIMO cohort," AIDS, 16(17), 22 November 2002, pp.2329-2333; Sari L. Reisner, Matthew J. Mimiaga, Margie Skeer et al., "Clinically significant depressive symptoms as a risk factor for HIV infection among black MSM in Massachusetts. AIDS and behavior," 13(4), August 2009, pp.798–810; Gary Marks, Cherilyn R Bingman, T Shelley Duval, "Negative affect and unsafe sex in HIV-positive men," AIDS and Behavior, 2(2), 1998, pp.89–99; GMFA, 『Meet the HIV-positive gay men who are depressed and suicidal』, 3 August 2015; Aidsmap, 『Chronic low-grade depression means gay men more likely to have casual unprotected sex』, 9 September 2003.

561 John E Pachankis, Kirsty A Clark, Charles L Burton et al., "Sex, status, competition, and exclusion: Intraminority stress from within the gay community and gay and bisexual men's mental health," Journal of Personality and Social Psychology, 119(3), 2020, pp.713–740; The Guardian, 『Pressure to keep up: status imbalance a major factor in stress in gay men』, 29 February 2020.

562 김영한 외 지음, "동성애, 21세기 문화충돌," 킹덤북스, 2016.6., 671-672면.

563 Elise Bragard, Kathryn Macapagal, Brian Mustanski, Celia B Fisher, "Association of CAI Vulnerability and Sexual Minority Victimization Distress Among Adolescent Men Who Have Sex With Men," Psychology of Sexual Orientation and Gender Diversity, 8(4), December 2021, pp.496-505.

564 김지연, "덮으려는 자 펼치려는 자," 사람, 2019, 381-382면; 국민일보, 『복지부 "남성 동성애자 그룹은 1순위 에이즈 고위험군" 명시』, 2019.9.10.

565 Charles L Burton, Kirsty A Clark, John E Pachankis, "Risk From Within: Intraminority Gay Community Stress and Sexual Risk-Taking Among Sexual Minority Men," Annals of Behavioral Medicine, 54(9), 1 September 2020, pp.703-712.

566 Gabriela Paz-Bailey, Maria C.B. Mendoza, Teresa Finlayson et al., "Trends in condom use among MSM in the United States: the role of antiretroviral therapy and seroadaptive strategies," AIDS, 30(12), 31 July 2016, pp.1985–1990; Pink News, 『A new survey has revealed the number of men having unprotected sex has jumped in the last decade』, 31 May 2016; Plus, 『Over 40 Percent of Gay & Bi Men Are Having Condomless Sex』, 27 May 2016; Aidsmap, 『American gay men's use of condoms has been falling for a decade, regardless of serosorting or PrEP』, 24 May 2016.

567 Pink News, 『1 in 4 gay men have contracted an STI while in a relationship』, 14 February 2017.

568 Centers for Disease Control and Prevention (CDC), Teresa J Finlayson, Binh Le,

Amanda Smith, Kristina Bowles et al., "HIV risk, prevention, and testing behaviors among men who have sex with men--National HIV Behavioral Surveillance System, 21 U.S. cities, United States, 2008," Morbidity and Mortality Weekly Report, 60(14), 28 October 2011, pp.1-34.

569 William C Goedel, Dustin T Duncan, "Contextual factors in geosocial-networking smartphone application use and engagement in condomless anal intercourse among gay, bisexual, and other men who have sex with men who use Grindr," Sexual Health, 13(6), November 2016, pp.549-554.

570 Dawn K Smith, Jeffrey H Herbst, Xinjiang Zhang et al., "Condom Effectiveness for HIV Prevention by Consistency of Use Among Men Who Have Sex With Men in the United States," JAIDS Journal of Acquired Immune Deficiency Syndromes, 68(3), 1 March 2015, pp.337-344; Prevention, 『How well do condoms protect gay men from HIV?』, 17 October 2016.

571 Kathryn Macapagal, David A. Moskowitz, Dennis H. Li et al., "Hookup App Use, Sexual Behavior, and Sexual Health Among Adolescent Men Who Have Sex With Men in the United States," Journal of Adolescent Health, 62(6), 1 June 2018, pp.708-715.

572 Reuters, 『Nearly half of gay, bi men in UK sexually assaulted, survey finds』, 23 July 2021; Pink News, 『Almost half of gay and bi men have been sexually assaulted, troubling research finds』, 22 July 2021; Them, 『Nearly Half of Queer Men Have Survived Sexual Violence, According to New Study』, 22 July 2021.

573 국민일보, 『동성애 연관성 쉬쉬하며… 에이즈 환자 진료비 연 800억 썼다』, 2016.11.30.; 파이낸셜뉴스, 『'엠폭스' 환자 벌써 47명인데…국민 40% "정확한 정보 몰라"』, 2023.5.2.; 세계일보, 『국민 39% "엠폭스 정보 정확히 몰라"』, 2023.5.1.; KBS 뉴스, 『엠폭스 누적 확진 47명…국민 40% "정확히 아는 정보 없어"』, 2023.5.1.; 조선비즈, 『2030, 엠폭스 불감증…69%가 "난 안 걸릴 듯"』, 2023.5.1.

574 쿠키뉴스, 『늘어나는 10대 에이즈…"치료제론 한계, 예방 중요하다"』, 2021.11.23.; 의학신문, 『국내 청소년 70%, 에이즈 관련 배운 사실 '없다'』, 2020.11.24.; 후생신문, 『청소년 70% 에이즈 교육 받은적 없다』, 2020.11.24.; 약업신문, 『서정숙 의원, '2020 세계 에이즈의 날' 기념세미나 개최』, 2020.11.24.; 헬스인뉴스, 『국민의힘 서정숙 의원, '2020 세계 에이즈의 날' 기념세미나 '디셈버퍼스트' 개최』, 2020.11.25.; 데일리굿뉴스, 『청소년 에이즈 감염 급증하는데…정작 실상에 대해선 몰라』, 2020.11.24.

575 김지연, "덮으려는 자 펼치려는 자," 사람, 2019, 503면; 메디파타뉴스, 『에이즈 폭등 "질본, 감염원인 동성애 제대로 알려야"』, 2018.10.11.; 메디게이트뉴스, 『작년 에이즈 환자 치료비 1천억원 이상』, 2017.10.13.; 의학신문, 『국내 에이즈 환자 증가세…작년 치료비로 1,000억 사용』, 2017.10.13.; 메디컬투데이, 『에이즈 감염자 해마다 급격히 증가…지난해 치료비 1000억원 지원』, 2017.10.13.; 뉴시스, 『에이즈환자 치료비 해마다 늘어…지난해에만 1000억 투입』, 2017.10.13.; 메디파나뉴스, 『에이즈 환자 급증‥2016년에만 치료에 1천억 지원』, 2017.10.13.; 국민일보, 『"청소년 에이즈 확산... 동성애 주된 이유 맞다"』, 2017.12.3.; 크리스천투데이, 『"10~20대 에이즈 감염 주된 경로는 동성 간 성접촉"』, 2019.11.28.

576 보건복지부, "제4차 국민건강증진종합계획(2016-2020)," 2015.12., 331면.

577	김지연, "덮으려는 자 펼치려는 자," 사람, 2019, 422면.
578	보건복지부, "제4차 국민건강증진종합계획(2016-2020)," 2015.12., 331면.
579	조병희, "HIV/AIDS의 사회적 영향," 질병관리본부·UNDP 주최 에이즈로 인한 사회·경제적 영향 국제 심포지움 발표문, 2004, 35-145면; 김지연, "덮으려는 자 펼치려는 자," 사람, 2019, 487면.
580	Gilbert R. Lavoie, John F. Fisher, "Receptive Anal Intercourse and HIV Infection," World Journal of AIDS, 7(4), December 2017, pp.269-278.
581	Dawn K Smith, Jeffrey H Herbst, Xinjiang Zhang et al., "Condom Effectiveness for HIV Prevention by Consistency of Use Among Men Who Have Sex With Men in the United States," JAIDS Journal of Acquired Immune Deficiency Syndromes, 68(3), 1 March 2015, pp.337-344; Prevention, 『How well do condoms protect gay men from HIV?』, 17 October 2016; https://www.sfaf.org/collections/beta/how-well-do-condoms-protect-gay-men-from-hiv/
582	이상민 의원 대표발의, 평등에 관한 법률안(의안번호: 10822, 발의: 2021.6.16.) 제11조, 제12조; 권인숙 의원 대표발의, 평등 및 차별금지에 관한 법률안(의안번호: 12330, 발의: 2021.8.31.) 제11조; 박주민 의원 대표발의, 평등에 관한 법률안(의안번호: 11964, 발의: 2021.8.9.) 제11조; 장혜영 의원 대표발의, 차별금지법안(의안번호: 1116, 발의: 2020.6.29.) 제8조.
583	월간조선, 『여성의 58.3%가 "차별금지법이 다수를 역차별 할 경우 반대"』, 2020.7.23.
584	김영길, "인권의 딜레마," 보담, 2021, 366면, 371면; 명재진 외 6인, "포괄적 차별금지법, 찬성할 것인가 반대할 것인가," 밝은생각, 2020.6., 88면.
585	장혜영 의원 대표발의, 차별금지법안(의안번호: 1116, 발의: 2020.6.29.) 제29조, 제35조; 권인숙 의원 대표발의, 평등 및 차별금지에 관한 법률안(의안번호: 12330, 발의: 2021.8.31.) 제25조; 박주민 의원 대표발의, 평등에 관한 법률안(의안번호: 11964, 발의: 2021.8.9.) 제25조; 이상민 의원 대표발의, 평등에 관한 법률안(의안번호: 10822, 발의: 2021.6.16.) 제26조.
586	The Guardian, 『Sheffield UKIP candidate sacked over Breivik comments』, 2 May 2012; Pink News, 『UKIP candidate who claimed link between homosexuality and child abuse loses local election bid』, 4 May 2012.; 국민일보, 『[젠더이데올로기 실체를 말한다] '제3의 성'을 보편적 인권으로 보호… 비판하면 혐오·차별로 몰아』, 2020.1.7.
587	이상민 의원 대표발의, 평등에 관한 법률안(의안번호: 10822, 발의: 2021.6.16.) 제9조; 권인숙 의원 대표발의, 평등 및 차별금지에 관한 법률안(의안번호: 12330, 발의: 2021.8.31.) 제9조; 박주민 의원 대표발의, 평등에 관한 법률안(의안번호: 11964, 발의: 2021.8.9.) 제9조; 장혜영 의원 대표발의, 차별금지법안(의안번호: 1116, 발의: 2020.6.29.) 제9조.
588	연합뉴스, 『트럼프 '화장실 전쟁' 재점화하나…성전환 학생 보호지침 폐기』, 2017.2.13.; 한국일보, 『성전환 학생 화장실 선택권 다시 뺏겨』, 2017.2.23.; 헤럴드경제, 『'트랜스젠더 화장실 전쟁'… 美 11개 주, 연방정부 상대 소송』, 2016.5.26.; Catholic News Agency, 『Nearly half of US states have sued over transgender bathroom rule in schools』, 8 July 2016; 쉴라 제프리스, "젠더는 해롭다," 열다북스, 2019, 23면; The Telegraph, , 『Jewish School refusing to teach pupils LGBT issues should not be expanded, says Ofsted』, 24 August 2021; Pink News, 『School refusing to

teach kids about LGBT+ lives should not be allowed to expand, says Ofsted』, 25 August 2021; Pink News, 『A spike in children being homeschooled may be due to LGBT-inclusive education』, 23 September 2019; Pink News, 『Protests over LGBT-inclusive education to start again in Birmingham』, 12 September 2019; Pink News, 『Education secretary says all schools will be given support to teach LGBT-inclusive lessons amidst protests』, 2 September 2019; Pink News, 『Schools that refuse to teach children LGBT+ people exist will face strict consequences from OFSTED』, 18 September 2020.

589 노컷뉴스, 『총신대, 성희롱 발언 이상원 교수 해임』, 2020.5.20.; 데일리굿뉴스, 『동성애 반대 이상원 교수 부당해임 철회 공동성명』, 2021.6.7.; 국민일보, 『"학교 정상화, 회복·혁신이 핵심"』, 2020.5.26.

590 백상현, "가짜 인권, 가짜 혐오, 가짜 소수자," 밝은생각, 2017, 464-465면.

591 P Cameron, K Cameron, "Do homosexual teachers pose a risk to pupils?," Journal of Psychology, 130(6), November 1996, pp.603-613; The Heritage Foundation, 『Woke Gender』, 7 July 2021.

592 이상민 의원 대표발의, 평등에 관한 법률안(의안번호: 10822, 발의: 2021.6.16.) 제12조; 코람데오닷컴, 『차금법 옹호하는 '뉴조'기사에 대한 팩트체크(7)』, 2020.7.31.; 데일리굿뉴스, 『美 차별금지법 통과 이후 후속법안 잇따라 '위험'』, 2021.6.29.; 명재진 외 6인, "포괄적 차별금지법, 찬성할 것인가 반대할 것인가," 밝은생각, 2020.6., 91면.

593 조선비즈, 『"차별 안 했다는 사실을 증명하라고?"... '평등법'에 법조계 일각 비판 목소리』, 2020.7.1.; 월간조선, 『포괄적 차별금지법의 법적 문제점, 남자가 女화장실 출입하고 女大 사라질 수도』, 2020.8.27.; 월간조선, 『건강가정기본법 개정되면 일부다처가족-동성(同性)결혼 합법화된다』, 2020.9.24.; 펜앤드마이크, 『[기고/정선미 변호사] 건강가정기본법 일부개정안의 문제점』, 2020.9.24.

594 이상민 의원 대표발의, 평등에 관한 법률안(의안번호: 10822, 발의: 2021.6.16.) 제12조; The Guardian, 『Pressure to keep up: status imbalance a major factor in stress in gay men』, 29 February 2020; 한국성소수자연구회, "무지개는 더 많은 빛깔을 원한다," 창비, 2019, 19면; 명재진 외 6인, "포괄적 차별금지법, 찬성할 것인가 반대할 것인가," 밝은생각, 2020.6., 399면.

595 권인숙 의원 대표발의, 평등 및 차별금지에 관한 법률안(의안번호: 12330, 발의: 2021.8.31.) 제31조; 박주민 의원 대표발의, 평등에 관한 법률안(의안번호: 11964, 발의: 2021.8.9.) 제32조; 이상민 의원 대표발의, 평등에 관한 법률안(의안번호: 10822, 발의: 2021.6.16.) 제32조; 장혜영 의원 대표발의, 차별금지법안(의안번호: 1116, 발의: 2020.6.29.) 제38조.

596 국가인권위원회, "성적지향·성별정체성에 따른 차별 실태조사," 2014, 316면.

597 권인숙 의원 대표발의, 평등 및 차별금지에 관한 법률안(의안번호: 12330, 발의: 2021.8.31.) 제39조.

598 권인숙 의원 대표발의, 평등 및 차별금지에 관한 법률안(의안번호: 12330, 발의: 2021.8.31.) 제38조; 박주민 의원 대표발의, 평등에 관한 법률안(의안번호: 11964, 발의: 2021.8.9.) 제39조; 이상민 의원 대표발의, 평등에 관한 법률안(의안번호: 10822, 발의: 2021.6.16.) 제34조; 장혜영 의원 대표발의, 차별금지법안(의안번호: 1116, 발의: 2020.6.29.) 제49조.

599 펜앤드마이크, 『"민주당 이상민 의원의 '평등법안'은 전체주의 독재법이자 국민에 재갈 물리는 노예법"』, 2021.6.23.

600 Lifesite, 『Free from gag order, dad tells how judges forced transgender insanity on daughter』, 30 April 2020.

601 Washington Examiner, 『Man arrested for contempt after publicly referring to his biological daughter as 'she' during her gender transition』, 19 March 2021; Dailycitizen, 『Canadian Dad Sentenced for Trying to Protect Daughter from Transgender Medical Procedures』, 20 April 2021; The Federalist, 『Canadian Father Jailed For Talking About Court-Ordered Transgendering Of His Teenage Daughter』, 26 March 2021; The Christian Post, 『Canadian father who objected to daughter taking testosterone for sex change denied release from jail』, 23 March 2021; National Post, 『B.C. father arrested, held in jail for repeatedly violating court orders over child's gender transition therapy』, 17 March 2021.

602 권인숙 의원 대표발의, 평등 및 차별금지에 관한 법률안(의안번호: 12330, 발의: 2021.8.31.) 제11조; 박주민 의원 대표발의, 평등에 관한 법률안(의안번호: 11964, 발의: 2021.8.9.) 제11조; 이상민 의원 대표발의, 평등에 관한 법률안(의안번호: 10822, 발의: 2021.6.16.) 제11조; 장혜영 의원 대표발의, 차별금지법안(의안번호: 1116, 발의: 2020.6.29.) 제8조.

603 국회예산정책처, "2022년도 성인지 예산서 분석," 2021.10., 4면; 중부일보, 『[지선 팩트체크] 여성가족부 1년 예산 31조, 인건비는 1조4천억?』, 2022.4.4.

604 Pink News, 『Most Russians believe in a secret group which is destroying their values with 'gay propaganda'』, 22 August 2018; 국민일보, 『[칼럼] 트랜스젠더와 건강문제』, 2021.10.5.; 경향신문, 『인권위 떠나는 최영애 위원장 "박원순 '성희롱' 판단은 옳았다"』, 2021.8.31.

605 The Daily Signal, 『Defend Free Speech, Urges Author Who Faced Repercussions for Teaching College Students About Pronouns』, 17 May 2021; Pink News, 『Trans competition is discriminatory, say teens backed by anti-abortion lawyers』, 20 June 2019; National Review, 『Professor Sues after University Requires He Use Student's Preferred Pronoun』, 5 November 2018; The Catholic Register, 『Churches should 'tremble' at transgender agenda, professor says』, 23 November 2016; Breitbart, 『Sweden To Include "Gender Identity" In Hate Crime Legislation』, 24 June 2017.

606 The Guardian, 『If someone wants to be called 'they' and not 'he' or 'she', why say no?』, 4 June 2018; Vox, 『The past, present, and future of the singular "they"』, 13 December 2019; Varsity, 『Challenging the only 'partly political' Jordan Peterson』, 7 November 2018; Toronto Star, 『Freedom of speech and the great pronouns debate: Salutin』, 7 October 2016; Toronto Star, 『Jordan Peterson documentary 'Shut Him Down' an insightful take on controversial prof』, 31 October 2018; 김지연, "나의 어여쁜 자야," 두란노, 2020.

607 RealClearPolicy, 『Title IX, Pronouns, and Campus Freedom』, 12 August 2022; CTV News, 『Prof attacks 'political correctness' in genderless pronouns, Bill C-16』, 5 October 2016; National Post, 『U of T professor attacks political correctness, says

he refuses to use genderless pronouns』, 28 September 2016; Toronto Star, 『He says freedom, they say hate. The pronoun fight is back』, 15 January 2017.

608   The Christian Post, 『To Understand Leftist Totalitarianism, Watch This』, 27 December 2016.

609   The McGill International Review, 『Decoding Bill C-16: Does it Threaten Canadians' Freedoms?』, 12 December 2016.

610   The Stranger, 『Jordan Peterson Documentary Faces Cancelation and Threats』, 14 October 2019; Toronto Life, 『The Pronoun Warrior』, 25 January 2017; Wayne Martino, Wendy Cumming-Potvin, "Investigating Transgender and Gender Expansive Education Research, Policy and Practice," Routledge, 2019; The New Yorker, 『Jordan Peterson's Gospel of Masculinity』, 26 February 2018.

611   OnFocus News, 『Opinion: The Future of Free Speech』, 16 July 2020; CBC, 『'I'm not a bigot' Meet the U of T prof who refuses to use genderless pronouns』, 30 September 2016; The Seattle Times, 『LGBTQ+ community members raise concerns about Jordan Peterson's Seattle event』, 21 April 2022; Canada's National Observer, 『OPINION: Bill C-16 is flawed in ways most Canadians have not considered』, 25 October 2016; Torontoist, 『Are Jordan Peterson's Claims About Bill C-16 Correct?』, 19 December 2016; Daily Hive, 『Transgender rights will now be protected under Canadian law』, 16 June 2017.

612   Antony Latham, "Puberty Blockers for Children: Can They Consent?," The New Bioethics, 28(3), September 2022, pp.268-291; 미디어인권연구소 뭉클, "평등법 관련 미디어 모니터링," 국가인권위원회, 2020.12.18., 192면; The Washington Times, 『Kindergarten transgender lessons have parents changing schools』, 3 September 2017; Washington Examiner, 『Title IX's anti-parent secret agenda』, 24 June 2022; The Federalist, 『3 Reasons Parents Are Absolutely Right To Demand Informed Consent To What Schools Do To Their Kids』, 10 March 2022; The Federalist, 『The Studies Cited To Support Gender-Bending Kids Are Largely Junk Science』, 10 March 2022; The Daily Signal, 『Yes, Schools Are Secretly Trying to 'Gender Transition' Kids, and It Must Be Stopped』, 22 March 2022; Anderson Valley Advertiser, 『Mendocino County Today: Saturday, June 11, 2022』, 11 June 2022; Newsweek, 『Schools Must Stop Keeping Trans-Secrets From Parents | Opinion』, 23 March 2022; The Heritage Foundation, 『Woke Gender』, 7 July 2021.

613   National Post, 『Canada's teen transgender treatment boom: Life-saving services or dangerous experimentation?』, 14 December 2020; Medscape Medical News, 『Transition Therapy for Transgender Teens Drives Divide』, 23 April 2021.

614   Lisa Littman, "Parent reports of adolescents and young adults perceived to show signs of a rapid onset of gender dysphoria," PLoS One, 13(8), 2018, e0202330; World, 『Trans-fluence University caves to pressure to suppress research on transgender teens』, 7 September 2018; The Heritage Foundation, 『Woke Gender』, 7 July 2021; CBN News, 『'It Should Be Scrapped': Christian Parents Demand Church of England Stop Forcing Kids to Affirm Trans Ideology』, 13

October 2022.

615　Abigail Shrier, "Irreversible Damage: The Transgender Craze Seducing Our Daughters," Regnery Publishing, 2020; The Heritage Foundation, 『How the Equality Act's Gender Ideology Would Harm Children』, 9 June 2021; The Wall Street Journal, 『When Your Daughter Defies Biology』, 6 January 2019; Mary Rice Hasson, Theresa Farnan, "Get Out Now: Why You Should Pull Your Child from Public School Before It's Too Late," Regnery Gateway, 2018; Breakpoint, 『How the Church (and the State) Failed Abigail Martinez』, 1 September 2022.

616　Fox News, 『New California law allows jail time for using wrong gender pronoun, sponsor denies that would happen』, 9 October 2017; The Daily Signal, 『In the Pronoun Wars, Be Thankful for the Founding Fathers』, 11 December 2017; India Today, 『Irish teacher refuses to use student's gender-neutral pronoun, jailed』, 7 September 2022; Mirror, 『Mum arrested in front of her children for 'calling transgender woman a man'』, 1 September 2019; MailOnline, 『Mother, 38, is arrested in front of her children and locked in a cell for seven HOURS after calling a transgender woman a man on Twitter』, 10 February 2019; Pink News, 『Police have charged a mother in the UK for malicious communication after she referred to a trans woman as man on Twitter in a "campaign of targeted harassment"』, 5 September 2019; NeonNettle, 『Mother Arrested in Police Raid at Home for Calling Transgender 'Man' on Twitter』, 10 February 2019; Metro, 『Mum 'locked up for seven hours' after referring to a trans woman as a man on Twitter』, 11 February 2019; WND, 『Father facing jail for calling daughter 'she'』, 19 March 2021; Post Millennial, 『BREAKING: Jailed father fighting to block gender transition of his child denied bail』, 20 March 2021; Breakpoint, 『How the Church (and the State) Failed Abigail Martinez』, 1 September 2022.

617　New York Post, 『J.K. Rowling's new book murders character canceled for being 'transphobic'』, 31 August 2022; The Telegraph, 『Richard Bacon: 'Cancel culture is public shaming under a new guise'』, 2 December 2021; Independent, 『Piers Morgan calls JK Rowling 'one of the most woke people you could meet' in latest defence of author』, 12 October 2020; 서울경제, 『[만파식적] 캔슬 컬처』, 2022.3.7.

618　The Telegraph, 『I've had enough death threats to paper my home, says JK Rowling, after trans activists reveal her address』, 22 November 2021; Sky News, 『JK Rowling working with police over death threat after voicing support for Salman Rushdie』, 15 August 2022; Fox News, 『JK Rowling blasts masked trans activists for attacking feminist protester』, 16 May 2022; The Daily Signal, 『Wake Up, America: Cultural Marxism Is 'Identifying' as Transgenderism』, 5 January 2022; MailOnline, 『There's nothing 'kind' about the tyranny of woke indoctrinating our children, writes LAURA PERRINS, co-founder of The Conservative Woman』, 23 November 2021.

619　The Globe and Mail, 『University of Toronto professor defends right to use gender-specific pronouns』, 19 November 2016; National Post, 『U of T professor attacks political correctness, says he refuses to use genderless pronouns』, 28 September

2016; National Review, 『Mandatory Gender-Neutral Pronoun Rules Are a Threat to Campus Free Speech』, 9 August 2018; The Washington Free Beacon, 『Harvard Tells Students: 'Using Wrong Pronouns' Constitutes 'Abuse'』, 14 September 2022; The Christian Post, 『Most Americans say allowing kids to use 'preferred pronouns' confuses them about sex, survey finds』, 2 June 2022; The Heritage Foundation, 『How the Federal "Equality Act" Would Multiply the Harm Already Done by State SOGI Policies』, 1 May 2019; Washington Blade, 『Va. school board sued over transgender student policies』, 9 June 2022; CNN, 『Public school teacher's firing wasn't just about a pronoun, but about intolerance for different beliefs』, 1 November 2019; The Washington Post, 『A Virginia teacher was fired for refusing to use a trans student's pronouns. Now, he's suing his school district』, 1 October 2019; DailyPress, 『Clashing with Gavin Grimm decision, Virginia's new transgender school policies trouble civil rights groups』, 21 September 2022; CBN News, 『VA Supreme Court Hears Case of Teacher Fired for Refusing to Call Transgender Student by Preferred Pronoun』, 15 February 2022; NBC12, 『West Point High teacher fired following transgender controversy』, 9 December 2018; Forbes, 『Teacher Sues After Getting Fired For Refusing To Refer To Transgender Student With Male Pronouns』, 3 October 2019; Inside Edition, 『Virginia Teacher Fired for Not Using Transgender Student's Chosen Pronoun Because of Religious Beliefs』, 7 December 2018; The Guam Daily Post, 『Americans shouldn't fear the pronoun police』, 16 December 2018.

620 The Daily Signal, 『Yes, Schools Are Secretly Trying to 'Gender Transition' Kids, and It Must Be Stopped』, 22 March 2022.

621 TVO Today, Transcript: Genders, Rights and Freedom of Speech | Oct 26, 2016; https://www.tvo.org/transcript/2396103/genders-rights-and-freedom-of-speech

622 Breitbart, 『Transgender Male Athletes Fear 'Ridicule' For Seeking Slots in Olympic Women's Races』, 7 July 2016.

623 Daily Citizen, 『British Woman Arrested for Thinking Wrong Thoughts on Public Street in Abortion 'Sacred Space'』, 29 December 2022.

624 Richmond Times Dispatch, 『Virginia high school teacher fired for refusing to use transgender student's new pronouns』, 6 December 2018.

625 Fox News, 『Congress members blast UK for 'harassment' of Christians in rare rebuke of close US ally』, 15 March 2023; ADF UK, 『WATCH: NEW footage of police arresting woman for silently praying』, 22 December 2022; Catholic Herald, 『CPS rejects charges against Catholic arrested for 'thought crime' prayers』, 3 February 2023; The Christian Post, 『Pro-life activist, priest cleared of charges for silently praying outside abortion clinic』, 16 February 2023; Catholic News Agency, 『Charges dropped, for now, against woman arrested for praying silently outside UK abortion clinic』, 3 February 2023; Catholic Herald, 『Video: Charitable volunteer arrested again for praying silently near abortion facility』, 7 March 2023; Christian Concern, 『MPs vote to impose 'buffer zones' around abortion clinics』, 20 October 2022.

626 Daily Citizen, 『British Woman Arrested for Thinking Wrong Thoughts on Public Street in Abortion 'Sacred Space'』, 29 December 2022; The Spectator, 『Should it be a crime to pray outside an abortion clinic?』, 22 December 2022; The European Conservative, 『Thoughtcrime Britain』, 24 March 2023.

627 Decision Magizine, 『New York Judge Grants Protection to Polyamorous Relationships』, 13 October 2022.; 국민일보, 『독일 교육계선 '소아성애' 과거사 청산 중인데 우리 교육방송은 역행』, 2021.9.7.; 연합뉴스, 『獨 녹색당, 80년대 소아성애 합법화 지원 파문』, 2013.5.15.; 한겨레, 『40년 독일 녹색당, 기후행동 속 '녹색 총리'도 꿈꾼다』, 2021.1.14.; 연합뉴스, 『독일 녹색당 수뇌부 총선 참패에 사퇴』, 2013.9.24.; The Telegraph, 『German Green party admits to paedophile links』, 12 November 2014; The Guardian, 『Green party in Germany to investigate backing for paedophiles in 80s』, 14 May 2013; The New Repulic, 『A Major German Political Party Used to Support Pedophilia—And It's Coming Back to Haunt Them』, 24 November 2014; 국민일보, 『독일 68운동의 산물 녹색당도 '소아성애 과거사'에 대해 사과했다』, 2021.9.28.

628 데일리굿뉴스, 『정부 추진 '성인지 교육'…전 국민 사상주입 논란』, 2021.7.2.; 뉴데일리, 『[현장] "성인지 정책에 혈세 35조, 국방예산 맞먹어… 이런 나라는 없다"』, 2021.7.1.; 국회예산정책처, "2022년도 성인지 예산서 분석," 2021.10., 4면; 중부일보, 『[지선 팩트체크] 여성가족부 1년 예산 31조, 인건비는 1조4천억?』, 2022.4.4.; 고신뉴스, 『"동성애 옹호 법무부 국가인권정책 기본계획 반대한다"』, 2018.6.21.; 법률저널, 『최윤경의 행정학 특강 (32): 성인지 예산제도』, 2016.12.2.; 아시아투데이, 『서삼석 국회의원, 성인지 예산제도 실효성 제고법안 발의』, 2019.6.7.; 더스쿠프, 『"건전하지 않거나 모르거나" 지도자 재정 인식 괜찮나』, 2022.3.14.; 아시아경제, 『전국 '성인지 사업' 예산 집행률 대비 목표 달성률 저조』, 2021.9.29.; 시사매거진, 『지자체 성인지 사업, 예산은 다 써도 목표달성은 저조』, 2021.9.29.; 여성신문, 『[김형준의 젠더 폴리틱스] 성인지예산 논의 없는 국회는 성평등의 적』, 2017.12.6.

629 국민일보, 『"학교 정상화, 회복·혁신이 핵심"』, 2020.5.26.; 크리스천투데이, 『"총신대 이상원 교수가 파렴치한 성희롱 가해자인가?"』, 2020.3.23.; 데일리굿뉴스, 『동성애 반대 이상원 교수 부당해임 철회 공동성명』, 2021.6.8.

630 대한내과학회, "해리슨 내과학," MIP, 2010, 1388면; 국민일보, 『남성 동성애자들, 왜 이러나…10대 청소년들까지』, 2016.10.4.; 김지연, "덮으려는 자 펼치려는 자," 사람, 2019, 375면; 국민일보, 『[긴급진단-퀴어문화축제 실체를 파헤친다 ⑨] 동성애단체 "에이즈에 무방비 노출" 자인』, 2015.6.10.

631 크리스천투데이, 『총신대 이상원 교수 2차 징계 철회 위한 탄원서 서명운동』, 2022.9.23.

632 크리스천투데이, 『"총신대, 이상원 교수 탄압하려는가?"』, 2019.12.3.; 뉴스앤조이, 『[편집국에서] 총신 성희롱 사건은 '폭력'의 문제』, 2020.5.27.

633 뉴스앤조이, 『[편집국에서] 총신 성희롱 사건은 '폭력'의 문제』, 2020.5.27.; 크리스천투데이, 『"총신대, 이상원 교수 탄압하려는가?"』, 2019.12.3.

634 펜앤드마이크, 『[단독] 여가부 '외설 동화책', 펜앤보도후 초등학교서 회수나섰지만 서울교육청 공공도서관에는 그대로』, 2020.8.31.

635 헌법재판소 1992.11.12. 89헌마88 결정, 판례집 4, 739면.

636 Catholic News Agency, 『Despite the hype, non-monogamy is far from common, researcher says』, 6 November 2019.

637 서울신문, 『인권위, "기독 대학에서 성소수자 강연 불허는 인권 침해"』, 2019.1.18.; 이투데이, 『인권위 "기독 대학에서 성소수자 강연 불허는 인권 침해"』, 2019.1.9.; 천지일보, 『기독자유당, 성소수자 손들어준 인권위 형사고발』, 2019.2.20.

638 아시아투데이, 『국회 포럼, "국가인권위, 기독교 탄압·종교자유 침해·월권행위"』, 2019.2.3.

639 중도일보, 『한동대문제공동대응위, 인권위 강력 규탄』, 2018.4.11.; 대경일보, 『포항교계로 구성된 한동대문제공동대응위, 인권위 강력 규탄』, 2018.4.11.; 노컷뉴스, 『한동대문제공동대응위, 국가인권위원회 강력히 규탄해』, 2018.4.11.; 경상매일신문, 『"국가인권위, 교육현장까지 간섭한다"』, 2018.4.12.; 경북도민일보, 『"동성애 반대하는 한동대 지지한다"』, 2018.4.12.

640 국가인권위원회, "건학 이념을 이유로 대학 내 성소수자 강연회·대관 불허는 집회자유·평등권 침해" 보도자료, 2019.1.7.; 경향신문, 『한동대 교수 "사회적 폐해 동성애가 기본권? 억지 주장"』, 2019.1.14.; 펜앤드마이크, 『전국 대학교수 3207명 '국가인권위와의 전쟁' 선포..."인권위, 기독교 종립대학 자유 침해'』, 2019.2.12.

641 쿠키뉴스, 『늘어나는 10대 에이즈…"치료제론 한계, 예방 중요하다"』, 2021.11.23.; 의학신문, 『국내 청소년 70%, 에이즈 관련 배운 사실 '없다'』, 2020.11.24.; 후생신문, 『청소년 70% 에이즈 교육 받은적 없다』, 2020.11.24.; 약업신문, 『서정숙 의원, '2020 세계 에이즈의 날' 기념세미나 개최』, 2020.11.24.; 헬스인뉴스, 『국민의힘 서정숙 의원, '2020 세계 에이즈의 날' 기념세미나 '디셈버퍼스트' 개최』, 2020.11.25.; 데일리굿뉴스, 『청소년 에이즈 감염 급증하는데…정작 실상에 대해선 몰라』, 2020.11.24.

642 김지연, "덮으려는 자 펼치려는 자", 사람, 2019, 457면.

643 국민일보, 『[칼럼] 인간의 가치를 부정하는 '동성애 약자 프레임'』, 2021.4.20.

644 크리스천투데이, 『"이상원 교수 해임한 총신, 사회적 압력에 저항하라"』, 2020.5.22.

645 머니투데이, 『[런치리포트]내 삶을 바꾸는 개헌,양성평등→성평등』, 2017.11.15.; 머니투데이, 『양성평등vs성평등…정부·법률서도 혼재돼서 사용되는 두 용어』, 2017.11.15.

646 국민일보, 『[젠더이데올로기 실체를 말한다] '성평등=양성평등'이라던 경기도의원들 "제3의 성도 포함" 실토』, 2019.11.12.

647 국민일보, 『"여성가족부 동성애 성평등 정책 절대 반대"』, 2017.12.21.

648 뉴스웍스, 『"인권위의 '제3의 성' 인정 시도는 결국 '여자'의 권익 침해할 것"』, 2019.11.19.; 국민일보, 『20·30청년들, "인권위, 이념편향적" 규탄』, 2022.5.26.; 데일리굿뉴스, 『인권법 개정 시민단체연합, '성적지향' 삭제 개정안 발의 적극 지지』, 2019.11.19.; 크리스천투데이, 『"성평등에는 동성애도 포함… 여가부, 국민 기만치 말라"』, 2017.12.14.

649 서울신문, 『[단독] '시한부 여가부' 장관 지명된 김현숙, 성소수자 포괄하는 '성평등' 대신 '양성평등' 주장』, 2022.4.11.

650 JTBC 뉴스, 『화장실·목욕탕에도 트랜스젠더…'성별 이분법'의 종말?』, 2021.7.1.

651 의학신문, 『양성평등과 성평등은 다르다』, 2017.7.11.; 국회사무처, 『제17차 헌법개정특별위원회 회의록』, 2017.10.11., 3면; 국민일보, 『동성애·동성혼 합법화 개헌 절대 반대』, 2017.11.21.; 뉴스1, 『대전NGO·동성애 반대단체 "개헌논의 실질적 국민참여"』, 2017.9.12.; 국민일보, 『"동성애·동성혼 찬성 지방선거 후보자 낙선운동 펴겠다"』,

	2018.3.9.
652	국회사무처, 제17차 헌법개정특별위원회 회의록, 2017.10.11., 3면; 국민일보, 『"동성애·동성혼 합법화 개헌 절대 반대"』, 2017.11.21.; 뉴스1, 『대전NGO·동성애 반대단체 "개헌논의 실질적 국민참여"』, 2017.9.12.; 국민일보, 『"동성애·동성혼 찬성 지방선거 후보자 낙선운동 펴겠다"』, 2018.3.9.
653	Katie Roche, "2+2=5: How The Transgender Craze is Redefining Reality," 2020.
654	데일리굿뉴스, 『"트랜스젠더 선수와 락커룸 쓰기 겁난다"』, 2023.6.9.
655	제프리스, "젠더는 해롭다," 열다북스, 2019, 331면.
656	MBN 뉴스, 『'여성전용' 찜질방에 '수술 안 한' 트랜스젠더 입장?…"생물학적 여성 전용"』, 2023.6.13. 파이낸셜뉴스, 『"남성 성기 가진 트랜스젠더, 女찜질방 출입 허용하라"..美법원의 판결』, 2023.6.13.
657	Pink News, 『Anti-gay groups upset at being called 'hateful'』, 25 November 2010; Catholic News Agency, 『Organizations again labeled 'hate groups' over beliefs on marriage』, 1 February 2021.
658	매일경제, 『"나 여자야"…'주요 부위' 있는데 女탈의실 못쓴다고 소송낸 미국男』, 2023.5.23.; 뉴시스, 『美트랜스젠더, 女탈의실 이용 막은 요가학원에…66억 소송』, 2023.5.22.; 인사이트, 『여자 탈의실 못 쓰게 한다며 다니던 요가학원에 66억 소송 건 트랜스젠더』, 2023.5.23.; 중앙일보, 『"女탈의실 쓸래" 美요가학원 발칵 뒤집은 트랜스젠더, 어땠길래』, 2023.5.22.; 머니투데이, 『美 트랜스젠더, "여성 탈의실 안돼요" 제지받자 '66억원' 소송』, 2023.5.27.
659	New York Post, 『Transgender woman forced to use men's locker room sues NYC yoga studio for $5M』, 20 May 2023; Fox News, 『Trans woman sues NYC yoga studio for $5 million after being told to leave women's locker room: 'Humiliation'』, 21 May 2023; 파이낸셜뉴스, 『"성전환 안 했지만 나도 여자야"..美트젠, 女탈의실 못 쓰게 한 요가학원에 66억 소송』, 2023.5.23.
660	서울신문, 『성전환 수술 안받았는데…"女화장실 이용할래" 66억원 소송』, 2023.5.23.
661	Breitbart, 『'There's 150% Man': Trans Yogi Sues NYC Yoga Studio After Staff Escorted Him Out of Women's Locker Room』, 22 May 2023.
662	MailOnline, 『Transgender woman who claims she was forced to use the men's locker room at NYC yoga studio sues the firm for $5m』, 20 May 2023.
663	월간조선, 『여성의 58.3%가 "차별금지법이 다수를 역차별 할 경우 반대"』, 2020.7.23.
664	Lifesite, 『Man in threesome marriage: 'This should be the future of relationships'』, 22 May 2017.
665	데일리굿뉴스, 『차별금지법 제정 시도 중단하라!』, 2021.6.16.
666	한국경제, 『"내 정체성은 여자"…여탕 들어간 남성, 성범죄 전과자였다』, 2021.9.4.
667	데일리굿뉴스, 『""여성 인권 유린 평등법·차금법 제정 중단하라"』, 2021.7.7.
668	중앙일보, 『여성 탈의실서 성기노출 트랜스젠더… 사건 발단된 미 대법원 판결』, 2021.7.6.
669	데일리굿뉴스, 『LA 여탕 갔던 트랜스젠더, 남성 알몸 노출로 기소돼』, 2021.9.5.
670	우먼타임스, 『LA 한인 스파 여탕 들어간 트랜스젠더…찬반 유혈충돌로』, 2021.7.7.
671	Pink News, 『Half of trans and non-binary people want to abolish legal gender categories altogether, study finds』, 3 October 2020; Pink News, 『As non-binary

people, do we really want legal recognition, or should we be fighting to abolish gender categories entirely?』, 23 September 2020; 동아일보, 『美서 5세 여아 상대 트랜스젠더 성범죄 발생…'화장실법' 논란 재점화되나』, 2018.10.5.; 데일리굿뉴스, 『차금법 이후…"화장실 성범죄 남의 일 아냐"』, 2021.8.6.; 국민일보, 『[젠더이데올로기 실체를 말한다] 남녀 아닌 '제3의 성' 인정하자… 스웨덴에선 '성 중립 화장실' 등장』, 2019.12.31.; 코람데오닷컴, 『차금법 옹호하는 '뉴조'기사에 대한 팩트체크(8)』, 2020.8.2.; 명재진 외 6인, "포괄적 차별금지법, 찬성할 것인가 반대할 것인가," 밝은생각, 2020.6., 332면; 국민일보, 『[젠더이데올로기 실체를 말한다] 남녀 아닌 '제3의 성' 인정하자… 스웨덴에선 '성 중립 화장실' 등장』, 2019.12.31.; JTBC 뉴스, 『화장실·목욕탕에도 트랜스젠더…'성별 이분법'의 종말?』, 2021.7.1.; 뉴스웍스, 『"인권위의 '제3의 성' 인정 시도는 결국 '여자'의 권익 침해할 것"』, 2019.11.19.; 국민일보, 『20·30청년들, "인권위, 이념편향적" 규탄』, 2022.5.26.; 데일리굿뉴스, 『인권법 개정 시민단체연합, '성적지향' 삭제 개정안 발의 적극 지지』, 2019.11.19.

672 제프리스, "젠더는 해롭다," 열다북스, 2019, 331면.
673 펜앤드마이크, 『바른 인권 여성연합 "차별금지법안·평등법안은 여성 역차별 법안…즉각 철회하라"』, 2021.7.7.; The Daily Signal, 『How 'Equality Act' Would Impose Transgender Ideology on Everyone』, 24 February 2021.
674 한국경제, 『'성전환 사이클 선수' 결국 여성부 우승…"등수 뺏어 죄송"』, 2023.6.3.; 헤럴드경제, 『성전환 선수 '나화린', 강원도민체전 경륜 여성부 우승』, 2023.6.3.; 뉴시스, 『'성전환' 나화린 선수…강원도민체전 사이클대회서 우승』, 2023.6.4.; 이투데이, 『논란되고 싶다던 '성전환' 나화린, 사이클 대회 여성부 우승…"온 힘으로 달렸다"』, 2023.6.4.; 노컷뉴스, 『180cm·72kg '성전환' 나화린 선수, 강원도민체전 경륜 여성부 우승』, 2023.6.3.; 노컷뉴스, 『'성전환' 여성 나화린 선수, 강원도민체전 사이클 2관왕 올라』, 2023.6.4.; 연합뉴스, 『성전환 사이클 선수 나화린, '금2·은1'로 강원도민체전 마무리』, 2023.6.5.
675 인사이트, 『키 180cm, 몸무게 72kg '트랜스젠더' 사이클 선수의 우승 소식에 여초 반응』, 2023.6.4.
676 데일리굿뉴스, 『트랜스젠더 女사이클 우승…"한국 여성스포츠 파괴"』, 2023.6.5.
677 Swimming World, 『A Look At the Numbers and Times: No Denying the Advantages of Lia Thomas』, 5 April 2022; Independent, 『Critics accuse trans swimming star Lia Thomas of having an unfair advantage. The data tells a different story』, 31 May 2022; 스타뉴스, 『'性 오픈 종목 만들자' 美 트랜스젠더 여자수영 우승에 논란 가열 [이종성의 스포츠 문화&산업]』, 2022.3.24.; 뉴스1, 『성전환 후 기록 싹쓸이 女수영선수, 탈의실서 '남성 그곳' 노출』, 2022.1.29.; 서울신문, 『남→여 성전환 美 수영선수, 라커룸서 '남성 성기' 노출』, 2022.1.29.
678 데일리굿뉴스, 『트랜스젠더, 女 수영대회서 우승…공정성 논란』, 2022.3.20.
679 제프리스, "젠더는 해롭다," 열다북스, 2019, 331면; 크리스천투데이, 『"헌법의 자유 침해하는 국가인권법의 '성적지향'"』, 2019.11.19.
680 명재진 외 6인, "포괄적 차별금지법, 찬성할 것인가 반대할 것인가," 밝은생각, 2020.6., 384면.
681 뉴스1, 『대전NGO·동성애 반대단체 "개헌논의 실질적 국민참여"』, 2017.9.12.
682 김영길, "인권의 딜레마," 보담, 2021, 372면.

683	아시아투데이, 『[기자의눈] 포괄적 차별금지법 우려 가볍게 넘길 일 아니다』, 2022.11.15.
684	Katie Roche, "2+2=5: How The Transgender Craze is Redefining Reality," 2020.
685	Catholic News Agency, 『Lawyers warn of global push for 'gender identity' language』, 9 April 2014.
686	홍성수, "말이 칼이 될 때," 어크로스, 2018, 173-174면; 국민일보, 『20·30청년들, "인권위, 이념편향적" 규탄』, 2022.5.26.; 김영길, "인권의 딜레마," 보담, 2021, 372면.
687	김영길, "인권의 딜레마," 보담, 2021, 373면.
688	김영길, "인권의 딜레마," 보담, 2021, 372면; 법률신문, 『"차별금지법안 '증명책임 전환'은 불공정"』, 2020.10.29.
689	The Washington Times, 『Masterpiece Cakeshop's Jack Phillips appeals ruling over gender-transition cake』, 3 August 2021; Dailycitizen, 『Jack Phillips Appeals Bad Decision in Transgender Cake Case』, 4 August 2021; Decision Magazine, 『Washington Florist's Religious Liberty Case Not Over Yet, Lawyers Contend』, 5 August 2021; 이상민 의원 대표발의, 평등에 관한 법률안(의안번호: 10822, 발의: 2021.6.16.) 제9조, 제11조, 제12조; 권인숙 의원 대표발의, 평등 및 차별금지에 관한 법률안(의안번호: 12330, 발의: 2021.8.31.) 제9조, 제11조; 박주민 의원 대표발의, 평등에 관한 법률안(의안번호: 11964, 발의: 2021.8.9.) 제9조, 제11조; 장혜영 의원 대표발의, 차별금지법안(의안번호: 1116, 발의: 2020.6.29.) 제8조, 제9조.
690	대법원 2020.6.4. 선고 2020도3975 판결; 대구지방법원 2020.2.19. 선고 2019노2758 판결; 대구지방법원 서부지원 2019.6.28. 선고 2017고단2897 판결; 대구지방법원 2021.7.8. 선고 2020구합27005 판결; 법률신문, 『초등학생에게 '동성애 위험' 유튜브 보게 했다면… 학대행위 해당』, 2020.8.6; 대구MBC, 『'동성애 혐오 영상'보여준 보육교사"자격취소 적법"』, 2021.7.13.; KBS뉴스, 『봉사 온 초등학생에게 '동성애·이상성애' 성교육 영상… 대법 "정서적 학대"』, 2020.8.6; 대구MBC, 『부적절한 영상으로 성교육..대법, "정서적 학대"』, 2020.8.14.; 노컷뉴스, 『총신대, 성희롱 발언 이상원 교수 해임』, 2020.5.20.; 데일리굿뉴스, 『동성애 반대 이상원 교수 부당해임 철회 공동성명』, 2021.6.7.; 국민일보, 『"학교 정상화, 회복·혁신이 핵심"』, 2020.5.26.; 펜앤드마이크, 『"민주당 이상민 의원의 '평등법안'은 전체주의 독재법이자 국민에 재갈물리는 노예법"』, 2021.6.23.; The Christian Post, 『Testosterone being given to 8-y-o girls, age lowered from 13: doctors』, 2 April 2019.
691	국민일보, 『"학교 정상화, 회복·혁신이 핵심"』, 2020.5.26.; 크리스천투데이, 『"총신대 이상원 교수가 파렴치한 성희롱 가해자인가?"』, 2020.3.23.; 데일리굿뉴스, 『동성애 반대 이상원 교수 부당해임 철회 공동성명』, 2021.6.8.; 대한내과학회, "해리슨 내과학," MIP, 2010, 1388면; 국민일보, 『남성 동성애자들, 왜 이러나…10대 청소년들까지』, 2016.10.4.; 김지연, "덮으려는 자 펼치려는 자," 사람, 2019, 375면; 국민일보, 『[긴급진단-퀴어문화축제 실체를 파헤친다 ⑨] 동성애단체 "에이즈에 무방비 노출" 자인』, 2015.6.10.
692	대법원 2020.6.4. 선고 2020도3975 판결; 법률신문, 『초등학생에게 '동성애 위험' 유튜브 보게 했다면… 학대행위 해당』, 2020.8.6.
693	대법원 2020.6.4. 선고 2020도3975 판결; 대구지방법원 2020.2.19. 선고 2019노2758 판결; 대구지방법원 서부지원 2019.6.28. 선고 2017고단2897 판결; 대구지방법원 2021.7.8.

선고 2020구합27005 판결; 법률신문, 『초등학생에게 '동성애 위험' 유튜브 보게 했다면… 학대행위 해당』, 2020.8.6; 대구MBC, 『"동성애 혐오 영상"보여준 보육교사"자격취소 적법"』, 2021.7.13.; KBS뉴스, 『봉사 온 초등생에게 '동성애·이상성애' 성교육 영상…대법 "정서적 학대"』, 2020.8.6.; 대구MBC, 『부적절한 영상으로 성교육..대법, "정서적 학대"』, 2020.8.14.; 데일리굿뉴스, 『동성애 반대 이상원 교수 부당해임 철회 공동성명』, 2021.6.7.; 국민일보, 『"학교 정상화, 회복·혁신이 핵심"』, 2020.5.26.; 노컷뉴스, 『총신대, 성희롱 발언 이상원 교수 해임』, 2020.5.20.

694 가브리엘 쿠비, "글로벌 성혁명", 밝은생각, 2020, 344면.
695 The Daily Signal, 『How 'Equality Act' Would Impose Transgender Ideology on Everyone』, 24 February 2021.
696 Pink News, 『School worker sacked after claiming LGBT+ 'indoctrination' is 'brainwashing our children'. Now, she's suing for discrimination』, 21 September 2020; The Epoch Times, 『Christian Allegedly Sacked for Opposing Modern Sex Education Sues Former School Employer』, 22 September 2020; Pink News, 『School employee fired for claim LGBT education is 'brainwashing' children』, 16 April 2019.
697 펜앤드마이크, 『"민주당 이상민 의원의 '평등법안'은 전체주의 독재법이자 국민에 재갈 물리는 노예법"』, 2021.6.23.
698 의협신문, 『학문과 양심의 자유를 위협하는 정보통신망법 개정안에 반대한다』, 2021.7.5.; 동아일보, 『여장하고 여탕 들어간 이용객 기소유예…"정체성 혼란"』, 2020.12.15.; 국민일보, 『여탕 들어가 목욕한 '성소수자' 기소유예… 이유는?』, 2020.12.15.
699 국민일보, 『"여성가족부 동성애 성평등 정책 절대 반대"』, 2017.12.21.; 뉴데일리, 『[현장] "성인지 정책에 혈세 35조, 국방예산 맞먹어… 이런 나라는 없다"』, 2021.7.1.; 데일리굿뉴스, 『초등 성교육·젠더교육의 실태 논란…문제는?』, 2021.6.15.
700 국가인권위원회, "성적지향·성별정체성에 따른 차별 실태조사," 2014, 316면.
701 뉴데일리, 『[현장] "성인지 정책에 혈세 35조, 국방예산 맞먹어… 이런 나라는 없다"』, 2021.7.1.; 국회예산정책처, "2022년도 성인지 예산서 분석," 2021.10., 4면; 중부일보, 『[지선 팩트체크] 여성가족부 1년 예산 31조, 인건비는 1조4천억?』, 2022.4.4.; 고신뉴스, 『"동성애 옹호 법무부 국가인권정책 기본계획 반대한다"』, 2018.6.21.; 법률저널, 『최윤경의 행정학 특강 (32): 성인지 예산제도』, 2016.12.2.; 아시아투데이, 『서삼석 국회의원, 성인지 예산제도 실효성 제고법안 발의』, 2019.6.7.; 더스쿠프, 『"건전하지 않거나 모르거나" 지도자 재정 인식 괜찮나』, 2022.3.14.; 아시아경제, 『전국 '성인지 사업' 예산 집행률 대비 목표 달성률 저조』, 2021.9.29.; 시사매거진, 『지자체 성인지 사업, 예산은 다 써도 목표달성은 저조』, 2021.9.29.; 여성신문, 『[김형준의 젠더 폴리틱스] 성인지예산 논의 없는 국회는 성평등의 적』, 2017.12.6.
702 김영길, "인권의 딜레마," 보담, 2021, 353면; 경남도민일보, 『'차별 없는 인권보장' 조례도 행정도 갈 길 멀어』, 2021.12.10.; 크리스천투데이, 『서울시교육청 어린이 도서에 포르노 같은 도서가 버젓이…』, 2021.6.3.
703 경북매일, 『예산에 젠더 감수성을 더하다!』, 2019.7.11.; 이데일리, 『성인지예산 제도 실효성 제고 방안 모색』, 2021.9.15.
704 법률저널, 『최윤경의 행정학 특강 (32): 성인지 예산제도』, 2016.12.2.

705 아시아투데이, 『서삼석 국회의원, 성인지 예산제도 실효성 제고법안 발의』, 2019.6.7.; 더스쿠프, 『"건전하지 않거나 모르거나" 지도자 재정 인식 괜찮나』, 2022.3.14.; 아시아경제, 『전국 '성인지 사업' 예산 집행률 대비 목표 달성률 저조』, 2021.9.29.; 시사매거진, 『지자체 성인지 사업, 예산은 다 써도 목표달성은 저조』, 2021.9.29.; 여성신문, 『[김형준의 젠더 폴리틱스] 성인지예산 논의 없는 국회는 성평등의 적』, 2017.12.6.

706 뉴데일리, 『[현장] "성인지 정책에 혈세 35조, 국방예산 맞먹어… 이런 나라는 없다"』, 2021.7.1.; 데일리굿뉴스, 『초등 성교육·젠더교육의 실태 논란…문제는?』, 2021.6.15.; 국민일보, 『"여성가족부 동성애 성평등 정책 절대 반대"』, 2017.12.21.

707 머니투데이, 『[런치리포트]내 삶을 바꾸는 개헌, 양성평등→성평등』, 2017.11.15.; 머니투데이, 『양성평등vs성평등…정부·법률서도 혼재돼서 사용되는 두 용어』, 2017.11.15.

708 국민일보, 『"여성가족부 동성애 성평등 정책 절대 반대"』, 2017.12.21.

709 국회예산정책처, "2022년도 성인지 예산서 분석," 2021.10., 4면; 중부일보, 『[지선 팩트체크] 여성가족부 1년 예산 31조, 인건비는 1조4천억?』, 2022.4.4.

710 데일리굿뉴스, 『정부 추진 '성인지 교육'…전 국민 사상주입 논란』, 2021.7.2.

711 김영길, "인권의 딜레마," 보담, 2021, 353면.

712 경남도민일보, 『'차별 없는 인권보장' 조례도 행정도 갈 길 멀어』, 2021.12.10.

713 김영한 외 지음, "동성애, 21세기 문화충돌," 킹덤북스, 2016.6., 666면.

714 Centers for Disease Control and Prevention (CDC), "Men Living with Diagnosed HIV Who Have Sex with Men: Progress Along the Continuum of HIV Care — United States, 2010," Morbidity and Mortality Weekly Report, 63(38), 26 September 2014, pp.829-833; Pink News, 『CDC: Half of gay men with HIV not recieving treatment』, 26 September 2014; The Georgiavoice, 『CDC: half of gay, bisexual men with HIV don't receive treatment』, 25 September 2014; The Guardian, 『Only half of US HIV-diagnosed gay men got treatment in 2010, CDC says』, 25 September 2014; 경상매일신문, 『<윤정배 칼럼>동성애와 에이즈 III』, 2018.5.4.; 의학신문, 『HIV 감염률 걱정 된다』, 2016.12.1.; 김지연, "덮으려는 자 펼치려는 자," 사람, 2019, 492면; https://files.kff.org/attachment/fact-sheet-u-s-federal-funding-for-hivaids-the- presidents-fy-2016-budget-request

715 경상매일신문, 『<윤정배 칼럼>동성애와 에이즈 III』, 2018.5.4.

716 백상현, "가짜 인권, 가짜 혐오, 가짜 소수자," 밝은생각, 2017, 254-256면.

717 헤럴드경제, 『[사설] 급증하는 에이즈 환자, 전문병원 지정 관리 시급』, 2016.9.27.; 경상매일신문, 『<윤정배 칼럼>동성애와 에이즈 III』, 2018.5.4.; 경향신문, 『FDA, 에이즈 예방약 첫 승인』, 2012.7.17.; 연합뉴스, 『<의학> 美 에이즈 환자 평균생존기간 24년』, 2006.11.13.; 쿠키뉴스, 『에이즈 환자, 평균 24년 생존… 치료비용 60만달러』, 2006.11.13.

718 김영한 외 지음, "동성애, 21세기 문화충돌," 킹덤북스, 2016.6., 570-571면, 667면; 홍원식, "성소수자 마오쩌둥," 비전브리지, 2020, 64면, 67면; 백상현, "가짜 인권, 가짜 혐오, 가짜 소수자," 밝은생각, 2017, 434면; 김지연, "덮으려는 자 펼치려는 자," 사람, 2019, 488면.

719 명재진 외 6인, "포괄적 차별금지법, 찬성할 것인가 반대할 것인가," 밝은생각, 2020.6., 88면.

720 아시아경제, 『[톺아보기]지금 대한민국에서 아기를 낳으면 '무엇'?』, 2021.12.7.; 뉴스앤

721   조이, 『"포괄적 차별금지법 관련 불명확한 사실 단정적 방송"…방심위, CTS 법정 제재 '경고' 상정』, 2020.10.22.

721   비마이너, 『'혹시나 했는데...' 충남도 인권조례 폐지안 본회의 통과』, 2018.2.2.; 기호일보, 『동성애의 그림자』, 2019.5.21.; 오마이뉴스, 『보육교사 처우개선 놓고 한마음대회서 여야 공방』, 2017.10.14.

722   Express, 『Investigation as number of girls seeking gender transition treatment rises 4,515 percent』, 16 September 2018; 데일리굿뉴스, 『美 청소년 성전환 수술 지원 논란…장애, 불임 등 우려』, 2022.4.4.; 국민일보, 『성전환 수술받은 트랜스젠더의 삶, 30년간 추적해보니…』, 2020.2.21.; The Telegraph, 『Transgender people can end up 'badly damaged' says Lord Robert Winston』, 1 November 2017.

723   한국일보, 『성병 감염률 2년 연속 증가세』, 2016.10.27.; 미주중앙일보, 『밀레니얼 세대 성병 감염 급증』, 2016.11.4.; 뉴시스, 『"美 성전염성질환 발병 급증"…CDC』, 2009.1.14.

724   크리스천투데이, 『동성결혼은 시작일 뿐, 성혁명의 결론은 '폴리 아모리'될 것』, 2020.12.4.

725   미디어오늘, 『동성애반대집회 "동성결혼, 저출산 심화"』, 2018.7.14.; 뉴데일리, 『4년 연속 서울 한복판 점령하는 '퀴어축제'』, 2018.7.4.; 크리스천투데이, 『가족 해체하는 가족정책기본법?… 혼인·출산·가족해체예방 삭제』, 2020.9.23.

726   아주경제, 『합계출산율 0.8명도 무너졌는데…저출산 대책 공회전』, 2023.2.22.; 한국일보, 『저출산 대책 '공회전'에 더 가팔라진 출산율 추락』, 2023.2.23.; 이데일리, 『출산율 0.7명대 추락…소멸하는 대한민국』, 2023.2.22.

727   매일경제, 『[사설] 2월 출생아 또 역대 최저, 새정부 저출산대책 완전히 새로 짜라』, 2022.4.28.

728   국민일보, 『20·30청년들, "인권위, 이념편향적" 규탄』, 2022.5.26.

729   코람데오닷컴, 『젠더 이데올로기에 대한 비판적 성찰(I)』, 2017.9.28.; 국민일보, 『"동성애 등 性소수자 차별금지 규정은 위헌"… 바른성문화를위한국민연합, '바른 성문화…' 간담회』, 2014.3.31.; 펜앤드마이크, 『[이명진 칼럼] 국가인권위원회 폐지론』, 2021.7.20.

730   크리스천투데이, 『"동성애자들, 헌법의 '양성평등' 조항까지 삭제하려"』, 2017.4.14.

731   김영길, "인권의 딜레마," 보담, 2021, 374면; 펜앤드마이크, 『[이명진 칼럼] 국가인권위원회 폐지론』, 2021.7.20.; PD저널, 『'퀴어=동성애?' 의미조차 축소하는 공영방송』, 2016.6.13.; 한국기지협회, 한국기지협회 인권보도준칙, https://www.journalist.or.kr/news/section4.html?p_num=7

732   명재진 외 6인, "포괄적 차별금지법, 찬성할 것인가 반대할 것인가," 밝은생각, 2020.6., 280면; 김영한 외 지음, "동성애, 21세기 문화충돌," 킹덤북스, 2016.6., 527-528면; 백상현, "가짜 인권, 가짜 혐오, 가짜 소수자," 밝은생각, 2017, 320-321면.

733   미디어펜, 『동성애? 성 이용 특정 목적 노린 거짓 세력 경계해야』, 2015.10.12.; 경상매일신문, 『<윤정배 칼럼>동성애와 에이즈 V』, 2018.5.18.; 국민일보, 『"청소년 에이즈 확산... 동성애 주된 이유 맞다"』, 2017.12.3.; 크리스천투데이, "10~20대 에이즈 감염 주된 경로는 동성 간 성접촉", 2019.11.28.; 크리스천투데이, 『"10·20대, 에이즈 위험에 노출… '성적지향' 삭제해야"』, 2019.11.26.; 김영한 외 지음, "동성애, 21세기 문화충돌," 킹덤북스, 2016.6., 382면; 국민일보, 『"청소년 에이즈 확산... 동성애 주된 이유 맞다"』,

2017.12.3.; 국민일보, 『세계 보건당국, 퀴어행사와 A형 간염 연결고리 보고』, 2019,7.2.; 경상매일신문, 『<윤정배 칼럼>퀴어 축제와 경제 활성화는 정반대』, 2018.6.15.; 펜앤드마이크, 『[이명진 칼럼] 국가인권위원회 폐지론』, 2021.7.20.

734 쿠키뉴스, 『늘어나는 10대 에이즈…"치료제론 한계, 예방 중요하다"』, 2021.11.23.; 의학신문, 『국내 청소년 70%, 에이즈 관련 배운 사실 '없다'』, 2020.11.24.; 후생신문, 『청소년 70% 에이즈 교육 받은적 없다』, 2020.11.24.; 약업신문, 『서정숙 의원, '2020 세계 에이즈의 날' 기념세미나 개최』, 2020.11.24.; 헬스인뉴스, 『국민의힘 서정숙 의원, '2020 세계 에이즈의 날' 기념세미나 '디셈버퍼스트' 개최』, 2020.11.25.; 데일리굿뉴스, 『청소년 에이즈 감염 급증하는데…정작 실상에 대해선 몰라』, 2020.11.24.; 국민일보, 『"청소년 에이즈 확산... 동성애 주된 이유 맞다"』, 2017.12.3.

735 의학신문, 『HIV 감염률 걱정 된다』, 2016.12.1.; 김지연, "덮으려는 자 펼치려는 자," 사람, 2019, 414면, 508면; 보건복지부, "제4차 국민건강증진종합계획(2016-2020)," 2015.12., 328면; 국민일보, 『"에이즈는 치명적 질병… 만성질환처럼 호도해선 안돼"』, 2021.2.22.; https://www.ohchr.org/EN/Issues/Health/Pages/HIVandAIDS.aspx

736 질병관리청, "2020 HIV/AIDS 신고 현황 연보," 2021.8., 6면; 약업신문, 『서정숙 의원, '2020 세계 에이즈의 날' 기념세미나 개최』, 2020.11.24.; 쿠키뉴스, 『늘어나는 10대 에이즈…"치료제론 한계, 예방 중요하다"』, 2021.11.23.; 크리스천투데이, 『"에이즈 사망률 8~29%… 위험성 제대로 알려야"』, 2021.2.23.; 크리스천투데이, 『[소중한 성 거룩한 성] HIV 전파에 대한 올바른 이해 및 차단을 위한 노력』, 2021.2.23.

737 질병관리본부 국립보건연구원 면역병리센터 에이즈·종양바이러스과, "우리나라 HIV 감염인의 최초 감염진단 이후 생존율 변화," 주간 건강과 질병, 2009, 1면; 김지연, "덮으려는 자 펼치려는 자," 사람, 2019, 363면, 457면, 466면; 팜뉴스, 『에이즈 무릎꿇린 길리어드, 빅타비로 시장서 돌풍』, 2021.6.24.

738 김영길, "인권의 딜레마," 보담, 2021, 335면.

739 국가인권위원회, "건학 이념을 이유로 대학 내 성소수자 강연회·대관 불허는 집회자유·평등권 침해" 보도자료, 2019.1.7.; 경향신문, 『한동대 교수 "사회적 폐해 동성애가 기본권? 억지 주장"』, 2019.1.14.; 서울신문, 『인권위, "기독 대학에서 성소수자 강연 불허는 인권 침해"』, 2019.1.18.; 이투데이, 『인권위 "기독 대학에서 성소수자 강연 불허는 인권 침해"』, 2019.1.9.; 국민일보, 『[미션 톡!] "다자연애가 무슨 문제냐"… 인권위의 도덕 불감증』, 2018.3.16.; 아시아투데이, 『국회 포럼, "국가인권위, 기독교 탄압·종교자유 침해·월권행위"』, 2019.2.3.; 민중의 소리, 『[사설] 개신교 대학의 인권침해 막기 위해 차별금지법 제정해야』, 2019.1.16.

740 국민일보, 『국가인권위, 다자성애자도 '성소수자'에 포함』, 2019.1.10.; 국민일보, 『다자성애자도 '성소수자'라는 국가인권위』, 2019.1.9.

741 Decision Magazine, 『New York Judge Grants Protection to Polyamorous Relationships』, 13 October 2022.

742 이뉴스투데이, 『박상진 과천시의원"청소년 성범죄 예방에 동성애 사항 넣어 조례 부결시킨 민주당의원들 사죄해야"』, 2019.12.18.; 국회사무처, 제17차 헌법개정특별위원회 회의록, 2017.10.11., 3면; 국민일보, 『"동성애·동성혼 합법화 개헌 절대 반대"』, 2017.11.21.; 뉴스1, 『대전NGO·동성애 반대단체 "개헌논의 실질적 국민참여"』, 2017.9.12.; 국민일보, 『"동성애·동성혼 찬성 지방선거 후보자 낙선운동 펴겠다"』, 2018.3.9.; 데일리굿뉴스, 『초등 성교육·젠더교육의 실태 논란…문제는?』, 2021.6.15.;

국민일보, 『'다양한 가족'엔 동성혼도… 가정 해체 노린 문화 마르크시즘 반영』, 2021.8.10.; 펜앤드마이크, 『[이명진 칼럼] 젠더권력의 꿀을 빨래 독(毒)을 주입하려는 자들』, 2021.6.18.; BBC News, 『Polyamorous marriage: Is there a future for three-way weddings?』, 21 July 2017; Psychology Today, 『Besides Religion, Immutable Nature Is Key to Civil Rights』, 23 July 2017.

743 국민일보, 『"여성가족부 동성애 성평등 정책 절대 반대"』, 2017.12.21.; 뉴데일리, 『[현장] "성인지 정책에 혈세 35조, 국방예산 맞먹어… 이런 나라는 없다"』, 2021.7.1.; 데일리굿뉴스, 『초등 성교육·젠더교육의 실태 논란…문제는?』, 2021.6.15.

744 국가인권위원회, "성적지향·성별정체성에 따른 차별 실태조사," 2014, 316면.

745 뉴데일리, 『[현장] "성인지 정책에 혈세 35조, 국방예산 맞먹어… 이런 나라는 없다"』, 2021.7.1.; 국회예산정책처, "2022년도 성인지 예산서 분석," 2021.10., 4면; 중부일보, 『[지선 팩트체크] 여성가족부 1년 예산 31조, 인건비는 1조4천억?』, 2022.4.4.; 고신뉴스, 『"동성애 옹호 법무부 국가인권정책 기본계획 반대한다"』, 2018.6.21.; 법률저널, 『최윤경의 행정학 특강 (32): 성인지 예산제도』, 2016.12.2.; 아시아투데이, 『서삼석 국회의원, 성인지 예산제도 실효성 제고법안 발의』, 2019.6.7.; 더스쿠프, 『"건전하지 않거나 모르거나" 지도자 재정 인식 괜찮나』, 2022.3.14.; 아시아경제, 『전국 '성인지 사업' 예산 집행률 대비 목표 달성률 저조』, 2021.9.29.; 시사매거진, 『지자체 성인지 사업, 예산은 다 써도 목표달성은 저조』, 2021.9.29.; 여성신문, 『[김형준의 젠더 폴리틱스] 성인지예산 논의 없는 국회는 성평등의 적』, 2017.12.6.

746 데일리굿뉴스, 『정부 추진 '성인지 교육'…전 국민 사상주입 논란』, 2021.7.2.

747 김영길, "인권의 딜레마," 보담, 2021, 353면; 경남도민일보, 『'차별 없는 인권보장' 조례도 행정도 갈 길 멀어』, 2021.12.10.; 크리스천투데이, 『서울시교육청 어린이 도서에 포르노 같은 도서가 버젓이…』, 2021.6.3.

748 뉴스앤조이, 『'성평등' 들어가면 무조건 반대, 이번엔 경기도』, 2019.7.31.; 크리스천투데이, 『"동성애 옹호하고 정교분리 어긴 국가인권위"』, 2019.3.7.

749 미디어오늘, 『동성애반대집회 "동성결혼, 저출산 심화"』, 2018.7.14.; 뉴데일리, 『4년 연속 서울 한복판 점령하는 '퀴어축제'』, 2018.7.4.; 크리스천투데이, 『가족 해체하는 가족정책기본법?… 혼인·출산·가족해체예방 삭제』, 2020.9.23.; 뉴데일리, 『[포토] 트루스포럼 "차별금지법 강행시도 규탄한다"(전문)』, 2022.4.13.; 크리스천투데이, 『"좋은 가정 회복돼야 저출산·고령화·동성애 문제 해결"』, 2021.9.11.; The West Australian, 『Will the last South Korean turn out the light?』, 2 September 2014; The Korea Times, 『More deaths than births』, 28 January 2021; The DONG-A ILBO, 『Korea feared to disappear』, 4 December 2017; 한국경제, 『"한국, 지구상에서 가장 먼저 사라질 나라"…충격 전망』, 2021.12.14.; David Coleman, "Immigration and Ethnic Change in Low-Fertility Countries: A Third Demographic Transition," Population and Development Review, 32(3), 2006, pp.401-446.; David Coleman, "The Road to Low Fertility, Ageing Horizons," 7, 2007, pp.7-15; 이코리아, 『지방인구 급감·지역 소멸, 전문가들의 해법은?』, 2021.12.14.; 인사이트, 『출산율 0.8명' 찍은 대한민국, 지구상에서 가장 먼저 사라지는 '소멸 국가' 된다』, 2021.3.12.

750 국민일보, 『20·30청년들, "인권위, 이념편향적" 규탄』, 2022.5.26.

751 대법원 2022.4.21 선고 2019도3047 전원합의체 판결; 우먼타임스, 『[이슈 짚기] 대법원은 왜 군대 내 동성 간 성행위를 처벌하지 않았나』, 2022.4.23.; 머니투데이, 『"'쏘리'

	한 마디 하고 발뻗고 주무셨습니까"…김명수는 또 '침묵'』, 2021.2.8.; 크리스천투데이, 『"군 내 동성애자 권익 보호가 성행위 보장은 아냐"』, 2017.10.12.
752	국민일보, 『[기고] "성별을 남자와 여자로 한정하는 것에 반대한다"는 주장에 대해』, 2019.12.11.
753	한국경제, 『[토요칼럼] 차별금지법, 악마는 디테일에 있다』, 2022.5.6.
754	제프리스, "젠더는 해롭다," 열다북스, 2019, 331면; Katie Roche, "2+2=5: How The Transgender Craze is Redefining Reality," 2020; Kathleen Stock, "Material Girls: Why Reality Matters for Feminism," Fleet, 2021; The Times, 『Unisex changing rooms put women in danger』, 2 September 2018; Independent, 『Unisex changing rooms put women at danger of sexual assault, data reveals』, 2 September 2018.
755	뉴시스, 『러시아 하원, '병역기피용' 성전환 수술 금지법 만장일치 통과』, 2023.6.15.
756	JTBC뉴스, 『인권위 "동성 군인 간 합의 성관계 처벌금지한 대법 판결 환영"』, 2022.4.22.; 조선일보, 『동성 군인의 합의된 성관계 인정… 인권위 "대법원 판결 환영한다"』, 2022.4.23.; 연합뉴스, 『인권위 "동성 군인간 합의 성관계 처벌금지 대법원 판결 환영"』, 2022.4.22.; 서울경제, 『"동성 군인간 합의 성관계 처벌금지 대법원 판결 환영"…인권위 성명』, 2022.4.22.; 아주경제, 『[주요재판 톺아보기] "동성군인 간 성관계, 합의하면 처벌 부당"...대법, 판례 뒤집어』, 2022.4.23.; 헤럴드경제, 『인권위 "동성 군인 간 합의 성관계 처벌금지한 대법 판결 환영"』, 2022.4.22.
757	국가인권위원회, '군대 내 성폭력 현황 실태조사' 결과발표 및 토론회 개최 보도자료, 2004.4.8.
758	국민일보, 『교계 "軍 동성 간 성행위 허용은 동성애 합법화 수순" 반발』, 2022.4.22.
759	데일리굿뉴스, 『"군(軍) 동성애 실태 심각…군형법 강화해야"』, 2016.2.12.; 크리스챤연합신문, 『"군 동성애 합법화는 단기속성 망국 프로젝트"』, 2016.2.16.
760	우먼타임스, 『[이슈 짚기] 대법원은 왜 군대 내 동성 간 성행위를 처벌하지 않았나』, 2022.4.23.; 우먼타임스, 『[이슈 짚기] 성기 수술 안 해도 법적으로 여자가 될 수 있게 됐지만...』, 2020.3.17.; 국민일보, 『[기고] "성별을 남자와 여자로 한정하는 것에 반대한다"는 주장에 대해』, 2019.12.11.; 명재진 외 6인, "포괄적 차별금지법, 찬성할 것인가 반대할 것인가," 밝은생각, 2020.6., 195-197면.; 데일리굿뉴스, 『시민단체들, 대법원 '성별 정정 지침' 규탄』, 2020.3.6.
761	대법원 2022.4.21 선고 2019도3047 전원합의체 판결; 크리스천투데이, 『"군 내 동성애자 권익 보호가 성행위 보장은 아냐"』, 2017.10.12.
762	홍원식, "성소수자 마오쩌둥," 비전브리지, 2020, 83-85면; 제프리스, "젠더는 해롭다," 열다북스, 2019, 331면; 푸른한국닷컴, 『동성애대책위, 군대 내 동성애 옹호 조장하는 군형법 92조 개정 반대』, 2014.3.28.; 국민일보, 『전역자 38% "軍내 性추문 듣거나 본 적 있다"』, 2013.10.17.; 굿데일리뉴스, 『"군(軍) 동성애 실태 심각…군형법 강화해야"』, 2016.2.12.; 국민일보, 『軍부대 내 동성애 부추기는 국회의원들』, 2014.3.20.; The Guardian, 『Pressure to keep up: status imbalance a major factor in stress in gay men』, 29 February 2020; 한국성소수자연구회, "무지개는 더 많은 빛깔을 원한다," 창비, 2019, 19면; 명재진 외 6인, "포괄적 차별금지법, 찬성할 것인가 반대할 것인가," 밝은생각, 2020.6., 399면.
763	National Post, 『Bruce Pardy: Meet the new 'human rights' — where you are forced by law to use 'reasonable' pronouns』, 19 June 2017; Mercatornet,

『Canada's new human rights law: use trans pronouns or else』, 22 June 2017.
764 오마이뉴스, 『3번의 실패 후 찾아온 기회... 차별받아도 되는 사람은 없다』, 2020.8.10.
765 CBN News, 『UK Teacher Fired for Posting Her Concern About LGBT Indoctrination in Christian School』, 17 April 2019.
766 Pink News, 『School worker fired for foul anti-LGBT+ comments wants to prove she was discriminated against』, 16 July 2021.
767 미디어오늘, 『성소수자에 대한 교육, 초중고교에서 실시 당연』, 2021.5.4.
768 Public Health England, "Syphilis epidemiology in London Sustained high numbers of cases in men who have sex with men," July 2016; 김지연, "덮으려는 자 펼치려는 자," 사람, 2019, 309-310면.
769 김지연, "덮으려는 자 펼치려는 자, 사람," 2019, 328-329면; 국민일보, 『미국 임질 환자 42% 남성 동성애자… 감염률 증가 주요인』, 2019.8.27.
770 The Guardian, 『Cuts to sexual health services will lead to STI 'explosion', warn experts』, 3 January 2016; Pink News, 『Sexual health cuts will cause STI 'explosion', warn experts』, 4 January 2016.
771 Pink News, 『Young people 'failed by sex ed' as under-24s now account for a THIRD of sexually transmitted infections』, 15 September 2016.
772 Public Health England(영국 공중보건원) 홈페이지, "Shigella dysentery on the rise among gay and bisexual men," 30 January 2014; https://www.gov.uk/government/news/shigella-dysentery-on-the-rise-among-gay-and-bisexual-men; 김지연, "덮으려는 자 펼치려는 자," 사람, 2019, 223-233면.
773 CDC(미국 질병관리본부) 홈페이지, Gay and Bisexual Men's Health - Sexually Transmitted Diseases https://www.cdc.gov/msmhealth/STD.htm; Ann N. Burchell, Vanessa G. Allen, Sandra L. Gardner et al., High incidence of diagnosis with syphilis co-infection among men who have sex with men in an HIV cohort in Ontario, Canada, BMC Infectious Diseases, 15, 356, 20 August 2015; 김지연, "덮으려는 자 펼치려는 자," 사람, 2019, 292면, 304면, 324면.
774 NBC News, 『40 percent of LGBTQ youth 'seriously considered' suicide in past year, survey finds』, 16 July 2020; Washington Blade, 『British youth face 'mental health crisis'』, 15 January 2014; Pink News, 『More than 80% of LGBT students in China report depression』, 10 May 2019; Jeanne Nagle, "Are You LGBTQ?," Enslow Publishing, 2015, p.101; Lifesite News, 『Study: gay teens five times more likely to attempt suicide』, 29 April 2011; Pink News, 『CDC study finds gay teens are nearly five times as likely to attempt suicide』, 12 August 2016; NBC News, 『40 percent of LGBTQ youth 'seriously considered' suicide in past year, survey finds』, 16 July 2020.
775 뉴스웍스, 『"인권위의 '제3의 성' 인정 시도는 결국 '여자'의 권익 침해할 것"』, 2019.11.19.
776 Catholic News Agency, 『How a new executive order would promote gender ideology and silence free speech at schools』, 11 March 2021; 김영한 외 지음, "동성애, 21세기 문화충돌," 킹덤북스, 2016.6., 528면.
777 Kathryn Macapagal, Ashley Kraus, David A Moskowitz, Jeremy Birnholtz, "Geosocial

Networking Application Use, Characteristics of App-Met Sexual Partners, and Sexual Behavior Among Sexual and Gender Minority Adolescents Assigned Male at Birth," Journal of Sex Research, 57(8), October 2020, pp.1078-1087; The Times, 『I was 13 and on dating apps in seconds. Years of rape followed』, 10 February 2019; NBC News, 『Sex and drugs: Popular gay dating app allows users to find more than a date』, 1 August 2018.

778 국인일보, 『[기고] 국가인권위법 '성적지향' 문구로 발생할 '반대자 탄압'』, 2019.11.26.

779 한국교육신문, 『<현장의 눈> 학교에서 동성애를 가르치란 말인가』, 2014.12.1.

780 매일경제, 『결혼은 선택, 맘에들면 '내돈내산'…밀레니얼과 또 다른 Z세대입니다』, 2021.8.13.; The Guardian, 『Record 7.1% of Americans identify as LGBTQ+, Gallup poll finds』, 17 February 2022.

781 Gallup, LGBT Identification in U.S. Ticks Up to 7.1%, 17 February 2022; https://news.gallup.com/poll/389792/lgbt-identification-ticks-up.aspx

782 The Times, 『One in four at high school in US are LGBTQ』, 28 April 2023; The Christian Post, 『Number of teens who identify as LGBT skyrockets: CDC』, 2 May 2023.

783 한국경제, 『갤럽 "美 젊은층 16%가 성소수자…양성애자 최대"』, 2021.3.2.; 머니투데이, 『美 젊은이 6명 중 1명 "나는 성소수자"』, 2021.2.25.

784 Madeleine S C Wallien, Peggy T Cohen-Kettenis, "Psychosexual outcome of gender-dysphoric children," Journal of the American Academy of Child and Adolescent Psychiatry, 47(12), December 2008, pp.1413-1423.

785 Rita George, Mark A Stokes, "A Quantitative Analysis of Mental Health Among Sexual and Gender Minority Groups in ASD," Journal of Autism and Developmental Disorder, 48(6), June 2018, pp.2052-2063.

786 Belfast Telegraph, 『DUP's Donaldson to chair Westminster briefing with minister who branded LGBT education 'state-sponsored abuse'』, 26 February 2020; Catholic News Agency, 『How a new executive order would promote gender ideology and silence free speech at schools』, 11 March 2021; 김영길, "인권의 딜레마," 보담, 2021, 33면; 노컷뉴스, 『포항성시화운동본부 '포괄적 차별금지법 입법반대' 규탄집회 동참』, 2020.7.31.

787 The Telegraph, 『Minister orders inquiry into 4,000 per cent rise in children wanting to change sex』, 16 September 2018; The Times, 『Inquiry into surge in gender treatment ordered by Penny Mordaunt』, 16 September 2018.

788 MailOnline, 『Government probe into why so many girls want to be boys: Investigation ordered after number of 'transitioning referrals' increases by four thousand per cent』, 17 September 2018.

789 Medscape, 『Transgender Teens: Is the Tide Starting to Turn?』, 26 April 2021; Medscape Medical News, 『Transition Therapy for Transgender Teens Drives Divide』, 23 April 2021.

790 BBC News, 『Transgender treatment: Puberty blockers study under investigation』, 22 July 2019.

791 The Guardian, 『NHS to hold review into gender identity services for children

and young people』, 22 September 2020; The Irish Times, 『HSE officials opted not to pull puberty blocking treatment at Crumlin hospital』, 10 March 2021; The Guardian, 『Gender identity clinic accused of fast-tracking young adults』, 3 November 2018; The Times, 『Gender advisers 'rushing young into big decisions'』, 5 November 2018; The Times, 『Landmark High Court ruling restricts puberty blockers for children』, 2 December 2020; The Times, 『Autistic girls seeking answers 'are seizing on sex change'』, 9 January 2021.

792 MailOnline, 『'A live experiment on children': Mail on Sunday publishes the shocking physicians' testimony that led a High Court judge to ban NHS's Tavistock clinic from giving puberty blocking drugs to youngsters as young as 10 who want to change sex』, 9 January 2021.

793 The Irish Times, 『Gender distress treatment in young people: a highly charged debate』, 26 June 2021; The Guardian, 『Tavistock trust whistleblower David Bell: 'I believed I was doing the right thing'』, 2 May 2021.

794 Catholic News Agency, 『New study suggests link between autism and gender dysphoria』, 18 July 2019.

795 Lesbian and Gay News, 『What's driving the huge rise in gender dysphoria referrals for children and teenagers?』, 26 February 2021.

796 Michael Biggs, "Suicide by Clinic-Referred Transgender Adolescents in the United Kingdom," Archives of Sexual Behavior, 51(2), February 2022, pp.685-690.

797 Lawrence S Mayer, Paul R McHugh, "Sexuality and Gender: Findings from the Biological, Psychological, and Social Sciences," The New Atlantis, 50, Special Report: Sexuality and Gender (Fall 2016), pp.10-143; New York Civil Liberties Union, "Dignity for all? Discrimination Against Transgender and Gender Nonconforming Students in New York," June 2015; Public Discourse, 『Regret Isn't Rare: The Dangerous Lie of Sex Change Surgery's Success』, 17 June 2016; Pink News, 『Study finds 40% of transgender people have attempted suicide』, 11 December 2016; Pink News, 『There are four times more transgender teenagers than we thought』, 7 February 2018; Jody L. Herman, Taylor N.T. Brown, Ann P. Haas, "Suicide Thoughts and Attempts Among Transgender Adults in the US," The Williams Institute, September 2019.

798 Kenneth J Zucker, "Adolescents with Gender Dysphoria: Reflections on Some Contemporary Clinical and Research Issues," Archives of Sexual Behavior, 48(7), October 2019, pp.1983-1992.

799 Brian C Thoma, Rachel H Salk, Sophia Choukas-Bradley et al., "Suicidality Disparities Between Transgender and Cisgender Adolescents," Pediatrics, 144(5), November 2019, e20191183; Tracy A Becerra-Culqui, Yuan Liu, Rebecca Nash et al., "Mental Health of Transgender and Gender Nonconforming Youth Compared With Their Peers," Pediatrics, 141(5), May 2018, e20173845; Johanna Olson, Sheree M Schrager, Marvin Belzer et al., "Baseline Physiologic and Psychosocial Characteristics of Transgender Youth Seeking Care for Gender Dysphoria," The Journal of Adolescent Health, 57(4), October 2015, pp.374-380.

800 대전일보, 『자살고위험군 멘토링 역량강화교육 및 간담회 실시』, 2017.3.27.; BBC News, 『'Steep rise' in self-harm among teenage girls』, 19 October 2017.

801 Catharine Morgan, Roger T Webb, Matthew J Carr et al., "Incidence, clinical management, and mortality risk following self harm among children and adolescents: cohort study in primary care," BMJ, 10 October 2017, p.359; The Guardian, 『Self-harm among girls aged 13 to 16 rose by 68% in three years, UK study finds』, 18 October 2017, The Guardian, 『Hospital admissions for teenage girls who self-harm nearly double』, 6 August 2018.

802 연합뉴스, 『주한 대사들 "평등법, 인식 변화에 큰 영향…입법 필요"』, 2021.6.11.; 오마이뉴스, 『멀쩡한 영국 통계 끌어와 성소수자 때린 국힘 의원』, 2022.10.27.; 로이슈, 『박주민 의원, 주한영국대사관 초청 평등법 입법연구포럼 개최』, 2022.2.10.; 브레이크뉴스, 『박주민 의원, 영국 평등담당 차관 초청 '국회 평등법 제정 간담회' 개최』, 2021.11.12.

803 Richard P. Fitzgibbons, "Transsexual attractions and sexual reassignment surgery: Risks and potential risks," Linacre Quarterly, 82(4), November 2015, pp.337-350; The Wall Street Journal, 『Transgender Surgery Isn't the Solution』, 12 June 2014.

804 Lawrence S Mayer, Paul R McHugh, "Sexuality and Gender: Findings from the Biological, Psychological, and Social Sciences," The New Atlantis, 50, Special Report: Sexuality and Gender (Fall 2016), pp.10-143; Madeleine S C Wallien, Peggy T Cohen-Kettenis, "Psychosexual outcome of gender-dysphoric children," Journal of the American Academy of Child and Adolescent Psychiatry, 47(12), December 2008, pp.1413-1423; Antony Latham, "Puberty Blockers for Children: Can They Consent?," The New Bioethics, 28(3), September 2022, pp.268-291; The Washington Times, 『Kindergarten transgender lessons have parents changing schools』, 3 September 2017; The Spectator, 『Don't tell the parents』, 6 October 2018.

805 Quillette, 『The White House's Specious Gender Manifesto』, 13 May 2022.

806 The Daily Signal, 『Yes, Schools Are Secretly Trying to 'Gender Transition' Kids, and It Must Be Stopped』, 22 March 2022; Catholic News Agency, 『School district can't hide student gender identity 'transition' from parents, Wis. judge says』, 30 September 2020.

807 American Psychiatric Association, "Diagnostic and Statistical Manual of Mental Disorders," 5th edition, p.455; Lifesite, 『Sweden recommends against puberty blockers for children in setback to trans movement』, 25 February 2022.

808 Kelley D Drummond, Susan J Bradley, Michele Peterson-Badali, Kenneth J Zucker, "A follow-up study of girls with gender identity disorder," Developmental Psychology, 44(1), January 2008, pp.34-45; The Independent, 『What the critics say about treatment for transgender children』, 26 October 2016; CNN News, 『Transgender kids: Painful quest to be who they are』, 27 September 2021; The Federalist, 『3 Reasons Parents Are Absolutely Right To Demand Informed Consent To What Schools Do To Their Kids』, 10 March 2022; National Post, 『Are autistic children more likely to believe they're transgender? Controversial Toronto

expert backs link』, 12 January 2017; The Daily Signal, 『Yes, Schools Are Secretly Trying to 'Gender Transition' Kids, and It Must Be Stopped』, 22 March 2022; National Post, 『Why CBC cancelled a BBC documentary that activists claimed was 'transphobic'』, 13 December 2017; The New York Times, 『Supporting Boys or Girls When the Line Isn't Clear』, 2 December 2006; Breitbart, 『Dr. Quentin Van Meter: How Faulty Research by a 1950s 'Sexual Revolutionist' Guided the Modern Transgender Movement』, 24 October 2018; Mercatornet, 『Interrogating the transgender agenda』, 1 January 2020; The Washington Times, 『Kindergarten transgender lessons have parents changing schools』, 3 September 2017.

809 Jack Drescher, Jack Pula, "Ethical issues raised by the treatment of gender-variant prepubescent children," The Hastings Center Report, 17 September 2014; Michelle A. Cretella, Quentin Van Meter, Paul McHugh, "Gender Ideology Harms Children," American College of Pediatricians, 14 September 2017.

810 The Telegraph, 『Minister orders inquiry into 4,000 per cent rise in children wanting to change sex』, 16 September 2018; 미디어인권연구소 뭉클, "평등법 관련 미디어 모니터링," 국가인권위원회, 2020.12.18., 177면.

811 The Heritage Foundation, 『Sexual Ideology Indoctrination: The Equality Act's Impact on School Curriculum and Parental Rights』, 15 May 2019; 뉴시스, 『광주 학부모 단체 "차별금지법은 동성애 교육 옹호 수단"』, 2022.4.26.

812 City Journal, 『The School-to-Clinic Pipeline』, Autumn 2022.

813 Fox News, 『Biden's gender transition proposal cements school-to-clinic pipeline』, 1 December 2022.

814 American Psychiatric Association, "Diagnostic and Statistical Manual of Mental Disorders," 5th edition, p.455; Lifesite, 『Sweden recommends against puberty blockers for children in setback to trans movement』, 25 February 2022.

815 Marcus Evans, "Freedom to think: the need for thorough assessment and treatment of gender dysphoric children," BJPsych Bulletin, 45(5), October 2021, pp.315-316; The Times, 『Staff at trans clinic fear damage to children as activists pile on pressure』, 16 February 2019.

816 Mary Rice Hasson, Theresa Farnan, "Get Out Now: Why You Should Pull Your Child from Public School Before It's Too Late," Regnery Gateway, 2018; Thomas D Steensma, Roeline Biemond, Fijgje de Boer, Peggy T Cohen-Kettenis, "Desisting and persisting gender dysphoria after childhood: a qualitative follow-up study," Clinical Child Psychology Psychiatry, 16(4), October 2011, pp.499-516; 뉴시스, 『광주 학부모 단체 "차별금지법은 동성애 교육 옹호 수단"』, 2022.4.26.

817 Pink News, 『Researchers behind 'controversial' puberty blockers study slammed by BBC's Newsnight cleared of any wrongdoing』, 16 October 2019; Pink News, 『Puberty blockers challenger Keira Bell wants doctors to 'help' trans kids 'reconcile with their sex'』, 10 December 2019.

818 The Irish Times, 『Gender distress treatment in young people: a highly charged debate』, 26 June 2021; The Guardian, 『Tavistock trust whistleblower David Bell: 'I believed I was doing the right thing'』, 2 May 2021.

819　The Dailywire, 『Doctors Are Now Giving 8-Year-Old Girls Testosterone, Claiming They're 'Transgender'』, 5 April 2019; The Christian Post, 『Testosterone being given to 8-y-o girls, age lowered from 13: doctors』, 2 April 2019.
820　데일리굿뉴스, 『"초·중등학교서 동성애 위험성 못 가르칠 수도"』, 2021.11.17.
821　미디어오늘, 『성소수자에 대한 교육, 초중고교에서 실시 당연』, 2021.5.4.; 여성신문, 『영국, 11세부터 '여성성기 절제' 위험성도 가르친다』, 2019.3.12.
822　서울경제, 『세살짜리 유치원생에게 동성애 교육? 서울교육청 학생인권종합계획 논란』, 2021.1.15.; 한국교육신문, 『'학생인권' 영향? 조희연·도성훈 지지도 최하위권』, 2021.2.9.; 머니투데이, 『"성소수자 보호"…보수·기독교 반발 샀던 학생인권종합계획 수립』, 2021.4.1.; 조선에듀, 『서울 학생인권종합계획 '이념 편향 교육' 논란 커지자… 해명 나선 교육청』, 2021.1.15.; 이데일리, 『학생인권계획 비판에 "동성애·편향사상 주입 아냐"…서울시교육청 '반박'』, 2021.1.15.; 이데일리, 『"동성애 옹호·편향사상 주입?"…서울시교육청 '학생인권계획' 논란』, 2021.1.21.; 경향신문, 『'서울 학생인권의 날' 앞두고…여전히 '성소수자 보호'가 '동성애 조장'이라는 이들』, 2021.1.25.
823　한겨레, 『'페미니즘 세뇌'시키는 교사조직?…'불온사상' 돼가는 성교육』, 2021.6.8.
824　https://www.cdc.gov/hiv/group/msm/msm-content/incidence.html
825　김지연, "덮으려는 자 펼치려는 자," 사람, 2019, 412-413면, 503면; 국민일보, 『동성애 연관성 쉬쉬하며… 에이즈 환자 진료비 연 800억 썼다』, 2016.11.30.
826　김지연, "덮으려는 자 펼치려는 자," 사람, 2019, 422면.
827　국민일보, 『"청소년 에이즈 확산... 동성애 주된 이유 맞다"』, 2017.12.3.; 크리스천투데이, "10~20대 에이즈 감염 주된 경로는 동성 간 성접촉", 2019.11.28.
828　김지연, "덮으려는 자 펼치려는 자," 사람, 2019, 375면, 378면; https://www.cdc.gov/hiv/group/msm/index.html; http://www.cdc.gov/hiv/group/gender/men/index.html; https://www.cdc.gov/hiv/group/msm/msm-content/incidence.html
829　https://www.cdc.gov/hiv/group/gay-bisexual-men/index.html
830　국민일보, 『청소년 HIV 감염자 92% 남성 간 성접촉… WHO '고위험군' 적시』, 2019.9.17.; 국민일보, 『"남성 동성애자 성관계와 에이즈의 높은 상관성 공개하라"』, 2016.10.1.; 크리스천투데이, 『"10~20대 에이즈 감염 주된 경로는 동성 간 성접촉"』, 2019.11.28.
831　http://www.nih.go.jp/niid/ja/diseases/alphabet/aids.html
832　https://www.ecdc.europa.eu/en/publications-data/hivaids-eu-and-eea
833　국민일보, 『"남성 동성애자 성관계와 에이즈의 높은 상관성 공개하라"』, 2016.10.1.
834　의학신문, 『HIV 감염률 걱정 된다』, 2016.12.1.; 메디파타뉴스, 『에이즈 폭등 "질본, 감염원인 동성애 제대로 알려야"』, 2018.10.11.
835　의학신문, 『HIV 감염률 걱정 된다』, 2016.12.1.; 국민일보, 『복지부 "남성 동성애자 그룹은 1순위 에이즈 고위험군" 명시』, 2019.9.10.; 국민일보, 『"청소년 에이즈 확산... 동성애 주된 이유 맞다"』, 2017.12.3.; 김지연, "덮으려는 자 펼치려는 자," 사람, 2019, 422면; 경상매일신문, 『<윤정배 칼럼>동성애와 에이즈 II』, 2018.4.27.; 연합뉴스, 『[건강이 최고] 국내 에이즈 감염 60%는 '동성끼리'…10·20대 '위험수위'』, 2018.8.25.
836　PD저널, 『'퀴어=동성애?' 의미조차 축소하는 공영방송』, 2016.6.13.; 한국기자협회, 한국기자협회 인권보도준칙, https://www.journalist.or.kr/news/section4.html?p_

	num=7	
837	PD저널, 『'퀴어=동성애?' 의미조차 축소하는 공영방송』, 2016.6.13.; 한국기자협회, 한국기자협회 인권보도준칙, https://www.journalist.or.kr/news/section4.html?p_num=7; 김영길, "인권의 딜레마," 보담, 2021, 374면.	
838	국민일보, [기고] 지난 18년간 국가인권위가 해온 동성애 옹호·조장 및 반대 억제 활동』, 2019.11.27.	
839	한국교육신문, 『<현장의 눈> 학교에서 동성애를 가르치란 말인가』, 2014.12.1.; 김지연, "덮으려는 자 펼치려는 자," 사람, 2019, 454면.	
840	국민일보, 『"남성 동성애자 성관계와 에이즈의 높은 상관성 공개하라"』, 2016.10.1.	
841	미디어펜, 『동성애? 성 이용 특정 목적 노린 거짓 세력 경계해야』, 2015.10.12.	
842	메디파타뉴스, 『에이즈 폭등 "질본, 감염원인 동성애 제대로 알려야"』, 2018.10.11.; 김지연, "덮으려는 자 펼치려는 자," 사람, 2019, 503면.	
843	김영한 외 지음, "동성애, 21세기 문화충돌," 킹덤북스, 2016.6., 382면; 국민일보, 『"청소년 에이즈 확산... 동성애 주된 이유 맞다"』, 2017.12.3.; 크리스천투데이, 『"10~20대 에이즈 감염 주된 경로는 동성 간 성접촉"』, 2019.11.28.; 크리스천투데이, 『"10·20대, 에이즈 위험에 노출… '성적지향' 삭제해야"』, 2019.11.26.	
844	쿠키뉴스, 『늘어나는 10대 에이즈…"치료제론 한계, 예방 중요하다"』, 2021.11.23.; 의학신문, 『국내 청소년 70%, 에이즈 관련 배운 사실 '없다'』, 2020.11.24.; 후생신문, 『청소년 70% 에이즈 교육 받은적 없다』, 2020.11.24.; 약업신문, 『서정숙 의원, '2020 세계 에이즈의 날' 기념세미나 개최』, 2020.11.24.; 헬스인뉴스, 『국민의힘 서정숙 의원, '2020 세계 에이즈의 날' 기념세미나 '디셈버퍼스트' 개최』, 2020.11.25.; 데일리굿뉴스, 『청소년 에이즈 감염 급증하는데…정작 실상에 대해선 몰라』, 2020.11.24.	
845	보건복지부, "제4차 국민건강증진종합계획(2016-2020)," 2015.12., 328면.	
846	김지연, "덮으려는 자 펼치려는 자," 사람, 2019, 472면.	
847	의학신문, 『HIV 감염률 걱정 된다』, 2016.12.1.; 김지연, "덮으려는 자 펼치려는 자," 사람, 2019, 414면; 국민일보, 『"에이즈는 치명적 질병… 만성질환처럼 호도해선 안돼"』, 2021.2.22.; https://www.ohchr.org/EN/Issues/Health/Pages/HIVandAIDS.aspx	
848	질병관리본부 국립보건연구원 면역병리센터 에이즈·종양바이러스과, "우리나라 HIV 감염인의 최초 감염진단 이후 생존율 변화," 주간 건강과 질병, 2009, 1면; 김지연, "덮으려는 자 펼치려는 자," 사람, 2019, 363면, 457면, 466면; 팜뉴스, 『에이즈 무릎꿇린 길리어드, 빅타비로 시장서 돌풍』, 2021.6.24.	
849	헬스조선, 『성병 에이즈, 초기 증상은 '감기몸살'?』, 2021.3.10.; 헬스조선, 『"HIV 감염 증상 감기몸살과 비슷…환자인 줄 모르고 방치도"』, 2019.7.30.	
850	질병관리청, "2020 HIV/AIDS 신고 현황 연보," 2021.8., 6면; 약업신문, 『서정숙 의원, '2020 세계 에이즈의 날' 기념세미나 개최』, 2020.11.24.; 쿠키뉴스, 『늘어나는 10대 에이즈…"치료제론 한계, 예방 중요하다"』, 2021.11.23.; 크리스천투데이, 『"에이즈 사망률 8~29%… 위험성 제대로 알려야"』, 2021.2.23.; 크리스천투데이, 『[소중한 성 거룩한 성] HIV 전파에 대한 올바른 이해 및 차단을 위한 노력』, 2021.2.23.	
851	의학신문, 『HIV 감염률 걱정 된다』, 2016.12.1.; 김지연, "덮으려는 자 펼치려는 자," 사람, 2019, 414면, 508면.	
852	Centers for Disease Control and Prevention (CDC), Anal Sex and HIV Risk, 9 August	

2016; https://www.thebodypro.com/article/anal-sex-and-hiv-risk; Karolynn Siegel, Helen-Maria Lekas, Marie Onaga, "The Strategies of Heterosexuals from Large Metropolitan Areas for Assessing the Risks of Exposure to HIV or Other Sexually Transmitted Infections from Partners Met Online," AIDS patient care and STDs, 31(4), 1 April 2017, pp.182–195; Prevention, 『8 Things You Can Do to Protect Yourself—and Your Loved Ones—From HIV』, 3 December 2019.

853 Louis MacGregor, Nathan Speare, Jane Nicholls et al., "Evidence of changing sexual behaviours and clinical attendance patterns, alongside increasing diagnoses of STIs in MSM and TPSM," Sex Transmitted Infections, 97(7), November 2021, pp.507-513; Patricia Gabriela Zambrano Sanchez, Felipe Mosquera Moyano, "A case of monkeypox coinfection with syphilis in an Ecuadorian HIV positive young male," Travel Medicine and Infectious Diseases, 52, March-April 2023, 102516.

854 메디게이트뉴스, 『작년 에이즈 환자 치료비 1천억원 이상』, 2017.10.13.; 의학신문, 『국내 에이즈 환자 증가세…작년 치료비로 1,000억 사용』, 2017.10.13.; 메디컬투데이, 『에이즈 감염자 해마다 급격히 증가…지난해 치료비 1000억원 지원』, 2017.10.13.; 뉴시스, 『에이즈환자 치료비 해마다 늘어…지난해에만 1000억 투입』, 2017.10.13.; 메디파나뉴스, 『에이즈 환자 급증··2016년에만 치료에 1천억 지원』, 2017.10.13.

855 PD저널, 『'퀴어=동성애?' 의미조차 축소하는 공영방송』, 2016.6.13.; 한국기자협회, 한국기자협회 인권보도준칙, https://www.journalist.or.kr/news/section4.html?p_num=7

856 가브리엘 쿠비, "글로벌 성혁명," 밝은생각, 2020, 344면.

857 United States, Congress, House, Committe, "Policy Implications of Lifting the ban on Homosexuals in the Military: Hearings Before the Committee on Armed Services, House of Representatives, One Hundred Third Congress First Session, Hearings Held May 4 and 5, 1993," Palala Press, September 2015, p.116.

858 대한내과학회, "해리슨 내과학," MIP, 2010, 1388면; 국민일보, 『남성 동성애자들, 왜 이러나…10대 청소년들까지』, 2016.10.4.; 김지연, "덮으려는 자 펼치려는 자," 사람, 2019, 375면; 국민일보, 『[긴급진단-퀴어문화축제 실체를 파헤친다 ⑨] 동성애단체 "에이즈에 무방비 노출" 자인』, 2015.6.10.

859 국민일보, 『"학교 정상화, 회복·혁신이 핵심"』, 2020.5.26.; 크리스천투데이, 『"총신대 이상원 교수가 파렴치한 성희롱 가해자인가?"』, 2020.3.23.

860 데일리굿뉴스, 『동성애 반대 이상원 교수 부당해임 철회 공동성명』, 2021.6.8.

861 크리스천투데이, 『"이상원 교수 해임한 총신, 사회적 압력에 저항하라"』, 2020.5.22.

862 대법원 2020.6.4. 선고 2020도3975 판결; 법률신문, 『초등학생에게 '동성애 위험' 유튜브 보게 했다면… 학대행위 해당』, 2020.8.6.

863 뉴스앤조이, 『성소수자 혐오 영상이 에이즈 예방 교육?』, 2017.7.4.; 국민일보, 『초등6학년 대상 동성애 실체 교육이 아동학대라고?』, 2017.6.30.; 크리스천투데이, 『<궁금한 이야기 y> 대구 어린이집 동영상 보여줘 논란, 사실은』, 2021.7.21.

864 쿠키뉴스, 『늘어나는 10대 에이즈…"치료제론 한계, 예방 중요하다"』, 2021.11.23.; 의학신문, 『국내 청소년 70%, 에이즈 관련 배운 사실 '없다'』, 2020.11.24.; 후생신문, 『청소년 70% 에이즈 교육 받은적 없다』, 2020.11.24.; 약업신문, 『서정숙 의원, '2020 세계 에이즈의 날' 기념세미나 개최』, 2020.11.24.; 헬스인뉴스, 『국민의힘 서정숙 의원,

865 ‘2020 세계 에이즈의 날' 기념세미나 '디셈버퍼스트' 개최』, 2020.11.25.; 데일리굿뉴스, 『청소년 에이즈 감염 급증하는데…정작 실상에 대해선 몰라』, 2020.11.24.

865 의학신문, 『HIV 감염률 걱정 된다』, 2016.12.1.; 김지연, "덮으려는 자 펼치려는 자," 사람, 2019, 414면, 508면; 국민일보, 『"에이즈는 치명적 질병… 만성질환처럼 호도해선 안 돼"』, 2021.2.22.; 질병관리본부 국립보건연구원 면역병리센터 에이즈·종양바이러스과, "우리나라 HIV 감염인의 최초 감염진단 이후 생존율 변화," 주간 건강과 질병, 2009, 1면; 김지연, "덮으려는 자 펼치려는 자," 사람, 2019, 363면, 457면, 466면; 팜뉴스, 『에이즈 무릎꿇린 길리어드, 빅타비로 시장서 돌풍』, 2021.6.24.; 질병관리청, "2020 HIV/AIDS 신고 현황 연보," 2021.8., 6면; 크리스천투데이, 『"에이즈 사망률 8~29%… 위험성 제대로 알려야"』, 2021.2.23.; 크리스천투데이, 『[소중한 성 거룩한 성] HIV 전파에 대한 올바른 이해 및 차단을 위한 노력』, 2021.2.23.

866 쉴라 제프리스, "젠더는 해롭다," 열다북스, 2019, 143면.

867 여성신문, 『"서울시장 선거에 퀴어축제를 정치적 제물로 삼지 말라"』, 2021.2.23.; 주간조선, 『보수와 중도 사이… 안철수 '퀴어축제' 발언의 딜레마』, 2021.2.23., 여성신문, 『[4·7 보궐선거] 김진애, 안철수 '퀴어축제' 논란에 "반인권적 발언 사과해야"』, 2021.2.23., 머니투데이, 『'센철수'로…"퀴어·백신" 발언수위 높이는 안철수』, 2021.2.23.; 오마이뉴스, 『'퀴어퍼레이드 거부' 안철수와 국힘, 헌법도 모르고 정치하나』, 2021.2.22.; 고발뉴스, 『안철수 "퀴어축제 도심 밖에서" 발언 일파만파.. 팩트체크 '쇄도'』, 2021.2.20.

868 투데이신문, 『인권위 "안철수 '퀴어축제 거부할 권리' 발언은 혐오 표현" 의견표명』, 2021.9.1.

869 데일리굿뉴스, 『"동성애 반대 '혐오 발언' 규정…표현의 자유 말살"』, 2021.10.7.

870 국민일보, 『세계 보건당국, 퀴어행사와 A형 간염 연결고리 보고』, 2019,7.2.; 경상매일신문, 『<윤정배 칼럼>퀴어 축제와 경제 활성화는 정반대』, 2018.6.15.

871 WHO(세계보건기구) 홈페이지, Hepatitis A outbreaks mostly affecting men who have sex with men – European Region and the Americas, 7 June 2017; https://www.who.int/news/item/07-06-2017-hepatitis-a-outbreaks-mostly-affecting-men-who-have-sex-with-men-european-region-and-the-americas

872 경상매일신문, 『<윤정배 칼럼> 퀴어축제와 예방주사』, 2018.6.8.; 경상매일신문, 『<윤정배 칼럼>퀴어 축제와 경제 활성화는 정반대』, 2018.6.15.

873 케미컬뉴스, 『CDC, "Mpox(원숭이두창)가 여름에 돌아올 수 있다"』, 2023.5.18.; 시사저널, 『원숭이두창 확산 경고…'성소수자 축제' 2~3주 후를 주목하라』, 2022.7.10.

874 이코리아, 『[팩트체크] 원숭이두창 관련 '진실과 거짓'』, 2022.7.8.; 뉴스1, 『코로나 종식 아직인데 '원숭이두창' 국내 전파…커지는 감염병 공포』, 2022.6.22.; 뉴데일리, 『원숭이두창 퍼질라… 의심 외국인, 입국 과정서 '증상 없음' 표기』, 2022.6.22.; 중앙일보, 『'원숭이 두창' 결국 들어왔다… 독일서 인천공항 입국한 내국인』, 2022.6.23.; 코메디닷컴, 『원숭이두창 새 이름은 'm두창'…내년까지 병행 사용』, 2022.11.29.; 세계일보, 『美 CDC "원숭이두창, 미국서 완전히 없어지지 않을 듯"』, 2022.10.3.; 코메디닷컴, 『어린이, 원숭이두창 감염 시 폐렴·뇌염 동반 우려』, 2022.8.16.; World Health Organization, "Public health advice on protecting yourself and others from mpox (monkeypox)," 2 September 2022; https://www.who.int/news-room/public-advice/protecting-yourself-from-monkeypox

875　Francisco Javier Melgosa Ramos, Marina Parra Civera, Jesus Jose Pons Fuster, "Skin lesions due to monkeypox virus in a well-controlled HIV patient," Medicina Clinica (Barc). 159(12), 23 December 2022, e87-e88; World Health Organization, "Mpox (monkeypox)," 18 April 2023; https://www.who.int/news-room/fact-sheets/detail/monkeypox

876　Nicola Luigi Bragazzi, Jude Dzevela Kong, Jianhong Wu, "Is monkeypox a new, emerging sexually transmitted disease? A rapid review of the literature," Journal of Medical Virology, 95(1), January 2023, e28145.

877　Jesus Inigo Martinez, Elisa Gil Montalban, Susana Jimenez Bueno et al., "Monkeypox outbreak predominantly affecting men who have sex with men, Madrid, Spain, 26 April to 16 June 2022," Euro Surveillance, 27(27), July 2022, 2200471; NBC News, 『Monkeypox is being driven overwhelmingly by sex between men, major study finds』, 23 July 2022; Scottish Daily Express, 『Monkeypox outbreak linked to Canary Island and Spanish sex parties』, 24 May 2022; AP News, 『Expert: Monkeypox likely spread by sex at 2 raves in Europe』, 23 May 2022; CBS News, 『Monkeypox spread likely "amplified" by sex at 2 raves in Europe, leading WHO adviser says』, 24 May 2022; CBC News, 『WHO chief declares expanding monkeypox outbreak a global emergency』, 23 July 2022; CTV News, 『WHO declares monkeypox a global emergency; Canada confirms 681 cases』, 23 July 2022; CBS News, 『Monkeypox officially becomes a global emergency』, 23 July 2022; 뉴시스, 『[원숭이두창 유입③]젊은 남성이 주로 감염되는 이유는?』, 2022.6.25.

878　세계일보, 『"올 여름 엠폭스 급증할 수 있다"…유럽 또 긴장』, 2023.4.20.

879　BBC News, 『Monkeypox: Time to worry or one to ignore?』, 21 May 2022; MailOnline, 『Music festivals could be monkeypox super-spreader events in summer, experts warn after UK confirms 106 cases』, 30 May 2022; Advocate, 『Monkeypox Outbreak Linked to Gay Sauna and Festival』, 23 May 2022; Pink News, 『Monkeypox outbreaks across Europe linked to gay sauna and fetish festival』, 23 May 2022.

880　내일신문, 『바이든정부, 원숭이두창 비상사태 선포』, 2022.8.5.

881　투데이신문, 『인권위 "안철수 '퀴어축제 거부할 권리' 발언은 혐오 표현" 의견표명』, 2021.9.1.

882　이상민 의원 대표발의, 평등에 관한 법률안(의안번호: 10822, 발의: 2021.6.16.) 제9조, 제11조, 제12조; 권인숙 의원 대표발의, 평등 및 차별금지에 관한 법률안(의안번호: 12330, 발의: 2021.8.31.) 제9조, 제11조; 박주민 의원 대표발의, 평등에 관한 법률안(의안번호: 11964, 발의: 2021.8.9.) 제9조, 제11조; 장혜영 의원 대표발의, 차별금지법안(의안번호: 1116, 발의: 2020.6.29.) 제8조, 제9조.

883　국민일보, 『20·30청년들, "인권위, 이념편향적" 규탄』, 2022.5.26.

884　의학신문, 『국내 청소년 70%, 에이즈 관련 배운 사실 '없다'』, 2020.11.24.; 질병관리청, "2020 HIV/AIDS 신고 현황 연보," 2021.8., 6면; 약업신문, 『서정숙 의원, '2020 세계 에이즈의 날' 기념세미나 개최』, 2020.11.24.; http://www.cdc.gov/hiv/group/age/youth/index.html

885　PD저널, 『'퀴어=동성애?' 의미조차 축소하는 공영방송』, 2016.6.13.; 한국기자협회,

한국기자협회 인권보도준칙, https://www.journalist.or.kr/news/section4.html?p_num=7

886 JTBC뉴스, 『인권위 "동성 군인 간 합의 성관계 처벌금지한 대법 판결 환영"』, 2022.4.22.; 조선일보, 『동성 군인의 합의된 성관계 인정… 인권위 "대법원 판결 환영한다"』, 2022.4.23.; 연합뉴스, 『인권위 "동성 군인간 합의 성관계 처벌금지 대법원 판결 환영"』, 2022.4.22.; 서울경제, 『"동성 군인간 합의 성관계 처벌금지 대법원 판결 환영"…인권위 성명』, 2022.4.22.; 아주경제, 『[주요재판 톺아보기] "동성군인 간 성관계, 합의하면 처벌 부당"…대법, 판례 뒤집어』, 2022.4.23.; 헤럴드경제, 『인권위 "동성 군인 간 합의 성관계 처벌금지한 대법 판결 환영"』, 2022.4.22.

887 헤럴드경제, 『"합의된 동성 군인 성행위 처벌 안돼"…판례 바꾼 대법원』, 2022.4.23.; 아시아경제, 『인권위 "동성 군인 간 성관계 처벌금지 대법원 판결 환영"』, 2022.4.22.; MBC뉴스, 『대법 전원합의체 "군인 간 자발적 동성애는 무죄"』, 2022.4.21.; 한국일보, 『대법 "사적공간서 합의된 동성 군인 성관계, 처벌 대상 아냐"』, 2022.4.22.; 아주경제, 『[주요재판 톺아보기] "동성군인 간 성관계, 합의하면 처벌 부당"…대법, 판례 뒤집어』, 2022.4.23.

888 우먼타임스, 『[이슈 짚기] 대법원은 왜 군대 내 동성 간 성행위를 처벌하지 않았나』, 2022.4.23.

889 대법원 2022.4.21 선고 2019도3047 전원합의체 판결.

890 헌법재판소 2011.3.31. 2008헌가21 결정, 판례집 23-1상, 178면.

891 조선일보, 『"군기 침해땐 합의한 동성애라도 처벌"』, 2022.4.22.

892 푸른한국닷컴, 『동성애대책위,군대 내 동성애 옹호 조장하는 군형법 92조 개정 반대』, 2014.3.28.; 국민일보, 『전역자 38% "軍내 性추문 듣거나 본 적 있다"』, 2013.10.17.; 굿데일리뉴스, 『"군(軍) 동성애 실태 심각…군형법 강화해야"』, 2016.2.12.; 국민일보, 『軍부대 내 동성애 부추기는 국회의원들』, 2014.3.20.

893 홍원식, "성소수자 마오쩌둥," 비전브리지, 2020, 83-85면.

894 국민일보, 『[기고] "성별을 남자와 여자로 한정하는 것에 반대한다"는 주장에 대해』, 2019.12.11.

895 우먼타임스, 『[이슈 짚기] 성기 수술 안 해도 법적으로 여자가 될 수 있게 됐지만…』, 2020.3.17.; 국민일보, 『[기고] "성별을 남자와 여자로 한정하는 것에 반대한다"는 주장에 대해』, 2019.12.11.; 명재진 외 6인, "포괄적 차별금지법, 찬성할 것인가 반대할 것인가," 밝은생각, 2020.6., 195-197면.; 데일리굿뉴스, 『시민단체들, 대법원 '성별 정정 지침' 규탄』, 2020.3.6.

896 한국경제, 『[토요칼럼] 차별금지법, 악마는 디테일에 있다』, 2022.5.6.

897 전자신문, 『美 여성전용 찜질방, 수술 안 한 트랜스젠더 쫓아냈다가 '패소'』, 2023.6.13.; 뉴시스, 『"성전환 안한 트랜스젠더도 여성사우나 입장" 美 시애틀 시끌』, 2023.6.13.;SBS 뉴스, 『[실시간 e뉴스] "비수술 트랜스젠더도 허용하라"…법원 판단에 '발칵'』, 2023.6.13.; 동아일보, 『비수술 트랜스젠더 거부한 한인 찜질방…美법원 판결 파문』, 2023.6.12.

898 데일리굿뉴스, 『여성 전용 스파에 트랜스젠더 남성 출입 허용 '논란'』, 2023.6.13.

899 제프리스, "젠더는 해롭다," 열다북스, 2019, 331면.

900 중앙일보, 『재산분할 '기각', 혼인신고 '반려'…'동성 커플' 소송 20년 보니』, 2023.2.22.

901 여성신문, 『"사랑이 이겼다" 국내 첫 동성부부 건강보험 자격 인정』, 2023.2.22.

902	경향신문, 『인권위원장 "동성 커플 건보 피부양자 인정 환영"…제도 논의 멈춘 국회에는 "유감"』, 2023.2.22.; 이데일리, 『"소수자 차별은 평등 원칙 위배"…法, 동성부부 건보 피부양자 자격 인정(종합)』, 2023.2.21.
903	크리스천투데이, 『"동성 커플 인정 판결? 법률과 헌법 뛰어넘어"』, 2023.2.21.; 크리스천투데이, 『동성 커플 건강보험 피부양자 자격 인정 서울고법 판결 문제점 6가지』, 2023.2.24.; 크리스천투데이, 『"동성커플 건보 자격 인정 정치 판결한 3인 규탄"』, 2023.2.24.; 뉴시스, 『한교총, '동성커플 피부양자 인정' 비판…"월권·편향적 판결"』, 2023.2.22.
904	대법원 2020.6.4. 선고 2020도3975 판결; 법률신문, 『초등학생에게 '동성애 위험' 유튜브 보게 했다면… 학대행위 해당』, 2020.8.6.
905	이데일리, 『학생인권계획 비판에 "동성애·편향사상 주입 아냐"…서울시교육청 '반박'』, 2021.1.15.; 가브리엘 쿠비, "글로벌 성혁명," 밝은생각, 2020, 344면.
906	The Guardian, 『Pressure to keep up: status imbalance a major factor in stress in gay men』, 29 February 2020; 한국성소수자연구회, "무지개는 더 많은 빛깔을 원한다," 창비, 2019, 19면; 명재진 외 6인, "포괄적 차별금지법, 찬성할 것인가 반대할 것인가," 밝은생각, 2020.6., 399면.
907	조선일보, 『"군기 침해땐 합의한 동성애라도 처벌"』, 2022.4.22.
908	한국성소수자연구회, "무지개는 더 많은 빛깔을 원한다," 창비, 2019, 229면.
909	헌법재판소 2011.3.31. 2008헌가21 결정, 판례집 23-1상, 178면.
910	대법원 2022.4.21 선고 2019도3047 전원합의체 판결; 헤럴드경제, 『"합의된 동성 군인 성행위 처벌 안돼"…판례 바꾼 대법원』, 2022.4.23.; 아시아경제, 『인권위 "동성 군인 간 성관계 처벌금지 대법원 판결 환영"』, 2022.4.22.; MBC뉴스, 『대법 전원합의체 "군인 간 자발적 동성애는 무죄"』, 2022.4.21.; 한국일보, 『대법 "사적공간서 합의된 동성 군인 성관계, 처벌 대상 아냐"』, 2022.4.22.; 아주경제, 『[주요재판 톺아보기] "동성군인 간 성관계, 합의하면 처벌 부당"…대법, 판례 뒤집어』, 2022.4.23.
911	우먼타임스, 『[이슈 짚기] 대법원은 왜 군대 내 동성 간 성행위를 처벌하지 않았나』, 2022.4.23.
912	조선일보, 『"군기 침해땐 합의한 동성애라도 처벌"』, 2022.4.22.
913	국민일보, 『교계 "軍 동성 간 성행위 허용은 동성애 합법화 수순" 반발』, 2022.4.22.
914	아시아경제, 『'군형법 92조6' 폐지될까…"군인 평등권·행복추구권 보장해야"』, 2022.4.23.; 뉴시스, 『국방부, 사적공간 합의 동성 성관계 처벌제외 검토…"대법원 판례 명확히"』, 2023.2.27.; 뉴스1, 『국방부 "사적 공간서 합의된 동성 성관계 처벌 안 해"』, 2023.2.27.
915	헌법재판소 2011.3.31. 2008헌가21 결정, 판례집 23-1상, 178면.
916	권인숙 의원 대표발의, 평등 및 차별금지에 관한 법률안(의안번호: 12330, 발의: 2021.8.31.)
917	백상현, "가짜 인권, 가짜 혐오, 가짜 소수자," 밝은생각, 2017, 382면.
918	푸른한국닷컴, 『동성애대책위,군대 내 동성애 옹호 조장하는 군형법 92조 개정 반대』, 2014.3.28.; 국민일보, 『전역자 38% "軍내 性추문 듣거나 본 적 있다"』, 2013.10.17.; 천지일보, 『교회언론회 "군형법 92조 폐지, 軍내 동성애 조장"』, 2014.3.20.; 크리스천투데이, 『軍 동성 성폭력 규제, 약 87%가 "강화·유지해야"』, 2013.10.18.
919	메디컬투데이, 『군대 내 동성애는 '형사처벌'…동성애 4건 중 3건은 처벌』, 2010.10.27.;

한국경제, 『'동성애 군인 처벌' 인권침해 논란 점화』, 2010.10.27.; 연합뉴스, 『'동성애 군인 처벌' 인권침해 논란 점화』, 2010.10.27.; SBS 뉴스, 『'동성애 군인 처벌' 인권침해 논란 점화』, 2010.10.27.

920 국가인권위원회, '군대 내 성폭력 현황 실태조사' 결과발표 및 토론회 개최 보도자료, 2004.4.8.

921 조선일보, 『"동성애자들이 말해주지 않는 동성애에 대한 비밀'』, 2010.11.10.

922 디지털타임스, 『여성 성기 언급한 총신대 교수, "동성간 성관계 경종 울리는 일 계속할 것"』, 2019.11.24.; 연합뉴스, 『여성 성기 언급한 총신대 교수 '성희롱' 논란에 반박 대자보』, 2019.11.24.; 세계일보, 『'성희롱' 논란 총신대 교수 "의학적 사실 제시했을 뿐" 반박』, 2019.11.24.; 스카이데일리, 『개인·사회 비참한 최후 부르는 동성애의 목적 '변태적 쾌락'』, 2020.9.28.

923 https://namu.wiki/w/게이/오해

924 백상현, "가짜 인권, 가짜 혐오, 가짜 소수자," 밝은생각, 2017, 391면; 경상매일신문, 『<윤정배 칼럼> 퀴어축제와 예방주사』, 2018.6.8.

925 United States, Congress, House, Committe, "Policy Implications of Lifting the ban on Homosexuals in the Military: Hearings Before the Committee on Armed Services, House of Representatives, One Hundred Third Congress First Session, Hearings Held May 4 and 5, 1993," Palala Press, September 2015, p.114.

926 한겨레, 『서울시학생인권조례폐지 강연에 대전시인권센터장이 왜 나와…』, 2023.2.16.

927 데일리굿뉴스, 『"군(軍) 동성애 실태 심각…군형법 강화해야"』, 2016.2.12.; 크리스챤연합신문, 『"군 동성애 합법화는 단기속성 망국 프로젝트"』, 2016.2.16.

928 크리스천투데이, 『"에이즈 대처, 인권 가면 벗고 정직해야"』, 2015.11.30.

929 보건복지부, "제4차 국민건강증진종합계획(2016-2020)," 2015.12., 323면.

930 M E Guinan, P A Thomas, P F Pinsky et al., "Heterosexual and homosexual patients with the acquired immunodeficiency syndrome. A comparison of surveillance, interview, and laboratory data," Annals of Internal Medicine, 100(2), February 1984, pp.213-218; J W Gold, C S Weikel, J Godbold et al., "Unexplained persistent lymphadenopathy in homosexual men and the acquired immune deficiency syndrome," Medicine (Baltimore), 64(3), May 1985, pp.203-213.

931 김영한 외 지음, "동성애, 21세기 문화충돌," 킹덤북스, 2016.6., 610면; 데일리코리아, 『동성애,.. 과연 선천적인가?』, 2015.10.8.; 시사전북닷컴, 『LGBT의 차별과 분별』, 2018.1.24.

932 김지연, "덮으려는 자 펼치려는 자," 사람, 2019, 457면; 쿠키뉴스, 『늘어나는 10대 에이즈…"치료제론 한계, 예방 중요하다" 2021.11.23.